考古随笔

一

考古随笔

一

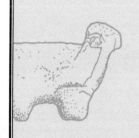

陈星灿 著

文物出版社

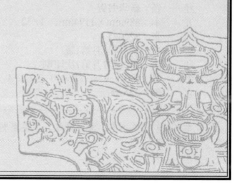

图书在版编目（CIP）数据

考古随笔 / 陈星灿著. —— 北京 ：文物出版社，
2021.1

ISBN 978-7-5010-6162-4

Ⅰ．①考… Ⅱ．①陈… Ⅲ．①考古学－中国－文集
Ⅳ．①K870.4-53

中国版本图书馆CIP数据核字(2021)第020621号

考古随笔

作　　者：陈星灿

封面题签：罗　丰
责任编辑：孙　丹　李　飏
装帧设计：刘　远　程星涛
责任印制：陈　杰

出版发行：文物出版社
地　　址：北京市东直门内北小街2号楼
邮　　编：100007
网　　址：http://www.wenwu.com
制　　版：北京荣宝艺品印刷有限公司
印　　刷：北京雍艺和文印刷有限公司
经　　销：新华书店
开　　本：889mm×1194mm　1/32
印　　张：32.625
版　　次：2021年1月第1版
印　　次：2021年1月第1次印刷
书　　号：ISBN 978-7-5010-6162-4
定　　价：225.00元

再版自序

　　这本小书，是我学习考古学前二十年的随笔集。说是随笔，是因为收入本书的文章，只有少数几篇勉强称得上是论文，其余都是随笔——率性、随意、不事雕琢、想起什么就写什么，虽然中心是考古，但看起来又不那么考古。差不多二十年后的今天，文物出版社计划再版它，我重读一过，虽然自觉不少文章幼稚可笑，但仍为有人愿意读它们而高兴，更为当年有勇气写下这些不成熟的文字并敢于呈现到读者面前而有点不可思议。我这么说，是觉得有些题目我现在不敢写了；即便写了，也不会比当年写得更好，所谓"初生牛犊不怕虎"，就是这个样子吧。

　　文物出版社建议把这本《考古随笔》变成《考古随笔一》，是因为差不多十年后我又出版了《考古随笔二》（文物出版社，2010年），现在又要出版《考古随笔三》（文物出版社，2020年），今年三本同出，把它变成《考古随笔一》，似乎也说得过去。三本书名字相同，主题也一样，但要说好看，我觉得还是这一本。需要说明的是，这本书我只是通读了一遍，修改了某些文字上的错误，并没有收入新的文章，如果读者诸君有《考古随笔》（文物出版社，2002年），那也就没有必要购买这本新版的旧书了。

我要感谢文物出版社的厚爱，感谢编辑谷艳雪和孙丹女士，更要感谢亲爱的读者还愿意读这本不成样子的小书。

陈星灿

2020年12月21日

于国家体育场北路一号院三号楼考古研究所新址

弁言

　　世上的书有两种，一种是必须正襟危坐读的，另一种是可以躺在床上随便翻的。我的这本小书属于后一种。

　　我本无意把这本书中的文章结成一个集子，从这些文章所谈题目的散漫读者大概也可以明白。我的这些小文，其实充其量也就是读书的札记。之所以把它们发表，一方面是由于发表的欲望，另一方面也是希望把问题提给同好，或者可以由大家把这些问题深入地研究下去。

　　考古和读书的时候，我每每把有所心得的地方记在笔记本上或者一张随便什么样的纸片上，类似的记录多了，就成了一篇札记。朋友们催稿，就从这些笔记里挑出几则来，稍事加工，聊为应付。所以，虽然有的心得早已有之，但是成文却晚；而且往往是由于心血来潮，一次写下若干篇——因而不免疏漏——也是常有的事。但是，我常常偷懒，这样的时候，这些读书心得就会随风飘去——这种情况其实很多，虽然过后往往后悔，但也是没有办法的事。

　　这些札记在报刊上发表后，总能得到或多或少的反响。有些是写给报刊跟我商榷的，有些是直接写信或打电话给我指正的，还有的是提供新的线索和给予鼓励的，这些都让我

陈星灿

1991年获历史学博士学位，现为中国
社会科学院考古研究所所长、研究员，
研究方向为中国史前考古学。

图为2000年在法国
巴黎塞纳河上

感动。这里要特别感谢吴汝祚先生、牟永抗先生；我觉得学问的一切快乐都体现在这美好的切磋中了。我把这些指教以不同的方式融入这本小书，算是对师友们的答谢。

说可以躺着看这本小书，是因为书中涉及的问题，都不是什么了不得的问题，有许多是大家看不上的，也有不少是别人注意不到的。我选择这些问题做文章，当然跟我的爱好有关，也跟我的学习背景有关。我在中山大学人类学系考古专业受教，虽然学的是考古，但是人类学的倾向很明显。后来到考古研究所读书和工作，虽然这里是历史学传统的大本营，但并不排斥人类学的东西，两相比较，更有许多会心的快乐。再后来，到哈佛大学跟张光直先生学习一年，每每为他的人类学的视角和方法所影响。所以如果这些文章有一点可取之处，首先该归功于我自大学时代以来的师友。至于文章的浅薄和错误，那是由于我个人学识的局限，跟人类学的传统和我的师友无关。

还有一些文章是我读外文书得来的，当时看到对国内的研究有益，就编译下来，公诸同好。这样的笔记做得少而零碎，如果系统做会有很多的收获——可惜现在是一个"屁股决定大脑"的时代，人们都忙得屁股不能挨地儿，不要说外文书，就是中文书，也难得有仔细琢磨的时候了。

由于文章本身就是札记性质的，又考虑到报纸发表的局限性，所以许多问题都是浅尝辄止，不能深入。另一方面，更大的问题是我不具备前辈学者深厚的学术功力。顾颉刚先生的《浪口村随笔》、陈登原先生的《国史旧闻》以及清儒顾炎武的《日知录》、赵翼的《陔余丛考》、王念孙的《读书杂志》等等，往往用很少的文字解决千百年使人迷惑的问题，每每使我折服，但是，真正自己下起笔来，却举步维艰甚至寸步难行。所幸的是，这些文章虽然浅薄，但都是围绕考古学的问题展开，即便不能由此深入，也许能够增广见闻，如果能够达到这个目的，我的心愿足矣。

文物出版社愿意把我的小文结成一个集子，是我的莫大荣幸。这些小文，随写随扔，有不少用的还是笔名，过后连我自己都不知道写过什么和发表在什么地方了。现在有机会把它们收集在一起，虽然只是其中的一部分——有些是没有发表过的，但能够有机会看看这二十年学习考古的副产品还是有益的。在此我特别向文物出版社一直督促和鼓励我的于可可女士表示感谢。已经发表的文章，多是在《中国文物报》和《文物天地》这两个园地里，我这里要向两刊的许多编辑特别是《中国文物报》的曹兵武、李卫、张自成先生和《文物天地》的于采芑、赫俊红女士致谢。本书《四千年前中国人已成功实施开颅手术》《史前时期的头骨穿孔现象研究》《洞穴艺术的生态学解释》三文分别是与韩康信先生、傅宪国先生和赵邠女士合写的，他们允许我把这些文章收录到这本小书里，我要再一次向他们致谢。我的同事黄卫东、杨结实先生在我即将出访哈佛的日子里，帮我料理出版前的事宜，特别是结实将书中线图重新描绘、卫东帮我校对文稿，是我尤其要预先感谢的。

这书太小，原不值得奉献给谁。不过献书终究是文明社会的一件雅事，我就把它奉献给我尊敬的已故的老师张光直先生。先生对我寄予很大的希望，可这希望之于我恐怕不免有西瓜跳蚤之讥。但先生对我从来都是鼓励和信任，我相信这次也是。

陈星灿

2001年7月13日夜于郎家园蜗居

目　录

民族考古

考古新知

吐舌人像的滥觞

　　吐舌人（神）像在先秦时期的楚国和汉时楚地的出土物上常见。凌纯声先生曾写过《台东的吐舌人像及其在太平洋区的类缘》（《"中研院"民族学研究所集刊》2期，137～162页），对长江中游乃至整个环太平洋地区的古今吐舌人像进行过一番研讨。这种吐舌人像的历史可以上溯到什么时代？1981年，湖北省钟祥县（今钟祥市）六合遗址曾出土过一个玉雕人面像，圆脸，耳下有环，吐舌，但没有楚国常见的吐舌人像的舌头那么长，似乎只是点到为止（图一）（荆州地区博物馆等《钟祥六合遗址》，《江汉考古》1987年2期）。这件玉雕人像系石家河文化遗物，年代在4000年以前。20世纪90年代初，湖南沅水中游的高庙遗址和长沙大塘遗址出土了3件刻划着所谓"兽面神徽"的陶器（图二、三、四）。其中大塘所出陶碗底部的神徽，在两对上下交错的尖利的獠牙之间，是一个吐出的舌头，形态与楚国文物上常见的吐舌形象类似。（见图三）

　　据对高庙遗址的^{14}C年代测定，知出土"神徽"陶器遗存的年代在距今7400年左右（树轮校正值），大塘遗存的年代与此相仿（贺刚《中国史前艺术神器的初步考察》，湖南省文物考古研究所编《长江中游史前文化暨第二届亚

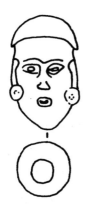

图一

图二

图三

图四

图一　钟祥六合遗址出土的吐舌人像
图二　高庙遗址出土陶罐及戳印篦点图案
图三　长沙大塘遗址出土陶碗底部图案
图四　高庙遗址出土陶簋及戳印篦点纹图案

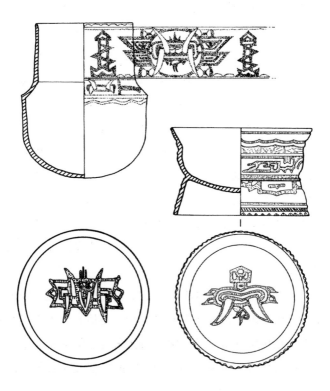

洲文明学术讨论会论文集》，岳麓书社，1996年）。如果真是这样，吐舌人像的历史将上溯到七八千年前长江中游地区的史前文化中，这个地区正是日后楚文化发达的地方。

（原载《中国文物报》1998年1月14日）

石家河文化"人抱鱼"形象试解

陶塑的"人抱鱼"形象，又称"人抱鱼形器"，是石家河文化晚期的一个重要文化现象（孟华平《浅议"人抱鱼形器"》，《中国文物报》1994年4月24日第3版）。人，作蹲踞姿或跪姿，两臂前垂，双手抱鱼，左手后托鱼尾，右手前按鱼头；鱼，头部浑圆，尾部分叉，毫无疑问是鱼的形象（图一）。有学者把这种人怀抱中的鱼，当成鱼形的乐器，因此"人抱鱼"被释为原始乐师演奏乐器的表现。考虑到遗址中也出土过一些作舞蹈状的陶塑人物造型，这种解释可备一说。但是，"人抱鱼"表现祭祀的场面，在中国古代的出土物上，也不是没有。比如，云南晋宁石寨山出土的滇国青铜器上，就描绘着生动的捧鱼祭祀形象。捧鱼的人，头发高高地盘在头顶，着裙服，双脚并拢，后脚跟上提，双手把鱼抱在胸前，作恭敬状；被抱的鱼，体大，头部翘起，分叉的尾部似在摆动，极富动感（图二）（参见罗钰《云南物质文化·采集渔猎卷》，云南教育出版社，1996年，112～113页）。石家河文化"人抱鱼"的形象，也可能是类似祭祀或仪式场面的表现。它的确切意义，也许永远被历史的厚幕掩盖了；但是民族学的资料告诉我们，动物常常被认为具有某种神秘的对人有作用的特性，因而人们通过模拟或顺势巫术的方式，把动物的这种力量，传递给人类。实际

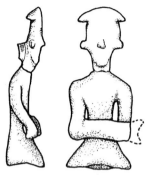　

图一　石家河文化"人抱鱼"陶塑　　图二　滇国青铜器上的捧鱼祭祀人

上，无论是祭祀鱼神或者是把鱼作为牺牲祭祀祖先和鬼神的做法，在世界各地民族志中都有发现。

（原载《中国文物报》1998年1月7日）

上古以皮毛为目的的渔猎工具

　　《尚书·尧典》："仲春，……鸟兽孳尾。……仲夏，……鸟兽希革。仲秋，……鸟兽毛毨。仲冬，……鸟兽氄毛。"说明古人对鸟兽一年四季皮毛变化的观察是很细致的。正如北极因纽特人把我们看来是一样的雪花叫成几十个名字一样。《禹贡》记载上古九州的物产，许多州的贡品都提到鸟兽的皮毛，如扬州要贡"齿革羽毛"，即象牙、犀皮、鸟羽和牦牛尾；荆州要贡"羽毛齿革"；梁州要贡"熊罴狐狸"，即熊、罴、狐、狸四种野兽的皮毛。说明皮毛和鸟羽是上古很重要的生活和仪式材料。因此如何猎取完整的没有血污的羽毛和鸟兽甚至鱼类的皮革，就成为一件很重要的事情。

　　近来有机会目验了4000多年前龙山文化时期的两个石镞和一个骨鱼镖，似乎找到了一点答案。标本1，河南临汝（今汝州）煤山遗址出土石镞，编号75LMT25③B：3，长7.5、冠径0.7厘米。圆铤，圆头，通体光亮（图一）（中国社会科学院考古研究所河南二队《河南临汝煤山遗址发掘报告》，《考古学报》1982年4期）。标本2，河南临汝煤山遗址出土石镞，编号75LMT19③：1，长8.1、冠径0.9厘米。圆铤，圆头，通体光亮（图二）（参见上注中国社会科学院考古研究所河南二队）。标本3，河南永城王油坊遗

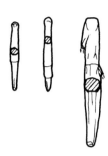

　　左：图一　石镞75LMT25③B：3
　　中：图二　石镞75LMT19③：1
　　右：图三　骨鱼镖77YWT18H8：1

址出土骨鱼镖，编号77YWT18H8：1，长14厘米，扁头，头宽1.3厘米。有不对称倒刺，刺很短。一面较粗，一面磨制精细。刃部光亮，但不锋利，近刃部一倒刺有残损，另一较短如鱼鳍状。第二倒刺处有一浅沟，似为捆绑绳索之用。（图三）（商丘地区文物管理委员会等《1977年河南永城王油坊遗址发掘概况》，《考古》1978年1期）

　　与史前大量的尖头镞不同，两件石镞的头极圆，显然不能起到穿刺作用；但圆铤、圆体的对称特征，表明弓箭力度很大，即使不能穿入鸟兽肉体，也一定能击落飞禽或者击倒一些较小的陆地动物，达到擒获鸟兽而又不伤其皮毛的目的。

　　值得注意的倒是那件扁头骨鱼镖，所以称为鱼镖，并无肯定的证据，不过是它与一般的鱼镖相似而已。但与一般的鱼镖不同是，它的头不是尖的，而是呈比较圆钝的凿口状。想来目的也不是为了射入鱼的身体，但作为鱼镖，其目的在于捕鱼，所以可能的解释也必是为了取得完整的鱼皮或者兽皮。骨镖上的倒刺，大概只是为了不让鱼镖失去而已。

　　过去我们对这一类的器物注意较少，其实史前和商周时期的遗址皆有出土，在分类上我们往往仅仅把它们划入一般的镞或镖而已，但从功能上看，这类器物应当别论而不能与一般的镞和镖混为一谈。

（原载《中国文物报》1998年2月25日）

再说古代的非尖头镞

过去说过在中国的龙山时代曾发现过圆头的石镞、骨镞，并结合古代典籍证明其功用主要是为了取得鸟兽的毛皮。这篇小文发表后，我在不经意之间又发现不少类似的材料，说明这种圆头的镞甚至更广义地说是非尖头的镞，在中国使用的时间很长，在世界许多文化中都有发现，如果好好收集，实在是一个可以研究的题目。

比如，安阳市博物馆就陈列有商代的圆头镞，形状与河南龙山文化发现的类似。汉晋时代的新疆更有多种多样的圆头镞，而且由于保存条件很好，弓和箭杆都在，可以做很好的模拟实验。比如最近发表的新疆民丰县尼雅遗址95MNI号墓地M8，出土木箭4支（M8∶15）。箭皆用长木枝条刮削而成，两头略细，中部稍粗；箭头圆形，涂黑，尾部有黑、红色彩绘，并见绑附羽翎的痕迹；弦槽外有加固用的缠绕物。长80～81厘米（图一）（新疆文物考古研究所《新疆民丰县尼雅遗址95MNI号墓地M8发掘简报》，《文物》2000年1期）。据观察，这些箭头都作前端略大后部略小的圆形，类似的形状过去在新

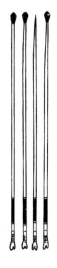

图一　新疆民丰尼雅遗址出土圆头镞

疆的汉晋时代遗址屡有发现，不足为奇。据说新疆过去还出土过骨制的头部很大的镞，"活像一个攥紧的拳头，圆钝而有棱角"。（柳用能《新疆古代文明》，新疆美术摄影出版社，1999年，19页）

汉晋时代的中原地区，也仍在使用类似功能的镞，但形状又有不同。比如，1953年发掘的东汉末年的山东沂南画像石墓，在其墓门当中的支柱上部，刻一个拉弓的武士，两足踏着弩弓的背，双手用大力拉弓弦，口中横衔一长箭，两臂上下各有一个像手臂的东西，可能表现弩箭的袋子。有意思的是，这个长箭类似新疆出土的那种长杆箭，只是箭头很大且端部呈一个平坦的面，很像莲蓬的形状。（图二）（曾昭燏、蒋宝庚、黎忠义《沂南古画像石墓发掘报告》，文化部文物管理局出版，1956年，13页）

圆头的镞，在古代的埃及和欧洲也有众多发现。法国卢浮宫古代埃及陈列，有一个埃及第18王朝（前1584～前1320）的木箭，头部圆形，箭杆约1厘米粗细，长约50厘米，类似新疆的发现。其实公元前2033～前1710年的古代埃及的非尖头的镞出土过许多，只是形状各异，有平头、各种各样的圆头、铲状头等等，说明它们可能有不同的用途。（图三）（2000年6月25日笔者参观记录）

使用非尖头的镞，是人类长期以来在生活实践中摸索出来的经验，未必有从此到彼的传播关系。我在挪威历史博物馆见到南美热带雨林亚诺马弥（Yanomami）部落使用的长杆木箭，木杆长约2米，端部有4个撒向四周的类似鸡爪状的箭头，后端还饰有尾羽（图四）（2000年8月13日笔者参观

图二　山东沂南画像石墓中描绘的平
头镞
图三　古代埃及出土的形式各异的非
尖头镞
图四　南美洲亚诺马弥印第安人用的
爪形木箭

记录）。这么长的箭杆，恐怕可以作标枪使用，但那不破坏猎物皮毛的用意显然是一样的。

2001年2月18日

头骨穿孔的奥秘

　　我们在河南做考古调查时，曾在焦作市的武陟县大司马遗址采集到一个穿孔的人头骨片（图一），因为刚刚被农民挖出，知道是从由两个陶瓮套接而成的瓮棺中出土的。陶瓮是龙山文化的遗物，所以这块穿孔的头骨片可以上溯到距今4000年以前。

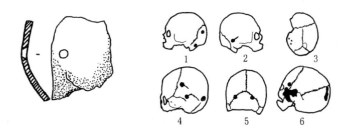

　　左：图一　河南武陟大司马遗址出土的穿孔头骨片
　　右：图二　新疆察吾乎沟四号墓出土头骨穿孔示意图
　　1、2. M201:C（左、右侧面）　3. M113:C（顶面）
　　4、5. M129:G（侧、后面）　6. M113:B（侧面）

　　从这个穿孔头骨片出发，我们对史前时代的头骨穿孔现象，进行了比较详细的分析和研究。发现青海乐都柳湾、民和阳山，新疆天山阿拉沟墓地、哈密焉不拉克墓地及和静察吾乎沟四号墓地等都有头骨穿孔的实例（图二）。欧洲、西亚和南美也有不少这样的例子。穿孔的原因何在？根据民族志的材料，我们认为虽然具体的目的因文化不同而有所不同，但总体说来似乎不外乎两个：一是宗教的，一是医疗的，且两者有密切的联系。（参见本书《史前时期的头骨穿孔现象研究》）

曾有研究者推测穿孔的目的是为了取下头骨片用作护身符，不过我们的分析显示，在目前我国已经发现的材料里，这样的推断证据不是很足，因为穿孔都很小，实际上既不易取下头骨片来，更不易用取下的骨片作为护身符。但是我国西藏东部地区某地，确有取下头骨片用作法器的例子。他们通常是在人死后，把死者的头颅割下，然后在其额骨上钻孔取下头骨片。骨片有五分硬币大小，联在一起做成法师念咒的串珠，上面刻画本生神、药王、忏罪佛、瑜伽神等佛教神圣，据说跟超度有关。论文发表后，我们又发现了一些新的穿孔材料。近读《水浒传》，发现在第三十一回《张都监血溅鸳鸯楼，武行者夜走蜈蚣岭》中，武松改做行者，从孙二娘那里继承了一套一个被她杀掉的头陀的行头，其中就有"一串一百单八颗人顶骨数珠"。说明在施耐庵的时代，就有取下人头骨片做念珠的风俗；而考古学和民族学的发现，又反过来证明《水浒传》的许多描述是有历史依据的。

（原载《中国文物报》1998年4月22日）

四千年前中国人已成功实施开颅手术

开颅术是一项技术难度大、危险性高的外科手术，即使在科学技术高度发达的今天，要实施开颅手术也非易事。但目前的研究表明，中国古代从距今4000年前开始，已经成功地实施了这一手术，从而揭开了被中外医学史家称之为"值得探讨的古人类之谜"和"文化之谜"。

一百多年来，曾有不少考古学和民族学的证据表明，开颅术在古代的欧洲、非洲、南美洲、中亚甚至大洋洲均有成功的实施。最初的颅骨穿孔手术在法国可以追溯至距今7000年前，在乌克兰则可以更早至公元前六七千年前，但是，这一重要的文化现象，唯独在中国没有确凿的证据发现，这曾一度令中外科技史家和医学史家感到困惑。世界著名中国科技史家李约瑟教授曾根据《三国志·魏书·华佗传》的记载，推测这一手术有可能公元3世纪始在中国出现，但他同时指出比较可靠的关于中国古代开颅手术的记载，见于宋元时代的著作，据说这一技术是唐宋之后由阿拉伯人带来的。尽管如此，此前并无任何实物发现证实这些记载。

最近的研究证明，实际上中国近几十年的考古实践，已经在很多古代遗址发现人类头骨的穿孔现象，其中在青海民和、大通，河南安阳和黑龙江泰来等地的四个古代墓地出土的5例标本上，显示了比较清楚的手术迹象，标本的年代范围则从距今4000年前的新石器时代晚期经青铜时代延至汉代，表明这一高难度的外科手术技术，至少在公元前2000年前即已被我们的祖先掌握，此后并不止在一个地区得到了成功的实施。

时代最早的一例标本，系青海民和县阳山墓地70号墓的墓主人——一个距今4000年前的成年男性个体的头骨。在这具头骨的后顶部有一个略呈圆钝三角形的大孔，其最大矢向径和横径约为42毫米×33毫米，孔的创缘已钝化并生出许多小尖刺状骨赘（图一）。在孔的周围还可观察到宽约8毫米的刮削面，其表面业已钝化，并呈"晕圈"状向创缘方向逐步变薄。此外，在头骨的右顶骨上还有两处因生前遭受某种器具打击留下的骨折凹陷和炎症穿孔（图二）。正是由于这两次重击造成骨折并导致颅内炎症，人们才在其头顶处实施了开颅手术，凿开了一个钝三角的大孔。从开孔的创缘

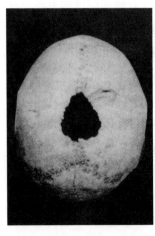 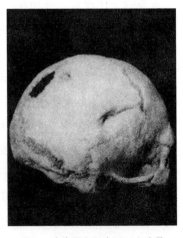

图一　青海民和阳山M70人头骨　　图二　青海民和阳山M70人头骨

生出骨刺及"晕圈"状刮削面已显模糊看，术后病人依然存活，手术很成功。

　　在已经发现的几例颅骨穿孔手术中，手术难度系数最高的当数对青海大通上孙家寨墓地392号墓墓主人所实施的开颅手术，其规模之大，实属世界罕见。在这位3000年前的中年男子的头骨上，开孔差不多横贯整个脑颅，从左至右直线距离达115毫米，前缘横弧长度约155毫米，最宽处约30毫米（图三）。在此大型脑颅开口的前后创缘各有一个小型穿孔，很可能是该男子在术前曾受过创伤的痕迹，也是他生前接受手术的主要原因。据观察，开口的创缘已钝化并伴有发育程度不等的再生骨赘。这说明手术成功，手术后该男子依然存活了一段时日。尤其值得注意的是，左侧创缘骨赘的次生现象强于右缘，而创孔前缘的骨赘再生又强于后缘，特别是右侧后缘外骨板刮削面更清楚，其创缘几无骨赘再生，说明此次手术后存活的时间不长。因此推测左右和前后的手术时间可能有间隔，也就是说曾不止一次对该男子实施过开颅手术。

　　研究显示，大部分的开颅手术都是为了减轻因头骨骨折发生脑水肿或脑内溢血症状而产生的颅内压力。因此，最近发现的

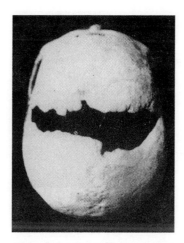

图三　青海大通上孙家寨M392头骨

穿颅术标本无疑对中国古代创伤和病理治疗的历史研究提供了极为重要的证据，同时也把中国开颅手术的历史前推至距今4000年以前，揭开了长期以来令科技史界感到困惑不解的医学文化之谜。

（原载《中国社会科学院通讯》1999年8月24日）

墓上建筑始于何时

　　中国古代的墓上建筑始于何时？这的确是一个不小的问题。过去曾有不少争论，要解决它，首要的任务是给墓上建筑定义、定性，因为这是涉及古代宗教和信仰等很多方面的问题。但是作为墓葬标志的墓上建筑始于何时，却是可以从考古学上找到不少证据的。历史时期的自不必说，远在数千年前的裴李岗时代，人类的墓葬就已排列有序，秩序井然（见图）（参见中国社会科学院考古研究所河南一队《河南郏县水泉新石器时代遗址发掘简报》，《考古》1992年10期）。如果没有墓上建筑作为墓的标志，要做到这一点大概只有两种情况：一、人们在同一时间死去，一同下葬；二、死后放在土坑中并不掩土埋葬。这两种可能性在大部分墓地找不到证据。对农村熟悉的人都知道，即便是现代人的墓葬，墓上有高大的坟丘，或者甚至有后人栽下的树木，也还是免不了被后死者的墓坑所打破。道理很简单，因为作为坟丘的堆土是不断变化和移动的，而树木只能确立点而非面。那么，史前的人又是靠什么标志，使得相隔多年的墓葬彼此排列有序互不相扰的呢？我猜想除了用石头等坚固的物体竖立在墓坑的四角之外，最大的可能是在墓上搭建起简易的木棚或竹棚，既为墓标，也可作祭祀或其他宗教方面的运用。汪宁生教授在其新著《西南访古三十五年》（山东画

北

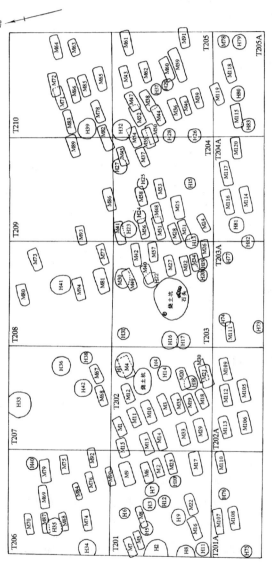

河南郏县水泉遗址裴李岗文化墓葬分布图

报出版社，1998年）一书中，就披露了云南西双版纳曼卡地方的基诺族有在坟上盖小竹房的风俗。这当是远古时代墓上建筑的孑遗。今后发掘史前的墓葬，也应给予墓坑周围的建筑遗迹以高度的重视。

（原载《中国文物报》1998年5月20日）

口琀的起源

　　历史时期的口琀，有玉做成的玉蝉等等，也有以其他装饰品比如玉玦替代者，此风可追溯到龙山时代。在山东地区，大汶口文化中就有以"镞形器"作口琀的。这应当是商周时代口琀的直接来源。这种风俗再前可追溯到什么时代?读《内蒙古敖汉旗兴隆洼聚落遗址1992年发掘简报》（《考古》1997年1期），知兴隆洼M118墓主口中即含有石管1

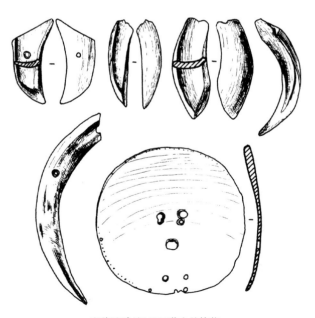

兴隆洼遗址M118墓主的饰物

件，当为口琀之滥觞。此墓墓口长2.5、宽0.97米，墓主男性，仰身直肢，头向西北，面略向西南，双手平放在臀部两侧下面，双腿并拢。人骨右侧有两具完整的猪骨架，一雄一雌。随葬品丰富，有陶器、石器、骨器、玉器和蚌器。其中颈部周围有石管5件，墓主口中及胸部各有石管1件，另有2件石管在右臂下和盆骨下。右臂内侧出1件玉玦，一猪腹下鼠洞内亦有玉玦1件。墓主右手背上有圆形蚌饰1件，将手盖住（见图）。从随葬品的摆放位置看，口中的石管显系有意为之，当为死者的口琀无疑。

（原载《中国文物报》1998年7月15日）

古俗新研

现代的古代

——豫西灵宝埋葬风俗纪实

这是2000年岁末在灵宝铸鼎原考古期间所记日记的一则，虽是民俗的实录，但因对考古学的研究有价值，故披露如下，以供同好参考。

2000年11月13日，晴，冷。

前日村（西坡）中一郭姓女人死，阴阳先生算今日中午一点钟下葬（没见过这个阴阳先生，据说不是本村的。因为阴阳先生所知太多，所以往往少子或无子嗣，以示天惩。但少子无子是因是果，村民却不去管它）。

此女子丈夫今年一月因车祸死，她则因煤气中毒而亡。她年仅57岁，有二子二女，女嫁，二子尚未娶。长子呆，次子也已20多岁，生活困难。

死者的墓地在村南。南边2千米即是轩辕台，实即秦岭的一部分。昨天下午我和明辉抽空去看坟地，见四个工人正在挖平面略呈梯形的竖穴，已有两米多深。但向南掏挖的洞室尚未开挖，出土的任务很重，据称昨天只挖了半天，当夜要连续挖掘，至迟今天上午十点必须完成。墓穴略呈西南东北向，墓主人头南脚北，其丈夫的墓葬并列在此墓西侧，间距约1米左右。

知道了下葬时间，中午一点即到死者家门外探望。村民们在路口三三两两地观望。一班乐人不停地在村中逛，主要穿梭于死者大门和出殡必经的路口之间。路口摆一面大鼓，另有两个镲、一面锣不停地敲打，乐手都是我们的民工。游动的乐队由笙、二胡、号手等组成，笙人就有三个，是农村的专业乐队。

其先是死者的儿子和女婿们由乐队引导至大门外路口，下跪如仪，大哭。然后由村民劝回（此时因我离开去坟地，细节不详）。不久，一群女子从家里出来。皆身穿白衣，头戴由两块或一块麻布做成的长条状手帕，遮着头前后两面，身后的一面还要在腰间绑一下，几拖至地。前面大概是为了遮盖面部，可能兼具实用和仪式的双重作用，即一面为了不让观者看见其真实表情，另外一面也是防止死者灵魂的可能骚扰。埋葬仪式中体现的生者对死者的矛盾心情，处处可见。女宾哭着逶迤而去墓地，死者的女儿、侄女和孙女们手持铭旌——各种深浅不一的红色旗帜——红白相间，煞是好看，给悲伤的送葬队伍平添了喜庆色彩。遮面的手帕往往边上染上或缝上红色条带，女人的衣服上也缝上红布条，用以辟邪。据说这红布条就是从以前送葬的铭旌上撕下的。

我等不及送殡队伍，只好随女宾队伍先到坟地。我去的时候，女宾们已经把铭旌插到从墓穴中挖出的土堆上。三三两两地或站或坐聊天。我不好意思到近前观看，就只好同掘墓人聊天。据说，那些妇女手持的旗帜，就叫铭旌，不过上面不写铭旌而写"恭旌"，是由死者的女性晚辈手持到墓地的。男性不操铭旌，他们自己也不能解释其中的原因。下葬时，铭旌要铺到棺盖上。又说牢盆叫孝子盆，一般是死者的兄弟手持，由村民中受过专门训练的人手持棍棒，像少林弟子那样在玩功夫中将其打碎云云，与我家乡由死者长子手持牢盆将其摔碎在地不同。

我因好奇墓葬的结构，所以请求上前观看。掘墓人说没有问题，只要我敢下去，主人家不会过问。我征得同意，两手撑地，一纵身就跳了下去。墓坑不太深（据说人越老，墓坑就越深，是由所谓九九八十一、九九归一的思想使然）。洞室开在竖穴的南壁，洞室的顶部距离地面150厘米左右，洞室里面略呈长方形，门口留有边框，使呈门状。墓道呈斜坡状，洞室内放两根桐木棍，像两道铁轨，目的是为了便于棺材的运行。洞室中空间较大，中间略宽，顶部较平，不呈穹隆状，门口也较大，不似一般的门口那么小，要到通过棺材的时候穿破。推测可能是由于时间仓促，来不及精雕细刻所致。

然后我出来细细地查看铭旌。这个当年在马王堆汉墓出土时争论很多的东西，其实在这里非常清楚。它一般宽约60厘米，长约150厘米，在窄幅的两端缚以木棍，然后把其中的一端，绑在一条长棍上，形成一个不能随风飘扬的旗帜。这些用绸布做成的旌旗上，不写铭旌，却用黑墨写成"恭旌"的字样。特点如下：

第一，铭旌由红色的绸布或被面做成长条形，大都很长，但小孩子送的较小。

第二，左上书"恭旌"，中间写"郭儒人之灵"，说明此物代表死者的灵位，也即郭某本人。

第三，右下角书"某某某"，如"侄女某某"。所以虽然记录了呈献者的大名，但这个旌旗代表死者本人无疑。比如其中的一个这样写："恭旌　大闺范郭儒人在阳享寿五旬有七之灵　侄女某某某。"据说个别铭旌上也有绘死者画像的，但这次没有看到，这更支持铭旌即代表死者本人的观点。

下午2点，死者的大女儿手持一大红铭旌哭声震天而至。她由一人搀扶，声音已哑。待来到墓前将铭旌插下，又喊着向墓坑中爬去，被人拉住，然后又跳下去，哭喊着，最后被人拉上来。第一次大概是仪式性的，第二次才表示对母亲的哀悼之情。这个女儿一直在哭，直到土堆成坟，还号哭不止，但大多数人无动于衷，甚至大喊大笑，充分显示我们是一个乐感十足的民族。

再一会儿，四人抬棺，后面跟着孝子孝孙而至。男人白头白衣，但据说这样的装束只限于至亲。有人告诉我，在村口已将孝子盆击碎，持盆者即为死者之弟。

棺材倒抬进墓地，到墓地后又反过来，将头调正，使头朝前。棺盖上有一个布罩，内有一个用细木棍做成的撑子，布罩撑在这个木撑子上，然后再固定到棺盖上。布罩上黑下紫，四角及中央被木撑子上的五个短木棍撑起，像五个支脚，中间用大红布，前用以红为主调的花布，后用以蓝为主调的花布撑成杯状。中间的一个，插有松柏树枝，显有驱鬼辟邪的用意。（《述异记》云，"秦缪公时，陈仓人掘地得物，若羊非羊，似猪非猪。缪公道中逢二童子，曰：'此名蝹，在地中，食死人脑。若以松柏穿其首，则死'。故今种柏在墓上，以防其害也。"可以为证）

待棺材卸下后取下布罩，女人们把铭旌从插在地上的长木杆上取下，层层叠在一起，卷起来，放在地上。还有不少妇女从铭旌上撕布条，用以驱邪。大小铭旌至少有6个，卷起来后像一匹红布。

棺材放下后，孝子们呈扇形跪在棺前的空地上，由于被苹果树分开的原因，人们跪得很开，随着乐器的指挥，行礼如仪。只跪了两次，仪式结束，开始下棺。抬棺的绳子前后拦腰绑在棺的前后端，然后用一根木杠穿起，多人用力把棺材放入墓道。落下之后，由于洞室的门较小，又有人用铁锹将墓门捅了两下，然后慢慢把棺材移到木轨上，后边又下去一人推棺尾，才把棺材推到应到的位置，最后把绳子抽出。

下边的仪式尤其值得记录：

一、主事人将卷起来的铭旌铺到棺盖上。由于棺材与洞室顶部的空隙很小，所以铺起来并不讲究。

二、主事人将一个直筒状的酱色瓷罐端到墓尾，上盖红绸布，布上放置一圆面饼。饼半生不熟，一看而知不是为生人准备的。揭开绸布，下面是半桶汤水，里面漂着红枣、核桃和一些发白的东西，颇类喂猪的泔水。主事人叫人用铁锨将瓷罐上的双耳打掉，再将面饼直接盖在罐口上，然后由另一人把它放置在棺材尾部的右下角。

三、同时，不少人把土装进编织袋，开始封堵墓门（据说以前用干草）。底下的三袋竖放，其上的都是横置。

四、主事人又喝令把灯端来。这是一个油渍麻花的白碗，用猪油做成的面条状的黄灯油盛了半碗，一条条伸出碗边像鼻涕一样难看，大概也是说明这不是为生人所备。有人点着火，把灯放在棺盖的尾部。

五、然后主事人又取出一碗，样子同前，但碗中装了半碗石子、用面捏成的小鸡和桃核之类，放在灯的旁边，目的同样在于辟邪。（《荆楚岁时记》："《典术》云，桃者五行之精，厌伏邪气，制百鬼也。"又说"贴画鸡，或斫镂五采及土鸡于户上，悬苇索于其上，插桃符其旁，百鬼畏之"。）

六、此时再有一袋沙土就可将墓门封死。灯光从里面露出来，主事人叫人打开一瓶白酒，然后又叫人抓来一大把白纸条放在洞口，把酒泼洒在纸上，待酒尽，把纸团推向油灯，纸团被点燃，同时发出满墓道的酒香。这时迅速将另一袋沙土堆放在洞口。这样做据说是为了让洞室中的氧气燃烧殆尽，以利于尸体保存。

七、之后，就是下土堆坟。这些事由工人替换进行，需时约40分钟。

值得注意的是，在填平墓道后，又有人将两棵桐木棍插入墓道的前后两端正中的位置，据说插桐木是为了不让它生根成活。以前流行插柳树棍，但是柳树极易存活，为了耕地的需要，现在已经不作兴插柳。这让我再次想起古代墓葬的整齐划一，一定是有墓上标志的，说不定就是这种两端正中的树木规范了墓葬的边界。

人一入土，孝子们即回家搬动纸人纸马：前有乐队开道，所见一门、三所大瓦房，据说刚好组成正房和左右偏房，房门正中间的老太婆可能即表示死者，厢房上描绘的童男玉女则可能表示伺候死者的随从。最后纸人纸马纸房在墓地被焚烧。孝子们搬动棺材和送纸人纸马的过程有失考察，还待以后留心。

通过上述观察，让我联想到下列一些事情：

一、在某些情况下，葬品不直接表现社会生活。同时，墓葬中所体现的社会生活可能往往落后于实际的社会生活。比如这种纸糊的斗拱建筑，已经很少在现实社会中看到。而三座瓦顶楼房纯系理想生活，并不代表死者生前所拥有。

二、中国文化的延续性往往出人意料。比如，"铭旌"一词，在先秦古籍（如《仪礼·士丧礼》）中即有，而今还在口耳相传，铭旌代表死者也同古代没有区别，其作用也同古代一样，是"以死者为不可别，故以其旗识识之爱之。"（郑玄注）在墓上种树的传统，历经二三千年没有变化，而这种习俗的源头更可能追溯到遥远的新石器时代早期。毁器的传统、使用桃核和鸡辟邪的传统、尸体防腐的传统也可以追溯到先秦时代。即便使用纸人纸马送葬的传统，也已有千年的历史。（《辽史·礼志》"冬至日，国俗，屠白羊、白马、白雁，各取血和酒，天子望拜黑山。黑山在境北，俗谓国人魂魄，其神司之，犹中国之岱宗云。每岁是日，五京进纸造人马万余事，祭山而焚之。"）中国民族文化的连续性，远超过一般人的想象。

2001年1月30日

姜子牙钓鱼的史影蠡测

姜子牙钓鱼——愿者上钩，这句歇后语在我国差不多是尽人皆知。查《史记·齐太公世家》，知姜子牙即"太公望吕尚者，东海上人"。索隐："谯周曰：'姓姜，名牙'。"姜子牙出山很晚，"年老矣，以渔钓奸周西伯。西伯将出猎，卜之，曰'所获非龙非彲，非虎非罴；所获霸王之辅，于是周西伯猎，果遇太公于渭之阳，……载与俱归，立为师"。这段话带有很强烈的故事色彩，但所谓"渔钓"似乎只是一种比喻，并未真正涉及钓鱼。倒是《说苑·佚文》说："吕望年七十，钓于渭渚，三日三夜，鱼无食者。望即忿脱其衣冠。上有农人者古之异人也，谓望曰：'子姑复钓，必细其纶，芳其饵，徐徐而投之，无令鱼骇。'望如其言，初下得鲋，次得鲤。刳鱼腹得书，书文曰：'吕望封于齐'，望知其异。"（《说苑疏证》，汉刘向撰，赵善诒疏注，华东师范大学出版社，1985年，621页）虽也是神话传说，但太公钓鱼事似乎得到证实。《辞源》"姜太公钓鱼"条："传说太公钓于渭滨，钓竿直钩不设饵。歇后用法，愿者上钩，指事出于自愿。元人《武王伐纣平话》记太公钓鱼，有'负命者上钩来'之语。明叶良表《分金记·强徒夺节》：'自古道：姜子牙钓鱼，愿者上钩，不愿怎强得他？'"似乎也是微言大义，而没有触及究竟怎样用直钩无饵钓鱼。

近读《云南物质文化·采集渔猎卷》（罗钰著，云南教育出版社，1996年）才知道无钩钓并非只是一种微言大义的比喻，而是实有其事的。所举二例，一为布朗族的无钩钓；二为芒人的无钩钓。

在西双版纳傣族自治州境内的布朗山、边达、西定等地区的小溪中，生活着一种长约7厘米、身上有黑色条纹、尾巴为红色的小鱼，这种小鱼咬钩凶猛，一旦咬住饵料，轻易不会松口。每年干季，河水少了，鱼特别集中，布朗族人民除了用网笼类工具捕捉，无钩钓最为流行。他们先在上游制造一点塌方，使水变混，用树棍做成钓竿，用野葛搓成细麻绳作为钓线。"挖回蚯蚓以后，以一段20厘米左右的钓线，用小竹签自蚯蚓口而入而尾出，系上一个结，使蚯蚓不易滑脱。"另外还要准备一个口较大的小箩接鱼。钓时，"右手持竿，将饵放入水中，轻轻抖动，或来回拖动饵食，红尾巴鱼便前来咬饵，它食饵极猛，手上有感觉便可迅速提抽钓竿，鱼一出水面，左手立即送网兜前去接，待鱼离开水面，感到危险存在便会松开口，但已为时过晚，已经成为网中之鱼了。"（图一）

与布朗族同一语系的聚居在金平苗族、瑶族、傣族自治县的芒人，也采用无钩钓鱼。芒人是妇女捕鱼（图二）。她们不用铁钩，"只需从山上采回野麻搓成细绳，穿上蚯蚓之类的食饵令之成串，系绳于手指粗细的小棍上，将饵放到有鱼的洞口，来回拖动；当鱼冲出洞吞食饵时，竿有所晃动，妇女们趁竿动之时赶紧提起竿线，顺势用竹箩一接，如配合

左：图一　云南西双版纳布朗族无钩钓示意图
右：图二　云南芒人妇女

默契、谐调，鱼也就落到了她们的鱼篓之中。"（见上注
罗钰文）

　　芒人与布朗族的无钩钓其实是一回事，都是利用鱼咬钩
凶猛的特点。但无钩却有饵，这大概是使鱼上"钩"的唯一
方法。

　　姜太公钓鱼的故事流传二三千年，想必也应该有点事实
作为依据吧，布朗族、芒人的无钩钓为我们理解这个故事提
供了可供参考的材料。

（原载《中国文物报》1998年7月1日）

河姆渡遗址出土"陶羊"释疑

　　古代的艺术家能在多大程度上表现现实世界？这的确是一个不大不小的问题。不过我们至少从欧洲旧石器晚期的岩画上，就已经能够看到鹿、野牛、熊、猛玛象等栩栩如生的形象，这些形象相当客观地表现了真实的动物世界，那是不容怀疑的。到了新石器时代，艺术的形式更加多样化，除了绘画，雕塑也更加发达，考古发现将这些艺术创造和古人生活的遗迹一同展现在我们面前，我们和古人的距离越来越近。

　　几年前偶读《中国文物报》，在1994年10月30日该报第3版上读到黄渭金先生的文章——《河姆渡遗址出土"陶羊"质疑》一文。该文认为，河姆渡报告把第4文化层出土的标本T16（4）：59（见图）定名为"陶羊"是错误的。原因有三：一、河姆渡没有发现羊骨，长江流域及其以南的新石器时代遗址中"至今也未有羊骨发现的报道"，先民不可能凭空捏造；二、遗址除这件"陶羊"外，再无第二件与羊有关的实物资料；三、先民所塑造的动物形象均较原始、粗糙，难以认定。因此，黄文认为这件"陶羊"当为家犬的造型。这篇文章给我留下很深的印象，故而经久不忘。但是这个质疑其实是经不起推敲的，时间过了这么几年，还没人提出意见，笔者姑作解人，为黄文释疑，也希望得到专家的指教。

河姆渡遗址第四文化层出土陶羊

首先，说长江流域以南的新石器时代遗址没有羊骨发现的报道是不正确的。早在20世纪60年代初，江西万年仙人洞遗址下层就发现羊的存在，数量仅次于斑鹿、獐和野猪。其后，在广西柳州白莲洞、广东翁源青塘、广西南宁豹子头、湖南道县玉蟾岩等新石器时代遗址都发现羊的牙、角和骨等的存在，清楚地说明羊在新石器时代的长江流域及其以南地区是人们常见的动物。河姆渡没有发现羊骨，并不说明河姆渡人没有见过羊，艺术与现实之间并不存在一对一的关系；再说正式的发掘报告还没有出版，有无羊骨尚无定论。

其次，除了这件T16（4）：59之外，在《中国河姆渡文化》[刘军、姚仲源著，浙江人民出版社，1993年。该书说T16（4）：59应出自第3层]一书中还公布了两件与羊有关的艺术品：一为T226的浮雕羊塑，在一个圆角方块状陶塑的一面，浮雕一只正在疾走奔驰的羊，四足腾空，富于动感。二为T233出土的黄灰色羊塑，高4.5、长4厘米，昂首，作下蹲状。两者都出自第3层。说明陶羊的出现并非孤例。

第三，尽管由于古代艺术家的某些手法不为我们所理解，或者说比较粗糙、原始而难以认定，但T16（4）：59和

T226的两例都不属于此列。它们的特征鲜明、形象，显系羊的造型无疑。相反，要是把它们视为家犬的形象，反倒匪夷所思了，尽管河姆渡有那么多家犬遗骨和粪便。

（原载《中国文物报》1998年7月29日）

附录一

河姆渡遗址出土"陶羊"质疑

黄渭金

在浙江河姆渡遗址第一期考古发掘中，第四文化层中出土陶猪等9件陶塑动物，原报告把标本T16（4）：59定名为"陶羊"。笔者认为是值得商榷的。

首先，先民所塑造的众多动物形象或是当时遗址周围有活动的动物，如驯养的家畜——陶猪，或是渔猎所获的猎物——陶鱼、陶鸟等，这些动物的遗骸在遗址内均可以一一找到。河姆渡虽然保存了60余种动物的遗骸，但没有一种是羊骨，在我国长江流域及其以南地区的新石器时代遗址中至今也未见有羊骨发现的报道，可见七千年前河姆渡遗址周围并没有羊活动。先民也就不能凭空想象出"羊"的形象而且把它捏塑出来。其次，遗址除了这件"陶羊"外，未能找到第二件与羊有关的实物资料。第三，先民所塑造的动物形象均较原始、粗糙，造型也极不准确，给我们对陶塑动物的定名带来极大的困难。和"陶羊"一起出土的其余8件陶塑动物中，除一件陶猪外，其余7件均造型不准确，难以定名。

所以，这件陶塑动物不可能是羊，而应是当时遗址及其周围有活动的其他动物。我们在综合遗址的发掘资料和动物的生态习性后，认为标本所塑的动物形象是家犬。

第一，河姆渡遗址中保存有相当数量的家犬遗骨和粪便，经中科院、省自然博物馆等单位对遗址的33件狗头骨和下颌骨的鉴定、分析后认为："河姆渡遗址的上述标本是人类驯养家犬无疑，此外遗址中发现的狗粪也可作为遗址居民驯养家犬的一个旁证。"并且进一步阐述家犬的特征是"体型小、吻部变短，鼻骨近端比较凹陷，下颌骨下呈弧形，矢状脊已显著退化"。上述描述同陶塑动物标本极为相似。

第二，家犬作为人类忠实的伙伴，多次出现在河姆渡先民的原始艺术品中。在一件器盖的顶部，家犬被塑成盖纽，作昂首竖耳的趴卧状。另一件陶块上也发现浮雕有一只昂首翘尾作奔跑状的小狗。标本所塑家犬的形象也作昂首匍匐状，与家犬的生态习性十分相似，类同于上述家犬形象的塑造特征。

（原载《中国文物报》1994年10月30日）

附录二

河姆渡遗址的陶羊为何引起争论

蔡保全

看了《中国文物报》最近关于河姆渡遗址是否存在"陶羊"的争论，觉得争论的焦点是河姆渡人生活时期周围是否存在羊类动物以及定为"陶羊"的标本是否确切。黄文认为河姆渡第四文化层出土的标本T16（4）：59定名为"陶羊"是错误的，因为河姆渡没有发现羊骨，先民不可能凭空捏造（黄渭金《河姆渡遗址出土"陶羊"质疑》，《中国文物报》1994年10月30日第3版）；陈文则指出除T16（4）：59号标本外，在T226、T233探方中也有羊塑，它们的特征鲜明、形象，显系羊的造型无疑，河姆渡没有发现羊骨，并不说明河姆渡人没有见过羊，艺术与现实之间并不存在一对一的关系。（星灿《河姆渡遗址出土"陶羊"释疑》，《中国文物报》1998年7月29日第3版）

河姆渡遗址考古队的考古工作者1978年将T16（4）：59号标本定为陶羊并没有错，确实如陈文所说"特征鲜明、形象"，形态极为接近青羊和苏门羚。质疑是1994年提出的，争论者都认为到目前为止河姆渡遗址中没有羊的遗骸，黄渭金同志因此推论没有羊哪来羊的艺术品；星灿同志则强调羊的艺术品是存在的，羊的骨骸还寄希望于正式发掘报告。虽然河姆渡遗址正式发掘报告还没有出版，遗址动物群部分的研究报告已先于1994年出版（魏丰等《浙江余姚河姆渡新石器时代遗址动物群》，海洋出版社，1990年），该书描述的61种动物中，最后一种苏门羚即是羊类动物。河姆渡遗址中获得的苏门羚遗骸有额骨上保留了左右近于完整的角心标本1件（编号YH05.1）、破碎的额骨上又保留了一侧的角心标本4件（编号YH05.2－5）。

在哺乳动物分类上，羊属于牛科，牛科可分为牛亚科、羚羊亚科和羊亚科。我国现生的羊动物中，属于羚羊亚科的有原羚、黄羊、羚羊，属于羊亚科的有赛加羚、藏羚、苏门羚、斑羚（青羊）、扭角羚、盘羊、绵羊、山羊、岩羊等。生物的名称有学名和俗名之分，学名即符合国际生物命名法规，由一个国际通用的拉丁语或拉丁化文字组成，世界各国都看得懂，如苏门羚的学名是*Capricornis sumatraensis*；而俗名是世界不同民族用不同语言给常见生物起的各种名字，同一种生物不同民族有不同的叫法，俗名不仅不利于交流，而且易生误会，不利于科学研究。汉语上的习惯，羊类动物俗称上往往有"羊"字，然例外也不少，如上所述，占了一半，可别忘了它们都有"羚"字（羚羊的意思）。

河姆渡遗址存在羊的遗骨以及羊的陶塑，这是无须争论的事实。那么为何引起质疑、释疑而且越解释越不清楚呢？或许争论者没有见到《浙江余姚河姆渡新石器时代遗址动物群》一书，或许读过此书但对"苏门羚"不理解，因为中文名称上没有"羊"字，且书里是归入牛科的，没有进一步说明属羊亚科，想当然就认为不是羊。河姆渡人生活时期周围确实存在羊，而且是河姆渡人的猎获物，河姆渡人并没有凭空捏造，原始艺术与现实之间存在对应关系较易让人认同。

(原载《中国文物报》1998年9月2日)

也谈家马的起源及其他

　　20世纪90年代以来，《中国文物报》相继发表了数篇关于家马及马车起源的文章（1994年6月12日孔令平《马车的起源和进化》，1995年3月12日郭晓晖《骑马术与印欧语系的兴起》，1997年4月27日袁靖、安家瑗《中国动物考古学研究的两个问题》，1997年6月15日水涛《驯马、马车与骑马民族文化》，1998年8月12日王宜涛《也谈中国马类动物历史及相关问题》），对国际国内最新的关于家马和马车起源的研究作了比较简明的介绍和讨论。论者的观点明显地分为两种，一种认为马和马车是从黑海和里海之间的草原地带传入中国的；另一种认为中国养马、驯马和用马的历史可以早到龙山文化时期，尽管中亚和西亚地区考古发现的家马较早，但中国内地的家马起源不一定是从西方或北方传来的，言外之意，中国有一个独立的家马起源中心。

　　关于中国家马的起源，的确还是一个没有解决的问题，这个问题的最终解决恐怕还要依靠今后的考古发现。就目前的研究来看，乌克兰草原无疑是最早发现驯马证据的地区。中国比较肯定的家马是和马车一道发现于商代晚期的，年代上比第聂伯河西岸的德累夫卡发现的公元前4000年前的、具有明确佩戴马嚼子痕迹的家马，晚了近3000年；比二轮马拉战车从高加索地区传入近东的时间晚了大约近千年。虽然在连接中国北部、西部和中亚草原的考古发现上存在许多缺环，但是就目前的考古材料看，内蒙古中南部的朱开沟文化从龙山到早商阶段的遗存，没有家马的发现；新疆哈密焉不拉克墓地，也没有发现家马的遗骸；甘青地区的新石器时代和早期青铜时代文化也同样没有家马存在的证据。在已经发掘的上千处新石器时代和早期青铜时代的遗址中，已经发现的较殷墟为早的马骨，则只有西安半坡、汤阴白营、华县南沙村和章丘城子崖等少数几个地点（正式鉴定过的河北南庄头新石器时代早期遗存并无马类动物的遗存，参见《考古》1992年11期周本雄先生文），除南沙村龙山文化遗址据说出土有完整的埋在祭坑的马骨架外，其余都是零星的牙齿和碎骨，很难做出是否家马的准确鉴定。其实，即使是完整的马骨，也很难肯定是家马的遗骸。所以，目前要说中国是另一个家马起源的中心，还不如说最初的家马是自中亚草原辗转而来更可靠些。

野马是家马赖以产生的必要条件。据研究，中国的野马在历史上曾有广泛的分布。地质时代，其分布的南界，东段在秦岭、淮河以北；西段在青藏高原北缘（柴达木盆地除外）以北。历史时代，野马的西段南界基本如前，东段的南界则北移至河西走廊、陕北、冀北一线以北。现代野马残存于新疆东北、陇西北、内蒙古西北部地区（文焕然《历史时期中国野驴、野马的分布变迁》，《历史地理》第10辑）。全新世以来，虽然由于气候变化和人类活动的加剧，野马不断地向西北方向退缩，但是历史上黄河中下游地区仍有野马生存，仰韶、龙山文化的遗址中出土马的遗骨，从侧面支持了后世文献记载的真实性。但是这些发现的地点既少，发现的数量也很有限，说明黄河中下游地区早在历史时代开始以前数千年间，野马的生存空间已经非常有限了。更重要的是，黄河中下游地区以农业生产为主，对生性高傲难以接近的野马，很难产生真正的作为动力需要的冲动，即使有了驯化猪、狗等动物的经验和技术，这种情况也不会有根本的改变。而以猎取野马的皮毛和骨肉为目的的狩猎，早在旧石器时代就大量存在，是不能看作真正意义上的"养马、驯马和用马"的历史的一部分的。

在商代晚期，马一般发现在墓葬和祭坑中，却很少发现在灰坑中，而同样是作为祭品的狗、牛、绵羊、山羊、猪和鸡等，却大量发现在垃圾堆（灰坑）中。这一方面说明马的作用不在于提供肉食，另一方面也证明马是珍贵的动物。甲骨文中有"马羌"，被认为是西北地区的一个方国（陈梦家《殷墟卜辞综述》，科学出版社，1956年，283～284页），又有某地入马的记录，胡厚宣先生认为殷墟的马是从西北地区输入的（《武丁时五种记事刻辞考》，《甲骨学商史论丛》，第一册）。所以，至少商代晚期的马，主要是从西北地区传入的。如前所述，在我国的西北地区，并没有发现早于商代晚期的家马，这除了可能有考古发现上的缺环之外，可能的解释就是上述西北地区的诸方国，最初只不过是把马从中亚输入内地的一个驿站，他们自己并非家马的原始驯化者。

家马从中亚草原传入中原，在地理上并非像有些学者所说的那样不可逾越。主要分布在南西伯利亚、鄂毕河上游和哈萨克斯坦的卡拉苏克文化，年代相当于殷末周初，经营畜牧业，与外贝加尔、蒙古和中国北方草原地区乃至西部的伏尔加河流域东西连成一线，在面貌上存在很大的一致性，对中原地区的商周青铜文化也产生了很大影响。殷墟发现的贝，来自我国台湾、南海甚至阿拉伯半岛的阿曼湾和南非的阿果阿湾等地；殷墟的玉料，则有一部分是从我国新疆和田来的；至于占卜用的龟甲，来源更为广泛，一些特别的种类，分别产自我国海南岛、东南亚和马来半岛甚至日本等地，其范围之广，远超出我们的想象之外（中国社会科学院考古研究所《殷墟的发现与研究》，科学出版社，1994年，441～444页）。中国与西方的联系，当然也不是从殷墟时期开始的。因此，中国内地既不"完全封闭"，西部的崇山峻岭也不是不可跨越的，借助于善跑的马类，东西方人类的交流和来往当然是可以比以往更容易的。

反对中国家马来自中亚草原的学者，其理论基础无疑是家马多地区起源说。这本来无可厚非，但是他说："如果说中国家马的起源来自西亚和西伯利亚，那么与欧亚大陆完全隔离的美洲，其印第安人也具有熟练的骑马术则是难以理解的。因此认为上古时代世界人类对马的驯养，首先是从黑海到里海之间的草原地区开始兴起，然后波及其他地区的观点，显然是站不住脚的。"（见前注王宜涛文）在这里，印第安人的骑马术（如果不是马本身的话），是作为家马多中心起源的一个重要论据提出的。但是，众所周知，在哥伦布发现美洲之前，美洲既没有马，也没有骑马术的存在。安第斯高原是古代美洲唯一的畜牧区，奇楚亚人和艾马拉人的确驯养一种叫作骆马的动物，除了利用骆马的驮力之外，人们还广泛地利用骆马的毛、皮、肉、骨头和油脂。但是，骆马是偶蹄目骆驼科动物，与羊驼、原驼和美洲驼近缘，合称羊驼类。它虽也善于奔跑，但与马属于不同种类的动物。只是在16世纪欧洲人把马输入美洲之后，北美大草原和南美巴塔哥尼亚人才很快成为出色的骑手，从徒步的猎人变成了骑马的猎人。据记载，欧洲第一批殖民者从欧洲运来的马在殖民初期有一部分放野了，在美国西部大草原变成了莫斯坦格马群（美洲产一种小而耐劳的野马），印第安人捕获并驯养了这种马。这样，马就成为猎人们不可缺少的东西了，不仅打猎的效率高了，他们还用马来驮运重物，而在此以前，北美西部大草原的人们是用狗来拖拉物件的（托尔斯托夫主编《普通民族学概论》，科学出版社，1960年，122页、165页）。把印第安人的家马和骑马术作为家马多中心起源的例证是不合适的，实际上欧洲人之所以能够摧毁美洲古代文明，在很大程度上是依赖了马的力量，印第安人对于这种外来的神奇动物，一定是铭心刻骨，永志不忘的。

（原载《中国文物报》1999年6月23日）

纸盆、火盆和陶器的起源

　　说到陶器的起源，我们会很自然地想到恩格斯在《家庭、私有制和国家的起源》里的一段话："在许多地方，或者甚至在一切地方，陶器都是由于用黏土涂在编制的或木制的容器上而发生的。目的在使其能耐火。因此，不久之后，人们便发现，成型的黏土，不要内部的容器，也可以用于这个目的。"陶器的起源是否经过这个阶段？毫无疑问，要通过考古学和民族学的发现去验证它。

　　在民族学上，有许多的发现，暗示我们的先民可能确实经历了这样一个从偶然到必然的发明过程。比如南美洲的土著民，常将泥土涂于炊器上约一指厚，以防其烧裂。北美亚利桑那的哈瓦苏派人（Havasupai）用敷泥的编物煎炒植物种子和蟋蟀等物。秘鲁的一些土著民，用布敷泥制成坩埚，等等。这些发现使笔者回忆起少年时代在华北农村看到的农民制作纸盆和火盆的情景来。纸盆一般是专为妇女做针线活用的。把针头线脑放在这样的盆里，拿起来非常轻便。纸盆的做法，首先是把一些废纸泡成纸浆，然后把纸浆一块块地敷在倒扣在地的金属盆或陶盆的外壁，一般从底部敷起，最后一直敷到扣盆的口部。一边敷纸浆，一边用手拍打使之均匀、致密。这样一块块地敷好，大约敷到1厘米左右的厚度，待到晾晒干燥后，取下内部的金属盆或陶盆，一个精制的纸盆就出现了。有的妇女还要在纸盆的内外糊上一层牛皮纸，还有的再上一层清漆或桐油；另一些人则要在上面画上美丽的花纹，使之既坚固又美观。所谓火盆，是冬天烤火用的泥盆，一般是把木材或农作物的秸秆儿放在盆里燃烧，供人取暖。火盆的制造与纸盆大同小异，不过是用和好的黏土涂在倒扣在地的金属盆或陶盆上，也是一边涂泥，一边不停地用手拍打，这样一层层地涂抹黏土，直到黏土的厚度达到2～3厘米，才算完成。等黏土半干后，把其内的金属盆或陶盆取下，火盆就做成了。为了顺利地取下作为模子的金属盆或陶盆，有时候还会把纸或植物的皮壳撒在盆的外壁。经过长期的烧烤使用，火盆的内部成了红褐色，变得十分坚硬，实际上距离真正的陶器制造只有一步之遥了。如此等等，固然不能就说陶器的起源一定是从木制或编制的容器上脱胎下来的，但民族学发现上的蛛丝马迹证明这种推测是合乎逻辑的。

从考古学上看，近30年来，世界各地都发现了可以称之为模制法（moulding）的制陶技术。所谓模制，就是在一个容器或者类似容器的东西里面或外面敷泥制陶的方法。这种方法在我国南北方、欧亚大陆的其他许多地区包括俄罗斯远东、日本等地的早、中期新石器时代，都广泛存在。比如俄罗斯远东地区的嘎斯亚（Gasya）、科胡米（Khummy）和乌斯廷诺伏卡第三地点（Ustinovka-3）三个新石器时代早期遗址，都出土过可能用模制法制作的陶器（Zhushchikhovskaya 1997. On the Pottery Making in the Russian Far East, *Asian Perspectives*, Vol.36, No.2, pp.159-

174）。特别是后两个遗址出土的陶器，器壁的内外都有纹饰，前者的器表装饰着十字纹和网状纹，器内壁装饰着平行线纹（图一），后者的器表无特别的纹饰，只个别地方有平行线纹，器内壁则装饰着细密的横平行线纹（图二）。不唯如此，后者的陶片断面表明，陶器器壁至少是由两层泥片贴塑的。试验证明，利用容器模制陶器，在开始的阶段，需要把一片片的泥片压贴在容器上，这样做成的陶器，器壁的断面自然留下两层或多层泥片叠压的痕迹。因此，研究者推测这三个遗址的陶器，都可能是以篮子一类的容器为模，再辅以陶拍之类的工具拍打，模制而成的。我国江西万年县仙人洞出土新石器时代早期的个别陶器，

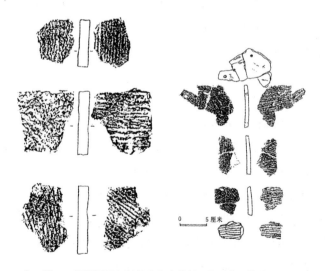

左：图一　俄罗斯远东科胡米出土的新石器时代早期陶片
（左：外壁，右：内壁）
右：图二　俄罗斯远东乌斯廷诺伏卡出土新石器时代早期陶片
（左：外壁，右：内壁）

也发现器壁内外都有绳纹的印痕，同样可能是以编制或木制的容器为模制作的。我国其他早期新石器时代遗址，也都普遍发现陶器器壁由两层或多层泥片贴塑的现象，也当是模制的遗迹。

　　制陶在人类历史上是一个划时代的文化发明，是人类长期实践的结果。早在旧石器时代晚期，世界一些地区就有了泥塑的动物或神像，说明人类对泥土的可塑性有了一定的认识。但是用泥土捏塑动物或人像是一回事，把泥土制成容器并且烧成陶器是另一回事。西亚在前陶新石器时代已经大量地用泥土捏塑"母神"或动物像，但是却没有陶容器发现，日常容器都是用较软的石头做成的。这说明把泥土做成容器并非易事。目前所知最早的陶器，一般的陶土都是自然的陶土，即使有羼和料比如石英的颗粒，也都非常的粗大，有的粒径可达1厘米，说明人类对陶土的认识和了解与后来相比还有很大的距离。在这样的情况下，以固有藤编、竹编、葫芦或者木制容器为模具，在其内部或外部敷泥制陶，就不仅是可以理解的，似乎也应是必经的一个阶段了。我国北方的筒形罐特别是扁筒形罐，显然是模仿桦树皮容器而来。俄罗斯远东及北美的盒形陶器，也显然是仿木盒制作的。我国南方多圜底器，其制作说不定与当地常见的葫芦有关。这些陶器已经进化到相当发达的阶段，它们自然不必一定需要模制，但它们的独特形状，很容易让我们想到它们的起源该是由木器或葫芦模制而成。

　　我国史前考古发现的陶器数以万计，但早期的发现既少且非常零碎，几乎不见完整器。追溯陶器的起源，看起来无论在华北或者华南，都应该到距今万年前后的新石器时代早期地层里去寻找线索，可惜至今还没有在考古遗址中明确发现如恩格斯所说的，在编制或木制的容器上涂泥烧造，并且在器壁上留下可确认痕迹的陶器（或者已经发现，但我们没有辨别出来）。但新石器时代大量模制陶器的存在，使我们有理由相信最初的陶器烧造，一定经历了这样一个看起来幼稚的发展阶段，我们期待着新的发现。

（原载《文物天地》1998年4期）

民族志中所见的石烹技术

　　史前遗址中常见大小不一、形态各异的石头，在灰坑中出土得更多。这些石头的分布有时毫无规律可言，又看不出有人类加工和使用的痕迹，它们的用途实在是一个谜。但是这些明显是从河床搬来的石头，绝不是等闲之物，而应当充作某种特殊的功能，石烹即其用途之一。但是要在考古学上证实这一点，还需要大量的工作。民族志中有大量关于石烹的记录，可以为我们提供某种有益的启示。

　　唐刘恂《岭表录异》卷上记载："康州悦城县北百余里山中，有焦石穴。每岁乡人琢为烧食器。但烧令热彻，以物衬阁，置之盘中，旋下生鱼肉及葱韭蒜菹腌之类，顷刻即熟，而终席煎沸。南中有亲朋聚会，多用之。频食亦极壅热，疑石中有火毒。"（广东人民出版社，1983年）这是古代岭南的情况。

　　19世纪初期俄罗斯航海家利相斯基的《利相斯基太平洋地理发现记》，这样记述努加·吉瓦岛人的烹饪方法："我从没有看见专用的厨房，每个人都在房前露天地上准备自己的食品。将面包树果实和根茎用叶子包好后，放火上烤。用另一种方法做猪肉。先挖一个坑，放入木桦，再放鹅卵石，加热烧红。然后把鹅卵石弄干净从坑里取出，把坑铺上树叶子，最后放上十分洁净的全猪（该地猪总是勒死的，不是屠宰的）。猪上覆盖树叶，用土埋好后再放鹅卵石，直到完全烤熟以前，一直放在坑内。因为努加·吉瓦岛上这种家畜不多，所以烤熟的猪肉时常被大家享用。届时，将肉切成小块，分发给各家主人。如果肉厚部位没有烤熟，这时准备另一坑，照上述方法将不熟的肉块如法炮制，再烧一遍。"（徐景学译，黑龙江人民出版社，2000年，79～80页）这是近200年前太平洋岛屿所见的情况。

在同书中，利相斯基还惟妙惟肖地记述了夏威夷岛人的类似烹饪方法："散得维齿人的食物是猪、狗、鱼、椰子、甜马铃薯、香蕉、塔尔罗和薯蓣，有时吃生鱼或烤鱼。妇女禁食猪肉、椰子和香蕉；男人则什么都可以吃。这里的猪不是屠宰的，而是用绳子将拱嘴绑上后勒死。采用下列方法制作食品：挖一个坑并放入一两堆石块，点燃火（此地用摩擦法取火）。然后再放石头，使空气流通。当石头烧得灼热时，弄平石头，使之严实，再放上一层薄树叶或芦苇，把动物置于其上，翻动它，一直等毛都脱掉为止。如果毛仍有未掉，则用刀子或贝壳刮净。这样将动物弄干净，切开肚子，取出内脏，同时第二次升火，石块刚烧红就把它扒开，只留下一层，铺上树叶，把猪放上，往开膛的肚子里放裹满树叶的灼热石块，再用树叶将动物包起来。其后，动物被放到树叶烧红的石头上，上边再覆盖一层沙子或土。这样，一直到熟为止。做根茎也采用同样方法，稍有区别的是，放热石头以前，要洒些水。"（同上注书，115～116页）

除了用石头烹饪食物，太平洋人还用烧热的石头取暖，这则史料也很有趣，可以使我们大开眼界：太平洋卡迪亚克岛人在主要的房间边上建一个"不太大的厢房,叫作'如潘'。每间都有一个入口,进去时需俯身,腹部贴地爬行,直到两脚渐渐站起为止。'如潘'最顶上开一个不大的窗户,可透进阳光,除窗框外,均用肠衣或膀胱镶起来。墙根前,离3英尺(1英尺为30.48厘米,后同)远处放上不太厚的方木,当睡觉的床和座位。这部分相当干净,因为铺上了干草和兽皮。此地'如潘'冬季尤为适用,因为面积小,人多总能暖和些。最冷的季节他们把石头烧红取暖,这种'如潘'有时也当澡堂用"。(同上注书,190页)

(原载《中国文物报》2000年10月18日)

长葛·长社·社
——古代社的活化石

　　长葛地处河南省中部，物产丰富、历史悠久。它的得名，相传是为了纪念上古神话中的乐神葛天氏。据民国十九年（1930年）《长葛县志》载："长葛盖葛天氏故址也，后人思永其泽故名曰长葛。"《春秋·隐公五年》："宋人伐郑，围长葛。"可见长葛至少已有2600余年历史。

　　长葛又名长社。《后汉书·郡国志》"颍川郡长社有长葛城。"刘注云：《左传·隐公五年》"郑围长葛。县本名长葛。《地道记》云：'社中树暴长，汉改名。'"其实，长社之名，战国即有，先属魏，后并入秦。

　　长葛是否葛天氏的故址，已不可考。但是长葛之为长社，却有相当丰富的佐证。据民国十九年《长葛县志》载："社柏为葛名胜，前志未载，诚憾事也，现有二十六株，东西极大者各二，皆二十四围，余亦二十围。应劭注《汉书》谓'社树暴长，因名长社'，或即此柏。惟长葛之名非由汉始，魏或已植此柏，因暴长，改为长社，二千余年古物可称巨特。"

　　笔者曾于1988年夏天赴古社柏遗址考察。社柏位于今长葛市老城镇西北500米处，现存仅23株，南北成排，东西成行，分布在约二三亩大小的土地上。社柏苍劲古朴，虽历经沧桑，但枝浓叶茂，株株似有仙风道骨（见图）。柏园中并

长葛社柏

不曾种植任何植物。当地百姓有关社柏的神奇传说，反映了他们对它的尊敬和恐惧。有趣的是，他们也认为"长社"一名的由来是因为社柏的暴长。

　　长社即由社树暴长得名，那么"社"是什么呢？《说文·示部》："社，地主也。"《礼记·月令》注："社，后土也，使民祀焉，神其农业也。"说得很明白，社，是古人对土地的一种崇拜。在远古时代，先民们看到万物皆由地生，万物皆由地载，所以在他们的心理上难免产生对土地的敬畏情绪。农业先民以种植谷物为生，谷物收获的多少直接影响他们的生活，故而祈求土地赏赐更多的粮食。以祭祀报答土地的恩德就成为原始先民生活中必不可少的事情。从宗教意识萌生的原理推测，最初，先民们可能祭祀所有的土地，因为他们相信每块土地都有神统治着，后来，由于认识的深化，先民们只祭祀其中的几块或一块，这样就比原来进了一大步。《礼记·郊特牲》疏引《五经异义·今孝经》曰："社者，土地之主，土地广博不可偏敬，封五土以为社。"正反映了这种进步。

先民们祭祀某一块或几块土地，但他们并非祭祀土地本身。事实上，先民们崇拜的主要是土地的力量即地力。他们认为这种力量就表现在由土地上生产出来的植物里面。在所有的植物中，树木最大、最魁伟挺拔，所以也最易成为崇拜的对象。《论语·八佾》曰："哀公问社于宰我，宰我对曰：'夏后氏以松，殷人以柏，周人以栗。'"松、柏、栗都是高大的树种。《周礼·地官·大司徒》曰："设其社稷之壝，而树之田之，各以其野之所宜木，遂以名其社与其野。"可见社树并不像《八佾》说的那么单调，只要土地适宜，任何树种都可以成为社树。

社树是地力的象征，古人认为土地的灵魂就附在社树之上。所以《淮南子·说林训》云："侮人之鬼者，过社而采其枝。"采枝即伤害社神，是大不敬的事。

从原始社会进入到文明社会，生产力虽然得到了相当的发展，但祭社活动并未因此停息。先秦时代，举凡春播、秋收、征伐、建国、登基、祛灾等一系列重大礼仪活动都要在社里举行，社成为最重要的礼仪活动场所。唐宋以后，民间祭祀土地的仪式变成在城隍庙或土地庙中举行，社的原貌反而被埋没了。近几年来，虽然史前考古发现了几处社祭遗迹，但多难与古籍记载相吻合。所以，正是在这个意义上说，假如传说不误的话，长葛的社柏遗址是相当珍贵的。

（原载《中国文物报》1989年3月24日）

埃及的玦形耳饰

玉玦或其他质料的玦形耳饰，常见于我国及东亚地区的其他国家。根据现有的考古发现，亚洲大陆自西伯利亚向南，经我国东北、朝鲜半岛、华北、华南至印支半岛以南，西达印度半岛的东面，岛屿由日本北海道至九州、中国台湾、菲律宾，南部最远可达爪哇及新几内亚，在史前和历史时期都出土有玦饰。因此，玦饰是东亚地区分布最广的一种装饰品。有学者认为这表现了东亚人对人体耳部的特殊癖好，有别于非洲原始民族的唇癖好。

玦饰是一种环形带有缺口的器物，在我国古代屡有记载，最近若干年在全国各地更出土过数以百计的玉石玦，因此长期以来，它差不多成为中国古代饰物的一种代表。可是，这种独特的耳饰，并非中国和东亚地区所独有，古埃及人也把它作为饰物使用。我曾在澳大利亚吉浪的一个大型埃及古代文明展上，目验了几个无论从形状或者功能都与我国玉石玦相同的玦形饰物。这种玦形饰物是埃及新王国时代（第18～20王朝，约前1567～前1085年）最流行的装饰品，用各种材料制成。材料包括肉红玉髓、碧玉、雪花膏石、玻璃、釉彩陶和贝类等等，用途据说也是把它的缺口紧紧套住耳垂，和我国对玉玦的传统解释如出一辙。如下图所示，中间的两个，红色，系用碧玉制成，直径分别为2.5厘

埃及新王国时期的玉石玦饰

米和2.2厘米、内阔分别为1.4厘米和1.2厘米，缺口中部最窄
处仅宽2～3毫米。右边的一个，白色，用雪花膏石制成，
直径1.9、内阔1厘米，缺口最窄处1～2毫米。因此，真要夹
在耳垂上也不是一件容易的事情。就功能来说，同中国古代
大部分玉石玦类一样，其佩戴方法也是一个待解之谜。上述
三件玦形饰物，都是公元前1300年前后的作品，相当于我国
的商代中晚期。该时期的中国，如果从兴隆洼和河姆渡算
起，玦形饰物已经流行了几千年，形式也趋于固定，发现的
范围，则扩及岭南和东南各地；如果说玦形饰物是单一起源
的话，它与古埃及玉石玦饰的关系，显然应该引起我们的重
视。与玦形耳饰同时代的另外一种饰物，是蘑菇状的榫卯式
耳饰，把榫的一端穿过耳垂，然后用另一个蘑菇状的卯套
接，固定在耳垂上（见上图左边的两个）。这种耳饰在中国
古代罕见，与玦形耳饰的用法异趣，是我们所不熟悉的。

（原载《中国文物报》1999年7月14日）

绿豆穿耳与玉玦佩戴

　　种种迹象表明，玉玦是佩戴在人们耳部的饰物。但是，有的玦的缺口是如此之小，只有2～3毫米宽窄，以至于我们不得不怀疑它是如何卡在人们的耳垂上的。所以我在最近的一篇讨论中国史前玉石玦饰的文章中这样说：玦的"佩戴的方式，一直没有弄清楚，但从大部分的玦类只有一条长条形的狭窄的缺口看，恐怕很难像有的学者想象的那样直接套在耳垂上。除了个别的能够那样佩戴外，大部分恐怕要以绳子之类物品捆扎起来，然后再悬挂在人的耳朵或头饰上。在这一点上，它与肉上有孔的玦表达的大概是一样的意思。"（陈星灿《兽面玉雕·兽面纹·神人兽面纹》，《远望集——陕西省考古研究所华诞四十周年纪念文集》，陕西美术出版社，1998年，上册389～395页）但这只是我的怀疑，我并没有足够的证据否定大多数玦饰不是卡在耳垂上的，何况还有不少的玦确实可以很容易地套在耳垂上面。

　　玉玦的狭窄的缺口能否套在耳垂上？按照我们现代人的逻辑，显然是不可能的。因为即使小孩的耳垂，至少也有3～5毫米的厚度，对于只有一条缝隙的玦饰来说，即便使劲挤压，也是很难通过它的缺口的。我为此请教了华北农村戴耳环的老太太，她们的回答给了我不少启示。老一辈的妇女佩戴耳环采用的是有别于今天的无痛穿耳法。通常做法是，用手捏两颗绿豆在耳垂的某个部位的内外两面反复搓磨，有的是戴耳环者自己操作，也有的是她们的亲友帮助做。这样经过一段时间的搓磨后，被磨的地方往往变成了透明的纸一样薄的凹坑，只需用簪或针一类的尖锐物稍稍一刺，耳垂上就有了一洞。这样的穿孔，既不痛苦，也不会给穿孔的人带来感染，所以广为采用。如此看来，玉石玦类的缺口虽然狭窄，但是如果采用某种类似绿豆穿耳的方法，使耳垂被套部位的厚度变薄，还是可以夹在耳垂上甚至穿过耳垂像今天的金属耳环那样穿挂在耳垂上（见图）。我们总是以我们自己的经验来衡量古人，其实我们今天做不到的事情，在古人则是习以为常，司空见惯。只要我们看看后进民族的人体装饰，我们就会发现现代人的想象力是多么贫乏，这是应当牢记的。

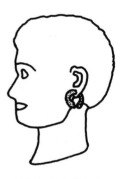

穿挂式玉玦佩戴方式

古代的文化现象，一旦脱离了它赖以生存的土壤，就变得难以理解和难以解释，考古学中这样的例子尤其多。只有我们设身处地地把那种文化现象置于相应的文化土壤里，我们才可以得到近乎实际的答案。玉玦的佩戴方法，就是例子。

（原载《中国文物报》1999年9月1日）

瑱与中国古代的耳部装饰

　　瑱是古代耳部的一种装饰之物。《诗经》里就曾见过它的踪影。比如《鄘风·君子偕老》有"玉之瑱也"之咏。《说文·玉部》"珥，瑱也。"《淮南子·修务训》高诱注同。《韩非子·外储说右上》："薛公相齐，齐威王夫人死，中有十孺子皆贵于王，薛公欲知王所欲立而请置一人以为夫人"，"于是为十玉珥而美其一而献之，王以赋十孺子。明日坐，视美珥之所在而劝王以为夫人。"《周礼·夏官·弁师》言诸侯"玉瑱"，张惠言曰"瑱制无文，《春秋传》曰'币锦二两，缚一如瑱'，则其形必圆而长。"信阳长台关一号楚墓发现的一件木俑，耳垂有穿，穿中间插一支小小的竹签子（图一）。竹签大概即代表穿耳之玉瑱。降至两汉，瑱多以珥为称，并成为女子特有的装束，洛阳西汉卜千秋墓壁画中可以清楚见到这样的形象（图二）（扬之水《诗经名物新证》，北京古籍出版社，2000年，409～410页）。但是后者的耳部只能看见两个椭圆形的黑点，是否瑱饰，还很难说。

　　中国古代耳部装饰以玦为最，它发源于七八千年前的新石器时代早期，一直使用到很晚的历史时期，它的形状和使用方法也是人们耳熟能详的。但是我们对于瑱之起源、形状和用法却没有那么清楚。湖北石家河遗址出土的玉雕人像，

图一　信阳楚墓出土木俑　　　图二　洛阳卜千秋墓　　图三　河姆渡遗址
　　　　　　　　　　　　　　　　壁画所见戴瑱之女子　出土陶瑱T1 (4)：25

耳部有环形的装饰物，不像挂在耳部的玦饰，却像塞在耳垂上的瑱饰。这种填塞在耳垂穿孔中的饰物，据说可以追溯到七千年前的河姆渡文化。该文化出土的某些被认为是陶纺轮的东西，如标本T1（4）：25、77YMT242（4A）：147，一端大，一端略小，细腰，形同鼓，中有穿孔，就被邓聪先生称为"耳栓"（邓聪《从河姆渡的陶质耳栓说起》，《海峡两岸河姆渡文化学术研讨会论文》，杭州大学出版社，1998年），其实也可能就是我们上面提到的"瑱"的原型（图三）。但是这种东西与古书上说的"圆而长"的形状有一定距离，与信阳长台关一号楚墓木俑上所见的那种小小的竹签子，也大相径庭。也许瑱的形状也像玦那样是不固定的，而用法则比较接近，即填塞在耳垂部的穿孔中。我国西南基诺族妇女，即在耳部穿孔，内塞竹管或木塞，也有以美丽的树叶穿插其间的，以耳孔大为美（《中国民族》，中国民族摄影艺术出版社，1989年，164～165页）。台湾排湾和阿美族人都有穿耳习俗，男子则用塞杵（plug）使耳

图四　新几内亚伊娃姆族战士的耳饰

孔扩大（刘其伟《台湾土著文化艺术》，雄狮美术，1986
年，76页）。这些装饰比较接近"长而圆"的描述，中间
可以是实的，也可以是空的，还可以是用物填空的，也许正
是古代瑱的孑遗。国外也常见这种形式的"瑱"。新几内亚
伊娃姆族（Iwam）战士的耳饰即是中空的管状物（图四）
（André Virel 1979. *Decorated Man: The Human Body as Art*.
p.28, Paris）。《诗经，小雅，都人士》云"彼都人士，充
耳琇实。"这个充耳的美石，大概就是圆形或圆柱形的瑱。
"礼失求诸野"，信然。

（原载《中国文物报》2000年10月8日）

南美洲考古所见操蛇神像及其他

　　美洲古代文化源于欧亚大陆，这是考古已经证明了的。但是对于其间文化传播的时间和方式，则迄无定论。关于亚洲东部，特别是古代中国与美洲古代文化的相似性，张光直先生用"环太平洋的文化底层"释之，这是充分认识到两者在深层次上的相类似的一面，而目前又没有办法认定传播的具体时间和地点使然。最近，新的线粒体DNA研究，认为南太平洋新西兰岛上的毛利人，系距今5000年前后自中国东部沿海辗转而来。这至少说明在白令海峡沉入海底以后，亚洲大陆的古代居民不可能就此放弃向太平洋以及美洲的迁移和开发，居住在这些地区的古代人民也并非处在一个完全与世隔绝的世界里。

　　过去已有不少学者介绍过中国古代与美洲古代文化里的比较接近的因子，今再举两例，请大家讨论。图一所示乃是出土于秘鲁纳斯卡（Nasca）文化的一件陶器。

图一　秘鲁纳斯卡文化陶器操蛇神像

图二　秘鲁强凯河谷奇姆文化戴蛇神像

该文化兴盛于公元前200～公元600年。这件陶器手制，陶器中上部的人物，头戴高帽，长鼻，左手操蛇（或蛇状物），右手持一个圆棒，棒上两侧是略下垂的长刺，似为权杖。裆下还有两个圆球状的东西，似为身后悬挂的物品。此人下面还有一个巨大的人面。据介绍，这种陶器都是单独制作的，与成批制作的日常用品不同。图二所示，是公元1110～1470年的一件棉织品，系秘鲁强凯（Chancay）河谷奇姆（Chimu）文化的遗物。它以黄、红色为主调，中央是一个站立的战士，头盔上有一个T形的装饰，头盔两侧悬挂两条蛇（或者是一条两头蛇），腰部也悬挂两条蛇（或是一条两头蛇），左肩部还见一个伸出的蛇头，两手各持一个狼牙棒似的棍棒，一侧似有三角形的齿状物。

　　这两件出土物，很容易让人想起《山海经》里的"操蛇""载（戴）蛇""珥蛇"等等的描绘。操蛇、戴蛇等神怪形象在从战国到东汉的墓葬及其出土物上也多有发现，比较接近上述第一例的，是台湾古越阁藏铜剑花纹上的神怪。这个怒发的神怪，左手操蛇，右手持武器，大概有类似的寓意。同样类型的一手操蛇、一手持武器的形象，广见于四川、重庆等地的东汉崖墓和砖墓中。比较接近第二例的，是河南辉县琉璃阁所出铜壶上的操蛇神像（图三）和江苏淮阴高庄出土铜器上的戴蛇、操蛇和珥蛇图像，两者都是战国时代的作品。但是，就整个神态来看，湖北荆州所出"兵避太岁"戈上的神怪形象与第二例更接近：都作马扎步正面半站立姿态，两臂弯曲上举，头顶上都有类似T字形的装饰。但是后者两手操蛇，身下又有一条蛇，而前者则两手各持一狼牙棒，头上、肩上和腰部均有缠绕的蛇，这又是两者的不同之处。

图三　河南辉县琉璃阁出土铜壶上的操蛇神像

　　环太平洋的古代文化圈，有许多类似的东西，有的年代接近，有的则相差甚远。一般说来，大多都是太平洋东部地区的晚，太平洋西部地区的早，比如土墩墓，比如吐舌人

像，比如树皮布等等，都是如此。南美所见的操蛇和戴蛇人
（神）像，年代也比中国的要晚，特别是上举第二个例子，
年代比东汉的操蛇神怪晚至少数百年至千年，其间的关系究
竟如何，目前还很难遽下结论。

（原载《中国文物报》1999年12月8日）

三星堆大耳青铜头像与古代耳部变形风俗

　　广汉三星堆商代祭祀坑所出大耳青铜头像，一出土就引起人们的广泛关注（四川省文管会等《广汉三星堆遗址一号祭祀坑发掘简报》，《文物》1987年10期）。三星堆所出青铜器，据研究，"明显地显示了一种或多种土著文化的特征，同时也反映出土著文化受到中原文化、尤其是楚文化以及中国境外其他文化的影响。"（巴纳德《对广汉埋葬坑青铜器及其他器物之意义的初步认识》，《南方民族考古》第5辑，1992年，40页）但是，青铜人像的硕耳从何而来，却不好断定。因为无论是中原还是楚地，抑或中亚、南亚，考古上都不见这种独特的耳部造型。

　　如果这种耳部形象不纯粹是艺术的夸张，那么它肯定是有特殊含义的。它很容易让人想起古代以及现代部分民族所流行的耳部变形风俗。这种风俗在亚洲、非洲和美洲都有存在。比如，婆罗洲马来西亚沙捞越地区和马来西亚的卡言族（Kayan）年轻妇女，在年纪很小的时候，把耳垂刺穿一个洞，然后套上耳环，随着年龄和财富的增长，耳环的数量和重量不断增加，以至于使耳下部垂落到双肩上（图一）。非洲埃塞俄比亚的瑟玛族（Surma）妇女，以下唇佩戴唇盘著称于世。据说，谁的唇盘大，谁的家长得到的彩礼——牛——就越多。但是，她们的下耳部也佩戴同样的耳

图一　马来西亚沙捞越卡言族妇女的　　图二　埃塞俄比亚瑟玛族妇女的
耳部变形　　　　　　　　　　　　　唇部与耳部变形

盘，由于长期佩戴，即使取下，佩戴者的耳部也要比常人
大差不多一倍（图二）。男人不佩戴唇盘，但是却佩戴耳
盘（André Virel 1979. *Decorated Man: The Human Body
as Art*. Paris）。南美巴西中部的一个名叫苏亚（Suya）的
印第安人部落，作为成年仪式的一部分，无论男女，都要把
下唇和耳垂穿刺，然后分别卡上圆形的唇盘和耳盘。随着年
龄的增长，还要不停地换上更大的用木头做成的盘子，木盘
的直径一直要到2～3英寸（1英寸为25.4毫米，后同）大小
才算达到要求。戴上耳盘的苏亚人，其耳部显然要比常人
的大得多。（*Enduring Beauty*. At National Museum of Kuala
Lumur，1998）

　　中国古代南方也有耳部变形的记载，据《后汉书·南
蛮西南夷列传》记载："哀牢人皆穿鼻儋耳，其渠帅自谓王

者，耳皆下肩三寸，庶人至肩而已。"又说海南岛珠崖、儋耳二郡"其渠帅贵长耳，皆穿而缒之，垂肩三寸"。"儋耳"作为海南的代称，就是由此而来。张华《博物志》也记载："儋耳之人，镂耳颊皮，上连耳乞，状如头肠，累耳而下垂。"按照这些说法，中国古代南方民族似乎主要采用的是卡言人的办法，即在穿透的耳垂上佩戴耳环使其下坠，以至形成"垂肩一寸"的壮观。三星堆青铜大耳人像的耳部没有太多的下垂，反而更强调了耳上部的硕大，这是与上述耳部变形风俗有显著不同的。但是，假如两者存在某种内在联系，三星堆的大耳铜像，究竟是反映了另外一种耳部变形风俗，还是出于铸造工艺或宗教、美术上的考虑，则不得而知。考古上所见的大耳形象，以中美洲古代文明中心特奥蒂瓦坎（Teotihuacan）遗址所出的陶制和石制人像为最，有长方形和圆形两种（Kathleen Berrin and Esther Pasztory 1993. *The Teotihuacan: Art from the City of the Gods.* Thames and Hudson），前者更接近三星堆青铜器人像的耳形，后者则明显与上述苏亚人戴上耳盘的形象类似，也许反映了类似的耳部变形风俗。

（原载《中国文物报》1999年10月20日）

史前人的节约意识

随着生活一天天好起来，"节约"这个我们过去耳熟能详的词汇，离我们越来越远。其实，节约是我们中华民族的传统美德。许多年前，我们常常说：新三年，旧三年，缝缝补补又三年。是说衣服旧了，舍不得扔掉，修修补补再穿一段时间。这种节约的品德，其实在几千年前的史前时代即已存在，并且贯穿在日常生活的方方面面。

我们常常在史前的遗址中发现：陶器破了，在断碴的旁边，钻上几个孔，为的是用绳子把它锔起来（图一）。即使陶器破成许多碎片，无法复原，也还要把破碎的陶片磨成刀子或者纺轮，使它重新发挥作用。石器断裂以后，也常常是

图一　河南巩义市鲁庄所见现代陶器缀合

一分为二，使之变成两个器物，或者钻孔把它缀合起来。哪怕是不易钻的器形很小的装饰品，也往往要花费很大的工夫使之复原，更显示出史前人的节约意识和耐心。南京北阴阳营出土的许多玉器是折断后钻孔复原起来的（图二）。比如标本M46：4玉玦，它的中部曾折断，在断裂处两端各竖穿

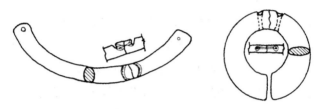

图二　南京北阴阳营出土的玉玦和玉璜

一孔，并沿端部边缘切割出凹槽。显然这样可以用绳子将两段牢结在一起。江苏丹徒磨盘墩出土的一件玉玦，不仅断裂处钻了两个小孔，以便系绳捆扎；玉玦的缺口处两端也分别钻了两个小孔，大概是缀合时大意了，把不该钻孔的地方也钻了孔所致。

（原载《中国文物报》1998年5月27日）

古代水稻的收割、储藏与加工

　　古代遗址中虽然可以发现不少石、陶、骨、蚌做成的镰刀，但是要从这些镰刀本身推测古代谷物收割的方式——是只砍去谷穗还是连根割掉——却并非易事。对镰刀刃部的显微观察和遗留物分析可以部分弥补这个缺陷，比如，因为谷物根部的泥沙较多且比较粗壮，连根收割会在镰刀的刃部留下与仅仅切割谷穗不同的痕迹。但是这种研究的可靠性还不能令人满意，必须佐以其他的证据。

　　中国古代典籍中所记相关民俗学的材料，为我们从考古学上研究水稻收割、储藏和加工的历史提供了很好的证据。宋人周去非的《岭外代答》卷四《椿堂》条这样说："静江民间获禾，取禾心一茎藁，连穗收之，谓之清冷禾。屋角为大木槽，将食时，取禾椿于槽中，其声如僧寺之木鱼。女伴以意运杵成音韵，名曰椿堂。每旦及日昃，则椿堂之声，四闻可听。"很明显宋代岭南地区的水稻还流行连秆儿带穗一起收割的办法。脱粒加工则是断断续续，即食即春。

　　关于春米的方法，唐刘恂的《岭表录异》卷上记之甚详："广南有春堂，以浑木刳为槽，一槽两边约排十杵，男女兼立，以春稻粮。敲磕槽舷，皆有遍拍，槽声若鼓，闻于数里。虽思妇之巧弄秋砧，不能比其浏亮也。"这种木头做成的春臼，据说还用作棺椁之具。宋周辉《清波杂志》七

"《南海录》言'南人送死者无棺椁之具，稻熟时理米，凿大木著舟以为臼，土人名曰舂塘。死者多敛于舂塘中以葬。'"舂塘即舂堂。

　　岭南民族用木臼舂米的情景在费孝通先生的《桂行通讯》里有更生动的反映。他说，在瑶区的王桑，"第二天一早，就在梦中听见有节拍的砰砰声，同惠（笔者按：费先生的新婚妻子王同惠，在这次广西之行中遇难）比我先醒，急忙去看，回来就叫醒我说一同去看他们舂米。原来瑶人的田太狭，收谷时不能像汉人一般在田里把谷子打下。他们是用特制的小刀把稻穗连谷秆儿一同割下来，扎成把，每把8斤，在晒台上晒干了，一起放在仓库内。每天早上煮饭时，临时打谷舂米。"（费孝通《芳草茵茵——田野笔记选录》，山东画报出版社，1999年，25页）这种加工方法似乎与早晚两次（"每旦及日昃，则椿堂之声，四闻可听"）脱粒的记载又有所不同，但都是即食即舂的真实反映。这条记载还说明谷物的晾晒和储藏也是带秆儿操作的。推测带秆儿操作的原因很可能不仅仅是因为田地太窄狭，而更可能出于挂在屋檐下或家院里晾晒及储存的考虑。这一点也可从近代台湾高山诸民族谷物的收割和晾晒风俗中得到证明（刘其伟《台湾土著文化艺术》，雄狮美术，1986年，81～82页）。

　　考古发现的古代谷物遗迹和收割工具虽然很难让我们对当时从收割到脱粒加工的过程有一个透彻的了解，但是上述民俗学的资料却可以给予我们很多启示。以之观察河姆渡文化第4层大量的谷壳、稻秆儿和稻叶等的混合堆积物，也许我们可以猜想河姆渡的先民同样采用了连秆儿收割和储藏稻谷的方法，也许加工的方式也是即食即舂，否则真是难以想象在如此狭小的一个地方堆积了那么多的连带谷壳、稻秆儿和稻叶的混合物！

（原载《中国文物报》2000年9月20日）

再说古代谷物的收割方法

拙文《古代水稻的收割、储藏与加工》发表以后，牟永抗先生迅速来函指正，吴汝祚先生也提出批评意见。隆情盛意，很让后生感动。其实，此文主要是根据古代的文献记录。由于古人观察和行文的局限性，从文献本身很难看出古代的水稻收割是从稻秆儿的什么部位切下的，所以我自己的文章也只能是含糊其辞。牟先生的来信（见后），无疑为我们解答了这个问题。这也可以看出考古学家与民族学家关注物质文化的焦点不同。

关于河姆渡文化水稻的收割，其实农学家已经有很好的研究。浙江省博物馆的俞为洁先生就曾正确地指出："河姆渡遗址发现的稻谷堆积大多是稻谷、谷壳、稻秆儿、稻叶混堆而成，从这些堆积块表面一些依稀可辨的稻秆儿遗存来看（因堆积物成块胶结在一起，无法做出精确测量），这些稻秆儿比一般原始穗收法所收穗头秆儿要长，而比现代用铁镰收割的稻秆儿要短，推测是在水稻植株的中部用镰或刀割下，连穗带茎叶一起收进。"（《河姆渡的谷物收割与加工》，《农业考古》1992年3期）这与拙文的推测是一致的，但比拙文的说法更准确。据俞文，我国西南的怒族，不久以前也还是用这种收割方式，即用小刀或砍刀，将成熟的谷物，从秆儿部的中央割断。

俞文还推测河姆渡收割水稻的方式可能与其储存和加工方式有关，这也同我的推测一致。实际上，正是由于水稻特殊的储藏和加工需要，才可能造就了河姆渡谷物堆积和建筑遗址混为一体的特殊现象。俞文所引用的两条史料，可以补充拙文的不足，兹征引如下：

（1）海南岛"黎人不储谷，收获后连禾穗贮之，陆续取而悬之灶上，用灶烟熏透，日计所食之数，摘取舂食，颇以为便。"（张庆长《黎岐纪闻》）

（2）"今农家构为无壁厦屋，以储禾穗及种稑之种，即古之'庙'（廪）也。"（王祯《农书·农器图谱》）

前者说明收割的稻谷晾挂在灶屋其实也许就是住屋的屋架上，后者则似乎是专门为晾晒谷物而搭盖的棚屋。无论如何，两者的功能都是挂晾带秆儿的谷穗，而非脱粒的子实，这是一致的。

2000年9月30日

附录

牟永抗先生来信

星灿同志：

　　刻读9月20日文物报三版大作，您思路宽广，注意广泛收集资料，可贺可嘉。

　　我1984年（即来中山大学出席人类学系庆祝那一年）到海南考察黎族建筑及风俗，曾在通什镇附近看到当地黎族收割稻谷的情况。田间收割均由妇女承担，此时男子坐在田埂上抽烟休息。妇女手握铁质手镰，形似双孔石刀，两孔间贯有细绳套在除拇指外的四指上，刀身握于手心。收割部位既不像现代汉人那样位于根部附近，也不仅仅割取稻穗，而是在稻穗下方的四五寸（1寸约为0.03米，后同）的稻秆儿分节处。即不连同稻叶，而仅割稻叶中的秆儿。当割到一手不能把握时，即用稻秆儿捆成一小把，当割成两小把时，将两把连捆成叉形，等待割满八至十个这样的叉形的双把以后，坐在田埂上的男子将其穿在一根竹杠的两头挑回家。此时妇女仍继续收割，挑回家的带秆儿稻穗，则挂在一间面积约四平方米的方形干栏式木屋中。

　　您引《岭外代答》"椿堂"条中，"取禾心一茎蘽，连穗收之"及《桂行通讯》中"特制的小刀把稻穗连谷秆

儿一同割"两句话中的"一茎藁"和"连谷秆儿"两词，
应是同一事物，即指现代黎族的收割方式，和现代汉人近
根收割有别。我曾问过他们是否脱粒后保存，得到的答复
是到舂米时才脱粒。也是每天早上由妇女起来舂米，并且
不留隔夜米。我们曾到室内看他们的灶和锅，灶只是三块
石头把放，锅只是一个陶罐，饭和菜是混在一起放在同罐
中煮食。接待我们的主人只有二十几岁，能说汉语，他自
己说是通什高中毕业。我们问他"只有一只锅烧饭，菜在
哪里烧？"连问几遍他都听不懂。后来得知他们没有饭和
菜两种不同的概念。同行的有江西的陈文华和四川大学的
唐嘉弘。因当时没有带照相机，没有留下照片，所以看到
您的大作，立即用笔写下，供您参考。

　　祝
好！

牟永抗

9月21日夜

史前的粮食加工方法

　　由粮食的收割想到它的加工是很自然的事情。《易·系辞下》云："断木为杵，掘地为臼。"说明从很早的时候起，我们的先民就使用杵和臼加工粮食。不过就考古发现来看，北方地区从裴李岗时代以来，即盛行使用石磨盘和石磨棒。这种精致的加工工具虽在以后的时代式微了，但是北方整个史前时代似乎仍然以磨盘和磨棒为主要的粮食加工工具。南方的史前时代也发现过石磨盘和石磨棒（参见俞为洁《河姆渡的谷物收割与加工》，《农业考古》1992年3期。以下凡未注明出处者，均参见此文），但是，更出土过木杵和土臼的痕迹。比如河姆渡第4层发现过一件木杵，断面略呈圆形，杵头粗大，长92、头径8.3、柄径5厘米，研究者认为显系木杵无疑。除了木杵，南方还出土过一些石杵。比如江苏邳县（今邳州市）大墩子遗址下层的一处居住面上，曾发现三个臼形烧土窝，边上有集中堆放的石杵；那三个臼形的烧土窝，也许就是所谓的"土臼"。湖北京山屈家岭遗址和松滋桂花树遗址也都发现过一些石杵。最有意思的是1973年在湖北宜都红花套遗址早期遗存发现的两个保存较好的土臼，都位于T27的东南部，圜底状圆坑，周壁坚硬光滑。第1号土臼，口径0.44、深0.29米，东壁呈斜坡状。第2号土臼，口径0.27、深0.23

米。另外还在土臼的附近发现木杵的痕迹，长1.4米，中部较粗的部分直径0.14米，两端呈圆头状（陈振裕《湖北农业考古概述》，《农业考古》1983年1期）。这当是典型的木杵土臼遗迹。其实中原地区也发现过类似的遗迹。20世纪50年代夏鼐先生等在郑州地区的青台遗址试掘时，曾发现过一个土臼，呈圜底状，直径约20厘米，深约5厘米，烧成硬土，周缘比四周地表略高，近侧有石杵出土（夏鼐《河南成皋广武区考古记略》，《科学通报》1951年1期。此文收入《夏鼐文集》上卷，社会科学文献出版社，2000年。据照片看，舂臼的特征十分明显）。史前时代的粮食加工，是一项非常重要的研究课题，但是，由于保留下来的主要是石制的磨盘、棒和杵，而木制的工具很难保留，我们所得出的结论，未必就与史前的实际情况相吻合。查近代以来的民族、民俗资料，无论南北中国，使用杵、臼的传统都很盛行，而南方的杵、臼大都还是木制的。值得庆幸的是，使用土臼的现象直到最近还有保留。比如云南苦聪人，在屋内的地上挖一个坑，内垫一块兽皮，即用木杵舂谷（宋兆麟《我国的原始农具》，《农业考古》1986年1期）。这大概是史前土臼的一个缩影。它很容易地为我们解答了如何解决土臼渗土入谷的问题，当然木臼、石臼舂米不存在这个问题。

中国南北方的经济作物不同，史前的粮食加工方式似乎也有区别。北方虽有杵臼发现，但更多的是磨盘和磨棒；南方的磨盘和磨棒则较少发现，而有较多杵臼的遗迹、遗物出土。但是最后无论南北似乎都纳入杵、臼的传统中，这种独

特的文化现象是什么造成、又是何时发生的，都是考古学上
应该给予充分关注的课题。而从考古遗址中仔细辨别木杵、
木臼、土臼和陶臼的存在，就显得尤为必要。

2000年10月1日

神秘的飞去来器

　　古代文化因子的类同现象是考古学研究的问题之一。有时候，甲乙两地相隔数万里，却有相似甚至相同的文化因子出现，让人叹为观止，莫名其妙。

　　去年我在澳大利亚访问，在维多里亚州的吉浪市参观了一个大型的埃及古代文明展，名为"法老制下的生与死"。展品均由荷兰莱顿国立古物馆提供，吸引了无数的游人前来观看。在这里我竟然发现了澳大利亚土著人民习用的飞去来器。飞去来器，英文叫boomerang，是澳大利亚人民狩猎的武器。通常，用飞去来器狩猎的地方，都是在地势低平且没有飞行障碍的水洼地带。有睡莲等水生植物生存的水洼地带，不仅为土著人提供了丰富的植物食物来源，也是水鸟聚集之所在。皮肤黧黑的土著猎人，隐蔽在水洼的一角，就用这扁扁的略有弯曲的飞去来器，投杀水鸟，给自己的饮食增添一点欢快的色彩。土著人所用的飞去来器，各种各样，一般是木头做成，呈曲尺状，夹角在120°左右或更大一些，有的上面还绘有五彩缤纷的动物图案，已经成为澳大利亚土著人民智慧的象征（图一）。因此，我绝对想不到在古埃及人的墓葬里会发现飞去来器。

　　我看到的这件古埃及飞去来器，是公元前1330年（新王国第18王朝）的作品。作为烧制而成的彩釉陶器，它长

37.5厘米，绿色，像一条美丽的海鱼，头部略大，中间微曲，不呈曲尺状，也没有明显的弯角。它不是一件实用品，而只是随葬用的护身符。上面写有国王图坦哈蒙的名字，还有莲花和眼睛的描绘（图二）。据专家研究，飞去来器是古埃及富家子弟狩猎水鸟的武器，这种游戏据说既刺激又具有巫术的意义。古代埃及人相信水鸟是威胁世界秩序的敌对力量，因此把这种狩猎水鸟的武器放置在墓葬中，据说可以起到保护死者的神秘作用。

图一　澳洲土著人用飞去来器狩猎水鸟

图二　埃及新王国第18王朝的飞去来器

　　还不知道古埃及人的飞去来器和澳大利亚土著人民的飞去来器有没有共同的来源，但它们的确很相似，不仅形状相似，功能更相似：它们都是狩猎水鸟的武器，都用在水洼或沼泽地区。不同的大概是：澳大利亚土著人民的狩猎更具有果腹的世俗意义，而没有古埃及富人的那份悠闲和洒脱。

（原载《中国文物报》1999年10月6日）

再谈飞去来器

澳大利亚土著人和古代埃及人都使用飞去来器，这很让我感到惊奇。后来注意所及，又发现一些，感觉仍有加以补充的必要。

说到飞去来器，我们常常会误认为它的形状是非常固定的。其实事实远非如此。不仅加工它的木料各地不一，就是它的形状，其中最主要的是夹角的大小，也各个有异，千变万化。法国卢浮宫埃及古代文明陈列所展示的那件，属于公元前1550～前1069年的遗物，木制，两端之间长约40厘米，木片宽约4～6厘米，夹角大约130°，一端大，一端小，显示了很美的造型（图一）（2000年6月25日笔者参观记录）。这个飞去来器与前述古代埃及的所见有异，那件的夹角很大，差不多接近一个长条状。（参看本书《神秘的飞去来器》图二）

其实中国的新疆，距今3000年前后也有飞去来器。比如哈密五堡就曾发现过一件用自然的弯木做成的弯弯的飞去来器，通长45厘米，臂长的一头细，另一端粗，夹角约135°，形状与前例又有不同（图二）（柳用能《新疆古代文明》，1999年，20页）。飞去来器的作用人所共知，此不赘述。我们不知道还有什么地方发现过这类器物，但是，就我们所知道的而言，三者都发现于干旱的有着广阔沙漠地

左：图一　卢浮宫所展古代埃及的飞去来器
右：图二　新疆哈密五堡出土的飞去来器

带的地区。沙漠地带开阔的地形和鸟兽逐水草而居的特性，给予人类以无限的灵感，因此便发明出这种充满着灵性和智慧的狩猎工具。过去我们曾把考古中发现的石球和当时的气候、植被情况相结合，以验证史前时代的石球是否曾经用作狩猎的"飞石"（陈星灿《中国旧石器时代的石球是狩猎工具吗？》，《纪念黄岩洞遗址发现三十周年论文集》，广东旅游出版社，1991年），也是把考古遗物的功能和施展这一功能所需要的环境综合考虑的结果。不论我们的研究结果是否与历史事实吻合，但目前使用"飞石索"的藏族人民，确实就是在开阔的草原地带开展狩猎活动的。这为我们研究飞去来器的功能和自然环境的关系提供了一个线索，要之，这种弯弯的木片也可以是在不同地区、类似的地理环境下独立发明的。

2001年2月26日

读书琐谈

吃的悲剧

　　从考古资料和文献看到古代的食器、酒器、食物品种以至与饮食有关的专业分工之细，可见中华民族是个贪吃的民族。由此可反映我们对自然界的猎取，是何等贪婪，使人怀疑中国人是否真的向往过"天人合一"的境界。

　　我们已经看到了工业文明给自然界带来的创伤，但这一切并非都是工业革命的结果，实际上自农业出现以来，过度的开发和人口膨胀已经种下了恶果。而过度的开发主要都跟吃有关。因为人类与其他一切动物不同，人类不仅要吃饱肚子，繁衍子孙，而且还要大量地储备食物，更要"食不厌精，脍不厌细"，无穷无尽地追求口腹之欲的满足。

　　我们先来看一下3000多年前商代晚期一个王妃妇好墓的随葬品：

　　木椁和涂漆木棺各1具，16个人殉和6只犬殉，约7000枚子安贝，200多件青铜礼器，5件大铜铎和16只小铜铃，44件青铜器具（其中有16把铜刀），4面铜镜，1把铜勺，130余件青铜兵器，4个铜虎或虎头，20多件其他青铜器，590余件玉和似玉器，100余件玉珠、玉环和其他玉饰，20多件玛瑙珠，2件水晶物品，5件骨器，70余件石雕和其他石器，20余枚骨镞，490多件骨笄，3件象牙雕刻，4件陶器和3件陶埙，其中仅青铜器就有468件。据发掘者统计，总重量约为1625千克。除了部分兵器，其中最大量的青铜器是用于吃喝的食器和酒器。这还仅是一个规模很小的王妃之墓，超过此墓十几倍甚至几十倍的商王墓中随葬的青铜礼器当更多，可惜大多已被盗窃一空。原中山大学教授、著名的古文字学家容庚先生在《商周彝器通考》中，对商同时代的青铜礼器做了详细分类，其中食器有12个类型，酒器有22个类型，水器有315个类型，商周贵族花在吃上的功夫不能不让人叹为观止。

这种对吃的讲究，在《周礼》中记之甚详。我们看《天官冢宰》《春官宗伯》二节，仅供给天子饮食的人就有膳夫、庖人、内饔、外饔、烹人、兽人、渔人、鳖人、腊人、食医、酒正、酒人、浆人、凌人、笾人、醢人、醯人、盐人、幂人、小宗伯、郁人、鬯人等二十余种。其中膳夫"上士二人，中士四人，下士八人，府二人，史四人，胥十有二人，徒百有二十人"，掌管天子、王后、太子所饮用的酒、浆、牲畜的肉类和有滋味的珍贵食物；庖人主管供应天子膳食所需的肉味，包括马、牛、羊、豕、犬、鸡六种家畜（六畜），麋、鹿、熊、麇、野猪、兔六种野味（六兽），雁、鹑、雉、鸠鹦、鸽六种禽鸟（六禽）；内饔主管膳食的切割、烹煮、煎熬和调和五味的事务，他们不仅要能辨认畜肉的部位名称和皮、舌、心、肺、肠、胃、肝等肉食，以及供给天子的百廿种的珍馐美味，还要把这百廿种美味和百廿种酱品、八珍准备好，以备王公们的食用，也还要负责鉴别牲畜的好坏和食物卫生等事；外饔是王室祭祀、宴宾等外事时供应膳食肉物的官员；烹人主管为内外饔备置镬、鼎，负责烹煮事宜；兽人掌管猎获野兽，在不同的季节给王府置备不同的兽肉和皮毛；渔人是主管捕鱼的官；鳖人是掌管捕捉甲壳介类动物的官；腊人是掌管晒制干肉事务的官；食医是掌管调和膳食剂量的官；酒正是掌管造酒、用酒的官；酒人是次于酒正的官，负责主管酿造五齐（所谓泛齐、醴齐、盎齐、缇齐、沉齐等用稻、粱、黍三米制成的有滓的主要供祭祀用的浊酒）、三酒（事酒、昔酒、清酒等三种主要供人饮用的酒）的事务；浆人是掌管天子所用六种饮料的所谓六饮的官；凌人是掌管藏冰用冰的官；笾人是掌管四种馈食竹笾所盛放食物的官；醢人是掌管朝食、馈食的加豆、羞豆等四种木豆所盛食物的官；醯人是主管用酸醋调和醢人所供的五齐、七菹（七种不同的腌菜）及所有用醋合以成味的食品的官；盐人是掌管食盐的生产、分类、储藏和供应的官；幂人是掌管天子覆盖菜肴所用布巾事务的官；小宗伯是掌管国家的典礼制度，分辨谷物、酒器的官；郁人是掌管帝王祭祖、祭神以及宴宾时所用器具的官。每一种官职所司职事名目之多，令人咋舌。

这中间也许有杜撰的成分，但先秦帝王在吃上所花费的时间、精力，所耗费的人力资源和吃掉的珍禽异兽之多，由此可见一斑。

我们再来看看战国时代的一份食谱，这是从《楚辞·招魂》中摘引的一段。

（原文）室家遂宗，食多方些，稻粢穱麦，挐黄粱些。大苦咸酸，辛甘行些。肥牛之腱，臑若芳些。

和酸若苦，陈吴羹些。胹鳖炮羔，有柘浆些。鹄酸臇
凫，煎鸿鸧些。露鸡臛蠵，厉而不爽些。粔籹蜜饵，有
餦餭些。瑶浆蜜勺，实羽觞些。挫糟冻饮，酎清凉些。
华酌既陈，有琼浆些。归来反故室，敬而无妨些。

（今译）家族尊奉聚一堂，饮食饭菜多花样。大
米小米和麦粉，里边还要掺黄粱。有苦有咸又有酸，
辣的甜的都用上。精选肥牛大蹄筋，炖的烂熟软又
香。调和酸味和苦味，摆上精制吴味汤。烧煮甲鱼烤
羊羔，拌上一些甘蔗浆。醋熘天鹅炖野鸭，又煎大雁
又烹鸽。熏烤全鸡焖海龟，味道虽浓胃不伤。油煎蜜
饼和甜糕，再浇一些麦芽糖。美酒甜酒样样齐，传递
杯盏注满觞。除糟加冰作冷饮，醇酒清心又凉爽。雕
花酒斗摆整齐，劝饮美酒有琼浆。盼您灵魂回故居，
恭敬待您并无妨。（《楚辞》，湖南出版社，1994
年，198～200页）

这种种花样在稍后的湖南长沙马王堆汉墓随葬品中得
到证实。一号墓四十八个竹笥中就有三十个盛有食品；三号
墓五十二个竹笥中，盛放食品的更有四十笥之多。还有的盛
放中草药和香料。根据实物鉴定及木牌文字所记，墓中的粮
食品种有稻、小麦、黍、粟、大豆、赤豆、麻子等；水果有
梅、杨梅、梨、柿、枣、橙、枇杷、甜瓜等；其他农副产品
还有芋、姜、藕、菱角以及冬葵子、芥菜子等。随葬的肉食
品鉴定属于兽类的有黄牛、绵羊、狗、猪、马、兔，还有长
沙久已绝迹的梅花鹿；属于禽类的有鸡、野鸡、野鸭、雁、
鹧鸪、鹌鹑、鹤、天鹅、斑鸠、鹬、鸳鸯、竹鸡、火斑鸡、

鹓、喜鹊、麻雀等；鱼类有鲤、鲫、鳡、刺鳊、银鲴、鳜等，还有鸡蛋数笥。这些食品都是精心烹调后随葬的。据实物及竹简记载，调味品有盐、酱、豆豉、糖、蜜、麯、醋等数种，烹调方法则有羹、炙胾（细切肉）、濯（将肉放在菜汤里煮熟）、熬（干煎）、腊、濡（煮熟了再用汁和着）、脯（肉干）、菹（切成肉末和酱醋一道弄熟）等名目，仅羹就有五种。酒的名目也很多，有白酒、米酒、温（酿）酒、助酒（过滤过的清酒）。饼食则有稻食、麦食、黄粢食、粗粺（蜜和米面熬制成的糕）、仆促、稻蜜糒（用米和蜜制成的块状或糊状的食物）、稻米（米粉）、枣米（枣子与米麦一起熬制）、白米等。

　　我们不需再征引中古时代的著作，比如宋时的《东京梦华录》《梦粱录》《武林旧事》等书所记的古代食谱，也无须再记录下现在我们哪怕是一个小小餐馆提供的那一份份让人垂涎的菜谱。中国吃的文化历经数千年，称雄世界，可谓无可争议地属于世界第一。论种类，可谓无所不吃，凡天上飞的，地上走的，水中游的，几乎都可以堂而皇之地走上我们的餐桌；论名堂，凡人类能够想到的好名字，比如群仙羹、法手蟹、望潮卤虾、玉屑糕之类都可以让我们大快朵颐；至于烹调盛放食品的器具，那更是考古学和金石学研究的一个专门学问，一代有一代的称呼，颇可以耗尽学者们的精力而仍让你糊里糊涂。只可惜无论从文献或者从考古出土物上看，每往后一代，餐桌上的花样都要减少一些，那大多不是禁猎的结果，而是有不少的种类永远从人类的餐桌上消失了。长沙人现在不能再像轪侯夫人那样以梅花鹿为食了；北京的街头也很少再听见麻雀的叫声；秋冬季节，家乡人很忌讳的被视为不吉利的乌鸦的叫声，在北京听来倒让人觉到了些许的安慰。

行文至此，我很难相信中国古代有过"天人合一"的境界；对自然界的猎取，我们似乎从来信奉的都是"我为刀俎，人为鱼肉"那样"你死我活"的辩证法。在此意义上说，苏秉琦先生基于一个著名考古学家和一个有社会良知的智者发出的"人类必将毁于自己手中"的惊叹，不啻是一个响雷，足应引起我们人类全体的警惕和共鸣。我们是否可以再演绎一步：人类必将毁灭于其口腹之欲中。

（原载《时报月刊》1998年1期）

关于树皮布的民族学记录

　　中国南方及东南亚考古学上发现的方形、长方形的形态各异的带槽的石头拍子，从民族学的同类发现可证明，某些确是古代制作树皮布的拍子（见下图）。目前已经很少有人生产树皮布，制作的程序也不被一般人所了解。但是，古代和近代的文献仍给我们留下了不少有价值的关于制作树皮布的记录，民族学家凌纯声、凌曼立父女述之甚详（凌纯声《中国古代的树皮布文化与造纸术发明》《"中研院"民族学研究所集刊》第11期，1961年；凌曼立《台湾与环太平洋的树皮布文化》，《"中研院"民族学研究所集刊》

深圳咸头岭文化出土的树皮布打棒

第9期，1960年），可以参看。兹就读书所及，选录二则新发现的史料如下：

> 散得维齿人（即夏威夷群岛居民——引者）用一种树制作自己的织布，这种树欧洲植物学家叫桑科树，用下列方法制出。从树上取下树皮后分出内皮，将内皮切成小块，类似刨花，放在水中浸泡，直到腐烂为止。以后捞放到方木板上敲打，因为这些多纤维的小块相互黏合着，被轧以后便织成薄薄的纺织物，最后用从根茎和浆果提炼出的染料染成各种颜色。用细竹条描画条纹或斜纹，竹条一端分着叉。织物之制作与织条纹图案均由妇女操作。

> 马克萨斯和华盛顿群岛居民用一种叫作"耶乌基树"的树皮，做成白色的织物。其制作方法颇为简便。搜集大量树皮后，浸泡直至木质碎块同叶脉用棒槌敲打后相分离时为止。然后压碎，相互黏合，结果变成像一张纸似的东西，最后将这种东西摊在地上，变干后即可使用。

这两条记录辑自《利相斯基太平洋地理发现记》（徐景学译，黑龙江人民出版社，2000年）。利相斯基是19世纪初的俄国著名航海家，由于他受过多方面的专业教育，对太平洋各地的发现有准确而可靠的记录。这两则关于太平洋岛民制作树皮布的记录，显然也是翔实可靠的。不过中文译文中数次出现"织""纺织"的字样，如果不是翻译的误解，就是利相斯基本人使用了不准确的字眼。但是从文本的上下逻辑关系看，中文翻译出错的可能更大。当年《马可波罗游记》有关于我国西南某地人民制作树皮布的记载,而且准确地使用了"做"而不用"织"字,但是后来冯承钧先生的译本,却把它错误地译为"织",显然是不明白树皮布系经拍子捶打而成的道理(参见上注凌纯声先生文)。这里出现的"纺织"一词,可能也是缘于同样的误会吧。

(原载《中国文物报》2000年4月5日)

史前人饲养猪的方式

　　黄河流域到了仰韶时代，遗址中猪的比例非常之高，可以证明猪已是人们的豢养之物。但是，猪是怎样饲养的？有学者提出农业经济是家畜饲养的前提，没有谷糠和秸秆儿，就不可能有家畜业的存在。这个问题姑且不论，问题是家畜比如猪的饲养必须有一个稳定的环境，且局限在一定的空间内，使之不能随意走出村外，流失荒野或者落入他人之手。

　　饲养猪的地方，应该有土垒的围墙、壕沟或竹木扎成的圈栏。西安半坡遗址居住区的北面，有两个不规则的长条形建筑遗迹，不宽的沟槽内挖埋柱洞，就有可能是饲养猪的地方。临潼姜寨遗址在房屋建筑周围既发现有动物圈栏，也发现有牲畜夜畜场，恐怕主要是饲养猪的场所。青海诺木洪遗址曾发现羊圈，圈栏内的羊粪堆积厚达15～20厘米，可以作为史前家畜圈养的明确证据。不过考古发掘并不都是这么幸运，我们发现更多的往往是房址和各种类型的灰坑，有些灰坑面积很大，又比较浅，且无特别的遗物出土，很可能也充当过猪圈的功能。山东胶县三里河大汶口文化H227，袋状坑，口径0.8、底径1.1、深0.86米，在坑内距口深0.6～0.86米处，掩埋着五头完整的幼猪（见图）。从掩埋情况看，研究者认为这个袋状坑可能是一个猪圈。甲骨文中的"家"字，为一屋盖下养猪之意，可见家与猪的豢养有很大关系，

北 ←

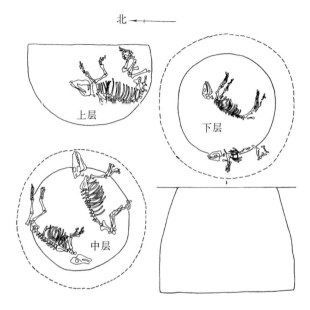

山东胶县三里河H227出土猪骨架

同时，也印证了许多后进民族人猪杂处关系的存在。比如，巴布亚新几内亚岛上的乌纳部落民，至今还生活在石器时代，他们种地，也饲养家畜。女人在屋内喂猪养羊，甚至让猪崽羊羔吸吮自己的奶水，这是我们"文明人"所难以想象的，但却更接近史前时代的实际。（《乌纳人天天磨石刀》，《环球时报》2000年3月3日第13版）

　　南方地区的考古发掘，很少明确发现史前猪圈的遗迹。但是，除了汉墓陶明器中所见的上住人、下住猪的人猪混处情况外，我们很容易在古代的典籍中发现更细致的描述，比如宋代周去非的《岭外代答》卷四《巢居》条这样说："深广之民，结栅以居，上施茅屋，下豢牛豕。栅上编竹为栈，不施椅桌床榻，唯有一牛皮为裀席，寝食于斯。牛豕之秽，升闻于栈罅之间，不可向迩。彼皆习惯，莫之闻也。"这种情况一直到了现代，在岭南和西南许多少数民族地区，仍是如此。这种干栏式的建筑形式，人畜共居，是很难单独发现猪圈遗迹的。

（原载《中国文物报》2000年4月26日）

死亡年龄不再是判断动物
是否家养的主要标志

在我们的历史和考古教科书中，判断动物是否家养的一个主要标志，是根据它的年龄。比如，郭沫若先生主编的《中国史稿》第一册是这样说的："从西安半坡的发现来看，绝大部分的猪都是在幼小时候宰杀掉的。这或者是由于人们的生活资料缺乏，不得不杀掉小猪充饥；或者是饲料缺乏，无力饲养所致；也可能是缺乏经验，无法把猪养大。"（1976年，57页）仰韶时代的猪无疑有许多其他的证据证明是家养的，这一点已成定论。问题是年代更早一些的猪骨，判断是否家养的主要证据如果单靠猪骨的年龄特征——如果年幼就一定是家养的话，那就很难说这个判断是正确的。

目前世界上最流行的考古学教科书——伦福儒和巴恩所著《考古学：理论、方法与实践》——对此有扼要的说明。书中说："过去曾认为遗址出土动物群中未成年或年幼动物所占的比例越高，便越代表了人类的参与，因而这些动物便与所谓的'标准的'野生动物有了根本的区别。但是目前的研究显示，在野生动物群中，年幼动物的性别比例或数量是可以有很大区别的。不仅如此，所有的狩猎动物（不仅仅是人类）对猎物都是有选择的，它（他）们主要追逐更弱小的动物。所以，动物群中未成年动物的比例之高本身，难以作为动物家养的足够证据。"（Colin Renfrew and Paul Bahn 1996. *Archaeology: Theories Methods and Practice,* 2nd Edition, p. 278. Thames & Hudson）

其实从动物遗骸判断该动物是否家养是一个非常复杂的问题，特别是涉及家畜起源问题时尤其如此，至今也没有一个统一的判断标准。上述的《考古学：论理、方法与实践》一书，为我们介绍了这一工作的最新进展，在此略做介绍。

1. 观察动物骨头的显微结构（microstructure）特征。动物考古学家在显微镜下观察山羊、绵羊和牛的肢骨剖面，研究发现家养动物和野生动物骨骼的腔隙（internal lacunae）大小有别，腔隙间的骨骼厚度也判然不同。比如对智利出土的家养和野生动物的足骨观察显示，前者的髓腔较大。这种特征被认为是人为作用的压力造成的。家养动物之缺乏活动、营养不良、退化等等因素或这些因素的综合作用，导致了它们的骨骼发育不如野生动物的强壮。这项研究方法正在得到进一步的验证，如果确认是一种规律性的东西，对于从考古遗址中区别家养和野生动物将会是非常富有成效的。

2. 观察动物毛皮的特征。野生动物和家养动物的毛发特征非常显著，如果考古遗存中能够侥幸有动物的毛皮留存下来，可以分辨动物是否家养。英国动物考古学家就从维京人的织物分析中做到了这一点。南美考古学家通过对古代毛皮的显微分析，也成功地做到了这一点。这种方法对于罕见动物骨头遗存的地方尤其行之有效。

3. 研究动物的群体而非单个动物本身。如果某个地方的动物其野生祖先确知不在此地，那么它的存在无疑可以作为人工引进和驯化的一个强有力的证据。但是，我们关于野生动物分布的知识往往是不够的，所以即使遇见这种情况，在做出判断之前也要慎重。

最后，该书还明确指出，对于目前流行的根据动物形态特征比如下颌骨变小和齿冠增大作为判断动物家养的一个标准，也是需要非常慎重的。原因在于这些标准并不绝对可靠，这些特征的形成需要多长时间我们并不知道，中间形态如何也不清楚。此外，虽然家养可以带来动物体形变小，但是环境变化的因素也可以造成同样的效果，比如冰期结束使很多野生动物变小就是明显的例子。还有，就是我们对于早期野生和家养动物之间的可能存在的交往历史也不甚清楚，其间的基因交流更无从得知。

再回到开头的问题上，为什么遗址中发现的猪骨往往是年轻的多？《诗经·豳风·七月》所谓"言私其豵，献豜于公"，就是说把"岁把的小野猪儿留给自己，把三岁的大野猪献公爷"（金启华《诗经全译》，江苏古籍出版社，1984年，328页）。这首揭露剥削者的著名诗篇，揭示出小猪易得，大猪难猎的道理，从一个侧面说明单据猪的年龄特征推断其是否家养是不见得靠得住的。

（原载《中国文物报》2000年5月24日，有增删）

窖穴和灰坑

考古记录上的"灰坑"一词，实际上是一种约定俗成的称呼，它主要指代各种功能不一的窖穴而非垃圾坑。吴小平《"灰坑"小议》（《中国文物报》1999年12月29日第3版）一文对此辩之甚详，无需再申。

我国的考古报告何时广泛使用"灰坑"一词，倒是一个值得研究的问题。但是，灰坑的概念在20世纪50年代的报告中，即已大量使用，代号也是"H"。比如，1959年出版的《洛阳中州路》一书，在《居住址遗迹》中，就辟有仰韶灰坑、殷代灰坑和东周灰坑等等，其中还提到前者出土的"多量的猪骨"（9页）。1963年出版的《西安半坡》一书，特辟《储藏东西的窖穴》一节，直接用"窖穴"代替"灰坑"，原因在于作者认为这些所谓的"灰坑"，"绝大多数是用来储藏食物和用具的"（45页），并说这从民族学中可以找到很多证明。1988年出版的《胶县三里河》一书，也用"窖穴"而不用"灰坑"，尽管遗迹单位的代号仍用"H"。报告作者不仅注意到窖穴的形状和种种防潮加工痕迹，还特别留意所出遗骨、遗物。比如提到大汶口文化H128、H223、H217、H312等几乎堆满了贝壳类，H118和H210则有鱼鳞堆积；龙山文化H126近底部发现一头成年大猪等等，揭示这些"灰坑"主要都是储藏食物的窖穴。

储藏粮食的窖穴，在民族学记录里常见。此举两例：

> 努加—吉瓦岛人房子周围还有储藏室及小菜园，园中生长树木，岛民用这种树可制成他们所需用的织物。这些储藏室或地窖，并不特别，只是用卵石砌成的小圆坑。墙壁和地面用黏土抹上，覆盖树叶和树枝。里面保存各种物品，大部分是各种根茎及面包树果实。储藏品放到上述的树叶上，然后撒施上掺沙子的黏泥，再盖上土。居民说，这种方法是保管水果和根茎植物的最好办法。（《利相斯基太平洋地理发现记》，徐景学译，黑龙江人民出版社，1999年，79页）

> 夏季锡特卡人的一般食物是：鲜鱼、北欧海豹肉、水獭、海狗及各种浆果，而冬季则吃腌鱼、海兽脂肪。他们也准备大量鱼子，特别是鲱鱼子。当鲱鱼在岸边产籽时，所有男人和妇女都用杉树枝捞，挂在岸边树上晒干。然后再将鱼子放置在大筐里或者埋在坑里，保存到冬天。（同上注徐景学译书216页）

上述分别生活在热带和寒带的两个民族，都广泛应用窖穴或土坑储藏食物，可见窖穴应用之广泛。其实中国古代对窖穴的储藏功能，知之甚详。《诗经·豳风·七月》"二之日凿冰冲冲，三之日纳于凌阴"，就是描述冬日凿冰埋藏在窖穴里以供贵族热天使用的故事。考古上所见各种不同类型的"灰坑"，除了代表文化和地区差异外，也当一定程度上反映了储藏物品的不同，食物只是其中比较多的一种，至于更细致地了解，必须做大量的工作才可能达到；在更多的情况下，我们只能用"灰坑"称呼那些永远也无法了解其功能的各种窖穴。还有，就是窖穴和作为垃圾坑的"灰坑"往往代表一个动态的过程，两者是可以互相转换的。

（原载《中国文物报》2000年7月12日）

古代的人牙装饰

　　学生时代的张光直先生，曾写过一篇有意思的短文，发表在《台湾大学考古人类学刊》1957年第9、10期合刊上，题为《圆山出土的一颗人牙》。张先生对这篇文章极为珍视，近40年后，又收集在他的个人文集中。（张光直《中国考古学论文集》，［台北］联经出版公司，1995年，265～271页）

　　这篇文章披露，在台湾著名的圆山文化遗址，曾出土过一枚穿孔的人牙。该牙齿是1930年日本人铃木谨一氏发掘所得，编号2045，不过张先生注意及此，是在1954年宋文薰先生在台大人类学系旧藏标本中重新"发掘"之后。张先生认为这枚人牙属于圆山文化II期，年代约在公元前1600～前1000年左右。因为这枚牙齿，是人类上颌左侧外门齿（另外鉴定属于上颌左侧内门齿，见张文注释），且齿冠舌面具有明显的箕形；而1954年台大在圆山丙区所发掘墓葬出土的三枚上内门齿，毫无例外地均无箕形，而后者又没有不是圆山本族人的理由，所以张先生推测1930年出土的穿孔人牙，颇有属于"异族"的可能。这牙齿的来由，可能属于猎头所得，因为在台湾的不少高山族群比如泰雅、邹族等都曾把猎来的外族人首穿孔或者把人牙穿作颈饰，目的即是炫耀武力。所以张先生进而推论，在圆山人时代可能已存在猎头风俗。果如此，这种风俗在台湾出现的时代比三国时沈莹《临海水土志》（成书在公元264～280年）所记要早1000年。

这篇文章发表后没有多少反应，大概主要是同类的发现太少之故。据说最近台湾又有新的发现（据历史语言研究所李匡悌先生告知），但是正式的报告尚没发表。倒是我在读书过程中，找到此类发现的一些线索。

其一是说西太平洋中的华盛顿群岛居民，曾经用牙齿串成项链。但是由于语焉不详，线图又太小，我们不知道这些牙齿是人牙的哪些部分，但是因为与用猪獠牙做成的项链并列摆放，也许不仅说的是人牙，而且可能还是人类的门齿。（尤·利相斯基《利相斯基太平洋地理发现记》，徐景学译，黑龙江人民出版社，2000年，75页）

其二，新西兰毛利人曾用人牙和青玉穿为一体（图一）

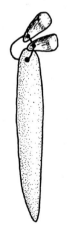

图一　新西兰毛利人所用人牙装饰

（D. C. Starzecka 1996. *Maori: Art and Culture*，p.44，fig.28. British Museum Press. 笔者2000年8月在挪威访问时据照片绘制），作为耳坠使用。据我所见的两个穿孔牙齿看来，是人的门齿无疑，但是由于只能看到照片所示的唇面，看不到舌面是否具有箕形。穿孔也是在齿根上。研究者认为这可能属于佩戴者父亲或祖父的牙齿，因而具有保护佩戴者的作用。

其三，见诸晋张华《博物志》："蜀郡诸山夷，名为僚子。

妇人妊身七月，生时必须临水；儿生，便置水中，浮即养之，沉便遂弃也。至长，皆拔去其上齿、后狗齿各一，以为身饰。"（《太平御览》卷三百六十一《人事部》二《产》）这说明早在汉晋时代我国西南民族即有以人齿为饰物的，而且主要是上外侧门齿和犬齿，与圆山和毛利人所见类似。

因为在我国大陆地区，至今都没有找到同类的考古发现，所以尽管在我国东部、南部地区的史前时代盛行拔牙风俗，也发现过不少可能与猎头有关的现象，但仍然很难把人牙装饰和这两种文化现象联系起来。要之，用人牙作为装饰的既有考古学发现又有民族学发现，都在我国南方和太平洋诸岛屿上，这可能与南岛语系从大陆向太平洋地区的迁播有关，大概也属于太平洋文化丛的一分子，但是其用意如何，可能因各地区的文化不同而有所变化。上述毛利人和我国西南古代民族用作装饰的牙齿，可能都不是从敌人那里获得的，应当也与炫耀自己的勇武有力无涉。行文至此，很希望我们在今后的考古发现中能够发现这类遗存。

2001年2月22日

古代的窗户

　　2000年7月我到比利时海南特省的奥贝歇思遗址（Aubechies）访问。这里实际上已经成为田野博物馆，根据发掘资料复原的古代房屋和志愿者装扮的古代各色人等，拉近了游客同古代历史的距离。陪我来的法国考古学家伊夫·古尚是这里的常客，他看我对史前时代的长条形房屋感兴趣，就对我说这里的一切都是根据考古资料重建的。我问他，那么说房子上的窗户也是真实的啦？他说，也许只有这些窗户是考古学家的想象，因为考古发掘并没有发现窗户之类的遗迹。

　　的确，我们发掘了那么多的史前房子，但是就我所知，真正明确的窗户却是没有发现过。当年《西安半坡》发掘报告发表了许多房屋复原图，有方也有圆，但是一个也没有窗户。陕西武功赵家来遗址客省庄二期文化遗址曾发现一个房屋形的器盖，把部如圆锥形之屋顶状。中心有一圆形凸起之盖纽（图一），把顶作伞形，下接细颈，颈侧有两

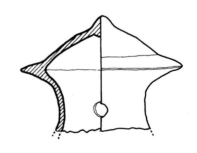

图一　陕西武功赵家来遗址出土房屋形盖纽

个相对称的圆形镂孔，把身中空（中国社会科学院考古研究所《武功发掘报告》，文物出版社，1985年，133页）。如果说这是一个房屋的造型，那么中间对称的镂孔与其说是代表一门一窗，还不如说更像房屋的两个门道。也许仅仅是装饰上的考虑。湖北枣阳雕龙碑遗址曾发掘出新石器时代的推拉门遗迹，工作不谓不细，但是也没有听说过有关于窗户的发现。倒是1960年初在江苏邳县大墩子的发掘，随葬品中发现了两件有窗的陶制房屋模型，其一"立面作长方形，有檐，攒尖顶，前设门，左右和后墙有窗，壁上刻划有狗的形象"；其二"立面呈三角形，前为门，左右及后墙亦设窗"。可惜前者既没附线图，也无照片。后者从照片观察，似乎很难看出门和窗的明显区别，倒更像是房屋四面开有四个门道。（南京博物院《江苏邳县大墩子遗址第二次发掘》，《考古学集刊》1，41～42页）

　　按照逻辑推理，窗户应该很早就被人们所发明。因为它既满足通风，也满足照明，同时技术也并非十分复杂。但是实际上在很晚近的时代，许多民族的房屋上还不见窗户，房屋只是一个避风遮雨的所在（利普斯《事物的起源》，汪宁生译，敦煌文艺出版社，2000年）。而窗户的功能实在是超出了这些需要，而变成具有某种审美意义上的东西。重庆巫山琵琶洲遗址周围目前尚存许多现代土房，有的没有窗户，有的则已出现窗户，窗户出现的逻辑过程在该村差不多可以得到完整的复原。这些由大概平均0.5～0.7米厚的夯土墙垒成的房子，最先可能是普遍没有窗户的。然后，开始出现了窗户的萌芽，就是在夯土的过程中，在门的两侧大约1.5米左右的高度开始对称地埋入两块平行的木板，木板之

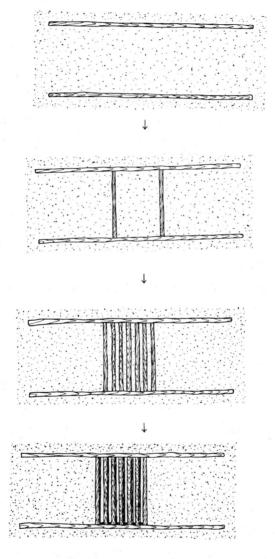

图二 重庆巫山琵琶洲所见现代窗户的逻辑发展过程

间的距离大约0.7米左右，但房屋盖成后，木板之间的夯土并不挖出，这个窗户实际并不具备通风透亮的功能。再以后，又在两块木板两端之间加了两块竖立的木板，变成为长方形的木框，但是中间的夯土也不挖出。再以后，又在木框中间竖立几根平行木棍，有了窗棂，又向窗户迈进了一步，但是仍不把窗棂之间的夯土掏出，所以这个窗户仍是仪式性质的。最后，才有人家把中间的夯土挖出，通风透气的窗户终于出现了（图二）（2000年11月笔者调查资料）。由于夯土墙的墙体很厚，窗棂之间的间距又小，所以总的看来，实际上窗户透光的作用不大。室内的照明问题主要是通过房屋顶部的"天窗"（通常是瓦之间放置一块玻璃）解决的。如果我们看到的逻辑过程，即是历史过程的真实反映，也许技术问题才是古人设计窗户的最大障碍，即在解决窗户本身的加工之外，必须考虑墙体的重量和窗户的承重问题。夯土墙如此，后来的土坯墙也复如是。

　　但是在木骨泥墙的时代，窗户承重的问题并不十分困难，这时有无窗户，窗户又如何解决，我们只有期盼考古学上的新发现。《史记·仲尼弟子列传》曾有这样的文字："伯牛有恶疾，孔子往问之，自牖执其手，曰：'命也夫！斯人也而有斯疾，命也夫！'"这说明孔子的时代窗户一般很低，如果有窗棂也不会很复杂，否则很难设想孔子会从窗户把手伸到里面握住伯牛的手，也许这时窗户的照明功能仍旧次于它的通风功能也说不定。

2001年2月15日

　　补记：承吴汝祚先生告知，湖北应城门板湾遗址出土一座保存完好的屈家岭文化多室大型房屋，其中发现7扇窗户，"除一扇在北墙外，有6扇窗开在南墙上，除Ⅰ室为小扁窗外，余5扇皆为落地式大窗，Ⅳ室北墙一扇窗通走廊，其他6扇均通室外。五扇落地窗形制、大小皆相似，尤以Ⅱ室两扇保持最完好，有窗楣、窗台、窗框及一些细部结构，值得一提的是在窗框凹槽内还发现了一件用作垫窗扇轴的臼状圆形小石块。落地窗通高86、宽88～96厘米，窗台距室内居住面高约6～10厘米"。（李桃元《应城门板湾遗址大型房屋建筑》，《江汉考古》2000年1期）此种窗户作何功能，因为发掘面积有限，还不易遽定。但与我们通常意义上的窗户似有不同。

角先生

　　1999年盛夏，考古工作者在河南省汝州市公安局建设工地发掘到宋代的夯土台基，夯土层中发现一枚逼真的酱釉瓷祖（见下图）。因为它的完整无损，考古学家认为"瓷祖是筑夯过程中有意放入的，其用途可能与奠基或宗教信仰有关"。（《华夏考古》2000年3期，31～40页）

　　考古学家没有对此做过多的讨论，夯土中有无其他更多的类似物件，因为发掘面积很小，不能肯定。这座建筑基址的用途如何，同样因为发掘面积太小，目前也不能肯定。但是这个地方因为距离宋代的汝州州府只有200米左右的距离，想来不是官府，就是当官的私宅，那是没有问题的。

酱釉瓷祖T2（4）：27

看到这件瓷祖，我立即想到了以前读到的周作人先生《希腊拟曲》中所谈到的Baubōn。所谓Baubōn就是"角先生"。周作人先生这样描述它："古文辞中多称Olisbos，或Phallos，据《Suidas辞典》云，昔用无花果木，后用红革所制，作男子生支状，在迭阿尼索思（Diōnusos）祭时，祭众悬于颈项或胯下，跳舞以敬神。又，古喜剧注释中或称之曰Skutinē epikouria，义云'革制助手'，又云hois khrōai hai khēai gunaikes，寡妇们用之。中国文献上作何称，未详，惟唐义净译《根本说一切有部苾刍尼毗奈那》卷十七，以树胶作生支学处第九十四云：

> 缘处同前（案上文七十三云，佛在室罗伐城），时吐罗难陀苾刍尼因行乞食，往长者家，告其妻曰，贤者，夫既不在，云何存济？彼便羞耻，默而不答。尼乃低头而出，至王宫内，告胜鬘妃曰，无病长寿！复相慰问，窃语妃曰，王出远行，如何适意？妃言，圣者既是出家，何论俗法？尼曰，贵胜自在，少年无偶，实难度日，我甚为忧。妃曰，圣者，若王不在，我取树胶，令彼巧人而作生支，用以畅意。尼闻是语，便往巧妻所，报言，为我当以树胶作一生支，如与胜鬘夫人造者相似。其巧妻报言，圣者出家之人，何用斯物？尼曰，我有所须。妻曰，若尔，我当遣作。即便告夫，可作一生支。夫曰，岂我不足，更复求斯？妻曰，我有知识，故来相凭，非我自须。匠作与妻，妻便付尼。时吐罗难陀尼饭食既了，便入内房，即以树胶生支系脚跟上，内于身中，而受欲

乐，因此睡眠。时尼寺中忽然火起，有大喧声，尼便惊起，忘解生支，从房而出。众人见时，生大讥笑。诸小儿见，唱言，圣者脚上何物？尼闻斯言，极生羞耻。"（钟叔河编《周作人文类编》卷五《上下身》，湖南文艺出版社，1998年，215～216页）

所谓以树胶作生支者，就是说用树胶做成男根的形状。"生支"云云，就是角先生。

这则故事虽在宋代以前，但不是中国的故事。不过用树胶等物做成男根形状"用以畅意"的事情，看来中国古代也不少见。周作人在随后的著作中，又引用了可能是清道光年间的林兰香小说，其第廿八回中即说到此物：

京师有朱姓者，丰其躯干，美其须髯，设肆于东安门之外而货春药焉。其角先生之制尤为工妙，闻买之者或老媪或幼尼，以钱之多寡分物之大小，以盒贮钱，置案头而去，俟主人措办毕，即自来取，不必更交一言也。（见上注周作人先生著作，217页）

这虽然是小说倒可能真是可信的史料，特别是以钱之多少，决定角先生之大小，避免了买卖双方的尴尬，不失为今天经营此道者参考。

现在让我们回到本文开头提到的瓷祖。它编号T2（4）：27，施酱黄釉，通体长17厘米，根径5厘米，接近根部右侧有一直径0.8厘米的圆孔。中空，形态逼真，说是实用的"角先生"没有人会怀疑。但这埋在夯土中的角先生，是单纯仪式性的镇邪之物，还是把实用之物用作镇邪之用，却是不易明了。关于它的用法，中国古代的绘画有明确的展示。1997年斐卿书局出版的《春梦遗叶——中国的色情艺术》（英文本）一书中，收录了明代风格的绘画数幅，展示了把角先生绑到脚上、膝盖上、小腿上、腹部或用手握住自慰的各种方式，那些可以绑在身上的角先生，无不在根部钻有小孔，用于穿绳（180～181页）。如果说绘画带有某种幻想的成分，那么角先生实物的出土，则说明这些绘画所描写的场景基本上是真实可信的。

用角先生寻乐，在古代似乎是一个不争的事实。日本民俗学家南方熊楠在其《南方随笔》也说，日高郡龙神村传说，"有寡妇昼寝，晒麦院中，天忽雨，寡妇惊起，为小儿所见"云云（见上注周作人先生著作，216页），情节与佛经中所述故事相似，大概不必是传播的产物。

为什么要把角先生埋在夯土中用于辟邪？原来这是古人逻辑思维的产物，在他们那里，尽管使用角先生的行为不会让他们比现代人更感到多么难堪，但那毕竟是与污秽和不洁联系在一起的，而污秽正是镇鬼祛邪的法宝。比如中国近代的用寡妇祈雨，世界各民族给孩子取诸如粪堆、猪狗甚至流氓等等的名字，对庄稼说污秽的话等等，都不过是这种心理的反映。如此说来，那埋在夯土中的不洁的角先生，或者正是某人解欲的实用品吧。

2001年5月1日

石　灰

　　晋张华《博物志》有这样一则记述："烧白石作白灰，即讫，积著地，经日俱冷，遇雨及水浇，即便燃，烟焰起。"近代大史学家吕思勉先生因说："此事今人无不知之矣，然此书郑重而道之，以为戏术，可见其时知者尚少，更无论资以为用也。"（《吕思勉说史》，上海古籍出版社，2000年，203页）另一位史学家尚秉和也持相似的见解，说"此可证晋时石灰尚少，故以为异。"（尚秉和《历代社会风俗事物考》，母庚才、刘瑞玲点校，中国书店，2001年，162页）

　　过去一般认为石灰出现在汉代。《后汉书·杨璇传》："特制马车数十乘，以排囊盛石灰于车上，既与贼战，乃顺风鼓灰，贼不得视，遂败。"这是汉代用石灰的明确证据。但是，考古学发现却把石灰的烧制历史向前推进了二三千年。不仅商代的房基面有用白灰做的，更早一些的龙山文化甚至仰韶文化也广泛使用了白灰面。20世纪50年代有学者研究认为，白灰面的主要成分是碳酸钙（赵全龃《新石器时代及商代人类住地的白灰面》，《考古通讯》1956年5期），是用料礓石即石灰质结核磨成碎面，然后加水调制而成，否认白灰面是人工烧制的石灰铺面（胡继高《白灰面究竟是用什么做成的》，《文物参考资料》1955年7期）。80年代中国社会科学院考古研究所的仇士华先生对山西夏县东下冯、河南安阳后岗和永城王油坊等龙山文化遗址的白灰面做了^{14}C年代测定，证明这些白灰面确实是人工烧制的白灰铺成。这表明龙山时代的人们已经相当普遍地烧制石灰并用于房屋建筑。后来还有人把此法用于甘肃秦安大地湾仰韶文化房屋地面的测试，也得出类似的结论。（李最雄《我国古代建筑史上的奇迹》，《考古》1985年8期）

^{14}C方法所应用的原理如下：天然石灰岩的主要成分是碳酸钙，而人工烧制的生石灰——氧化碳，加水变成了熟石灰——氢氧化钙，涂抹在墙上或地上以后吸收空气中的二氧化碳，最后的成分也变成碳酸钙。由于两者的成分相同，所以用化学方法很难判别白灰面是否由人工烧制的生石灰做成。但是因为人工烧制的石灰所吸收的是建筑时期空气中的二氧化碳，都含有放射性碳素即^{14}C，含量虽低，却可以探测。而天然石灰岩的形成非常古老，其中的碳一般不含^{14}C，即使以前有过，也已衰变尽了。因此如果将白灰面作为碳素断代的标本，从这个白灰面标本所含的^{14}C量能定出和遗址相当的年代，即说明这个白灰面确是当时烧制过的生石灰形成的，反之，则说明这个白灰面未曾经过烧制。（仇士华《人工烧制石灰始于何时》，《考古与文物》1980年3期）

石灰的悠久历史，正说明考古学研究的价值不仅仅在于证经补史。另外，我们利用文献一定要考虑文献本身的context，即文献的背景知识，否则就容易上文献的当。这里我们很难说张华的记载错了，但这仅仅是他个人的感受，很难归纳为一个时代的共识。

2001年2月15日

陶 灯

　　河南三门峡市博物馆陈列着一个仰韶时代的陶灯（图一），说是卢氏县祁家湾出土的。灯，红陶，浅盘，直口，盘下正中有一个直筒状中空的座（把），通高约15厘米，形似陶豆，这大概是它被推测为陶灯的原因。过去中国历史博物馆陈列过一个浙江吴兴邱城出土的史前陶盂，也被解释为陶灯具。就我所知，这是我国目前仅有的被标示为灯具的史前陶器。如果真是这样，中国的油灯至少已有五六千年的历史。

　　这说起来也不奇怪，因为据说欧洲在旧石器时代晚期已经发现石灯具。法国著名的拉斯科洞穴（Lascaux）和多尔多涅省拉牟特遗址（La Mouthe）出土的用石灰岩和砂岩做成的石灯（图二），一点都不比历史时期的类似灯具逊色

左：图一　河南卢氏县祁家湾出土的仰韶文化陶"灯"示意图
（2000年12月参观时素描）
右：图二　法国旧石器时代遗址出土的石灯具

（Jone Wymer 1982. *The Palaeolithic Age*，pp.255-257.Croom Helm London）。据说石灯使用的燃料，就是动物的脂肪。研究者认为洞窟内重叠的壁画形象和如今用手电比电灯更容易观察到这些形象的特征，恰好证明古人是手持石灯作画的。英国作家笛福的《鲁滨孙漂流记》，说小鲁滨孙独自漂流到荒无人烟的小岛后，学会用死兽的脂肪点灯。虽说是一种逻辑的推理，但以古人对动物的熟悉，用动物脂肪作燃料并使用相应的载体做成灯具，并非完全不可能。

奇怪的是中国古代对油灯的记载很晚，中国早期文献所记古代照明的情况，几无例外，都说的是用木柴或苇秆儿做成的"烛"，即火把或火炬。《礼记·少仪》："凡饮酒，为献主者，执烛抱燋。客作而辞，然后以授人。"注："未爇，曰燋，主人亲执烛敬宾，示不倦也。"疏："既欲留客，又取未爇之炬抱之者也。"所谓烛，就是燃着的干柴，而燋则是待续未燃的干柴。《毛诗·巷伯》传云："昔者颜叔子独处于室，邻之釐妇又独处于室。夜暴风雨至而室坏，妇人趋而至。颜叔子纳之而使执烛，放乎旦而蒸尽，缩屋而继之。"近人尚秉和先生按："蒸者，细薪也；缩，束也。言蒸尽，束屋上矛燃之。"（关于灯烛的历史，参见尚秉和《历代社会风俗事物考》卷十一，母庚才、刘瑞玲点校，中国书店，2001年）《诗经·小雅》云："夜如何其夜未央，庭燎之光。"《周官·司烜氏》"凡邦之大事，共坟烛庭燎。"《燕礼》"甸人执大烛于庭。"注："坟，大也。树于门内曰庭燎，于门外曰大烛，皆所以照众为明。""庭燎"疏云："庭燎所作，依慕容所为，以苇为中心，以布缠之，饴蜜灌之，若今蜡烛。"直到战国时代，才有了明确的以动物脂肪为燃料的油灯。《楚辞·招魂》"兰膏明烛，华镫错些。"《庄子》"山木自寇也，膏火自煎也。"有了油灯，"膏火自煎"，解放了人的手脚。所以尚秉和先生说："夫以唐虞三代数千年皆以薪束为烛，烟焰迷人，动生危险。又专人手执，乍易以膏，所患皆免，其快可知也。"（参见上注尚秉和书，168页）目前成批出土的油灯，以战国为最早（高丰、孙建君《中国灯具简史》，北京工艺美术出版社，1997年），说明它的广泛使用，当不会比这个时代更早。

中国史前时代的陶灯，不能遽然否定。但是，要确认它是陶灯，必要有许多旁证，比如同遗址中类似的发现不止一个，出土的位置在壁龛或火塘的周围，还有就是陶器内部的遗留物分析（residue analysis），发现动物的脂肪痕迹或者侥幸在陶器口部发现烟渍，如此等等，我们才敢说这种与后世灯具相似的史前陶器是陶灯。

2001年2月28日

瓷　枕

　　古代的瓷枕各色各样，不仅让一般老百姓看不明白，就是我们这些吃古代饭的人也有些纳闷：古代的人就那么喜欢睡在这硬邦邦冷冰冰的什物上？我有时甚至想，这些多数出土在墓葬中的枕头也许是给死者用的吧！宋沈括《梦溪笔谈》卷十九曾有这样一则记载："古法以牛革为矢服，卧则以为枕，取其中虚，俯地枕之，数里内有人马声则皆闻之，盖虚能纳声也。"（岳麓书社，侯真平校点，1988年）这至少说明古代的人也是喜欢睡在软枕上的。偶读近代地质学家丁文江的《漫游散记》，说他1911年5月从欧洲经越南回到云南，在中越交界的劳开地方下车过夜，夜里住在一座广东的酒楼上。"楼上有一间大房，房里有一张床，一张桌子，一把椅子。床上挂着白洋纱帐子，铺着一张席子，放着一个小磁枕头，比普通的客房好得多。"原来这房间是妓女接客用的。丁先生虽然在这住了一夜，但是"通夜没有能睡，不但谈唱的闹得厉害，而且不放蚊帐睡，蚊子太多，放了帐子，闷热得受不住，席子上又有臭汗味，枕头是又硬又方的。好容易挨到天亮，刚刚有点睡着，茶房已经来开早饭了。"（《游记二种》，陈子善编订，辽宁教育出版社，1998年，4页）这是丁先生游欧七年回国后第一次住中国客栈的经历。他显然已经受不了那"又硬又方"的瓷枕，但是看起来，一直到清朝末年，瓷枕还是被人广泛使用。文化在某种程度上说就是习惯，习惯的变迁如此之大，这真是大有兴味的问题。

（原载《读书》2001年7期）

古代文物的"勘探发掘"费用

宋沈括《梦溪笔谈》卷二十一记载过这样一件事情："洛中地内多宿藏。凡置第宅，未经掘者，例出'掘钱'。张文孝左丞始以数千缗买洛大第，价已定，又求'掘钱'甚多。文孝必欲得之，累增至千余缗方售，人皆以妄费。及营建庐舍，土中得一石匣不甚大，而刻镂精妙，皆为花鸟异形，顶有篆字二十余，书法古怪，无人能读。发匣，得黄金数百两，鬻之，金价正如买第之直，剧掘钱亦在其数，不差一钱。观其款识文画，皆非近古所有。数已前定，则虽欲无妄费，安可得也？"让人感兴趣的不是宅中所出黄金正抵了买宅地的价钱（这正是沈括把此事记在《异事》卷的原因），而在于买地的时候，必须把"掘钱"一同交纳。交纳"掘钱"的原因，是因为"洛中地内多宿藏"而又"未经掘者"，但实际上交了费并没有官方和私人的"考古队"来此勘探或发掘，只是增加了勘探和发掘的名目收费而已。这个"掘钱"看起来是卖宅地的人收了，至于最后是上缴国库，还是落入私人腰包，则不得而知。"掘钱"占宅费的比例同样也不得而知，否则真可以同我们现在的基建考古资费做一番比较。

（原载《读书》2001年6期）

民族考古学之我见

《中国文物报》1989年7月7日（第26期）和8月18日（第32期）分别刊登了丁一、徐明同志的《关于民族考古学的对话》和何弩同志《也谈"民族志考古学"的定义和方法》两篇文章。前者主要谈了民族考古学的性质、方法和产生的背景，后者则针对前者把民族考古学认为是"考古学与民族学结合的产物，是在考古学研究中，融进民族学的理论和方法来研究考古学中的问题的一种方法"的看法进行了批评，提出民族考古学应该称为"民族志考古学"，并且认为"真正的民族志考古学家的工作，是以考古学的眼光和手段，直接接触甚至参与到被考察的特定的族群中去，观察、记录现在人在某些条件下，什么样的行为会留下什么样的物质遗存，得出这种规律性关系后，再据考古发掘出的遗存现象，反推当时人们可能性的行为。"这结论无疑是正确的，但我觉得问题并未澄清，因此在两篇文章的基础上，再谈点个人的看法。

（一）是民族考古学还是民族志考古学

民族考古学——ethnoarchaeology，的确是ethnography（民族志或人种志）而非ethnology（民族学或人种学）与archaeology（考古学）一词的结合。在《朗曼当代英语词典》中，对民族学或人种学的解释是"研究不同人种的科学"，对民族志或人种志的解释是"对不同人种的科学描述"，它本来是一门专门研究人类各种族体质差异的学科，后来由于受到当时对原始文化浓厚兴趣的影响，转而研究原始人类的文化，实际上已经变成了文化人类学。法国著名学者列维-斯特劳斯（Levi-Strauss）在《结构人类学》一书中曾对"民族志"和"民族学"做出如下的总结：前者主要是对那些与我们的社会差别极大的社会中选择出来的个别群体进行观察和分析，其目的在于尽可能忠实地记录各种不同人种之间的有关生活的形态模式；而后者则是为了比较各人种之间的差别的目的去利用民族志所提供的资料。很显然，前者是经验材料，后者是在此基础上做出的理论总结。这有点类似于史料的整理与历史研究的关系，但无论如何，民族志（或人种志）是包括在民族学或文化人类学中的，正如史料的整理属于历史研究的一个侧面一样，民族志也属于民族学或人类学研究的一部分。因此，依我看，ethnoarchaeology尽可以还称作"民族考古学"，而不必专门名之为"民族志考古学"。实际上民族志学者对所谓民族考古学家的研究方法和目的并不熟悉，对他们关注的问题也常常并不给予重视。

（二）民族考古学的产生是战后考古学进步的一个主要标志

在第二次世界大战以前的欧美考古学界，研究重点一直放在考古遗物和遗迹的地层学和年代学研究上。主要的方法是研究出土的陶器和铜器，目的在于确定文化在地域上的空间分布和年代上的早晚关系，即建立文化史的模式。这种模式很少注意到对经济、技术、聚落、社会组织等的重建工作，因此很难对文化为什么变化和如何变化的问题做出回答。二次大战后，一批年轻的考古学者（主要是美国）对这种现状进行了猛烈的抨击，他们试图在考古学发掘的基础上，对社会文化变化的原因做出解释。因此美国考古学家威利（Willey）和沙巴罗夫（Sabloff）把这一时期称为"解释时期"。但是，考古学研究的对象是一堆不会说话的静物，要复原它们所代表的那个社会的经济、生活方式、社会组织等等，必须辅之以其他的手段。这样，为了解决考古学的问题，到现代一些原始民族甚至现代民族中调查他们的生活方式、生产方式以及社会组织甚至意识形态的活动都成为客观需要。这种调查不同于19世纪安乐椅上的人类学家坐在屋里听传教士的道听途说，也不同于早期考古学家为了解决某个问题对民族志材料的简单援用，甚至也不同于民族志学者的系统描述。民族考古学是从考古学的目的出发的，它表现的是一种与上述研究方法不同的新的概念，反映了战后考古学在研究古代人类行为方面的一个巨大进步。20世纪60年代中期，"民族考古学"一词的创立，标志着这一考古学的分支学科或研究方法的诞生。

（三）民族考古学的目的

民族考古学的目的在于通过深入系统地研究当代人类行为的方法，针对考古学中不能解决的问题，有意识地建立起一系列民族志类比分析的假设模式，用以解释考古材料，最后达到由静态的考古材料重建古代社会的生产和生活方式，理解文化发展的过程。民族考古学之所以深入研究当代人类（主要是非工业民族），目的正在于考察这些民族的行为与其相关的物质文化残余（survival）之间的相互关系，然后把这些残余与考古发现的物质文化相比较，从而对造成后者的人类行为做出推断。美国民族考古学家克莱默（C. Krammer）曾经归纳出民族考古学可以充分发挥效用的几个方面：（1）有关土地使用模式、人口规模和分布、经济组织和社会政治组织等方面变化的聚落形态研究；（2）有关考古遗物的搜集、分析和解释；（3）对残余物形成过程的观察；（4）提供用于考古记录和分析中最合适的单位和标准。在上述几个方面，欧美考古学家的确已经做出很多的尝试。如克莱默本人就曾通过对当代伊朗中西部一座村落住宅建筑的考察，试图确认建筑特征的变化与家庭规模以及经济状态之间某些因果联系。她从研究中受到启发，反过来用于分析考古发掘中可复原的建筑遗存，达到重建村落组织的目的。宾福德（L. Binford）曾通过对因纽特人使用的工具和制作工具的技术因地理位置不同而不同的现象进行分析，对法国著名的克姆—格林那旧石器中期遗存的石器提出营地（base camp）和工地（work camp）两套工具传统的意见。

关于民族考古学者的工作范围，正如斯迪尔斯（Stiles）所说，包括获得和利用民族志资料两个方面。与一般的民族志调查不同，民族考古学还必须进行三个方面的工作，即类比分析、提出假设模式以及验证假设模式。因此，综上所述，民族考古学是项特殊的工作，是从考古遗物通向古代人类行为的一座桥梁。

（四）民族考古学的局限性

把考古发现的遗物遗迹与现代民族志材料进行类比分析

的基础是进化论。没有进化论，即不承认文化发展的连续性和不平衡性，那么就不可能在古代文化与现代民族文化之间建立起一种并行关系。但是，由于文化发展的多样性和不平衡性，要寻找已经失去的中间环节并非易事。即使我们通过对某些非工业民族的物质资料的生产、消费与废弃过程做出考察，即使我们对他们的社会组合、婚姻方式甚至意识形态进行分析，然后建立起一套模式，并对考古遗物及其所属的社会文化的各方面做出假设或解释，但却很难对假设或解释进行验证。因此，几乎所有的民族考古学家都非常注重历史上的那个社会和当代用以比较的社会在社会文化系统环境和技术方面的相似性，离开具体的环境进行所谓的类比分析，必将导致结构性的错误。

　　因此，在我看来，民族考古学的意义就在于通过对现代民族志的分析，为我们理解古代人类的行为，重建古代人类活生生的文化开辟了一条道路。虽然它还有待于不断地改进和完善，但前景是光明的。

（原载《中国文物报》1989年9月27日）

我看考古报告的编写

现在谈考古报告的编写，主要是因为大家对考古报告不满意。考古报告究竟应该怎么写好，似乎也没有现成的经验，所以才要大家讨论。这当然是一件好事，但是我担心很多想法并不能落实。例如，第一，考古报告是科学研究报告，它有自己的语言和叙述方式，不能要求它像小说一样引人入胜，如果这样要求它，那你肯定会永远失望。第二，不能希望在里面发现所有你想看到的东西，因为考古发掘虽是一件科学的工作，但是研究者本人的主观见解却是要时时渗透其中的，他不能想到的，当然也很难注意观察，更谈不上记录和发表。第三，考古报告只是一个笼统的说法，其实它的形式很大程度上取决于它所报告的内容，不能设想只有某种形式或某几种形式的报告才是好的，要求报告以某种格式写作本身就不合乎事物本身的内在逻辑。

我常常想，考古报告也是一种商品，编著者是生产者，编辑和出版社是商家，读者则是消费者。当然你可以说生产者生产什么，商家就卖什么，消费者就消费什么。不过考古报告毕竟同一般的商品不同，因为生产者同时就是消费者，消费者也同时就是生产者，他们的角色是经常调换的，连商家也是如此。但是，就像一个人总是看的报告比写的报告多一样，他首先是一个消费者，然后才是生产者。考古报告的写法，其实主要还是根据消费者的需要来定。大家目前对报告不满意，就是因为作为消费者的读者眼界开阔了，研究领域扩大了，研究深入了，所以要求报告能提供他所需要的材料，而与此同时考古报告还在以它巨大的惯性不断地以老面孔出现，其中的原因，就在于大部分的考古调查和发掘还在以巨大的惯性继续着长期以来的做法。有经验的人都知道，任何一点的创新，都要付出数倍于以前的人力、物力和财力，而这又是许多同行力不从心的。

现代考古学在我国发展的历史，不过七八十年，对所有史前文化和大部分古代物质文化的认识是在这个期间逐渐积累起来的。由于考古学首先面临的是时空问题，所以考古报告长期以来把焦点和注意力集中到以年代学为目的的器物的分类描述和排队、分期上。问题是，在时空框架解决之后，大量的报告如果仅仅是采用举例式的方式描述人们耳熟能详的材料，而没有能够提供额外的信息，那就很难满足研究者的需要。典型单位、典型器物的分期排队，对于理解文化的发展演化，确是其他方法不能替代的，但是对典型单位、典型器物本身的关注，无疑就会相对忽视非典型单位、非典型器物和非典型特征的描述和分析，何况所有典型的取舍，也还受人们认识程度的限制。

如果我们把考古调查、发掘和资料的整理、报告的编写当成一个程序，那么应该说报告的编写很大程度上受前几个环节的制约。很难设想一个粗放的调查和发掘，会使资料整理达到科学的要求，也很难设想一个粗放的调查、发掘和整理，会使报告的编写合乎科学的规范。报告的好坏在很大程度上与其说取决于报告的形式，毋宁说更取决于发掘和报告整理者的素质。一个好的发掘者，他会给自己提很多问题，从而在发掘期间就给予关注，在报告的整理中会体现这种关注，最后以表格、插图甚至文字的形式把某些非典型的单位也表述出来。例如，某灰坑的红、黑、灰陶的比例，作为举例在报告的文字里已得到描述，但是其他大量的灰坑情况并非如此，报告却没有给予任何表述；又例如，我们很注意陶器的复原工作，但是对于不能复原的大量陶片的特征，例如口径或底径的长度变化区间、陶片上某些测量的和非测量的装饰性的某些非分期性特征，却没有在报告中给予描述，假设研究者试图通过陶片研究陶器生产的方式，例如是家庭手工业还是某种形式的专业化生产，在目前的报告中就很难得到他所需要的大量资料。这种情况在目前的考古报告中广泛存在，其实只要注意得到，是可以通过表格的形式得以弥补的。

但是，考古报告无论如何仔细，从本质上说它都是一种简报的性质，因为它不可能把所有发现的现象都报道出来，即使排除形式的划分，不计资金的投入，把每一间房屋、每一座墓葬和每一件器物都作为一种现象报道出来，仍然有很多信息不得不省略掉，这是无可奈何的事情。所以最好的办法，是提高单位面积的发掘"产量"，也即在尽可能少的发掘面积里，提取尽可能多的信息，庶几才能满足消费者尽可能多的需求。至于报告形式，每一个生产者都可以有自己的发明。比如西方的某些考古报告，在出土动物骨骼的描述上，直接画一个该动物的图像，把出土那部分的骨骼涂黑，所以一目了然，根本不用琢磨动物骨骼的专用名词和它的解剖学位置。这当然是一个小例子，但给我们的启示却很多，那就是：只要有助于信息的提供，报告的编写可以采取许多新的个人化的形式。当然，这需要得到商家的许可。

（原载《中国文物报》2001年5月16日）

考古学解释的不确定性和解释过度

据说陈寅恪先生不搞上古史，是因为上古文献不足征。说起来，考古学是眼见为实的学科，来不得半点虚假，但是，在考古材料的解释方面，我们所面临的困难，比根据文献从事上古史研究的人一点都不少。如曰不信，请允我举例说明。

例一，在凉山彝族，在行成年礼（换裙子）之前，女孩子头上梳一独辫披于脑后，年龄较小的不梳辫而用红头绳系住，在独辫和红头绳之下，富裕人家的女孩可以顶单层或数层手帕，贫穷人家的女孩不顶手帕，耳边要佩戴海贝、狗牙、小红珠之类的饰物，如果没有饰物，可以用线表示。（杨怀英等《凉山彝族奴隶社会法律制度研究》，四川人民出版社，1994年，78页）

例二，据古印度《摩奴法典》记载，"仗势强奸少女者，应该立即处以断指，或者处罚款六百。"

前者给考古学的启示是，当我们考察遗址或墓葬出土物时，一定要尽量把这些出土物的背景，或曰context弄清楚；同时不能先入为主，以我们的价值观衡量古代，以为出海贝和小红珠之类的墓主人，一定就是富人，反之则不是。后者如果体现在考古学记录上，则必为很少数的人才有断指的现象，正与我们在中国史前遗址所看到的那样。可见断指并不一定都是为了悼念死去的亲人或者表示与死去的亲人脱离关系或者为了给死者献祭，因为上述解释，适用于一般人的生活，如此应该在考古记录里看到大量的断指现象才对。所以，如果不是考古发现或记录上的问题，断指当是某种特殊原因造成的现象，也许大部分情况下这种原因我们是无从知道的。就像如果没有《摩奴法典》的记载，我们差不多是永远无法知道古印度的断指是怎么回事一样。

另外一个问题，是解释的过度。比如讨论中国国家的起源是我们最近二十年来最热闹的话题。但是，究竟什么是国家，差不多每人都有自己的定义。很多人以为有了城就意味有了战争，而战争是为掠夺财富而来，所以必是私有制达到一定程度的结果；反过来，只有掌握财富和权力的人才能集中大量人力筑城，所以有城必有相当的权力集中。如此等等，中国国家的起源就顺理成章地推到了龙山时代。更有人以出土骨骸上的伤痕为战争的依据，把中国国家起源的时代推到仰韶文化或更早。这个争论似乎只是一个定义的问题，但是也可以视为解释的过度。因为国家起源是一个复杂的社会现象，它即便不能完全在物质文化上体现出来，也必定在考古记录上留下深刻的痕迹。比如我们如果按照美国考古学家华翰维（Henry Wright）的定义，国家可以视为"伴随着权力集中过程（centralized decision-making process）的文化发展"，其对内、对外的管理都是专业化的，简言之，国家体现为一个集权而又分层的政府，而政府的行为则是有专业分工的（Henry Wright 1977. Recent Research on the Origin of the State, *Annual Review of Anthropology*, Vol. 6, pp. 379-

397）。如此，我们只能认为二里头文化是一个国家水平的社会，因为它既有相当的权力集中，又有内部的专业分工和阶级分化。专业分工体现为用途不同的宫殿建筑群和各种各样的手工作坊；而集权和阶级分化则体现为二里头文化的向外扩张和墓葬的显著等级差别（刘莉、陈星灿《中国早期国家的形成——从二里头和二里岗时期的中心和边缘之间的关系谈起》，《古代文明》第1卷，文物出版社，2002年）。以这些标准衡量二里头以前的文化，大都没有达到国家水平，因为没有任何一个文化同时具备上述两个条件。因为单纯的城、权力集中、财富集中、战争和一定程度的等级分化，可以在国家以前的社会发生。民族学上的酋邦领袖也有一定的权力集中，但是他的管理不具备专业分工的条件，集权的水平实际上很低。

2001年2月22日

古代国家是怎么样的

  关于国家的起源问题，是近代以来长期困扰学界的一个大问题。比如，最近西方学者拿世界其他地区的材料，对比研究中国早期国家的问题，有的提出商是"城市国家"，也有的提出商是"地域国家"或"乡村国家"。所谓城市国家，认为国家由世袭家族统治，领土狭小，只有几百平方千米的土地；一般说来，有三个等级的聚落结构，即首都、小型中心和村落；基于防卫的需要，首都通常设有围墙；人口的大多数包括农民居住在首都（在苏美尔这个比例高达80%）；手工业生产和技术相当发达，国内存在大量的商业活动；广种薄收；临近的城市国家经常为得到边境地区的农田和控制商路及其他资源而发生军事冲突。所谓地区国家，认为国家有一个单一的统治者，并通过各级地方行政长官和行政中心控制一个很大的地区；城市中心很小，并且往往几乎被行政长官、高级专业人士和他们的服务人员所占据，而农业劳动者则散居在村野里。地区国家似乎具有明显分离的两个层次的经济：一方面是农民自己业余加工他们所需要的本地材料的日用品，另一方面居住在城里的或者依附于王族的高级手工业者，常常利用外来的原材料为国王和上层阶级生产奢侈品。维持城市生存的食物几乎全部是通过从地方征收租税的方式获得。所谓乡村国家，是指被无数村庄包围起来的行政和宗教的王国，这些村庄分布在广阔而又同一的地区，基本上采用同样的方法、生产同样的谷物。在这样的社会中，社会下层由圆锥形氏族的底层组成，既保持了氏族支系的完整性，又没有以生产资料形式出现的私有财产。拿这样的标准衡量中国，不同学者因所关注的方面不同，得出不同的结论是可以理解的。对此，我们通过对最新考古材料的梳理，已经有一个正面的回答。（刘莉、陈星灿《中国早期国家的形成——从二里头和二里岗时期的中心和边缘之间的关系谈起》，《古代文明》第1卷，文物出版社，2002年）

其实无论哪种模式，都特别关注国家的范围或疆域，也非常重视统治者对该地区人民的统治方式。上述标准固然重要，但要从考古学上得到证实，如果没有文字的帮助，是很难一一落实的。考古学文化与王国的政治疆域不能等同，纳贡甚至贸易、再分配等等行为，又很难在考古研究上得到证实。凡此都使我们在归纳古代国家起源的模式时要加倍小心。

本文感兴趣的是，自古以来，人们就对早期的国家有种种的推测，有些显然是形而上学的，有些则可能是根据当时对异文化的观察和启发所致，后者当归入民族志观察的范畴。此略举数例。

《战国策·赵策三》："古者四海之内，分为万国。城虽大，无过三百丈，人虽众，无过三十家。"《史记·苏秦列传》："汤武之士，不过三千，车不过三百乘，卒不过一万人。"是说古代国家之小。《尚书·尧典》："协和万邦。"《左传·襄公七年》："禹会诸侯于涂山，执玉帛者万国。"《荀子·君道篇》："古有万国，今无数十矣。"是说古代国家之多。《汉书·贡禹传》："古者宫室有制，宫女不过九人，秣马不过八匹。"《说苑·善说》："齐宣王出猎于社山，父老十三人，相与劳王。王曰：'寡人今日来观，父老幸而劳之，故赐父老，田不租，赐父老，无徭役。'"徐梦莘《三朝北盟汇编》："民虽杀鸡，亦召其君而食之。"是说古代国家还没有形成后来繁缛的礼制，一切都还简朴（参见陈登原《古君国甚小》，《国史旧闻》第一册上，辽宁教育出版社，2000年）。类似的记载在二十四史的"四夷"列传和其他典籍中不绝于书，可以用作我们研究早期国家的参考资料。

要之，国家起源是一个渐变的过程，从考古学上研究这个过程，固然需要几个可以参照的标准，但是，标准本身并非绝对，何况各个地区也许还有不同的标准，是很难划线为准的。

2001年10月2日

域外见闻

骑马术与印欧语系的兴起

　　工业革命之前，马匹在长途运输和战争中起着不可替代的作用。历史上中国北方的所谓"蛮族"能够长驱直入中原腹地，靠的是马；而当年西班牙人能够征服中南美洲的阿兹特克和印加帝国，在很大程度上也是依赖马的奇功。但是，马是何时何地被人类驯化的？骑马术与印欧语系的关系又当如何？孔令平先生在1994年6月12日《中国文物报》发表的《马车的起源和进化》一文中，曾顺便提及马最早是在公元前4000年的白俄草原被用作牵引动力的。但是语焉不详，很难让国内读者了解这一情况。本文根据《科学美国人》（*Scientific American*）杂志1991年12期的一篇文章，简要地介绍一下这个重要发现。

　　大家知道，马的被驯服，关键在于勒马的嚼子（bit）的发明。嚼子夹在马的门齿和前臼齿之间的牙龈上，骑手通过手中的缰绳拉紧嚼子，压迫马的牙龈以迫使马匹就范。因此，要通过考古研究了解骑马术的发生，主要是发现马嚼子以及与此相关的遗物遗迹。一般认为，目前已知最早的骑马图像出现在公元前2000年，最古老的嚼子约在公元前1500年前，显然骑马术的起源应当在此之前。苏联的学者在乌克兰草原的斯里第尼·斯托克文化（Sredny Stog）发现了一些马骨，特别是在第聂伯河西岸离基辅250千米的德累夫卡（Dereivka）遗址中，还发现了与两条狗、陶器及近似马面颊片的鹿角合葬的一匹牡马。该马有七八岁，生活在公元前4000年前。美国学者安东尼（D. Anthony）和布朗（D. Brown）研究了该马的前臼齿，发现有使用嚼子的痕迹，牙尖表面，也都是金属嚼子造成的微小裂痕。他们的这一研究建立在实验分析的基础上。他们通过X光观察发现，马常常用舌头把嚼子顶到前臼齿，在齿的前端活动。他们比较了10匹带过金属嚼子的现代马和20匹没有用过嚼子的野马，发现前者的前臼齿前端磨斜了2～8毫米，高于野马的0～2毫米的磨斜率。在电子扫描显微镜下，还可以发现用过嚼子的前臼齿前端，牙齿有明显的珐琅质破损现象。根据这一发现，他们研究了19匹公元前2500年至前2000年前的出土于苏联、伊朗和法国遗址中的马前臼齿。在上述乌克兰草原公元前4000年前的牡马的两个前臼齿上，发现了3～4毫米的磨斜度，远高于现代野马的前臼齿磨斜率。同时，与该马同出的穿了洞的鹿角，也被认为是连接缰绳的马面颊片。因此，研究者认为很可能早在公元前4000年前的斯里第尼·斯托克铜器时代文化中，马即被人类驯服，变成为人们的坐骑了。

传统认为马的驯化与印欧语系的起源有密切关系，因为印欧语系的词根，包括马、家畜和马车的字眼，但却少见谷物的名称。很多研究者由此推测印欧语的祖先擅长畜牧，最初是从乌克兰草原迁移印欧各地的。但是，要征服欧亚大陆如此广大的地区，印欧语的祖先仅仅依靠驯服野马似乎不大可能成为文化上的优势。英国著名考古学家伦福儒（Renfrew）就极力反对此说，认为比较可能的原因是凭借农业的推广，才使印欧语言得以扩张。但是他的反驳并不能解释印欧语系中谷物名称罕见的现象。乌克兰草原骑马证据的发现，似乎化解了两种说法的矛盾，贯通了传统印欧语系起源的理论。因此，新的发现可能使研究者相信，印欧语言的扩张，大概建立在骑马术的出现、农业、畜牧业、冶金术以及马车的基础上。

（原载《中国文物报》1995年3月12日）

补记：这项考古发现的年代目前已经证明，大大晚于公元前4000年（根据牛津大学和基辅大学的碳素年代测定，德累夫卡的马死于公元前700～前200年间，属斯基泰时期，因此当为后期的遗存。参见David W. Anthony and Dorcas R. Brown, Eneolithic Horse Exploitation in the Eurasian Steppes: Diet, Ritual, and Riding in Late Prehistoric Exploitation of the Eurasian Steppe, Papers Presented for the Symposium to Be Held 12-16 Jan 2000, Vol. 1, pp. 1—11. The McDonald Institute for Archaeological Research, Cambridge），因此而来的推论也不再成立。但是我认为此项研究的方法仍能给予我们不少启示，故仍予收录。

毛利人来自中国
——DNA讲述的故事

  中国古代文化与环太平洋地区古代文化的亲缘关系，在考古学和文化人类学上有很多的证据。这一点前辈学者如李济、凌纯声和张光直先生有精辟的论述。生活在南北美洲、太平洋诸岛以及澳大利亚的土著民族，也往往把他们的根追溯到旧大陆的东部地区，人类学、考古学、神话学、语言学的证据说明这些地区土著民族的先祖，同中国古代居民有密切的关系。比如澳大利亚人类化石中比较纤细的一种，就被认为是从中国东部地区移居而来的。生活在太平洋岛屿上的许多土著民族，其神话传说也把他们的根追溯到了遥远的旧大陆东部，语言学的证据则直接指向中国东南部地区的台湾海峡两岸。

  生活在新西兰地区的土著民族毛利人，是以制作精美玉器而闻名世界的民族。他们生产的玉器，有不少可以与古代中国玉器相比美，对此李学勤先生有精辟的见解。毛利人是从哪里来的？这是新西兰和大洋洲考古的一个重要课题，语言学的证据指向中国台湾，最近公布的DNA研究结果，进一步证实了语言学的结论，引起世界学术界的关注。

  发表在《美国国家科学院汇志》（*Proceedings of the National Academy of Sciences*）1998年7月号上的这一研究结

果，引起了世界许多重要媒体的关注，很多刊物做了报道。这项研究，在如下两个关键问题上有突破性进展：一、毛利人移居新西兰是偶然的，还是有目的的？二、毛利人是从哪里来的？

根据毛利人的传说，他们的祖先1000多年前来自新西兰东北部3000千米的库克岛地区（Cook Islands），他们是在精心设计的有目的的旅行中发现这块荒无人烟的沃土的。但是这个传说的真实性却一直受到怀疑。试想一下，在漫无边际的大海里，即使现代的轮船，如果没有指南针，也是会迷失方向的。缺少现代航海技术的古代人类，移居太平洋诸岛的过程，最合理的想象当然是在海中随风漂流偶然发现陆地的结果。但是DNA的研究结果显示，偶然发现说，大概不符合历史事实。

最近的这项研究，是通过从54个毛利人的血液中和毛发中采取线粒体DNA完成的。线粒体DNA是人类的一种特殊基因，它只能通过女性遗传。基因内部的变化因偶然的变异（random mutation）而产生，这种变异据研究发生在50万年以前，通过研究这种变化可以重建人类进化树并确定人类的迁移模式。20世纪80年代开始的线粒体DNA研究，把人类的起源追溯至20万年前的非洲的一个老祖母，曾引起很大轰动，至今还在争论中。根据线粒体DNA的分析，研究人员发现，在现代人类最早出现的东非，图哈纳地区（Turhana）的人们，其基因有44个变异。但是当人类走出非洲，向亚洲、欧洲和太平洋地区扩散之后，基因的多样性（variety）逐渐减少了。在人类最晚占据的新西兰地区，毛利人的线粒体DNA变异只有4个，这样的变异也是整个玻利尼西亚比如库克岛地区居民所共有的。把线粒体DNA变异的个体数输入电脑作统计分析，基因学家保守地估计最初来到新西兰的妇女有50到100人。因为线粒体DNA只通过女性遗传，还不能测定最初到来的男性的数量。但是，仅就女性的人数，就不能用玻利尼西亚的渔民偶然漂流发现新西兰的说法来解释，因为不可能有承载100个妇女并且还是由女性驾驶的大渔船。由此看来，毛利人传说的有计划的发现大概反映了历史的真实。

其实早在20世纪70年代，新西兰的探险家已经成功地证明人类能够利用简陋的小渔船，在太阳和群星的指引下，横渡太平洋之间的岛屿。民族学的记录也显示，早期玻利尼西亚的岛民，能够不依赖任何现代航海技术，一叶孤舟，黑夜靠星星，白天靠海浪，来确定自己所在的位置，计算航海的时间、速度和方向。他们甚至能够根据海鸟的飞行方向、云彩的变化和海中的垃圾，确定50千米之外的岛屿。考古学家和玻利尼西亚的渔民合作，不久前运用现代的全球卫星定位系统，成功地证明了"即使做长距离的航行，古老的方法也是非常准确的"。不仅如此，考古学家在新西兰以北750千米的可马达克群岛（Kemadake Islands），发现了新西兰出产的火山岩；在新西兰东北800千米的诺傅克群岛（Norfolk Islands），还发现出产自可马达克的火山岩。这一切均说明玻利尼西亚人不止一次地来往于新西兰和太平洋诸岛之间，玻利尼西亚的芋头之类的根茎类作物和玻利尼西亚狗等家畜，也就因此被介绍到新西兰来了。

关于第二个问题，DNA的研究显示，玻利尼西亚人和5000年前居住在中国东部沿海和台湾地区的居民，有基因上的密切联系。这种联系再加上语言学上的证据，使研究太平洋诸岛基因移植的专家、澳大利亚国立大学的索金森（Sue Sorjeantson）教授相信，大约距今5000年前，从中国东部沿海包括台湾地区有一支面向太平洋地区的移民，当这支移民走到塔西提岛（Tahiti）北部的马尔奎沙斯（Marquesas）后，分成了两支。其中一支向北挺进夏威夷群岛，另一支则向南奔向新西兰。另一位来自维多利亚大学的生物学家切木伯斯（Geoffery Chambers），是一个旨在比较毛利人和其他亚太族群DNA的课题负责人，他根据还没有正式发表的研究成果指出，这条迁移之路上的现代居民确实有惊人的DNA方面的联系。

这项由莫思大学莫瑞·莫克托石（Rosalind Murray-McCintosh）领导的关于毛利人的DNA研究，对于我们从一个更广阔的空间理解、研究中国古代文化提供了充分的事实依据。如何理解龙山形成期（张光直先生语）中原文化的南扩？如何理解良渚文化的突然衰落？如何认识中国古代文化与环太平洋地区诸文化之间的亲缘关系？如何理解文化和环境之间的相互影响和作用？我国的考古学和古人类学研究正可以从这项研究中吸取有益的营养，为中国乃至环太平洋地区古代文化的探索做出新贡献。

（原载《文物天地》1999年6期）

洞穴艺术的生态学解释

　　用系统的观点研究和解释史前社会的文化现象是二战后欧美考古学的重大进步之一，而生态学方法是这种系统观点的具体表现形式。西方考古学家对欧洲旧石器时代晚期洞穴艺术的生态学解释，试图在猎人们的社会生活与他们所创造的艺术形式之间建立起一种联系，这种方法对我们尤其富有启发性。在众多的生态学解释中，我们发现最近由英国考古学家米申（S. J. Mithen）运用"适应"概念建构的一种理论最有说服力。因为它在艺术形式和人类生存的其他方面之间形成了尽可能多的联系，把考古记录中那些原本是互相分散的成分联结了起来，从而相当成功地解释了欧洲旧石器时代晚期洞穴艺术的成因。（参见米申《旧石器时代艺术的生态学解释》，《史前学会会刊》57卷，1期，1991年，103～114页。英文版）

　　与以往的解释不同，米申首先明确地把洞穴艺术的问题划分为想象力（imagery）和分布范围（distribution）两部分。所谓想象力就是过去史前学者一直关注的艺术形式问题，如为什么大多数的洞穴艺术形象是野牛和野马？为什么许多动物只画了一部分或形状上有所变形？所谓分布范围则是指艺术分布的空间和时间问题，如为什么旧石器晚期后段的艺术集中在西南欧洲一带？为什么某些主题局限于特定地区或局部区域？为什么这些艺术最早出现在旧石器时代晚期开始之时，而终止于末次冰期结束之时？米申认为，过去的生态学解释，或者忽略了分布范围，如狩猎巫术的解释就没有说明为什么这种狩猎巫术仅局限在旧石器时代的西南欧洲地区，或者忽略了艺术想象力问题，如20世纪80年代由约奇姆提出的生态学解释（参见约奇姆《欧洲更新世晚期的避难所》，索发编《旧大陆的更新世》，纽约，1987年，365～375页），虽然说明了洞穴艺术发生在西南欧地区这个问题，即注意到了分布范围，但如果洞穴壁画确如约氏所说是因人口压力而造成的标示捕食鲑鱼的领地仪式的话，那么壁画中为什么少见人与鲑鱼的形象呢？何况已有的考古发现证明，当时鲑鱼在人们的食谱中并不占据多少位置，而没能把两者联系起来加以考察。

那么，为什么洞穴艺术大量存在于西南欧洲的旧石器时代晚期呢？米申吸收了约奇姆及其他学者的观点，同样认为，大约在距今25000年前左右，气候变得最为恶劣，同时末次冰期也达到了它的最盛期，随着欧洲北部逐渐变为极地荒漠区，大量人口迁移到欧洲的西南地区，使这个地区成为人类及动植物生存的避难所。由于人口增加，大量的动物被猎食；而当狩猎活动一度衰落下来的时候，猎人们改变了以往的狩猎手段，从集体合作捕食大型猎物尤其是红鹿和驯鹿，变成个体或几个人追踪捕食单个猎物。米申认为，正是在这时，大量的洞穴壁画出现了。他认为，在两种狩猎方法转变的过程中，艺术有助于恢复那些已储存在人类头脑中的有关追踪大型哺乳类动物的信息，同时艺术也有助于人们操纵处理那些信息。在他看来，艺术正是通过向猎人们展示猎物的视觉形象而起作用的，这种形象有助于提高猎手们回忆起大量的储存在记忆中的有关信息。

为了证明自己的理论，米申引入了"适应"的概念。所谓"适应"，具体到旧石器时代晚期，就是指个体对于如何增加他们的生存机会和再生产能力而进行的行为选择。而旧石器时代艺术恰恰是追求社会经济策略的个体之间相互作用的必然结果。因为当狩猎产量特别低的时候，为了适应这种变化，人们自然就会改变狩猎方式，即从集体合作大量捕食猎物转变为个人或几个人追踪捕杀单个猎物。后者所需要的信息很不同于集体合作大量捕杀动物所需的信息，而艺术所起的作用恰好能满足追踪捕杀式的要求。

将洞穴艺术视为"恢复线索"的提法，构成了"信息收集"的主题。米申认为这种观点所以可能成立，是因为壁画中包含有许多明显和追踪捕杀单个动物有关的艺术形象（图一～图三）。如艺术形象中的蹄印可能表现了动物的存在、年龄、性别和活动方式；动物的粪便可能表明动物的存在、进食地点、年龄与性别，甚至健康状态；动物躺卧或翻滚的形象，大概表示动物存在的地点；重叠的透视画法或仅仅画出躯体的个别部分可能是表示动物的年龄、性别、脂肪和含肉量；鸟和大型哺乳类动物画在一起可能提供了和它们有关的其他种类动物的信息甚至季节的信息等等。这种"收集信息"的主题不仅解释了一种图画，而且成功地解释了大部分洞穴壁画的含义。在考古记录上把一些彼此不相连属的东西联系了起来。比如过去认为某些举起尾巴的动物图可能是描

图一 著名的阿尔塔米拉洞穴的"大壁画"

图二 利米依尔遗址壁画中的动物形象轮廓线多呈重叠状

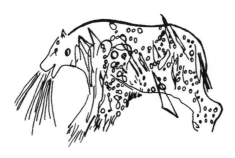

图三 莱斯·特洛亚·弗莱尔洞穴中喷血的熊的形象

绘了动物请求交配的形象，但有些举起尾巴的动物明显是雄性动物；然而如果把这种图像视为收集信息的标志，即视为排泄的表征，那么或许就表示了动物存在的状态及特点，如年龄、性别、进食地点及健康状态等等。同时，已有的研究表明，不同动物种类出现在艺术中的频率是和它们的含肉量相关的，这在相当程度上解释了艺术中动物种类出现频率互异的问题。

米申的这种解释所以新鲜，就是因为他向大家展示了怎样从原本是彼此孤立无关的艺术形式之间，获得了大量的多样性的联系。但是怎样解释艺术中动物形象和遗址中动物群种类在出现频率上的差异呢？因为大量的研究证明，在大多数的旧石器时代晚期遗址的壁画上，野牛与野马占有统治地位，而在实际化石动物群组合中，驯鹿和红鹿的遗存最多。米申认为这是因为当时经济的主要来源是红鹿和驯鹿；人口增加导致的大量捕杀动物的结果，是使像鹿一样的动物种类在化石动物群中占据优势；艺术则是和追踪捕杀那些对当时经济作用虽小却很有贡献的单个动物相关。这就成功地解释了上述在艺术中和在化石动物群中，动物种类出现的频率不一致的现象。

通过这种生态学方法，米申就把艺术的形式和化石动物群组合形式联系起来了，把艺术的想象力和分布范围联系起来了，在原本是孤立的考古记录中建立了大量的多样性的联系。用个体对旧石器时代晚期生态变化"适应"的概念，成功地解释了欧洲旧石器时代晚期洞穴艺术大量涌现的原因。这种解释模式没有触及艺术的发生学问题，当然也不可能解释所有的洞穴艺术形象，甚至也没有对这种文化现象单单发生在欧洲而不是亚洲或非洲的问题做出回答。然而，这些缺陷并不说明此种研究方法的无效，相反它是非常值得我们借鉴的。中国古代的众多文化现象，特别是艺术形象，有它自己的传统和特点，然而就研究的方法看来，仍然是怎样在艺术的形式与社会生活的其他形式之间建立起尽可能多的联系，并以此建立起一套评价某种解释的可行性的标准。

（原载《文物天地》1993年2期）

遗留物分析能告诉我们什么

考古发现的遗迹、遗物能够给我们提供很多古代人类生活的信息。对遗物进行遗留物的分析（residue analysis），是提取信息的主要手段之一，目前在国际上已得到广泛应用。以下介绍几个国外所做的遗留物分析的实例，供推广这项研究参考。

考古学家在伊拉克西北部的Barda Balka靠近河边的地方发现了一件石器。它没有任何特殊之处，根据类型学的分析，应是一件刮削器。因此考古学家推测，数万年以前这里可能生活着一个工匠。有一天，他捡起一块灰色的燧石，简单地打击了几下，做成一件石器，然后使用它切割了某种东西后，就把它随手扔掉了。但是用它切割过什么，用什么方式切割的，类型学的研究不能回答这些问题。考古学家对这件石器进行了显微观察和生物化学的分析，竟然在其上发现了血迹，在刃部的血迹里还发现了木质的纤维。据分析，血迹是人类留下的，木纤维则来自一棵松类树木。因此，考古学家推测，它是古人用来刮削一根木棍的，刮着刮着，一不小心，割破了手，手上的血留在了石器上，木头的纤维则因粘在血迹上而得以保留。这当然仅仅是推测，但它所提供的信息无疑较以往增加了。这个遗址没有发现人类的骨骼，但年代测定证明它可能是尼安德特人的。因此，通过对血迹中包含的DNA进行分析，还可能发现刮削器主人和我们现代人的基因联系，揭示使用者是"他"还是"她"。

研究显示，留在人工制品上的血的分子，可以保留上百万年的时间。不仅人类的血迹是这样，动物的血迹也是如此。在加拿大西部落基山脉的北端Toad River Canyon遗址发现了11件硅石质石刀。因为这里地近北极，又是酸性土壤，所以人骨没有保存。但是，靠着对这些石刀上的遗留物分析，发现了史前人的猎物包括绵羊和驯鹿。更为重要的是，在石器的表面发现了野牛的血迹和毛发。现在这个地区野牛已经绝迹，通常也不认为野牛是史前人的猎物。因为石器采集之后该遗址即遭破坏，对于遗址年代的测定，要用常规的碳素测定已不可能。但是，通过从一件石器上的血迹中提取的50微克（50万分之一克）碳所做的非常规的碳素测年，确定该遗址的年代是距今3000年。不仅如此，从石器上提取的血迹，还使研究者第一次从血迹里提取出动物的DNA。现代技术可以通过对DNA的分析，获得动物分类和进化关系的一系列信息。

除了血迹和纤维，还有许多物质可以在人工制品上保留下来，淀粉就是其中之一。位于太平洋西南部的所罗门北部群岛的Kilu洞穴，曾出土过2.7万年前的人工制品，通过遗留物分析，发现了淀粉颗粒和植物纤维，研究者认为，这是该地区最古老的食用根茎植物的记录。淀粉颗粒显示，这种植物就是在东南亚和太平洋地区广为分布的芋头（taro）。由此可见，虽然植物很难保存在考古遗址中，给我们了解原始人类的经济生活带来很多困难，但通过对人工制品遗留物的分析，我们仍能获得大量信息。

上述例子足以说明新的技术在考古学领域的应用，确实可以带给我们巨大的信息量，这是分类研究所不能做到的。目前我们在遗留物分析及其另一个与此相关的微痕分析方面所做的工作极少，对人工制品的研究基本上还停留在类型学的探索上。相应地，对出土人工制品的提取、保存和处理，除了个别的小件，还停留在类型学研究所要求的水平上。但是，许多珍贵的信息，可能就在我们习以为常地给遗物洗去泥污的过程中失去了。我们目前还不可能对所有的人工制品都进行遗留物的分析，实际上也无此必要，但某些关键问题的解决，确实十分需要这项新技术的投入。如石器功能的分析，能够在一定程度上回答原始人类经济生活的问题——石镰是否一定用于收割庄稼，收割的是什么植物？出土最原始水稻的遗址，收割的工具是什么？加工的工具又是什么？等等。通过对人工制品遗留物和使用痕迹的微痕分析，相信在这些方面一定会有新的收获，新的突破。

（原载《中国文物报》1998年10月11日）

尼安德特人是否已有宗教信仰

不管在什么时候,只要我们在考古遗存中发现不好解释的现象,往往都会把它归之于宗教,这一点中外皆然。我们从许多教科书中知道,人类最早的表现宗教信仰的考古遗迹,比较一致的看法,可以追溯到尼安德特人。但是,近年的研究显示,这些原先认定的宗教遗迹,有不少可能是靠不住的。

尼人是直立人之后、现代智人出现之前的一种远古人类。主要生活在欧洲和近东地区。关于尼人崇拜洞熊的说法,许多年前曾广为流行,但现在却受到严重的怀疑。这个假说基于这样的事实:许多发现尼人化石的洞穴,都曾发现大量的洞熊化石。新的研究认为,所有这些事实,都只说明早期人类可能偶尔访问过这些洞熊冬眠或者是死亡的地方。没有证据表明尼人曾经杀死过任何一头洞熊,同样,也没有证据说明尼人曾举行过任何的仪式活动。瑞士Drachenloch洞穴曾被报道发现过几个洞熊的头骨,安置在几块竖立的石板中间,这被认为是清楚的人类举行仪式活动的遗迹。但是,在不同时代发表的这处珍贵遗迹的两幅插图,互相矛盾,另外也没有照片发表;最近知道,发掘主持者当天根本就不在现场,所有的复原工作,都是根据当时参加发掘的一个没有经验的工人所述完成的。研究者认为,洞穴顶部的石板、石块，经常因风化等原因坠落在地面上，有时候可能刚好落在洞熊死去的地方，落下的石板恰恰又砸在地上形成了某种倾斜的角度，于是尼人曾对洞熊举行过某种崇拜仪式的假说就这样形成了。

另一个广为人知的尼人有某种宗教信仰的例子，来自于意大利的Monte Circeo的一个洞穴。这个发现据说表现了尼人食人的风俗，其动机则是宗教性的。据报道，有一具尼人的头骨，放置在洞穴里的一个石圈中。但是新的研究发现，在头骨搬动之前，没有留下任何照片。而发现者所画的线图，表现的却是一堆石头而不是所谓的石头圈；从线图上也看不出有人工有意摆放的迹象。尼人的头骨上没有发现石器砍砸的痕迹，却发现了可能是食肉动物啃咬留下的伤痕。研究者认为，鬣狗经常把动物的头骨带回到它们的洞穴里去。尼人头骨很可能就是这样被鬣狗带回洞穴，在一堆石头上大吃大嚼后留下的。尼人可能猎食同类，但那只是饥饿所致，并不会有宗教方面的原因。

尼人已有墓葬，这个说法由来已久。研究者认为虽然这个说法目前还难以全部否定，但其中的某些例子显然是可疑的。经常被考古学家引用的一个例子，是在乌兹别克的Teshik-Tash发现的、埋在一个由野山羊角围成的墓葬中的尼人男童。这是一个12岁的男童，只有部分骨头与几个野山羊角共存，没有墓坑，山羊角也没有摆成一个圆圈，因此研究者认为很可能还是鬣狗吞吃人和山羊留下的遗迹。另一个常常被用作插图的例子，是伊拉克Shanidar洞穴出土的"鲜花墓葬"。但是新的研究认为这个所谓的墓葬也很值得怀疑。

比如，这个墓葬也没有墓坑，死者是被一个巨大的从顶部坠落的石板所压死的。只有花粉分析表示这里曾有过仪式活动。通常我们所看到的死者身上撒满了鲜花的复原图，就是根据花粉的分析完成的。但是有的研究者认为这些花粉是风吹进去的，还有的研究者认为，是发掘工人的靴子带进去的。总之，由于洞穴堆积的复杂性，可以使鲜花的花粉通过多种渠道进入洞穴。因此，研究者认为所谓的"鲜花墓葬"，其实只是一个不幸的尼人男孩，在一个错误的时间，待在了一个错误的地方造成的。有的权威专家认为，尼人的"墓葬"分布模式，大多显示了与食肉动物的活动相关，因此持差不多完全否定的态度。

但有的研究者并不讳言，也有一些例子可能确实表现了尼人的墓葬。其中一个发现在法国的La Chapelle-aux-Sains，人的骨架发现在一个边缘陡直的坑穴里。虽然这个发现早在1908年就已经发表，但研究者认为，如果说那个发现尼人的坑穴是自然造成的，边缘未必太过规则。他否认洪水冲刷会形成这样的结果，而认为是人工挖掘形成的。另外一个尼人墓葬，发现在以色列的Kebara，它的墓坑很清楚，因此被认为是墓葬无疑。叙利亚的Dederiyeh洞穴，曾发现一个保存很好的尼人少年，尽管没有发现墓坑，但尸体保存的完整性，以及一块认为可能是有意放在胸前的燧石，也显示这可能是一个尼人的墓葬。

有了墓葬，是否就意味着尼人有了宗教信仰或者相信有死后的生活？这其实不是一个考古学的问题，而是宗教和哲学探讨的问题。但是研究者相信，对死者的简单处理，其实并不能和复杂的宗教信仰扯上关系。埋葬死者，也许只是不想让食肉动物蹂躏死者的尸体，也许表现了某种正在发生的社会关系的重要性。

如何看待这些新的研究？我们认为，对考古材料的认定是一回事，对考古材料的解释是另一回事，但遗憾的是，两者往往不能截然分开，且都受时代和研究者素养的制约。对以往考古解释的否定必然涉及对过去发掘的考古材料的否定。检讨过去的材料是正常的，也是必须的，但拿现在的眼界，很容易挑前人工作的毛病；要否定前人，不论是材料还是观点，都要慎之又慎，仅靠从前人的文献中找漏洞，往往并不能否定前人的工作。虽然考古发掘往往是不能重复的，但后来者仍然可以通过实地考察、模拟实验、与新的发现比较甚至新的发掘等等实际工作检验原来的工作。用这样的标准看，对尼人宗教信仰的新研究，只能说发现了不少的疑点，还不足以推翻原来的假说。把与远古人类化石共存的一切动物化石及其他遗存，都视为人类活动的结果，显然是错误的；埋藏学已经证明了许多自然的力量（包括动物和水、风等自然现象）能够造成看起来是与人类活动一样的结果，但把一切与人类共存的遗迹，都用自然力量解释，同样也有失偏颇。远古人类的活动，很难在考古记录里留下我们在晚近的人类遗迹中看到的人类行为模式——排列整齐的墓坑、坐落在房子中间的炉灶、长期生活留下的生活面等等，但这并不说明远古的人类没有过墓葬、炉灶或者生活面，只是我们需要特别注意去寻找罢了。对尼人宗教信仰的否定，确定是一个很值得欢迎的工作；但否定这项工作的出发点，很可能还是受二十世纪七八十年代以来，怀疑远古人类具有较高文化水平的考古思潮所引起。这是和怀疑北京人曾经用火或者曾经狩猎的论点相呼应的，因此有许多先入为主的观点值得我们认真加以注意。

（原载《中国文物报》1999年3月24日）

尼安德特人不再是人

　　尼安德特人是现代人的祖先还是已经灭绝的人类旁支？这个问题已经争论了好多年。

　　最近，德国慕尼黑和美国宾夕法尼亚的两个科学小组可能一劳永逸地解决了这个问题。他们声称，根据从1856年发现的一个尼人骨架上所取得的DNA分析，其结果支持尼人是3万年前灭绝的人类旁支的假说。英国自然历史博物馆的古生物学家克里斯·斯特里格，在1997年4期的《非洲考古评论》的"论坛"栏中，以《非洲和现代人类的起源》为题，对这个发现及其意义做了很好的评述。

　　尼人自150年前在欧洲发现以来，一直是史前史上最让人感到困惑的原始人类。我们现在知道，尼人至少在20万年前就已在欧洲生活，但是在看起来更现代的克罗马农人于3.5万年前出现以后不久，尼人就全部消失了。原因何在？尼人是否现代人的祖先？这些问题自发现之日起，就成为科学家争论的热点。

　　自1971年开始，克里斯·斯特里格详细测量和研究了欧洲出土的尼人骨骼化石，其结论显示，尼人与现代人差异太大，不可能是我们的祖先。但是，根据同样的材料，其他科学家则持相反的看法。他们认为，尼人或者是现代欧洲人的祖先或者至少与他们的克罗马农人祖先混血，因此尼人的基因一直在欧洲遗传。显然，根据骨骼测量的证据，不足以解决尼人是否灭绝的问题。

现在，科学家从第一个被发现的尼人骨骼的臂骨上提取线粒体的DNA，这种特殊的DNA被认为只能通过女性遗传。1987年，美国伯克利加州大学的三位科学家通过这种DNA的分析，把现代人类的根追溯到一个假设的女性祖先——大约20万年前的一个非洲"线粒体夏娃"。他们认为，人类的进化并不是从像尼人那样的原始人类而来。当这位夏娃的子孙10万年前走出非洲之后，尼人以及类似的生活在中国和东南亚的原始人类，就完全被他们所取代了。这个结论和克里斯·斯特里格的研究结果相吻合，但还是引起轩然大波。

如果我们相信这个结论，那么我们要问尼人在人类的进化史上究竟处于一个什么样的位置。关于古代DNA的研究，不论是取自恐龙、石化的叶子或者保存在琥珀中的昆虫，都存在这样或那样的问题。有的学者怀疑脆弱的DNA链条能否经过数万甚至上百万年的时间保存下来，还有的学者指出，从很易经过现代污染（实验室的环境甚至科学家手持化石或者DNA样品沾染的皮屑）的样品中分辨出真正的然而却又细微的古代DNA断片，真是谈何容易！但是最近这次德国和美国科学家的工作程序是经得起考验的，他们分别独立地复制出尼人的DNA，并且排除了近代特别是现代人类DNA的污染。

德美两国的科学家复原了尼人的1/40长的线粒体DNA链条，并且把他的基因密码模式和1000个来自世界各地的人类个体以及人类近亲的黑猩猩的基因密码相比较，结果显示，尼人的DNA靠近人类，但有显著的区别。不仅如此，尼人的基因模式同任何现代的人类基因模式都有同样显著的区别，不管后者是白种人、黄种人还是黑种人。因此，尼人同现代欧洲人的关系并不比其与非洲人、亚洲人或者澳洲人的关系更近。当然，这个结论不支持尼人和欧洲人关系密切，尼人全部或部分是欧洲人祖先的推论。科学家还利用尼人和现代人、黑猩猩之间的基因差异，推论出尼人的进化时间表。尽管被研究的尼人化石据测定只有5万年的时间，但尼人偏离现代人类进化树的时间估计早至60万年前。基因的开始转向早于人类体质的变异，但是这个年代远早于估计的现代人类线粒体DNA的开始转向时间，即15万～20万年前，说明尼人不可能是我们的祖先。

但是这只是从一个尼人化石得到的一个基因序列，它能确定尼人的命运吗？德美科学家小组谨慎地指出："尼人的DNA序列支持这样一个方案：现代人类起源于相当晚近的非洲，他们取代了尼人，并且和尼人没有或者仅有个别的混血。"但是他们也提到，其他基因研究可能会得出不同的结论。克里斯·斯特里格也认为，这种可能完全存在，因为线粒体DNA只通过女性遗传。因此，任何通过男性尼人遗传到现代人的基因都不会在线粒体DNA里留下记录。但是尽管如此，从体质人类学的角度看，尼人的特殊性表明，他只对现代人类产生了十分微小的影响。

克里斯·斯特里格认为，德美两国科学家的工作是对人类进化研究的巨大突破，其前景非常广阔。由于被研究的尼

人化石是最晚的尼人化石之一，并且来自一个干冷的洞穴，
或许其他的早期化石能够揭示出比此前更多的有关人类进化
的秘密。

　　上述从生物科学得出的结论虽然十分诱人。但并不能全
部解释目前发现的化石和文化方面存在的矛盾现象。比如我
国发现的远古人类体质的连续性和文化的连续性，就很难用
非洲智人取代说来说明，其他地区也存在类似的现象。究竟
怎样评估线粒体DNA的研究结果，还要做出巨大的努力。

　　　　　　　　　（原载《光明日报》1998年8月14日）

世界上最早的颅外科手术

据《考古学》杂志1997年9、10月号（Amelie A. Walker 1997. Neolithic Surgery, *Archaeology*, September/October）报道，考古学家在法国东北部Alsace地区Ensisheim的一座距今7000年的史前墓葬里，发现了世界上最早的颅骨外科手术的证据。这一发现是由Freiburg大学的Kurt W. Alt及其同事完成的。类似的发现，虽然在法国早有报道，但年代如此之早、证据如此确切的颅外科手术，这还是第一次。

所谓颅外科手术，是在头颅骨上穿孔或切开颅骨取下一块圆形、方形或长方形头骨片的复杂手术，这种手术在欧洲、西亚以及南美有较多的发现。但是，通常在考古遗址中发现的头骨穿孔，由于不能确定穿孔的时间，亦不能确定是否为生前有意识的手术行为，所以一般都把这种发现称为Trepanation（环钻），而不直接称之为颅外科手术。

此次发现的颅骨是一个50岁左右的男性个体，骨架保存良好。根据随葬的石镞、石锛形制，考古学家把这个墓葬定在公元前5100～前4900年，这一结果与根据骨骼所做的碳素年代测定相吻合。在死者的额骨和顶骨上，有两处手术的痕迹。额骨上的一处，约长6.1、宽5.8厘米，虽然还有凹陷，但已经基本愈合。顶骨上的一处，范围更大，约长9.5、宽9厘米，只有部分愈合，死者很可能就是因此而死亡的（见

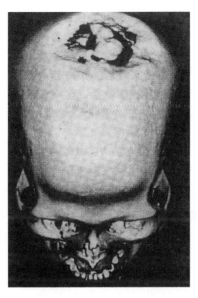

世界上最早的颅外科手术头颅

图）。根据分析，考古学家认为这种颅外科手术，很可能是采用石刀在头骨上先钻出一圈不相连属的小孔，最后切开各小孔之间的骨片，把术部的头骨片整体取出的办法。

世界各地史前人类在活人的头骨上钻孔，有不尽一致的目的，但大致不出医疗和巫术的范围，而且这两者往往是互为一体的。法国这个最早的开颅手术的目的何在，研究人员还没有得出一个肯定的结论。非洲迄今还有做类似手术的部落，比如肯尼亚西部的Kissii人，据说他们的手术有两个动机，其一是减少因头骨破裂带来的颅压；其二是治疗头疼、癫痫、脑部肿瘤和精神病等，据信是由巫术引起的疾病。这与我们在世界上其他地区看到的情况是一致的。但是法国出土的这例实施穿孔手术的头骨，颅内没有发现肿瘤或者其他疾病的病灶，手术的目的也许更可能是巫术所为。不过，从额骨上的穿孔看，这例颅外科手术是相当成功的，受术者是在手术后相当长的一段时间后才离开人世的。7000年前的原始人类，能够成功地进行这样复杂、在今天来说还是非常危险的手术，实在是一件令人称奇的事情。

（原载《文物天地》1999年1期）

史前的石刀刃有多锋利

　　提及史前，人们马上就会想起一群衣衫褴褛、食不果腹的"野蛮人"形象，经过近几十年来世界考古学家的发现和研究，我们知道这至少是不全面的（参见R. B. Lee和I. Devore编《人——狩猎者》，芝加哥，1968年。英文版）。不过即便如此，提及史前的石器，人们——包括大多数考古学家仍不免把它视为与现代社会格格不入的落伍之物，即使在理论上他们也承认现代文明就建造在这些不起眼的东西之上。然而，美国考古学家希茨（Sheets）教授，却用他的卓越实验，向我们展示了一个完全不同的世界。实验昭示我们，即使是拥有电脑和宇宙飞船的现代人，也仍可以从史前人或现存的简单社会中学到有价值的东西。（参见希茨著《肇始于新石器时代的眼外科手术》，载夏里亚等编《考古学：发现我们的过去》，美费尔德出版公司，1987年）

　　1969年，作为研究生的希茨在中美洲的圣萨尔瓦多发掘古玛雅人的遗址，同时对已经发掘出来的古代石器工具进行分类研究。这些石器主要是用黑曜石即火山玻璃做成的。希茨在进行形式学分类的同时，他还希望从新的角度对石器进行分析。在次年对石器制造场的发掘中，他注意观察石器制作的动态过程，包括程序和各种不同的制作技术。他还观察到古代玛雅人剥片过程中造成的失误以及如何纠正这种错误的方法，这给他了解和复原古代玛雅人的生活方式提供了新的材料。

1971年，希茨参加了由唐·克拉布炊主持的石器技术训练班，并学会了打制石器。他模拟古代玛雅人的石器制作技术（包括采用直接打击法剥离石片制作石器及采用压剥法从石核上剥取长而细的石叶），复制了很多石器工具。他的老师克拉布炊认为这些复制品是很好的外科手术工具，并建议他对此进行实验。然而由于种种原因，一直到1979年，希茨才有工夫坐下来研究把古代的黑曜石刀用作现代外科手术工具的可能性。

在此之前，克拉布炊进行了富有成效的实验。1975年他用黑曜石刀进行了两次胸外科手术，实验极其成功。外科医生因这种石刀刃极其锋利及便于伤口愈合而对其倍加赞赏。然而要证明黑曜石刀是否在外科手术上有更广泛的用途，首先需要解决的问题，是了解它的锋利程度，特别是它与现代钢制手术刀有什么不同。希茨把黑曜石刀刃、燧石刀刃、石英石刀刃、剃须刀片及外科手术刀片放在高倍扫描电子显微镜下观察，结果发现，最钝的是燧石刀刃，其次是石英石刀刃，它比燧石刀刃锋利9.5倍。钢制手术刀仅比石英石刀刃锋利1.5倍，而双面剃须刀片要比手术刀锋利2.1倍。最令人惊奇的是黑曜石刀刃，从它的厚度看，它比剃须刀片薄100至500倍，因此比现代的手术刀锋利210至1050倍。

1980年，经过希茨的努力，黑曜石刀刃首次被用于眼外科手术，手术非常成功。由于刀刃异常锋利，所以对眼肌几乎没有损伤，伤口愈合很快。更重要的是，在手术中因刀刃锋利对眼球没有造成太大影响，因而使眼球移动极慢，便于医生准确下刀。此后，这种刀刃又用于各种手术中，伤口愈合都很快，几乎没有留下伤疤，而且也大大减少了病人的痛苦，这些手术的成功，促使希茨和医生配合改进刀刃，以便把它运用到一般的整形外科及神经外科手术中。

他们做了一次有趣的比较，用黑曜石刀片和手术刀刃切割肌肉，然后在电镜下观察肌肉的割痕。前者的刀口干净整齐，而后者却像锯过一样，造成了肌肉的撕裂和位移。他们给黑曜石刀装上塑料把手，这样手术起来十分方便。然而由于这些石刀都是仿造古玛雅人的技术手工制作，同时受黑曜石石材的限制，每制作一把石刃，他们都必须精心设计，以便制成一定的大小及形状，因此要批量生产以应手术之急是不太可能的。于是，他们设计了一种金属模具，把熔化的玻璃水倒进模具，做成固定大小的石核，然后再剥片制成小刀（他们甚至还研制出专门剥离石叶的机器），这样小刀的批量生产就解决了。这种玻璃小刀，虽然比不上钻石刀刃锋利，但每把却只有几美元，可谓物美价廉。

希茨的实验或许有点特别，我们可能不期望从史前人那里学到什么直接有益于现代社会的东西；然而这个实验却有助于我们对古代技术的了解和认识：是不是史前人的许多技术相当富有价值而已经失传？许多让人眼花缭乱的出土工艺品（图一～图五）是否就是那些看似粗糙不堪的石刀制作出来的？以现代工业社会的标准为参照系评价古代的工艺技术到底有多大的把握？具体到中国史前社会，我们会问：像贾湖出土甲骨上的刻划符号以及红山、良渚甚至二里头出土玉

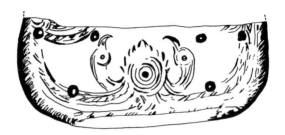

图一　河姆渡出土双鸟朝阳象牙雕刻蝶形器

图二　瑶山出土良渚文化玉三叉形器

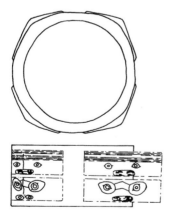

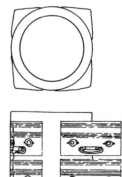

图三　反山出土良渚文化玉琮　　　图四　瑶山出土良渚文化玉琮

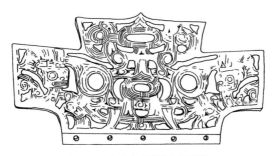

图五　反山出土良渚文化玉冠饰

器上的纹饰是否都是用石刀刻划出来的？假如是，又是采用
什么样的石刀和怎样下刀的？用石器加工出像河姆渡干栏住
居那样高级的木结构需要多少时间？

（原载《文物天地》1993年4期）

从食物质量的变化研究农业起源

农业的起源问题长期以来都是考古学家和农史学家的重点研究课题之一。时至今日，有关农业起源的动力和契机仍是众说纷纭莫衷一是。论者多从史前考古学和生态学的角度入手，应该说，这是研究农业起源的必由之路。然而最近有人通过对印度东北部农业居民和采集狩猎者的饮食比较，提出有关由采集狩猎到农业变迁的模式，对于农业起源问题的研究也富于启发性。

这项调查是由印度的学者执行的（见P. G.切塔吉著《食物质量从采集狩猎到农业的变迁：民族志的重建》，载《印度——太平洋史前学会会刊》1990年1期）。他们在印度东北部的西孟加拉（West Bengal）、比哈尔（Bihar）和欧里沙（Orissa）等地，各选取一些农业村落和采集狩猎部落，就其饮食的营养成分进行分析。调查发现，农业居民的主要食物是水稻和小扁豆；采集狩猎者的食物类型多样，采集食物以*Dioscorea*薯蓣属植物和蘑菇为主。据说被调查地区有15种薯蓣，研究者把其中的9种薯蓣在晒干的基础上，就碳水化合物、蛋白质、脂肪、维生素和矿物质几个方面对其进行了含量测定。结果显示，因种类的差异，所含成分的质量也不一样，如碳水化合物的变化区间是68.5%～85.5%，蛋白质是8.3%～15.93%，脂肪是

0.56%～1.72%，而磷酸盐是从0.44%～0.58%。上述地区的野生蘑菇多达30种。其营养成分因种类不同也不一样，如碳水化合物的含量是从30%～90%，蛋白质从25%～40%（平均约34%），脂肪含量在1%～20%之间。此外蘑菇还含有多种维生素。

把薯蓣、蘑菇的营养成分与水稻和小扁豆的类似成分列表比较如下：

成　分 ＼ 食物种类	蘑菇	薯蓣	水稻	小扁豆
碳水化合物	60.0	77.0	78.1	57.7
蛋白质	34.0	12.12	7.7	25.1
脂肪	5.0	1.14	1.8	0.7

发现它们的碳水化合物接近。然而蘑菇和薯蓣的蛋白质含量高达34.0%和12.12%，平均值为23.06%；水稻和小扁豆的蛋白质平均含量仅为16.4%，落后于前者很多。薯蓣和蘑菇的脂肪平均含量多达3.07%，而稻米和小扁豆仅有1.25%，也远远落后于前者。因此，通过食物质量对比，研究者认为"就营养价值来说，采集狩猎者的食物比农业居民要好"。研究者进而指出，史前农业所以取代采集狩猎经济，可能是因为"农业比较采集和狩猎是一种更稳定的经济方式"。尽管经历从狩猎采集到农业的变化，"食物质量变差了，因农业社会过着半定居和定居的生活，却能够以较小的能量投入，获得更多的食物"。

研究者没有得出更进一步的结论，也没有把这一发现同旧石器时代末期和全新世初期的气候变化、人口增加、文化进化等因素联系起来加以考察，但它的启发意义却是明显的。在我看来，此项研究虽然未必能够证明采集狩猎者的饮食要优于农业居民这一结论，但却提醒我们农业产生的部分因素确实可能是因为人口压力造成的。美国学者戴蒙德（Jared Diamond）认为农业的产生是人类历史上最大的失误。他指出农业的发生是"在限制人口和试图生产出更多的食物之间，我们被迫选择了后者"的结果。他的结论似乎在这里得到了印证。（《人类历史上最大的失误》，见《应用人类学》，1992年。英文版）

从民族志对比研究古代文化有悠久的历史。20世纪60年代以来，西方形成所谓的"民族考古学"或"活的考古学"，更强调通过对现代非西方文化的调查对比，达到解决考古学问题的目的。如1968年由李（R. B. Lee）和德沃尔（I. Devore）主编出版的《人——狩猎者》，收集了大量狩猎采集民族的材料，对于研究旧石器时代和中石器时代的问题具有理论和方法上的指导作用。特别是李等人对非洲布须曼人的狩猎采集生活的研究，对于了解旧石器时代的经济文化特征及农业的起源问题有开拓意义。次年由阿寇（Ucko）和地木布里贝（Dimbleby）主编出版的《动植物的驯化与利用》一书，从民族志分析入手，以很大篇幅讨论了从狩猎采集到农业转化的原因和方式问题。

用民族志的材料解释某种遗物或考古学上的某种文化现象，已被我国学者所熟知。通过上述分析，我们是否可以说在诸如农业起源、文字起源、文明起源等重大理论问题的研究上，也能从民族志的系统比较获得重要的启示呢！

（原载《文物天地》1993年5期）

世界第一农庄的确定和现代考古的科技含量

　　是不是考古发掘的面积越大，考古学家得到的信息就越多？在一定意义上说是的。但是信息的获得不仅仅是一个发掘面积的问题，不少学者已经认识到，在我们目前收集、分析资料的框架和水平上，发掘面积与所获信息之间，并没有一个理想的正比例关系。也就是说，许多遗址的发掘，只是遗址、遗物数量的简单增加，并没有提供多少新的信息。我们许多年前提出或注意到的问题，并没有得到解决，甚至更加令人迷惑。如何改变这种状况，下面的这个例子也许能够给我们若干的启示。

　　1971年，在叙利亚幼发拉底河流域东距阿列波市（Aleppo）120千米的阿布·胡儒亚（Abu Hureyra）发现了一个巨型的土墩，占地达12万平方米。这个土墩是古代人类长期居住的表征，从上到下，一层层用土坯垒成的房子的残垣断壁和生活的垃圾堆积在一起，形成一座无声的地下历史博物馆（Rowley-Conwy，P. 1993. Abu Hureyra: The World First Farmers. People of the Stone Age: Hunters Gatherers and Early Farmers. Harper San Francisco）。研究表明，最早的遗址面积较小，可能代表了公元前18000至前9500年的前农业时代的最后阶段，其后的堆积则主要是公元前9000年至公元前7000年的堆积，代表了新石器时代的开始阶段。根据政府决定，这里在两年后要修建一座大型水库，眼前的遗址就要沉没在水底，满打满算，发掘的时间只有两年。对付这样一个重要的大型遗址，两年的时间够吗？在这种情况下，是争取挖掘更多的面积，还是提高单位挖掘面积的质量，尽可能在有限的发掘面积里获取更多的信息？主持发掘的考古学家安竺·摩尔（Andrew Moore）决定采取费时的现代采集技术，努力在发掘的质量上下功夫，而不再计较遗址发掘面积的多少。这一做法，事后证明是非常明智的。1973年的第二次发掘，尽管受到十月战争的干扰，但摩尔付出全部的努力，在遗址的不同地方挖掘了7条探沟，对所有的遗迹现象做了尽可能详细的记录和提取（Moore，A. T. M. and Hillman，G. C. 1992. The Pleistocene-Holocene Transition and Human Economy in Southwest Asia: the Impact of the Yonger Dryas，*American Antiquity*，Vol. 57，pp. 482-494）。结合后期的分析工作，使我们对从采集狩猎到早期农耕时期的人类生活，有一个深入的了解。这个挖掘面积很小的遗址，却赢得了世界第一农庄的美誉。

早期的房屋是很小的圆形半地穴状，代表狩猎采集者的驻地。遗址中有大量的动物骨骼出土。经鉴定，其中主要是瞪羚的骨骸，还有野牛和野绵羊、野驴的遗骨，但所占数量有限。根据瞪羚的骨骼和牙齿特征，考古学家发现，两个年龄段的瞪羚最多：一类是刚刚出生的幼羚；另一类是12个月上下的瞪羚个体，处于两者之间的瞪羚几乎没有发现。根据瞪羚在每年5月出生的特征，考古学家认为，这种特别的考古现象，只能用短期的狩猎来解释，狩猎的时间，大概就在每年的5月。每年的这个时候，瞪羚从远方迁移至此。猎人们也许采用围猎的办法，把猎物捕获，大吃一顿后，将剩余的肉，用盐腌成肉干，以备其他时候的需要。

如果说狩猎的季节只是5月，那么这里是不是猎人们季节性的居住地？通过对浮选出来的植物遗存的分析，植物考古学家葛登·希尔曼（Gordon Hillman）在早期遗址里至少发现了157种草本和木本植物，这些植物都是人类的食物。没有迹象表明这些植物经过人工的栽培，根据它们的生态特征，知道这些植物是在从春天到晚秋的各个不同季节被人们采集来的。很显然，原始的猎人们不只在狩猎瞪羚的5月居住于此，而是要长得多。植物的多样化，证实了这时的气候比较温湿，适宜人类及动植物的生长，这也是人类在采集狩猎经济基础上，能够相对定居的重要先决条件。

在原始人类的经济生活中，狩猎和采集谁占的比例更大？对人类骨骼的分析提供了重要的证据。分析发现当时人类的脚趾、踝骨和膝关节存在有非自然的骨骼变形。研究表明，这种现象，是人长期用膝盖跪在地上，用脚趾支撑地面所造成的。结合人肩部和上臂骨骼特别发达以及脊椎下部变形的情况，考古学家推测，人类经常从事跪在地上用两臂推动重物前后移动身体的活动。而这个活动就是用石磨盘加工食物，也就是把植物的颗粒用磨棒和磨盘加工成面粉的过程。遗址里出土的数量不少的石磨盘，也为这种推测提供了佐证。骨骼变形的普遍性，说明食物的采集可能比狩猎占有更重要的地位。

地层和年代学的研究证明，在公元前9500年前后，这里曾有几百年的空白，人类在这段时间神秘地失踪了。自公元前9000年开始，遗址进入一个新的阶段。面积扩大，文化层变厚。通过分析发现这时植物种类远较前一时期少，说明这时的气候比较干冷。但是出现了人工栽培的大麦、小麦、裸麦、豌豆以及其他几种植物。人类骨骼继续表现为与前期类似的变形，骨骼的变形体现在男女两性身上，说明男性与女性一样从事磨面的加工劳动。当时狩猎在人们的生活中仍占有重要的位置。瞪羚的骨骼占遗址出土骨骼的三分之二，并且仍旧主要是在5月被杀掉的。从公元前7500年开始，瞪羚的骨骼骤减，被绵羊和山羊的骨骼所取代。不仅如此，考古学家还发现，母山羊的年龄较大，公山羊的年龄均在两岁上下。这说明母山羊可能给人类提供奶汁，而公山羊则给人类提供肉食。骨骼的年龄鉴定说明它们不是狩猎的结果，而是人类驯养家畜的证明。根据这项研究，考古学家认为，在西亚地区，植物的培育可能早于动物的驯养，动物驯养的时间也不是划一的，最早的家养动物可能是山羊。另外，根据动植物的分析，表明该地区农业的出现，是在气候条件比较恶劣的情况下产生的，因而为世界性的农业起源提供了一个重要的参考依据。

本文提到的当然只是这项考古研究的一部分结论，但却为我们描绘了活生生的远古生活画面。它为我们提供了宝贵的借鉴：第一，可以在很小的发掘面积里，甚至可以在紧急的配合基建的考古发掘中，提取大量的古代人类生活信息；第二，考古发掘和研究（特别是史前时期）是一项多学科的合作项目，需要人类学、动物学、植物学、古生态环境、地质学等许多方面的专家参与；第三，随着考古学的发展，考古学中的现代科技含量越来越高，没有现代化的发掘、采集、记录和分析手段，古代人类生活的信息就会被大量破坏，带来无法弥补的损失。

考古是一门实证的科学，科学的结论需要有足够的事实为依据，而正是多学科的合作和现代科学技术的不断渗入，为考古学家得到尽可能多的事实依据提供了保证，并将考古学提高到一个新的高度。许多旧的结论正在不断地被改写，许多新的有更多依据的结论正在不断地出现，考古学发展到20世纪末期，差不多已经完全换了样子，这是我们应当正视的现实。我们昨天解决不了的问题，今天已经可以圆满地解决；我们今天认识不到的问题，明天肯定会有一个新的认识，这是我们应该珍惜我们的文物资源，充分保护它们、利用它们的重要原因之一。

（原载《文物天地》2000年3期）

民族考古

中国古代的剥头皮风俗及其他

　　1982年，严文明先生发表了《涧沟的头盖杯和剥头皮风俗》一文，详细介绍了1957年北京大学考古实习队和河北省文化局文物工作队在河北邯郸涧沟龙山文化灰坑发现的6例留有经过斧子砍砸和刀子切割痕迹的头盖骨，并且敏锐地将它们与古代历史上流行的头盖杯和剥头皮风俗联系起来，做了很好的阐发（严文明《涧沟的头盖杯和剥头皮风俗》，《考古与文物》1982年2期。涧沟发掘简报刊于《考古》1959年10期，原文说是"在房内发现人头骨4具"，后经严文明先生核对，证明是6具，分别发现在两个半地穴的窝棚里）。1998年，该文收入严文明先生所著《史前考古论集》（科学出版社，1998年），配发了清晰的T39（6B）：3，T39（6B）：2，H13：7等三个头盖骨的五幅照片，使我们有可能详细地观察这些头盖骨上斧砍刀切的痕迹。

　　欧亚大陆历史上流行头盖杯和剥头皮风俗的主要是北方草原的游牧民族。涧沟的材料问世之后，头盖杯的遗迹在郑州商城东北部商代壕沟中有更集中、更大量的发现（参见河南省博物馆《郑州商城遗址内发现商代夯土台基和奴隶头骨》，《文物》1974年9期），说明此风也在古代华夏文化区的腹地有悠久的传统。事实上，一直到战国甚至更晚的历史时期，将敌人首级砍下作为饮器或溺器的故事不绝于书（三晋分智氏后，赵襄子最恨智伯，把他的头做成饮器。这个著名的故事在《战国策·赵策》《淮南子·道应训》《史记·刺客列传》等书中都有记载。《韩非子·喻老篇》等书把"饮器"记载为"溲器""溲杯"，以为溺器。《三国志·魏书·司马睿传》记载，孙恩剖骠骑长史王平之棺，焚其尸，"以其头为秽器"。又《晋书·徐嵩传》说，姚方成捉住徐嵩后，因怒其不服，遂"三斩嵩，漆其头为便器"），其实质则一，似乎也不是北方草原游牧民族风俗的影响所致。唯有剥头皮风俗，中国古代罕有记载（《后汉书·南匈奴传》章和元年条记载："鲜卑入左地击北匈奴，大破之，斩优留单于，取其匈奴皮而还。"日本学者内田吟风博士把"匈奴皮"解释为一种动物的皮革，认为这种动物是用匈奴族名命名的动物图腾。江上波夫则比较肯定地指出，"匈奴皮"只能是匈奴人的"头皮"，认为此条记载反映在鲜卑族中存在剥头皮风俗。参见江上波夫《欧亚大陆的剥头皮习俗》，蔡葵译自山川出版社1967年出版的《亚洲文化史研究》，载云南省博物馆、中国古代铜鼓研究会《民族考古译文集》1985年1期）；考古上的发现，也只有1990年岁末河南省焦作市文物工作队在武陟县大司马遗址二里头文化灰坑发掘的两例（杨贵金、张立东、毋建庄《河南武陟大司马遗址调查简报》，《考古》1994年4期；杨贵金、张立东《武陟大司马遗址的剥头皮遗痕及其意义》，《中国文物报》1995年8月27日第3版；杨贵金《大司马遗址保护发掘追记》，

《文物天地》1998年4期）。它一方面为我们比较两者之间的异同提供了可能，另一方面也为估价剥头皮风俗这一考古发现的意义准备了条件，其意义重大，不容小觑。

大司马遗址是一个集龙山文化、二里头文化、商文化连续堆积的重要遗址，位于黄河北岸的青峰岭余脉上，向南5千米即为奔流东去的黄河，向北5千米则是发源于太行山的沁水。青峰岭上分布着较密集的古代遗址，自20世纪80年代以来，续有学者到此调查，发现了不少重要的文化现象（北京大学考古专业商周组等《晋豫鄂三省考古调查简报》，《文物》1982年7期；中国社会科学院考古研究所河南一队、焦作市文物工作队《河南焦作地区的考古调查》，《考古》1996年11期；陈星灿、傅宪国《史前时期的头骨穿孔现象研究》，《考古》1996年11期）。剥头皮的材料发现在二里头文化晚期灰坑中，灰坑编号90WDH14。该灰坑发现时，其上部已遭破坏。现存坑口为不规则形，东西长4.28、南北3.5米。坑内西部深，东部浅，最深1.32米。坑中埋有四具人骨架，其中1、2、3号出土于现存坑口，大致在一个平面上；4号在1号身下的灰坑底部，四具骨架均扭曲，被认为是打死后扔在灰坑中的。（图一）

大司马的材料，经人类学家潘其凤先生鉴定，90WDH14（1）号人骨，男性，年龄在20～22岁左右，头骨从前额后部通过顶结节下至枕骨上项线有一周不规则切割痕；右顶骨前部有钝器击伤痕，似为连续受击两次形成的外骨板凹陷性骨折。90WDH14（2）号人骨，男性，年龄在40岁上下，额顶附近，左右顶骨、枕骨有不规则切割痕迹，切

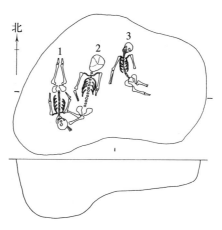

图一　大司马遗址H14平、剖面图（采自杨贵金等文，1994）

割痕迹断断续续呈虚线形，较1号头骨略浅。潘先生正确地将两例头骨上的切割现象都判断为"剥头皮痕迹"。另外两例，90WDH14（3）为男性，年龄在22～24岁左右，埋在坑底的90WDH14（4）为年龄在20～23岁上下的女性，因两者头骨皆无刀割痕迹，故在此不予讨论。（参见潘其风《河南武陟大司马遗址出土人骨》，《文物》1999年11期）

　　根据我们的观察（承焦作市文物工作队及杨贵金、罗火金先生慨允，我们详细观察记录了这批材料），1号头骨上的切割痕迹比较明显，特别是前额部分的痕迹，两端深，中间浅，前后至少有四至五道大致平行的划痕，根据深浅的不同，显示可能是用右手持刀沿顺时针方向切割的，并且有来回锯切的现象（图二）。顶骨上的切痕呈间断的短线形，切口呈楔形，一般前端深而宽，后端浅而狭，大约0.5～1.5厘米长短，短线呈略为平行的数条，显示切割的刀刃不很锋

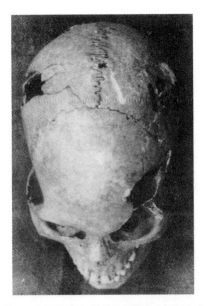

图二　大司马遗址1号头骨额骨上的切割痕迹

利，以至要切破头皮必须数次切入，并且还要来回拉动才能
奏效。枕骨上的刀痕最深，也呈大致平行的数条，右端的
切口深，其中一条延续较长，显示用力最多（图三）。2号
头骨上的切割痕迹不如1号头骨上的明显，切割的痕迹更零
碎，比较容易用肉眼观察的是枕骨上的切割痕迹，呈不连续
的大致平行的数道短线，切口右下深，左上浅，一般也是
0.5～1.5厘米，显示出与1号头骨大致相同的切割方法，即用
右手操刀沿顺时针方向切割。（图四）

　　大司马头骨上的切割痕迹，与涧沟的剥头皮痕迹，有
许多相同和不同之处。按照严文明先生的描述，涧沟T39
（6B）：2号头骨，在头盖骨的正中部位，从额部经头顶直

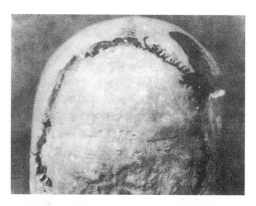

图三 大司马遗址1号头骨枕骨上的切割痕迹

图四 大司马遗址2号头骨枕骨上的切割痕迹

至枕部有一道很直的刀割痕迹，较浅而宽，并有来回错动的现象。编号T39（6B）：3头骨，顶骨中央从前到后有大量来回错动的细刀痕，其中有两条一直延伸到额部，向后隔了一段，到枕骨上方又有同方向的刀痕十条。编号T39（6B）：9头骨，仅剩下头骨左侧一块，"上方有一条斧子痕迹，左方（即前方）有六条斧子痕迹，均宽而浅，长5～15毫米不等。右方（即后方）有密集的刀割痕迹十余道，很细很短，长仅5毫米"。也被认为是一种割头皮的痕迹。这三个头骨据鉴定都是女性。另外三个在H13出土的头骨，皆无上述例一、二所见到的从顶骨正中切割的现象，而头骨鉴定都为男性。因此，严文明先生谨慎地指出，"从剥头皮的痕迹来看，只有在女性头盖骨上看得清楚，男性的则没有。或者说一个窝棚中的头盖有，另一个窝棚中的没有。这里存在着两种可能性。一种可能性是只有女子才剥头皮，男子的不剥，仅仅做成头盖杯。另一种可能性是两性的剥头皮方式不同：女性把头皮从中切开，向两边剥；男性把头盖砍下后，揪着头皮整个儿地剥下来，因而可以不留下任何刀痕。"（参见严文明《史前考古论集》，科学出版社，1998年，334～335页）鉴于很难辨别出H13出土的男性头盖骨是否剥皮，我们这里只比较前三例带有明显切割头皮痕迹的头盖骨。

比较两地的剥头皮现象，有几点是值得注意：

1. 两地的剥头皮者年龄性别不同，大司马的是男性，有年龄偏大的壮年，也有青年；涧沟的均为青年的女性个体。

2. 两地的剥头皮者剥皮的方式不同，大司马的是从额骨经左右顶骨到枕骨的环切，而涧沟的则是从额骨经顶骨再到枕骨的自前而后的直切。

3. 两地剥头皮者的存在形式不同，大司马的是整个头部，而涧沟的则仅为头盖骨。前者相当于后者从眉弓经颞骨到枕骨的一圈，并不存在一个用斧劈砍旨在获取头盖骨的痕迹，说明目的只在剥去头皮，与头盖杯风俗无涉。

4. 两地剥头皮者的手段略同，都有来回错动的细刀痕，但是，大司马的切痕细且不很规则，多呈平行线状，涧沟的T39（6B）：2头骨上的切痕长且较宽，虽有来回拉动的痕迹，但基本上是在同一条直线上，显示两者的受力程度和刀具的锋利程度不同。

剥头皮风俗广见于欧亚大陆的北部和美洲印第安人的文化中，其中又以后哥伦布时代的北美洲古代文化最为流行。关于这种风俗的记载，自20世纪以来不绝于书，考古和人类学的相关文献数以百计，蔚为大观。综观这些文献，人类学家给剥头皮所下的定义是比较严格的。在解剖学上，剥头皮是指用利刃在耳上或者耳下环切头皮的一种行为，利刃首先切过头皮，然后再穿过帽状腱膜（galea）和骨膜（periosteum），直接切在头骨上，头皮因此很容易地被人从不再被骨膜覆盖的头骨上脱离下来，根据环切的上下幅度不同，取下的头皮而因此呈现不同的大小（H. Hamperl 1967. The Osteological Consequences of Scalping. Compiled and Edited by Don Brothwell, *Diseases in Antiquity*, pp. 630-634. Charles C. Thomas Publisher, Spring, Illinois, USA）。美洲印第安文化的研究者特别强调，并不是所有留下伤痕的头骨都是剥头皮所致，只有那些在头盖骨上特别是围绕头顶留有一圈切痕的才可能解释为剥头皮的行为（G. Friederici 1906. *Skalpieren und ahnliche Kriegsgebrauche in Amerika.* Inaug. Diss. Univ. Leipzig, Braunschweig. D. W. Owsley and H. E. Berryman 1975. Ethnographic and Archaeological Evidence of Scalping in the Southeastern United States, *Tennessee*

Archaeology, Vol. XXXI，No. 1, pp.41-58. G. Nadeau 1944.
Indian Scalping Technique in Different Tribes, *Ciba Symposia*,
Vol.5, pp. 1676-1681. 由于受欧洲各国殖民者的鼓励，美洲
印第安人的剥头皮风俗在后哥伦布时代有非常大的变化。
在形态上，原来只从一个人头上剥下一块头皮来，后来因
为火器的使用不易分辨出射击者是谁，而变成取下多块头
皮来；同时，为了取得殖民者的奖赏，印第安人还把从一
个个体上取下的一块头皮分成许多块，也与原来的行为迥
异。参见上注书）。在此意义上说，涧沟头骨正中的刀切
痕迹，也许并不是典型意义上的剥头皮风俗的遗迹，或者
只是制作头盖杯的一种特殊的辅助行为使然，但是，那刀
切的人工性质是无可怀疑的。（希罗多德笔下的伊塞顿人
Issedonians有如下风俗：父死杀羊献神，而后食混在一起
的死者的肉和羊肉；把死者的头皮剥光，擦净后镀金作为
圣物，每年都要对之举行盛大的祭典。这虽然是对亲属头
骨的处理方法，但也说明剥头皮是制作头壳杯或别的头颅
圣器的一个必不可少的程序。因此，以制作头 杯为目的
的剥头皮，也可能在头骨上留下痕迹。参见王以铸译希罗
多德《历史》卷四，商务印书馆，1997年，275页）

　　关于剥头皮的问题，国外的学者曾做过实验，目的在
于观察分析：（1）不同的刀具在头骨上会留下什么样的痕
迹；（2）在活体和死者的头骨上剥皮，会表现出什么样的
差别。关于前者，研究者分别用古代印第安人习用的石镞和
现代医学专门用于尸体解剖的钢刀切割死者的头皮，因为石
镞较钝，要用力按住石镞前后划动数次，才能把头皮切开。

这样的拉动，往往会在头骨表面留下数道不规则的平行划线（图五），而现代手术刀做同样的事情，则不会在头骨表面留下任何痕迹。大司马和涧沟头骨上的切痕，表现出与切割实验同样的特征，这至少说明，两地的切割痕迹——正如严文明先生对涧沟头骨刀痕的分析一样，都是由不太锋利的石器完成的。类似的剥头皮痕迹，在美洲的土著文化中累有发现（图六）（G. Neumann 1940. Evidence for the Antiquity of Scalping from Central Illinois, *American Antiquity*, Vol. 5, p. 287. L. E. Hoyme and M. Bass 1962. Human Skeletal Remains from the Tollifero [Ha6] and Clarksville [Mc14] Sites, John H. Kerr Reservoir, Basin, Virginia, *Bureau of American Ethnology Bull,* Vol. 182, pp. 329-400. 民族学的调查显示，印第安人通常使用锋利的苇秆儿做成的苇刀以及石刀、蚌刀剥头皮，欧洲人到来之后，他们又使用了更加锋利的钢刀。参见上注 Neumann 1940 及 Owsley and Berryman 1975）。

剥头皮的风俗一般认为是在死者的头骨上实施，但是也有研究表明，这样的事情也可能发生在活人身上并且事后得以康复（参见上注 H. Hamperl 1967, pp. 630-634）。研究表明，如果给活人剥头皮后该人立即死亡，那么在剥皮的地方会留下同在死者头骨上一样的痕迹；如果该人没有立即死亡，而是又存活了一段时间，则会在剥皮的地方留下显著不同的痕迹。因为当头骨的骨膜被切开之后，头骨表面干燥，导致头骨本身马上坏死（图七，a）。然后，因炎症引起的颗粒状的组织将死骨与生骨分离（图七，b）。再后，死骨脱落，只有头骨最里层的部分保留下来（图七，c）；

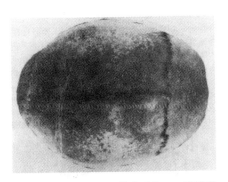

图五 采用印第安人石镞在现代一59岁男子
头骨上做剥皮实验留下的数道平行的锯切痕
迹（采自Hamperl 1967）

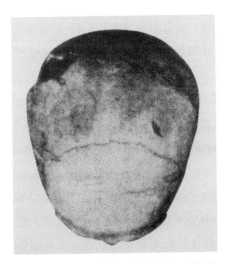

图六 美洲发现的古代剥头皮头骨，额骨上
留下数道平行的锯切痕迹（采自Neumann,
1940）

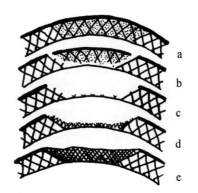

图七　剥头皮后依旧存活个体的头皮变化
过程示意（据Hamperl 1967）

最后在此基础上长出新骨（图七，d），新骨呈海绵状，表
面被一层薄薄的护层覆盖，但较周围的头骨低凹（图七，
e）（参见上注H. Hamperl 1967, pp.630-634）。这样的剥头
皮而后存活的例子在考古上也有发现（参见上注H. Hamperl
1967, pp.630-634）。但是，很容易把它们与用于治疗或者病
理形成的痕迹混淆起来（Ch. E. Snow 1941. *Anthropological
Studies at Moundville, Part 2: Possible Evidence of Scalping
at Moundville,* Paper 15, pp.55-57. Alabama Mus. Nat. Hist.
Museum）。按这样的要求检查大司马和涧沟的材料，两地
头骨都不见炎症和长出新骨的痕迹，很显然，基本可以断
定，两者都是死后再切割头皮的。大司马的1号头骨上，有
"8"字形的打击痕迹，造成外骨板凹陷形骨折，此人很可
能因此而死。如是，则剥头皮是在死后完成的，或者至少是
剥皮完成后此人没有再活下来。涧沟头骨上的切痕，如果是
头盖杯风俗的一部分，很可能是砍死后再切割头皮留下来

的。根据大司马1号头骨上的切割痕迹，此人的头皮很可能是在此人被打倒躺下后，猎皮者蹲跪在死者的头前，一手抓住死者的头发，一手持石刀沿顺时针方向砍剥死者的头皮而剥离下来的。死者额前和后枕部位的切痕明显，说明这些地方大概是剥皮的起始点和终结点，这些特征与美洲发现的许多剥头皮头骨上的切割痕迹是相一致的。（一般的切割痕迹都是额骨上的深而明显，左右顶骨、颞骨上的痕迹浅且不明显，所以美洲的考古学家研究认为一般的剥头皮是在额骨上开始的。大司马两例头骨枕骨上的切割痕迹均较额骨上的还要明显，很可能是切开额部、顶部后，翻过死者躯体开始切割另一面或者最后切掉头皮时所致。美洲的情况参见上注Owsley and Berryman 1975）

考古上所见古代的剥头皮风俗，欧亚大陆发现较少，就作者目前所知除上述中国腹地的两个地方之外，再就是苏联考古学家20世纪40年代在阿尔泰巴泽雷克二号冢发现的一例，年代是公元前3至前2世纪（K. Jettmar 1951. The Altai before the Turks, *Bulletin of the Museum of Far Eastern Antiquities*, No. 23, pp. 135-233.此墓的年代还有争论。介绍参见上注严文明文。此外可能还有零星发现，参见G. Nadeau 1944所绘剥头皮风俗的分布图）。文献上所记录的此类风俗，据江上波夫研究除分布在今顿河和多瑙河之间的著名的斯基泰人中之外，可能还有同属于伊朗系的阿兰族，乌古尔系的回纥族、奥斯恰科族，阿尔泰系的旁札尔科、鲜卑和通古斯族等等（参见上注江上波夫文），都是属于西北和北方的古代民族。有的研究者认为，此种风俗是从乌拉尔山以东的北亚地区的乌古尔系诸族中兴起，然后向南传播至中亚草原地区，被斯基泰人所接受（参见上注江上波夫文）。但是就目前所知，欧亚大陆的发现以中国的为最早，如果我们把涧沟的三例算在内，年代可早到公元前2000多年前的龙山时代，即便只认定大司马的两例为典型的剥头皮风俗的遗留物，年代也在公元前17世纪前后，正当夏末商初的时代。不仅比巴泽雷克二号冢的一例要早，就是比公元前7世纪至前5世纪的斯基泰人也要早得多。在后者所居住的南俄草原地区，公元前第2000年至前1000年初流行的是安德罗诺沃（Andronovo）文化，随后是卡拉苏克（Karasuk）文化。卡拉苏克文化出土的刀具、短剑、弓形器等青铜器和动物纹饰，显示了与外贝加尔、蒙古和中国北方草原地带乃至晚商和周代中原地区的某些器物和装饰风格的类似，说明至迟在殷末周初，中国北方地区就同中亚草原地区有比较密切的交往，这个交往的时间有可能比我们所知道的还要早（韩东《也谈家马的起源及其他》，《中国文物报》1999年6月23日第3版）。但是，由于剥头皮的例子发现很少，尽管东西方文化交往的可能性早就存在，但是要确定这种风俗的起源和传播路线，目前的条件还不具备。因为即使从后世的文献出发，在匈奴兴起之前，中国文献中北方氏族或部落向西方活动的实际情况也是无从详考的。（黄时鉴《希罗多德笔下的欧亚草原居民与草原丝绸之路的开辟》，南京大学元史研究室编《内陆亚洲历史文化研究——韩儒林先生纪念文集》，南京大学出版社，1996年）

至于同美洲的联系，过去曾有不少学者认为，印第安人的剥头皮风俗是从欧洲传入或者至少是在欧洲殖民者的鼓励下发生的。20世纪40年代以来,这一论点因为新的考古发现而受到挑战。在美国东南部的许多地方,不仅在欧洲人到来之前的中密西西比文化(公元1200年前后)中发现了剥头皮的痕迹(M. O. Smith 1995. Scalping in the Archaic Period: Evidence from the Western Tennessee Valley, *Southeastern Archaeology*, Vol. 14(1), pp. 60-68. 又参见上注Owsley and Berryman 1975)最近还在美国田纳西州西部河谷肯塔基水库区的古代文化期(Archaic Period)的晚期,发现了3例剥头皮的例子。时代可早到公元前2500~前1000/500年前。这是美洲迄今发现最早的剥头皮的实例,为美洲独立起源说提供了坚实的证据(参见上注M. O. Smith 1995)。实际上,在此之前就有人根据已有的发现,提出美洲的剥头皮风俗是在美国东南部起源的(参见上注D. W. Owsley and H. E. Berryman 1975),但是仍有学者坚持认为问题并不那么简单,此种风俗的起源和传播仍旧是需要深入研究的课题。(D. J.Ortner and G. P. Walter 1981. *Identification of Pathological Conditions in Human Skeletal Remains*. Smithsonian Institution Press, Washington, D. C.)

所以就目前欧亚大陆和美洲考古所见的剥头皮的实例看来,新旧大陆的标本差不多是一样的古老;欧亚大陆本身则以中国的考古发现为早,但是由于例子太少,与其说这种风俗是从某地起源传播至其他地区,还不如说它是在各地区单独起源更能令人信服。从美洲的材料可知,剥头皮的目的大约有三种类型:一是认为剥头皮与宗教相关,剥下的头皮是供奉给超自然的神灵的；二是认为与鬼魂相关，头皮代表一个人的生命，因此剥下敌人的头皮便是夺取了他的生命，而只有用敌人的头皮才能平息已经死去的自己亲人的怨气；三是为了显示猎皮者的勇敢和力量（参见上注D. W. Owsley and H. E. Berryman 1975）。无论如何，剥头皮风俗都是作为集团间的斗争的加剧而出现的，美洲的材料显示这种集团间的斗争，可以出现在采集—狩猎者中间，说明社会不平等的种子早在这个古老的时期就已经存在（参见上注M. O. Smith 1995）。中国的材料则发现在开始和已经阶级化、等级化的社会中，其社会文化意义以及它与中亚地区的类似发现的关系，我们现在还无法做出恰当的估价，但是，可以相信这样的发现在未来的考古发掘中还将出现，我们对此应该给予足够的重视。

致谢：本文草成首先感谢焦作市文物工作队及杨贵金、罗火金先生慨允笔者详细观察记录大司马遗址的人骨材料，潘其风先生慨允使用大司马人骨的鉴定材料，哈佛大学李润权博士寄赠相关的外文资料，澳大利亚拉楚布大学魏鸣先生拍摄照片。没有他们的帮助，这篇短文是无法同读者见面的。笔者还就该问题向潘其风、韩康信先生请教，同刘莉、巫新华博士进行过有益的讨论，也在此一并致谢。

（原载《文物》2000年1期）

大地湾地画和史前社会的男性同性爱型岩画

  大地湾遗址仰韶文化晚期地画自1982年在甘肃秦安县发现以来，在学术界引起广泛关注。焦点集中在对地画的释读上。为了使读者了解争论的关键，不妨先把发掘报告的内容摘要如下：

  地画位于室内近后壁的中部居住面上，由黑色颜料绘制成的。经甘肃省博物馆文物保护实验室初步鉴定，黑色颜料为炭黑。所占面积东西长约1.2、南北宽约1.1米。

  地画中有人物和动物图案。上部正中一人，高32.5、宽约14厘米。头部较模糊，犹如长发飘散，肩部宽平，上身近长方形，下部两腿交叉直立，似行走状。左臂向上弯曲至头部，右臂下垂内曲，手中似握棍棒类器物。此人的右侧，仅存黑色颜料的残迹，系久经摩擦脱落，推测也应为一人。上部正中人物的左侧，也绘一人物，高34、宽13厘米，头近圆形，颈较细长而明显，肩部左低右高，胸部突出，两腿也相交直立，似行走状。其左腿下端因居住面被破坏而残缺。其左臂弯曲上举至头部，右臂下垂也作手握器物之状。两人相距18厘米。

  在正中人物下方12厘米处，绘一略向右上方斜的黑线长方框，长55、宽14～15厘米。框内画着两个头向左的动物。左边的一个长21厘米，头近圆形，头上方有一只向后弯曲的触角，身躯呈椭圆形，有弧线斑纹，身上侧绘有两条向后弯曲的腿，身下侧有4条向前弯曲的腿，身后还有一条向下弯曲的长尾巴。右边的一个长26厘米，头为椭圆形，头上有三条触角形弧线呈扇形分散，长方形身躯上有弧形斑纹，身上侧绘有向不同方向弯曲的四条腿，身下侧有四条向前弯曲的腿。

在人物图案的左下方，还绘有反"丁"字形图案，并见模糊的黑颜料残迹。（图一、图二）（甘肃省文物工作队《大地湾遗址仰韶晚期地画的发现》，《文物》1986年2期）

这个画在仰韶晚期房屋地面上的画面，在年代上是没有疑问的；在画面上方是人的形象的认定上也是没有疑问的。问题集中在：（一）画面下方的方框中的图案是人还是动物？（二）画面上方的人物是男还是女？这两个问题的认定，直接关系到对地画性质的解释。

发掘报告的作者认为，画面上方的图案是人，而且是祖神；下方方框中的图案是动物，而且是代表供奉神灵的牺牲之物，因而这幅画面可能具有祖神崇拜的意义。从这种地画发现不多、出现在较小型的房基遗址中、地画绘制在房屋的上层居住面上等方面看，此地画可能是氏族小家庭的一种偶像崇拜。但同时又认为，地画正中的人物身躯宽阔，姿态端庄，似为一男子形象。左侧人物身躯狭长而略有弯曲，细

图一　大地湾地画

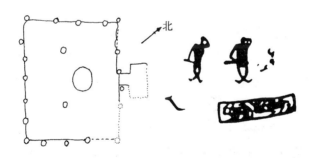

图二　大地湾F411平面图及其中地画摹本

腰，胸部突出，系女性。从右侧残存的墨迹看，似也有一人，可能是一个小孩或另外一个女性。中间具有男性特点的人物形象，是处于主导地位的，因而又认为这幅画面体现了原始社会晚期的三位一体的家庭组合方式。（参见上注甘肃省文物工作队《文物》1986年2期文）

李仰松先生也认为地面上方两个人物是一男一女，但一个是巫师，一个是女主人。至于下面的方框及其当中的图案，则是长方形的木棺和象征害人生病的鬼像或象征敌人或妖魔。整个画面是"人们施行巫术仪式的真实记录"。对这个画面所体现的巫术仪式，李先生认为可能有两种解读：其一，体现为"驱赶巫术"，是一幅为家里病人驱鬼的写照，即巫师和女主人手持法器，驱赶下面墓棺中两个象征害人生病的鬼像。其二，体现为报复巫术，是为报复敌人请巫觋来家作法加害敌人的写照。（李仰松《秦安大地湾遗址仰韶晚期地画研究》，《考古》1986年11期）

严文明先生认为，画上站立两人，均左手抚头，右手下垂执棒，右面模糊的墨迹，像是另有一个执棒的人物。下方的长方框，像是条案或木槽，里面放着两只动物——有些像青蛙或其他牺牲。因此"这画很像是几个人面对作为牺牲的动物在跳舞，或者在作巫术。……这所房子也许是巫师专用的宗教性建筑"。（严文明《仰韶文化研究》，文物出版社，1989年，211页）

宋兆麟先生认为，地画下方的方框表示木棺，但内装的是两个呈蛙形屈肢安葬的死者，地画表现的是"丧舞"。（宋兆麟《巫与民间信仰》，中国华侨出版公司，1990年，166～178页）

张光直先生认为，地面上面一排人物，可能是四个巫师舞蹈作法。人物的左臂如果可以解释为自头上垂下来的发辫，人手持的大棒应该是阳具或夸大的阳具，在这点上可看作是同上孙家寨的舞蹈人物有同样装饰或配备的巫师。他也认为下方的框代表木棺，里面的两个形象代表死者，所不同的是，他指出死者的身体是用线条表现的，是所谓X光式或骨架式的画法；同时死者屈肢做蛙形，似乎是回到母体子宫中胎儿的形象。根据民族志的材料，骨架状态象征"死者再生"。因此整幅画面被解释为："地画中的巫师似是在一个葬仪中舞蹈，行法祈使死者复生。"（张光直《仰韶文化的巫觋资料》，《中国考古学论文集》，［台北］联经出版事业公司，1995年，111～123页）

张忠培先生指出，地画上面的一排，像是有四个人，其中画面清楚的两个，右边的胸部突出似为女性，皆左手抚头，右手下垂执棒。下方的长方框，"似条案或似木槽，也有人推测为木棺，内画的动物难以确指，或为青蛙，或为鲵鱼，或为尸体。此画很像是几个人面对今难以确认之物在跳舞，宗教色彩鲜明，内容可能与行巫祭祀有关。"（张忠培《仰韶时代——史前社会的繁荣与向文明时代的转变》，《文物集刊》1997年1期，40页）

仅从上面所征引的几家意见，就可看到对地画的释读是多么分歧和不易。除了在认定地画是表现具有巫术或祭祀的仪式性质这方面是一致的，其他方面的见解差不多是言人人殊。

如前所述，对地画性质和内容的释读，首先取决于对画中每一部分图案的认定。但是这种认定正如整幅画面的释读一样困难。首先，是在画面形象和所表现的实际场面或物体之间的距离；其二是释读者（即我们）及其时代和描绘者（即史前人）及其所处时代的距离。这两个距离从根本上说差不多都是不可逾越的，后者的障碍还要大于前者。这是考古学的局限性所致。但是如果我们在原本孤立、分散的考古记录中间，建立起大量的多样性的联系（斯蒂芬·J·米申《旧石器时代艺术的生态学解释》，赵辰译，《考古学的历史·理论·实践》，中州古籍出版社，1995年，293～322页），在考古记录和民族学（包括古代文献）的记录之间建立起大量的、多样性的联系，那么就可能为考古记录找到近乎实际的解释。

本文不拟就整个画面的释读提出意见，只想就上排人物的性别认定谈一点看法。在上述各家的研究中，我们注意到只有张光直先生提出，上排人物右手所持之物乃阳具或夸大阳具，也即男性生殖器官，但没有给予论证。

其实，即使仅仅从地画所表现出来的人物特征看，张先生的上述结论也是可以接受的。两人右手中所持之物，一端连接裆部，另一端则直挺挺指向前方，左边一人所持之物还略略向上，且端部膨大呈圆头状，正是生殖器勃起的写照。曾有学者指出，出土于青海大通上孙家寨的彩陶舞蹈纹盆上的人物形象，其胯部斜出的一短线，是男性生殖器（赵国华《生殖崇拜文化论》，中国社会科学出版社，1990年，119页。张光直先生也持同样的意见，参见上注张光直文）。但尖刺而又微微飘动的形状和向斜下方伸出的朝向，更应该是比较柔软的随旋转而飘动的饰物之类（参见本书《马家窑文化舞蹈纹彩陶盆的比较研究》）。如果把两者的形象加以比较，恐怕更易辨识前者的性质（图三）。至于左边一人右胸部的向前突出，也很难看作是女性的特征，因为原始的画家并没有完整的解剖学知识，相反，如果有，那左边一人所表现出的宽肩和窄臀，仍旧是男性的体貌特征。

两个（或者更多）裸体的男性，一手抚头，一手操持着勃起的阳具，脚下还在不停地跳着，这的确是一个我们不熟悉

图三　青海大通上孙家寨出土马家窑
文化彩陶盆及其内壁的舞蹈纹

　　的画面。如果我们的判断不错，这很容易让我们想起古代世界
男性同性爱的场面。当然大地湾地画所表现的应该是纯粹仪式
性的场面，其意义也许和表现异性爱的仪式绘画相类似。

　　表现男性同性爱的题材，广泛地存在于世界各地的岩画
上，这里试举几例：

　　（一）印度中部Jaora地区铜石并用时代的岩画。画面
上有15人，其中9人的阳具勃起。上面的一排，右边一人左
手抚头，右手握阳具；中间一人右手抬起，似乎在向左边的
人打招呼，左手握阳具；左边的一人，则右手叉腰，左手握
阳具，三者似都作行走状，形态与大地湾地画的人像可以比
较。中间的一排，其中三个人的阳具向前，后两者的阳具
则直指前者的臀部，所体现出来的同性爱意味是无可置疑

的。下边的三人，左边的一个，单腿站立，另一条腿高高翘起，两手握阳具，嘴里似乎还在叫喊着什么；右边的两人，一人右手握阳具，另一人左手握阳具，两两相对，似乎还在交谈着什么。其余的6个人物，没有勃起的阳具，但也不具女性身体膨大或者胸部突出的特点，似乎仍旧是男性。研究者认为整个画面表现了同性爱的活动（homosexual activity）。（图四）（E. Neumayer 1983. *Prehistoric Indian Rock Paintings*, pp. 20, 129；plate 113. pp. 20, 130；plate 118. p. 131；plate 119. Delhi: Oxford University Press）

（二）印度中部Kathotia地区铜石并用时代的岩画。整个画面至少可以分为6组。以中部体形最大、手握指挥棒者为中心，其前面对他竖向排成一排的，有6人，皆阳具高挺（除前数第二人），后边一人的手依次搭在前者的肩上，最前的一人，双手着地。其后还有至少一组或者三组人物，其中阳具高举的有4个，体态各异。指挥者右前方横着的一排，有3人，皆弓腰，近前的一个双手向前，阳具高举；后边的两个体态同前，但看不见勃起的阳具。指挥者的身后还有至少3组人。右后横着的一排，与指挥者右前的一排姿态相同。其后的一竖行，除后一人外，皆有高举的阳具，两两勾肩搭背，最前的一人右手高举，最后的人左手高举，大家的嘴都张着，似乎在高喊着什么，脚下也似在不停地跳动。这队人物的后面，有四人一牛。体形最大的一人，平躺在地上，两腿半曲，左手握阳具，右手枕在头下，显系作手淫状。研究者认为这幅画面描绘了同性爱舞蹈（dance scene with homosexual overtones）的场面。（图五）（参见上注E. Neumayer 1983）

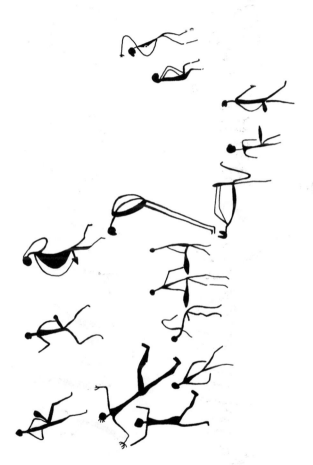

图四　印度中部Jaora地区铜石并用时代的岩画

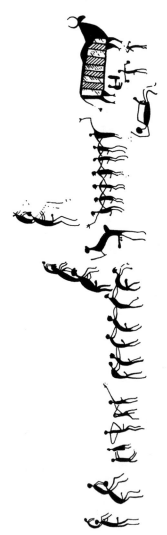

图五 印度中部Kathotia地区铜石并用时代的岩画

图六 印度中部Kathotia地区铜石并用时代的岩画

　　（三）印度中部Kathotia地区铜石并用时代的岩画。最
左边的两人，作拳击状，但阳具高举；其后的两人抬物向前
走动；再后有两个阳具勃起的人物，他们中间是一个据认为
是酋长（chieftain figure）类的人物，身下有一个板凳；下
方还有两个小一号的酋长类的人物。再后是人驾着牛拉车的
形象，牛的右下还有一个酋长状的人物。这幅岩画被认为
是表现了祭礼的场面（cult scene）。（图六）（参见上注E.
Neumayer 1983）

　　（四）瑞典西南部Goteborgs och Bohuslan 地区的史
前岩画。中间的两个面对面作交媾状，其中一人的阳具高
举，另一个的性别则不易确定。过去通常把这幅岩画看作是
异性的交媾，但是新的研究表明，另一个人物也应该是男
性。（图七）（T. Yates 1993. Framework for an Archaeology
of the Body, C. Tilley ed., *Interpretive Archaeology*, pp.31-
72. Providence: Berg
Publishers）

　　（五）意大利西西里
AddauraⅡ的史前岩画。
整幅画面有11个人物，周
围站立的人物被认为是女
性，中间的两个被认为是
男性，且正在交媾。其中
上面一人的阳具直抵下
面一人的臀部，传统的
看法认为中间两人是用

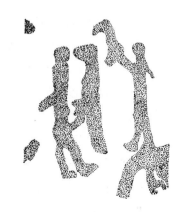

图七　瑞典西南部Goteborgs och
Bohuslan地区的史前岩画

绳子绑在一起的，体现了仪式而非性的意味（N. K. Sanders 1985. *Prehistoric Art in Europe*, 2nd Edition, p. 153. Harmondsworth: Penguin）。但新的研究相信下面的一人也是男性，因此表现了同性爱。（图八）（P. L. Vasey 1997. Intimate Sexual Relations In Prehistory: Lessons from

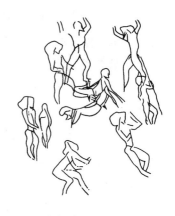

图八　意大利西西里Addaura II的史前岩画

the Japanese Macaques, *World Archaeology*, Vol. 29 ［3］，pp. 407-425. 这篇文章基于对日本一种雌性猴子（macaque）的同性爱观察，对广泛流行的人类史前社会不存在非生殖的爱的说法进行了系统批驳）

此外在美洲的古代印第安人的陶器绘画上（R. Larco Hoyle 1965. *Checan: Essay on Erotic Elements in Peruvian Art.* Genera: Les Editions Nagel），亚洲地区的岩画上都有同性爱的描绘。比如我国新疆地区的古代岩画就有不少这样的题材。

（一）裕民县巴尔达库尔山岩画。在一块岩石上凿刻三个男子，旁边有竖起角的两只大山羊。三个男子皆向前伸出双手，阳具勃起。右边的男子有4根角状饰物（图九，1）（苏北海《新疆岩画》，新疆美术摄影出版社，1994年）。同类的题材在该地区还有很多，也有表现男性手淫的

图九　新疆同性爱题材岩画

1. 裕民县巴尔达库山岩画　2. 呼图壁县石门子岩画　3. 裕民县巴尔达库山岩画

画面。（图九，3）（参见上注苏北海1994年文）

　　（二）呼图壁县康家石门子岩画。这幅巨型的岩画主要描绘了男女交媾的舞蹈场面，被认为是生殖岩画的代表作，但其中也不乏多名男性裸体舞蹈的场面。最上层的9个女性舞蹈者中间，有两组对马图形，其中一对特别显示了雄性生殖器的对立（图九，2）（参见上注苏北海1994年文），暗示了人类同性爱的存在。

　　无须泛引，说明男性同性爱在史前时期是一个客观存在的事实。而上述岩画特别是印度岩画所表现的人物体貌特征与大地湾地画人物形象的一致，说明后者所表现的也是一个同性爱型的题材。

从恩格斯的两种生产理论（恩格斯《家庭、私有制和国家的起源》，《马克思恩格斯选集》，人民出版社，1972年，1～175页），一直到不久以前的西方学术界（A. L. Zilman 1987. Sex, Sexes and Sexism in Human Origins. *Yearbook of Physical Anthropology*, Vol. 30, pp. 11-19），一般都认为食物和性，也即人类的生存和自身繁衍，是人类生活中最最重要的大事。因此，性一直被淹没在以生殖为目的的性关系中，非生殖（non-reproductive）的性在史前社会被认为是不存在的。但是新的研究表明，基于快乐目的的性不仅在动物界即使在人类社会也广泛存在。非生殖的性爱场面也不仅仅是或全部都是仪式的再现，而应该有事实为基础。（参见上注P. L. Vasey 1997）

因此把大地湾地画中上排人物看作是两个（或更多）男性裸体舞蹈的写照，不仅在画面的图像学释读上是可行的，同时也有世界其他地区的同类题材给予支持。问题的关键是，假如这是两个男性的形象，而且手中都操持着挺起的阳具，那么其目的同下方的图画体现为什么样的因果关系？我相信以快乐为目的的性关系（包括同性爱），广泛存在于史前社会，但是史前人能否像我们现代人那样严格区分开何者是生殖的性，何者又是非生殖的性，却不是件容易的事。因此，尽管大地湾地画表现的是男性同性爱型的题材，但作为一个纯粹仪式性的画面，仍不能排除它所可能具有的祈求死者复生的巫术性质。当然，建立这种联系的另一个前提条件，是证明下方方框中的图像确实是死者的形象。或者勃起的阳具正如纯粹的男性生殖器模型一样，是作为生殖（fecundity）和丰产（fertility）的象征符号出现的（B. Karlgren 1930, Some Fecundity Symbols in Ancient China. *Bulletin of the Museum of Far Eastern Antiquities*, Vol. 2, pp. 1-54；B. Karlgren 1942. Some Ritual Objects of Prehistoric China. *BMFEA*, Vol. 14, pp. 65-70），舞蹈的姿态只是以同性爱的形式暗示了男性生殖器的作用和意义也说不定。

（原载《东南文化》1998年4期）

马家窑文化舞蹈纹彩陶盆的比较研究

　　1973年秋，考古工作者在青海省大通县上孙家寨墓地发掘甲区第20号汉墓时，在墓道西侧清理了一座被严重破坏的马家窑文化（一般认为马家窑文化包括石岭下、马家窑、半山和马厂等类型，已发现的舞蹈纹彩陶盆都具有浓郁的马家窑类型作风，当属马家窑类型；为方便起见，叙述上仍采用马家窑文化的通称）墓葬，编号M84。在出土陶器中，一件内壁绘"舞蹈"纹的彩陶盆，引起了人们的极大兴趣和重视。据报道，该陶盆"口径29、腹径28、底径10、高14厘米。器形较大，敛口、卷唇、鼓腹。下腹内收成小平底，……唇及内外壁均有彩。……内彩特殊，在内壁最大处绘四道平行带纹，最上端一道较粗，内壁紧接口沿处一圈带纹。上下两组纹饰之间有舞蹈形画面三组，……五人一组，手拉手，面向一致，头侧各有一道，似为发辫，摆向划一，每组外侧两人的一臂画为两道，似反映空着的两臂舞蹈动作较大而频繁之意。人下体三道，接地面的两竖道，为两腿无疑，而下腹侧的一道，似为饰物"。（图一）（青海省文物管理处考古队《青海大通县上孙家寨出土的舞蹈纹彩陶盆》，《文物》1978年3期）

　　1991年春，考古工作者在甘肃省武威市磨咀子遗址采集到马家窑文化的第二个舞蹈纹彩陶盆。据复原，该陶盆"口

图一　青海大通县上孙家寨舞蹈纹彩陶盆
1.正视图　2.俯视图　3.纹样展开图
（据《中国新石器时代陶器装饰艺术》125页的临摹图）

径29.5、腹径28.5厘米，底残、直径约11厘米，高14厘米。器型较大，敛口，鼓腹，下腹内收，小平底残甚。……（内壁）上下两条纹饰之间有舞蹈纹两组，……每组九人，手拉手似在跳舞"。（图二）（孙寿岭《舞蹈纹彩陶盆》，《中国文物报》，1993年5月30日第3版）

　　时隔几年以后，在青海省西宁市西340千米处的宗日遗址，发现了马家窑文化的第三个舞蹈纹彩陶盆，也是迄今为止发现的最完整的一件。这件难得的艺术珍品，出土于编号为157号的墓葬中。据照片观察和文字描述，该器敛口，卷沿，鼓

图二　甘肃武威磨咀子舞蹈纹彩陶盆
1.复原图（采自启星《舞蹈纹彩陶盆说》）
2.舞蹈纹局部（据简报照片临摹）

腹，小平底。内外壁皆有彩，内壁上下两条平行纹带之间，精心描绘两组舞蹈人像，一组十三人，手拉手作舞蹈状，形象生动传神，图案充实饱满，为我们对马家窑文化舞蹈纹彩陶盆的研究提供了珍贵的对比材料。（图三）（宗日遗址发掘队《青海宗日遗址有重要发现》，《中国文物报》，1995年9月24日第1版）

上孙家寨舞蹈纹彩陶盆的出土，曾在学术界引起轰动，迄今为止有关它的研究不下数十种（参见缪亚娟等编《中国新石器时代考古文献目录》，科学出版社，1993年。其实有关的研究远超出该书所收的篇目），已经发表的意见主要从探讨舞蹈形象所表现的内容出发，提出了很有价值的观点。主要有图腾、祭祀、庆祝、生殖崇拜和巫术等说法，虽然分歧很大，但大都把它视为与远古人类的精神生活紧密相连，而不把它看成纯粹娱乐性的舞蹈。

武威磨咀子陶盆发现之后，曾有学者对以上诸种解释提出批评，认为这种绘有舞蹈图案的彩陶盆，不是某种特殊用途的东西，"乃是具有观赏价值的器物，与今时人们喜爱珍藏装饰器物情况相似，是氏族领导人或富有者所收藏的器物。"而且进一步申说："不要把新石器时代人们的事事物物，都同某种社会意识联系起来，不妨也从他们的生活情趣，从他们的生活爱好考虑，这样会更接近于他们的生活，了解他们的日常生活。"（启星《舞蹈纹

图三　青海西宁宗日彩陶盆上的舞蹈纹（据简报照片临摹）

彩陶盆说》，《中国文物报》，1993年6月6日第3版）这种意见虽然揭示了一个人所共知的事实：爱美之心，人皆有之，古亦有之，但是却也在很大程度上脱离了上古社会生活的历史背景：因为作为纯粹审美意义上的所谓"美术品"的出现是相当晚近的事情；再者，对所谓"美术品"的"收藏"和占有，并不能简单解释美术品原有的功能，这正如古代的青铜器被时人或后人屡屡占有或"收藏"而不能把青铜器看作一般意义上的收藏品一样容易理解。事实上，虽然关于青铜器的功能的探讨远远没有取得一致的意见，但它不是纯粹审美的产物却是可以肯定的。我们固然不能确认舞蹈纹彩陶盆的确切含义，但是它一定不是简单的装饰品，而应当是同当时人们的某种社会意识联系在一起的。本文拟从以下几个方面分别说明之。

一　关于舞蹈

舞蹈作为一种宣泄感情表达人类某种意愿的艺术形式，同人类自身一样古老。历史学和民族学的研究表明，古代人类和后进民族几乎所有重要的活动都离不开舞蹈。古希腊人的舞蹈既在森林里，田野里，也在神庙中举行。举凡生育、丧葬，都有舞蹈的"节目"。他们既向太阳神阿波罗，也向酒神和丰收之神舞蹈献祭。在印第安人那里，在相当长的一段时间内，敬神的唯一方式就是跳舞。印第安人在日出和日落时向太阳和月亮舞蹈，霍皮（Hopi）印第安人把毒蛇含在口中跳舞，以求天神降临。在印度，舞蹈本身就是宗教。纳奇人（Nautch）的舞者与寺庙密切相关，而且以神的伺者闻名，这是因为他们在神像面前跳舞歌唱。他们也参加宴会、婚礼和公共娱乐活动。即便是基督教，在公元744年以前，也不禁止在教堂和墓地跳舞。古代的埃及人和希伯来人也有舞蹈的仪式活动。事实上，舞蹈是古代人类和后进民族日常生活特别是仪式生活中最重要的一个组成部分。

在远古人类的诸种舞蹈中，模拟舞蹈占有相当大的比重，而且各个不同，都有自己的目的。正如罗伯森（Robertson）所说的那样："舞蹈对野蛮人的生活来说，占有非常重要的位置，若对敌宣战，要以舞蹈来表示仇恨；若要使神灵息怒，降福苍生，或者为新生命而欢乐，为朋友的去世而哀悼，所有这些场合都有相应的舞蹈来表达。"比如奇潘娃（Chippewa）印第安人的舞蹈模仿杀死敌人的过程，表演剥皮、饮血的动作，认为这种舞蹈通过神秘巫术的作用能削弱敌人的力量。在非洲，在大猩猩的狩猎活动之前，总要表演"大猩猩舞"。一部分人模仿大猩猩的步态和神情，另一部分人则悄悄地接近这些"猎物"，表演捕获和杀死它们的一套舞蹈动作。舞蹈的作用是如此广泛而且重要，所以一个摩图—摩图（Moto-Moto）老人曾说过："没有没有用处的鼓声，没有没有用处的舞蹈。"由此看来，在古代特别是在没有文字的所谓"野蛮人"那里，舞蹈差不多都是与仪式生活联系在一起的，也是同人们的某种社会意识联系在一起的。难怪著名的民俗学家恩克尔（L. Eichler）得出这样的结论："所有野蛮人的舞蹈都大有深意。它不是简单的娱乐，而是一种仪式。"（Lillian Eichler 1988. *The*

Customs of Mankind, Vol. 2，p. 471. Delhi: Gian Publishing House, Reprint. 本节的材料主要引用该书469～499页关于"舞蹈"风俗的研究）

　　上古中国的舞蹈也差不多与宗教仪式活动密不可分。《吕氏春秋·仲夏纪古乐》："昔葛天氏之乐，三人操牛尾投足以歌八阕，一曰《载民》、二曰《玄鸟》、三曰《遂草木》、四曰《奋五谷》、五曰《敬天常》、六曰《达帝功》、七曰《依地德》、八曰《总万物之极》。"除了《敬天常》《达帝功》和《依地德》明白无误是有关宗教仪式的舞蹈外，其余虽源于农业、畜牧业等生产活动，但也已成为人们仪式活动的一部分。《韩非子·五蠹》："当舜之时，有苗不服。禹将伐之，舜曰：不可。上德不厚而行武，非道也。乃修教三年，执干戚舞，有苗乃服。"所谓执干戚，一则练兵，二则也有祈求神灵保佑胜利的意思。

　　中国古代的舞蹈又据说始自帝俊之后。《山海经·大荒西经》"帝俊有子八人，是始为歌舞。"夏商都有自己的舞蹈。据《山海经·海外西经》："大乐之野，夏后启于此舞九代。"又据《大荒西经》："（夏后）开上三嫔于天，得九辩与九歌以下。"注引《竹书》："夏后开舞九招也。"陈梦家先生说："九代、九辩、九招，皆乐舞也。"（陈梦家《商代的神话与巫术》，《燕京学报》20期，1936年，524页。转引自张光直《商代的巫与巫术》，《中国青铜时代》第二集，三联书店，1990年，64～65页）又说九代即隶舞，隶舞见于卜辞，常为求雨而舞。商人的舞风更炽。《吕氏春秋·仲夏纪古乐》："汤乃命伊尹作为大护，歌晨露，修九

招、六列，以见其舞。"卜辞中屡见"今囚巫九备"之语，
于省吾先生认为"即今用巫九摇也……巫九摇尤言巫九舞。
古老歌舞恒以九为节，巫祝以歌舞为其重要技能，所以降神
致福也。"（于省吾《双剑誃殷契骈枝》，转引自张光直上引
书，64～65页）《说文》："巫祝也，女能事无形，以舞降神
者也。"所以张光直先生把乐舞视为巫师通神的手段之一，是
极有见地的。（《中国青铜时代》第二集，64～65页）

二 关于舞蹈纹饰

上孙家寨、磨咀子和宗日遗址所出土陶盆上的舞蹈纹
饰，以其质朴而传神的特点，给人们留下深刻的印象，在定
性为"舞蹈"纹饰这一点上没有分歧。但是，关于上孙家寨
陶盆舞人的形象还存在颇多的争议。首先是头侧的一斜道
（参见图一），有人认为是"发辫"（参见上注青海省文
物管理处考古队文）或"辫发"（金维诺《舞蹈纹陶盆与
原始舞乐》，《文物》1978年3期），有人则认为是古代西
北地区人们的独特的"披发"形象（王克林《彩陶盆舞蹈
纹辨疑》，《考古与文物》1986年3期）。这些说法虽然都
有道理，但却难以认定。实际上，如果把它视为帽子后面的
飘带或饰物，也未尝不可。关于下腹体侧的一道，有人认为
是饰物（参见上注青海省文物管理处考古队文），也有人
认为是装饰的"兽尾"（参见上注王克林文），还有人把
它看作"生殖器保护带"（参见上注王克林文），或者干
脆认为它就是男性生殖器（赵国华《生殖崇拜文化论》，

中国社会科学出版社，1990年，119页）。这一点虽然也无法最终认定，但根据纹饰本身强烈的写实风格，似乎很难把它看作男性生殖器，而应该是比较柔软的随旋转而飘动的饰物一类。

磨咀子的舞蹈纹（参见图二），形象比较呆板，舞者的头部和臀部几呈圆球状，由于相互间距离较近，臂与臂之间的夹角远小于上孙家寨的舞蹈形象，所以虽然笔法流畅，姿态却不活泼。头后没有"饰物"或"发辫"；腹下也有三道，但中间的一道与象征两腿的两道纹饰一样长，不过角度不一，应该还是饰物一类的东西。

宗日的舞蹈纹，在形式上更接近磨咀子。舞者头部与陶盆口沿的一圈纹饰交汇在一起，虽只显露头下部的一部分，但显然不具备上孙家寨陶盆上舞蹈者的头饰或"发辫"。臀部呈球状，除左起第三人（参见图三）的左侧似有尾饰之外，大部分不见尾饰，腿部则干脆简化成为一根柱状（右起第二、三、四似能看出两道，当为两腿）。

在身体的其他部分，上孙家寨的舞人胸部虽然不大，但腹部却要更小。磨咀子与宗日的舞人，上身却简化成一根直线，唯臀部绘成圆球状，与前者的区别是非常明显的。如果这不是地区表现形式的不同，则很容易让人想起舞者性别的不同。

在舞者的组合上也存在着差别。上孙家寨陶盆上的舞者五人一组，三列舞人环绕盆沿组成圆圈，人数刚好是15个（参见图一，3）。磨咀子陶盆的舞者则分二组环绕在盆沿，每组9人，人数是18个。宗日陶盆的舞者也分二组环绕在盆沿，不过一组13人，人数刚好是26个。虽然三处陶盆上的每一组舞人都是奇数，即分别为5、9和13，但后二者陶盆各自组合的舞者组合是偶数。这是偶然的巧合，还是另有寓意？奇偶数在后进民族里与男女性别之间的联系（孙运来编译《黑龙江流域民族的造型艺术》，天津古籍出版社，1990年，105～108页。比如黑河的埃文克人认为，单数为阳，为男性；偶数为阴，为女性。这种观念在包括汉族在内的许多民族中不同程度地存在），很容易让人想起上孙家寨陶盆上的舞人与后二者的舞人在性别上的不同，这一点或许与形象上的差别是相通的。我更倾向于把上孙家寨的舞者看成是男性的形象，而把后二者视为女性的形象。

舞蹈在古代的宗教仪式生活中占有如此重要的位置，把这种活动描绘在陶器上，很难设想这件陶器是纯粹表现审美的"收藏品"，当然也不会是普遍意义上的日常用品，而应该是宗教仪式生活的重要组成部分。

三 关于陶盆

尽管宗日的材料还没有完全公布，但从照片及简单的描述分析，它与上孙家寨及磨咀子出土的两件陶盆在形式上是颇为接近的。都是大口，卷沿，鼓腹，小平底。纹饰虽略有不同，但都是以直线和曲线为主；舞者的形象夹在口沿和内腹的两条平行纹带之间，并且与它们交融在一起。每组舞者之间都以几条平行的直线或曲线分开，在排列布局的方式上存在惊人的相似。上孙家寨和磨咀子的陶盆在大小尺寸上几乎完全一样，更是令人惊奇。

　　宗日遗址的彩陶盆含有浓郁的马家窑类型作风，虽然该文化遗存因出土了以乳白色陶绘紫红彩的瓮、壶、罐、钵等典型器物，而被命名为马家窑文化宗日类型，但整体看来显然还属马家窑类型的范畴。根据已有的发现，马家窑类型文化的分布东起泾、渭河上游，西至黄河上游的龙羊峡附近，北入宁夏清水河流域，南达四川岷江流域汶川县地区（谢端琚《黄河上游的马家窑文化》，《新中国的考古发现和研究》，文物出版社，1984年）。宗日遗址被认为是目前黄河上游文化发掘面积最大、地理位置最西的新石器文化晚期遗址。从宗日经上孙家寨到磨咀子的直线距离超过几百千米，在如此广大的范围内，发现在类型上如此相近的舞蹈纹彩陶盆是意味深长的。

　　陶盆的出土地点也耐人寻味。上孙家寨的一例，因出在一严重破坏的墓葬中，葬制不明；但伴出的有骨纺轮、海贝、穿孔蚌壳、骨珠和烧焦的人骨残块、木炭、红烧土及牛蹄、牛尾骨，从烧焦的人骨和木炭分析，死者大概用木棺或木椁；入土后焚烧墓穴，似乎表明死者的身份特殊；而由海贝、牛骨、木炭等分析可知死者的经济地位较高。如果说磨咀子的陶盆系由地面采集的陶片拼成，不足为凭，那么宗日的陶盆却也是出土在墓中，我们虽然不明墓葬的形制特点，但据报道，该墓地存在将木棺与尸骨一起烧化的现象，这一点与上孙家寨的情况相似。也就是说该墓地也有与上孙家寨墓的墓主身份相接近的人，虽然目前还不清楚舞蹈纹彩陶盆是否就出在有烧化现象的墓中。

　　经过调查发现的马家窑类型遗址共三百多处，经过正

式发掘的有十多处。在出土的诸多陶器制品中，舞蹈纹陶
盆仅发现三个，这与大量出土的日用陶器形成了鲜明的对
比。一方面是相距千山万水，陶盆的装饰风格非常接近，
另一方面是相对于成千上万的日用陶器独立突出，而且上
孙家寨的一例还出土于有特殊葬俗的人的墓中，所以这种
饰有舞蹈纹的陶盆一定是用做专门的目的，而不会是一般
意义上的日用品。

四 关于陶盆用途的推测

如前所述，舞蹈既然出现在古代人类差不多一切的仪式
活动中，单凭一组舞蹈形象很难推知它的确切含义。但是通
过我们对舞蹈本身、舞蹈纹饰以及陶盆的逐层分析，就有了
推测舞蹈纹彩陶盆功能的可能性。

推测之一：陶盆是巫师通神作法的道具。

随葬陶器一直是黄河上游地区史前文化的特色之一。
陶器作为礼器在这个地区的史前文化中占有非常重要的地
位（陈星灿《青铜时代与玉器时代》，《考古求知集》，
中国社会科学出版社，1997年）。把陶器作为巫师作法的
道具正如长江下游地区的人们用玉器作为通神的工具一样
容易理解。（张光直《谈"琮"及其在中国古史上的意
义》，《文物与考古论文集——文物出版社成立三十周年
纪念》，文物出版社，1986年）

把舞蹈形象描绘在器物上，作为巫师通神的助手在民族
志上并不鲜见。比如，苏联国立托木斯克大学博物馆藏有一

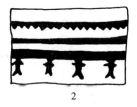

1　　　　　　　　　　　　　　2

图四　西西伯利亚埃文克人萨满男长衣上的人形图案
1. 背部领子上的人形图案　2. 下摆上的人形图案

件西西伯利亚埃文克人的萨满男长衣，是用鹿皮革缝成的。
在背部领子附近，有一条很宽的两端向下弯曲的图案带，再
下边是三个人形图案。这些图案用黑色颜料绘制而成，用
白色鹿毛辫带镶边。三人双臂平举，双腿叉立，有明显的装
饰风格（图四，1）。衣服下摆上的黑色带上连接着十六个
黑色人形图形的头部，形象与领子附近的人像相当（图四，
2）。他们都被认为是萨满的助手。（参见上注孙运来编译
书26～29页）

　　鄂霍次克埃文克人萨满的胸巾虽然与普通的女用胸巾无
论在形式上还是在装饰上都毫无区别，但是萨满自己的胸巾
上缝上用布料剪成的人形图案，他们手拉手双腿叉立，正在
跳舞（图五）。他们也被视为萨满的助手。（参见上注孙
运来编译书55～56页）

　　图鲁罕边区的有些埃文克族萨满还在帽子上佩戴过拟
人图形哈尔吉——据说是跳神时附在萨满头上的萨满祖先。
“附到”萨满身上后，哈尔吉就替他“考虑”，向他发出相
应的指示。这个祖先也是舞蹈者的形象。（图六）

　　事实上，萨满通神并不是一个人，而是在由各种人物

图五　鄂霍次克埃文克人萨满胸巾上的　　图六　图鲁罕边区埃文克
人形图案　　　　　　　　　　　　　　　　人萨满帽子上的拟人图案

组成的"集体"陪伴下行动的。这些人物的职责范围具有严格的划分。考虑黑龙江地区埃文克民族等的情况，在萨满的庇护者和感召者中，可以有人，也可以有野兽。他（它）们同时出现，都起着萨满谋士的作用。萨满最亲近的助手是祖先、萨满勇士、萨满祖先和不同种类的动物。萨满认为，所有这些角色都是联合行动的，而且由他统一指挥。（参见上注孙运来编译书93页）

　　舞蹈者何以能够作为萨满的助手？这一点也能从民族志中找到答案。在萨满看来，萨满通神的旅途非常危险，为了避免恶神的打击，他不仅要同他人（即法器上描绘的人或物）联合行动，而且要称自己的法衣为"盔甲"。比如在涅尔坎埃文克人萨满的服装后背的腰部，有一条不宽不窄的鹿皮革带，上面缝着四根中等辫带，这条鹿皮革带表示"尾巴"。它的用途是，借助于急剧的旋转运动，它似乎能穿越各种天然障碍，譬如隘口处的雪堆，林中的倒木，等等。（参见上注孙运来编译书31～32页）。舞蹈所带来的旋转、跳跃以及随之飘动的头饰、尾饰，无疑能保佑萨满抵御恶神的打击顺利到达目的地。正是在这一点上，舞蹈者的形象同酒、药、树、动物以及其他法器的功用是相仿佛的。把舞者的形象画在陶盆上，其意正在于此。

推测之二：舞蹈形象同时又是巫师作法的写照。

马家窑文化陶盆上的舞蹈形象，是现实生活的真实反映。

巫师作法所使用的道具上往往描绘着巫师作法的真实情形，这一点也可在民族志中寻到支持。比如上述涅尔坎埃文克人的萨满男长衣上描绘有背对背的鸟、驼鹿、驯鹿等各种形象及辫带、条带等。在它们当中，第一部分用作萨满的运输动物，第二部分帮助他克服在寻找上界神明的旅途中遇到的各种障碍，第三部分是给神的礼物，第四部分表示萨满的旅途，等等。"在普通的乍看起来是纯粹具有装饰作用的条带中，展示了据说是萨满所要经过的那个地带的完整的全景，其中包括各种形式的风景画——有时是森林，有时是沙漠或沼泽，垂饰和图画大体上好像是为萨满所讲的关于他周游宇宙世界的故事而做的插图，同时也是萨满宗教剧（跳神）的反映。"（参见上注孙运来编译书35页）因此，假如我们关于舞蹈纹彩陶盆是巫师道具的推测可以接受，那么，陶盆上的舞者不仅是舞师通神的助手，同时也可能是现实世界巫师通神作法的具体写照。

（原载刘海平主编：《中美文化的互动与关联——中国哈佛燕京学者第一届学术研究会论文选编》，上海外语教育出版社，1997年）

史前时期的头骨穿孔现象研究

一　引言

　　1995年春，中国社会科学院考古研究所河南一队赴河南省焦作市进行考古调查（中国社会科学院考古研究所河南一队、河南省焦作市文物工作队《河南焦作地区的考古调查》，《考古》1996年11期）。在武陟县大司马遗址采集到一片龙山文化时期的人头骨残片（图一）。据韩康信先生鉴定，此系一成年男性左顶骨的一部分。奇特的是在顶结节靠后的位置，发现有一个规整的小圆孔。穿孔截面从外到内，截面基本垂直。孔外径约1厘米，内口向左前方倾斜，截面呈不规则圆形，长径约1.6厘米，短径约1厘米。孔壁不很光滑，似有纵向的刀刮痕迹，因而排除了啮齿动物所为或其他非人工力量所为的可能性。我们在遗址调查的时候，正赶上一对青年夫妇翻土，沟垄上撒满了刚刚出土的碎陶片，人头骨残片就是在这些陶片中发现的。头骨片上沾满了新土，上面无被翻土工具破坏的痕迹，穿孔也是在当时发现

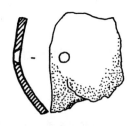

图一　河南武陟大司马遗址出土穿孔头骨片

的，因而排除了出土后被现代人作伪或被生产工具破坏所致的可能性。据青年夫妇介绍，该头骨片是在一个瓦（陶）罐中出土的。检视出土陶片，虽然皆属龙山文化的篮纹陶器的碎片，但经拼合可知，这些陶片至少包括三个陶器。其中的两个系陶瓮，其形制大小差不多完全一样，皆为泥质灰陶、鼓腹平底、肩部以下饰篮纹的典型龙山文化陶器。其中的一个器底正中有一人工打击的小孔，显系瓮棺无疑。两个陶瓮的肩部以上均缺失，从肩部陶片上的平直切痕分析，当是为做瓮棺特意将两个实用陶瓮切割所致。因此推测这两个陶瓮组成一对套棺，人头骨片大约就是在这一套棺中安放的。

（见上注《河南焦作地区的考古调查》图一一）

大司马遗址是一个典型的龙山文化遗址，在二里头文化时期和商代这里也曾有人居住。1990年焦作市文物工作队曾在此试掘，于距出土穿孔头骨以北约50米的地方曾发现两例二里头文化晚期可能是剥头皮的人头骨（杨贵金、张立东《武陟大司马遗址的剥头皮遗痕及其意义》，《中国文物报》1995年8月27日；杨贵金、张立东、毋建庄《河南武陟大司马遗址调查简报》，《考古》1994年4期）。头骨上有一圈自额角顶缘附近始，经两侧顶骨绕过结节下方枕骨的切痕，证明了该遗址与稍早的龙山文化时期的邯郸涧沟遗址在风俗上的某些一致性（严文明《涧沟的头盖杯和剥头皮风俗》，《考古与文物》1982年2期），也间接地证明了我们调查所发现的穿孔头骨在年代上的真实性。

头骨穿孔是一个世界性的文化现象，西方学者对此有过很多的论述（已有的报道和专门的论述不下数十种，最集中的论述见E. Guiard 1930. *La Trepanation crenienne chez leson olithiques et chez sel primitifs modernes*）。过去我们在这方面的发现不多，专门的论述（韩康信《骨骼人类学的鉴定对考古研究的作用》，《考古与文物》1985年3期；刘学堂《新疆地区青铜时代到早期铁器时代考古文化中两个问题》，载吉林大学考古系编《青果集》，知识出版社，1993年。吕恩国《论颅骨穿孔和变形》，《新疆文物》1993年1期）更少。因此本文试图就目前国内的零星发现做一综述，并且与世界其他地区主要是亚欧国家的发现进行初步的比较，以期引起广泛的注意，加深对这一世界性文化现象的研究。

二　中国境内的考古发现

（一）广西桂林甑皮岩

据发掘简报报道，在洞穴内的新石器时代文化层所发现的十四个人头骨中"有六个顶骨处有人工穿孔的情况"（广西壮族自治区文物工作队、桂林市革命委员会文物管理委员会《广西桂林甑皮岩洞穴遗址的试掘》，《考古》1976年3期）。这是目前所知国内最早的有关头骨穿孔的报道。但是头骨的研究者把这些"穿孔"现象归入"伤痕"一类，而且认为仅有四个头骨有明显的人工伤痕。（张银运、王令红、董兴仁《广西桂林甑皮岩新石器时代遗址的人类头骨》，《古脊椎动物与古人类》15卷1期，1977年）

BT2M7头骨　头骨较完整，可能属一老年女性个体。

其颅顶部稍偏右侧的地方，有一呈马鞍形的骨壁下陷区。下陷区包括近前囟部左右顶骨和额骨，边缘近似于椭圆形，长轴约98毫米，短轴约63.5毫米，向额鳞和右顶骨辐射出数条长短不一的裂线。从发掘出土时的现象观察，研究者认为"该头骨颅顶下陷现象很小可能是死后在地层中由于局部挤压所致，也很小可能是死者在洞内居住期间被偶然的洞顶落石击伤所致，很大可能是被棒状物猛击所致。"（见上注张银运等文，下同）

DT2M1头骨　属一老年男性个体。其左侧颧骨靠近左眼框外下角处断去一块，呈一近似于三角形的截面，边缘锐利。这一截面的成因，"既不可能是啮齿类动物的啃咬所致，也不可能是在地层中被腐蚀或被挤压所致"。研究者认为该截面很可能是被利器劈削所致。该头骨的眉间部还有一36毫米×9毫米大小的条形缺口，由额结节处下方斜向左眼框上内角，透穿骨壁，边缘平整，研究者认为"也很可能是一种人工伤痕"。

DT2M1头骨　属一老年女性个体。头骨上明显可见有五个穿透骨壁的空洞，右侧顶骨结节部一个、右侧翼区二个、枕外隆凸右下方处一个、左顶骨乳突角处一个。右顶骨上的空洞形似等腰三角形，底边长约17.5毫米，高约11.2毫米，边缘平整。研究者认为，虽然梅毒或麻风等疾病也能造成头骨骨壁穿孔，常位于额部或颅顶部，但表现为虫蛀状的边缘，或较多地损害骨外板结构；考虑到该头骨上这一空洞的形状、位置、大小及其边缘的状况等，研究者排除了空洞为豪猪等啮齿类动物啃咬或由洞顶崩塌的石块所击穿或被某些植物根系分泌的酸性物质溶蚀所致的可能性；而认为很大的可能是人工的，是由某类"尖状器猛力穿刺而成"。其余四个空洞的情况，研究者也倾向于类似的解释。

BT2M4头骨　为一老年男性个体。眉间部有一条形缺口，长38毫米，宽约9毫米，从右眼眶上内角横向左眼眶上内角，穿透骨壁，边缘整齐，研究者认为也同样属于人工创伤性的痕迹。

甑皮岩遗址居民属蒙古人种，与蒙古人种中的南亚种族最为接近，但与现代南亚种族有一定程度的差别。在头骨形态上与华北组特别是与半坡遗址的居民最为接近。

（二）青海柳湾（参见潘其风、韩康信《柳湾墓地的人骨研究》，《青海柳湾》附录一，文物出版社，1984年）

M895　系马家窑文化马厂类型的老年男性个体，在颅枕骨左侧有一直径约13毫米的圆形创孔，创孔周缘有炎症及新生骨芽痕迹，但周围没有骨折现象。由创口的现状推测，研究者认为可能是尖锐的利器戳刺造成，受创后并未立即毙命，创口曾经历过一段时间的感染。

M1054　属于齐家文化的中年男性个体，在颅右顶骨中部有一直径约7毫米的圆孔，创口穿透颅骨板，孔缘光洁整齐，无骨折或炎症痕迹。研究者由此判断"该个体在受创后立即死亡"。创孔周缘之整齐与现今用钻头旋成之孔极相似。

柳湾墓地包括半山、马厂及齐家三种不同的文化类型，其居民在体质上没有明显的差异，"基本上属于相同的体质类型"。柳湾合并组的体质特征显示出明显的蒙古人种特征，其主要体质特征的测量值都没有超出亚洲蒙古人种的上下界限值。比较而言，研究者认为它与东亚类型比较接近，与东亚类型中的现代华北类型也接近。

（三）青海民和阳山（参见青海省文物考古研究所《民和阳山》，文物出版社，1990年，145页）

M73　系一单人一次墓葬，死者为一45岁的成年男性，头骨上有一"圆形小孔"，因孔周无愈合现象，研究者推测此人是因此而死。属马家窑文化半山类型。

（四）新疆天山阿拉沟墓地（参见韩康信《阿拉沟古代丛葬墓人骨研究》，《丝绸之路古代居民种族人类学研究》，新疆人民出版社，1994年，117～118页）

M4⑤　老年男性头骨。头骨上共有二处骨创伤，一处为鼻骨骨折，另一处是额骨凹陷骨折。后者位于额鳞后部左侧稍近中矢线处，其后缘与冠状缝大致相齐。伤口形态近圆形，其外径约为36毫米×33毫米。骨折后向颅腔内塌陷约7毫米，塌陷部分呈不太规则的椭圆形槽坑状。所有骨折处骨组织均已伤后修复愈合，仅留下圆形骨折线痕迹，塌陷处骨折痕迹也已模糊呈粗糙的骨痂状，仅在圆形骨折线后部近中处留下尚未完全封闭的细孔向颅腔内穿透。研究者认为，死者生前遭受了某种圆钝凶器如圆钝石、金属锤类猛烈打击，但在受伤后，骨伤曾自愈而存活了一段时间。并且认为鼻骨伤也可能与此同时形成。

M4⑥　中年男性头骨。在这具头骨上发现一穿孔骨折，创口位于左侧翼区略偏上方，呈圆形穿孔骨折伤，穿孔长短径约为28毫米×22毫米。穿孔处的骨折片已经断落，骨折缘断面没有任何组织修补痕迹，仅在该穿孔的前上缘留下一小部分似剥落的月牙形骨折片，在创孔的周围骨面上也没有形成辐射状骨折线。研究者认为，死者在遭到某种硬质圆钝石质或金属质凶器快速打击后，立即毙命。

阿拉沟墓地的营建时间被认为是距今约2600～2100年（新疆社会科学院考古研究所编《新疆考古三十年》，新疆人民出版社，1983年），大概相当于中原地区的春秋晚期到汉代，研究者推测此墓地为古代车师人所建（参见上注韩康信《阿拉沟古代丛葬墓人骨研究》）。此墓地在已测量的58具成年头骨中，可属欧洲人种支系者明显占优势（约占49具），其余7具可归属于蒙古人种支系或两个人种支系混杂类型。具体说来，M4⑤的头骨形态与中亚两河型及地中海型皆有些相似。M4⑥的头骨形态介于中亚两河型与地中海型之间。

（五）新疆哈密焉不拉克墓地（韩康信《新疆焉不拉克古墓人骨种系成分之研究》，《丝绸之路古代居民种族人类学研究》，226～227页）

86XHYT21M5头骨 中年男性头骨。头骨上有五处"骨折伤"。第一处在左顶骨前部中间紧靠同侧冠状缝后沿，是为圆形塌陷骨折，其口径约25毫米，周围环状骨折线已经愈合但并没完全隐没，塌陷最深处约8毫米。颅腔内相应内骨板之环形骨折直径更大，骨折线亦愈合但未全然隐没。此骨折向颅腔内塌陷较轻，大概没有超过5毫米。因此伤后没有严重压迫脑组织而致死。第二处伤紧靠右顶结节上方，呈一长约34毫米的椭圆形穿孔骨折，骨折区内的骨片完全断离脱落，并从穿孔的前缘和外后缘各形成一支辐射状骨折线，前者一直延伸到前囟部，后者向下后方延伸约25毫米分叉，其中一支折向后方，另一支续延到枕乳缝。第三处在右侧前外侧框上部分，为一较大型略近长圆的穿孔骨折，其长径约45毫米，骨折区内骨片也完全断落。此穿孔还与同侧翼区的不规则较小穿孔相连续（研究者推测后者可能是死后人为破裂）。第四处在额眉间上方，为小型穿孔骨折，创口直径约5毫米，穿孔周围外骨板折裂剥落，呈不规则四边形，创口开口方向朝前外侧，表明凶器力线方向与骨面成一锐角。第五处在左额后部靠近冠状缝，成一细小的戳穿骨折孔，其外骨板骨折区仍保存部分骨折片。研究者认为此个体在遭到第一处骨创伤后，创口骨组织修补愈合痕迹表明其仍存活了一些时间。以后几处创伤未发现任何修补愈合痕迹，表明该个体死于这些创伤形成之时。

86XHYT22M1头骨　壮年男性头骨，头骨靠近左侧顶骨上外角处，有一直径约0.6厘米的圆形穿孔骨折，骨折区骨片已断裂脱落，创孔骨外板呈圆形，边缘整齐，未出现骨折线，骨内板呈喇叭形剥落，其损伤面积较外骨板穿孔为大。

86XHYT2M2表层中部偏西壁处头骨　40～50岁女性破碎头骨，其右侧眶上部、左侧眶上缘、左顶结节下到颞鳞之间和右侧颞鳞上方也分别有穿孔骨折。

86HXYT10M5头骨　少年男性头骨，左侧顶结节处发现穿孔骨折，具体不详。

86XHYT12西北处头骨　一成年女性残头骨，其残颅片右前额有一穿孔骨折。

焉不拉克墓地从西周早中期（上限甚至可达商代）一直延续到春秋中晚期（新疆维吾尔自治区文化厅文物处、新疆大学历史系文博干部专修班《新疆哈密焉不拉克墓地》，《考古学报》1989年3期），经历了比较长的时期，经过详细鉴定的T21M5和T22M1均属二期，即相当于中原的西周晚期至春秋早期。两墓墓主在形态上都属于欧洲人种支系类型。值得注意的是，在已经鉴定的29具头骨中，可归属东方蒙古人种支系的约占21具（男11、女10），可归入西方高加索支系的约8具（皆男性）穿孔头骨的出现，研究者认为从一个侧面反映焉不拉克古墓时代居民或个人或社会组织集团间的矛盾冲突（见上注韩康信《新疆焉不拉克古墓人骨种系成分之研究》）。或者认为在相当于西周和东周之交时期，该地区可能经历过某种较大的变乱。

（六）新疆和静察吾乎沟四号墓地（参见新疆文物考古研究所、和静县文化馆《和静察吾乎沟四号墓地1987年度发掘简报》，《新疆文物》1988年4期）

四号墓地出土87具人骨，经韩康信先生等鉴定，其中头骨穿孔者共有15具，占全部出土头骨的17%左右（承韩康信先生和张君女士告知，志此鸣谢）。由于详细的鉴定报告尚未发表，我们仅依据简报及研究论文的综述（参见上注刘学堂文）把头骨穿孔情况择要说明如下。

A．圆形孔19例。直径大体相同，一般都在1.5厘米左右。

B．方形（或矩形）孔7例。规整，边长大于或小于1厘米。

C．长形，但形状不规则，10例。这种孔比圆形或方形孔面积大。有两种，一种长形的边缘较直，一种边缘不规则，部分边缘上有"凵"形或半圆形痕。

D．其他破裂穿孔，不规则形，8例。这种孔是所有孔中面积最大的一种，部分孔的边缘有骨折线，边缘上有"凵"形或半圆形痕。

E．塌陷骨折伤痕，3例。塌陷痕一般呈半圆形或椭圆形，下陷0.5厘米左右。

F．砍伤痕，形状不规则，穿孔或尚未穿透头骨时留下的不规则条状，有的是砍削骨骼后留下的斜的削面。

在以上六种情况中，A、B两种出现的频率最高，孔的大小较为一致，一般一个头骨上都有一个或数个，有的孔集中在一起，有的孔则分散到头骨各处，但总的看来并无特定的穿孔位置。孔壁上基本不见骨折线。C、D两类孔面积较大，一次性形成的孔洞为直边，骨壁内外有干化的肉质层，被认为可能是钝器猛击的结果。其他不规则形孔，因其中一些孔的边缘有"凵"形和半圆形痕，被认为是方形或圆形孔的遗留，说明至少一部分这类的孔同方形或圆形的穿孔过程相关。最后两类孔被认为是外力猛击的结果，前者的凶器是钝器，后者的凶器是锋利器。

M130：A　成年男性，头上钻凿有4孔，头顶2、左前额1，均圆形，孔径16毫米，右顶上的一个7毫米见方。

M73：B　成年男性，头骨上有8个孔。第一处位于冠状缝右侧中段，直径约15毫米；第二处位于右顶骨中部，形态同上；第三处位于右侧翼区，为不规则形，靠额部的边缘呈"⊐"形，为方形孔的遗痕；第四处位于右侧，顶骨靠近颞鳞处，为不规则形，底部边缘呈"⊔"形，亦为方形孔的遗痕；第五处位于右侧孔突上方人字缝处，为不规则形；第六处在枕骨大孔左下方，略圆，直径15毫米；第七处位于左侧顶骨中部，很小的菱形，未透，为尖锐器戳伤痕；第八处位于人字点处，为25毫米×5毫米的条状砍伤痕。

M113：B　成年男性，头骨上有4个穿孔。第一处位于额骨左侧，直径15毫米；第二处位于左侧顶点近人字点处，长形孔；第三处在左侧翼区，不规则状孔，孔的一段边缘呈"⊐"状，为方形孔的遗痕；第四处位于左下颌枝，从后上方向前下方倾斜砍削，削面整齐。

M113：C　成年男性，头骨上有5个穿孔。第一、二、三为规整的方形穿孔，位于右侧顶骨中部，相邻排列成"品"字形。第一孔边长12毫米×12毫米；第二、三孔边长7.5毫米×7.5毫米。第四孔位于枕骨上方左侧，紧邻人字缝，不规则长形，孔的一段边缘上有方形孔的遗痕。第五孔位于顶骨左侧，为一椭圆形塌陷骨折伤，长径40毫米，短径37毫米。

察吾乎沟文化距今3000～2500年，约相当于中原地区的西周中晚期至春秋时期，从埋葬风俗及人骨材料分析，墓葬的主人属于欧洲人种支系（承韩康信先生告知，志此鸣谢）。察吾乎沟文化是目前中国境内发现头骨穿孔现象最多、形态变化最大的一处古代墓葬。

（七）新疆且末县扎洪鲁克古墓葬（巴音格楞蒙古自
治州文管所《且末县扎洪鲁克古墓葬1989年清理简报》，
《新疆文物》1992年2期）

89Q2M1　在此墓第三层埋葬有5颗人头及1具躯干。其
中一个为老年男性头骨，颅顶前有两个约20毫米左右的圆
洞，相距约30毫米，洞缘陈旧，据报告说"似当为被击杀时
的致命伤"。

另外，据说在河南贾湖裴李岗文化遗址中发现3个人头
骨上有穿孔现象（承张居中同志告知，志此鸣谢）。新疆
伊犁地区的所谓乌孙墓、吐鲁番鄯善县洋海墓地也有一定的
发现（参见上注刘学堂文）。兴隆洼遗址出土的人头骨上
虽没有发现穿孔现象，但某些动物如鹿的额骨上也有圆的穿
孔（承刘国祥同志告知，志此鸣谢），值得注意。

三　世界其他地区的考古发现

（一）欧洲

自19世纪初在法国的诺热特—莱斯—里盖斯（Nogent-
les-lierges）遗址发现史前的穿孔头骨（Stuart Piggott 1940.
A Trepanned Skull of the Beaker Period from Dorset and the
Practice of Trepanning in Prehistoric Europe, *Proceedings of the
Prehistoric Society for* 1940（*Jan.-July*），New Series Vol.Ⅵ,
Part 1, pp.112-132. 西方学术界对此认识不一，也有人认
为最初是在南美的科斯科Cosco发现的，时在1863~1865
年。见 D. R. Brothwell 1963. *Digging Up Bones*, p. 126.

London），以后，一百多年来考古学家在欧洲、太平洋岛屿、南美、北美、亚洲与非洲等地发现了数以百计的头骨穿孔实例。民族学家则发现，一直到19世纪，头骨穿孔"手术"还在北非、南美、西伯利亚、美拉尼西亚、波利尼西亚等地广泛地流行（参见上注D. R. Brothwell 1963，p. 126）。从考古学上看，欧洲与南美是头骨穿孔现象发现最为集中的两个地区（参见E. Guiard 1930）。特别是欧洲，早在古希腊时代，医学之父希波克拉底（Hippocrates，前460～前360?）就提到过头骨穿孔现象，不过他是把穿孔当成医疗某种头骨创伤的手术记录的（K. P. Oakley et al. 1959. Contributions on Trepanning or Trephination in Ancient and Modern Times, *Man*, Vol. LIX, Articles133-176, p.93）。据1940年英国考古学家皮戈特（S. Piggott）的统计（参见前注 Stuart Piggott 1940），在20世纪40年代以前，在包括法国、瑞士、捷克和斯洛伐克、德国、丹麦、瑞典、英国、比利时、葡萄牙、西班牙在内的十几个国家里就有98个地点发现有多少不一的头骨穿孔实例（其中有个别是前卤上有T形切痕所谓"Sincipital T"的例子。参见上注Stuart Piggott 1940附录），而这仅仅是经记录的有出土地点的那一部分。数目之多，令人咋舌。在地域上分布最集中的三个地区是法国南部的塞文山脉一带、巴黎盆地以及捷克斯洛伐克地区，尤以前两个地区为甚。最初的零星发现据说是在早期多瑙河文化中（公元前3000年左右），而在公元前2000年前后的由钟杯战斧文化（battle-axe）的人们在法国塞纳—马恩（Seine-Oise-Marne）省地区建造的箱室墓（chambered tomb）中最为常见。除了历史时代的发现之外，史前欧洲的头骨穿孔现象，一直到北欧的斯堪的那维亚半岛的铁器时代（公元前200年）还在延续着。最早的几例穿孔头骨，一例出土于法国东部距莱茵河上游不远的林哥谢姆（Lingosheim），该头骨有两个圆孔，据分析，一个是死前穿孔，另一个是死后穿孔的，属多瑙河二期文化。第二例发现在德国斯图加特的堪斯塔特（Cannstadt），属多瑙河一期文化。另外丹麦凯乐罗德（Kellerod）和干达罗斯（Gandlose）石棚（dolmen）出土的穿孔头骨，年代与此相当也被视为是最早的发现之一。由此看来，头骨穿孔现象是由中欧和北欧起源的。然而，大量的发现并不在这几个地区，皮戈特（Stuart Piggott）认为最好抛开这些零星的早期发现，去分析那些头骨穿孔现象如此之多，实际上穿孔已经不能用正常的外科手术而只能用宗教的和礼仪的意图去解释的地区。（参见上注Stuart Piggott 1940）

在欧洲史前发现头骨穿孔现象的地区，虽然由于早期的描述极不完备，绝对年代也不甚清楚，但是皮戈特认为似乎存在着一个从法国南部的洛泽尔省向北传播到巴黎盆地，再向东向北向西传播至中欧、东欧和北欧以至于英伦三岛的这样一个过程。他的证据除了法国南部的年代整体说来相对较早之外（公元前1900～前1500年），就是该地区头骨穿孔比例相对较高。比如在洛泽尔省的普罗聂列斯（Prunieres）遗址及其他遗址的巨石箱室墓中，就发现了200多穿孔头骨，比例相当高。在稍北的维埃那省（Vienne）的圣马丁河（St. Martin-La-Riviere）地区的埋葬有60个人骨的三个合葬

墓中，发现的穿孔头骨占全部头骨的近8%，这也是其他地区所罕见的。（参见上注Stuart Piggott 1940）

欧洲的头骨穿孔经研究有三种方法，最常见的是刮剥法（scapling technique）和挖槽法（grooving technique）。前者是用刀不停地刮剥头骨上的某一部分，先是外骨板，然后是板障骨，最后再把贴近人脑的内骨板剥离，这种方法一般易在头骨壁上留下比较宽的斜面，并且不可能留下圆盘状的或者用作护身符或者用以复原穿孔的骨片，这种方法从丹麦的凯乐罗德到西班牙的帕哥巴科查（Pagobakoitza）遗址，再到英国的爱谢姆（Eynsham）和奥文典（Ovingdean）遗址，在欧洲广为存在。

挖槽法系用刀在头骨某一部分的周围切出一个沟槽，最后把中间的圆骨片挖出来，通常当外骨板被切穿后，板障骨极易切割，然后用刀把圆盘状骨片撬出来。据研究，这比继续用刀把内骨板切开要安全得多。其典型例子就是英国多塞特郡（Dorset）克里切镇（Crichal Town）大口杯文化所发现的穿孔头骨（A. J. E. Cave 1959. The Surgical Aspects of the Crichel Trepanation. *Man*，Vol. LIX，pp.131-132）。穿孔系在左顶骨的后部，头骨片基本上呈圆形，长径74.2毫米，短径65.7毫米。穿孔切面的外径大于内径，切面由外向内倾斜。由穿孔周围的刮痕分析，外骨板的切割是颇费工夫的。头骨片是在提取死者的骨架时在墓中发现的，研究者认为，死者在入葬时头骨片用绷带之类的东西又被固定在穿孔上。在法国的塞文地区及法国北部的SOM文化（SOM文化即法国塞纳—马恩地区Seine-Oise-Marne新石器时代文化的简称）中，从头骨片上切割圆形骨片的现象非常易见。在普罗聂列斯发现的一个穿孔头骨，研究表明该个体生前及死后都经过穿孔，死后又被人以从另外一个头骨上取下的骨片贴在左顶骨的穿孔上。

第三种方法是"锯切法"（saw-cut technique）。在欧洲仅见一例，是用刀锯在四个方向上切割头骨的某一部分，穿孔呈方形。该头骨是在法国的德塞夫勒（Deux-Sorres）省的利塞尔斯（Lisieres）发现的。从愈合的痕迹分析，手术相当成功。这种穿孔方法见于南美的前印加和早期印加文化中（T. D. Steward，1957. Stone Age Skull Surgery: A General Review with Emphasis on the New World，*Annual Report Smithsonian Institution*，pp.469-491），也在巴勒斯坦的拉奇什（Lachich）发现过。

由于缺乏详细的描述，研究者很难划分前两种方法在欧洲的分布，但是皮戈特认为，总的看来，刮剥法似乎比挖槽法更普遍。在法国，这两种方法都很普遍，比如在文德累斯特（Vendrest）的头骨上发现有4个刮剥穿孔和7个挖槽穿孔（其中一个头骨上面有3个孔，另一个头骨上面有2个孔）。在捷克斯洛伐克，刮剥法最普遍，而从照片观察科斯塔罗夫（Kostalov）的头骨似乎也有一个是由挖槽法挖成的穿孔。德国的头骨穿孔主要是用刮剥法做成，然而与此相距较近的丹麦的朗塔夫特（Lundtofte）青铜时代和伐夫别列福（Vavpelev）铁器时代的穿孔头骨则是用挖槽法做成。英国的克里切和比斯雷（Bisley）出土的头骨系用挖槽法穿孔。而葡萄牙卡沙达谋拉（Casa da Moura）的头骨也是用挖槽法穿孔。尽管如此，皮戈特认为上述两种方法不具有文化上的意义。换言之，以上述两种方法穿孔的欧洲史前头骨在地理上是交叉分布的。（参见上注Stuart Piggott 1940）

（二）亚洲

亚洲的头骨穿孔现象相对欧洲要少一些。高加索地区在19世纪曾发现过穿孔头骨和头骨片，但年代不明。苏联考古学家陶戈里（Tallgren）曾报道过南西伯利亚奥戈拉科台（Oglakty）的一例穿孔头骨，穿孔是在汉墓出土的一个木乃伊的前卤发现的，穿孔很大（A. M. Tallgren 1936. The South Siberian Cemetery of Oglakty from the Han Period, *Eurasia Sept. Ant.*, Vol.XI, pp.69-90，fig.2. 原文未见，转引自上注Stuart Piggott 1940）。巴勒斯坦的杜维尔土丘（Tell Duweir，即Lachish）铁器时代（公元前1000年）墓葬也曾发现过两例穿孔头骨（T. W. Parry and J. L. Starkey. 1936. Skulls with Surgical Holing at Tell Duweir, *Man*, pp. 233-234）。20世纪50年代，又在地中海东岸的耶里哥（Jericho）发现了另外一例青铜时代的穿孔头骨（参见上注K. P. Oakley et al. 1959）。另外，在蒙古西北部乌兰古木古墓地也发现有头骨穿孔现象，该墓地属萨彦·图纷文化，时代上属公元前5～前3世纪，据称这些头骨穿孔与我们新疆地区的上述发现极为相似。（参见上注刘学堂文）

由于资料的限制，我们对这一地区近年来的发现不甚清楚。该地区的头骨穿孔特征和方法可从上述拉奇什和耶里哥的两例了解梗概。从已有的发现看，穿孔的方法有三种。一种是锯切法，比如拉奇什的一例。穿孔在头顶骨后侧，略

成长方形，锯切线分别向四个方向上延伸，形成"井"字形
（图二）（参见上注K. P. Oakley et al. 1959及D. R. Brothwell
1963）。另一例是在耶里哥发现的穿孔头骨，额首及顶骨上
共有4个穿孔。额首正中偏左的穿孔仅2毫米，但周围的骨折
塌陷区直径达30毫米。研究者认为此孔周围有愈合痕迹，显
然此孔没有立即造成该个体的死亡。另外的3个穿孔，两个
位于额骨右侧靠近冠状缝的地方，另外一个横穿冠状缝，大
部分穿孔在右顶骨上，与其他二孔形成一个"品"字形。3
个孔的孔径分别是22.2、23.3和15.4毫米（图三），这三个
孔的形成时间较第一个穿孔为晚。三处的穿孔，皆圆形，外
口径大于内口径，截面几近垂直。据研究者观察认为，三个
孔周围因皆无愈合痕迹，显然穿孔是导致死亡的直接原因之
一。与第一个穿孔不同，这三个穿孔周围有许多工具切割的
痕迹，有一些刮痕与边缘的切线成直角，研究者认为这是由
于对边缘的修整所致。考虑到这三个孔的形状很小、内孔收
缩的特点，它们很可能是为了切割一个大孔而率先在周边穿

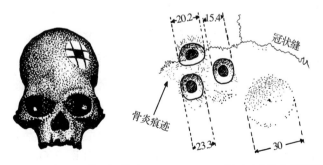

图二　拉奇什出土的"井"字形穿孔
头骨示意图（据Steward 1957）

图三　耶里哥出土穿孔头骨示意图
（据Oakley 1959，长度单位：毫米）

凿小孔所遗留下来的没完成的"遗迹"。在三个小孔周围有骨炎的痕迹，有的研究者倾向于认为在这三个穿孔完成后没有立即造成个体死亡。考虑到三个孔很小，不能用来取下圆形骨片的事实，这些穿孔也被认为是为了治病所施行的"手术"。（参见上注K. P. Oakley et al. 1959）

（三）美洲

主要发现是在南美的前印加和早期印加文化中。常见的是锯切式的方形穿孔，但是也有刮剥法或者挖槽法穿凿的圆孔。最典型的一例是出土于秘鲁的科斯科（Cosco）。穿孔头骨（公元1000年），死者系一中年男性。额骨及顶骨上共发现了7个穿孔（图四），穿孔一在额骨左前方，后边切在冠状缝上，内孔径最大43.3毫米；穿孔二在额骨上距前囟10毫米的中线上，最大内径36.6毫米；穿孔三在右顶骨前下方，前边切在冠状缝上，边缘较其他几个粗糙，最大内径23.3毫米；穿孔四与三相邻，最大孔径为34.7毫米；穿孔五距前囟点约1～2毫米，中心几乎正切在矢状缝上，最大内径40.4毫米；穿孔六大约位于左顶骨的中间，骨障板比其他几个孔暴露较多，截面较斜，最大内径31.0毫米；穿孔七与六相接，左边靠近颞骨，截面较穿孔六不规则，内口分离，外口则部分重叠在一起，最大内径约26毫米。这些穿孔的最大特点是外径大于内径，穿孔皆圆，而且都有明显的愈合痕迹。虽然无法判断穿孔是否都在同一时间完成，但是从愈合的程度看，不能排除这种可能性（参见上注K. P. Oakley et al. 1959）。过去在南美曾发现过一个头骨上有5个穿孔的例子。科斯科的头骨穿孔数目之多是目前中国之外地区已知最

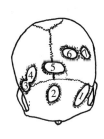 

图四　科斯科出土穿孔头骨示意图（据 Oakley 1959）

图五　先钻一圈小孔再把连接处切掉的穿孔方法（仅见于南美，据 Brothwell 1963）

多的一例。在南美还有一种穿孔的方法，是颅骨上钻出一圈相邻的小圆孔，然后切掉相邻之间的骨板，最终取下一个大圆盘骨片来（图五），这种方法在其他地区罕见。（参见上注D. R. Brothwell 1963）

四　中国与世界其他地区的头骨穿孔现象的比较研究

头骨穿孔在英语中称为trephining或trepanning，其意义相当明确。比如皮戈特是这样定义的："头骨穿孔是指从头骨上移下一块骨头并把脑膜（cerebral dura mater）暴露出来——这是世界上广为流行的原始的外科手术。"（参见上注Stuart Piggott 1940，p.113）一般英文词典的解释是"（医）用环锯（钻）；（在颅骨上）穿孔、开孔；（从金属板等上）切出圆盘形物；钻出（岩心）"（《英华大词典》，商务印书馆，1989年，修订第二版，1481页）。虽然更中性一些，但是至少包括两个含义：（1）在头颅上穿孔叫"头骨穿孔"；（2）从头骨上取下圆盘状骨片（roundal或disc）也叫"头骨穿孔"。头骨穿孔虽然在许多西方著作中都被认为是颅骨手术的一种（参见上注E. Guiard 1930和D. R. Brothwell 1963），但似乎并不否认死后的穿孔也属人骨穿孔的一部分（但称为posthumous trepanation）。不过对于头骨损伤所造成的穿孔现象则不被纳入"头骨穿孔"的范畴。头骨损伤包括：（1）由大石块或木棒所击形成的穿孔，此类损伤一般造成头骨塌陷区，向外并有放射状裂纹；（2）由小木棒、飞石等击中所致的穿孔，此类损伤一般不能致人死亡，所以在头颅上可见到某种愈合痕迹；（3）被镞、匕首、矛等击穿所致的创口，此类穿孔一般外径小于内径；（4）被剑或刀斧砍劈所致的穿孔，穿孔周围可能会有伴随的裂纹。有的创口上有深深的切割痕，或者正好切下一个圆盘状头骨片，虽然形成的穿孔形状与真正的头骨穿孔相似，但仔细观察还是可以发现不同之处。除此之外，还要剔除那些人死后形成的颅骨穿孔现象，包括：（1）被后人或者发掘者的挖掘工具所致，这类穿孔在骨头潮湿松软的时候极易造成；（2）尖锐石头的缓慢重压所致；（3）头颅某一部分的选择性侵蚀，特别是该部分已经骨折或者破碎；（4）甲虫、豪猪或其他啮齿类动物啃咬所致；（5）顶骨先天缺陷形成的骨壁薄或圆形穿孔；（6）梅毒等疾病有些时候也能造成类似真正"头骨穿孔"的穿孔

民族考古 · 255 ·

（参见上注D. R. Brothwell 1963，pp.123-126）。要言之，头骨穿孔是为着某种目的而有意为之的人工穿孔。

依照这一标准检视我国的材料，甑皮岩出土头骨的所谓"人工穿孔"现象大部分可被视为"伤痕"一类。比如，BT2M7头骨不仅下陷区很大，而且向周围辐射出长短不一的射线，很显然是棍棒或石块击打所致。其他几个头骨，穿孔也不规则，而且穿孔边缘平整，显然也是重器击打所致。某些穿孔虽然不能排除是为了吸取脑髓的需要而为，因而也属有意为之，但与一般意义上的头骨穿孔有别。

青海柳湾的M895马厂类型男性个体，头骨穿孔据研究者鉴定是由尖锐的利器戳刺造成，但是从照片观察，穿孔形状非常规则，直径又小，周围没有骨折现象，也没有通常利器戳刺造成的塌陷及骨放射线，因此很难排除是一种手术行为。由于周围有炎症，这种分析如果合理，说明此人手术后没有立即毙命，还活了一段时间。M1054齐家文化的中年男性个体，右顶骨上的圆孔小且规整，无骨折及炎症痕迹，虽然不能排除"该个体在受创后立即死亡"的可能，但也不排除该穿孔系生前施行手术或者死后穿孔留下的痕迹，后者的可能性似乎更大。民和阳山的M73墓主，因为没有鉴定材料可资参考，虽然报道"此人是因此穿孔而死"，但也不排除死后穿孔的可能性，因为周围无愈合痕迹也无骨炎的迹象。

阿拉沟墓地M4⑤老年男性头骨的额骨凹陷骨折面积大，且有明显的骨折线，无疑应是某种钝器所击而致，与穿孔无关。M4⑥中年男性个体虽然创孔的周围没有形成辐射状的骨折线，但从穿孔的形状及残留的月牙形骨折片分析，应当是重器击打所致，也不是真正意义上的穿孔。

焉不拉克墓地86XHYT2M5墓主头骨，由重器击打的痕迹非常明显，因此可以排除是人工穿孔。T22M1壮年男性头骨上的穿孔，直径仅0.6厘米，外缘整齐，不见骨折线，内径大于外径且不见骨折线，虽然难以排除是穿透力极强的金属箭头之类击中所致，但也很难否定是生前或死后的人工穿孔。

察吾乎沟文化四号墓地发掘的十余具穿孔头骨，大多都存在一个以上的穿孔，正如研究者分析的那样，除E、F类孔属利器或钝器猛击所致之外，其余穿孔特别是A、B类穿孔显系人工有意所为。

且末县扎洪鲁克古墓89Q2M1出土的穿孔头骨，穿孔直径约2厘米，虽被认为是"被击杀时的致命伤"，但考虑到形态及大小等特征，似乎也应是人工穿孔。

武陟大司马龙山文化头骨的穿孔，边缘整齐，周围无愈合修复痕迹。虽然头骨的大部分已不见，因而难以断定穿孔是在完整的头骨上或者本来就在残破的头骨片上进行，但显系人工穿孔无疑。

关于头骨穿孔的方式，如前所述，由世界其他地区的发现可知基本上表现为刮剥、挖槽及锯切三种。从理论上讲，只有后两种方式才能挖出圆盘状骨片来。这三种穿孔方式在欧、亚、南美都不同程度地存在，尽管前两种方式似乎更普遍一些。中国的穿孔材料，大部分描述比较简略，因此很难判断其穿孔方式。如果上述有关穿孔的判断可以接受，那么基本可以认为柳湾的两例穿孔头骨、焉不拉克T22M1壮年男性穿孔头骨以及武陟大司马的穿孔头骨，其穿孔是由刮剥法钻成的。当然也可能是由石、骨或者金属器钻成。因为这些圆孔不仅形状规整，而且直径很小，特别是柳湾M1054齐家文化的头骨穿孔，与"今日用钻头旋成之孔极相似"，直径只有7毫米，显然穿孔的目的不是为了取下圆盘物。大司马与焉不拉克T22M1的穿孔在形态上近似，都是边缘整齐，骨内板呈喇叭形剥落，显然是不断地刮剥所致。扎洪鲁克墓葬出土的头骨，穿孔直径达2厘米，虽然我们不知孔壁的形态，难以对穿孔的方法做出判断，但参考欧洲的例子，这种穿孔也可能是用挖槽法完成，不排除以取下"圆盘状物"为目的的穿孔的可能性。察吾乎沟四号墓地的头骨穿孔材料尽管还没有公开发表，但从学者的研究论文（参见上注刘学堂文）分析，穿孔的方法恐怕并非一种，圆形穿孔大概既有刮剥也有用挖槽法凿成的可能性，但考虑到穿孔的直径一般1.5厘米左右甚至更小，而且经高倍放大镜观察孔壁，发现有用极小的刃器，依次刮剥留下清晰的痕迹，我们认为刮剥法穿孔的可能性更大一些。若此，恐怕大部分圆形孔不是为了取下圆盘物。至于方形孔和长形孔，恐怕也是刮剥法穿孔留下的痕迹，只不过刮剥的方向与圆形孔不一样（据韩康信先生告知，察吾呼沟墓地基本不见挖槽法做成的穿孔，证实了作者的分析）。方形孔的直径很小，也很难是出于取下方形骨片的目的而为。

关于穿孔的位置，欧洲的材料表明，穿孔从不在枕骨施行，额骨上也不多见。但捷克斯洛伐克和丹麦的哥来德霍夫（Grydehof）是例外，这里的额骨穿孔比例非常之高。最常见的穿孔位置在顶骨，似乎左顶骨更受偏爱。上述发现自亚洲、美洲的材料，穿孔则遍及顶骨和额骨，而以顶骨为常见（参见上注Stuart Piggott 1940）。中国的头骨穿孔，柳湾M895在颅枕骨左侧；M1054在右顶骨中部；焉不拉克T22M1在顶骨上外角处；武陟大司马在左顶骨结节靠后的部分。从察吾乎沟四号墓地头骨凿孔示意图分析（图六）（参见上注刘学堂文），穿孔在顶骨、额骨、枕骨上都有发现，而且枕骨上的穿孔比例还相当之高，表现了某种地区特点。柳湾、阳山、焉不拉克及大司马的头骨皆为1个穿孔，察吾乎沟与扎洪鲁克的头骨则在2个或2个以上，特别是察吾乎沟的穿孔头骨，少则二三个，多则可达8个（如87M73：B，去掉F类穿孔的2个，还有6个）。新疆地区的头骨穿孔在形态上显然与中国其他地区的发现有别。

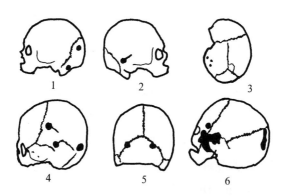

图六　新疆察吾乎沟四号墓出土头骨穿孔示意图
（据刘学堂文）
1、2. M201：C（左、右侧面）3. M113：C（顶面）
4、5. M129：G（侧、后面）6. M113：B（侧面）

　　关于穿孔的目的，从欧洲的情况分析，研究者认为头骨穿孔主要是出于治疗的目的，或者是治疗头部的创伤，或者是为了减轻头痛，也有的推测是为了治疗癫痫和精神病。这种认识并非空穴来风，因为不仅历史上欧洲有很盛的头骨穿孔手术的传统，现代民族志的例子也证明了这一点（参见上注E. Guiard 1930和K. P. Oakley et al. 1959）。从欧洲出土头骨穿孔的愈合情况看，无论是采取刮剥法或是挖槽法穿孔，手术的成功率都相当之高。有人甚至认为史前的头骨穿孔手术成功率可达50%以上（参见上注D. R. Brothwell 1963）。上述耶里哥和秘鲁出土的两例头骨穿孔显然也是手术后留下的，尽管后者的穿孔多达7个。这也说明穿孔多少与手术与否没有必然的关系。（刘学堂同志认为头骨穿孔"如果是出于治疗，一般一个小孔足矣，刻凿数个小孔，不仅无法达到任何医疗的目的，相反只能置人于死地。"参见上注刘学堂文。察吾呼沟的头骨穿孔固然不必是为了医疗的目的，但是并不能因此否定一个以上的头骨穿孔一定不是为了医疗）

　　一般认为头骨穿孔的目的有四个，其一，从颅骨上取下圆盘状物用作护身符，可以从活人也可以从死人身上剥取；其二，外科手术特别是用于治疗头颅创伤之类；其三，作为治疗头痛、癫痫之类的顽疾；其四，为了长寿（见上注D. R. Brothwell 1963, p.126）。比如在秘鲁和马来西亚，头颅穿孔是为了减少头颅创伤形成的对大脑的压力（见上注T. D. Steward 1957）。史前欧洲以及近代非洲的某些穿孔，是为了取下圆盘状物用作护身符（见上注D. R. Brothwell

1963）。西藏东部地区某地人死后把头割下，成排地码放在一起，形成"骷髅墙"，差不多每个头颅上都有一到二个穿孔，一般都在额骨上，剥下的盘状物有五分硬币大小，连在一起做成法师念咒的串珠，上面刻画有本生神、药王、忏罪佛、瑜伽神，大概跟超度相关。（王怀信、马丽华编导《西藏文化系列——灵魂何往》，西藏国际文化影视有限公司，1993年7月。另外国内民族志的材料还见于内蒙古锡林郭勒的贝子庙，这是1937～1938年日本人在内蒙古调查现代人的体质时发现的。发现的四个头骨上各有一个穿孔，分别位于矢状缝的两侧，穿孔直径一般在1.5厘米左右，圆且规整，但穿孔的目的不明。见鸟五郎《蒙古人头骨の研究》，人类学丛刊甲种，人类学，第二册，1941年，105～107页）

简而言之，头骨穿孔不外乎出于医疗及巫术—宗教的目的。由于古代人巫医不分，恐怕很多情况下两者是难以分解的。就中国的材料看，仅柳湾的M895穿孔头骨周围有炎症及新生骨芽痕迹。除了表明此一穿孔系在死者生前所为之外，似乎不排除手术的可能性。大司马、焉不拉克的头骨穿孔皆不见愈合及炎症迹象，实际上难以判定是生前或者死后的穿孔。察吾乎沟四号墓地的头骨穿孔往往与用钝器或锋利器砸成的E、F类创口共存，虽然更可能系死后穿孔，但是根据世界其他地区的经验，似乎也不能排除穿孔作为医疗手术的可能性，尽管孔壁规整而且没有愈合的痕迹。判断穿孔是否系医疗手术，一个重要标准是判断穿孔的时间系在生前抑或死后，而要证明这一点，主要看穿孔周围是否有炎症或愈合痕迹。中国的材料与欧洲相比，穿孔周围极少见炎症或愈合痕迹，似乎以医疗为目的的穿孔在中国不如世界其他地区流行。

除了扎洪鲁克和察吾乎沟头骨上的某些较大的穿孔有可能是为了取下盘状物之外（刘学堂同志提出，察吾乎沟的头骨穿孔是为了取下"圆形或方形的骨片，用作护身符"可备一说。但是，一则大部分的穿孔很小，二则似乎也没有提到在墓中或其他地方发现过这种穿孔后留下的骨片，因此大部分的穿孔是否为了取下骨片颇可疑）。我国其他地区的头骨穿孔直径很小，很难剥离盘状物，看来以此为目的的穿孔在中国不如欧洲流行。史前人类对于人骨的迷信和巫术因地因时而异，弗雷泽的《金枝》对此颇多论述，仅就中国的发现看来，我们也很难对头骨穿孔的目的提出一个划一的解释。事实上，排除医疗的可能，无论这些头骨穿孔是在死者生前或者死后施行，都应该是出于宗教和巫术的目的。因为即使是为了吸取脑髓，吸髓的行为更多的也不是为了生理上的需要。

关于穿孔的地理分布和可能的传播。上述较肯定的几例头骨穿孔，分布在黄河中游的河南，黄河上游的青海及新疆地区。从年代上看，前两者分属于龙山晚期、半山（阳山）、马厂文化及齐家文化，年代在公元前2000年上下或稍早。焉不拉克T22M1大约属于西周晚期至春秋早期，察吾乎沟文化年代与此相当，大约都在公元前1000年之内。青海及河南的人骨均属蒙古人种，新疆的穿孔头骨则属欧洲人种。由于发现的数量很少，很难在柳湾、阳山和大司马之间建立起某种确定的联系，但由于年代上的近似也不排除这种可能性。黄河中上游地区的头骨穿孔在形态上与新疆地区的相差很大，年代也相距甚远，基本上可以排除受前者影响的可能性。尽管由于目前对有关中亚、东欧地区的头骨穿孔材料所知甚少，但新疆地区的古代居民与欧洲及中亚地区、南西伯利亚的居民有密切的种系联系（参见上注韩康信《新疆古代居民种族人类学研究》）；其头骨穿孔现象虽然也有自己的特点，但在大的传统上显然与欧洲的风格更接近一些。不过，目前要在新疆和上述欧洲的三个头骨穿孔分布集中的地区建立起某种确定的联系，尚为时过早。

　　附记：承韩康信先生鉴定大司马出土的头骨穿孔标本，并告知柳湾的材料；刘莉博士从美国寄赠国内看不到的有关头骨穿孔的英法文资料，谨此向他们表示衷心的感谢！

（原载《考古》1996年11期）

考古随笔

二

陈星灿

著

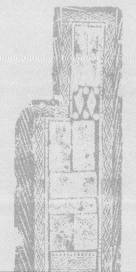

文物出版社

再版自序

光阴荏苒，岁月不居，十年的时光飞逝而去。

本书所收小文，多是我本世纪最初十年写下的。写的时候，完全是率性而为：有的是田野工作期间住在农民家写的，也有不少是在国外旅居时的涂鸦；有的只是读闲书产生的一点儿想法，也有的是多年思考的结果。所以题目散漫而广泛，虽然照例不够深入，登不了大雅之堂，但却足够好玩，我想这也是我坚持写作这些小文的原因。虽然如此，但当时并没有结为一集出版的打算，更没有作为《考古随笔》续编的意思，直到十年前在文物出版社几位朋友的建议之下，编为《考古随笔二》出版的时候，我才发现，这一组小文虽然涉及的范围更广，牵涉的问题更多，但仍跳不出"考古"和"随笔"的范畴，所以就很高兴地用了这个书名。

这些小文章，虽非深入的学术研究论文，但却也是孜孜矻矻，用心思考的结果。我体会，写文章不能像挤牙膏那样硬挤出来，挤出来的东西不会好看，所谓言为心声，只有当你有想法且有冲动要写下来的时候，文章才会行云流水，不留痕迹。我想说的是，这些小文章，虽然有的是命题作文——因而必须按规矩按时交稿，但更多是我"率性而为"的结果，题目、题材、篇幅、体例、写作的时间等等，完全不受约束，虽然浅陋，但至今读来还觉得有意思，要是没有浪费读者的时间，那我就更感欣慰了。

感谢文物出版社的厚爱，愿意再版这本不成样子的小书，让它以新的面貌跟读者见面。我必须向读者说明，这本书我只是更正了某些文字上的错误，并没有增加新的内容，如果您有《考古随笔二》（文物出版社，2010年），就不要再浪费金钱购买这一本新版的旧作了。

孙犁先生曾说，"用旧日文字，寻绎征途，不只可以印证既往，并且希望有助于将来"。留下这些文字，一方面见证自己走过的路，一方面也激励自己还能写下去。我也期望热心的读者予以批评，给我教益。

陈星灿

2020年12月27日于安阳旅次

自

序

　　自2002年文物出版社出版了我的《考古随笔》之后，我这几年又写了一些随笔性质的文字，这些文字连同以前发表过但没有收入《考古随笔》的一些旧篇什，就结成了眼前的这个集子。

　　随着年龄的增长，我对考古学的理解与以前有明显不同。考古学的基本任务是重建历史。重建没有文字记载的史前史，不必说差不多是完全依赖考古学；即便是重建出现了甲骨文、金文的商周史，如果没有考古学的帮助，也完全不能想象会是怎样的一种情景。但是，考古材料是不会自己说话的，对考古材料的解释完全是由我们当代学者完成的。因此，如何在古代和当代之间铺设一架可靠的桥梁，使我们通过材料的连接把对古代历史的复原和解释建立在可信的基础上，就成为考古学需要努力的一个方向。我个人认为，许多当代的经验和材料，均可以成为我们重建和解释历史的依据。西方自二十世纪六七十年代开始的民族考古学，就是基于这样的一种想法。其实，如果我们把视野放开，民族考古学研究的范围当远不止所谓"异文化"的领域，我们身边的许多事物，均可以成为考古学者观察和研究的对象。比如谷物的收割方式、加工方式、储藏方式，垃圾的处理方式，动物的屠宰方式、利用方式，夯土的夯筑方式，甚至施肥、耕

陈星灿

1991年获历史学博士学位，现为中国社会科学院考古研究所所长、研究员，研究方向为中国史前考古学。

图为2002年在台北"中研院"民族学研究所凌纯声先生雕像前（刘莉 摄影）

种、泡菜、烹调等等，如果给予系统的观察和研究，都会为我们理解古代人类的行为方式提供可资参考的材料。

我的童年和少年是在河南农村度过的，虽然没有机会参加生产队的劳动，但对农村的生活是熟悉的。农民积肥、犁地、播种、收割、扬场、舂米、窖藏、屠宰、酿醋、腌菜、盖房、丧葬等等的生活情景，有时候像过电影一样出现在我的脑海里。以至于我在考古的发掘和研究中，会不自觉地把考古和自己经历过的农村生活联系起来。一方面觉得乐趣无穷，另一方面更加感受到农村生活是我从事考古研究的一个灵感源泉，可惜儿时的农村生活情景很快就要消失在全球化的快速脚步声中。

本书所涉及的其他一些问题，不全是根据个人的经验，还有不少是根据与异文化的比较得到的，但之所以关注这些问题，也跟个人的经验有关。比如，关于中国人是否讲究卫生的问题，关于唐代的中国人是否普遍刷牙的问题，关于因吃食猪肉而引起瘟疫的问题等等，也差不多都能在儿时的经验里找到发现这些问题的影子。还有一些短文，是翻译或者介绍国外考古新发现或新鲜事物的，多属于随感性质；翻译和写作这些文章跟我的爱好有关，也跟旅途的寂寞有关，好在这些东西今天读起来也还算有趣。

我的这些小文章，虽然试图提出某些问题或者解决某些问题，但终究是登不了大雅之堂的，跟我向往的大历史无关；如果侥幸能够给读者一点点启发或者乐趣，那写这些小文的目的也就达到了。《记一件罕见的仰韶文化莲蓬头状流陶壶》是与刘莉、李永强先生合写的；《记在河南偃师双泉村采集的一块汉画像砖》是与李永强先生合写的；《中国早期国家的形成》是与刘莉先生合写的；《有关国家起源的两个理论问题》是与李润权先生合写的；《古代华北有象犀》原是翻译瑞典著名汉学家高本汉先生的短文，因为觉得有趣，也收录在内。在此特别向我的合作者和向我提供高本汉先生论文的马思中（Magnus Fiskesjö）先生表示感谢。我也愿意借此机会向发表过这些短文的《中国文物报》《读书》《寻根》《万象》《北京青年报》《考古》《农业考古》《学人》《中国社会科学院院报》等报刊的编辑表示真诚的感谢。罗丰先生促成此书的出版，马萧林、秦小丽，以及我的同事谢礼晔、李永强、王法成、杨军锋、付永旭、孙丹、涂栋栋，诸位以不同的方式，帮助我编成此书，使我深感荣幸，在此一并致谢。由于体例的要求，我对某些长文的参考文献做了调整，把原来的尾注一并纳入正文中，特此说明。

陈星灿

2008年7月16日于北京王府井大街27号

目　录

读书识小

域外新知

《纽约时报》关于安诺出土"石印"的争论

安诺（Anau）遗址我们并不陌生。安特生（J. G. Andersson, 1874～1960）曾把该遗址出土的彩陶和仰韶彩陶做过比较，得出中国文化西来的结论。20世纪就要结束的时候，土库曼斯坦和美、俄联合考古队在安诺遗址发现了一枚

图一　安诺遗址发现的"石印"印文（采自《中国文物报》2001年7月4日李学勤文）

"石印"（图一），这枚据信出土在距今4000年前的刻有文字的"印信"，引起国际学术界的广泛关注。李学勤、水涛两位先生已在《中国文物报》撰文讨论（《中国文物报》2001年7月4日、8月19日分别刊发了李学勤、水涛先生的不同观点），国内学者当略有所知。2001年7月31日的《纽约时报》（《再思石刻的历史》，作者John Noble Wilford）对有关这枚"石印"的讨论，又有较为详细的报道。现略述如下。

是否文字　发掘主持人、美国宾夕法尼亚大学的Fredrik T.Hiebert博士认为，石上所刻就是早期文字。但是也有一些学者认为，"石印"所刻并非建立在语言基础上的真文字，仅有这样一枚指甲盖大小的石头上的三四个刻符，不足以证

明文字系统的存在。Hiebert博士也认可这样的说法。他说：
"三四个相互关联的符号在如此古老的中亚发现，这还是第
一次。从某种意义上说，它们似乎就是文字。它们不是随便
刻划的符号，也非陶工的记号和纹饰。当然，只有这样一枚
印章，现在说它用途如何、代表什么语言、什么意思都还太
早。"宾夕法尼亚大学古代研究中心主任Holly Pittman博士
则认为："如果说文字是语言的载体，我还不能肯定这个发
现就是文字。""它可能是一个符号系统，而非文字系统。
比如一个太阳的符号，虽代表太阳，但并不一定能够发出声
音。符号和象征系统虽传达某种信息，但它是否同你我都能
理解的口头语言相关，却还是可以讨论的。"鉴于人类表达
自己的符号和象征系统早在距今3万年前的旧石器时代末期
就已开始出现，两河流域的苏美尔人在距今5000年前就发明
了文字，并且在公元前2000年前后开始用来写作诗歌，所以
Hiebert博士认为：中亚人在安诺时代开始使用符号或文字并
不奇怪，"他们已经相当城市化，生产力水平很高，有复
杂的建筑和金属制造业，计数和符号系统当是他们的生活
所需"。

是否汉字 这个发现之所以引起东西方学者的共同关
注，是因为"石印"刻符与汉字的相似。更奇怪的是它并不
与商周文字类同，却与西汉文字绝似。北大的裘锡圭教授和
美国宾夕法尼亚大学的梅维恒博士（Victor H. Mair）持同样
的看法。裘先生这样说："如果不问出土情况，我认为这个
发现不会比西汉更早。"但是，梅博士则做了另外的解释。
他说："安诺印章迫使我们重新用一种根本不同的方式考虑

中国文字的起源问题。"在他看来，如果这个印章的年代无误，也就是说它的确属于公元前2300年前的遗物，那么中亚甚至更西的文化对中国文字的起源可能产生了某种影响，这种影响远超出我们原来的想象。

Seton Hall大学的中国古文字专家Gilbert L. Mattos博士的认识与此略有不同。他也承认"印章"的刻符确实与中国文字相似；但他认为"这并不说明它代表真正的文字"；这是一项重要的发现，但是目前还难以释读。美国达特茅斯大学的艾兰（Sarah Allan）博士见解与此相似。她说这些刻符看起来确实像汉字，但是她认为还没有足够的证据把它们定为"一个确定时代的文字（a script of a known period）"，持非常慎重的态度。报道还说梅、裘两位教授今夏在北京见了面，试图释读这个重要的发现。裘先生推测其中一个符号可能代表谷物（grain），梅博士则因此推测这枚印章是用来计算粮食的数量单位的，也许代表"五"什么的。考古学家认为该印章出土在据信是该农业社会行政中心一部分的一间房屋里，这种见解与上述推测正相吻合。梅博士坚持认为这个发现与中国有关，他说他在中文杂志里找到新疆出土的一枚尼雅印章，无论大小和字形都与安诺的发现相似。但是这枚印章似乎也属于西汉时期，不过他说20世纪60年代发现的这枚印章的出土情况缺乏详细记录。

地层是否有误 地层是一切讨论的基础。因为如果是晚期的混入，那么说"石印"刻符属于汉字系统，自不奇怪。因为途经该地区的丝绸之路开通之后，汉代的遗物可能遗留在这个古老的遗址上。也有的专家认为不排除今人作伪以欺骗考古学家的可能性。但是Hiebert博士认为不存在脱层和作伪的可能："我确信这是一枚刻有某些符号和文字的印章，关于地层和发现该物的方法不存在任何问题。"他在宾大的同事听过他的解释，也相信这枚"印章"确实属于公元前2300年前的遗物，没有证据显示这个被泥土包裹的文物（dirt-encrusted artifact）是通过老鼠洞什么的误入早期地层，或者由骗子直接从文物市场得到并扔到古老的地层中去的。更要紧的是，考古学家此前在这里从没有发现过与中国汉代有关的任何遗物。

安诺遗址在1904年美国人攀伯里（Raphael Pumpelly）发掘之后相当一段时间里，它及卡拉库姆沙漠地带其他遗址的考古发掘由苏联学者垄断。据说Hiebert博士是继攀氏之后在这里发掘的第一个美国人。他的联合考古队证实，安诺遗址是公元前2200年文化扩张进入干旱盆地（依赖绿洲灌溉农业）之前，山前地带仅有的大型聚落之一。这个文化目前被称为"Bactria Margiana考古学文化（Archaeology Complex）"，扩张之后仅数百年便消失了。此前的研究显示，该文化有设防的大型城市中心，有发展灌溉系统的行政力量，有能力购买彩陶、珠宝和青铜器等物。如果这个"印章"的年代无误，说明该文化也发展出文字或者前文字（protowriting system）系统，因此有些学者认为这是一个失落的古老文明。

工作展望 尽管发掘者确认地层没有问题，但是因为这项发现目前还是孤例，所以不少学者鼓励Hiebert博士开展更多的工作。宾大博物馆退休馆长Robort Dyson博士叫着

Hiebert博士的小名这样说："很好，Fred，去发现一百个这样的东西。"这大概也是所有讨论者共同的看法。据说，Hiebert博士也正准备调整发掘方法，在印章发现的地方扩大发掘面积并继续向下发掘，以期发现更多类似的遗物。

我们认为，在没有更多证据之前，还很难把它与汉字特别是汉字的起源联系起来，甚至连称为"印章"都很勉强，因为我们并不真正了解它的用途何在。当然，考古上什么事情都可能发生，我们期待着有更多新的类似的发现。

10月24日于哈佛大学

（原刊《中国文物报》2001年11月30日第7版）

对病人的护理始于何时

人类对病人的护理开始于何时？很少有人问过这个问题。一般情况下，敬老爱幼似乎是动物界特别是人类生存的写照，护理病人在我们现代人看来似乎没有起源的问题。

但是，最近法国西南部Bau de I'Aubesier 岩厦发现的一个人类颚骨化石，却把这个问题又重新提了出来。原来就有人认为尼安德特人能够护理没有自理能力的病人，但是这个发现却把护理病人的历史前推到距今15万年以前。

发掘和研究这个颚骨的考古人类学家Serge Lebel 和 Erik Trinkaus，在最近出版的《美国国家科学院院报》上，对此有详细的描述和分析。据悉，该颚骨除了犬齿和第三前臼齿还有一点剩余的根部的尖尖外，在此人去世之前，他（或她）其余所有的牙齿都已磨平不保。研究者分析，这种状态很可能是严重感染的结果，起因大概是因为超乎寻常的磨损而不会是因为牙病。考古人类学家据此推测，这个病人至少有数月不能咀嚼食物。Erik Trinkaus 教授认为，这是人类历史上成人在相当长的时间内不能咀嚼而能生存下来的最早例子，所以如此，是因为当时的社会组织以家庭为单位，失去家庭成员将是巨大的灾难，因此要竭力避免。Lebel 教授则认为，肉食是人类食物的重要组成部分，如果某人不能咀嚼肉食，其他人就该给他选择和准备软食，比如骨髓之类。

　　这个分析，不乏推测的成分。人类在不久以前还有在极端艰苦的条件下吃食同类渡过难关的例子，为什么尼人能够长期照顾一个不能咀嚼食物的病人？家庭在战胜自然的过程中发挥怎样的作用？什么样的团体才使人类更能适应生存？当时的生活状态如何？精神生活又如何？恐怕还要通过考古学的其他资料予以回答。不过这个发现揭示，考古学可以从许多看似不显眼的地方入手，寻找古人生活的真实情景。我们在这些方面有许多可为的地方。

（原刊《中国文物报》2002年1月2日第7版）

玛雅文明因干旱而亡的新证据

以今天墨西哥南部、危地马拉和伯里兹地区为中心的玛雅文明，在它的所谓古典期（公元250～950年）达到顶峰，创造出可以跟世界其他地区古代文化媲美的灿烂文明。聪明的玛雅人不仅建造了雄伟的金字塔，根据精密的天文观测创造了一年365天的太阳历，还发明了20进位制的独特的数学体系和复杂的象形文字。玛雅文明在公元750年前后进入鼎盛时期，人口据说高达1300万，但在随后的200年里，许多大型城市却相继废弃，高大的石砌金字塔也淹没在丛林里，失去了昔日的光辉。玛雅文明衰落的原因何在？美国地质学家Larry C. Peterson 和德国地质学家Gerald H. Haug在刚刚出版的《美国科学家》（*American Scientist*）2005年第7–8月号上（第322～329页），用新的可靠证据支持气候持续干旱导致玛雅文明衰亡的说法。本文即根据这篇文章简要介绍他们的研究成果。

他们的主要工作，是在委内瑞拉北部大陆架上一个叫作Cariaco的海盆里，通过钻孔提取沉积物。这个海盆深达1千米，但是盆地周围的地势很浅，阻隔了盆地深处的海水和北部大洋之水的混合。因此，盆地深处的海水缺乏溶解氧（dissolved oxygen）。缺氧意味着盆地底部泥泞的地面不能养活海底有机物，从而避免了有机物因寻找海底食物搅动沉积物的可能，保证了海底沉积层的完整性，使每层不足1毫米厚的色彩深浅不一的沉积层得以保护下来。Cariaco 海盆虽然远离玛雅文明的中心尤卡坦半岛（相距2000多千米），玛雅文明也从未来到这里，但是两者处于同样的气候带，都有分明的干季和雨季，分析这里的海底沉积物，对了解尤卡坦半岛的气候变迁同样有效。在冬春两季，由于热带辐合带（intertropical convergence zone）南移，海盆地区的降雨很少。但同时强劲的季风吹向委内瑞拉北部沿海，使清凉而又富有营养的海水平面上升，结果是令接近海面的浮游生物大行其道。短命的浮游生物死亡之后，它们带壳的躯体落到海底，形成浅色的沉积层。夏天，太阳北移，热带辐合带远达美国南部沿海，季风消失，雨季来临，河流把陆地上的泥沙挟裹进海盆，在浅色的微体化石层上形成一层深色的沉积层，根据其中矿物质的多少，他们就能测量南美大陆临近地区的年降雨量。

　　他们采取X光荧光技术分析盆地岩芯中的钛含量，因为钛富含在陆地岩石里，却不见于海洋生物的甲壳中。因此如果沉积层中的钛多，就意味大量的淤泥从陆地冲进海洋，说明降雨量很大，反之，则说明降雨量很少。利用这种方法，他们竟能够分辨出短至两个月的海底沉积变化。根据精确的放射性碳素测年，他们把注意力集中在古典期后期的一段沉积层中，结果发现玛雅文明在公元760年、810年、860年和910年前后经历了四个干旱期，每期的持续干旱从二三年到七八年不等，干旱期之间的间隔平均约四五十年。（图一）

　　这个发现，与考古上已知的玛雅文明逐渐衰亡的过程

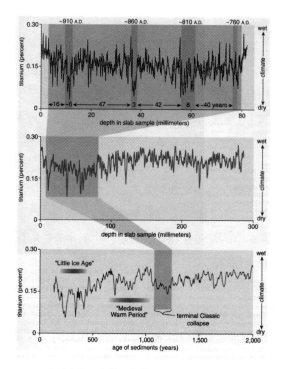

图一 海盆底部沉积物分析表明，公元760～910年发生过四次干旱，每次从二三年到七八年不等。正是这些持续干旱导致了玛雅文明的衰落（采自Peterson和Haug文）

是吻合的。在此之前，考古学家R. B. Gill已经根据考古学和文献学等的证据，提出玛雅文明因干旱逐步灭亡的学说（参见R. B. Gill, *The Great Maya Droughts: Water, Life, and Death*, Albuquerque: University of New Mexico Press, 2000），并认为在公元760～910年间玛雅文明因干旱发生过三次危机。凑巧的是，这三次与干旱有关的危机，与地质学家根据Cariaco海盆钻孔得到的沉积物分析结果差不多吻合。根据Gill的研

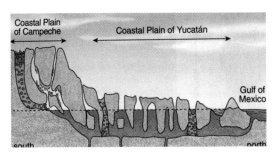

图二　考古学家Gill绘制的玛雅文明衰落次序图。玛雅文明
先是从西南衰退，然后是东南，最后才是北部（采自
Peterson和Haug文）

究，玛雅文明最先废弃的是尤卡坦半岛的西南部地区，时在
公元760～810年间；接下来在860年前后，接近加勒比海的
东南部地区又遭废弃；最后遭废弃的是半岛北部地区，时间
晚至公元910年（图二）。因此两位地质学家的独立研究结
果使Gill的玛雅文明干旱灭亡说得到强有力的支持。

　　埋在尤卡坦半岛热带雨林里的玛雅废墟，很容易让人将玛
雅文明的衰亡跟洪水灭顶联系起来。但是地质和考古学家的研
究证明，尤卡坦半岛其实是非常缺水的。除了干湿季分明带来
的雨水分配不均以外（90%的降雨集中在6～9月份的雨季），
半岛北部的年降雨量只有500毫米，南部某些地区虽然高达4000
毫米，但是地处石灰岩地区，大量地下溶洞和暗河使雨水无法
保留在地面上。且南部降雨虽多，地势却高，可以利用的水量
很少；如果天气正常，庞大的城市人口依靠水库还能勉强维
持，一旦持续干旱，则只有抛弃城市，向降雨不多但地势较
低，比较容易得到水源的北部撤退。实际上玛雅城市普遍依赖
人工水库提供用水，著名的提卡尔（Tikal）遗址，在城市周围

就修建有十来个大型水库，能够为1万居民提供18个月的生活用水。但是如果干旱的时间超过两年，就像Peterson和Haug的新研究所展示的那样，城市必遭废弃；城市越大，危机就来得越快。这也被认为是玛雅文明从南部开始衰亡的原因。

越来越多的学者从环境和气候的角度对古代文明的兴亡加以解释。就玛雅文明而言，持续多年的数次干旱导致其最终灭亡的说法，比以往任何单一干旱或者洪涝导致灭亡的说法无疑更加令人信服。但是，正如著名学者Jared Diamond在他的新著《崩溃：社会如何选择兴亡》（*Collapse: How Societies Choose to Fail or Succeed,* New York: Viking, 2005）一书所言，玛雅的灭亡不可能是一种因素作用的结果，而应该是多种因素的合力造成的。这其中既有接近或者达到资源临界的庞大人口，也有砍伐森林造成的环境破坏、日益加剧的内战以及气候变化带来的干旱。Peterson和Haug赞同Diamond的说法，他们认为任何单一因素都不可能导致玛雅这样的复杂社会走向灭亡，但是干旱确实可能发挥了临门一脚的作用。

（原刊《中国文物报》2005年11月4日第7版）

"9·11"与美国考古学家的新任务

"9·11"纽约世界贸易中心大厦坍毁后，美国联邦调查局接到一个长长的考古学家的名单，他们都是自愿到大厦废墟提供"考古"服务的专业人员。美国考古科普杂志《考古学》在最新一期（2001年6期）的主编按语里说，这是考古学家为理解这场灾难所做的新工作，它与考古学曾经为在过去历次战争中发现牺牲者的经历相仿佛。

提供志愿者名单的是Brooklyn学院的Sophia Perdikaris女士。"9·11"过后的第5天，也就是2001年9月16日，她通过网络发出征求志愿者的信息。24小时以后，竟然有1000多名专业的考古学家和多个考古学机构报名。人数之多超出原来的想象，以至于美国考古学会也介入进来，在负责为受害者募捐之外，还负责接受志愿者的报名。

据悉，考古学家并不需要在灾难现场救人或者参加清理工作，而位于Staten岛某地堆积废墟垃圾的第二"发掘"现场却可能需要他们。如果美国联邦调查局需要，考古学家会和他们经常的搭档——法医人类学家、DNA专家、文物保护专家等等一起，参加到救灾工作中去。他们会帮助辨别死者的身份，也会协助政府评估这场灾难对建筑、环境的破坏作用等等。

美国考古学家大概从来没有想到会在纽约曼哈顿的繁华

地区参加这类性质的考古工作。直到现在，也没有听说周围有哪个考古学家真的参加了这个工作，但是人数如此众多的自愿报名，说明考古学家是一个有高度责任心的团体，也能用专业知识为现代社会的生活提供服务。

（原刊《中国文物报》2002年1月11日第7版）

林子大了，什么鸟都有

监守自盗，美国也有。不同的是，美国发表这种消息的考古杂志，还会给偷儿一个正面的彩色标准像，这与我们的传统相左；但立此存照，倒也不错。

留下这张照片的是威斯康星Lac du Flambeau 博物馆和文化中心的主任David L. Wooley。此人大脑门、罗马鼻、上唇长着浓密的花白胡子，头发乱乱的，颇有几分艺术家风度。发现此人三只手纯属偶然。德国法兰克福的人类学家Christian Feest，偶然在1998年的拍卖目录上看到一根魔杖（Ho-chunk prophet stick），认出这根魔杖正是十年前他在威斯康星历史学会博物馆拍摄过的那根。于是他向拍卖会打听此物的来历，回答说是从一个文物商人的手里以28500美元买来的，据说此商人卖出的一些文物，皆属于一个叫Wooley 的人。这个德国人的好奇，惊动了Wooley，这件文物才没有卖掉，重又回到了博物馆。

但是事情并没有结束。2000年冬天，这个"好事"的德国人，又把他的发现告诉了历史学会博物馆的新任馆长Ann Koski。Koski大吃一惊，马上展开调查，并以偷窃罪起诉Wooley。结果，警方发现，这个在1999年离开历史学会博物馆，并晋升为Lac du Flambeau 博物馆和文化中心主任的家里，窝藏了不少文物。搜查使他被迫承认，他总共偷窃了价值达12万至18.5万美元的34件历史学会博物馆的文物，仅此偷盗罪和三次偷税罪并罚，Wooley 就可能被判高达100年的监禁。有意思的是，Lac du Flambeau 博物馆和文化中心的专家又从调查所拍Wooley 家的照片上，发现了原属该中心价值约1.5万美元的部落熊雕，目前该中心正在调查是否还有其他的文物失窃。看来这三只手的"好日子"还在后面。

美国的博物馆大都有很好的管理制度，许多我们参观过的博物馆不仅保卫森严，而且必须履行严格的登记、参观和外借等等手续，但是这些制度的设计也许原本就是为了防范外人的，对管理这些文物的主人，却不起什么作用。这也难怪，谁能想到博物馆的馆员会把公家的东西偷着往自己家里搬呢？

（原刊《中国文物报》2002年1月11日第3版）

采集狩猎者的命运

考古学家对古代文化的解释往往摆脱不了自身和自身所在社会的影响。对古代采集狩猎者生活的解释便是一个典型例子。自考古学诞生以来，对古代采集狩猎生活的描述多是悲惨不堪的；20世纪60～70年代，随着不少民族学家深入现代采集狩猎者社会进行深入的社会调查，采集狩猎者的生活一度又被美化为人间乐园：食物充足、营养丰富、工作轻松、资源共享、男女平等，且有足够的时间娱乐。须知，这还是从目前被农业民族逼到世界边缘的采集狩猎者那里看到的。要是史前的采集狩猎者有足够的水、猎物和植物，那我们祖先的生活一定会更加美好（Marjorie Shostak, *Nisa：The Life and Words of a！Kung Woman,* Vintage Books, New York, 1983, pp. 14–17）。

有的研究者还计算了现代采集狩猎者用于采集狩猎的时间，借以说明他们工作轻松，有更多的娱乐时间。下面是一张他们工作时间的统计表。（Brian Hayden, *Archaeology：The Science of Once and Future Things,* W. H. Freeman and Company, New York, 1993, p.139, fig. 5.1）

现代的采集狩猎者	每日平均工作时间
Hadza（加拿大西北部海岸）	2.0
! Kung Bushman（非洲）	2.2
Kade Bushman（非洲）	5.0
澳大利亚南部土著	3.0
澳大利亚西部土著	4.0
澳大利亚北部Arnhem Land 土著	4.0
Cuiva（南美）	2.0
Ache（南美）	1.5
Pune（南美）	1.4
平均	2.7

现代的园艺农业者	每日平均工作时间
Tsembaga （新几内亚）	3.1
Tatuyo（南美）	2.6
Machiguenga（南美）	2.8
Mekranoti （南美）	2.5
Xavante（南美）	3.4
Bororo（南美）	3.0
Kanela（南美）	4.1
平均	3.1

乍看起来，采集狩猎者真是幸福，每天平均工作不足3个小时，却还能有足够的营养，让人感觉我们还不如回到采集狩猎时代。可实际上，谁也不愿意跟采集狩猎者一起生活，恐怕也没有几个人能够经受住采集狩猎者生活的

考验。疾病的肆虐，狩猎的艰难，饥饿的威胁，战争的横行，往往使采集狩猎者朝不保夕，时时有生命危险。（参见Shirley Lindenbaum, *Kuru Sorcery: Disease and Danger in the New Guinea Highlands,* Mayfield Publishing Company, 1979; Geoffrey Blainey, *Triumph of the Nomads: A History of Aboriginal Australia,* The Overlook Press, 1976; Andre Dupeyrat, *Mitsinari: Twenty–One Years among the Papuans,* Staples Press, 1955; 前引Marjorie Shostak, 1983）

中国史前人类平均寿命的低下和遗址里大量的幼儿葬，也可为采集狩猎者的悲惨生活作证（尽管他们多已进入农业社会）。在采集狩猎经济还占有重要地位的初期农业社会的贾湖遗址，能够确认年龄的死者中（男60.5%、女68.3%），死于青壮年的男性（性成熟到35岁）占20.5%，女性占33.3%，比例之高，令人咋舌。疾病则有骨折、风湿性关节炎、骨瘤、骨关节炎、强直性脊椎炎、骨髓炎、牙病、头骨外伤等等（河南省文物考古研究所：《舞阳贾湖》下册，科学出版社，1999年，第835～883页），生活的风险之大于此可见一斑。

实际上，人类在跨入农业社会之后，除非例外，再也无法回到采集狩猎者中去。农业是文明社会的基石，也是采集狩猎者的敌人，一万年以来，农业文明和随之而来的工业文明已经把采集狩猎者逼到了世界的最边缘。采集狩猎者的所在，不是人迹罕至的热带雨林，就是荒无人烟的极地和沙漠。就是这些躲在角落的采集狩猎者也正在消亡之中。下面是1989年所作"正在消失的民族"的一个统计数字，可以想见世界各地采集狩猎者的艰难处境。

族群	地区	人口 （1989年）	对生存的 主要威胁
Inuit	阿拉斯加/加拿大	100 000	认同危机
Iroquois	美国/加拿大圣劳伦斯地区	22 600	认同危机
Hopi	美国亚利桑那州	10 000	强制搬迁
Hawaiians	美国夏威夷州	9 000	认同危机/旅游业
Lacandon	墨西哥	300	森林砍伐/殖民
Kuna	巴拿马/哥伦比亚	50 000	森林砍伐/旅游业
Kogi	哥伦比亚	2 000	殖民/旅游业
Yanomami	委内瑞拉/巴西	21 000	采矿业/传染病
Emerillion	法属圭亚那	200	认同危机
Waorani	厄瓜多尔	80	石油开采/殖民
Nambikwara	巴西	300	殖民/传染病
Caraja	巴西	800	工业化
Jurana	巴西	50	人口减少
Caingua	巴拉圭/阿根廷	3 000	环境破坏
Taureg	撒哈拉沙漠	300 000	认同危机
Pygmy	扎伊尔/刚果/加蓬	200 000	森林砍伐/殖民
Bushmen	南非Kalahari沙漠	60 000	认同危机
Sammi	挪威/瑞典/芬兰/俄国	58 000	认同危机
Gond	印度	3 000 000	认同危机

续表

族群	地区	人口 （1989年）	对生存的 主要威胁
Vedda	斯里兰卡	2 000	环境破坏
Onge	印度安达曼群岛	100	人口减少
Semang	马来西亚	2 500	森林砍伐/强制 信奉伊斯兰教
Penan	马来西亚的 Sarawak地区	10 000	伐木搬运业/失去 土地支配权
Akha	中国/缅甸	50 000	失去土地支配权
Ainu	日本	3 500	认同危机/旅游业
Tasaday	菲律宾的 Mindanao	30	人口减少
Papuans	西巴布亚（印度 尼西亚）	1 000 000	殖民/石油开采
Aboriginals	澳大利亚	250 000	认同危机
Maoris	新西兰的北岛	300 000	认同危机

转引自William Norton, Human Geography, Third Edition, Oxford University Press, 1998, p. 357.

　　这就是采集狩猎者的命运，尽管他们可能有闲暇，尽管他们的食物富有营养，但最终都免不了被农业和工业民族同化甚至消灭。美化采集狩猎者的生活不是实事求是的态度，用加拿大著名考古学家Brain Hayden的话说，"现在我们得学会对发现天堂的所有声明保持警惕"。（前引Brian Hayden, 1993, p. 140）

　　　　　　　　（原刊《中国文物报》2006年3月3日第7版）

葡萄美酒始何时

有个美国人曾这样说："葡萄酒是我们西方文明、文化和传统的一个不可分割的组成部分。"实际上，在当今世界，葡萄酒已成为世界文化的一部分，那么，葡萄酒的历史有多久呢？

从两河流域的楔形文字和埃及的象形文字及出土物可知，早在距今5500年前，葡萄酒已经成为地中海文化的一部分。苏美尔国王从遥远的地方进口葡萄酒，亚述国王用葡萄酒大摆盛宴，埃及法老图坦卡蒙嗜酒成癖，以至于在他死后的陵墓金字塔中还保留着大量的葡萄酒。然而，葡萄酒是何时何地又是如何起源的呢？

探讨葡萄酒的起源，首先要了解葡萄的栽培史。耶路撒冷希伯来大学的奥莫和多哈里是研究栽培植物起源的专家。他们的研究证明，野生葡萄树的祖本 *Vitis vinifera sylvestris* 曾广泛分布在地中海盆地及欧洲的许多雨水充沛地区，在精心护理之下，栽培葡萄树还可以在远比它们原生地干旱的环境如约旦和尼罗河流域生长。奥莫和多哈里还指出，公元前8000年开始的大麦、亚麻、豆类植物和小麦的栽培，很可能使近东农民为野生植物如枣椰、无花果、橄榄、石榴和葡萄树的驯化做了充分准备。这些新的植物栽培需要新的技术，而且还需要某些特殊的产品加工技术。

　　关于葡萄树的栽培，某些专家相信是在青铜时代开始之前，也许可以早到公元前六千纪。尽管有人对此持保留意见，但无论如何，这种技术至少在公元前五千纪是确已出现了。考古学家对早期葡萄酒历史的研究局限在葡萄种子、碳化葡萄核的分析方面；有些时候也研究可能与葡萄酒酿造相关的陶器。在伊朗中西部一个名叫戈丁的土丘上，曾出土了一件公元前3000年左右的青铜时代之前的陶瓮。在陶瓮的内壁，有一个暗褐色的斑点。考古学家把该陶瓮送给生物学家麦戈文和化学家米歇尔研究，后者把斑点的有机成分实行分离，并且采用分光镜进行红外线的分析研究。红外线显示斑点的有机成分与葡萄酒中所含的酒石酸是同一类物质。考古学家还证实，这个带有斑点的陶瓮当时是密闭的，它与粮食和其他物品被一起贮藏在同一房间中。出土在该遗址的另外一个陶瓮，年代远达公元前3500年，那么这是否说明戈丁地区的人们的确已经开始葡萄酒的酿造呢?专家们还不能肯定，但是有一点很明确，该遗址的近旁是一个肥沃的河谷地带，系葡萄树生长的理想场所。

　　安佛拉陶罐和其他陶瓮是古代近东地区最常见的遗物，但是以往这些遗物并未引起人们的重视。戈丁遗址的发现，使考古学家对安佛拉罐有了新的认识。遗物中残渣的分析为追溯古代葡萄酒的贸易路线、研究宫殿遗址各房间的作用甚至不同陶器的功能，开辟了广阔的前景。专家们认为，最有潜力的一个方面是研究葡萄酒的贸易。古代埃及和美索不达米亚西南部的人们喜欢饮酒，他们把葡萄酒作为奢侈品从现在的两伊高地和地中海东部地区购置回来。专家们还指出公元前3500年后运至苏美尔的葡萄酒是长途贸易的产物；而埃及至迟在公元前3000年前已经开始栽培葡萄树。但是，葡萄酒的运输方式如何呢？是通过水路或是驮在畜背上？是用陶瓮放在篓中或是用皮袋直接驮在畜背上？伯克利加州大学的斯楚那克把我们引向遥远的亚述时代，并且对一种独特的葡萄酒盛器的演变史进行了研究。他使人们记起公元前630年，亚述巴尼波尔王在一个盛大节日里，使6.9万人在10天时间内饮掉1万袋葡萄酒的历史画面。这说明在亚述正如在埃及一样，葡萄酒的贸易十分兴盛，每年大约要从地中海东部地区进口数千加仑的葡萄酒。

剑桥大学的简·伦福儒对希腊和爱琴海地区的栽培和野生葡萄进行了研究。野生葡萄种子发现在公元前11000年前的皮拉波涅斯的一个山洞中。她认为至少在公元前5000年，许多地区的人们已经开始大量采摘葡萄，在新石器时代晚期的希腊北部（约公元前4500～前3000年），葡萄树确已人工栽培。到青铜时代，葡萄酒成为奢侈品而得以妥善保藏，并且可能装在固定形状和容量的陶器中被运往各地。实际上无论从植物学上或是金制的葡萄酒器上都不难发现，葡萄酒乃是爱琴海文明的一个表征。

据 *Archaeology* 1991年9—10月号编译

（原刊《中国文物报》1992年3月22日第4版）

中亚地区新发现的剥头皮材料述略

——对《中国古代的剥头皮风俗及其他》一文的补充

拙文《中国古代的剥头皮风俗及其他》在《文物》2000年第1期发表两年后，《美洲考古杂志》*American Journal of Archaeology* 2002年第1期，发表了英俄四位考古学家从考古上讨论旧大陆史前剥头皮现象的一篇论文（Murphy, E., I. Gokhman, Y. Chistov, Barkova, Prehistoric Old World Scalping: New Cases form the Cemetery of Aymyrlyg, South Siberia, *American Journal of Archaeology*, Vol.106, No.1, pp. 1–10, 2002）。论文以中亚地区新发现的三例剥头皮头骨为中心，对拙文不曾注意到的欧亚地区一些早期发现加以评述，很值得引起我们的重视。因撮述该文，以引起国内同行的注意，并以此祝贺河南省文物考古研究所建所五十周年。

这三个头骨，皆发现在俄罗斯南西伯利亚地区的阿乌穆鲁克（Aymyrlyg）铁器时代墓地。阿乌穆鲁克位于俄罗斯图瓦共和国境内，与我们熟悉的曾经出土剥头皮头骨的巴泽雷克（Pazyryk）墓地都与中蒙边界相距不远。

第一例属于斯基泰时期（约公元前7～前2世纪）。男性，年龄在25～35岁之间。鼻骨有明显的骨伤愈合痕迹。头骨表面有一系列深而细小的刀痕，研究者因而认为这刀痕明显是金属工具所为。刀痕绕头骨一圈，长度从4毫米到62毫米不等。刀痕的特征表明，剥皮者的目的是细心揭取头骨顶部的头皮。留在枕骨和顶骨后部的刀痕多横向平行分布。刀痕的上缘一般较倾斜（the superior margins of the cut marks were generally beveled），研究者认为这可能表示操刀者位于头骨的上方，头皮的揭取是从后向前（the skin had been peeled off in an anterior direction）。刀痕没有愈合迹象，因此剥头皮可能是在该男子死前不久或者刚刚死后完成的。可惜这例头骨的出土情况不清，可供研究的仅有头骨而已。

　　第二、三例属于匈奴—撒马田（Hunno-Sarmatian）时期（约公元前1世纪至公元2世纪）。标本XXXI.87.Sk.1（图一），系一年龄在17～25岁的青年男性。标本XXXI.87.Sk.2（图二），系一中年男性，年龄在35～45岁之间。两者埋在同一墓中，因此研究者认为两者的头皮可能是在同时被剥下的。因为头骨上留下的刀痕和位置均非常相似，因而推测操

图一　XXXI.87.Sk.1青年男性额骨和右顶骨上的细小刀痕〔采自Murphy, E., I. Gokhman, Y. Chistov, L. Barkova. 2002, p.5, fig.2〕

图二　XXXI.87.Sk.2中年男性枕骨和左顶骨上的细小刀痕
（采自 Murphy, E., I. Gokhman, Y. Chistov, L. Barkova.
2002, p. 6, fig. 3）

刀的也许就是同一人。两者的头骨上都有无数道细小的刀痕
横向环头骨一周。刀痕的特征表示，操刀者的目的是细心剥
下从顶骨到枕骨上部的圆形头皮。同样，枕骨和顶骨后部的
刀痕都是横向平行排列。刀痕的上缘一般呈倾斜状，研究者
认为这可能同样表示操刀者位于头骨的上方，头皮的揭取是
从后向前。额骨和右顶骨前部的刀痕也同样显示出倾斜的上
缘（beveled superior margins），研究者认为这可能表示刀是
朝着相反方向用力的（made in the opposite direction）。

　　这两例人骨上都发现有剑伤。标本Sk.1的脊椎上有一处
剑伤，特征表示袭击者是从死者后方偷袭成功的。标本Sk.2
的右股骨上也有剑伤。研究者因而推测两位死者是在同一场
战斗中被人杀害的。倒下后再被敌人细心地剥下头皮，因此
在头部留下剥头皮的伤痕。因为无论两者的体伤或剥头皮的
刀痕，都没有任何愈合的痕迹，所以研究者推测剥头皮发生

在死前不久或者刚刚死后。胜利者可能把剥下的头皮作为战利品而带走炫耀。死者的墓葬中随葬矛头和各种刀子，研究者认为也许这正表明死者的战士身份。而他们的尸骨发现在有随葬品的正式的墓葬中，说明是他们的亲友以符合他们身份的仪式安葬了他们。

这三例新发现的剥头皮头骨，是英国贝尔法斯特皇后大学考古和古环境系的墨菲博士（Eileen Murphy）和俄罗斯科学院人类学和民族志学博物馆体质人类学部的格克曼（Ilia Gokhman）、契斯托夫（Yuri Chistov）及俄罗斯国家文物局考古部巴克娃（Ludmila Barkova）博士重新研究阿乌穆鲁克墓地人骨材料的结果。他们对巴泽雷克二号墓男性墓主的头骨也重新检查，发现了以前不曾注意到的一系列刀痕，不仅肯定了该男子曾被剥掉头皮（Rudenko, S. I., *Frozen Tombs of Siberia: The Pazyryk Burials of Iron Age Horsemen*. London: J. M. Dent & Sons, 1970），还为了解剥头皮的过程提供了许多新的证据（Murphy, E., *An Osteological and Palaeopathological Study of the Scythian and Hunno-Sarmatian Period Populations from the Cemetery Complex of Aymyrlyg, Tuva, South Siberia*, Ph. D. diss., Queen's University Belfast, 1998）。这个富有的男人，也被认为是在头皮剥掉之后被亲友找回安葬的。阿乌穆鲁克墓地和巴泽雷克墓地人骨架上留下的战斗痕迹，说明这里发现的剥头皮现象是与战争和暴力分不开的，研究者认为这进一步证明了这些部落的战斗特性。

研究者除报告了上述四例中亚地区的剥头皮头骨之

外，还收罗了以前零星发现的欧亚地区的剥头皮材料。最早的一例，是20世纪20～30年代在丹麦兰德斯（Randers）的多赫门沼泽（Dyrholmen Bog）里发现的，年代据说在公元前4500年。在一个10岁左右的孩子的额骨和顶骨一侧发现细浅的刀痕，这被认为是剥头皮留下的痕迹（Anger, S., and A. Diek, Skalpieren in Europa seit dem Neolithikum bis um 1767 Nach Chr. -Eine Materialsammlung, *Bonner Hefte zur Vorgeschichte* 17:153–239, 1978）。第二个早期的例子，是发现在瑞典阿法斯塔拉（Alvastra）干栏建筑（pile-dwelling）里的约公元前3000年的一个男性，年龄大约20岁，头骨破碎，只在额骨上发现横向的刀切痕迹，原研究者认为剥头皮是石器工具所为（During, E. M., and L. Nilsson, Mechanical Surface Analysis of Bone: A Case Study of Cut Marks and Enamel Hypopasia on a Neolithic Cranium from Sweden, *American Journal of Physical Anthropology* 84: 113–125, 1991）。奥地利阿森布拉格（Atzenbrugg）也出土过至少三个被扰乱的人骨，和新石器时代的陶器、石器和动物骨头共存，其头骨碎片上多显示出刀切的痕迹，也被解释为剥头皮的遗迹（前引Anger, S., and A. Diek 1978）。青铜时代的欧洲和中东地区，也有不少发现。其一是约旦巴巴埃达多哈（Bab Edh-Dhra）青铜时代早期（公元前3200～前3000年）洞室墓出土的一例人头骨，男性，死亡年龄超过40岁。伤痕从额骨中间通过两顶骨延续至枕骨，痕迹不很规则，而且显示出愈合的迹象，从伤痕分析，研究者推测头皮是撕掉而不是用刀切掉的。因此也有人认为这不是人为的剥头皮痕迹，而可能是食肉动物所为（Ortner, D. J., and C. Ribas, Bone Changes in a Human Skull from the Early Bronze Site of Bab Edh-Dhra', Jordan, Probably Resulting from Scalping, *Journal of Paleopathology* 9:137–142, 1997）。德国汉堡附近的坦纳豪森纳沼泽（Tannenhausener Bog），曾出土早期青铜时代的五个人骨架。这些人头骨前部都有很深的刀切痕迹（前引Anger, S., and A. Diek. 1978）。此外，本色慕（Bentheim） 青铜时代遗址曾发现七例剥头皮的人头骨，有的被剥下的头皮还被保留着（前引Anger, S., and A. Diek 1978）。俄罗斯北高加索地区青铜时代遗址也曾发现过剥头皮的实例。伏尔加河上游地区青铜时代遗址也曾发现顶骨上有切痕的可能属于剥头皮遗迹的两例人头骨（Mednikova, M. B. Skalpirovaniye Na Euraziiskom Kontinentye, *Rossiskaya Arkheologiya* 10:59–68, 2000）。据报道，北欧铁器时代也曾发现过一些剥头皮的人头骨。该文举出的几个例子，都在德国和丹麦境内（前引Anger, S., and A. Diek 1978）。

总之，剥头皮似乎是欧亚地区广为发现的一个文化现象。虽然这些发现整体上看仍然比较零星，我们对这一文化现象的内涵和可能的传播关系仍然无法了然于心，但它的研究价值显然不容忽视。特别是中亚地区发现的四例斯基泰或深受斯基泰文化影响的匈奴—撒马田文化的剥头皮人头骨，证实希罗多德对斯基泰人风俗记载之可信。斯基泰文化和随后的匈奴-撒马田文化广被中亚地区，我国新疆及相邻地区也曾属于这些文化的范畴或曾受其影响（Clonova, N. L., On the Degree of Similarity between Material Culture

Components within the "Scythian World", In *The Archaeology of the Steppes: Methods and Strategies*, edited by B. Genito, Naples: Instituto Universitario Orientale, pp. 499–540, 1994），因此在这些地区发现类似的文化现象，恐怕只是时间问题。正像有研究者所指出的那样，俄国和苏联的古人类学家和考古学家，长期以来只关注人骨特别是人头骨的测量数字，而对古病理的研究关心很少。这些新发现的剥头皮实例，便是最近重新研究的结果，而这些墓地的发掘，完成于苏联时代的1968～1984年（前引Murphy, E., I. Gokhman, Y. Chistov, L. Barkova 2002）。我国古人类学的研究取向与俄罗斯相仿佛，对体质测量的重视远超过对古病理的关心，所以一旦我们关注这一文化现象，相信不久的将来一定会有类似的惊人发现。

（原刊河南省文物考古研究所编：《华夏文明的形成与发展——河南省文物考古研究所建所50周年庆祝会暨华夏文明的形成与发展学术讨论会论文集》，大象出版社，2004年）

卡塔尔休玉考古的新进展

——读伦福儒、巴恩《考古学》的一点感想

任何考古项目，不管调查还是发掘，目标往往都不止一个。随着时代进步，人们的课题意识逐渐加强，目标更加多元化。我的感觉是，很多事情，不是做不到，而是想不到，要想把项目做好，就要未雨绸缪，在项目实施之先即把目标和实施的方案明确下来，而不是在发掘后再根据情况制定研究方案，尽管根据调查和发掘情况调整计划或者重新设计课题常常是避免不了的事情。

伦福儒和巴恩的《考古学》（中国社会科学院考古研究所翻译，文物出版社，2004年）一书，集中讨论西方考古学界习以为常的研究课题和研究方法，而且把各个地区最引人注目的前沿研究成果和方法简明扼要地介绍给我们，在设计和实施考古课题的时候，相信一定会给予我们很多的启发。此其一。书中所谈的许多技术问题，都是一般考古学家不懂或者不很懂的，比如各种测年技术、动植物考古和金属考古的方法等等，无不如此；但他们把这些方法放在环境、生业和技术的领域去介绍，明确这些领域的工作是考古学必不可少的一部分，是为了解古代人类这一总目标服务的，避免了我们常见的"两层皮"现象，会引导一般田野考古学家和从事上述研究的专家互相学习，共同完成课题的设计和实

施。此其二。我今天抛开这本书，谈一个书中虽有涉及（第44～45页），但当时还刚刚开始的一个研究课题，即土耳其卡塔尔休玉（Çatalhöyük）遗址的重新发掘。

　　主持课题的伊恩·霍德（Ian Hodder）教授，最近在《科学美国人》（特刊15卷1期，2005年）杂志上专文介绍他们的研究成果。他的目标之一是探索9000年以前该遗址所反映的男女地位问题。具体说来，该遗址出土"母神像"，那么这个时期是否如我们常说的属于母系社会或者母权时代？他们的研究从一开始就注意这个问题。先说饮食，如果男女的地位有明显差异，首先也许应该表现在饮食上，假如男性或女性有支配权，有更多的机会接近某些特殊的食物比如肉，那么在骨骼上就该有所表现。英国考古学家对出土人骨同位素的分析表明，男女的同位素看不出任何统计变异，说明饮食的差别不大；其他一些学者对人类牙齿磨损方式的分析，也表明男女之间的差别不大，尽管女性比男性的牙洞更多。另外一个问题是，如果男女分工显著，那么也应该在他们的骨骼上留下痕迹。研究者发现，在男女两性的肋骨内侧，都能发现线状的黑色沉淀物，经分析明确为炭。因为当时的人们住在只有天窗作为出入口的小房间里，屋内空气流通不畅，烧饭或者取暖的烟雾就会长期留在屋内，寒冷的冬季人们待在屋内的时间很长，从而不可避免地在人们的肺部留下烟熏痕迹。人死埋葬和尸体腐烂以后，这种烟炱就沉积在了肋骨的内侧。男女的肋骨内侧都有炭沉积，说明男女在室内停留的时间一样长，女人也许不像我们通常设想的那样待在家里的时间比男性更长。研究还发现，男性确实比女性要高一些，但是差别很小。相反，就身材而言，女性要比男性肥胖一些，因此研究者认为肥胖的"母神像"也许确是历史的某种写真。但是总体说来，男女的饮食和生活方式都看不出差别来，也没有证据显示两性有专业的分工。研究者不否认男女确有分工存在（比如生孩子及因此带来的母婴死亡现象），但是基于分工造成的男女地位差别，却没有任何可靠的证据。

该遗址的人多埋在屋内，有的是整尸，有些则在埋下一年以后被割下头颅，割下的头颅用于祭祀。研究发现，这些被割去头颅的人，可能是家庭或者家族的"首领"。其中有男性也有女性，说明男女两性都有资格成为祖先，也就是说家系可以通过男性也可以通过女性传下去。埋在室内关键位置的那个人，同样可以是男性也可以是女性。对墓葬位置、方向、随葬品的考察也表明，性别在规定社会角色方面的作用微乎其微。研究者还注意到象征物的区别，比如室内壁画都是表现男性，连动物也大都是表现雄性；镶嵌在墙上的动物角也多是公牛和公羊的，遗址还发现集中大型野生雄性动物的骨头遗存，因为它与日常生活的动物骨骼遗存不同，所以推测前者为举行某种宴会的遗迹。而壁画所描绘的情形，也被认为是跟举行宴会的仪式有关。因为同位素分析显示男女的饮食差别不大，研究者推测女性也能参加宴会，只是不能表现在壁画上。但是怎样解释那个坐在猎豹（伦福儒、巴恩：《考古学》第45页）身上的"母神像"？研究者承认这是一个没有疑问的女性雕像。在最近的发掘中还发现了另外一个仅有2.8厘米高的女塑像，背后还嵌着一粒种子（见图），这被认

卡塔尔休玉遗址出土的母神像背后镶嵌一粒种子

为是女性与植物之间关系的体现。那个坐在猎豹背上的母神像，也是在一个室内谷仓发现的，因此也被认为体现了女性与农业生产的关系。但是，整体而言，壁画和其他艺术象征并不体现农业的重要性。出土"母神像"的地层都晚（地层共分18层，延续1200年之久；母神像出在最晚的三四层中），尽管这时候农业生产已经存在许多世纪，但是壁画仍以表现宴会和野生动物为主，只不过这时候表现女性和植物的象征物已经出现。这大概说明时代的变化，因为在晚期地层中也在屋外发现大型的灶（可能说明食物的专业加工）和某些石器和陶器生产的专业化迹象。

上述种种证据表明，距今9000年前的卡塔尔休玉遗址，既不是母系社会，也不是父系社会，性别也不是社会角色的决定因素。男女都可能承担许多不同的角色，男性也许是壁画描绘的宴会主角，但是没有迹象表明他们支配其他的领域。男性的这种支配地位在农业生产成为主角以后，才可能开始受到挑战。

这个最近的研究实例相信在未来新版的《考古学》中一

定会有体现。它从不同方面对史前男女地位的分析表明，考古学是一个充满活力和幻想的领域，不同领域的专家结合起来，在一个设计合理的课题指导之下，一定能够结出丰硕的成果。《考古学》中这样的例子很多，我们期待着中国考古学在这些案例的启发之下，能够百尺竿头，再进一步。

（原刊《中国文物报》2007年2月2日第7版）

中国古代文明何以绵延不断以至今日

许多人都知道中国古代文明是世界上唯一未曾中断、绵延至今的文明，作为中国人我们也以此为骄傲。但是，对于世界上其他古代文明的兴衰情况我们却知之甚少。闲来翻书，在1998年牛津大学出版社出版的《人文地理学》一书里，发现作者William Norton对世界各古代文明的情况有简明扼要的叙述。下面是该书关于世界早期文明的年表（第166页）：

埃及	公元前3000～前332年
米诺斯（Minoan）	公元前3000～前1450年
印度	公元前2500～前1500年
美索不达米亚（Mesopotamia）	公元前2350～前700年
中国	公元前2000～今天
迈锡尼（Mycenaean）	公元前1580～前1120年
奥尔梅克（Olmec）	公元前1500～前400年
希腊	公元前1100～前150年
罗马	公元前750～公元375年
芒特·阿班（Monte Alban）	公元前200～公元800年
芒彻和纳兹卡（Moche and Nazca）	公元前200～公元700年
特奥惕华坎（Teotihuacan）	公元100～700年

续表

玛雅	公元300～1440年
惕亚华那卡（Tiahuanaca）	公元600～1000年
托尔特克（Toltec）	公元900～1150年
奇莫和印加（Chimo and Inca）	公元1100～1535年
阿兹特克（Aztec）	公元1200～1521年
贝宁（Benin）	公元1250～1700年

　　这个年表与某些著作的年表在细节上是有出入的，有关中国文明的开始，无疑是采用夏的纪年。作者认为，中国古代文明是中国现代文明的前身，也是世界上延续时间最长的文明（第14页）。其实，就物质文化来说，许多地区的现代文明都是该地区古代文明的继承者，埃及、墨西哥等等无不如此。不过，中国确有它不同于其他文明的地方。我把这个年表抄录在这里，供有兴趣的读者参考。

　　　　　　　　　（原刊《中国文物报》2006年1月13日第7版）

史前人类对性在生育中的作用了解多少
——美洲印第安人的例子

　　欧洲旧石器时代晚期出现的大量母神像，以及自新石器时代初期开始，世界各地出土的众多性别特征明显的男女裸体雕像和石祖、陶祖，说明史前人类应该知道两性在人类自身生产中的作用。但是，史前人类究竟是如何看待男女两性的不同作用呢？我们不得而知。笔者最近看到一本描写印第安妇女的书（Carolyn Niethammer, *Daughters of the Earth: The Life and Legends of American Indian Women*, Simon & Schuster Paperbacks, New York, 1977），对不同地区印第安人对性在人类生育中的作用，有所涉及。摘编如下，以为研究者参考。

　　美国蒙大拿州的Gros Ventres人和亚利桑那州南部的Apache人都知道，没有男女两性的合作，女人就不可能怀孕。一个Apache人说，夫妇一周同房三次，他们就可能在两三个月之内怀上孩子。他还说，他知道一个女孩子一个晚上同他的男人同房多次，这么做，她永远也不可能怀上孩子。还有的Apache人认为，当男女同房的时候，他的血（精子）就进入她的身体。但是第一次同房只能进入一点点，还不足以与女人的血等量齐观。因为妇女的血阻止男人的血进入她的身体，所以还不能怀上孩子。在他看来，女人的血是阻挡怀孕的，男人的血是帮助怀孕的。当男人的血足够多时，就能使女人怀上孩子。但是一旦Apache女人发现怀孕，她们就停止性交，因为怕伤害肚里的孩子。

亚利桑那州北部的Hopi人相信持续的房事对母亲和孩子都是有益的，怀孕的妇女继续跟丈夫同房，认为这样才能使肚子里的孩子成长。这就像灌溉玉米，如果男人想要孩子而中途却停止同房，他的妻子就可能遭殃。

加拿大西北部的Kaska印第安人也相信怀孕初期的性交有助于子宫发育，但是又害怕同房太多可能生育双胞胎。一旦女人发现怀孕，就有人警告她停止房事。母亲会建议怀孕的女儿用她自己的被褥，背对丈夫睡觉以避免性的诱惑。

但是，对大多数印第安人部落来说，怀孕妇女会将有所节制的房事持续到即将生育之前。不过也有某些部落，严格限制怀孕期间的房事。比如威斯康星州的Fox妇女在整个怀孕期间都不能与男人同房，因为他们害怕孩子生下来会丑陋不堪。在科罗拉多河注入加利福尼亚湾附近地区的Cocopah妇女，怀孕之后一直独睡至孩子出生为止，目的也是避免同丈夫同房。（前引书，第2～3页）

科学的生育知识相当晚近，史前人类不可能获得。但是，两性以及性交在生育中的积极作用，也许史前人很早就察觉了。最近，在土耳其早期新石器时代遗址出土的数量不少的显示勃起的男性和雄性动物的雕像和刻划（Ian Hodder, *The Leopard's Tale: Revealing the Mysteries of Çatalhöyük*, Thames & Hudson, London, 2006, pp. 200–201），就说明对于男性或雄性在生育中的作用，也许早在新石器时代早期，人们就有相当的认识，而从旧石器时代以来持续不断的"母神"像和表示女性、女阴的雕刻、绘画等等，说明对于女性在生育中的作用，人类应该有更久远的自觉。

（原刊《中国文物报》2007年8月31日第7版）

史前人类是否杀婴

——美洲土著的故事

中国史前不少遗址的人骨存在男女性别比例失衡问题，一般是男多女少。有不少研究家注意到这个现象，并试图加以解释（比如陈铁梅：《中国新石器墓葬成年人骨性比异常的问题》，《考古学报》1990年4期；王仁湘：《中国新石器时代人口性别构成再研究》，中国社会科学院考古研究所编《考古求知集》，中国社会科学出版社，1997年）。其中有一种解释是史前可能存在杀害女婴的现象，但也有人反对这种说法，认为不能加以证实。史前的性别比例失衡问题，可能存在许多原因，引起各地区比例失衡的原因也可能是完全不同的。但是杀婴特别是杀女婴是否可能发生？让我们看看美洲民族志的例子。

首先，美洲土著对杀婴都不陌生，但是对于采取这种极端手段的原因却有许多解释。对于生活在极地的爱斯基摩人来说，每一个新生儿对母亲都是一个沉重的负担，尤其当夏天来临，母亲必须背着婴儿完成沉重的家务时，如果前面的孩子还不能走路，要照顾新生儿就成为不可能之事。因此，如果新生儿来得太快，与前面的孩子没有多少时间间隔，或者婴儿刚好生在饥饿时期，就只好把婴儿杀掉。方法一般是把婴儿放在外面冻死或者用苔藓填在婴儿的口中使之窒息而死。

加拿大西北部的Kaska人，生活在严寒的亚极地森林地区，一个没有父母的婴儿几乎没有任何机会活下来，于是人们就把婴儿放在树皮做的轻舟上，任其奔向大河冻饿而死。

在Creek印第安人那里，孩子属于母亲，母亲在婴儿出生后的第一个月对之拥有生杀大权。被人遗弃的母亲就把新生儿沉在出生地附近的沼泽里溺死。如果母亲的家庭不能养活婴儿，通常也会把婴儿溺死。但是杀婴必须在婴儿一个月大之前完成，如果晚于这个时间，母亲就可能被处死。

Salish印第安妇女有时候会单独进入树林生孩子。如果妇女不愿意要孩子，就把孩子遗弃在树林里，回来谎称婴儿死了。如果有人发现婴儿是母亲杀掉的，酋长会叫人用鞭抽打她，但是尽管如此，还是有妇女采取这样的方法杀死婴儿，目的是控制家里的人口数量。

新生的残病儿很难活下来。生活在极地的Eyak人，会立即烧死新生的残疾婴儿。如果母亲不愿意这样做，她自己就会被处死。Comanche人的婴儿如果有残疾，能否活下来完全由担当巫医的妇女和伺候生育的妇女们决定。如果认为不该养活，就会把婴儿丢弃在大草原上。有些家庭认为双胞胎不吉利，会杀死其中的一个婴儿。（以上参见Carolyn Niethammer, *Daughters of the Earth: The Life and Legends of American Indian Women*, Simon & Schuster Paperbacks, New York, 1977, pp. 20–21）

上述例子，都没有强调杀婴是否有性别的选择。其实，在某些美洲土著那里，杀女婴是公开的，比如爱斯基

摩人就有杀女婴的习惯。1902年人类学家Boas调查Netsilik
爱斯基摩人的时候,男女孩的比例是100:48。二十年后,
Rasmussen又对居住在King William岛上Malerualik地区的
Netsilik爱斯基摩人做过更细致的人口调查,证实18对夫
妇共生育过96个孩子,其中38个女婴被处死。有一个名叫
Ogpingalik的人,住在Pelly湾,他的妻子生了20个孩子,其
中10个女孩被杀掉9个。杀婴一般被认为是由严酷的生活环
境造成,因为去掉多余的人口,就可能保证活着的人继续活
下去。杀女婴也被认为是基于生存压力。因为妇女一般不参
加狩猎,也不能自给自足,而必须更多依赖男人。猎人费力
把女儿养活很多年,等她长大能够帮助家里的时候却要嫁到
别人家里;相反,男人可以成为一个养家糊口的猎人,所以
在爱斯基摩人看来男孩比女孩更珍贵。如果女人花费两三年
心血养活一个女婴,而在此期间又不能生育男婴,女孩长大
又要嫁到别人家里去,她会觉得很不合算,因此她更愿意
杀掉女婴,给未来的男孩留下生存空间(Asen Balikci, *The
Netsilik Eskimo*, Waveland Press, Inc. Prospect Heights, 1970,
pp. 147–155)。爱斯基摩人的杀婴虽然不是制度化的,看起
来更像是随机的,但是杀婴尤其是杀女婴的原因,似乎主要
是源于生存压力。这跟他们所处的严酷的自然环境有密切关
系。有意思的是,尽管爱斯基摩人杀女婴,但是成年爱斯基
摩人的男女性比例失衡并不十分严重,比如Rasmussen的调
查显示,男女孩的比例是66:36,但是成年男女的比例却是
73:67,研究者认为这跟狩猎期间比例很高的男人意外死亡
(翻船和渡河溺水死亡最多)有很大关系,所以爱斯基摩

人很少真正关心男孩将来是否能够娶到老婆（前引书，第
152～153页）。

　　中国史前是否真的存在杀婴现象，是否在不同文化都有
这种现象，杀婴的原因如何，还需要考古学家和人类学家继
续给予关注。

　　　　　　　　　　　（原刊《中国文物报》2007年4月20日第7版）

趣味考古

尖底瓶的用法

仰韶文化的尖底瓶一度非常兴盛，根据其口沿、底部特征的变化，考古学家把它作为仰韶文化分期的一个标志性器物。但是关于它的用法，却很少有人讨论。尖尖的底部，即便不装任何东西，

图一　北美平原印第安人的尖底瓶（哈佛大学Peabody 博物馆展厅，2004年陈星灿摄）

也是不能竖立的。因为它的重心在上，跟部又尖，必须或者插在土里，或者放在某个中空的器物之上。尖底瓶插在土臼里的痕迹，至今没有见到过；放在某种容器上的证据，除非这种容器是陶器，除非出土时它们刚好还在一起，否则也难以确认。古代埃及人和晚近北美印第安人都有类似的尖底瓶，后者是用草编的，外涂沥青，用来盛水，但不知道插在什么地方（图一）。古埃及的陶尖底瓶，有些大概是用来盛酒的，新王国时期（公元前1550～前1069年）的一幅墓葬壁画中，清楚地描绘了尖底瓶是放在中空的草编器座上的。这种器座不高，形似算盘珠，按理是不能支撑哪怕是一个空尖底瓶的，显然不是写真，而是一种艺术的再现（图二）。尽管如此，它为我们复原仰韶文化尖底瓶的用法提供了一个图像的佐证。

图二 埃及新王国时期的酿酒场面（采自Ian Shaw and Paul Nicholson, *The Dictionary of Ancient Egypt*, Harry N. Abrams, Inc. Publishers,1995, p.23）

尖底瓶是如何扛起来的？古代两河流域的乌尔王国，也使用尖底瓶，他们把尖底瓶放在一个硬托上，用托上的绳子把尖底瓶护起来，像抬水一样把尖底瓶扛在肩上。有意思的是，后面的人随手还拿着一个器座，是准备放置卸下来的尖底瓶用的（图三）。古埃及的大型尖底瓶是用网套把它五花大绑后，两人用棍棒把它抬在肩上；小的则用双手捧住直接放在肩头（图四）。这也为我们了解仰韶文化尖底瓶的用法提供了参考资料。

图三 两河流域Khafajeh遗址出土石刻上所见乌尔王国的尖底瓶用法。这是抬到宴会上的礼物，后者右手拿着一个器座（采自John Coles [ed.], *The Awakening of Man*, Paul Hamlyn,1969, p.21）

图四 埃及第十八王朝Rekhmire墓葬所见送往底比斯太阳神庙的盛酒的尖底瓶，小的一人肩扛，大的两人抬（采自 *The Awakening of Man*, p.110）

（原刊《中国文物报》2006年1月6日第7版）

再谈尖底瓶的用法

两年前我在旅途中写过一篇《尖底瓶的用法》，从埃及和两河流域考古发现的图像和实物，讨论过尖底瓶是如何放置和运输的。我引用过埃及新王国时期的一副酿酒画面，画面上有两只硕大的尖底瓶放置在算盘珠一样的草编器座上，我推测如此低矮的器座，难以支撑尖底瓶的重量，认

图一　埃及新王国时期插在木架上的尖底瓶（采自Cyril Aldred, 1972, pp. 14—15）

为不大可能是写实的画面，而是一种艺术的再现（《中国文物报》2006年1月6日第7版）。后来发现，类似的画面，在图坦卡蒙时代（公元前1332～前1322年）的埃及还有一些，但是尖底瓶不都是放置在草编器座上的，更常见的是放置在一种特殊的架子上。比如有这样一幅画面，在祭桌的下方，放置着四个盛酒的尖底瓶，尖底瓶插在柳条搭成的木架上。据说这样的尖底瓶上还要写明酒的年份、葡萄园和葡萄酒商的名字，也还要写上酒的质量（图一）（Cyril

Aldred, *Tutankhamun's Egypt.* Charles Scribner's Sons, New York, 1972, pp. 14–15）。还有一幅画面，表现了埃赫那吞时期（公元前1379～前1362年）一个外来的叙利亚人和他的妻子，正在埃及人的侍奉下饮酒的场面。盛酒的尖底瓶也插在一个木架上。那个叙利亚人用苇子做成的吸管饮用尖底瓶里的酒（图二）（前引Aldred, 1972, p. 60）。这个样子的尖底瓶，体形巨大，难以搬动，多是用来盛酒的。

　　古希腊也用很多尖底瓶。我在一本描述古希腊人社会生活的书里，也看到过尖底瓶的身影。有一幅陶器器表的画面，表现的是公元前6世纪希腊妇女头顶尖底瓶运水的场面，画面的左侧，竖立着两个尖底瓶，正接喷泉的流水，右侧第一对妇女，头顶上放置两个草垫，等待把接满流水的尖底瓶放在头上；她右侧的几个妇女，已经把尖底瓶放在头

图二　图坦卡蒙时代的叙利亚人用吸管喝尖底瓶里的酒（采自Cyril Aldred, 1972, p.60）

顶的草垫上。整个画面栩栩如生，颇有动感（图三）（*The World of Athens: An Introduction to Classical Athenian Culture,* Cambridge University Press, 1984, p.80）。这个样子的尖底瓶，体形较矮，容易搬动，跟仰韶文化早中期的略似，只是尖端更圆钝些。

　　古希腊的尖底瓶不都是盛水的，更多用来盛酒或其他液体。有一个公元前5世纪的绘画，表现一名妇女右手操瓶，正往燃烧的祭坛之火上倾注某种液体（图四）。往祭坛上供放祭品或者往地上灌注葡萄酒、奶和橄榄油，是古希腊一种常见的祭祀行为（*The World of Athens: An Introduction to Classical Athenian Culture,* pp.107–108）。浇在祭坛之火上的液体，想来不是葡萄酒就是橄榄油吧。

　　古埃及汲水用的尖底瓶，是大敞口的，口两侧有两个环耳（图五）（前引Aldred, 1972, p. 18），这个样子的尖底瓶，估计是为了汲水和倒水的方便。它跟仰韶文化的某些尖底缸略似，

图三　古希腊妇女用尖底瓶装水（采自*The World of Athens*, p.80）

图四　古希腊妇女把尖底瓶里面的酒或者油浇在
燃烧的祭坛上（采自*The World of Athens*, p.80）

图五　古埃及时代的桔槔，尖底瓶用来从井里提水
（采自Cyril Aldred, 1972, pp. 14–15）

却与我们常见的小口尖底瓶有很大区别。如此看来,不管是盛酒、盛水还是为了汲水,尖底瓶的尖底都有其实用的价值。考察它的用途,除了参考图像,还可以观察它外部的使用痕迹,也许更可以根据其内部的残留物分析,加以具体认定。

（原刊《万象》2008年6期）

史前的粮食加工工具

自旧石器时代晚期的山西沁水下川遗址发现石磨盘、磨棒以来，遍布大江南北、长城内外的中国新石器时代遗址，差不多都有石磨盘和磨棒的存在，也有的出土石杵、石臼。黄河中游裴李岗文化（约公元前7000～前5000）带足的鞋底形石磨盘和圆柱形石磨棒是其中制作费力最多、形制最精者。作为食物加工工具，石质的磨盘、磨棒和杵、臼，在史前人类的日常生活中占有重要的地位。因为这些加工工具多出土在新石器时代的遗址里，不少学者往往假定它们是农业经济的产物，其实，采集狩猎者也离不开它们。下面的例子，可以支持我的说法。

南非卡拉哈里沙漠（Kalahari）的! Kung布须曼人，是一个典型的采集狩猎民族，女人采集并照看幼儿，男人狩猎。女人一周要出外采集两三次，每次走的路程从2英里（1英里约为1.61千米，后同）到12英里不等，她们往往把孩子带在身上，还背着二三十磅（1磅约为0.45千克，后同）重的野生植物回来。当季节变化一家人必须离开营地或者访问超过60英里之外的亲戚时，女人们只带几件必需的用具：一只杵、一件臼、几件炊具、盛水器具、采掘棒、装饰品、几件衣服和三四磅必不可少的饮用水（Marjorie Shostak, *Nisa: The Life and Words of a ! Kung Woman,* Vintage Books, New York, 1983,

图一　！Kung布须曼妇女在加工坚果（采自
Marjorie shostak，1983，p.318图）

图二　陕西宜川龙王辿旧石器晚期遗址出土的石
磨盘（王小庆 供图）

p. 67）。 石杵和石臼的加工对象主要是坚果，因为一种叫作Mongongo的坚果是布须曼人的主要采集食物（图一）。但是，没有磨棒、磨盘或者杵、臼，要大量加工这种坚果是非常困难的。"即便待在坚果林里，地上堆满成千上万的Mongongo坚果，初来乍到的人也只能挨饿。首先为了敲开栗子大小的坚果，必须发现足够硬的石头，接下来是学会怎样把坚果放在石头中间，既不伤手指，又能掌握好力度和方向把榛子大小的果仁剥离出来。"（同上书第82页）沙漠上并不总能找到石头，所以长途旅行带上沉重的杵、臼就是必需的了。

其实磨盘、磨棒和杵、臼也不一定非得是石头才行，有机物也可以充当类似的功能。非洲莫桑比克某地砸击坚果的臼，就是一个木墩，墩上有许多圆窝，把坚果放上以后用石头各个击破，效率很高（2005年8月12日上午10点加拿大多伦多电视9台所播）。

考古发现也说明磨盘、磨棒或者杵、臼不是农业民族的专利。旧石器时代的山西沁水下川、陕西宜川龙王辿（图二）等地先民还没有发明农业，华北最早的新石器时代遗址，比如河北徐水的南庄头、北京怀柔转年和门头沟东胡林遗址，也都还没有农业经济的痕迹，却都发现磨盘和磨棒，说明它们不必是农业经济的产物。

（原刊《中国文物报》2006年2月17日第7版）

毒箭、毒矛与史前的狩猎技术

　　中国史前时代的遗址里，除了常见的家养动物比如猪、狗的遗骸外，也还有数量众多的野生动物遗骨。梅花鹿、獐、麂、狼、獾、野猪、水牛甚至犀牛等等都是其中常见的。这些野生动物，有的凶猛，有的高大强壮，在只有长矛、弓箭的时代，狩猎不是一件容易的事情（Marjorie Shostak, *Nisa: The Life and Words of a ! Kung Woman*, Vintage Books, New York, 1983, p. 82）。浙江余姚河姆渡和萧山跨湖桥两个遗址，都出土了数量众多的水牛遗骨。它们的测量和观察特征都与安阳殷墟商代遗址出土的所谓圣水牛（*B. mephistopheles*）雷同，因此也有人把它们看成家养水牛。我们的研究显示，中国南北所有的圣水牛在形态上都相当一致，就体量而言，在从新石器时代早期至青铜时代约八九千年的漫长岁月里很少变化。因此，我们可以肯定地说，至少就形态而言，圣水牛经过驯化的证据并不存在（刘莉、杨东亚、陈星灿：《中国家养水牛起源初探》，《考古学报》2006年2期；刘莉、陈星灿、蒋乐平：《跨湖桥遗址水牛遗存的研究》，见浙江省文物考古研究所等《萧山跨湖桥》，文物出版社，2004年，第344～348页）。我们差不多可以断言河姆渡和跨湖桥的水牛都是狩猎的结果，那么人们是如何狩猎它们的呢？

　　根据北美印第安人的资料，把野牛（buffalo）赶进包围
圈、赶下断崖或者利用陷阱、射击离群的野牛个体等，都是
常用之法（Douglas Leechman, *Native Tribes of Canada*, W. J.
Gate and Company Limited, Toronto, 1956, pp. 111–112; Edwin
Tunis, *Indians*, The World Publishing Company, Cleveland and
New York, 1959, p. 85）。由于野牛异常凶猛，即便射击单
个的离群野牛，如果一箭不能射中要害，射手几乎没有射出
第二箭的可能，因此狩猎大型动物是非常危险的。为了有
效射杀野兽并保护自己，不少狩猎民族都有自己的毒药，
并把毒药涂在箭头或矛头上（图一），用来射杀凶猛的动
物，甚至也用来毒鱼（图二）。（Edward L. Schieffelin,
The Sorrow of the Lonely and the Burning of the Dancers,

图一　Yanomamo 人往木箭头上涂毒药（采自Chagnon, 1992, p.50图）

图二　Yanomamo人用泥草把河沟拦断，男人把Barbasco毒药投到上游，女人在下游用篮筐捡拾翻白肚的小鱼（采自Chagnon, 1992, p.52图）

St. Martin's Press, New York, 1976, p.13; Nepoleon A. Chagnon, *Yanomamo*, Harcourt Brace Jovanovich College Publishers, 1992, pp. 48–53）

非洲！Kung布须曼人对毒箭的用法有详细的描述：

图三 ！Kung布须曼猎人（采自 Marjorie Shostak，1983, p.215图）

"小而轻的弓、箭和矛及花样繁多的袋子和工具构成基本的狩猎套（图三）。但是，猎人狩猎主要依靠致命的毒箭，这种毒是从一种未成年的甲虫（beetle larvae）得来的。毒箭是如此有效，羚羊甚至长颈鹿一旦被它射中，不到一天就能中毒而死。毒是通过野兽的中枢神经发生作用的，因此食肉对人们无害，除非毒进入野兽或者人的血液。在村庄里，毒箭往往装在箭袋中，放在安全、孩子够不着的地方。为了保证安全，毒药甚至只涂在箭杆上，而不是锋利的箭头上，以防备意外划伤。箭还得定期检查，并不断涂上新的毒药。"（前引Marjorie Shostak, 1983, p. 14）

布须曼人射中猎物后，往往不急着抓到它；如果头天傍晚射中了，就回家睡觉，第二天叫来家人一起追踪，这时中毒的野兽已经死掉或者接近死亡了。（前引Marjorie Shostak, 1983, pp. 89–90）

我们不知道中国史前的人们是否已经使用毒箭，也不知道河姆渡和跨湖桥的先民是否用毒箭或者毒矛狩猎水牛，但是，就技术而言他们不落后于非洲的! Kung布须曼人，也不落后于毒鱼的巴布亚新几内亚东部Bosavi山区的土著居民，如果他们使用毒箭或者毒矛狩猎野兽，那是一点都不奇怪的。

（原刊《中国文物报》2006年2月24日第7版）

大汶口文化的日月山图像
和古代埃及的地平线表示法

　　在极端传播论盛行的时代，世界各古代文明都被认为是埃及古代文明传播和影响的结果。这种论调现在已被证明是错误的。但是，古代文明之间的诸多相似性，却是不可否认的事实。埃及象形文字里的地平线，作太阳落在两山之间状（图一）（见Ian Shaw and Paul Nicholson, *The Dictionary of Ancient Egypt*, Harry N. Abrams, Inc. Publishers, 1995, p. 132），与大汶口文化的所谓日月山图像文字有异曲同工之妙。我们看研究者是怎样解释埃及的"地平线（horizon）"的："埃

图一　古埃及代表象形文字地平线的护身符
　（采自Ian Shaw and Paul Nicholson，1995，
　p.132图）

及象形文字对地平线（akhet）的表现，基本上是对太阳从两山之间升起的描绘，表示地平线是太阳神的家。与太阳崇拜密切相关的Horus神，因此也被描绘成Horemakhet（地平线上的Horus）。作为太阳升起落下之地的地平线，也被认为受到神Aker的保护，Aker用一对狮子表示，有时候在护身符上也代替两山来表示地平线。也许正是因为狮子和地平线之间的这种关系，吉萨金字塔的斯芬克斯也被认为是Horemakhet的化身。"（第132页）

大汶口文化的日月山图像文字，有许多大同小异的变化，上面的圆形通常被视为太阳，中间的弓形被视为月亮，月亮下面的三个或五个火焰状的图形，则被认为是山峰（图

图二　山东莒县陵阳河采集陶器图像文字拓本（采自王树明：《论陵阳河和大朱村出土的陶尊"文字"》，见山东省《齐鲁考古丛刊》编辑部编《山东史前文化论文集》，齐鲁书社，1986年，第284页）

二）。如果中间的弓形确是月亮的表示，那也一定是艺术的再现而非写实，因为自然界没有弓弦中间凸起的月亮，把它依旧看作山峰，太阳就刚好落在两山中间的另一个山峰上；实际上，如果我们把最下面的图像当成山峰，太阳也仍旧是落在两山之间的山峰上，都与古埃及太阳落在两山之间凹陷处的图像文字不同。上述大汶口文化的图像文字，

基本刻画在作为随葬品的陶尊上，肯定跟人们对死后生活的认识有关，是否是用太阳落山代表死者进入另一个世界（回家），或者用太阳升起代表希冀死者复活，我们不得而知；但是，描绘在陶尊上的日月山图像，无疑也可以看作是另一种对地平线的表示，把它描绘在作为葬具的陶缸上，那佑护死者的意味是非常显明的。

（原刊《中国文物报》2006年1月20日第7版）

"割体"葬的民族学证据

在仰韶文化早期的某些墓葬里，发现有死者肢骨、指骨或趾骨不全的现象，缺失的体骨有时在墓葬填土或随葬的陶器中发现，石兴邦先生认为这是仰韶人实行"割体"葬仪的证据（石兴邦：《半坡氏族公社》，陕西人民出版社，1979年，第127～128页）。有的研究者认为割体葬仪是一种"厌胜巫术"，是对凶死者的一种特殊的埋葬方式（萧兵：《略论西安半坡等地发现的"割体葬仪"》，《考古与文物》，1980年4期）。也有人认为死者缺失的指骨并不一定全是在他自己的葬仪中被人割掉的，而有可能是在生前早就献给了别的死者。如有些民族在举行葬礼时，送葬者每人都要割下一节手指献给死者，一个酋长死后得到的手指有时有数百节之多。割指献与死者的行为，被认为是为了让死者安全地到达另一个世界。（李健民：《中国新石器时代断指习俗试探》，《考古与文物》1982年6期，郑若葵：《中国上古暨三代习俗史》，人民出版社，1994年，第212～214页）

这种"割体"葬仪，究竟是"厌胜巫术"还是送葬者送给死者的"礼物"，考古上是很难辨别的。缺失的体骨，可能是死后割掉的，也可能是生前很久以前就砍掉的，原因其实很难推测。闲来翻书，在一本传教士写作的巴布亚新几内亚行记中（Andre Dupeyrat, *Mitsinari: Twenty-One Years*

among the Papuans, Staples Press, 1955），发现作者Dupeyrat
对该地区流行的断指现象有生动的描述，对我们理解中国史
前的所谓"割体"葬仪可能会有些启发。他给的例子有
两个：

1．夫妇吵架，妻子生气把手指砍掉。过程大致如下：
她先用右手拿着石刀，把左手放在一个树墩上，众目睽睽之
下，只一刀就把左手食指的第一个骨节砍下来。然后她凝视
着流血的手指，拣起落在地上的断指，并用树叶把它包扎起
来，随后进入她个人的小屋。几分钟以后，她面带微笑走出
来，走到传教士的面前，把左手放在乳房上，右手挥舞着
带绳结的一段绳子，念念有词地数落着她丈夫打她的次数。
（第212～213页。为了节省篇幅，这里只把主要情节罗列
出来）

2．送别作者本人，妇女们表示依依不舍。作者没有描
述细节，只是说："妇女们难过地落泪，甚至痛哭流涕，好
像送葬一样。不止一个妇女为我割下指头。"（第253页）

根据作者Andre Dupeyrat的理解："妇女们砍下手指表示悲
伤或怨恨的风俗，在巴布亚山区各地几乎都能看到。葬礼上最
常见。在向供人瞻仰的死者告别的撕心裂肺的悲情中，死者
的寡妻、母亲或者姐妹会暂停哭泣，从死者身边的地上爬起身
来，退后几步，却还能让所有送葬的人看见，然后砍下一节手
指头，重又回来哭泣，并把血洒在死者身上。"他还说："我
见过一些50岁上下——在该地区非常受人尊敬的年龄——的妇
女，她们双手的二三个手指都有残缺。这些令人可怜的残指是
他们悲惨生活中各种悲剧的生动写照。"（第214页）

图一 巴布亚新几内亚断指的妇女（采自 Dupeyrat, 1955, p.240下图）

　　20世纪30~40年代传教士对土著民族的观察免不了意识形态的渗入，但是他的描述大致是可信的。他拍摄的一幅照片显示，一个中年妇女的双手至少被砍掉了7个手指的第一个关节（左手大拇指看不见）（图一），这也许是一个比较极端的例子。

　　新几内亚的例子有这样几个特点：一、断指仅限于妇女；二、纯属自愿，用来表达悲伤或愤怒的情绪；三、一般只截手指的第一个关节，而且好像一次只能砍去一节；四、并非所有妇女都在同样情况下砍下手指，个人因素也起一定作用（比如有人特别情绪化，如第一个例子所见），这是同

在一个村落却有截指多少区别的主要原因。可惜作者没有注
意砍下的手指作何使用。如果是参加葬礼时所砍，手指又随
死者下葬，死者刚好又是一个断指的女性，那么可以肯定死
者墓葬里发现的断指不是她本人的；如果她本人死前因为生
气或者愤怒而砍下自己的手指，根据风俗又把自己的手指埋
到墓里，则墓里发现的断指既有她本人的，也可能还有她的
亲属的。所以，即便中国史前确有"割体"葬仪的风俗，那
么要讨论它的真相也是非常复杂的。要之，是仔细观察并记
录肢体残缺的情况，并发现可能存在的残缺模式。从上面的
例子可知，在大多数情况下，一次砍断一节手指似乎不能危
及生命，但是如果失去的不是一节手指，而是整个手臂、双
手、双脚或者腿骨，那就要考虑这种表达"愤怒或哀伤"行
为的真实性。中国史前的"割体"葬仪还需要继续研究。

（原刊《中国文物报》2006年5月19日第7版）

跨湖桥的陶罐子里煮的什么药？

　　浙江萧山跨湖桥新石器时代早期遗址出土一件距今8000年前后的绳纹小陶釜（T0411⑧A：25），内盛有一捆形状相近的植物茎枝，枝长约5～8厘米，单根直径0.3～0.8厘米，共30余根（图一、二）。陶釜外壁有烟熏火燎的痕迹。发掘者认为煎煮的是中草药，也有人认为可能是煮茶的痕迹（浙江省文物考古研究所等：《萧山跨湖桥》，文物出版社，2004年，第152～153页）。由于釜内植物无法鉴定，所以到底煮的是什么，目前也只能停留在猜测的水平上。

　　也许有人要问，8000年前的史前先民知道用药吗？答案应该是肯定的。我的证据还是从民族志中来。在近代发现的纯粹狩猎采集民族中，对药的知识远远超过我们的想象。比如非洲南部的!Kung布须曼人，他们不仅有涂在箭头、矛头上射杀野兽的毒药（这种药从一种幼甲虫来，一旦毒性发作，几个小时就能把一头巨大的长颈鹿毒死）（Marjorie Shostak, *Nisa: The Life and Words of a !Kung Woman*, Vintage Books, New York, 1983, p.14），也还有其他各种各样的药。妇女生了孩子，要把一种叫作Sha的植物根茎，混着Mongongo坚果吃下去，以便下奶；如果还不行，就杀一头跳鼠（一种非洲生的袋鼠状啮齿动物）喝它的肉汤，看来是非常有效的（前引Marjorie Shostak, 1983, p.3）。这种肉

图一　浙江萧山跨湖桥 "药釜" 出土时的状态
（蒋乐平　供图）

图二　跨湖桥的 "药釜" 与 "药材"
（蒋乐平　供图）

汤除了下奶，也还有增强体质的作用。除了跳鼠，他们的催奶药还有野禽（guinea fowl）（前引Marjorie Shostak, 1983, p.77），喝野禽汤的方法，大概跟我国民间炖老母鸡的习惯相仿佛，目的也是一样的。

　　! Kung布须曼人还知道怎样流产。如果妇女怀了不该要的孩子，她就会喝一种草药，"使她的月经回到正常，'毁掉她的内部'，发生流产但又不会影响她继续生育的能力"（前引Marjorie Shostak, 1983, p.19）。我们不知道这种草药的名字，但看起来非常有效。

远在澳大利亚的澳洲土著，在欧洲人到来之前，既无农业，也不知道陶器为何物。但是他们也有丰富的草药知识，流产是非常普通的一件事情。根据1948年的一项调查，澳洲北部Arnhem地区的三个聚落，妇女们知道多种流产方法。在Oenpelli地区，至少一半的流产是人为的。在某些地方，一些草药用来流产，约克角半岛西部有人相信，非法生育所以罕见是因为土著对草药的知识非常丰富。当然，也有许多地区最常见的流产方法是用手猛压孕妇的腹部（Geoffrey Blainey, *Triumph of the Nomads: A History of Aboriginal Australia,* The Overlook Press, 1976, pp.95—96）。根据对350个前工业社会的调查，流产是"一项绝对普遍的行为"（前引Geoffrey Blainey, 1976, p. 96）。

致幻药物在许多采集狩猎民族也不鲜见。巴西和委内瑞拉热带雨林里的Yanomamo人，能用多种植物加工成粉末状的致幻剂，并通过管子吹进接受药物者的鼻子里（图三）（Nepoleon A. Chagnon, *Yanomamo*, Harcourt Brace Jovanovich College Publishers, 1992, pp.53—55）。致幻剂是巫师作法的必备，因此也是后进民族最常见的药物。

我们已经知道史前人能够实行非常复杂的外科手术（韩康信、陈星灿：《中国古代开颅术的考古学证据》，《考古》1999年7期），相信伴随手术也会有药物的运用。跨湖桥遗址中出土有菱角、核桃、毛桃、梅、杏、松果、芡实、酸枣等可食用的野生果实，还发现满坑的橡子，其中一定也有我们已经忘却或者根本不知道用法的草药，用来狩猎、治病、流产、致幻或者催奶，跨湖桥人也许比我们想象的还要

图三　Yanomamo人把致幻药吹进伙伴的鼻孔里
（采自Chagnon 1992, p.54图）

聪明得多。

　　最后补充一点，后进民族对动植物的知识比我们现代城市人丰富得多，仍以! Kung布须曼人为例，妇女们日常采集的野生植物就达105种（前引Marjorie Shostak, 1983, p. 12），他们对各种植物的特性和功用了如指掌。跨湖桥的史前先民一定不输于此吧!

　　　　　　　　　　　（原刊《中国文物报》2006年1月27日第7版）

吃猪肉的危险

　　家猪的起源在中国可以追溯到七八千年前的新石器时代早期。在其后几乎所有新石器时代的文化遗址里都不乏猪骨，在大汶口文化中，随葬猪下颌骨的墓葬比比皆是。山东莒县陵阳河的一座墓葬，随葬猪下颌骨多达33件，猪下颌骨因此很可能是财富的象征。自古以来，人与猪的关系是如此紧密，以至于近代巴布亚新几内亚的某些部落，视猪为儿子，甚至妇女还把头生子杀死喂母猪，然后用自己的乳汁哺育猪的幼崽（图一）（Andre Dupeyrat, *Mitsinari: Twenty-One Years among the Papuans*, Staples Press, 1955, pp. 246–250）。但是，人猪共处、猪把疾病传染给了人类，却也是不争的事实。学者对巴布亚新几内亚东部Fore土著的研究就证实了这

图一　巴布亚新几内亚的妇女把猪当孩子养（采自Andre Dupeyrat, 1955, p.145图）

一点。1967年，当地土著爆发了一种奇怪的肠炎，原因就是
吃了感染了梭菌（Clostridium）的猪肉。病人拉血痢、肚子
疼、头晕并间有呕吐。如果不及时治疗，还可导致小肠部分
坏死。根据对1961年1月到1964年11月间的病例统计，5岁以
下儿童的患病死亡率高达57.7%，40岁以上成年人的患病死
亡率也高达46.2%。（Shirley Lindenbaum，*Kuru Sorcery：
Disease and Danger in the New Guinea Highlands*, Mayfield
Publishing Company, 1979, p.33）

　　研究证明，病毒的传播主要是通过屠宰，不仅屠宰者容
易染病，屠宰过程当中，孩童们玩弄猪尿脬（吹气当球玩）
（图二、三），成年人把猪的内脏和性器官绑在腰上以刺激
生育等等的行为，都
有传播疾病的危险。
调查还证明，埋在地
窖里焖烧的大块猪肉
（焖烧的方法参见
前引Andre Dupeyrat,
1955, pp. 238–239），
根本不可能蒸熟，挖
出以后根据亲疏远
近，经过至少两次分
配，才能把这些大块
猪肉送到亲戚手中，
到把猪肉分成小块重
新放在各自的小地窖

图二　巴布亚新几内亚的孩子把猪尿
脬当球玩（采自Shirley Lindenbaum，
1979，p.35图）

图三 巴布亚新几内亚的孩子们在宴会之前从猪腹腔里掏杂碎（采自Shirley Lindenbaum，1979，p.34图）

里焖烧，最后吃到肚里，猪已经杀了四天，其间数易其手，如果其中有病猪，病毒传播给人类的危险在猪肉蒸过之后反而大增。（前引Lindenbaum, 1979, p. 33–34）

这种大规模肠炎的爆发往往跟土著举行的宴会（feast）有关（前引Lindenbaum, 1979, p. 33）。大汶口等中国史前文化的墓葬里一次埋葬那么多的猪下颌骨，也许同样是举行某种宴会（比如夸富宴）留下的遗迹。某次宴会之后，瘟疫的悲剧恐怕也免不了要发生。保存好墓葬里的人骨和猪骨，对了解史前时代人类的疾病和疾病的传播是至关重要的。

（原刊《中国文物报》2006年4月7日第7版）

记一件罕见的仰韶文化莲蓬头状流陶壶

——兼论大河村H66出土器物的功能

　　2000年冬天我们在伊洛河下游地区的拉网式考古调查中，在河南偃师灰嘴东址的一个断坎下，采集到一件仰韶文化的陶器（图一）。它的造型独特，构思巧妙，推测应该有特别的用途。

　　该陶器夹砂，外观略呈红褐色，敛口，卷沿，圆唇，溜肩，鼓腹，平底。上腹似有磨光，略显细腻；下腹粗糙，砂粒清晰可见，局部可见略呈平行状的切痕数道。器高16.4厘米，口径约10.5厘米，底径约9厘米。虽然该器残缺一半，但是仍可大致复原其形状。值得注意的是在口部一侧安有一莲蓬头状短流，流长约2.8厘米，流面略呈弧状，直径约

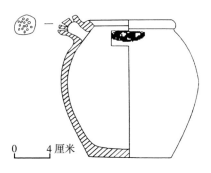

图一　灰嘴出土仰韶文化莲蓬头状流陶壶
（杨军锋绘图）

2.7～3厘米；流面上有14个小孔，孔径仅0.1～0.2厘米；其中3孔未透，可知穿孔是从外到内完成。流与器壁连接的地方，只有一个直径约1厘米的小孔，可知流速缓慢，应该有很好的过滤效果（图二）。与流略呈直角的一测口沿下，有一个鸡冠状横耳，由于陶器的另一面缺失，估计相对应的一侧还应该有一同样的鸡冠状耳。

图二　莲蓬头状流的外观（陈星灿摄）

由于失去了地层依据，对于陶器出土的背景不甚明了。但是这件陶器的外观粗糙，腹部有磨痕，显然是一件实用器。灰嘴东址地层堆积丰厚，从仰韶中期开始到东周时代累有人居，根据我们的判断，这件陶器应该是仰韶文化晚期的一种特殊器。带莲蓬头流的陶壶过去少有发现，我们只在郑州大河村仰韶文化第四期遗存中发现了一件同类器（郑州市文物考古研究所：《郑州大河村》，科学出版社，2001年，卷上第362页，卷下彩版二七：2和图版一一九：5）。器形略同，稍小，流稍长，流口施9个圆孔；陶器口沿下有一圈附加堆纹，报告命名为盉（图三，3）。

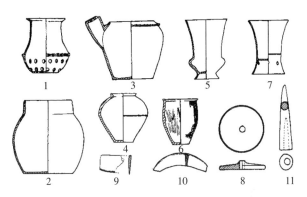

图三　大河村仰韶文化第四期H66出土器物（采自《郑州大河村》卷上）

大河村的带流陶器出土在圆形袋状灰坑H66中，共存的器物还有陶甑、壶、杯、瓮、罐、纺轮和石刀、角镞、骨刀等11件，是比较丰富的一个灰坑，根据报告作者判断，此坑系一次堆积所致。陶器中以泥质和夹砂灰陶为主，红陶很少。这样的一组器物组合，虽然都是生活用器，但AⅠ式下腹施圆形箅孔两周的甑（《郑州大河村》上册第363页）、AⅠ式直口高领壶（上册第358页）、AⅡ式薄胎圈足带镂孔杯（上册第354页）、利用鹿角尖端制成的角镞（上册第380页）和BⅠ式月牙形骨刀（上册第377页）各仅一件，GⅠ式夹砂直口折沿绳纹罐（上册第330页）和AⅠ式敞口小鼓腹喇叭形座杯（第354页）各仅两件。其中既有炊煮器和蒸器，也有盛器和饮器。如果这个灰坑确是一次堆积而成，且共存器物为同一个人或某几个人所用，也许不能排除它们服务于某种特殊功能的可能性。

在没有更多证据的情况下，我们不便推测灰嘴和大河村莲蓬头状流陶壶及大河村H66共存器物的功能。但是仅仅从器物本身出发，夹砂陶器可以用作炊煮器具，莲蓬头状流可以过滤壶中的杂物，如果这两件陶壶被用来煎熬并过滤草药，那是一点都不奇怪的。草药在各地的史前和近代的后进民族中都有广泛的应用，治疗举凡外伤、内伤甚至用于避孕、堕胎的草药在世界各地都不鲜见；古代巫医不分，草药也更多地应用于与巫术相关的致幻、作法活动中；狩猎所用的毒药和解毒之药也需要熬制（Marjorie Shostak, *Nisa：The Life and Words of a ! Kung Woman*, Vintage Books, New York, 1983；Nepoleon A. Chagnon, *Yanomamo*, Harcourt Brace Jovanovich College Publishers, 1992；Geoffrey Blainey, *Triumph of the Nomads: A History of Aboriginal Australia*, The Overlook Press, 1976）。所以，灰嘴陶壶和大河村H66的大部分出土物是否可能是古代巫医的器具，很值得我们在今后的发掘和研究中给予关注。

（原刊《中国文物报》2006年3月31日第7版）

记在河南偃师双泉村采集的一块汉画像砖

　　河南的汉墓和汉墓群之多冠诸所有历史时期，几乎在每个地区的考古调查都能发现汉砖、汉瓦的残块。但是，调查发现完整的汉砖特别是大型的作为墓门门框使用的大型空心柱砖，却是我们的幸运。2003年冬天我们在偃师灰嘴遗址发掘期间，在距离灰嘴东址南约700米的双泉村土地庙前，偶然发现了一块基本完整的门柱砖，虽然该地区汉墓众多，但是没有人愿意告诉我们这块砖的来历；根据我们的判断，它是一块刚刚出土并辗转运送到这里的汉砖。

　　我们皆非秦汉考古专家，但是觉得有必要把这块平时调查并不十分常见的汉砖报告给学术界。因记录、拓片、描述如下（图一、二）：

　　色青，中空，残长125厘米，总宽34厘米，其中支撑门楣的部分宽约8厘米，掩护门轴的部分宽约4.5厘米，厚13厘米。根据形状，推测应该是左侧的门柱。砖的前后都有图案，前后虽造型、戳印深浅略有不同，但显然是同一个构图模式。先看前面的构图，顶端是一对双层的门阙，上面各有一个长尾的凤鸟，尾巴分叉，口里似乎还衔着什么。下面是一对菱形格图案；再下则是一对文吏，吏戴冠，面向门中，身体略前倾，手里拿着叫不出名字的什物；再下面是一辆疾驰的马车，单马，车里坐两人；其下是一条与马车背道而驰

的巨龙，龙的下方是一对铺首，再下则分别为菱形格和方格图案。再看背面的构图。最上端也是一对门阙，其上各有一只凤鸟，但是这对凤鸟的造型与前者略异，尾巴似孔雀，口里也没有衔物，形态略瘦，显然与前面的同类图案不是由同一个模子戳印而成。下面的文吏也面向门中，衣饰略不同，与前面人物相比，腰前多了三个带状物，衣服的下摆上有两道完整的横向饰物；马车略同，却朝门框的方向奔驰，与前面马车的方向相反。龙头朝向门中，也与正面的龙反向。因

此，虽然门框前后的构图略同，但是很可能前后两面不同分区内的图案完全是由不同的印模戳印而成。空心砖图案前后不同的原因，虽然很难排除是基于礼仪的要求，但也完全可能是因为技术层面上的需要——只要是同类的、大致相同的模子，随手拿来就可以使用吧。今天河南偃师农村葬仪中屡见不鲜的随意和草率，比如把死者的名字写错，把随葬品潦草地放置在洞室墓的门口等等，似乎都可以为古代的草率作注。（陈星灿：《二次葬的民族考古学观察——河南偃师灰嘴村葬俗小记》，见西南大学历史地理研究所编《中国人文田野》第三辑，巴蜀书社，2009年）

虽然只发现了这块门柱砖，但是可以想象门柱砖上面的门楣砖和其上两相对立的三角形砖一定还有更为丰富多样的图案。就这块门柱砖而言，它有龙有凤，有车有马，有门阙有文吏，适足以表示墓主人生前优越的生活或对死后富足生活的向往。虽然镶在砖上的单个图案在汉空心砖墓中屡有发现，但是类似这块门柱砖的完整画面却不多见（参见薛文灿、刘松根编：《河南新郑汉代画像砖》，上海书画出版社，1993年；王振铎：《汉代圹砖集录》，考古学社专集第四种，1935年），这也许是偃师南部地区的地方特点，也许正表明空心砖制作的随意性和模式化倾向。

中国社会科学院考古研究所洛阳汉魏队制作拓片，特此向钱国祥队长表示感谢！

（原刊《中国文物报》2006年9月22日第7版）

我国南方和太平洋地区的嚼槟榔风俗

哈佛大学皮博迪（Peabody）博物馆，收藏有丰富的东南亚及太平洋诸群岛的民俗文物。注意所及，发现有与嚼槟榔有关的一套器具，和中国南方古代诸民族类似风俗的相关记载，颇多吻合之处，因撰写此文，略做比较，以引起相关专家的重视。

标本一：石灰葫芦及木匕，Admiralty 群岛采集。葫芦呈亚腰形，长约20～25厘米，周身似用火烙成繁缛的几何图案，顶部开一小口，里面插一个长约30厘米的木匕，这个木匕部分插入葫芦中，头部是一个站立的男性裸体雕像，用以取出葫芦中存放的石灰。此套文物的说明是这样的：在整个美拉尼西亚地区，土著人民嚼食槟榔、蒌叶和石灰等混合物的风俗屡见不鲜。咀嚼这些东西，能够对食者产生轻微的刺激效果。

标本二：木匕，Admiralty群岛采集。长约40厘米，最宽处约1～2厘米，尖部呈三角形，薄，似匙。头部雕刻成双腿半屈的裸人，左手放在前腹，右手朝向背后。说明文字谓：石灰匕是用来在嚼食槟榔的过程中，把石灰放入口中的工具。

标本三：木匕，Trobriand群岛采集。长约35厘米，端部薄而略圆，把手部雕刻一人，有清晰的面部和比较抽象的身体。说明文字谓："取石灰的木匕在Trobriand 群岛大量制作，并用作贸易。"

标本四：木筒，美拉尼西亚的Geelvink湾采集。长约20厘米，两端略尖，中部浑圆，略似炮弹形。周身施三角、直线等几何形图案，顶部可以取下，以为盖子。

标本五：竹筒，菲律宾Mindanao岛采集。长约25～30厘米，细长，铅笔状，周身施花纹，端部有铁箍，顶部有盖，可以开启。说明文字为：该容器为装石灰之用。嚼槟榔所用的石灰，是将贝壳在极热的火上加热，然后把贝壳放入冷水中，捣碎成粉末状。最后把粉末状的石灰和水，做成膏状，装入竹筒中。

标本六：竹筒，菲律宾群岛采集（图一）。长约20厘米，径约3～4厘米，圆筒状，周身用火烙成各种几何形图案。此物的说明文字如下："正如在东南亚其他地区所见，嚼槟榔在整个菲律宾群岛都很常见，嚼槟榔所用的石灰，就盛在用这木、竹做成的容器里。"

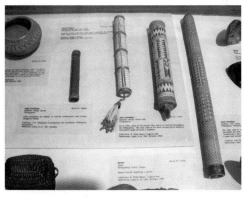

图一　哈佛大学皮博迪博物馆所藏菲律宾群岛的竹、木石灰筒（陈星灿摄）

总之，嚼槟榔是一个广见于东南亚及太平洋诸岛的风俗。中国古代对嚼槟榔习俗有生动的记载。比如晋嵇含《南方草木状》记载："槟榔，树高十余丈，皮似青铜，节如桂竹，下本不大，上枝不小，调直亭亭，千万若一，森秀无柯，端顶有叶，叶似甘蕉，条派开破，仰望眇眇，如插丛蕉于竹杪，风至独动，似举羽扇之扫天。叶下系数房，房坠数十实，实大如桃李，天生棘重累其下，所以御卫其实也。味苦涩，剖其皮，鬻其肤，熟如贯之，坚如干枣。以扶留藤，古贲灰并食，则滑美，下气消谷。出林邑，彼人以为贵，婚族客必先进，若邂逅不设，用相嫌恨。一名宾门药饯"。相当准确地记载了槟榔树、果及嚼槟榔的方法。所谓古贲灰，也就是石灰吧。所谓扶留藤，显然就是蒌子，也就是古代云南所谓的"芦子"，即所谓"味辛，食之能预瘴疠"的"蒌叶藤"。

宋周去非的《岭外代答》卷六"食槟榔条"载："自福建下四川与广东、西路，皆食槟榔者，宾至不设茶，唯以槟榔为礼。其法，斫而瓜分之，水调蚬灰一铢许于蒌叶上，裹槟榔咀嚼，先吐赤水一口，而后啖其余汁，少焉，面脸潮红，故诗人有'醉槟榔'之句。无蚬灰处，只用石灰；无蒌叶处，只用蒌藤。广州又加丁香、桂花、三赖子诸香药，谓之香药槟榔。唯广州为甚，不以富贵、长幼、男女，自朝至暮，宁不食饭，唯嗜槟榔。富者以银为盘置之，贫者以锡为之，昼则就盘更啖，夜则置盘枕旁，觉即啖之。中下细民，一日费槟榔钱百余。有嘲广人曰：'路上行人口似羊'，言以蒌叶杂咀，终日噍饲也，曲尽啖槟榔之状矣。每逢人则黑齿朱唇；数人聚会，则朱殷遍地，实可厌恶。客次士夫，常以奁自随，制如银锭，中分为三，一以盛蒌，一盛蚬灰，一则槟榔，交趾使者亦食之。询之于人：'何为酷嗜如此？'答曰：'辟瘴、下气、消食，食久，顷刻不可无之，无则口舌无味，气乃秽浊。'"

这真是饶有兴味的记录。宋代的岭南人民，除了装槟榔等的盒子与我们在太平洋诸岛所见不同外，其余几乎没有任何出入。所谓蚬灰，也就是蚌壳做成的灰，所谓将调好的石灰"一铢许于蒌叶上"，说明加灰的工具，也许就是尖头的用木或者竹子做成的长匕，只不过作者没有对取食石灰的器具加以描述；银锭状的盛槟榔等物的盒子，显然是后起的器具，所谓富者用银，贫者用锡，大概并非百姓的写真。无论如何，上述记载，对于我们了解这一风俗的地域分布，特点及可能的原因，都有很重要的帮助。（图二）

这一分布广泛的习俗，是多地区起源，还是从一个地方兴起然后向周围地区扩散，似乎还不很明白。不过就所食的东西、程序和目的来看，从一个地区起源然后向周围地区扩散的可能似乎不能排除。太平洋地区的此类习俗是否随南岛语族的扩散而形成，也未可知。这种习俗能够在考古上留

图二　2002年7月作者在台北街头购买的槟榔
（刘莉　摄）

下什么能够被我们确定的东西，目前也不好猜测，但是如果竹、木器不能留下，金属和陶制的相关器具总该有些痕迹吧！如果古人的尸骨有较好的保存，也许相关的分析能够帮助确认这一习俗的存在与否。

（原刊《中国文物报》2002年4月12日第7版）

三说古代以皮毛为目的的狩猎工具

　　虽然因为皮革羽毛难以长久保留，其在考古上的重要性没有得到大家足够的认识，但是已有证据足以说明皮革羽毛是古代社会生活的重要组成部分。不独中国古代如此，其他地区的古代社会也没有例外。比如，《禹贡》九州所贡物产大多包括"齿革羽毛"；考古上曾发现汉唐以前各种没有尖端的骨、石镞（陈星灿：《上古以皮毛为目的的渔猎工具》、《再说古代的非尖头镞》，《考古随笔》，文物出版社，2002年）；"皇"字在甲骨文和金文中是一顶装饰着羽毛的高帽（图一）（James C. H. Hsu, *The Written Word in Ancient China*, Vol. One. 1996, p.62；杜金鹏：《说皇》，《文物》1994年7期）；近年来在良渚文化屡屡发现的"神人兽面像"，"神人"所戴也是一顶栩栩如生的羽冠（图二）。凡此均说明皮革羽毛（特别是羽毛）在中国上古仪式生活中的重要性。

　　最近中国社会科学院考古研究所编著的《安阳殷墟花园庄东地商代墓葬》（科学出版社，2007

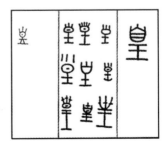

图一　甲骨和金文中的皇字（采自 James C. H. Hsu, 1996, p.62）

图二　良渚文化神人兽面像（采自Yang Xiaoneng, [ed.],
Chinese Archaeology in the Twentieth Century, Yale Univ.
Press, 2004, p. 95）

年），更令人惊奇地报道在著名的54号贵族墓中，发现了43
件前端平齐的骨镞。据笔者所知，这是中国考古上首次集中
发现数量如此众多的非尖头镞，它昭示了皮革羽毛在中国上
古仪式生活中的重要性，其价值不容忽视。这43件骨镞，
被研究者分为两类，第一类41枚。前锋圆钝平齐，有脊无
翼，截面呈圆弧三角形，关部不明显，本与铤分界不清。如
标本M54∶298，保存基本完好，铤部加工粗糙。通长11.6
厘米，脊长6厘米（图三左）。标本M54∶576，完好。通长
8.8厘米，脊长4.7厘米（图三右）。第二类2件。圆锥状，前
端打磨光滑，留有多处打磨留下的浅细阴纹。后端渐细且打
磨粗糙。研究者推测，打磨粗糙可能是为了绑缚在箭杆之上
时增大摩擦力。如标本 M54∶391，长5.56厘米，前端最大

径1.39厘米，后端最大径0.37厘米（图四，1）。标本M54：390，挺部残损。残长3.87厘米，前端最大径1.57厘米，后端最大径0.65厘米（图四，2）。

54号墓墓口面积约16.6平方米，仅次于著名的殷墟妇好墓；共随葬青铜器267件（除铜镞、铜泡外），其中青铜礼（容）器40件，从青铜礼（容）器分析，墓主地位也仅次于妇好。该墓还有殉人15个，殉狗15条。据研究者推测，这些殉人，可能是战俘，也可能是墓主的贴身侍卫或随从，主人死后随葬。总之，从各方面分析，54号墓墓主应是商代晚期一位军权在握、地位极高的贵族。在他的墓葬中随葬如此大量的、旨在猎取动物皮毛的非尖头镞，不管这些骨镞

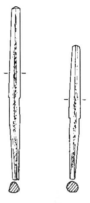

图三 安阳殷墟花园庄东地54号墓出土的A型圆头镞（《安阳殷墟花园庄东地商代墓葬》，216页，左1、右2）

图四 安阳殷墟花园庄东地54号墓出土的B型平头镞（采自《安阳殷墟花园庄东地商代墓葬》，彩版四九：3，左1、右2）

属于墓主本人还是他的侍从，恐怕都跟贵族的仪式生活密切相关。非尖头镞集中出土在贵族墓中，说明皮革羽毛的猎取在殷代贵族的社会生活中占有重要位置，也许墓主还负有获得仪式生活所需要的皮革羽毛的专门责任。

可能有读者要问，54号墓出土的第二类硕大平头镞，因为接触面积大，可能不会伤及鸟兽的皮毛，但是第一类骨镞，虽然前锋圆钝平齐，毕竟端部面积很小，射到鸟兽身上，还是不免射入皮肉，如果伤及皮肉，流出血污，污染皮毛，岂不前功尽弃？我过去观察龙山时代没有尖端的鱼鳍状镞（陈星灿：《上古以皮毛为目的的渔猎工具》、《再说古代的非尖头镞》），也有这个疑问。但是，我们看到的这些端部面积较小的非尖头骨、石镞，未必就是当初射击时的状态，如果在这些骨、石镞的前端糊上树胶等有机物质，弄成端部很大的圆头镞，再与鸟兽的毛皮撞击，大概就不能射入皮肉了。实际上世界不少民族正是采取类似方法解决这个问题的。东非肯尼亚的萨穆布鲁人（Samburu），在男人的成年仪式上，要用被树胶糊成圆头的箭头射杀一只小鸟（图五），并把没有血污的小鸟别在用鸵鸟羽毛编织的羽冠上（图六）。据说戴上这样的羽冠，就能获得狩猎的威力了。（Mohamed Amin, *Cradle of Mankind,* Chatto & Windus, London, 1981, pp. 68–69）

殷墟54号墓出土了如此众多的非尖头骨镞，为我们认识古代皮毛的猎取提供了很好的机会。仔细观察检测这些骨镞，也许能够有类型学之外的新发现，进而有助于我们从考古学上了解跟皮毛相关的上古仪式生活。

图五　肯尼亚萨穆布鲁人的圆头镞（采自Mohamed Amin, 1981, p.69）

图六　肯尼亚萨穆布鲁人的头饰（采自Mohamed Amin, 1981, p.69）

（原刊《万象》2008年6期）

咸头岭文化圆形石饼的用途蠡测

　　珠江三角洲地区的咸头岭遗址和咸头岭文化出土过数量不少的圆饼形石器，大小不一，小的直径约3～5厘米，大的直径约10厘米，以小型居多（图一）（李海荣：《深圳咸头岭遗址》，见国家文物局编《2006中国重要考古发现》，文物出版社，2007年，第34～37页）。这些圆饼形石器，多是凝灰岩制成，石质粗糙，也没有敲打使用痕迹，又加工得非常精致，其用途让人费解。

　　在中国史前遗址中很少发现类似的遗物，据说跟咸头岭关系密切的高庙文化（湖南省文物考古研究所研究员贺刚先

图一　深圳咸头岭遗址出土的各种石器（圆饼形石器指上排右一、中排左二）（采自《2006中国重要考古发现》，第37页）

生告知），也出土过类似的圆饼形石器，但是数量不多，不知道两者是否具有同样的功能。

我颇怀疑这种圆饼形石器跟食物炊煮有很大关系。让我们把目光转到北美印第安人那里。美国平原地带的猎人，住在用树皮、兽皮搭成的圆锥形木骨房子里；房屋的中间，有一个圆形的火塘，火塘里堆着一堆圆饼形石头；火塘的一侧，用木架撑起一个用水牛皮做成的皮锅，皮锅里有牛肉、野洋葱和其他植物。妇女把烧热的圆饼形石头，用木棍夹住，放在皮袋里，如此循环往复，最后把牛肉和其他食物煮熟（图二）（James A. Maxwell [ed.], *American Fascinating Indian Heritage*, Pleasantville, New York，Montreal, 1978, p. 176）。美国加利福尼亚地区的泼莫（Pomo）印第安人，为了去掉橡子面粉里的鞣酸，先把橡子粉铺在沙子上，然后把热水均匀地泼在橡子粉上，这样慢慢冲洗，最后鞣酸被底部

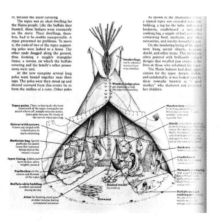

图二　北美平原印第安人的烧石（采自 James A. Maxwell [ed.], 1978, p. 176）

图三　美国加利福尼亚泼莫印第安人的烧石（采自
James A. Maxwell [ed.], 1978, p. 176）

的沙子吸收掉。从事这个工作的一般是妇女，她旁边有一堆
烧石，她先用树枝做成的夹子把烧石夹到草编的水罐里，把
水加热，然后再不停地舀水倒在橡子粉上（图三）（前引
James A. Maxwell, 1978, pp. 266-267）。我们无从比较印第
安人这两种圆饼形烧石之间的异同，更无从比较它们和咸头
岭圆饼形石器的区别，但是考虑到夹取的方便，这种烧石最
好是圆饼形的，大小要适中，如果太圆、形体太大，或者其
间的区别太大，或者形状不很规则，则都不易夹取，尤其是
在一个人既要烧火，同时又要照料食物的情况下，就更是如
此。咸头岭的圆饼形石器，绝大多数无疑是经过人类加工
的，不像是自然的卵石。承李海荣先生慨允，我仔细观察过
咸头岭出土的部分圆饼形石器，发现有个别的圆饼形石器崩
裂，好像是火烧后遇水膨胀的结果。但是这些石器好像都很

干净，看不到火烧痕迹。不过，用凝灰岩做成烧石，一定是考虑到这种石料容易吸热的特点；做成圆饼形，一定是因为这样的石器容易夹取。但是，咸头岭文化有专司炊煮的圜底釜，也有支撑圜底釜的陶支座，如果圆饼形石器确是炊煮用的烧石，用在什么时候，什么场合，还是值得我们仔细考察的。当然，要证实我的推测，最需要对石器本身做更多的观察和测试，如果能够证实这种石器经过多次水与火的考验，或者上面带有某些动植物的残留物，也许就真的证明，环珠江口地区这种以采集狩猎为主的史前文化，曾经流行过"石煮法"的食物炊煮方式。

（原刊《万象》2008年6期）

心理东西本自同
——东汉和罗马两副"色情"图像的分析

　　1979年，四川省新都县（今新都区）新龙乡的一处工地发现了一座东汉砖室墓。墓中十多块砖上浮雕各种图案，有插秧的、酿酒的，也有表演舞蹈的、耍杂技的，还有的表现西王母及太阳、月亮神的形象，与四川地区该时期常见的图案并无不同。但是，还有两块砖上浮雕着十分罕见的"色情"图案，至今令考古学家和历史学家们感到困惑不解。

　　第一幅图案，有四个人。岔开双腿、仰面朝上的人，梳着高髻，头侧有一个采桑叶的篮子，篮子半倒在地上，很明显是一位女性，也可能就是篮子的主人。第二个人，俯在女人的身上，阳器高举，正要进入女人的身体。他后面的第三个人，也是一个男人，好像已经做好性交的准备，却正双手用力推着第二个男人的臀部，要把第二个男人推进女人的身体。第四个人，也是男人，站在树的后面，阳器高举，跃跃欲试，好像已经急不可耐。与此同时，桑树上的猴子和鸟儿们好像也在配合这个场面，上蹿下跳，兴奋不已。（图一）第二幅图案，还是四个人。仰面朝天的女人，头朝上，双腿下垂，已经松弛下来；她上面的男人好像已经抽身出来，左手正伸向挂在树上的衣服；小个子的男人，靠在树上，高个子的男人，蹲在地上，好像都已经完成各自的任务。这时候树上的鸟儿和猴子都不见了，仪式好像已经结束了。
（图二）

　　考古学家认为这两块砖上的图案，可能是表现一个仪式
的两个不同阶段（Jessica Rawson, [ed.], *Mysteries of Ancient
China, New Discoveries from the Early Dynasties*, New York:
George Braziller, 1996, pp. 201–203）。这个仪式可能表现的
是当时广为人知的神话传说，或者仅仅是一种当地的风俗，
也有人认为是代表年度的仪式循环（annual cycle of rites）

图一　四川省新都县新龙乡出土东汉画像砖
（采自Jessica Rawson, 1996, p.202）

图二　四川省新都县新龙乡出土东汉画像砖
（采自Jessica Rawson, 1996, p.202）

（Patricia Berger, Body doubles: sculpture for the afterlife, *Orientations*, 1998, pp. 46–53）

因为此前此后都没有发现过这样的画面，而出土这两块画像砖的东汉墓又没有经过正式发掘，所以要了解其中的奥妙恐怕还得假以时日。有意思的是，最近笔者在一本讲罗马时代的性的画册里（John R. Clarke, *Roman Sex 100BC-AD 250*, Harry N. Abrams, Inc., Publishers, 2003），看到一幅可以用来比较的画面，年代亦略同，也同样非常罕见。据这本书的作者说，同样的例子他只见过两个，不过另外一个是大理石雕刻。

这是一个最近在罗马高卢Arles遗址发掘出土的石油灯。油灯上面浮雕着三个人物：女人面朝上，双手拢在腰部，腹部以下的身体倒立，小腿搭在男人的双肩上；男人正站在床上，从女人的身后进入；男人的后面立着一个双手推他臀部的小人，这个人长着翅膀，正是爱神丘比特（Cupid）。（图三）（前引John R. Clarke, 2003, pp. 150–151）

把爱神丘比特与四川新都双手推动前面男人的人相比，可能是不恰当的，但是，就他们在整个性交过程或者性交仪式中所起的作用来看，又都是近似甚至一样的。因为如果单单是为了表现男女性交的过程或者仪式，似乎完全没有这个"推手"存在的必要；正是因为有了这个"推手"，我们对整个画面的阐释才会虑及性交之外的种种因素的存在。也许有了这个"推手"，才能够增加"被推者"的快感，甚至才能够使性交成为可能，但这个在人类一般性行为中不见的场

图三　欧洲西部Arles遗址发掘出土油灯上的性交
场面（采自John R. Clarke, 2003, p.151）

面，不应该单从"快感"等等纯粹生理的角度解释，而应该
从生理之外的更广阔的文化的角度看。不知道相隔万里的东
汉四川人和罗马高卢人在涉及性的仪式或者风俗上是否确有
相同之处？

（原刊《万象》2007年8期）

古代的捕鱼业

考古解释脱离不了考古学家的经验。如果在古代遗址中发现网坠、鱼钩、鱼叉（其实命名本身也是一种解释，是需要解释者的经验介入的），我们几乎可以认定这是古人捕鱼的证据。但是，如果单纯发现箭头，就很难说它是狩猎还是捕鱼的工具，实际上许多考古学家是把箭头当狩猎工具看待的；再者，如果没有发现网坠、鱼钩、鱼叉或者箭头，就更难认定古人是否捕鱼。综观中外民族志的材料，古代的捕鱼方式很多，有些是难以留下遗迹的。以北美洲为例，常见的捕鱼方式就有以下多种：

网捕法最为普及，也最为有效。手网、粘网（dip nets）、铲网（scoop nets）分布最广，但是拖网（seines）和刺网（gill nets）在有些地区也不难看见。

用树枝或者石头在河流中打围堰是另外一种常见的捕鱼方法。这种围堰一般是竖立在河流中，但是也有打在海边上的，落潮之后顺潮而下的海鱼就被围堰拦在了海滩上。尽管网捕法最有效，但是比较起来每年围堰捕捉的鱼数量更多。围堰对于捕捉随季节游动的鲑鱼和西鲱鱼（shad）尤其有效。西北部海岸的印第安人以捕鱼为业，鲑鱼的捕捉主要依靠围堰法。（图一）

用矛、箭射鱼的方法也很流行。比较而言，鱼叉并不常

图一　因捕捉鲑鱼在加拿大温哥华Coquitlam 河边用卵石垒起的围堰（陈星灿摄）

见，在水浅而鱼多的地方，鱼叉、鱼矛和弓箭捕鱼的效率均很高，捕鱼者往往借船头的火炬或者篝火吸引鱼，不过这种方法虽在北美洲西部和东部流行，但是在极地和次极地地区却罕见。因为这种方法极为有效，所以晚近在鱼类数目下降的地方多被禁止。

　　鱼钩既比不上网，也比不上围堰和矛、叉，用鱼钩钓鱼是效率最低的一种。据说许多鱼类根本不吞鱼饵，而鲑鱼和西鲱鱼在逆流而上产卵的时候也不吞鱼饵。

　　高原地区、大湖地区、加利福尼亚和西南部的墨西哥地区等地，还使用毒鱼法捕鱼。但是比较而言，毒鱼远没有钓鱼重要。因为这种方法除了要求有合适的有毒植物之外，水流缓慢和鱼类集中也是必需的。另外，还有所谓敲鱼法，是用棍棒在浅水中猛击鱼头捕鱼。（图二）（参见Harold E. Driver, *Indians of North American*, Second Edition, Revised.

图二 美洲印第安人用木棒敲鱼、用木矛叉鱼（采自
Colin Taylor, 2002, p.105）

The University of Chicago Press, 1969, pp. 87–88；Colin F.
Taylor, *The American Indians*, Salamander, 2002, pp.105, 161）

　　用围堰和弓箭捕鱼的情况也见于国内的民族志材料。
比如我国东北地区鄂温克、鄂伦春人的捕鱼技术各式各样：
（1）当五月下旬，正是鱼的交尾期，成百上千集中在一
起，用弓或叉捕获之；（2）在河岸上夜间用火把引来各种
鱼，用网或叉捕杀之。另外鄂温克、鄂伦春族人根据鱼"春
上秋下"的游动规律，在小河岔修筑"鱼亮子"，亮身用柳
条编成，无论是鱼逆流而上还是顺流而下，都是有进无出，
一次可捕几十斤，或几百斤（吕光天：《北方民族原始社会
形态研究》，宁夏人民出版社，1981年，第69～70页）。鄂
伦春人夜间捕鱼时，一个人把火举到头顶上，火把的前后要
有两个人叉鱼，鄂伦春语叫"格日德仁"。鄂伦春人的妇
女、儿童跟在后面捡鱼，并把鱼串到柳条子上，从冰上拉

走。过去河里鱼多，一晚上叉到的鱼可装满七八麻袋（何青华：《金色的森林》，民族出版社，2002年，第50～51页）。

尽管用鱼钩钓鱼是我们现代人耳熟能详的一种捕鱼方法，古代却并非如此。以东北嫩江流域的史前文化为例，这里出土的骨器除一部分装饰品外，多数都是捕鱼工具或者鱼类加工工具，最具特色的要数骨鱼镖和骨枪头，但是该地区发现的鱼钩很少，所以有的考古学家认识到该地区当时的捕鱼方法应该是用鱼镖叉鱼，而不是用鱼钩钓鱼（赵宾福：《东北石器时代考古》，吉林大学出版社，2003年，第439～440页）。从上述中外民族志材料看，这种情况当非嫩江地区所独有。

除了在考古上能够留下遗迹的鱼钩、鱼叉、网坠外，通过上述民族志资料，我们知道弓箭也是古代捕鱼的一种常用工具，另外，很难在考古上留下遗迹的围堰却往往能够比鱼叉和渔网捕捉更多的鱼。实际上捕鱼在古代的重要性可能远远超出我们的想象。据统计，北美洲的河流和淡水湖泊只占整个北美洲大陆面积的大约百分之五，但是单位面积的捕鱼产量却远高于狩猎和采集的产量（Erhard Rostlund, *Freshwater Fish and Fishing in Native North America,* University of California Publications in Geography, No. 9, 1952）。如何在考古上发现、认定古代的捕鱼方法，确认鱼类在古人饮食中扮演的角色，也是我们应该注意的一个问题。

（原刊《中国文物报》2006年7月28日第7版）

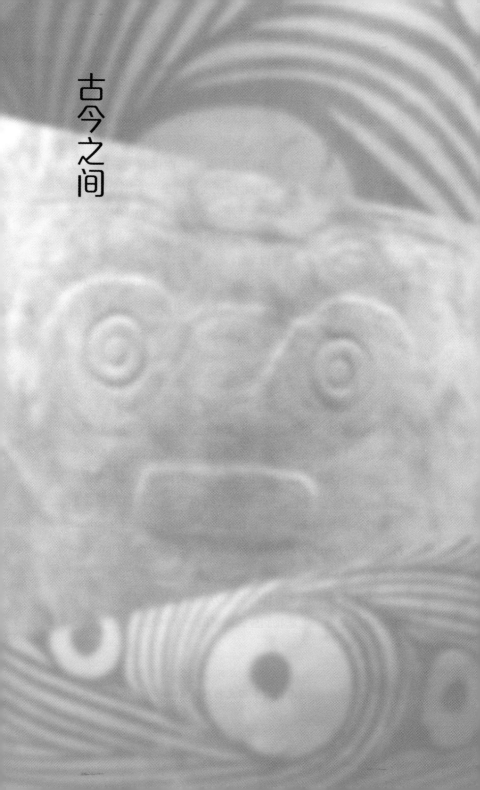

古今之间

灰坑的民族考古学考察

——石璋如《晋绥纪行》的再发现

在中国考古学史上，民族考古学是发端很早，但却没有受到足够重视的一个研究领域。第一代考古学家中，石璋如先生是对民族考古学最有兴趣的一位，他对酒泉制玉业、昆明制铜业的观察研究，都可算是民族考古学的研究案例。以前虽然知道石璋如先生还有一本基于民族考古目的的《晋绥纪行》，但从未寓目，更没有想到会在哈佛燕京图书馆找到它。

这本薄薄的32开本的小书，蓝而发黄的麻纸封面上，上面正中偏左印着红色横排的"晋绥纪行"，右下角则是同样颜色同样横排的著者"石章如"及"独立出版社"的名字。书中文字是竖排的，比封面更薄的黄麻纸，几乎不能承受这黑色的铅字，一本原本流畅、朴实的考古纪行，却因这糟糕的纸张和印刷而使阅读变得非常困难。这就是抗战时期中国印刷的写真，当年在西南大后方出版的为数不多的书刊，差不多都是这个样子。从封面上的蓝色印章可知，这本书是通过费正清（John K. Fairbank）博士入藏燕京图书馆的，时间在1946年9月25日。它是作者自己的赠送，还是费正清在中国所购买，因为没有其他的文字说明，我们不便猜测。有意思的是，这本一般图书馆很难见到的书，是一本真正的中国民族考古学的早期著作，虽是游记性质的，但从历史的角度看，仍不失其重要性。

本书是石璋如先生1937年7～8月中旬在山西、内蒙古南部（绥远）考察的记录。此次考察，因殷墟的发掘而起，目的则是了解灰坑（窖穴）之用途。作者是这样说的："中外注目的殷墟发掘工作，到二十六年六月为止，已经有十五次之多，在这十五次的途程中，发现了许多为史籍所不载的新事实及传说所没有的秘密；并获得了大批可供解决殷代疑问的宝贵史料。对于中国古代文化上的贡献，在这里无须估计它的价值，只要稍为留心学术工作和考古事业的人们，都已经很清楚地了解了。但是其中有许多问题，因为没有得到有力的证据，虽然经过这样长时间的探讨，仍然没有得到一个合理的解答，其中顶显著的一个，便是殷墟中最常见，最普遍，最使人厌烦的窖穴问题，唯其普遍，我们便感觉它的重要，以其重要，才作种种的推测和据理的解释：因为殷人尚鬼，又有凡事必卜的习惯，恰巧在一个坑里发现有整架的猪骨，另一个坑里发现矛镞等器，所以有人把它解释为与祭祀有关。又因为古有茹毛饮血，穴居野处，陶复陶穴，茅茨土阶等传说，恰巧又发现有些坑中有脚窝，有些坑里有台阶，所以又有人解释为与居室有关。这两种解释，都有他部分的理由和事实的根据，不过全没有把握着真谛所在，有待于将来更合理的解答。"因此这次晋绥考察，石璋如先生对于藏粮食的窖穴给予了特别的关注。

发现的第一处粮食窖藏，是在包头附近的古城湾村。"这里的窖分为两种，一种是藏粮的，一种是藏菜的，藏粮

的是直上直下的竖穴，多半为圆形，大小不等，着粮的多少
而定窖的体积。王氏的院中尚有2个，都在房子的附近，已
经不用了，所以秽砖瓦填满了半窖。藏菜的窖多为横形，先
挖下数尺，然后再向里挖成窑式，内铺麦秆，把菜放在麦秆
上。有的是挖成露天的长沟，在沟上棚起木棍并放上许多树
枝的。王村长讲，藏菜的窖，现在还用，而藏粮的窖多不用
了，把粮谷都藏在室内的仓中了。"（第50页）

包头北10里的后营子，也有藏粮食的窖穴。"窖有两
种用法：一种为藏种子，当新粮下来的时候，选择佳种，藏
于地下，来春即拿出播种，埋在地下可以减少来年麦的病
害。要吃要卖的粮食，则藏在仓中。一种为避兵匪，塞外的
土匪，非常活跃。每到冬季更为厉害，牵牛抢粮，是很平常
而普遍的事件。为安全计则把大批粮食，埋在地下，而留一
小部分在外面，供日常之用需，匪来则逃，匪走则回，即令
匪将外面之粮食抢去，而地下的粮尚可发开取用。窖为圆
形，约三四尺深，周围用枝枝（即麦秸）垫起，把粮食倾入
其中，上层盖草，再填土打实，好的粮食，如谷子，芝麻等
可藏十数年。仓是在屋子内的，把一个房间，用土墙隔成高
约三四尺的几个方格子，这方格子便叫作仓，在不同的格子
里，藏储不同的粮食。他又说数十年前，有某姓藏高粱一
窖，事后忘了地点，其后灾旱大饥，也找不着地方，又二年
老鼠将粮盗出始发觉，急忙挖开，则都变作黑块，可惜不能
吃了。可见，窖藏粮食是会忘掉地点的，粮食经久是会变坏
的。"（第53页）

观察的另外一处粮窖，在固阳县。石先生说："固阳

的窖穴，最为普遍，凡是农家，不论穷或富，城或乡，全有这种建筑，到绥以来，所经过的地方，以这里为最多，因为这是他们唯一的藏粮的工具，挖窖的地点都是在院墙里面，屋子的一旁或前面。一处三个五个不等，那是由粮的多少而定的。窖多为圆形，径约一公尺二寸（1公尺为1米，1寸约为0.03米，后同），深约两公尺左右。春秋挖新窖，让日晒干，壁底干透后，则不坏粮食。旧窖于藏粮前把其中的秽物打扫干净，晾干后储粮。储粮的办法是预先缠若干草把子，在窖底上铺上一层干草，然后将把子靠着窖壁密集的排起来，再把粮倾入其中，再在上口上盖上一层干草。最后堆土打坚再上一层水使它结冰，一结冰无论如何挖不开的，是避盗的一种好方法。大窖可容十石至三十石者为多，小窖则可容数升，大窖所藏的为自己吃及卖的粮谷，而小窖所藏者多为选择好的种子。秋藏春发是一定的老规矩，春间若是不发，它会从窖内发出来的。有时因为时局陡然紧张，如百灵庙之役，等不上缠把铺草，便把粮食倾入窖中，所以壁和底上坏了厚约半公寸（1公寸为0.1米，后同）的一层，其中少数有未坏的粒子，现在就壁和底上长出来了。为着防止盗贼，另有一种秘密的藏粮办法，这种办法多在夜间举行，免得外人知道它藏粮的地点。在旷野自己的田里选择一个地点挖窖，随带着把子干草和粮食。在一天的工夫把窖挖成，草铺好，粮藏竣，泼上水，待各种手续完毕后，然后套上牲口一把，把一块地的表面耙成一个样子。等到天明事情完结，谁也找不出藏粮的所在，等到灾乱过后，春天到来，发窖的时候，也是要一气把粮取完，但不一定要限定夜间。这里的

窖分两种，一种是湿窖，也叫凉窖，是藏山药的，一种是干窖，也叫热窖，是藏粮食的。"（第62～63页）

第四个观察的地点，在五原县，"五原因为是产麦的地方，所以窖穴比较多，距城三二里（1里为500米）地的村庄里便满布着穴窖。我们为着调查上的方便，先到县府交涉，次到附近的村庄调查。顺着渠边而西，到达前堡红村，这村内住了一位刘世光先生，是农林学校的学生，方由省城受军训回来，谈起藏粮的问题，他非常的高兴，他告诉我们粮食坏了，麦子为绿色，豌豆谷子为黑色，并领导我们参观他的穴窖。他们的穴窖，都在院子的外边，靠近房屋的墙基，穴以长方的为多，圆的较少，长方大的有长三公尺，宽一公尺三者，小的约有长一公尺二，宽八公寸者。圆的径约一公尺二三。在长十七公尺，宽十三公尺的一块平面上，有十六个窖，而中心地带，尚未揭开，据它的密度来看，当在三十个上下。窖的四壁非常光滑，深约一公尺二，至一公尺五的样子，再深便见水，藏粮的方法，与固阳一带的相同，其所不同者，在固阳一带没有长方窖，而五原则多见长方窖而少圆窖。

"据刘先生讲，当汽车路没有通到五原的时候，这里没有土匪，更没有小偷。窖藏的粮食没有被偷的一说。等到汽车通到五原，市面繁华了，小偷也跟着来，冬天因为地冻的关系，他偷不开，等到春间，却有被偷的粮窖，粮藏在地下，也是不保险的，所以现在藏粮多秘密起来。"（第74～75页）

这个因为殷墟灰坑引发的晋绥考察记，是在战争期间的颠沛流离中完成的。作者没有把他在殷墟发掘的各种

这些名为"灰坑"的各种坑穴，实际功能需要考古学家
考察认定（2006年冬陈星灿摄于河南偃师灰嘴遗址）

窖穴同内蒙古地区的现代窖穴做一番比较，实际上也不能
在这样一本考察记里推测殷墟窖穴的功能。不过石璋如先
生关于现代窖穴的描述，因为有考古学上的目的，所以相
当有针对性，对于我们理解考古上所见各种所谓灰坑，确
有非常重要的价值（见图）。我们把这些描述，不厌其烦
地抄写在这里，对于《中国文物报》不久前关于灰坑的讨
论，相信会有意外的补充。

（原刊《中国文物报》2002年3月1日第7版）

民族志所见原始制陶术的两种模式及其启示

一 前言

　　20世纪90年代以来，一系列新石器时代早期遗址在中国南方地区发现（张弛等：《江西万年仙人洞与吊桶环遗址》，《历史月刊》[台北]1996年6月号；袁家荣：《玉蟾岩获水稻起源重要新物证》，《中国文物报》1996年3月3日第1版）；北方地区，也有个别遗址发现万年上下的陶器资料（保定地区文物管理所等：《河北徐水县南庄头遗址试掘简报》，《考古》1992年11期；郁金城：《北京市新石器时代考古发现与研究》，《跋涉集》，北京图书馆出版社，1998年；东胡林考古队：《北京新石器早期考古的重要突破——东胡林人引起广泛关注》，《中国文物报》2003年11月7日第1版），为探讨农业起源、陶器起源等学术界普遍关心的问题，提供了条件。尽管这些发现，大都没有详细而深入的报道，因而很难进行深入的再研究，但是，从发表的简报看，它们的重要意义是毋庸置疑的。以最近重新发掘的、资料报道最为完整的广西桂林甑皮岩为例：该遗址自下而上的堆积共分五个时期，其中第一期，发掘者认为不晚于年代在公元前1万年的湖南道县玉蟾岩遗址，陶器的制作方法和器物形态与广西临桂县大岩出土的陶器相同，同属于新石器时代早期。第二期分为前后两段，其饰粗绳纹或中绳纹、敞口、束颈、圜底的陶釜（罐），与湖南澧县彭头山文化（湖南省文物考古研究所、澧县文物管理所：《湖南澧县彭头山新石器时代遗址发掘简报》，《文物》1990年8期；裴安平：《彭头山文化初论》，《长江中游史前文化暨第二届亚洲文明学术讨论会论文集》，岳麓书社，1996年）的同类物相似，其年代也大致相同（傅宪国等：《桂林甑皮岩遗址发现目前中国最原始的陶器》，《中国文物报》2002年9月6日第1版），也就是说距今当在八九千年以前。据报道，第一期的陶器，仅发现2件，"为夹粗方解石的灰白、灰褐陶，所夹方解石颗粒粗大，制作粗糙，捏制而成，胎厚达2.9厘米，陶质疏松，烧成温度极低，素面，从陶片形状看，器形为敞口、浅斜弧腹圜底釜。"第二期的陶器，数量有明显增多，前段"以夹粗砂红褐陶为主，部分为灰褐陶，质地疏松，火候较低，器形以敞口、束颈、鼓腹的圜底（釜）罐为主，器表多饰中绳纹或粗绳纹，其中以印痕较深的中绳纹最具特点。在陶器的制作技术上新出现泥片贴塑法"；后段的陶器"以夹粗砂红褐陶为主，部分为灰褐陶，砂粒主要为方解石或石英，制法为泥片贴塑，器壁较厚，质地疏松，火候较低，器表纹饰以粗绳纹为主，少量中绳纹，其中多数粗绳纹印痕略深。器形多为圜底的釜、罐类，器底较尖厚，除前段常见的敞口、束颈、鼓腹的圜底釜（罐）外，新出现微敞口、短颈近直的圜底器"（傅宪国等：《桂林甑皮岩遗址发现目前中国最原始的陶器》，《中国文物报》2002年9月6日第1版）。显然，第二期陶器虽然仍然非常原始，但明显比第一期陶器更多变化，制造方法也明显不同。

这些陶器的制造方式如何？除了根据这些新发现的陶器资料，做类型学的分析和实验考古学的研究加以复原以外，民族志的资料也具有同样的借鉴作用。在本文中，我们从许多民族志的描述中，试图找出比较最原始、生态上和文化形态上也比较接近的两个民族，看看他们的制陶方式有无借鉴作用。

二 南美洲西瑞奥诺人的制陶技术

半定居的西瑞奥诺印第安人（Siriono），生活于南美洲玻利维亚东部的热带雨林地区，活动范围在西经63°～65°和南纬13°～17°之间大约200英里见方的地方。该地区一年只有雨、旱两季，雨季从11月到次年5月，旱季从5月到11月。年平均温度在25℃左右。当人类学家霍慕伯格（Allan R. Holmberg）在1940～1942年考察该民族的时候，这个民族与外界极少接触，技术上非常简单。他们以采集狩猎为主，虽然有农业，但基本上都在住房附近开一片不超过50英尺（1英尺为30.48厘米，后同）的小园地，只以一个集采、挖等多功能为一体的长木棍（掘棒）为工具，因此，所谓农业完全是采集狩猎业的附庸。他们甚至不会打火，火是从外面借来的；也没有船，因此要过河就只有凫水过去。他们不会动物饲养，没有私有财产，甚至连属于个人的东西也差不多是完全没有。（Allan R. Holmberg, *Nomads of the Long Bow– The Siriono of Eastern Bolivia,* Garden City, New York: The Natural

History Press, 1969）

这样一个技术上非常原始的民族，却也开始制造陶器，当然他们的陶器技术，也相当简单。为便于比较，兹将陶器一节翻译如下：

"陶器工业很落后，但是妇女们偶尔也制造粗糙的素面陶（neo）。因为大多数食物是烧烤而非蒸煮，因此任何一个家庭很少拥有一件以上的陶器。

"陶土主要取自河两岸的泥土。妇女们用掘棒把陶土挖出来，然后装在篮子里运回家。首先，要把陶土羼水并和烧成灰的motacu棕榈树的种子混合起来，做成陶泥。然后把陶泥做成球状，制造器壁所需要的泥条即从此而来；或者做成饼状，以便加工陶器的底部。

"陶器的底部是模制的，或者取自泥饼（如果是圜底），或者取自一个小泥条（如果是尖底）。模制完全靠手，做成以后，把它放入地上的一个浅坑里，坑里放草木灰，以为垫子。

"陶器其余部分的制作采用泥条盘筑法。底部模制以后，泥条在motacu棕榈树叶做成的席子上逐一弄展，然后再逐一贴在器壁上。在制作陶器的过程中，妇女一边忙着弄泥片，一边还不断地往手上吐唾沫。此外，她还用一种hitai贝壳的凸面把陶器的外壁刮平。在器底上附加一到两片泥条之后，通常要把陶器放在那里晾一天，然后再进行下一步的工作。这样，不断加高的湿陶器才不至因重量大增而变形。因此做一件陶器通常需要几天时间。做成之后，还要在凉阴里晾两天，然后才入'窑'烧烤。

"陶器是露天烧的。当陶器的一部分变硬以后，就轻轻翻动过来，以便烧硬另外的部分。有时候，陶器上蒙起绿色的树枝和木片，以便在烧造的过程中保持温度的均匀。因为烧窑的方法很粗糙，陶器非常疏松易碎，拿起来必须小心翼翼。通常陶器的口径大约5～10英寸（1英寸为25.4毫米，后同），高约8～14英寸。

"像陶器一样，烟袋锅（keakwa）也系用屦和烧成灰的motacu棕榈树种子的陶土制造。整个烟锅包括烟管，都是用泥片模制而成。工具只有手指。妇女做烟锅的时候，她把一小块陶泥放在底部，这就是随后制造烟管的材料。烟锅做成后，她把那块陶泥做成圆锥状，然后用一根棕榈树的枝条插进烟锅，做成一个洞，以便烟管插入。随后她把泥片一点一点贴在枝条上做成烟管，直到达到理想的长度为止，最后还把烟锅的底部做成装饰性的突起，她们称之为eka也即乳头。

"烟锅做成以后，晾干几天，然后再像烧陶那样入火烧造。烧的过程中，烟管中间的枝条烧成灰烬，烟的通道自然形成。

妇女们有时候也用小圆泥片加工纺轮，然后像陶器和烟锅那样露天烧造。烧造之前，把纺锭插入纺轮，因此纺轮中间的孔大小正好合适。"（前引Allan R. Holmberg, 1969, pp. 22–24）

在民族考古学诞生之前，这种关于陶器制作的描述虽然还没有达到我们考古学家要求的细致程度，但无疑是非常详细而珍贵的。通过上述描述，我们至少可以知道西瑞奥诺人的制陶技术有如下几种特点：

（1）制陶由妇女承担。

（2）泥土采自居家附近。

（3）陶泥系陶土混合水和烧过的植物种子，即考古上所谓的加炭陶，说明对陶土的特征有一定程度的认识。

（4）制造不易，自己使用，数量少。

（5）底部模制，器壁采用贴塑法。

（6）陶器当为圜底。挖坑放置器底，且铺草木灰方便晾晒和取放。

（7）做一件陶器的时间很长，需要在贴塑以后晾干，然后再逐渐加高。

（8）陶器素面。

（9）工具只有手和刮外壁的贝壳。

（10）露天烧造，当中且不断翻动陶器，以使各部分均得到火烧。可以想见陶器受热不匀，颜色杂驳。

（11）陶质疏松，不易搬动。

（12）陶器的口径和高度很小，容积不大。

三　安福列特人的制陶方式及技术

第一次世界大战期间，英国著名人类学家马林诺夫斯基（Bronislaw Malinowski）积多年时间，对西太平洋地区的东新几内亚进行了深入的调查。对流行于特罗布里恩德诸岛（Trobriand Islands）及邻近诸岛土著人民的"库拉"（kula）贸易做了深入的分析和解释，为人类学开创了一条里程碑式的新路。"库拉"贸易也因此成为人类学家关注的对象。（Bronislaw Malinowski, *Argonauts of the Western Pacific*, New York: E. P. Dutton, 1961）

陶器是库拉贸易的一个组成部分，马氏在他的调查中，也对特罗布里恩德南部的安福列特（Amphlett）土著的陶器制造业做了比较详细的描述和分析。

从地图上看，安福列特岛位于东经151°、北纬10～11°之间，与南部的福格森岛距离最近。安福列特群岛的一面虽然是地势平坦、广阔、肥沃而缺乏自然资源的珊瑚岛，另一面却是拥有茂密森林和丰富矿藏的特尔卡斯托火山群岛。因此这里的贸易非常发达，安福列特的陶器就常常用来交换周围岛屿的物品比如石料、木碟、石灰罐子、篮子、淡菜贝壳等等。

马氏的名著，已经有了很不错的中文译本（马林诺夫斯基著、梁永佳等译：《西太平洋的航海者》，华夏出版社，2002年），我们且看他是如何描述安福列特人的陶器制造的：

"安福列特土著是这一广大地区的唯一的陶器生产者。他们把产品供应到特罗布里恩德和马绍尔班内特（Marshall Bebbett），而我相信所有伍德拉克岛（Woodlark）的陶器也来自这里。在南面，他们把产品运到多布（Dobu）、杜阿乌（Du'a'u）、远至米尔恩湾（Milne Bay）。此外，安福列特的陶器虽然在一些边远地区与其他地区生产的盛载器具一起使用，但安地产品的质量却非其他英属新几内亚地区所能及。安地产品形状较大，盆身很薄，做工精细，而且十分耐用。

　　"安福列特陶器好在两处：上好的原材料和高超的工
艺。陶泥要从亚亚瓦纳（Yayawana）运来，这是弗格森岛
北岸的一个陶矿（quarry），距安福列特有一天的旅程。在
古马斯拉（Gumasila）和纳布瓦格塔岛（Nabwageta）只有
一种质地粗劣的泥料，只适宜造小陶器，不能用来做大的。

　　（此一段是讲为什么有好陶土的一个神话，从略）

　　"从此，古马斯拉土著便每年前往亚亚瓦纳一两次挖陶
泥，运回家乡由妇女制造陶器。到亚亚瓦纳的路程要一天，
而由于此岛在西南方，他们可借助任何主风向往返。他们会
留在岛上数天，采挖黏土并晒干，然后用vataga篮子盛回。
我估计每艘独木舟可载回两吨陶土，足够女人半年之用。运
回家后，这些淡黄色的泥土装在废弃的独木舟板制成的木槽
里，藏于屋内。

　　"在过去白人还未到来之前，情况较为复杂。只有克
瓦图图（Kwatoutu）一个岛的居民因为和亚亚瓦纳人友善，
才获准在那里采泥。至于其他岛的居民是否要全副武装来采
泥，还是与克瓦图图通过物物交易取得陶泥，我暂时无可奉
告。在安福列特得到的资料差强人意，而我几个资讯人在这
点上也说法不一。但可以肯定的是，克瓦图图过去和现在一
样，都是上品陶器的产地，而古马斯拉和纳布瓦格塔也一直
制造陶器，但质量较差，至于第四个岛道姆道姆，则从不
参与这项贸易。直到今天为止，那里还没有一个妇女会制
造陶器。

　　"我说过，制造陶器完全是妇女的工作。她们两三个
一组坐在屋下做活，身旁是一堆堆黏土和制陶器的工具。

就是在这十分简陋的条件下，她们制造了一件件大师级作品。我在安福列特住了不止一个月，只有机会看到几群老妇女在工作。

"至于制陶技术，方法是首先把陶泥塑成胎模，然后用刮铲打实，最后用淡菜壳把盆身削成需要的厚度。说得详细一点，首先是一个女工长时间地揉一团泥土，然后把他分成两个半圆形泥团（如果要做一个大陶器的话，则要多些泥团）。她把两个泥团放在一个平面的石块或木板上，使它们首尾相接，成为一个环形（图一）。接好之后，整个材料就像一个又圆又厚的圆饼。然后她两手并用，把泥团慢慢压紧，并且向上引拉，做出一个向外斜的盆身（图二）。一般来说，她左手在盆内，右手在盆外，边挤边拉，渐渐做成一个半球体的圆顶。圆顶上部有一个洞，把左手伸进去，配合右手在外面工作（图三）。最初的时候，她手部的主要动作是自下而上，把泥团拉挤，使之成为薄薄的盆身，而且可以看到她手指上下移动所形成的纵直条纹。然后她转而横向推去，在盆肚部分下功夫，留下好些同心的横圈纹。女工不停

图一　　　　　　　　　　图二

重复这横向动作直至把陶器外形弄得匀称圆滚。

"看着一个妇女在这短短的时间内，没用任何器械、单凭双手把一团软绵绵的陶土制成一个直径达一米的半球形物体，而且几近完美，这简直是一个奇迹。

"把泥团塑造出所需形状之后，女工用右手拿一把木刮刀轻拍泥土表面（图四）。这一过程费时甚久，如果是大陶器则需要一个钟头。圆球体经过长时间拍打达到满意状态之后，女工便在顶部加上泥土封好，她一面填泥，一面拍打。若是小陶器，她会先封好顶洞再行拍打。此后，陶器要放在席子上晒一两天，使其坚硬，再把它翻转，盆口朝天，放在一个篮子里。然后把一个长而平的泥条粘在盆口边，向盆内突出，形成优雅的盆唇，并在盆口周边每隔120°安上三个小小的泥团作为装饰。最后，用尖棍在盆口和盆身画上图案，在阳光下再炙烤一段时间。

"陶器经过充分暴晒后就可以安全挪动了，但此时仍要

图三　　　　　　　　图四

小心以免碰坏。陶器被放在木棍上，盆口向下，木棍用石头块托起。然后在陶器外面铺满碎树枝和木头，点起火，让火焰在陶器内外烘烤。最后，美丽的陶器便做成了。新陶器呈砖红色，用了几次之后就变成黑色。这时的器形不再是半圆形，而是椭圆形，就像一个鸡蛋从中间剖开后的大头一边。给人的整体感觉是：这东西优雅得近乎完美，我所知道的南海陶器都无法与其媲美（图五）。

"基里维纳语称这些陶器为kuria，安福列特则叫kuyana或va'ega。最大的陶器盆口有100厘米宽、60厘米深，只在仪式时用于烹煮mona，它被称为kwoylamona（安福列特则叫nokunu）。第二种型号的叫kwoylakalagila（安福列特称nopa'eva），只具有普通功能，用于煮甘薯和芋头。Kwoylugwawaga（安福列特则为nobadala）和上述的同一用途，但体积更小。有一种特别型号叫kwoylamegwa（安福列特语为nosipoma），用于巫术。还有一种最小的，有一

图五　安福列特土著的陶器，形状大、盒身薄、做工细

个特罗布里恩德的名字，叫kwoylakekita（但我记不得是否在那里见过），它在安福列特用于日常饮食，安语称为va'ega。"（前引：《西太平洋的航海者》，第243～246页）

总之，安福列特人的技术已经远非上述西瑞奥诺人所能及，她们的陶器制造，毋宁说是服务于交换的目的，换言之，是为别人制造的。除此之外，制陶也别具特点：

（1）同样由妇女制造，且作者所见都是老年妇女，二三人为一组。

（2）制陶在屋内（原文为under the house，意即屋下，这屋大概就是四面没有墙的棚屋），条件简陋。

（3）陶土从外地用独木舟运来，非本地产，运程来回两天。

（4）陶土作为重要资源，受人控制，一般不能自由挖取。

（5）运回一船陶土，约2吨重，可以满足半年的使用。

（6）陶器手制，所需工具只有双手和用来刮器壁的淡菜壳。

（7）先反复揉搓泥团，然后分成两个半团，使其首尾相接，做成泥圈。然后双手并用引拉成器，最后再逐渐完成底部封口。口朝下，底朝上。

（8）拍打陶器的外壁（大陶器基本拍打完成后才把朝天的底部加泥封口）。

（9）晾晒一两天，然后把陶器倒过来，即口朝天，为了固定，放入篮子中。

（10）加工器口，做成装饰。装饰的工具是尖棍，装饰及于盆身。

(11) 器口朝下，露天烧制。

(12) 新陶器砖红色，用过几次之后才变成黑色。

(13) 从描述看，陶器虽有多样性，但大都是形体大小的差异，没有太多形态上的差异，基本上都是圜底器。

(14) 形态大小悬殊，用途也不一。

四　比较与启示

这两个民族，从社会形态、经济形态和技术形态上看，前者都更原始些。

两者的陶器制造，虽有若干相似之处，无疑代表两种不同的类型。

就相同的一面说来，首先，两者都是由妇女在村子里制造，条件简陋，技术简单，似乎都没有专门的窑场。其次，制陶的工具，除了双手，都是用贝壳刮切器物的外壁。其三，器物形态简单，基本上都是圜底器。其四，都是露天烧制，烧制的方法略同。

就不同的一面说来，第一，前者是为自己烧制；后者更多是为交易而做。第二，前者取自住地附近河边的泥土；后者的陶土取自外地，前者的限制略少，但是陶泥的质量较差，后者在资源上更受限制，但是陶泥质量更高。第三，前者用草木灰做羼和料；后者的羼和料不详。第四，前者先加工陶器底部，器壁基本上采取泥片贴塑法；后者后加工陶器底部，器身用左右手引拉，基本上采取捏塑法。第五，前者把器底放在地上挖出的小坑内，坑内放草木灰，解决支垫问题；后者后加工器底，底朝天，待基本晾干后再翻转过来，并放置在篮子中，也是为了解决陶器的固定问题。第六，前者素面；后者有装饰。第七，前者制造的过程更长，器底完成后每贴塑一两片，就要休息一天，以防器身倒塌；后者似乎一气呵成。第八，烧制虽都露天，但是前者更原始，要不断地翻动陶器，使之受热均匀。第九，前者形态简陋，质地疏松；后者形态优美，坚固耐用（参见下表）。

西瑞奥诺人、安福列特人陶器制造的比较

特征、民族	西瑞奥诺人	安福列特人	比较
陶器制造者	妇女	妇女	同
陶土来源	本地	外来	异
羼和料	草木灰	不详	不详
陶器使用者	本地	外地（商品）/本地	异
制法	贴塑	捏制	异
制造程序一	做成泥团	做成泥团	同
制造程序二	取下小团 做成泥片	分成两团再合为一圆圈	异
制造程序三	贴塑	双手引拉捏制	异
制造程序四	先用泥片做底，放入地下一小坑，坑内垫草木灰；再做器身，使口朝天	先做器身，最后再封底，口朝下，底朝天，最后翻转过来，放入篮子中	异
制造程序五	用贝壳刮器外壁	用贝壳刮器外壁	同
制造程序六	不详	用木刮刀轻拍外壁	不详
装饰	素面	有纹饰	异
陶胎	厚	薄	异

续表

特征、民族	西瑞奥诺人	安福列特人	比较
陶质	疏松	坚固	异
烧制方法一	露天，木、树枝烧造	露天，木、树枝烧造	同
烧制方法二	移动陶器	可能不移动陶器	异
颜色	可能斑驳	砖红色，用后变黑色	不详
形态	圜底	圜底	同
类型	少，小	多，大小均有	异
外观	不美观	美观	异
所费时间	长	短	异
功能	日常用具（单一）	仪式场合、日常用具（多样）	异

　　总体看来，后者无疑代表了一种更先进的制陶模式。但是仅从制陶的方法上看，安福列特人的捏塑和引拉法，似乎并不比西瑞奥诺人的贴塑法高明多少，这其中的差别，想来主要是陶土优劣所致。因为安福列特人的陶土取自外地，质量优异，容易成型，而西瑞奥诺人的陶土取自居住地河边，质量相对低劣，不容易引拉成形。前者先做器身，再做器底，底朝上；后者先做器底，后做器身，口朝上的特点，无疑也直接肇因于陶泥的质量。

　　我们关心的问题，是捏塑和泥片贴塑之间是否有一个逻辑的发展过程？如果仅从上述两个民族志所见的例子，似乎这个过程并不见得存在。社会、经济、技术形态上发展较进步的安福列特人使用捏塑法，而相对落后的西瑞奥诺人却使用贴塑法；但是捏塑法并不绝对影响陶器的质量，实际上采用捏塑法制造的陶器，较之贴塑法制造的陶器还要坚固耐用，形态优美；捏塑法制造的陶器只要经过拍打，一样可以制成器壁很薄的状态，这中间当然有许多因素影响到陶器的质量，但是陶泥的质量是陶器优劣的关键。

中国已经发现的早期陶器，似乎多贴塑法（俞伟超：《中国早期的"模制法"制陶术》，《文物与考古论集——文物出版社成立三十周年纪念》，文物出版社，1986年）。甑皮岩第一期的陶器系捏制，二期以后诸期系贴塑，但四期已经开始利用慢轮修整的技术。给人的印象，捏制当在贴塑之前；换言之，捏制比贴塑更原始。但是，这是甑皮岩的孤例，还是中国早期陶器制造的通例，实在值得我们深入研究。

本文抛砖引玉，希望通过民族志的实例，增进我们对于中国陶器起源的研究和认识。两个实例所见制陶的特点，除了制造方法本身，其他比如陶土的来源、羼和料的问题、制造地点、制造程序、烧制方式、制陶工具、陶器的功能、陶器的制造者等等问题，都希望能够得到发掘者的注意，并通过各种手段加以解决。

（原刊中国社会科学院考古研究所编《华南及东南亚地区史前考古》，文物出版社，2005年）

中国旧石器时代的石球是狩猎工具吗

一 引 言

中国旧石器时代的石球（或称球形石器），最初是在山西襄汾丁村发现的（裴文中等：《山西襄汾县丁村旧石器时代遗址发掘报告》，科学出版社，1958年），其后山西匼河（贾兰坡等：《匼河——山西西南部旧石器时代初期文化遗址》，科学出版社，1962年）、阳高许家窑（贾兰坡、卫奇：《阳高许家窑旧石器时代文化遗址》，《考古学报》1976年2期；贾兰坡等：《阳高许家窑旧石器时代文化遗址1976年发掘报告》，《古脊椎动物与古人类学报》17卷4期，1979年）等许多遗址相继发现，尤其是许家窑遗址，仅1976年的发掘就出土石球1059个，其中最大的重达1500克以上，直径超过10厘米，最小的不足100克，直径在5厘米以下，构成了许家窑文化的显著特色。裴文中、贾兰坡在丁村发掘报告中虽然认为石球的用途可能有两种：（1）作为狩猎用的武器；（2）当作石锤使用。但最后推测作为"投掷武器（或狩猎用的工具）的可能性最大"（裴文中等：《山西襄汾县丁村旧石器时代遗址发掘报告》，第103页）。其后，贾兰坡等在匼河、许家窑的报告中肯定并发展了石球是狩猎工具的看法。在许家窑发掘报告中指出："那些不太大的球形石，有没有可能是狩猎用的'飞石索'（bolas），我们认为不能排除这种可能性。"（贾兰坡、卫奇：《阳高许家窑旧石器时代文化遗址》）随后贾兰坡等又进一步指出，许家窑遗址中的石球，中等大小的可以作为"飞石索"；最小的可能用作飞石索上握在手中的扣环；大的显然难以作为飞石索使用，但无疑也是一种投掷武器（贾兰坡等：《阳高许家窑遗址旧石器时代文化遗址1976年发掘报告》）。这种观点有人支持（耀西、兆麟：《石球——古老的狩猎工具》，《化石》1977年3期），也有人不置可否（邱中郎：《中国旧石器时代中期文化》，载吴汝康等主编《中国原始人类》，科学出版社，1989年，第205～206页），因此需要进一步的论证。

在旧石器时代，由于生产力低下，一器多用的现象普遍存在。因此即使打制石球的目的是为了狩猎，也不能排除用作石锤或其他用途的可能性。但是假设石球尤其是中小型石球，是用作狩猎用的飞石索，那么，由于飞石索具有直线远投的功能，就必然要求一种独特的自然环境与之相适应。换言之，在气候炎热、森林密布的情况下，这些石球很难想象会成为飞石索；相反，作为飞石索，它就必须要求适应草原或荒漠一类植被，只有在这种情况下，飞石索才能起到作用。因此本文主要就许家窑、丁村等遗址的石球，与该时期该地区的气候及植被情况相对证；如果契合，那么就为石球系飞石索的看法，增加了新的证据；反之，则证明这种看法可能是错误的，应该另做解释。这种分析，也可以推广到出土石球的其他旧石器遗址特别是中晚期旧石器遗址中。

二　石球的描述及飞石索在民族志中的应用

（一）匼河的石球，仅发掘3件。其中编号为2472的标本，发现于匼河6054地点，原料为黑色石英岩，轮廓呈球状，直径8.5～9.5厘米，重1035克。表面打击痕迹清楚，石片碎小零乱，有的是由两端对击的，有的是与对击的石片疤又交叉打击的，打击台面与石片疤之间的角度很大，均在110°～130°之间，打下的石片碎小，不能使用。因此研究者认为不可能是生产石片的石核，而是有意识打成的石球。（贾兰坡等：《匼河——山西西南部旧石器时代初期文化遗址》）

（二）许家窑的石球，数量极多，仅1976年的发掘就出土1059个，其中最大的重达1500克，直径超过10厘米；最小的重量不足100克，直径在5厘米以下。原料为脉石英、火山岩和矽质灰岩。其中有的可能是打制石片未成功的石核，但是大部分器物表面都有许多打击痕迹，打击痕迹不仅没有一定的方向，也不见一个打制成功的标本。有的石球制得滚圆，有的是半成品与毛坯，它们清楚地显示出石球制作的全过程。因此研究者推测许家窑中的石球，中等大小的可以用作"飞石索"，最小的可用作飞石索上握在手中的扣环，大的石球虽然难以作飞石索之用，但无疑是一种投掷武器。（贾兰坡、卫奇：《阳高许家窑旧石器时代文化遗址》；贾兰坡等：《阳高许家窑旧石器时代文化遗址1976年发掘报告》）

（三）丁村的石球，发现于丁村各地点的地层中，据近年的统计总数在100件以上。大多用厚而平的砾石做成，制造方法是沿着砾石两面的周围边缘打击，使它成为一种圆形器物。打击点虽然很清楚，但是被利用的台面和劈裂面之间的角度很大，一般都超过110°，最大者可达到130°，石球的原料以石灰岩最多，闪长岩次之，其他如石英、绿色砂岩和石英岩则较少。器物表面没有因敲砸而留下的凹坑状疤痕。石球最大体重在1500克以上，最小者在200克左右，一般在500～1300克之间。由于台面与劈裂面之间的角度很大，不可能打击下适用的石片，又因石灰岩质软，闪长岩质粗不适于作打击石片的用途，再加上石球表面没有用于敲砸而留下的凹坑状痕迹，所以研究者认为石球用作投掷武器的可能性最大。（裴文中等：《山西襄汾县丁村旧石器时代遗址发掘报告》）

　　石球用作狩猎或进攻敌人的武器，在民族志中并非仅见。除了原始的手掷方法外，民族学家还告诉我们两种基本方法（宋兆麟等：《中国原始社会史》，文物出版社，1983年，第91～93页）。一种是绊兽索。它是在很长的木杆的一端，拴一条长5～6米的绳子，和鞭子相似，绳子的另一端拴一个石球。平时把绳子绕在木杆顶端，一旦逼近野兽时，猛然甩动木杆，石球一跃而出，击中目标后急速旋转，将兽足牢牢缠住。新中国成立前我国某些少数民族还运用这种方式狩猎。另一种是飞石索，有三种基本形式。一种是单股飞石索，索长0.6～0.7米，一头握在手中，一头拴有石球。投掷时先用右臂使其旋转，然后向狩猎目标投击，石球引索而出，可以击伤或打倒野兽。我国纳西族，南美巴塔哥尼亚印第安人就使用过这种形式的飞石索。另一种是双股飞石索，绳长1.3米，中间编一个凹兜供盛石球之用。使用时，把飞石索两端握在手里，利用旋转将石球甩出去，有效射程50～60米，远者可达100米。这种飞石索，既可以投掷一枚大石球，也可以投掷数枚小石球。我国纳西族、藏族曾使用这种方式。另一种是三股飞石索，以南美印第安人为代表。每股绳上拴一个石球，他们经常骑着快马，借助于马匹奔驰的速度和手臂摆动的力量，在头顶上空舞动拴有最小石块的那股绳索，猛力发射。有时可连续发出四五副，能将70米外的野马脚缠住，或者击断马腿，给野兽以致命打击。

使用飞石索（或流星索）的民族很多，我国的藏族、羌族、纳西族、普米族，美洲阿根廷的巴塔哥尼亚人等都曾使用过这种武器（托尔斯托夫：《普通民族学概论》上册，科学出版社，1960年，第35页）。澳大利亚土著使用的"飞去来器"，虽然目标较小，但旋转和飞行也具有类似飞石索的性质，因此也可以考虑在内。关于飞石索的制作和使用方法，可以藏族为例。分布在西藏、青海、四川、甘肃草原的藏族牧民，普遍使用飞石索作放牧和防卫野兽的工具。藏族同胞称这种特殊的放牧工具为"古朵"。"古朵"是用牦牛绒毛或山羊毛编织的飞石索，长约2米，由"正绳""古底""副绳""加呷"等四部分组成。其制作方法是：先将毛搓成粗毛线，再用8股或12股粗毛线编成圆或略方扁形的绳，当编织约1米长时为"正绳"，然后将其经线分为两路，各自继续编织约20厘米，这一节叫"古底框"，是放石球的部位。再将经线拢合继续编织约50厘米长，这一节叫

"副绳",另外编一根称"加呷"的比正副绳要短1米的尾绳,其长约50厘米,并接在副绳上。因为使用"古朵"时,"加呷"这一节磨损最大,所以为了延长"古朵"的使用寿命,就把"加呷"另编,以便随坏随换,最后织一块与"古底框"相等的两头略尖的平面椭圆形"古底",并将其缝接在"古底框"里。"古朵"的使用方法是将正绳的一头勾套在右手食指上,再将鸡蛋大的石球放在"古底"上,并把"加呷"的尾端握在右手里,然后在头顶上旋转几圈,看准目标后将旋转的右手朝前一甩,与此同时,把握在手里的"加呷"一放,"叭"的一声,石球就朝目标飞去。使用"古朵",可将石球准确地投掷在两百米外的目标,抛击偷袭的豺、狼、狸等野兽,或在辽阔的草原上指挥畜群向预定方向前进。"古朵"为藏族男女老少所喜爱,成为日常生活必需品,形影不离;现在又进入体育项目,使用"古朵",可将石球抛到400米开外。(朗杰:《藏族牧民的抛石绳——古朵》,《化石》1979年3期)

由于飞石索的使用必需借助于一定长度的绳索和旋转的绳子及绳端的石球而产生的惯性,使石球沿着惯性朝着抛开那一瞬间的圆的切线飞行,这就注定石球比弓箭需要更大的飞行空间。假设飞石索的长度是1米,那么旋转石球的圆环半径就是1米(不算手臂);再长一些,其要求的空间还要更大一些。不仅如此,由于飞石索具有打击野兽和缠绕其颈部或腿部的功能,其击中目标时所需要的空间也比弓箭要大得多。因此,无论是第一种形式的绊兽索或是第二种形式的飞石索,都需要很大的飞行空间,因而在森林中这种飞石索是无法施其技的。不论飞石索是否源自一次发明或者多次发明，但是一个共同的现象是使用飞石索的民族必居住在林木疏稀的草原地区。使用飞石索的藏族、羌族以及南美的巴塔哥尼亚人，使用飞去来器的澳大利亚人，都居住在比较干旱的大草原地区。这种自然环境，为他们的狩猎和畜牧提供了良好的条件。由于文化的不断变迁，也许使用飞石索的某些近代民族，已经不再居住在草原地区，但是，在主要使用飞石索狩猎或者畜牧的民族里，其居地周围必然还保留着大面积的开阔草原或疏林荒漠地区，否则是不能想象的。由民族志的例证推想，旧石器时代使用飞石索的部落也应该具有类似草原、稀树草原或荒漠的环境。

三 许家窑、丁村遗址的植被与气候

由于匼河遗址仅出土3件石球，所以我们仅讨论出土大量石球的许家窑遗址与丁村遗址的气候和植被情况。

（一）许家窑的讨论 许家窑动物群产自山西阳高泥河湾湖相上部地层中。该动物群共含有22种哺乳动物：食虫目2种、兔形目2种、啮齿目4种、食肉目2种、长鼻目1种，奇蹄目3种和偶蹄目8种。除了长鼻目要求适应一种湿热的气候条件外，许家窑动物群中绝大部分种类是能适应寒冷气候条件的类型。遗址中的塔形钻头螺、同形慢行蜗牛、间齿螺、凸圆盘螺等软体动物都是现生种，它们喜居于比较温湿的丘陵地带的树林里或灌木丛中。鸵鸟是荒漠和草原动物；披毛犀和野马是典型的草原性动物；中华鼢鼠现在广布于我国北方的农田、草原、山坡和河谷中；鼠兔多生活在草原和山地砾石地带；羚羊是典型的荒漠和半荒漠的种类；似布氏田鼠虽然没有关于它的生态记载，但根据与它相近的现生于我国东北及内蒙古的布氏田鼠推测，大概也是适应于干旱草原环境生活的（贾兰坡、卫奇：《阳高许家窑旧石器时代文化遗址》；贾兰坡等：《阳高许家窑旧石器时代文化遗址1976年发掘报告》）。因此，推测当时的气候处于一个冰期阶段。从生态来看，当时既有适应森林、灌木、野草丛生环境的动物，如虎、野猪、赤鹿、鼠兔等；也有适应沙漠、草原或丘陵环境的鸵鸟、蒙古马、野驴、中华鼢鼠、似布氏田鼠、原羚、鹅喉羚等；还有能适应草地和森林边缘的动物，如葛氏梅花鹿、河套大角鹿、原始牛等（贾兰坡、卫奇：《阳高许家窑旧石器时代文化遗址》；贾兰坡等：《阳高许家窑旧石器时代文化遗址1976年发掘报告》）。孢粉研究表明，湖相沉积的下部草本植物的花粉占优势，主要种类有蒿、藜，还有菊科、禾本科和莎草科等。木本植物以云杉和松占多数，另有少量冷杉、雪松、铁杉、榆柳等。湖相沉积物上部木本植物的花粉增多，而小灌木和草本植物的花粉减少，植物种类和湖相下部差不多（周昆叔等：《从泥河湾花粉分析谈南沟冷期等问题》，《地质科学》1983年1期）。从动植物的组成情况看，当时的气候属于大陆性气候，年平均气温可能比现在低；当时仍有大面积湖水存在，受湖水的影响而形成特殊的小气候——夏季比较温湿，春秋比较凉爽，冬季寒冷。许家窑一带可能为森林、灌木丛、草原相交混的地带，甚至附近还可能有荒漠。

（二）丁村动物群　产自山西中南部襄汾境内汾河阶地的沙砾层中。丁村附近共有13个化石地点，其中93和95地点没有发现化石，101和103地点时代较早，其余地点包括90、92、94、96、97、98、99、100和102，曾被认为基本上是同时的。人类化石产自100地点，哺乳动物化石主要产自第96、98、99、100四个地点，其余地点则比较零星。丁村以上几个地点的哺乳动物化石共包括28个种，其中食虫目1种、兔形目1种、啮齿目3种、食肉目5种、长鼻目4种、奇蹄目4种和偶蹄目10种。丁村几个化石地点，还发现不少软体动物与鱼类化石，100地点有鲤、鲩、鳡、鲶和青鱼。丁村96、98、99、100四个地点都发现有蚌类化石。原来的研究者根据这些发现提出了不同的看法。裴文中根据动物群的组合，提出除河狸是喜水的种类外，其余大部分是森林和山地生活的类型。而几种象化石的存在，说明丁村人生活时期的气候是温暖的，曾分布着一定面积的森林，气候温和、水量充沛、草木茂盛（裴文中等：《山西襄汾县丁村旧石器时代遗址发掘报告》）。刘宪亭认为鱼类中鲶鱼和青鱼形体较大，说明当时河水流量也相当大。而青鱼与厚壳瓣鳃类的大量存在，与现在我国长江流域相似，因此，丁村一带的自然环境可能与今日华南有一定程度的相近（裴文中等：《山西襄汾县丁村旧石器时代遗址发掘报告》）。又因绝大多数现生种及与化石种相近的现生种蚌类分布局限于我国秦岭以南地区，而且化石种较现代相近种的介壳大而且厚，因此，周明镇认为当时的自然环境略与长江中游汉水一带相近（裴文中等：《山西襄汾县丁村旧石器时代遗址发掘报告》）。20
世纪50年代以来，学者们对丁村动物群和植物群进行了许多
研究。现在看来，过去把丁村各地点出土化石放在一起讨论
并不正确，因为各地点的年代是不一样的（祁国琴：《中国
北方第四纪哺乳动物化石群——兼论原始人类生活环境》，
载吴汝康等主编《中国原始人类》，科学出版社，1989年，
第301～302页）。如果单看出土人类化石的100地点，其哺
乳动物化石绝大部分都是华北晚更新世和现生动物群中的成
员。代表温暖气候的象类化石没有一个出自100地点。100地
点的孢粉分析表明，丁村人生活时期的植被以禾本科为主，
另有藜科、蒿属菊科等，显示出一种禾草草原环境。从自然
景观和气候来看，可能丁村人出现之前，这一带曾经是温暖
适宜、林草茂盛，到了丁村人生活时期，森林减少，草原扩
大，气候日趋干凉。（前引祁国琴：《中国北方第四纪哺乳
动物化石群——兼论原始人类生活环境》；周昆叔等：《山
西丁村剖面考察及花粉分析》，《第四纪孢粉分析与古环
境》，科学出版社，1984年）

　　综上所述，在许家窑人时期，气候较现在寒冷，有一定
范围的草原甚至荒漠存在，考虑到大量野马化石的存在，我
们可以认为许家窑人在草原上的狩猎活动是相当频繁。而丁
村人时期森林减少，草原扩大，气候日趋干凉，丁村人也必
然日益把狩猎活动转移到草原上去。草原动物，如许家窑人
猎取最多的野马，奔跑迅速，动作敏捷，形体庞大，因此不
使用一定的狩猎技术是难以狩猎成功的。而飞石索为这种狩
猎活动提供了很好的工具，比如南美的巴塔哥尼亚人就是用

飞石索猎取野马的。因此，许家窑人和丁村人遗址的石球系飞石索的假设在生态学上获得了支持。

四 小 结

本文只是一个个案分析，目的在于把对文化遗址的解释与当时的生态环境联系起来考察，用生态环境验证这个假设；同时如果能够确证这个假设是正确的，那么也可反过来用它验证对当时气候和植被的分析。当然，这种对证不能绝对化，石球作为飞石索的假设，除了研究者分析的台面与石片疤痕之间夹角太大无法产生有用的石片，原料不适宜做石器，无敲砸用的凹坑外，我们还要考虑到大石球在丁村和许家窑都占有很大的比例，尤其是后者，数以千计，很难想象仅仅是作为石锤使用的。本文只是从生态方面证明了石球作为飞石索使用的可能性，但是否如此，还需要进行不断的实验考古的研究，以取得更多的证据才是。一个令人回味的现象，是旧石器时代的石球目前在华北发现最多，华中少见，而华南则非常罕见，对这一事物的解释或许可以从本文的论证得到某种启发。

本文曾得到中国科学院古脊椎动物与古人类研究所尤玉柱先生指教，谨致谢忱！

（原刊封开县博物馆等编：《纪念黄岩洞遗址发现三十周年论文集》，广东旅游出版社，1991年）

黄河上游的皮筏子是从哪里来的

——东西方文化交流中一个不为人所重视的问题

引 子

1923～1924年安特生（J. G. Andersson）在甘肃考古期间，发掘、采集、购买了大量彩陶和其他古代文物，并因此建立了甘肃史前文化六期说（安特生：《甘肃考古记》，地质专报甲种第五号，1925年）。他根据这些发现，进一步坚定了他的仰韶文化彩陶西来说。他说"著者近年于甘肃所得大批仰韶期之彩色陶器，内有殉葬之陶瓮多件，极为完整。凡此皆足使近东与远东陶器互有渊源之说，更为明了。……而此刻所能假定者，为当新石器时代及铜器时代之过渡期中，近东文化之影响，当以黄河河谷所感受者为最强。"（安特生：《甘肃考古记》，第35页）当我们今天研究安特生的学术思想时，很难想到他是怎样艰难地把这些采集品移出甘肃，搬到北京、上海，并进而运输至瑞典的。这是一个值得研究的学术史问题。但是，本文的目的不在于讨论这个问题，而是与此相关的一个小问题。

根据瑞典东方博物馆的档案，安特生把出土文物运出甘肃，主要是通过皮筏子（瑞典东方博物馆照片档案，个人2001、2002年在该馆考察记录）。正是通过这种皮筏子，大量珍贵的完整彩陶才能安全运出甘肃。安氏拍摄了大量皮筏子的照片，有的在黄河上，有的即在当地百姓家中（图一）。这说明他对这种中国西北地区流行的独特的水上交通工具，耳熟能详，印象深刻。但是，就我注意所及，安特生并没有把这个东西，拿来作为他仰韶文

图一　黄河边当地人制作的皮筏子

化西来或者古代中国与西方文化交流的佐证，尽管他对中国各地的民俗十分注意，并以此作为推论仰韶文化为"中华远古文化"的主要依据。（陈星灿：《中国史前考古学史研究（1895～1949）》，生活·读书·新知三联书店，1997年；安特生：《中华远古之文化》，地质汇报第五号，1923年；前引安特生：《甘肃考古记》；J. Gunnar Andersson, *Children of the Yellow Earth*, Cambridge: The MIT Press 1973[1934]；J. G. Andersson, Researches into the Prehistory of the Chinese, *BMFEA*, No.15, 1943）

　　倒是与安特生差不多前后进入中国考察的日本学者，提出了这样的猜测，直说"这种皮囊筏绝不是中国所固有的"（[日]沪友会编、杨华等译：《上海东亚同文书院大旅行记录》，商务印书馆，2000年，第344页）。从安特生以来，因为考古学上的材料有限，中国考古学家几乎没有涉

及皮筏子的问题。但是，中国最著名的一位历史学家和一位
人类学家，却分别从各自的角度，对皮筏子做了学术上的讨
论（顾颉刚：《史林杂识初编》，中华书局，1963年；凌纯
声：《中国远古与太平印度两洋的帆筏戈船方舟和楼船的研
究》，"中研院"民族学研究所专刊之十六，台北南港，
1970年）。他们也没有提及东西交流的可能存在，但是从他
们的研究，我们似乎可以做进一步的讨论。

皮筏子是什么样的

让我们依年代先后，看看中日三位作家是怎样描述皮筏
子的。日本学者这样描述：

"皮筏的制作极有意思。是将牛、猪、羊等的头部与臀
部、四肢切开，去掉骨头与内脏，将内部变成空胴，再将切
口用绳子扎上，以防止水的浸入。说起来也就是做一个兽皮
的大空气袋。使用时往里面注入空气，五六个排在一起，绑
在木头上使它们不致分离开。五六个绑在一起的是猪皮和羊
皮的袋子，用来装载一人或二三人，其重量极轻，因此可以
载物顺流而下，用完之后一个人就可以背回去。中等的皮袋
之筏大抵要绑二三十个到百二十个。这种皮筏是不注入空气
的，而是填进羊毛。这种填进羊毛的袋子从兰州下行2500华
里，在包头旗上岸后进入天津市场。

"牛皮筏后来是将我们7人送到1200里下游的宁夏的
恩人，当看到身背成了棉铃形状的猪皮筏走去的中国人的
背影，不能不感到他们是既灵巧又滑稽、既离奇又奇妙。"

（图二）（［日］沪友会编、杨华等译：《上海东亚同文书院大旅行记录》，第343～344页）

图二　身背皮筏子的筏夫

顾颉刚先生也有亲身体验，描述更细：

"彼地大川不少，然水急滩险，不可行船。以畜牧业之发达，牛、羊皮不可胜用，喜其轻而固，浮而不沉，因制之成袋子，又联结而为筏子，为济川之利器。筏之最小者五羊皮，四端四袋，中间一袋，以细木条联系之。其大者则骈接数筏至数十筏为之，牛皮袋为十、百数，载重数千至数万斤，凡西北货物循黄河运至包头以登东行火车者莫不赖是。

"至牛皮袋则所需气量甚弘，非口能所吹。吹之之术，取山羊皮袋一，一端系以铁筒，塞筒入牛皮袋之口，而张其另一端，两手扇动之，气既积满，便力压入牛皮袋；如是继续为之至十余度，则大袋鼓起矣。此山羊皮袋俗称'火皮袋'，本在旅途作食时用以代风箱者。

"唯筏之为物，但可顺流而下，不可逆流而上。故谚云：'下水，人乘筏；上水，筏乘人。'谓筏载客或货至下游卸去后，舟子仍泄去其袋中之气，负之于背而陆行以归也。

"予于一九三八年八月再至西宁，适逢淫雨，向日

大道裂为断崖，不但汽车不可行，即骡车亦不得走，竟乘
皮筏还皋兰，由湟水转入黄河，凡经一日余，行二百数十
里。所乘之筏系羊皮袋子二十三枚，盖联八小筏而成。
（八小筏应有袋四十，所以只二十三枚者，凡两筏毗连处皆
去其重，五袋为一列，三列则十五；每四袋间，中一袋，则
八；十五加八为二十三。其状如图（图三）。人坐行李上，
不便转侧，波澜旁冲，裳、屡尽湿。平均每小时可行二十
里，较骡车约速一倍。"（顾颉刚：《史林杂识初编》，第
131～132页）

凌纯声先生坐过用牛皮做成的牛皮船，但不是这种皮筏
子。他的描述，似乎主要取材于第二手材料：

"中国的皮筏，以黄河流域最为闻名。黄河共长
二千五百英里，自西宁至包头间的七百英里通行皮筏。黄河
的皮筏有用羊皮吹气膨胀而成的皮筏和牛皮塞羊毛的皮筏两
种。羊皮小筏用十二至十五只羊皮编成，载货大筏则多至
五百只。至于牛皮常用一百二十只始成一筏者。"（图四）
（凌纯声：《中国远古与太平印度两洋的帆筏戈船方舟和楼
船的研究》，第37页）

上述文献，对于皮筏的形状、构成、优点都有大同小异
的描述，所不同者，是对使用这些筏子的主人的关注。顾、
凌两位先生没有注意到使筏的人是汉族还是回族或其他少数
民族。但是，日本学者对这点是非常敏感的，他说："即使
在今天，乘牛皮筏往来于西宁、兰州、包头的船夫也都是回
教徒，而没有一个汉人。"（［日］沪友会编、杨华等译：
《上海东亚同文书院大旅行记录》，第344页）

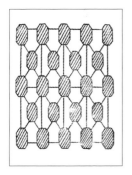

图三　牛皮筏子的结构　　　　　　图四　大皮筏

　　使用牛皮筏的船夫，也许是回教徒，这或许是事实；但是如果日本学者的描述可信，即皮筏子也有用猪皮做的，那么回教徒绝对不会使用猪皮做成的筏子，则也是应该肯定的。日本学者的推测，其实完全是为了证明他们的推论："皮囊浮游于黄河上游，恐怕是与中亚、波斯进行陆上交通后才有的，也可能是回教徒传来的。"（［日］沪友会编、杨华等译：《上海东亚同文书院大旅行记录》，第344页）

西方文献和考古记录中的皮筏子

　　西方最早的文献记载，可追溯到公元前5世纪的希罗多德的《历史》中，让我们看看他是如何描述美索不达米亚的这种水上交通工具的：

　　"这个地区最奇妙的所在，除了城市本身，我要告诉你的，就是顺流而下驶向巴比伦城的船只。它的形状是圆的，用兽皮做成。人们在亚述以北的亚美尼亚高地制造船只，把柳树的树枝砍下来，然后把这些树枝，撑绑在兽皮上面，做成外壳的样子。他们既不加宽船尾，也不弄窄船头，只是把船做成圆形，像一个盾牌那样。他们用麦草（straw）填满整个船只，然后装上货物，顺流而下。通常船只所装都是棕榈木桶满盛的葡萄酒。船有两桨操纵，两人站立船上，前面一人向后滑动，后面一人向前滑动。

"这些船只，有的非常之大，有些则很小。最大的船只，载重可达125吨。每只船上都带有一匹活驴，大船上还不止一匹。到达巴比伦卸货之后，他们把柳木棍和所有的麦草卖掉，然后把兽皮折叠起来，放在驴背上运回亚美尼亚。所以如此，是因为水流湍急，根本不可能逆流而上；这也是为什么船只用兽皮而不是木头制造的原因。当他们赶着毛驴回到亚美尼亚，就用同样的方法另行炮制船只。"

（Herodotus Translated by David Green, *The History*, The University of Chicago Press, Chicago and London, 1987, p.122）

从这段翻译成英文的文字看来，希罗多德的描述虽然很具体，但是他自己似乎并没有乘船的经历。关于船只制造方法及其形状的描述，都有点似是而非。因为如果不是从上下文联系来看，很难知道麦草是装在每一个兽皮袋中的，实际上至少从字面意思理解，我们很难明白古人究竟是把这些兽皮缝成一个大袋子，还是由众多兽皮袋子相互连接成一个大筏子。这也许有英文翻译上的问题（Herodotus, Translated by Aubrey De Selincourt, *History*, London: Penguin Books, 2003 pp.85–86），但是细节的描述不很具体，对比上述近人的描述可知。

尽管如此，希罗多德所记并非不实。因为古代的两河流域确实很早就使用了兽皮做成的筏子或者如希罗多德所谓"船只"。

公元前9、8世纪的亚述人，即发明和大量使用了用兽皮做成的筏子渡河，古代石刻上的图像可为证明。下面略举数例：

1. 亚述士兵正在棕榈树下给兽皮吹气，兽皮的三足扎起，另留一足用来充气。（图五）

2. 全副武装的亚述士兵骑在充满空气的兽皮袋上，左手握住袋的一角，右手用来滑水前行。（图六）（James P. and Nick Thorpe, *Ancient Inventions*, New York: Ballantine Books, 1994, p.207）

3. 两个水手坐在用山羊皮联结、上下用木棍固定在一起的皮筏子上，筏子上满盛货物，水手面对货物，正在用力滑桨前行。（图七）（Stephen Bertman, *Handbook to Life in Ancient Mesopotamia*, New York: Facts On File, Inc., 2003, p.253）

图五　亚述士兵在给兽皮充气

图六　亚述士兵骑在充了气的兽皮袋上

图七　木结构的皮筏子

4. 圆底的船只，前后各有两个水手相对而坐，用力前行，船上装满石头；船只本身很难看出是用兽皮袋子连接而成，但是船后一人，骑在兽皮做成的袋子上，右手还牵着一条鱼。（图八）（G. Maspero, *The Dawn of Civilization: Egypt and Chaldaea*, London, 1901, p. 542）

5.两人坐在一只皮筏子的船头，用力划桨，一人骑在一只皮袋子上，左手抓着袋子的一角，右手搭在皮筏子的船尾上。皮筏子相互连接在一起，上下用木框固定起来，满盛的货物据说是用于建筑的石头。（图九）（前引G. Maspero, 1901, p. 542）

这些图像来自不同的石刻浮雕，但是风格近似，都是

图八　人骑在皮袋上

图九　人骑在皮袋上抓住皮筏

古代亚述人的杰作。这种用兽皮做成的皮筏子……同圆形的皮船一样……流行于希腊罗马时代。阿拉伯人民称之为kelek，一直到今天还在使用，据说波斯湾地区的海盗和商人，都曾用皮筏子作为河上和近海交通工具，既用于劫掠，也用于贸易（前引G. Maspero, 1901, p.615）。说明皮筏子不仅是古代两河流域的重要水上交通工具，而且很可能也成为该地区重要的文化传统的一部分而得以延续至今。据说一位公元前9世纪的不知名的亚述人，曾经设想用吹气的兽皮装备士兵，因此可以使士兵全部武装渡河。现在的研究者推测也许是此人发明了皮筏子，也许他是从今伊拉克南部的阿拉伯地区借用于军事目的（前引James P. and Nick Thorpe, 1994, p. 207）。无论如何，希罗多德时代以前的亚述人已经熟练地运用了这种水上交通工具，当无疑问。

中国古代文献和现代民族志中的有关记载

中国古代的相关记载虽然零星，但是汉晋以来，史不绝书，并非如日本学者所说"秦汉乃至于唐，未闻以皮囊袋充济水工具"那样罕见。此把顾颉刚、凌纯声、宋兆麟三位先生所举各例汇总如下：

《后汉书·邓训传》："（邓）训乃发湟中六千人，令长史任尚将之，缝革为船，置于箄上以渡河，掩击迷唐庐落大豪，多所斩获。"

《水经注·叶榆水篇》："不韦县，故九隆哀牢之国也……汉建武二十三年，王遣兵乘革（《后汉书》作箄，李

注：'缚竹木为箄以当船也'）船南下水，攻汉鹿茤民。"

《北史·附国传》："附国有水阔百余丈，并南流，用皮为舟而济。"

《旧唐书·东女国传》："其王所居名康延川，中有弱水南流，用牛皮为船以渡。"

《新唐书·西域上·东女》："以女为君，居康延川，严险四缭，有弱水南流，缝革为船。"

《挥麈前录》引太平兴国六年（981）供奉官王延德《奉使高昌行程记》："次历茅家喝子族，渡临黄河，以羊皮为囊，吹气实之，浮于水，或以囊驼牵木筏而渡。"

宋王延徽《高昌行记》："次历第女喝子族，族临黄河，以羊皮为囊，吹气实之，浮于水，或以囊驼，牵木筏而渡。"

《蛮书·途程第一》："从口集驿至河子镇，七十里，庐江乘皮船，渡泸水。"

《元史·世祖本纪》："冬十月丙午，过大渡河，又经行山谷二千余里，至金沙江，乘革囊及筏以渡。"

明茅元义《武备志》卷一一八三："浮囊者以浑脱羊皮，吹气令满，系其空束于腋下，人浮以渡。"

清杜昌丁的《藏行纪程》："桥阔六尺余，长五十余丈，以牛皮缝锟钝数十只，竹索数十条贯之，浮水面……土人絷竹索于两岸，以木为溜，穿皮条，缚腰间一溜而过。"

清姚莹《康辅纪行》："夏水盛之，则去浮桥，蕃人以皮船渡。"

清张九钺《陶园诗集·洛中集》有《羊报行》，其

《序》云："羊报者，黄河报讯水卒也。河在皋兰城西，有铁索船桥横亘，两岸立铁柱，刻痕尺寸以测水：河水高铁痕一寸，则中州水高一丈。例用羊报，先传警讯。其法以大羊空其腹，密缝之，浸以苘油，令水不透，选卒勇壮者缚羊背，食不饥丸，腰系水签数十，至河南境，缘溜掷之，顺流如飞，瞬息千里。讯警时，河卒操急舟于大溜俟之，拾签知水尺寸，得预备抢护。至河南，营弁以舟飞邀报卒登岸，解其缚，人尚无恙，赏白金五十两，酒食无算，令乘舟从容归，三月始达。"

由于这些记载大多片言只语，所谓"皮舟"，不见得就是我们所讨论的皮筏子。根据现在民族志所见，所谓皮舟实际上包含了两种不同的东西，一种是给兽皮充气利用其浮力做成的皮筏子；另一种则可能是以兽皮包在竹木做成的骨架外面，做成真正的船。这一点已有研究者提及，并认为前者代表最原始的皮囊船，后者是比较进步的皮船（宋兆麟：《从葫芦到独木舟》，见苑利主编《二十世纪中国民俗学经典·物质民俗卷》，社会科学文献出版社，2002年，第168页）。

据宋兆麟先生的研究，中国使用皮囊船的民族甚多，所举有古代的羌人、哀牢夷、室韦、东女国、唃子族等，近代的有纳西族、普米族、西番人、摩梭人、藏族、羌族、蒙古族和少数汉族（宋兆麟：《从葫芦到独木舟》，第169页）。但是，究竟哪些民族使用充气的皮筏子，哪些民族使用包皮的皮船，或者两者兼有，则没有详细论述。不过，宋先生仔细观察了他在云南宁蒗县金沙江、四川省木里县冲天河地区所见摩梭人、西番人的羊皮筏子：

"当地摩梭人、西番人拴绑羊皮筏子时，先将羊皮筏子浸泡，使羊皮柔软，然后把皮囊吹鼓。同时，从树林里砍回若干树棍，一般长170厘米，直径三四厘米，刮掉小枝和树叶，把这些树棍捆成长方形木架，其中纵者七根，横者六根。把木架平放在河边，在上面拴四、六或八个皮囊，数量多少依载人载货量而定。但是，通常都以双数递增，如载一人或一百斤货物，以拴四个皮囊为准，两人或两驮货物以拴六个皮囊为佳。

"拴好皮筏子后，在前后各拴一长绳，并且将皮筏子翻一个身，置于水中，即木架在上，皮囊在下，这样既便于在木架上放置东西，保护皮囊，皮囊也便于在水上漂浮。载货时，要用绳子在木架上拴一下，防止风吹掉；载人时，必须成半俯卧状态，双手握住木架，使身体平稳，否则容易翻船。

"小型皮筏子不用船桨，而是在木骨架两头各拴一长绳，分别由站在两岸的船夫牵引。当船驶向东方时，站在东岸的人紧急收绳，站在西岸的人不断放绳；如果乘此船回西岸，则由站在西岸的人紧收绳，站在东岸的人紧放绳。如此往返，一去一来"。（图一〇、图一一）（宋兆麟：《从葫芦到独木舟》，第169～170页）

尽管我们不能确认上述所有古代文献所记录的皮船，都是这种充气的皮筏子，但就可以确认的看来，使用这些皮筏子的民族大都居于中国西北和西南山高谷深地区。实际上即便"缝革为船"的船确是包在竹木骨架外面的包皮船，它们也都分布在这个地区。据顾颉刚先生考证：不韦县，即今

图一〇　普米族的皮筏子

图一一　摩梭人的皮筏子

云南保安；附国，在今四川青海间；东女国，在今西藏昌都地区（顾颉刚：《史林杂识初编》，第133页）；其余或在黄河上游，或在长江上游和云贵高原，都是交通不便，河流落差极大之地，用皮筏子和皮船渡河，毋宁说是该地区人民对自然环境适应的必然结果。

为什么使用皮筏子

文化是人类适应环境的产物。皮筏子的制造和使用，也当作如是观。这个问题，其实古代和近代的研究家，已经给我们提供了答案：

希罗多德认为是因为两河上游地区"水流湍急，根本不可能逆流而上"，所以才不用木船，而使用皮筏子。皮筏子因而可以折叠起来，放在驴背上驮回北方的亚美尼亚草原。这是直接的原因；间接的原因，是因为两河流域长期开垦，森林被夷为平地，周围又被沙漠包围，缺乏制造船只的大木料和燃料，所以才有卖掉柳木棍和麦草之举。亚美尼亚草原，多马、牛、羊、驴等大型食草动物，实际上也为皮筏子提供了足够的原料。

顾颉刚先生认为，"彼地大川不少，然水急滩险，不可行船。以畜牧业之发达，牛羊皮不可胜用，喜其轻而固，浮而不沉，因制之成袋子，又联结而为筏子，为济川之利器。"（前引《史林杂谈初编》，第131页）也差不多是同样的意思。另外，顾先生和日本学者，都提到皮筏子最大的一个特点是它的轻便，所以才有"下水，人乘筏；上水，筏乘人"之谚流行。

总之，皮筏子的特点，在于：

1. 流行于高山大川、水流湍急地区，这些地区陆行不便，也不太适于木船的通行。

2. 盛产牛、羊等食草动物，优质兽皮有足够保证。

3. 兽皮轻便，充气可以浮在水上，出水可以背在身后，泄气可以折叠，轻便易于携带。

4. 缺乏树木或其他造船的材料，做船不易。

因此之故，所以世界上才有如此多的地区，流行这种皮筏子。目前所知，南美洲的Tara pa'ca流域的印第安人和智利所有的沙漠地带的海岸土著居民，以海豹皮做成的balsas用来钓鱼。Ica流域的印第安人不仅用海豹皮做成的浮筏钓鱼，在古代他们和 Arica印第安人还曾经乘坐这种皮筏航行到很远的一些岛屿。智利中部的Maipo、Rapel、Mataquito和Maule印第安人，早在18世纪时，就用海豹皮制作的皮筏子，运载旅客，海豹皮用针刺沿边缘连接而成，由一小管吹气，用双桨来推进（凌纯声：《中国远古与太平印度两洋的帆筏戈船方舟和楼船的研究》，第33页）。南亚次大陆的印度，近代也使用牛皮船（西村真次：《文化移动论》，上海商务印书馆，1936年，第156页）。如前所述，波斯湾地区近代的阿拉伯海盗和商人，也曾在近海地区使用皮筏子。但是，正如有的研究者所指出的那样，无论古今，在水上航行这种皮筏子，都是极端危险的事情，非利之所驱，一般人不愿意冒险出去（同前引G. Maspero, 1901, pp. 615–616）。

至于把兽皮蒙在竹、木、骨的外面，做成真正的皮船，即人坐在其中而不是充气的皮筏子上，则流行更广。目前所知，两河流域至今还在使用它，阿拉伯语称为guffa或kufa，也即篮子，因其状圆，古代人称其为萝卜（图一二）（前引Stephen Bertman, 2003, p. 252；G. Maspero,1901, p. 615）。这种简单的皮筏子，在古代的不列颠人，近代的爱尔兰、威尔士、北美洲密苏里河流域的印第安人（图一三）（Robert H. Lowie, Indians of the Plains, New York:The Natural History Press, 1963, pp.48–49），和中国川藏交界地区的人民中（图

图一二　阿拉伯地区人民乘坐的gufa

图一三　密苏里河上北美印第安人的皮船

图一四　川藏交界地区的牛皮船（左二为著名人类学家
凌纯声先生）

一四）（凌纯声：《中国远古与太平印度两洋的帆筏戈船方
舟和楼船的研究》，第37页），都曾流行。类似的用海豹皮
等蒙在大型海洋动物骨架上做成的皮船kayak, umiak，在北
极地区极为发达。这些皮船是否充气皮筏的逻辑发展，代表
比较进步的类型，恐很难说，因为前者利用充气或填充羊
毛、麦草等完整的动物皮，靠的是兽皮的浮力，人坐其上，
是筏；后者是把皮蒙用在木、竹或者兽骨外面，靠的是船只
漂流在水上所产生的整个浮力，人坐其中，是船。不过有意
思的是，这两种东西，常常交互存在，在两河流域和中国都
是如此，相信也都是适应环境的必然结果。后者因为体积狭
小，兽皮又可折叠，实际上也同前者一样具有轻便并易于携
带的特点。

黄河上游的皮筏子是从哪里来的

日本学者推测黄河上游的皮筏子是从中亚地区传入，其理由之一，就是中国古代是使用瓠和匏的，而它们和皮囊起着同样的作用（同前引［日］沪友会编、杨华等译：《上海东亚同文书院大旅行记录》，第344页）。中国古代有很久远的使用葫芦渡水的传统，这一点毋庸置疑（凌纯声：《中国远古与太平印度两洋的帆筏戈船方舟和楼船的研究》，第26～30页）。但如果我们把两者都看成适应自然的手段之一，则两者共存，似乎更合逻辑。

如此看来，中国黄河上游的羊皮筏子是否从中亚而来，这个问题似乎已经不答自明。有意思的倒不是中亚的皮囊或者两河流域的kelek是否传入中国，而是两者的极端相似之处。第一，两者都用牛、羊做成筏子；第二，制作的方式极近似，一种是扎住动物的三足，靠其一足吹气，另外一种是往缝扎起来的兽皮里填充羊毛或者麦草；第三，使用的方式很近似，其一是单人缚在皮囊上，其二是用木棍撑起一个框架，把充气或填充羊毛、麦草的皮囊固定在木框间，形成一个较大的平面；第四，作用相近，即既载人，也拉货；第五，结果也很相似，即到达目的地后，大都通过陆上经人力或畜力运回出发地。孤立地从这些特点看，似乎很难否认中国的皮筏子和古代两河流域的kelek有某种程度的联系。但是，目前考古学和民族学上的证据，似乎很难填充古代两河流域和近代中国西北地区巨大的时空差距，在没有充足的证据之前，我们毋宁更愿意相信，这是不同地区适应类似自然环境的结果（图一五）。

有意思的是，古代和近代中国的研究家，差不多都认为皮筏子是非汉人的水上交通工具。宋兆麟先生直说它是"少数民族的重要发明"（宋兆麟：《从葫芦到独木舟》，

图一五　中国西北、西南地区的皮筏子（自左至右：单人单羊皮；给皮囊充气；往牛皮囊中填塞羊毛；单人独桨划行；运枣图；运货图）

第169页），清代大史学家赵翼在其大著《陔余丛考》卷二十三也说："以革为舟夜渡，是牛皮为船，由来久矣，皆出于番俗也。"也认为是少数民族的创造。后者虽然没有价值判断，但并不认为这是多么了不起的发明。前者肯定这是一项重要发明，但并未谈及是否外来的问题，实际上这也是比较人类文化异同的多数人类学家的态度。这一点跟圆形皮船的命运颇类似。当初欧洲探险家初到美洲，发现密苏里河上的印第安人划行这种牛皮船，便马上认为印第安人是从欧洲的威尔士渡来，因为前者也流行这种交通工具。但是正如20世纪上半叶最著名的美国人类学家罗威所说："这项发明如此简单，分布地区又如此广大且分散（spottily），因此很可能在许多地区单独发明过多次。"（同前引Robert H. Lowie, 1963, p. 49）皮筏子的发明也当作如是观。

做出黄河上游皮筏子西来假说的日本学者，并非不知道他们的推论缺乏证据，因为他们也有差不多同样的观察："这种风俗似乎是古代亚洲地方民族间为各国广泛袭用的涉水渡海方法"（［日］沪友会编、杨华等译：《上海东亚同文书院大旅行记录》，第344页），既然如此，中国古代有此发明，当属理所必然。但是，20世纪初期的中国是如此积贫积弱，似乎一切有价值的发明，不管重要与否，似乎都跟中国人沾不上边。彩陶等自不必说，青铜器、大麦、战车、文字、牛、羊、马、鸡、水牛、小米、大米、高粱等等中国文明的特质，认为不是来自近东，就是来自印度（Bishop, Beginnings of civilization in Eastern Asia. *Antiquity* XIV, pp. 301–316, 1940；夏鼐：《中国文明的起源》，文物出版社，1985年；陈星灿：《中国史前考古学史研究（1895～1949）》）。日本学者当时做这样的推测，虽然缺乏证据，但却符合当时的政治和学术氛围。

我们不知道安特生对皮筏子来源的见解，这也许是他不知道古代的两河流域已经有过类似的发明，也许他认为这种交通工具，根本没有什么了不起的地方，任何一个地区都可能有类似的发明。有意思的是，他并没有拿它作为仰韶文化西来的证据。

本文得到马思中（Magnus Fiskesjö）、宋新潮、荆志淳先生和谢礼晔女士的帮助，特此致谢！

（原刊钟侃、高星主编：《旧石器时代论集——纪念水洞沟遗址发现八十周年》，文物出版社，2006年）

良渚兽面纹的构成及其社会心理学基础初探

良渚文化兽面纹是良渚文化的重要组成部分，也是近年来良渚文化研究中的一个热点问题。论者一般集中在两个方面：1）它与商周饕餮纹的关系；2）它的内涵和社会功能。关于第一个问题，多数学者认为商周的兽面纹继承了良渚兽面纹的传统（安志敏：《关于良渚文化的若干问题》，《考古》1988年3期；郑振香：《殷墟玉器探源》，《庆祝苏秉琦考古五十五年论文集》，文物出版社，1989年），或直接称良渚文化的兽面纹为"饕餮纹"（李学勤：《比较考古学随笔》，中华书局，香港，1991年，第151~163页）。这个结论主要是通过把两种纹样的构图方式进行比较得来的。关于兽面纹的内涵及社会功能，因为兽面纹主要出现在玉琮上，过去的研究相当一部分是同玉琮的功能相结合而进行讨论的。说法相当多，但归纳起来，主要不外乎以下几种：1）协助巫师通达天地（张光直：《谈琮及其在中国古史上的意义》，《文物与考古论集》，文物出版社，1986年，第257页；刘方复：《良渚"神人兽面纹"析》，《文物天地》1990年2期）；2）氏族首领或巫师与图腾神结合的神灵形象或"上神"（牟永抗：《良渚玉器上神崇拜探索》，《庆祝苏秉琦考古五十五年论文集》，文物出版社，1989年；刘斌：《良渚文化玉琮初探》，《文物》1990年2期；

袁靖：《试论良渚文化玉器纹饰的含义》，《文博》1990年1期）；3）殓葬，有保护死者的作用（汪遵国：《良渚文化"玉敛葬"述略》，《文物》1984年2期）。这些意见虽然远远没有达到统一，但几乎都承认兽面纹具有某种神秘的宗教含义，反映了当时人们的某种宗教信仰。

本文旨在前人研究的基础上，通过对良渚文化兽面纹构成的分析，对兽面纹及其功能的社会心理学基础，进行剖析。抛砖引玉，祈大家指正。

一

在1986年浙江余杭反山、瑶山良渚文化墓葬发掘之前，在良渚文化的玉琮上虽然发现了不少的兽面纹，但这种极端简化的兽面纹的本来面目并不清楚。反山12号墓的发掘才使人们认识到在原型和简化的兽面之间有一个相当复杂的演变步骤。在称为琮王的反山M12：98上有八个兽面原型，简报称之为"神人与兽面复合像"，并对此做了详细的描述："神人的脸面作倒梯形。重圈为眼，两侧有短线象征眼角。宽鼻，以弧线勾划鼻翼。阔嘴，内以横长线再加直短线分割，表示牙齿。头上所戴，外层是高耸宽大的冠，冠上刻十余组单线和双线组合的发射状羽毛，可称为羽冠；内层为帽，刻十余组紧密的卷云纹。脸面和冠帽均是微凸的浅浮雕。上肢形态为耸肩、平臂、弯肘、五指平张叉向腰部。下肢作蹲踞状，脚为三爪的鸟足。四肢均是阴纹线刻，肢体上密布卷云纹、短直线和弧线，关节部位均有小尖角外伸。在

神人的胸腹部以浅浮雕突出威严的兽面纹。重圈为眼，外圈
如蛋形，表示眼眶和眼睑，刻满卷云纹和长短弧线。眼眶之
间有短桥相连，也刻卷云纹和短直线。宽鼻，鼻翼外张。阔
嘴，嘴中间以小三角表示牙齿，两侧外伸两对獠牙，里侧獠
牙向上，外侧獠牙向下。鼻、嘴范围内均以卷云纹和弧线、
直线填满空档。整个纹饰高约3、宽约4厘米，肉眼极难看清
所有细部"（图一）。报告作者认为这种"神人兽面复合
像"是良渚人崇拜的"神徽"（浙江省文物考古研究所反山
考古队：《浙江余杭反山良渚墓地发掘简报》，《文物》
1988年1期）。

自发掘简报发表以后，"神人兽面纹"逐渐取代兽面
纹的称谓，但是笔者在研究了这些文字和图像资料之后，却
发现"神徽"是否"神人兽面"的复合体很值得怀疑。简报
作者虽未明言这种长有三爪鸟足的形象为何是"神人"，但
猜想推论的依据不外是"神人"的头部及五官与人相似，五

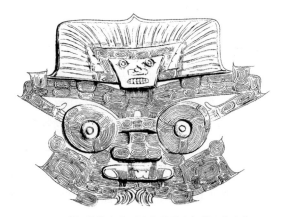

图一　浙江余杭反山玉琮上的神人与兽面复合像

指的形状与人无大差别。不过，仔细观察这种所谓的"神人兽面纹"，就会发现：1）"神人"的眼、齿、面虽与"兽面"不同，但两者都是宽鼻且鼻翼外张；阔嘴，嘴的张开程度也约略一致，似有某种共通之处。2）"神人"虽然具有人的双手，拇指上翘，四指并拢，但上臂下端和肘弯处皆有与膝部和踝部相似的尖角外突的阴刻纹饰，而这种尖角外突的性状，决非人类所具有，而应当是同所谓"神人"脚爪部所代表的动物相一致的。3）"兽面"虽然凶相毕露，张牙舞爪，很难看作人面，但粗密的眉毛，与所谓"神人"一样，仍透露出人的信息。然而尽管如此，研究者并没有把它看作人面。

由以上三点分析，我们基本上可以肯定所谓"神人"表现的仍然是一个动物（兽）的形象。用人的特征特别是面部特征表现动物形象，在原始民族里屡见不鲜。美国著名人类学家博厄斯（Boas）在其名著《原始艺术》里揭示了不少这样的例子。比如，北美洲北太平洋沿岸的海达人用以表现河狸的图腾柱，其面部总是雕刻成人脸的模样，尤其是靠近眼睛和鼻子的部分。只是用竖起的耳朵和两颗大门齿体现河狸的特征（图二）。用这样的形象表现河狸，海达人是习以为常的（博厄斯：《原始艺术》，上海文艺出版社，1989年，第175页，图157a、b）。同属北太平洋沿岸的钦西安人，也有类似的构图方式。他们即使雕刻鹰的形象，除了把鼻子刻成鸟喙状之外，面部也往往雕成人面的样子（图三，鹰下是海妖，鹰的双翼被海妖抱住）（博厄斯：《原始艺术》，第178～179页，图165）。特林吉达人用的头盔，表现虎鲸的

图二 海达人表示河狸的
石雕图腾柱子

图三 钦西安人表现鹰的头饰

形象，但除了布满牙齿的大嘴之外，耳、眉、发和头，甚至
嘴部也都是人的特征（图四）（博厄斯：《原始艺术》，第
182–184页，图180）。特林吉达人用以表现隼、啄木鸟甚至
鱿鱼的面具形象，也无不以人的面部特征为基础，只在上面
突出这些动物的个别特征（图五、图六、图七）（博厄斯：
《原始艺术》，第202～203页，图207～209）。这些人形动
物形状的含义虽然可以做出种种不同的解释，但研究者认为
都可能与"物品所属者的图腾信仰相关"（博厄斯：《原始
艺术》，第202～203页）。

图四 特林吉达人表现
虎鲸的头盔

图五 特林吉达人表现
隼的面具

图六　特林吉达人表现　　　图七　特林吉达人表现
啄木鸟的面具　　　　　　　鱿鱼的面具

　　如果说用人面或人的特征代表某种动物的做法不符合
我们现代中国人的思维方式，那么用人面与动物身体相结合
以作为某种神灵的象征则早已为古代的中国人所熟识。据
牟永抗先生统计（牟永抗：《良渚玉器上神崇拜探索》，
第186页），《山海经》中关于神的记载共四十五处，总计
一百一十六神。除六处未提人形外。其余的三十九处累计
九十七个神均为人面或人形。其中人兽合一的占大多数，共
十九处七十八神；人鸟合一的九处九神；人龙合一的三处三
神，人蛇合一的四处四神，人鱼合一的一神。考古发现的人
面兽身形象如半坡的"人面鱼纹"，汉画像石中的"人面蛇
身"的伏羲女娲，也早已为我们熟知。其实就连我们熟知的
饕餮纹的形象，也往往以人面或人形的姿态出现。比如湖南
出土的著名的商代人面方鼎，尽管眼、鼻、口、面的形状无
一不与人相吻合，但从被挤在四角的与人面极不相称的小角
和小爪看，却暴露出它与常见饕餮纹一样的特征，即都是兽
类而非人（高至喜：《商代人面方鼎》，《文物》1960年10

期）。著名的"饕餮食人卣"，饕餮作蹲立姿势，表现的也应该是人的特征（容庚、张维持：《殷周青铜器通论》，文物出版社，1983年，图版86）。饕餮纹以人面或人形的姿态出现，在商周时代并不罕见。对此，孙作云先生早有精辟的论证（孙作云：《说商代"人面方鼎"即饕餮纹鼎》，《河南文物通讯》1980年1期）。其实，即使是习见的所谓兽面的饕餮纹也仍带有人的性状，因为只有人是有眉的，眉的刻画也应该是以人的特征为基础的。在学术界，人面兽身的形象，一般都被认为是以某种动物为图腾，其所表现的人面，只不过是人们把这种动物人格化罢了。（袁珂：《山海经校注》，上海古籍出版社，1982年；孙作云：《中国古代鸟氏族诸酋长考》，《中国学报》3卷3期，1945年）

假如我们上述的假定不错，即良渚文化所谓的"神人"不过只是一种具有人格化的某种动物形象（也许该称之为"神兽"），那么我们认为所谓"兽面纹"很可能就是这种动物的正面头像。这种推测的依据，除了上文提到的所谓"神人"的宽鼻、阔嘴与"兽面"相似，"神人"的肩、肘、脚、爪表现出与"兽面"的共通之外，更重要的是所谓"神人"的特殊姿势，原不过是为了再现兽面。"神人"之所以两臂平举，是为了表现"兽面"的双眉，蹲踞的腿部形成"兽面"的下巴，而脚爪却又表现了"兽面"的胡须。这种特点，在发掘不久，即为研究者注意到。牟永抗先生精辟地指出："若不曾认出手指，羽冠的外形则颇似宽广的前额，两上臂可认作眉，或将肘部视为颧骨，小腿的部位恰似下巴，趾爪就成为一撮山羊胡子了。"牟先生虽然对这个

"神人兽面纹"进行了两种解读，并认为这种设计不是偶然的巧合，"似应认作一种有深刻寓意的精心杰作"（牟永抗：《良渚玉器上神崇拜探索》）。但他并未把所谓"兽面"视为"神人"面孔的再现，而是解释为人形和兽面的复合，把整个图像看作是"一位头戴羽冠的英俊战神，其胸腹部位隐蔽在兽面盾之后，作冲击前跳跃动作"（牟永抗：《良渚玉器上神崇拜探索》）。这虽然可备一说，但却很难证实。何况蹲踞的人形也难以解释为"准备跳跃"的战神。其实，这种用整个身体构成人面或兽面的图形再现，是原始人常用的技法。

北美洲北太平洋沿岸的印第安人是最熟悉这种技法的。纳索河印第安人在手镯上表现熊的图案，熊的两眼之间有一道深槽直伸到鼻部，两半边脸在嘴部和鼻部汇合，用劈成两半当中相连的动物身体的两个侧面表示动物的面部特征（图八）（博厄斯：《原始艺术》，第208页，图221）。海达人表现熊的绘画，也是用两个对视的熊的侧面形象，在嘴部连接，构成正视的熊头。与上述纳索河印第安人只用前面一爪表示熊的侧面不同，海达人是用上下两爪表现蹲踞状的熊的侧面形象（图九）（博厄斯：《原始艺术》，第209页，图222）。钦西安人表现熊头的方式，与海达人相似。图一

图八　纳索河印第安人在手镯上表现熊的图案

○（博厄斯：《原始艺术》，第209页，图223）是钦西安人画在住房正面的熊，中央的圆圈是房门，熊从背后到前身切成两半，只有头部正面保持完整，下颚也是分成两半的。黑色线条表示熊背，上面的细毛代表熊毛。钦西安人把这种图案称为"合熊"，好像图中表现的是两头熊。除了用这种对视的动物侧面形象表现动物的头部以外，也有反其道而行的。海达人表现鸭子和渡鸦的刺绣图案，虽也采用把整个动物从胸到背切开的侧面形象构图，但再现头部的方式是把两个侧面像相向连接在一起。（图一一、一二）（博厄斯：《原始艺术》，第211页，图226、227）

用动物身体再现动物面孔的技法，也是我国商周时代的人所熟知的。著名的饕餮纹，即是把两个从头劈开的动物的侧面在鼻部连接构成的。

图九　海达人表现熊的图案

图一〇　钦西安人画在住房正面的熊

图一一　海达人表现鸭子的刺绣图案

图一二　海达人表现渡鸦的刺绣图案

对此，中外研究者几有共识。早在1937年，顾立雅（H. G.
Greel）即指出："饕餮的特征是它表现兽头的方式是好像
将它分剖为二，将剖开的两半在两边放平，而在鼻子中央一
线结合，下颌表现两次，每侧一次。……我们如将两半合起
来看，它们表现一个十分完整的饕餮，从前面看，其两眼、
两耳、两角和下颌表现两次。"（转引自张光直：《中国青
铜时代》，三联书店，1983年，第338页）。马承源先生在
《商周青铜器纹饰·综述》里也提到："兽面纹即表现为物
体正面的形象，同时也是表现物体的两个侧面，我们称这种
结合的方法为整体展开法。古人为了全面表现走兽和爬虫的
形象，除了绘成正视的兽面以外，还需要显示兽类的体躯，
而体躯只能从侧视来表现，并以对称的方式展开。这是商周
时代的艺匠们用正视的平面图来表现物像整体概念独特的方
法，也可以说是透视画法产生之前的一种幼稚的和有趣的
尝试。"（马承源：《商周青铜器纹饰》，文物出版社，
1984年，第3页）

　　显然，良渚兽面纹和印第安人兽面纹及商周饕餮纹都
是以动物的身体部分再现动物的面部形象，目的大约都是为
了全面表现动物的形体，在这一点上它们是共通的。但是
我们应该认识到，良渚文化的兽面纹是用一个蹲踞的动物
的正面全身像形成的，在某种程度上说，这种技法已经具
备了相当进步的透视效果，与印第安人兽面纹及商周饕餮
纹以从头部分开的两个动物侧面构成的"分裂再现"（split
representation）是不能等视的。假如我们承认，反山甲型玉
琮上的这种所谓的"神人兽面纹"是良渚文化简化兽面的原

型，那么我们就不得不考虑简化的可以玉琮的转角为中线分开的兽面纹，是否可以与以扉棱为中心分开的饕餮纹，具有同样的构图方式。换言之，饕餮纹的主体纹饰在多大程度上继承了良渚文化兽面纹的特点，其方式如何，恐怕也值得重新考虑。其实，假如我们考虑到良渚文化的年代和商代纪年的距离，良渚文化在文化的某些重要方面（比如刻划符号）与马桥文化及商周文化之间的断裂（宋建：《良渚文化向马桥演化过程初探》，《上海博物馆集刊》第五期，1990年；裘锡圭：《究竟是不是文字——谈谈新石器时代使用的符号》，《文物天地》1993年2期），研究良渚文化与商文化之间的继承方式就显得尤为必要。

二

尽管我们论证了良渚文化"兽面纹"是由所谓"神人"的躯干再现构成的，但是却很难把"兽面"的双目看作"神人"身体的自然组成部分。一般认为，这双位于"神人"胸腹部位的圆睛，里面的重圈分别表示眼球和瞳仁，椭圆形的外圈则表示眼眶和眼睑。位于"神人"胸腹部的两个圆形，假如是人体的一部分，除了象征乳房以外，恐怕不能有别的解释。在欧洲及西亚旧石器时代及早期新石器时代出土的女性雕像，很多是把双手按在双乳上，这种形象大概同丰产巫术有关（陈星灿：《丰产巫术与祖先崇拜——红山文化出土女性塑像初探》，《华夏考古》1990年3期）。良渚文化的"神人"的双手虽也放在胸腹的位置，然而手背向后，手掌向前，从四指并拢指前半部不见的情况看，似乎在从后面用力抓握着兽面的双目。如果说双目代表"神人"的双乳，那么"神人"的双手也难以如此握持双乳，因此兽面的双目非"神人"的双乳显而易见。从双手把握的方向看，此兽面双目的原型应该是"神人"手中操持的两个外圆中空的物体，里圈代表中空，外圈表示该物体的横截面，外圈上侧刻有卷云纹的部分很可能是用透视的方式表示这件物体的体表。假如这种观察可以成立，那么"神人"双手操持的就很可能是玉琮之类中空的东西。据研究"玉琮是一种不一定有固定位置并且可以持佩的礼器（同前引张光直：《谈琮及其在中国古史上的意义》，第257页）。关于可以持佩这一点，有学者依据广汉三星堆2号祭祀坑神树残件中的小青铜人像手中各执一器的情况，推断高大的"青铜立人像手中所执应是琮"，并推定其身份"应是在这里主持祭祀的巫师"（沈仲常：《三星堆二号祭祀坑青铜立人像初探》，《文物》1987年10期）。如果此说不误，那么我们认为良渚兽面纹应该是由所谓的"神人"持琮完整再现出来的。玉琮的横截面正象征兽面的双目，"神人"双手反扣琮的底部，很可能是当时巫师作法的现实写照。

以上讨论了兽面纹的构成方式及特点，我们再看它的用途。对兽面纹或其他纹样内涵和功能的解释，即使在可以深入调查的现代原始民族也可能是多种多样的。对于没有记载的史前纹样，就更是如此。饕餮纹自北宋被用来指代青铜器上的那种对称的特别纹饰以来，对饕餮的解释不知凡几，然而时至今日，仍没有一个公认的结论（李学勤：《比较考古学随笔》，第151页）。从此种意义上说，良渚兽面纹也许正如饕餮纹一样永远不可能有一个一致的解释。

但是，不论是把这种兽面纹解释成帮助巫师通达天地的"动物"或是将之视为"图腾神""上神"、祖先神或是用于殓尸的某种神怪，我们都不应忽视了兽面本身所具有的形态特点。兽面纹虽然可能有许多象征，但最能震动我们的是它的凶恶和威严。所谓"神人"和兽面的排齿，正是表现动物发怒的形象。"神人"头上的放射状羽毛，若从另一种解读看作"兽面"的毛发，表现的正是动物"怒发冲冠"的模样，构成兽面纹的四肢上的卷云纹外突的尖角和利爪，也无不暴露出一触即发的不安定的性状。不仅如此，这种用动物身体再现其面孔的工艺技法，也给人一种恐惧和不安的感觉。著名学者威廉·沃森在对饕餮纹进行分析后指出，把饕餮纹同时看作是一张单一的面孔和一对面对面的龙是不可能的。一旦向观赏者指出这一图形有两种可能的解释，他就会觉得无所适从（转引自贡布里希：《秩序感》，浙江摄影出版社，1987年，第458页）。的确，从视觉心理学的角度出发，这种寄寓在一个图形里的两种解读，只能给人们带来视觉焦虑并继而引起恐怖和敬畏。据研究，以动物侧面再现其面孔的这种形象，在世界许多地区被认为有魔法保护作用（贡布里希：《秩序感》，第462～463页）。良渚文化的兽面再现，虽非由动物侧面构成的分裂再现，但在视觉上却一样引起人们的焦虑，因此其神秘的意味应该是相通的。

前面已经提到，良渚文化兽面纹的再现不是偶然的巧合，而是"一种有深刻寓意的精心杰作"。这种再现决非仅仅为了更完整地表现动物的全部，动物头部的再现是因为动物的头比身体其他部分往往具有更慑人的威力。关于头面特别是眼睛具有驱邪的信仰，几乎在所有民族都普遍存在。希腊神话中，雅典娜女神杀掉了可怕的女妖戈尔工（Gorgo），就把她的头割掉放在自己的胸前和亮盾上。戈尔工面目狰狞，长着一头蛇发，极端恐怖，传说人见之即变成石头。古希腊的武器及容器上可以常常发现蛇发女怪的头及其他同样吓人的怪物面具（王观泉：《欧洲美术中的神话与传说》，上海人民美术出版社，1984年，第52～53页）。欧洲公元4世纪后期的一些金属制品上，总是用一些为人熟知的棕榈叶纹样和漩涡纹样重组为怪样的面孔形状，有时这种面孔消失，而只刻划出眼睛的形象（贡布里希：《秩序感》，第452～456页）。这种兽面或人面纹正如饕餮纹一样，也被认为具有某种神秘和恐怖的意味。

良渚文化兽面纹饰由阴线雕刻和浮雕两部分组成。以阴线雕刻的卷云纹布满全身，各种卷云纹、直线纹及肩肘部的尖角外突交织在一起，整个形象像一团跳动的火焰一样，让人亲近不得。这种形态上的躁动和紊乱，也是有深刻寓意的。世界民族志的研究告诉我们，"邪恶力量害怕混乱和不确定性"，因此原始人为了避邪，总是在某些人工制品的表面饰上复杂的交织图案，目的是使"魔鬼眼睛无法清理它身上的乱结"，起到保护和避邪作用（贡布里希：《秩序感》，第451～452页）。沃尔特·希尔德布尔通过对民间传说的考察，证明"在许多民族的信念中，魔鬼别的什么也不怕，就怕被搞糊涂。因此绳结、迷宫、纠缠在一起的东西和其他形式的'不确定性'被认为对那些无处不在的邪气具有很好的抵御作用"（贡布里希：《秩序感》，第450页）。在翁布里亚，人们把刺猬颚骨作为符佩在身上，他们相信妖魔要战胜刺猬，就得首先明确知道刺猬到底有多少根刺。托斯卡纳人则认为，要防止妖女施术，就必须做一种编带，只要把编织物挂起来，妖女就无法进入屋子，因为她们无法数清线段和针脚（贡布里希：《秩序感》，第450页）。瑞典著名汉学家高本汉早年在考释饕餮纹的时候，也曾认为"堆积纹样的做法显然是为了赋予这件圣器以龙的威力，一种巨大而神奇的力量"（转引自贡布里希：《秩序感》，第449页）。良渚兽面纹表现出来的形状，一样能引起人们的视觉焦虑和心理恐惧，也应当具有避邪的作用。

有些学者已经试图从良渚兽面纹的形态特征，辨识它的原来形象。有人认为是虎或以虎豹类为蓝本（刘志雄、杨静荣：《龙与中国文化》，人民出版社，1992年，第45页），但从"神人"脚爪看却又是三爪的鸟足形象，因此这种兽面的原形，虽可能是以虎豹类动物为蓝本，但也可能综合了鸟及其他动物的特征。图案本身至少表现出人、虎、鸟三者的组合。如果说图案中人的部分只是动物的人格化，那也至少反映了虎和鸟的组合特点（杨建芳：《玉琮之研究》，《考古与文物》1990年2期）。在这里我们不准备从社会人类学的角度讨论图案本身可能代表的民族或部落集团，仅就视觉心理学的研究看，这种在世界上广泛分布的杂交动物，并非现实世界的客观反映，也即是说这种杂交动物在自然界并不存在，不符合人们的"秩序感"，因而每每让人感到震惊。

约翰·罗斯金在《威尼斯之石》一书中对此有精辟的分析：
"大凡怪诞之作都有两种成分组成，一是荒唐，二是恐惧，
这两者之中只要这方或那方占有主导便会出现两种情况，其
一为可笑的怪诞，其二为可怕的怪诞，……没有哪一幅怪诞
画只是一味地追求滑稽可笑而不含有恐惧的色彩；也很少有
一幅让人恐惧的怪诞画不具有逗乐取悦的意图"（贡布里
希：《秩序感》，第439页）。良渚文化的兽面纹的怪诞模
样，显然也是为了使其更骇人，更令人恐惧。

正是因为良渚兽面纹具有上述令人恐怖的形象，所以它
应该具备多方面的用途及象征意义。用于古代仪式的物品，
其功能及象征意义在考古学上往往被认定为一种，各种单一
解释之间往往分歧很大。但在民族学里可以发现，这些物品
的功能及象征意义是多重并且彼此相关的。如台湾排湾族的
古陶壶，既是传家之宝和财富象征，又是贵族等级的标志和
婚嫁的聘礼，还是祖先神灵及祖先的寄寓之所，且具备给予
生命和繁殖的力量。这些东西通过考古学是很难揭露的（参
见任先民：《台湾排湾族的古陶壶》，《"中研院"民族学
研究所集刊》第九期，1960年，第163～219页）。据报道，
这种兽面纹曾广泛施刻在各种玉器上。琮、钺、璜、三叉形
额饰、冠形饰、锥形饰、半圆形额饰、带钩以及器柄、玉管
上都可见到这种兽面纹的踪迹（前引牟永抗：《良渚玉器上
神崇拜探索》，第191页），表明这种兽面纹曾是人身装饰
及手中操持甚至周围装饰的一个重要组成部分。在由玉和兽
面笼罩的神秘气氛中，巫师作法，为人们祈福祛灾；兽面或
是象征图腾神，或是用于通天地的神圣动物，都起着重要的

辅助作用。张光直先生引用《道藏》的《太上登真三矫灵应
经》，证明远古时代巫师与动物使者之间的关系："凡用虎
矫者，先当斋戒七日，于庚寅日夜半子时立坛，下方上圆，
地方一丈二尺，天圆三尺，用灰为界，道上安灯七盏，香一
炉，鹿脯七分，白茆草一握。安排了当，然后焚香告祝……
将玉帝印一道含于口内后念咒……咒毕清心守一，屏除外
事，鼻息绵绵，心思注想，白虎一只从西而来到坛上……满
六十日，自有虎一只来于胯下……游太空及游洞天福地，精
怪外道不敢相干，到处自由神祇来朝现"（转引自张光直：
《谈琮及其在中国古史上的意义》，第255页）。

　　正因为有了白虎在，精怪外道才"不敢相干"，其威慑
力量是明显的。可以想见，在良渚文化人们的礼仪生活中，
兽面纹必然起着相当重要的作用。在巫师作法的过程中，兽
面纹烘托气氛、沟通神灵、抵御邪魔；在日常生活中，佩带
有这种"神徽"的饰物，则可起到护身符的作用。即使在现
代社会的一些民俗里，仍然可以看到以图腾或受崇拜的神灵
动物作为护符的情况。比如日本小孩生下后初次参拜神社，
小孩额上画个"犬"字，以此祈求新生儿健康成长（吉野裕
子：《阴阳五行与日本民俗》，学林出版社，1989年，第86
页）。这种观念自有久远的传统。

　　良渚兽面纹附着的玉器基本上都出土在墓葬中，以玉及
兽面纹殓葬，则必定能起到保护死者灵魂驱邪避灾的作用。
因为能引起人们视觉焦虑的并引起恐惧的东西也必定能引起
魔鬼的惧怕（贡布里希：《秩序感》，第447页）。如果我
们相信玉有保护死者的作用，那么这种与玉相配伍的兽面纹

也必定具有重要的保护作用。不仅如此，这种基本上只是发现在玉器上的兽面纹，还可能有着保护玉器的功能。商周时代的重器差不多都有繁缛的令人生畏的饕餮纹，中国古代建筑上的飞梁也总是做成龙头形状，世界上普遍存在着的把重要礼器或用具"生命化"的倾向（贡布里希：《秩序感》，第443～447页），都有以动物保护器物不受侵犯的意义。

原始人对于死者的态度是双重的，一方面害怕死者的灵魂遭到无处不在的邪魔恶鬼的侵袭，因此千方百计对死者的尸体加以保护，讨好死者（陈星灿：《史前的居室葬研究》，《华夏考古》1989年2期）。有些民族所以在墓中随葬刀、剑，就是如此用意。但是另一方面又害怕死者的灵魂回到家里，惊扰生者，因此往往在人死后，把他用过的物品甚至住过的房屋一并烧毁。如奄美大岛的居民就相信死者留恋他生前用过的被褥、衣服等物，所以，人死后，即把他的用物在其墓地或河滩上烧毁，目的是阻拦死者回来（关敬吾：《民俗学》，中国民间文艺出版社，1986年，第161页）。中国古代的厚葬观念，也被认为是这种双重原则的具体体现（Hiroshi Obayashi[ed.], *Death and Afterlife*, 1992, pp.183–193）。值得注意的是良渚的一些所谓火殓葬。比如寺墩M3，死者系一青年男子，肢骨及随葬的部分玉璧、玉琮、玉斧上有火烧痕迹，说明埋葬时举行过某种用火的殓葬仪式（南京博物院：《1982年江苏常州武进寺墩遗址的发掘》，《考古》1984年2期）。用火殓葬，其目的是否也是为了阻止死者的灵魂回来，抑或也有恐吓其他恶鬼的意味？这当然也是值得更进一步研究的。

综上所述，我们知道，尽管良渚文化的兽面纹的解释不可能划一，但各种解释可在兽面纹所表现出来的凶猛、恐惧和神秘中找到其心理学的根源。

(原刊汪晖、陈平原、王守常编：《学人》第六辑，1994年)

北美民族志所见古人猎鹿的几种方法

在多伦多的一家二手书店里，偶然发现一本1950年原版、2001年重印的北美民族志（Prospero Books）。书名叫《Ojibway族的历史和性格》（*The Traditional History and Characteristic Sketches of the Ojibway Nation*）。作者George Copway（1818～1863）就是Ojibway族印第安人，因此这本书也被认为是第一本由印第安人撰写自己历史的书。

在这本书中，作者简略地描绘了Ojibway族（生活在五大湖地区）狩猎鹿的四种方式，很可以为我们了解中国古代的狩猎生活提供参考，故介绍如下。

第一种方式是下套。这种套是用一根麻绳做成的，一旦套住鹿的脖子，就会越拉越紧，直到把鹿勒死。为了猎到更多的鹿，印第安人会花半天工夫把绳套安置在许多地方，然后就往下套的地方赶鹿，这样就总有鹿被套住。

第二种方式是陷阱。印第安人往往把削尖的木棍插在鹿群走过的地方，也就是鹿群要跳过木栅或者其他障碍物落下的地方，落下的鹿就这样被扎伤甚至扎死。

第三种方式是用狗把鹿群驱赶到水中。鹿群一旦进入水中，鹿的逃跑速度放慢，就很容易被猎人射杀。冬天下雪的时候，被驱赶的群鹿陷入雪地，也很容易被猎人捕获。

第四种方式是用弓箭射杀。弓据说是用铁木（Ironwood）或雪松木（cedar）制成。箭头是用骨或者蚌做成，把骨、蚌箭头绑缚在箭杆顶端就做成了一只完整的箭。弓箭的力量非常大，甚至能把鹿的肚子射穿。舔盐或者在河湖边喝水、吃草的群鹿，往往会被躲在四五十米之外的猎手射杀。

中国古代的遗址里，各种鹿（马鹿、斑鹿和狍等等）往往是出土量最大的野生动物。鹿在经济和仪式生活中占有非常重要的地位。比如，鹿的骨、角常被做成各种工具；鹿的形象被刻画在陶器上，如赵宝沟文化尊形器上所见（参见朱延平：《小山尊形器鸟兽图试析》，《考古》1990年4期），或铜器上，比如安阳出土的著名鹿鼎；鹿的肩胛骨甚至被用来占卜，如山东章丘城子崖遗址所见（参见李济等：《城子崖》，中央研究院历史语言研究所，1934年）；遗址常见的各种石、骨、蚌箭头，当然也跟猎鹿密切相关；更不要说成语中我们耳熟能详的"鹿死谁手""逐鹿中原""庸庸碌碌（鹿鹿）""碌碌（鹿鹿）无为"这些跟鹿有关的故事了。

狩猎作为一种文化，跟这种文化的其他部分密切相关，世界各民族狩猎的方式肯定不止上述四种，但是套、陷、驱、射相信应该是最常见的四种方式。我国动物考古学的研究方兴未艾，我们正可以利用它的优势，把古代猎鹿的方式以及跟狩猎鹿相关的人类其他行为加以系统考察。

（原刊《中国文物报》2007年10月12日第7版）

模制陶器——最原始的制陶法?

最原始的陶器制造是否需要有一个模子垫在下面?这个问题早在恩格斯的《家庭、私有制和国家的起源》一书里就有猜测,至今好像也没有一个明确答案。我们偶然在台湾的民族志里发现,至少邹族和兰屿雅美族两个民族,晚至20世纪中叶,还在使用模子制造锅碗类的陶器。

根据日本学者濑川孝吉20世纪20~30年代的调查,邹族Nia'ucna社的制陶过程如下:

1)自popū'nga(Nia'ucna社)上方的地点采集陶土,用尖棒掘取青色部分,放入笼(yungku)中带回家。去掉石块及其他杂物,用臼和杵反复捣练。

2)tangkia是携带用饭锅,用手捏制或盖上木模制作。

3)首先将陶土做成圆形,然后在木台上将陶土延展做坯(图一、二)。(汤浅浩史:《濑川孝吉台湾先住民写真志——邹族篇》,株式会社守谷商会创业99周年纪念出版,2000年,日中英对照版,第200~201页)

达邦社的情况略同:

1)把陶土延展铺在模上。

2)从模上取下完整的粗坯。

3)将粗坯的内外浸水,使其平滑。(同上书,第201~202页)

图一　邹族制陶者将陶土做成圆形（引自汤浅浩史书，第200页）

图二　邹族制陶者将泥团放在土台上延展成坯（引自汤浅浩史书，第200页）

　　台湾大学的宋文薰先生在20世纪50年代对兰屿雅美族的调查中，注意到雅美族也存在模制汤碗类陶器的风俗，他对此做过更加仔细的观察，程序如下：

　　"先放一木盘于地上；将圆底罐倒置木盘中央，罐底向上，以做模子；上铺一布片，布片大小须足够用以包扎所做泥碗。然后取一泥块，以手掌略予打扁后，压盖于罐底布上。再用手指慢慢把泥板周缘予以捏压，但泥板中央径约5厘米之圆形部分则不加施此一手续；因此被压部分趋薄，且逐渐向下伸张，泥板顶部便高出四周成为圆形泥台。其间随时把泥板连同木盘和模子予以转动，将各部厚度压匀；初学者则用草秆刺透泥板，以测厚薄。其次用右手大指腹面将泥板顶高出部分之中央部予以压下，压制工作自中央渐次扩及四周，在距边缘约0.5厘米处止，因此形成周壁一圈，以做陶碗圈足。此一圈足经上述压制手续，渐向外上方加高并作弧形展开，后再用手指予以修整。获大致形状后，有时再以拍板拍修其外表。最后用竹刀及手指，将器表修刮并予抹平。

"上一步骤完成后，以伸出之布片包扎覆盖于模子之泥碗下段，使其上段圈足部分露出，连同模子予以晾干。

"待器底及圈足可支持上体之重量后，解开布片，取去模子，将泥碗之圈足向下放置木盘上。取小铁刀将泥碗上缘高出部分切掉，并予截平，以作口唇；后用手予以修整，并将口缘微微向外撇开。偶尔亦将截自上缘之泥片，捏成长方片形，粘贴器身外表两侧，以作把手。然后用椰子壳制汤勺，沾之以水，修刮泥碗内表之布纹及其他不平处，并用手指将其抹平。其间亦随时将其连同木盘予以转动。"（宋文薰：《兰屿雅美族之制陶方法》，《考古人类学刊》第9–10期合刊，1957年，第151页）

在雅美族那里，罐形器是和碗形器并行制造的，一般是先做罐，再做碗，而罐的制作是采用泥条盘筑法，看起来比模制法要复杂得多。邹族的陶器也有罐、桶等不止一种类型，都比碗类复杂，除了碗类，似乎也都没有采用模制法。雅美族的模制碗法虽然使用了转盘，但模制法看起来确实比其他方法简单些，它究竟是远古时代的一种残余的制陶方法，还是掌握了制陶方法的人因地制宜用最为节省的方法制造形制比较简单的陶器，可能确实还是一个问题。

（原刊《中国文物报》2007年6月29日第7版）

石磨盘和石磨棒的用法

二十世纪七八十年代以来，裴李岗文化和磁山文化出土了大量的石磨盘、石磨棒。常见的石磨盘，多带四个矮足，平面作鞋底形，磨面较平，砂岩，形状规整而精致；磨棒则作长棒形，圆或者一面扁平。这种精致的食物加工工具，从一开始就被认为跟加工小米有关。最近几年，在年代更早的新石器时代遗址里，也发现了大量的石磨盘、磨棒。比如最近在北京东胡林、浙江上山和小黄山等遗址，都有不少形状不甚规则、规模大多也比不上裴李岗文化的石磨盘、磨棒出土。刘莉教授研究认为，中国旧石器时代晚期和新石器时代早期出土的石磨盘和石磨棒，很可能跟加工粮食没有多少关系，而应该是加工橡子等坚果的工具（刘莉：《中国史前的碾磨工具和坚果加工》，《中国文物报》2007年6月22日第7版）。分析很有道理，但在没有对出土磨盘、磨棒上的残留物加以系统分析之前，粮食和坚果加工两种说法都应该只是一种假说。

本文无意讨论中国新石器早期磨盘和磨棒的加工对象，只是碰巧看到一点北美印第安人民族志的材料，觉得他们使用这类工具加工食物的方式值得介绍给有兴趣的读者。借助于民族志所见的方式，我们也许能够看到中国古代先民使用类似工具加工食物的身影。

居住在美国科罗拉多大峡谷里的印第安人，靠采集野果生活，也种植粮食作物。他们把向日葵和多种草本植物的种籽带回营地后，把壳簸掉，将种籽烤熟。然后把种籽磨成粉末，并用这种粉做成饼，熬成粥，加以食用。探险家约翰·韦斯利·鲍威尔是这样描述种籽的加工过程的："观看妇女用石磨将种籽磨成粉末有时是件赏心乐事。她们用一块平整的大石板作磨，把它平放在地上，手里握着一块圆筒形的石块。她们坐在地上，身体前倾，将大石块板夹在两腿两足之间，然后将种籽堆放在大腿之间，她们就这样用两条黝黑的腿做成了磨粉石板的'给料漏斗'，把种子用圆筒形石碌在石板上来回碾磨，磨好的粉末就落在石板末端的一个接粉末的盘子里。我曾经看到一群妇女在一起磨种籽的情景。她们一边唱着歌，一边和着歌唱的节奏滚动着磨粉石，或者一边磨，一边聊天。而年轻的姑娘们则是一边磨，一边喋喋不休地饶舌和打趣说笑，整个松林里都回荡着她们的欢快笑声。"（第308页）

记载这件事的书，最近译成中文出版，题目就叫《科罗拉多河探险记》（雷立美译，花城出版社，2007年）。对科罗拉多大峡谷的这次考察，是在1870年的前后几年。作为考察队队长的鲍威尔不是一个训练有素的人类学家，但他的考察还是给我们留下许多当地印第安人生活的珍贵资料。他所记载的食物加工方式，就磨盘和磨棒的形状而言，似乎更接近裴李岗文化。中国新石器时代早期的东胡林、上山和小黄山遗址，磨盘多不大，磨棒多作圆饼状或者不规则状，而多非长条形；可以握在手里，而不必像推擀面杖那样只能双手前后用力。值得注意的，一是从事这工作的都是女性；二是这种石磨盘和石磨棒的功能，是把种子磨成面粉，而不是用来脱壳。如此看来，中国史前所见的石磨盘和石磨棒，是既可以用来加工坚果（比如橡子），也可以加工粮食作物（比如黍、粟甚至稻）的，主要看你需要的是否面粉而定。当然，用石磨盘和磨棒给谷物脱壳也应该是有效的，这方面的实验工作也需要有人去做。

（原刊《中国文物报》2007年9月28日第7版）

史前的粟是如何储存的？

史前的考古遗址经常会发现一坑坑的炭化粟，我们常常会请植物考古学家鉴定它的种属，却忘记弄清楚粟是怎样储存的。换言之，史前人是整穗储存粟还是把它从穗上脱离之后保存？是脱壳之前保存，还是脱壳之后保存？这方面的问题，考古文献很少涉及，但是民族志却可能提供不少有价值的线索。

20世纪50年代初，李亦园先生对台湾日月潭附近邵族的经济生活做过细致的民族学调查，关于粟的加工和储藏，他说："舂谷用杵与臼；在种粟的时代，粟都是整穗贮藏的，等到要吃时，才取一定分量舂之，所舂的分量则够一日全家所需，绝不多舂。舂谷的程序是把要舂的谷子放在臼内，用杵舂至外壳脱落，然后用筛簸之，簸后又需第二次舂。现在吃的是稻米，舂米的程序也和舂粟相似，但每一次舂米的分量较多，大约够二、三日食用。"（李亦园：《邵族的经济生活》《考古人类学刊》第9–10期合刊，1957年，第69页）

粟是整穗储藏的，也是整穗收割的。"粟收获时每人手中执一把收穗刀仅摘取粟穗，留下粟秆焚之以作肥料。粟穗每八至十穗集成一束，粟束先在田间晒干，然后用背篮带回家中贮之。"（同上书，第57页）

当李先生做调查的时候，邵族人家大多已经没有专门的谷仓，只是把晒干的谷子放在储藏室的桶里。但是在以前，"晒干的粟都贮放在谷仓内。每家有一谷仓，谷仓都建于岸边水中，用八支或十支很长很粗的竹子插在水底，竹子的上端露出水面，就在上面搭一小房作仓，这样把谷子放在里面就不会被老鼠偷吃去了。"（同上书，第57页）

如此看来，邵族的粟是整穗储藏的，如果考古学家侥幸发现他们的谷仓，那么里面不仅有小米、谷壳，也应该有谷秆甚至谷叶。

20世纪20～30年代，有一个日本的博物学家濑川孝吉先生，对台湾许多民族做过深入调查。在最近出版的邹族写真志中，汤浅浩史根据濑川孝吉当年的调查资料，对邹族粟的收割和储藏方法，也做了细致描述。邹族同样采用特别的摘穗刀，同样也是整穗收割，并把粟整穗储藏在谷仓里：

"携回家的小米束（图一），在前庭散开使之干燥后，就放入屋中谷仓收藏。第二年作为种子用的小米，不放入谷仓，而悬挂在顶棚保存。"（《濑川孝吉台湾先住民写真志——邹族篇》，株式会社守谷商会创业99周年纪念出版，2000年，日中英

图一　邹族将收割的谷穗装入背篓中搬运回家（汤浅浩史上引书，第94页）

图二 干燥的谷穗放入五节芒制的谷仓里（汤浅浩史上引书，第95页）

对照版，第95页）

"邹族在室内设置谷仓，将收获的谷物（小米、芦黍、赤藜等）以穗束状保存。谷仓沿着外壁（cingona no hifi）设置，但将天然的卵石并排在地面，上面铺满原木，不留空隙，防止老鼠入侵。四周的壁和底部，以去叶的五节芒茎秆编成，超过人的身高（图二）。谷仓顶盖是以五节芒茎秆制成能拆卸的帘状竹架，将收获的谷物收藏后，放上顶盖。"（同上书，第67页）

"从谷仓取出的穗串谷物，放在灶上烘干（图三）。灶是将三块长方形石头摆成三角形，在住家中央竖立的四根支柱间，设置一座或二座。Saviki社则是将使穗干燥而粗糙编成的干燥吊蓬，吊挂在梁柱，数月前取出的穗，放入吊蓬中，使其充分干燥而不焦，然后再以杵和臼进行脱粒，捣白。"（同上书，第67页）

如果数百千年后考古学家有幸发现邹族的谷仓，如果因为炭化已经看不见谷穗，那至少也可能看到谷壳和从穗上脱落下来的东西，可以肯定邹族的粟是整穗储藏的。这个问题看来不大，却关系到对史前人生活方式的理解。其实不仅是

图三　邹族妇女将谷穗放在灶上面的帘状架上烘干
（汤浅浩史上引书，第158页）

粟，水稻等带穗的东西，也都涉及储藏的方式问题，这里仅提供两个民族志的例子，为考古学家研究参考。

（原刊《中国文物报》2007年6月15日第7版）

台湾邹族和邵族的拔牙风俗及其对考古学的启示

　　1928～1939年，日本学者濑川孝吉先生深入台湾高山各族调查其物质文化和风俗的不同，1999年，汤浅浩史根据濑川的调查资料，出版了《濑川孝吉台湾先住民写真志——邹族篇》（株式会社守谷商会创业99周年纪念出版，2000年，日中英对照版），里面对邹族的拔牙风俗有比较翔实的记载：

　　北邹族约在15岁左右拔齿，而南邹族Kanavu社约在20岁左右拔齿。虽然北邹族特富野社和南邹族Ngani社仅有男人拔齿，但北邹族Mamahavana社和南邹族Kanavu社则男、女皆有拔齿。

　　拔取的牙齿为上颚犬齿及其旁侧门齿共四颗（图一、二）。拔齿的理由据说是要成为美女、俊男，或者被异性所赞赏。

　　将苧麻的纤维呈秋千状系结在长仅15厘米的小树枝，纤维套住牙齿（hisi），强力拉拔掉。伤口塞入烧焦的五节芒，防止发炎。拔掉的牙齿放置在自己的床下，就能得以长寿（第39页）。

　　台湾日月潭的邵族，以前在丰年祭的第三天举行拔牙仪式。唐美君先生《日月潭邵族的宗教》（《考古人类学刊》第9–10期合刊，1957年），根据报告人高武老的叙述，记之甚详：

　　"凿齿páro?ní·piŋ，是凿去上颚的两个犬齿。男女相同，但女孩之善哭者并凿去其下颚的两个犬齿。凿齿的年龄约在八至十三岁之间，凿齿并非每年都举行，须视主祭之产生与否而定。

图一　台湾邹族Nia'ucna社的男人拔牙模式（采自汤浅浩史书，第39页）

"凿齿系在初三日的黄昏举行，事前在我家的门前建一所供凿齿后的孩子居住的小舍há·nuŋ，凿齿之前社中的老人持火坑灰祈祷，求祖灵庇护，那些火坑灰是准备给凿齿后的孩子抹治受伤的齿龈用的。

图二　台湾邹族Nia'ucna社的女人拔牙模式（采自汤浅浩史书，第61页）

"凿齿的孩子眼蒙黑布，由我扶住头部，谢宗结抱住手足，由陈户斗将牙敲去。他右手持槌左手执凿，一敲即成。凿齿是凿去牙齿的齿冠部分，齿根则仍留在牙床中。凿下来的牙齿须埋到孩子家里的大柱之下，受伤的牙龈则须立即抹上火坑灰以止流血。然后跑到潭边洗漱，咬上一块预先准备之小木片qá·veʔ，防止门齿倾斜。凿齿完毕后所有经凿齿的孩子都集中于há·nuŋ之中，由巫师主持，以粟一吊祭祖灵。祭毕，孩子之家人在陈户斗家里饮酒。

"此夜，广场上开始跳舞，社中青年男女都来参加娱神，称为šmaj·la？。凿齿的孩子坐于前列，参观跳舞。自此日起凿去牙齿的孩子都集中住在há·nuŋ之中，直至祭祀完毕。白天休息，夜间以看šmaj·la？为乐；他们的食物都由家里送来。"（第114~115页）

这两个民族，物质文化和风俗有许多近似，但是拔牙的习惯却有许多不同，即使邹族本身，也还存在区域的不同。比如邹族是用绳子拔的，邵族是敲的；邹族多拔除上颚犬齿和侧门齿共四颗，邵族则一般只凿去上颚的两个犬齿；邹族有的地方只给男人拔牙，有的地方则男女都拔，邵族男女都拔，但是好哭的女孩子则还要多凿去下颚两个犬齿；邹族拔牙的年龄多在15或20岁左右，邵族则在8~13岁。凡此均说明，同是拔牙，拔牙的时间、方式、目的等等却可能是不同的，即便是同一个民族的拔牙风俗，也可能有地区和人群的不同。如此看来，即使对于同样的拔牙模式（比如拔除同样的犬齿和侧门齿），要在考古上寻求单一的解释也大多是靠不住的，不过，如果保存的状态理想，也许可以在古代遗址里看出拔和凿的区别来，这是我们今后应该注意的。但是如果是像澳洲土著那样，先用棍子或者骨头把牙敲松，然后再连根拔除的话，也许在考古学上不会留下太多过程的证据。

（Alan Moorehead, *The Fatal Impact: An Account of the Invasion of the South Pacific 1767–1840*, Penguin Books, 1979, p. 155）

最初的酒是怎样酿造的

——台湾邹族酿酒的启示

最近几年由于遗留物分析在考古学上的应用，不仅在龙山文化两城镇的陶器上发现了酒的证据（麦戈文等：《山东日照市两城镇遗址龙山文化酒遗存的化学分析——兼谈酒在史前时期的文化意义》，《考古》2005年3期），还在距今八九千年前的贾湖文化陶器上发现了酒的遗迹（*Proceedings of the National Academy of Sciences of the United States of America*, Vol. 101, No. 51, pp. 17593–17598, Dec. 21, 2004），美国人甚至根据贾湖陶器遗留物研究出来的配方生产出了"贾湖酒"。不少人要问，史前人是如何酿酒的？

酿酒离不开酒母，也就是发酵剂。酒是如何发酵的呢？汤浅浩史所著《濑川孝吉台湾先住民写真志——邹族篇》（株式会社守谷商会创业99周年纪念出版，2000年，日中英对照版），对邹族的酿酒有比较简要的记载，有助于我们理解原始的酿酒方法。

小米酒是使用糯小米、粳小米两种。捣白之后，浸水一小时左右，用臼捣成细碎状。将碎细小米留下三分之一，三分之二则加水煮成粥状。冷却以后，由年轻的美齿少女或儿童咀嚼后吐出，混合未煮的剩余部分，放入瓮中，覆盖布或海芋叶，夏季放两日，冬季放三到四日，再开瓮饮酒。小米

邹族特富路社的酒宴（采自汤浅浩史书，第77页）

酒方面，发酵未过滤的称为Chohūmū,发酵过滤的称为sume,发酵变酸的称为masūicū, ci emi, 皆能饮用。过滤的酒糟可直接食用或炊煮食用。南邹族则将小米和赤藜混合后造酒。

米酒称为emi no pai或shinima, 将芋和米混合后，发酵二至三日，放入瓮中炊煮，覆上金属制锅盖等物，可得蒸馏酒。（前引书，第176页）

所谓"捣白"，就是脱壳。这方法看起来如此简单，简直就是把捣碎的小米加水就能变酒，似乎跟现代人理解的酒跟复杂的酿酒过程相距甚远。小米酒的发酵，竟然是依靠少年的唾液！其实，少年的唾液在化学成分上跟成年人并无不同，选择少年只不过是他们认为少年距离神灵更近，更受神灵的欢迎，所以台湾邵族举凡播种、收割等等活动，都要由少年开始，哪怕仅仅是一种仪式。（参见李亦园：《邵族人的经济生活》，《考古人类学刊》第9-10期合刊，1957年）

酒是邹族人最嗜好的东西。"在个人、家族、部落方面，每逢庆典时，不论男女，如果在14、15岁以上，个个都畅饮至酩酊大醉。"（见图）（汤浅浩史前引书，第176页）这大概也跟史前的情况差不多。史前人的酒未必都是靠人的唾液发酵的，但是从邹族的例子，可以想见史前人很可能利用了这种最原始的发酵方法，最初的酒可能就是在今天看来简单甚至简陋的条件下酿制出来的。

（原刊《中国文物报》2007年9月7日第7版）

中国古代的收割工具——石刀、陶刀和蚌刀的用法初探

——民族考古与实验考古的一点心得

      中国史前和三代考古出土了数以万计的刀具，多矩形和半月形，有单孔、双孔和两侧带缺口等多种形式，质料多石，也有不少是陶和蚌做的；把它们作为收割工具，自安特生发现仰韶文化以来，很少疑义。但是，这些刀具是如何使用的，却相对很少讨论。李仰松先生和李京华先生，根据他们对洛阳王湾和登封王城岗遗址考古发现标本的观察，曾做过石刀使用方法的复原研究（参见北京大学考古文博学院，《洛阳王湾田野考古发掘报告》，北京大学出版社，2002年，第34～35页；《李京华文物考古论集》，中州古籍出版社，2006年，第61～68页）。

      李仰松先生复原的两种方法（图一），很可能被古人采用过：一种是把拇指之外的四指套在从两侧缺口穿过绑缚在石刀长轴的绳套里，只有大拇指是灵活机动的；另外一种是把大拇指套在石刀穿过单孔绑缚在石刀背部的绳套里，四个指头虽是灵活的，但是因为没有大拇指配合，任何割穗的动作都不灵活，必须借助另外一只手完成。第一种握刀的方式，也有同样的缺陷。李京华先生综合考虑石刀穿孔上方的

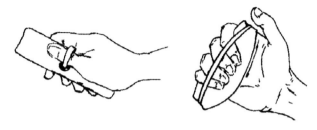

图一　李仰松复原方法

磨损痕迹和刃部使用痕迹，做了三种复原。第一种刀具，他认为是"装柄形式似作切割工具使用"（图二，2）。第二种复原为柄与刃部垂直的形状，认为石刀"似作为刮、刨具使用"（图二，4）。第三种复原方式与此略同，认为"使用形式似与上述同，并兼作锛具用"（图二，7）。

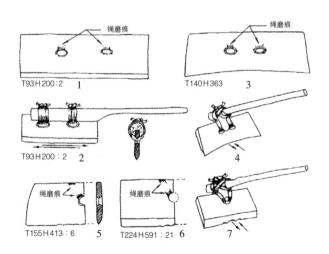

图二　李京华复原方式

王城岗刀具孔部的"磨损"痕迹也见于石铲等石器上，究竟是加工痕迹，还是磨损痕迹，恐怕还需要实验证明。不过，如果王城岗不少石刀确如李京华先生的复原，兼具刮、刨甚至作为锛具使用，它与一般作为收割工具的刀具，功能上应该是不同的，本文只讨论作为收割工具的刀具。李先生的第一种复原方式，为石刀加了长柄，收割谷穗应该是可行的，但同样也离不开第二只手的辅助，且这种方式不会比上述李仰松先生的复原方式减少对刀具刃部锋利程度的依赖。

那么古人究竟是采用什么方式收割的呢？我在直到晚近还流行于我国西南和东南亚地区的苗族收割方式里受到启发，并仿照他们的方法，做了一些实验研究，证明苗族的收割方法，即便采用石刀和陶刀，也还是行之有效的。下面我把苗族的收割方法和我们所做的实验简要描述，使读者对这种收割方式有一个全面的了解。

根据苗族的割稻穗方法（Mirella Ferrera, *Peoples of the World*, White Star Publications, 2003, pp. 182–183），单孔刀的绑缚方法如下：把绳子穿入孔中，根据手掌的大小，把绳子两端绑缚在一起。使用时，手掌插入绳套，把刀背夹在中指和无名指中间（或夹在无名指和小指之间），割谷穗的时候，无名指（或小指）把穗秆按在刀刃上，中指、食指和大拇指配合捏住谷穗，刀刃顶住穗秆，手掌略向上用力，谷穗即被割下。苗族收割的特点，一是每次收割一穗，二是单手收割，不需要另手辅助。（图三）

我们本次实验的目的之一，即是检验这种方法的有

图三　苗族收割方式

效性。实验步骤如下：

1. 制作刀具

把厚约1毫米的白铁片，用剪刀裁成长约12.5、宽约5.5厘米的长方形；在长边一侧距离边缘约1厘米的居中位置，穿一孔，孔径约0.7厘米；在距离穿孔较远的一长边施磨，使成刃部。编号2。

然后，把灰嘴遗址采集的仰韶和二里头时期的三块废陶片，做成三把陶刀。第一把，编号5，系使用二里头时期的尊类陶器肩部残片，灰黑色泥质陶，带有一定弧度，略施敲琢，使成长方形，在一长边施磨，单面刃，另外三侧均保留敲打痕迹。在与刃部相对的另外一边，用剪刀端部对穿成孔，孔径约0.5厘米。陶刀长约8、宽约4.8厘米。

第二把，编号4，利用疑为仰韶时代的红色夹砂陶片，做成一边略长、另一边略短的近似长方形，两端敲打出缺口，陶刀略弧。长约9～10.2、宽约5～6厘米。最长的一边，磨成单面刃。

第三把，编号6，系利用仰韶文化彩陶盆的口沿陶片，将口沿一侧磨成单面刃，两短边敲打出两个对称的缺口，另外一边系陶片原来的断裂面，不做打磨。陶刀略成长方形，长约10.5、宽约3～5厘米，因为口沿自身的原因，一侧内凹，一侧凸起，单面刃开在凸起的一侧。

最后，我们又从灰嘴村征集了一把不明年代的残石刀，编号1。长约7.8～9、宽约5～6、厚约0.4厘米，略成长方形，刃部长约7.8厘米。虽两侧施磨，但略成单面刃。我们用铁锥在距离长边约1厘米处的中间钻孔，孔径约0.7厘米。石刀系紫红色细砂岩，因为实验的需要，在刃部施磨，使成单面刃，刃宽约1厘米（图四）。

图四　实验用刀具（左起2、5、1、4、6号）

2．收割水稻

单孔石刀的绑缚和使用方式如前所述。至于两侧带缺口的刀具的用法，受苗族单孔刀割穗方法的启发，我们把线绳先围绕缺口绑缚一周，然后打结，并在结上做成一个绳套，大小可容手掌伸入，这样把手掌伸入绳套，把陶刀夹在中指和无名指（或无名指和小指）之间，即能自如使用。这样的捆绑方法，使收割的时候，不仅刀子不易落下，而且因为绳子捆绑在手背上，也能借助手背的力量，达到切割的目的。

2007年10月6日上午9点，我们在灰嘴东北浏涧河谷温新智家的水稻田里，用我们自制的石刀、陶刀和铁刀收割已经成熟的水稻。

承主人允许，我们在水稻田的一角开始收割。第一次实验采用1号石刀。采取苗族的收割方法（图五），由第一

图五　1号石刀用法

实验人右手持刀，左手提篮，右手收割之后随手把稻穗抛入提篮。收割5分钟，共收获穗头125个。感觉水稻的茎秆非常脆，用刀刃一折即断，效率很高。平均每分钟收割25穗。

第二次采用5号单孔陶刀，仍由同一人完成实验。采取同样的方法，收割5分钟，收获水稻134穗，效率似乎比石刀还高。但是因为刀的刃部不很锋利，所以其中20穗不是从掐穗处切断的，而是从距离穗头大约25～30厘米的水稻秆的关节处拔断的。陶刀的刃部有三处细小的肉眼可见的豁口。平均每分钟收获近27穗。

第三个实验采用6号陶刀，由第二个实验者完成。这是一把两侧带缺口的陶刀，握刀方式同前。采用同样的方法收获稻穗，收割5分钟，收获141穗，其中从距离穗头大约25～30厘米的水稻秆的关节处拔断的有9穗。平均每分钟收获28穗。刀刃上有一个小豁口，肉眼可见磨圆痕迹。

第四个实验采用4号陶刀，由第一个实验者完成。这也是一把两侧带缺口的陶刀，由于陶片表皮剥蚀，质量比其他两把陶刀略次。收获方法如前，收割5分钟，共收取稻穗125头，其中13穗是从距离穗头大约2～30厘米的水稻秆的关节处拔断的。收割后刃部出现两处向背部破裂的大豁口，一处长5毫米，一处长8毫米，如要继续收割，需施磨才好。

第五个实验采用2号铁刀，仍由第一个实验者完成。采用同样的方法，收割5分钟，收获稻穗136头，其中有7穗是从距离穗头大约25～30厘米的水稻秆的关节处拔断的。虽经收割，肉眼看不出有磨损痕迹。

3．实验心得

1）掐穗处距离稻穗最下端至少要留出3～5厘米的距离，因为过于接近稻穗，容易碰到稻穗，造成稻粒脱落。实际上如果考虑到不少民族收割后需要捆绑稻穗甚至挂墙晒干等后续工作，实际上留下的稻秆可能还要更长。

2）采取苗族的这种收割方法，使左手（如果是右利手的话）完全得到解放，不必要一手握穗，一手持刀收割。（图六）

3）由于是单手收割，系刀的绳子又完全套在手背上，手背承受的力量很大；而掐穗的动作则大半是依赖手掌向上翻腕的力量，因此之故，也降低了对刀刃锋利程度的要求，实际上可以说稻穗有一半是折断的，只是如果刀刃锋利些，稻秆与刀刃的接触点更小，稻穗更容易被折断。

图六　用6号刀割穗

4）观察稻穗被石刀和陶刀切断的地方，几乎都是不很整齐的断茬，撕拉的痕迹非常明显，有的甚至藕断丝连（图七），显示刀具不很锋利。

5）实验证明采取苗族的握刀方法割穗，非常有效，中国古代的单孔陶刀、石刀和蚌刀都有可能是这样使用的；两侧带缺口的刀具，也可能采取同样的握刀方法。它的优点是割穗本身使另外一只手得到完全解放，而缚住手背的绳子不仅使刀具牢牢掌握在收割者手中使之不易脱落，更能借助手背的力量，降低对刀具刃部锋利程度的要求。这也是石、陶、蚌等非金属制品能够长期被用作收割工具的原因。

6）这种收割稻穗的方法，关键在于"掐"的动作，实际上在"掐"断之前，稻穗已经折断了，这样就减少了对稻谷根部"提拔"的压力，以免把稻谷连根拔起。

图七　4号陶刀收割的穗头茬口不齐

7）已经有人讨论过中国史前长方形、半月形刀具的用法，也做过复原研究，实际上握刀的方式可能远不止一种，但是比较而言，苗族的这种收割方法大概是最有效率的一种。但是究竟是否如此，我们还需要在对出土刀具进行更多的显微观察和更深入的实验研究之后，才能得出可靠的结论。

王法成和作者共同完成实验，谢礼晔也提供过很好的意见，特此致谢！

（原刊《中国文物报》2007年12月14日第7版）

读书识小

中国人刷牙的历史有多久

　　不少历史书说中国人刷牙的历史很悠久，甚至早在唐代"刷牙已较普遍"，理由是敦煌石窟中唐第159窟《弥勒经变》中有揩齿图（图一）（李斌城等：《隋唐五代社会生活史》，中国社会科学出版社，1998年，第493页）。这个说法虽然有实物证据，但却经不起推敲。一则佛教来自印度，壁画内容未必都是中土风情的反映；二则壁画弘扬佛法，与佛教无关的社会生活多有缺遗。

　　偶读《中国印度见闻录》（穆根来、汶江、黄倬汉译，中华书局，2001年。卷一根据索瓦杰的法译本、卷二根据藤本胜次的日译本翻译），似乎为我的说法找到了证据。这本书是根据曾旅居中国的阿拉伯商人的亲见亲闻记录而成的，写于9世纪中叶和10世纪初，也就是晚唐时期。书中说，"印度人使用牙枝：他们如不用牙枝刷牙和不洗脸，是不

图一　敦煌唐代壁画中的揩齿场面 （采自李斌城等：《隋唐五代社会生活史》，中国社会科学出版社，1998年，第493页）

吃饭的。中国人没有这一习惯。"（第24页）什么是"用牙枝刷牙"？本书法译本译者索瓦杰对此有详细注释。他说："用一条木枝（siwāk）刷牙的习惯是阿拉伯一个古老的传统，是伊斯兰法令所认可的（见《伊斯兰百科全书》，'miswāk'一词），这正是讲述者所关心的习惯。在中国，刷牙是不礼貌的。中国人是饭后漱口。在印度，'一吃完饭，便把一根叫作杨树（或叫作印度无花果树）的枝条放在口中咀嚼'（见《南海寄归内法传》，第462页；《大唐西域记》卷一，第71页）。'漱口的习惯，用一根刚刚从树上折下来的树枝磨牙的习惯，不仅是婆罗门教徒，在其他种姓间也是普遍流行的。'（见《印度风俗、制度与礼仪》，第一卷，第334页，注②；《世界志》，第177章）"对此，本书中译者还有进一步的说明："印度人在饭后嚼杨枝的习惯见玄奘《大唐西域记》卷二馔食条：'馔食既讫，嚼杨枝而净。'齿木，梵文称为dantadhāvang，嚼齿木为dantapraksālana，义净对此有较详记载：《南海寄归传》卷二，朝嚼齿木条：'其齿木者，梵云惮哆家瑟诧。惮多译之为齿，家瑟诧即是其木。长十二指，短不减八指，大如小指，一头缓，须熟嚼，良久净刷牙齿……西国柳树全稀，译者辄传斯号、佛齿木树，实非杨柳……然五天法俗，嚼齿木自是恒事，三岁童子咸即教为。'"（第88页）

我把原文和法、中文译者的注释都抄录下来，是便于读者了解刷牙的具体过程。但阿拉伯原文和中、法文注释提到的"用牙枝刷牙"，似乎不全是一回事。原文看来是指早晨起来后的刷牙，后者则多指饭后的刷牙。虽然看起来刷牙的方法都是咀嚼木条，但时间上是不同的。有一点还需要注意，就是刷牙的行为在古代印度十分普遍，即使三岁童子也不例外。唐代的中国人关注此事，正说明这不是他们熟悉的行为，所以才会留下如此详细的记录。正同阿拉伯人看到中国人不刷牙印度人刷牙会留下记录一样。

阿拉伯人也有用牙枝刷牙的习惯。在《中国印度见闻录》卷二，曾提到先知穆罕默德"腰上牢牢地挂着一根很长的剔牙枝"（第105页）。本卷日译者藤本胜次有更加详细的注释：

"剔牙枝（miswāk siwāk），关于阿拉伯人使用的这种牙签，《一千零一夜》的译者巴汤作了如下的说明（参见大场正史日译巴汤版《一千零一夜》7，角川文库，昭和27年，第302页，原注8、9条）：

"'剔牙枝约莫有伸展着的拇指或小指那样长。在麦加，人们把它浸泡在糁糁水（zamzam,为穆罕默德墓后之井水，参见马欢《瀛涯胜览》天方国条——中译者）中，大量出售。……在阿拉伯人中间，传言'西奈山中的木材'（即橄榄木）制造的剔牙枝，香气宜人，可以防腐，具有特殊的功效。因此，穆罕默德从不使用其他剔牙枝……剔牙枝的用法，是把不使用的一端夹在小指与无名指中间，再用另外两个手指（即中指与食指）夹住剔牙枝的中央，用拇指使劲按住嘴唇。它比我们平日使用肮脏的牙刷更合乎卫生，这是因为每个牙缝都可以剔净，而不是像刷牙那样，整排地摩擦。……非洲人自不待言，就是亚洲各地，也有许多人在脖子上吊着剔牙枝，到处走来走去。'

"这种剔牙枝的使用，可以追溯到穆罕默德的某些生活细节。传说，穆罕默德坐在清真寺的时候，经常用剔牙枝掏耳，夜晚礼拜以前用剔牙枝剔牙，饭后也要使用剔牙枝，云云。如此相沿，便成为一种'传统'（hadīth）了。后来，在这个基础上，发展到礼拜前行'洗净'（wudū）也要剔牙，并看作是伊斯兰教徒的义务（参阅《简明伊斯兰百科全书》，第388页，'miswāk'）。"（第147页）

阿拉伯人的牙枝，译为"剔牙枝"。藤本胜次的注释更称之为"牙签"，似乎更强调"剔"的功能。但从上面的描述看起来，也还是用牙枝刷牙。牙枝木的种类不一，在使用方面，不仅饭后要"剔"，夜晚礼拜之前也要"剔"。看来阿拉伯人使用牙枝的频率一点也不落后于印度人。只不知道怎样用来掏耳。或者是用牙枝的另一端，或者是用废弃的牙枝也说不定。

中国古代的正史里好像没有留下多少跟刷牙有关的记录。倒是宋元以来的小说里，反复提到梳洗，但视野所及，皆为漱口，并无例外。手边有何满子先生的《古代白话短篇小说选集》（上海古籍出版社，1983年）一书，略举数例，以为佐证。

明代小说《玉堂春落难逢夫》，写王三官要赎妓女玉堂春，两人定下一计，把那老鸨骗了："天明，鸨儿起来，叫丫环烧下洗脸水，承下净口茶"（第276页）。明白无误地说明早晨净口的东西，就是茶水。另一篇更为著名的小说《卖油郎独占花魁》，写卖油郎秦重头回嫖花魁娘子，酒醉后的娘子夜来要漱口，秦重"斟上一瓯香喷喷的浓茶，递与美娘"。早起之后，"丫环捧洗脸水进来，又是两碗姜汤。秦重洗了脸，因夜来未曾脱帻，不用梳头，呷了几口姜汤，便要告别"（第238～239页）。这茶水和姜汤都有漱口的意思，看来并无别的净口或刷牙措施。

上面举例虽然都发生在特殊场合，但这种特殊的场合，是士大夫经常出没的所在，可以相信这基本上就是宋明社会的实情。宋明尚且如此，唐代更不大可能有普遍的刷牙行为罢。倒是晨起洗脸，好像中国与印度并无多大不同，饭前是一定要洗脸的，至少宋明的市井小说中是如此。（《快嘴李翠莲记》见《古代白话短篇小说选集》第27页；《刘东山夸技顺城门，十八兄奇踪村酒肆》，同上书，第453页），佛寺也不例外（《王本立天涯求父》，同上书，第527页）

附记：本文是作者旅加途中的札记，返国后，看到吴玉贵先生的《中国风俗通史·隋唐卷》（上海文艺出版社，2001年），发现他对此问题已有澄清。他的结论是"嚼齿木在唐朝并不普及"。他征引的主要是唐代诗文，比如韦庄"泻瓯如练色，漱口作泉声"，白居易"城头传鼓角，灯下整衣冠。夜镜藏须白，秋泉漱齿寒"等等，说明"漱齿是当时牙齿保健的最普遍的方法"（第340～341页）。因记于此，以为本文补充。

（原刊《寻根》2005年4期）

唐代国人的个人卫生

　　根据阿拉伯商人的游历所撰写的《中国印度见闻录》（穆根来、汶江、黄倬汉译，中华书局，2001年。卷一根据索瓦杰的法译本、卷二根据藤本胜次的日译本翻译），写于9世纪中叶到10世纪初，是阿拉伯作家关于中国的最早著作之一。对中国唐代的社会生活有不少有趣的描写，可以补古代中文文献的不足。关于个人卫生方面的，卷一有这样的描写：

　　"无论印度人还是中国人，在不洁净时都不做大净的：中国人解过大便以后，只用纸擦一下。印度人每天只在午饭前洗一次，然后才去拿食物。"（第23页）又说："中国人不讲卫生，便后不用水洗，而是用中国造的纸擦。"（第11页）

　　什么叫"不洁净"？什么叫"做大净"？对此，本书法译者有详细说明："'不洁净'指男女行房、遗精。'做大净'指沐浴全身。"本书中译者按："伊斯兰教规定，无论男女交媾或者手淫或梦遗后都必须做'大净'。"与"大净"相对的是"小净"，据《中国印度见闻录》卷一第二十三条注释，伊斯兰教徒便后须洗下身，叫"小净"。唐代的中国人在"不洁净"的时候看起来是不做"大净"的，大便过后似乎也不做"小净"。但也并非都是如此。看描写南宋市井生活的小说《卖油郎独占花魁》，怎样叙述卖油郎秦重第一次到教坊去会那花魁王美娘。王美娘出门在外，老鸨王九妈用酒饭拖着秦重："秦重吃了一碗，就放箸。九妈道：'夜长哩，再请些。'秦重又添了半碗。丫环提个灯来，说：'浴汤热了，请客官洗浴。'秦重原是洗过澡来的，不敢推托，只得又到浴堂，肥皂香汤，洗了一遍。重新穿衣入座。"这虽然是明代的小说家言，但唐宋距此不远，教坊制度也略仿佛，看来至少在专事情色交易的教坊里，"不洁净"是差不多都要做"大净"的。但这"大净"做在"不洁净"之前，似乎又与伊斯兰教徒的"大净"不同。

倒是大便后用纸揩擦的描述，反映唐代中国人厕所用纸的普遍程度，是难得一见的珍贵史料。

该书卷二还有更有意思的一段记载："中国人习惯站着小便，一般老百姓是这样，王侯、将军、高官、显宦们也是这样，不同的是他们使用了一根涂了油漆的木管。这木管约莫一肘之长，两端有孔，上面那个孔稍大一些，用来套住阴茎。要小便时，两脚站着，把木管的小端伸出身外，就可以把尿撒在管子里了。中国人认为，这样小便于身体有益。据他们说，凡膀胱疼痛，或撒尿时感到胀痛的结石病症，往往是因为坐着小便引起的，所以只有站着小便，膀胱里的尿才能完全排了出来。"（第120页）这段记载日译者只有一个注释，说"《一千零一夜》中也记载了伊斯兰教徒的男人借助皮管小便，这种风俗在东方各国由来已久。据说，拜火教徒也是如此（巴汤《一千零一夜》，卷二，大场正史译，第255页，注153）。"（第152页）但没有提及中国古代文献里有类似的描述。

从作者的惊诧和描写的具体而微看，古代的阿拉伯人（男人）是不站着小便的，好像也不用管子，至少是不用木管。我们习以为常的站姿小便，是人类生理的要求使然，还是一种文化现象，似乎还需要史学家考证。我也从来不知道还有达官贵人们借助木管小便的说法，考古方面的证据似乎也完全没有。有意思的是，如果这种记载有所依据，那它首先考虑的似乎不是个人卫生，而是身体的保健问题。抄录在此，希博雅君子有以教我。

（原刊《万象》2005年11–12期）

唐朝人讲卫生吗

　　每逢到国外的Chinatown（唐人街或中国城）去购物，不管是纽约、华盛顿，还是波士顿、多伦多，都能生出无限的感慨：怎么这么脏？我不知道外国人怎样看我们中国人，但就我自己看着那些个街道和商店，心就兀自先虚了下来。接下来，就会自问：原因出在哪里？我们的祖先是否也这样？老实说，我没有答案。

　　最近偶读写于晚唐时期的一本书，叫作《中国印度见闻录》（穆根来、汶江、黄倬汉译，中华书局，2001年），是阿拉伯人根据曾旅居中国的阿拉伯商人的亲见亲闻记录而成的，据说史料价值非常高。里面对唐代国人的衣食住行有不少有趣的记录，是正史不载或者不屑记载的。因为有宗教的原因在里面，阿拉伯商人的观察未免偏颇，但看起来误会的地方不多。今抄录如下：

　　关于如厕方面的："中国人不讲卫生，便后不用水洗，而是用中国造的纸擦。"（第11页）"无论印度人还是中国人，在不洁净时都不做大净的：中国人解过大便以后，只用纸擦一下。印度人每天只在午饭前洗一次，然后才去拿食物。"（第23页）所谓"做大净"，即是全身洗浴。与此相对应的是所谓"小净"，就是洗浴下身。"大净""小净"，都是伊斯兰教对教徒的规定。中国人是不讲这一套的。

又说，"中国人习惯站着小便，一般老百姓是这样；王侯、将军、高官、显宦们也是这样，不同的是他们使用了一根涂了油漆的木管。这木管约莫一肘之长，两端有孔，上面那个孔稍大一些，用来套住阴茎。要小便时，两脚站着，把木管的小端伸出身外，就可以把尿撒在管子里了。中国人认为，这样小便于身体有益。据他们说，凡膀胱疼痛，或撒尿时感到胀痛的结石病症，往往是因为坐着小便引起的，所以只有站着小便，膀胱里的尿才能完全排了出来。"（第120页）这段记录最奇怪。为什么要把木管套在阴茎上，管子通向哪里，都不清楚。这种风俗好像也没有其他佐证，但看起来并非为卫生准备，而属于医疗保健的范畴。

关于饮食方面的："中国人吃死牲畜，还有其他类似拜火教的习惯。"（第11页）"中国人和印度人屠宰牲畜时，不是割其喉让血流出，而是击其头至死。"（第23页）所谓死牲畜，原来是指先击其头而置其于死地的牲畜，并非腐肉。伊斯兰教的清规是先把牲畜的头割下来才食其肉，以避免把血吞下去。

关于居住方面的："印度男人不和来月经的女人同房，甚至把她们从家中赶出去，以避免给她们所玷污。中国男人则不同，即使在月经期，也和女人同房，更不赶她们出去。"（第24页）古代的不少民族都有这种禁忌，伊斯兰教徒亦然。史前的中国人也许有这种风俗，但唐代似乎已经荡然无存。

关于个人卫生方面的："印度人使用牙枝；他们如不用牙枝刷牙和不洗脸，是不吃饭的。中国人没有这一习惯。"

（第24页）虽然在唐代的敦煌壁画里我们已经看见过刷牙的图像，但中国人保持口腔卫生的通常做法是漱口，有所谓"漱口茶"。普通人的刷牙只是近代同西方交往之后才有的事实。

关于住房方面的："中国人房屋的墙壁是木头的。印度人盖房用石头、石灰、砖头和泥土。在中国有时也用这些东西盖房。"（第22～23页）"中国城市是用木材和藤条建造房屋，这种藤条可以编织用具，正如我们（阿拉伯）用破开的芦苇编造东西一样。房屋建成后，还要涂上灰泥和油料。这种用蓖麻子榨成的油剂，一涂到墙上，就像乳汁一样，闪着洁白而晶莹的光泽，实在令人叹服。"（第100页，中译本译者认为"藤条"可能是竹子之误）

关于丧葬方面的："中国死了人，要到第二年忌日才安葬：人们把死者装入棺材，安放在家中，尸体上面堆生石灰，以吸收尸内水分，如此保存一年。如果是国王，则尸体放入沉香液和樟脑里。亲人要哭三年，不哭的人不分男女都要挨棍打，边打边问他：'难道对死者你不悲痛吗？！'死者被埋入坟墓，其坟墓和阿拉伯人的坟墓相似，但继续为死者供奉食物，并声称死者是可以吃喝的。事实上，人们把食物放在死者旁边，到了夜里或第二天早晨，食物便不见了，故称是死者吃了。只要尸体停在家里，就哭声不止，食物中断，为了死者，有的甚至不惜倾家荡产。过去，当埋葬国王时，往往是把他生前的用具、衣服和腰带（他们的腰带是很贵重的）一起埋掉，现在这一习惯已经取消，因为坟墓常常被挖，坟中什物都被盗走。"（第15～16页）把死者的棺材放在家中一年，无论如何都于健康无益。

关于服装方面的："中国居民无论贵贱，无论冬夏，都穿丝绸。"（第10页）"女人的头发露在外面，几个梳子同时插在头上：有时一个女人头上，可多达二十只象牙或别种材料做的梳子。男人头上戴着一种和我们的帽子相似的头巾。"（第11页）

但是整个看来，阿拉伯商人对中国的观感颇好："中国更美丽，更令人神往。印度大部分地区没有城市，而在中国人那里则到处是城墙围绕的城市。""中国人比印度人更为健康。在中国，疾病较少，中国人看上去较为健壮，很少看到一个盲人或者独目失明的人，也很少看到一个残疾人，而在印度，这一类的人则是屡见不鲜的。""在印度，很多地区是荒无人烟的，而在中国，所有土地均被耕种，全国人口密集。""中国人比印度人好看得多，在衣着和所使用的牲畜方面更像阿拉伯人。中国人的礼服像阿拉伯人衣着。他们穿长袍，系腰带，而印度人不分男女，一律披两块布当衣服，另戴金手镯和首饰作装饰。"（第24～25页）

正像本书法译者所说的那样，这些阿拉伯商人对中国和印度风俗的记载，并非由于"他们对外国习俗的关怀，而是由于伊斯兰教的法律规定了其信徒的'社会行为'以至生活细节。因为外国习惯和他们本国风俗相近或者相反而引起伊斯兰教徒感情上的爱和憎"。除了那些与伊斯兰教规明显冲突的风俗以外，比如吃不洁的食物，不做"大净"等等，看不出中国人在卫生方面有什么特殊落伍之处，相反，中国人的外观和城市面貌还颇引起外人的好感。

唐代的中国真的是非常整洁卫生吗？本书没有回答。读过这书，似乎真的是向往多于厌恶。也许是作者没有着墨的缘故吧！不过，书中也写到黄巢暴动的时候，"强者一旦制服弱者，便侵占领地，捣毁一切，连平民百姓也都杀尽吃光。"还说"这种（吃人肉的）事情，是中国风俗所允许的，而且市集上就公开卖着人肉"（第97页）。又让人感到恶心和悲哀。

（原刊《北京青年报》2006年11月13日D2版）

大蒜的妙用

大蒜是日用之常，算不得什么名物。可生食，也可腌泡，还可入药，是中西方厨房均不可或缺的普通佐料。但大蒜也是一种文化产品，它的用处并非从来如此，而是慢慢演化来的。

晚清文人薛宝辰（1850～1926），祖籍陕西长安，曾写过一部名为《素食说略》的书，介绍当时陕西和京师一些常用蔬菜的制法，卷一讲到"浸菜"即泡菜的做法：

"用有檐浸菜坛子，除葱、蒜、韭等菜不用，余如胡瓜、茄子、豇豆、刀豆、苦瓜、菜菔（萝卜）、胡莱菔、白菜、芹菜、辣椒之类，皆可浸。浸用熟水，盐须炒过，酌加花椒、小香、生姜。浸好，以瓷碗盖之，碗必与坛檐相吻合，檐内必贮水，防泄气及见风也。取时必以净箸夹出，防见水及不洁也。"（转引自王仁湘：《饮食考古初集》，中国商业出版社，1994年，第136页）

可见晚清的大蒜虽是厨房用品，但却是不能腌泡的。这还不奇怪，怪在再往前去，蒜竟然名列污秽，是民间常用的辟邪之物。

明人小说《勘皮鞋单证二郎神》，演绎宋人故事，说一个无赖庙官，冒充二郎神，骗奸离开皇宫治病的皇妃韩夫人。最后真相大白，到了捉拿归案的时候，"当下王观察禀过大尹，大尹也喜道："这是你们的勾当。只要小心在意，休教有失。我闻得妖人善能隐形遁法，可带些法物去，却是猪血、狗血、大蒜、臭屎，把他一灌，再也出豁不得。'王观察领命，便去备了法物。过了一夜，明晨早到庙中，暗地着人带了四般法物，远远伺候。……众人一齐动手，捉了庙官。……再把四般法物劈头一淋。庙官知道如此作用，随你泼天的神通，再也动弹不得"。（何满子：《古代白话短篇小说选集》，上海古籍出版社，1983年，第104页）

大蒜与猪血、狗血及臭屎同属镇邪法物，大概是取其味"臭"吧！看来宋明时期（这篇小说据说采自宋人旧本，又经过明人的润色、改定），大蒜是上不了台面的。

（原刊《北京青年报》2006年8月21日D2版）

白与黑

有一个笑话，说没钱出门到海边度假的法国人，天天躺在自家门前的草地上晒太阳。假期一过，浑身晒成古铜色。遂向同事夸口，说去夏威夷走了一遭，令同事羡慕不已。白人尚黑，这回又在多伦多亲见。多伦多最长的大街Yonge街上，每有Quick Tan的招牌，要价不高，问后得知原来是让你迅速着色的服务。那招牌翻译过来就是"快快晒黑"。据说是让你躺在特殊的灯光下，不多时就能让你的皮肤晒成古铜色。这让我想起国内媒体铺天盖地的增白粉蜜广告。在环球同此凉热的今天，对于黑和白竟还有如此不同的认识。

国人对白有一种似乎是与生俱来的向往，这似乎还不是白人的洋枪洋炮打开国门之后的事。在加国旅行，手边书本有限，仅就手边可以翻检的几本书，看看白色在国人心目中的演化史。

《诗经》里有一首《硕人》，赞美齐侯的女儿、卫侯的妻。说她"手如柔荑，肤如凝脂。领如蝤蛴，齿如瓠犀。螓首蛾眉，巧笑倩兮，美目盼兮。"凝脂不必说了，蝤蛴是天牛的幼虫，瓠犀是一年生草本植物瓠子里的籽实，都取其白。这是公元前第一千纪里的审美。

再看李白《送裴十八图南归嵩山》的诗句："何处可为别，长安青绮门。胡姬招素手，延客醉金樽。"当时长安有外国或者边陲少数民族的姑娘做女招待。你可以想象那些个金发碧眼的异族姑娘，伸出纤细粉白的长指，扭动腰肢的动人画面。这是公元第一千纪的事。

宋明小说说到女人的美，最要紧的似乎就是她的白。从上到下，都离不开白。让我把这些赞美女人的话抄录在下面：

"黑丝丝的发儿，白莹莹的额儿，翠弯弯的眉儿，溜度度的眼儿，正隆隆的鼻儿，红艳艳的腮儿，香喷喷的口儿，平坦坦的胸儿，白堆堆的奶儿，玉纤纤的手儿，细袅袅的腰儿，弓弯弯的脚儿。"（《宋四公大闹禁魂张》，参见何满子《古代白话短篇小说选集》，上海古籍出版社，1983年，第53页）

"体欺皓雪之容光，脸夺芙蓉之娇艳。"（《勘皮靴单证二郎神》，同上书，第83页）

"面似桃花含露，体似白雪团成。眼横秋水黛眉清，十指尖尖春笋。袅娜休言西子，风流不让崔莺。金莲窄窄瓣儿轻，行动一天丰韵。"（《钱秀才错占凤凰俦》，同上书，第393页）

"鬓挽乌云，眉弯新月。肌凝瑞雪，脸衬朝霞。袖中玉笋尖尖，裙下金莲窄窄。"（《玉堂春落难逢夫》，同上书，第263页）

这些都是对年轻女子的礼赞。对白的崇拜，甚至也延及老年女子。在明清之际的短篇小说《王本立天涯求父》里，穿插着一个故事，说是明代司礼监秉笔太监李某，发迹之后，寻找自幼离别失散的母亲。好不容易找到母亲，却见她"容颜憔悴，面目黧黑，形如饿殍"，竟说"我这般一个人，不信有恁样个娘"（同上书，第521页）。最终寻了个

"白胖老妇人"充数。原来这"人才出众"的老妇，竟是个年老色衰的娼妓。

宋明小说中对男子的赞美，虽不像对女子那样普遍（比如民间对黑脸包拯的描写），但白脸似乎也颇受称道。比如《刘东山夸技顺城门，十八兄奇踪村酒肆》里描写那身怀绝技的黑道之人："东山举目觑他，却是一个二十岁左右的美少年。且是打扮得好，但见：黄衫毡笠，短剑长弓，箭房中新矢二十余枝，马额上红缨一大簇。裹腹闹装灿烂，是个白面郎君。恨人紧辔喷嘶，好匹高头骏骑。"（同上书，第454页）再看《庄子休鼓盆成大道》里如何描写前来拜访庄子的少年秀士："生得面如傅粉，唇若涂朱，俊俏无双，风流第一。"（乐蘅军选编《明代话本小说》，河洛图书出版社，台北，1976年，第16页）虽然不免落入俗套，但也可见社会一般对白的崇尚。

这是公元两千纪的中国古人对白的态度。

根据"围城"原理，有色人种对白的推崇和白种人对黑的向往，都出于人的天性。如此说来，天王巨星迈克·杰克逊把自己加工成白人并不令人诧异。关键是，白人什么时候开始向往黑色，这段历史还需要弄个明白。

偶去海滩游玩，发现袒胸露腹期望"快快变黑"的还是以白人为多，黑人和黄人、棕人都少。是天性如此，还是有其他原因，不得而知。

（原刊《北京青年报》2006年7月24日D2版）

盖章、签名、画指与押花

洋人办事崇尚签名。再要紧的事，只认签名。中国不行。在北京买房子，购房合同上，要盖无数的章。章要一点二寸见方的那种，于是购楼处一侧又多出一个办事机构：刻章。

签名和盖章孰好孰劣，恐怕见仁见智。无论签名盖章，都是为了防止作伪，但又都免不了有人作伪。其实要紧的是保证信用的制度，并非签名和盖章本身。中国古人也用章，中古以来留下的名人字画上的无数印章可以为证。但是长期以来民间常用的办法似乎是画指，也就是按手印。

先看唐代的放债：

"放债人起草一张票据，写明放债数字，借债人也同样写好一张票据，写明借债的数字，把中指和食指合拢在署名处按上手印。然后，两张票据叠在一起，在连接处再写上几个字，然后把两张票据分开，把放债人起草的又经借债人同意的那一张票据交给借债人。如果其中任何一方不守信用，就会让他拿出票据来。如果借债人假装说没有票据，或者自己另写一张并签了字，即使放债人那一张票据失掉了，人们也会告诉借债人说：出一张字据，声明从未签署这一债务。但是如果放债人拿出证据，证明确有你所抵赖的那笔债务，那么你就要挨二十背杖，并罚款铜钱一千法库（fakkouj）。一法库合铜钱一千文，一千法库约合两千个迪纳尔；这二十背杖也就差不多把他送终了。在中国不会有哪一个人会随便写这样的声明，因为这样既会丢了钱，又丧了命。我从未见到过有人接受这种方法，放债人和借债人之间总是可以得到公平合理的解决，尽管他们之间的交易没有证人，也不需要什么誓言的保证，但哪一方也不会背信弃义。"

这段话抄自《中国印度见闻录》（穆根来、汶江、黄倬汉译，中华书局，2001年，第18～19页）。这本书是根据曾旅居中国的阿拉伯商人的亲见亲闻记录而成的，写于9世纪中叶到10世纪初，也就是晚唐时期。本书的法译本作者索瓦杰不知道按手印就是"画指"，所以误解为"把中指和食指合拢"云云，似乎是要按两个手印。但他的注释引用拉施德《史集》的说法，把事情说得很清楚。《史集》写道，在蒙古族统治的时代，"在中国，当契约签订时，双方在文件上留下手指的轮廓，因为经验证明，两个人的指纹都不是一样的。负债人的手放在契约纸的背面，手指四周的线条便印在纸上，这样一来，如果一方否认其债务，其指纹可以和其手指对照，就会使他下不了台。"本书的中译者还有进一步的说明："这里指的是，在中国以及日本、西夏、朝鲜、安南等地都曾有过的'画指'。关于'画指'，日本的仁井田升在《唐宋法律文献之研究》第四章《画指、指模及手模》以及《中国法律史研究》第二卷的附录《画指文献》中进行过详细的研究，说明这是'不能写字的人作为自己签字而在文书上按下自己指印'的一种方法。"（同上书，第77～78页）本书日译者藤本胜次更明确地说："这一记事，指的是唐代文书中屡见不鲜的'画指'（即用食指或中指的指头在字据上按一个指印）。"（同上书，第32页）

　　民间的这个方法，一直沿用至今，我们并不陌生。宋明以来的小说中也屡有记述。明人小说《玉堂春落难逢夫》，写王三官要赎妓女玉堂春，两人设计把老鸨骗了。玉堂春当着众人逼迫老鸨叫老鸨押花允她赎身：

　　"众人说：'玉姐，骂得够了。'鸨子说：'让你骂许多时，如今该回去了。'玉姐说：'要我回去，须立个文书执照与我。'众人说：'文书如何写？'玉姐说：'要写"不合买良为娼，及图财杀命"等话。'亡八那里肯写。玉姐又叫起屈来。众人说：'买良为娼，也是门户常事。那人命事不的实，却难招认。我们只主张写个赎身文书与你罢！'亡八还不肯。众人说：'你莫说别项，只王公子三万银子也够买三百个粉头了。玉姐左右心不向你了，舍了她罢！众人都到酒店里面，讨了一张棉纸，一人念，一人写，只要亡八鸨子押花。玉姐道：'若写得不公道，我就扯碎了。'众人道：'还你停当。'写道：'立文书本乐司户苏淮同妻一秤金，向将钱八百文，讨大同府人周彦亨女玉堂春在家，本望接客养老，奈女不愿为娼。'写道'不愿为娼'，玉姐说：'这句就是了。须要写收过王公子财礼银三万两。'亡八道：'三儿！你也拿些公道出来，这一年多费用去了，难道也算？'众人道，'只写二万罢。'又写

道：'有南京公子王顺卿，与女相爱，淮得过银二万两，凭众议作赎身财礼。今后听凭玉堂春嫁人，并与本户无干。立此为照。'

"后写'正德年月日，立文书乐户苏淮同妻一秤金'，见人有十余人。众人先押了花。苏淮只得也押了，一秤金也画个十字。玉姐收讫。"（参见何满子：《古代白话短篇小说选集》，上海古籍出版社，1983年，第277～278页）

选编注释这篇小说的何满子先生，这样解释"押花"。"押花——画花押。签字押于文书契约之末，名字书法草简如花。《名义考》：'今之花押，唐以来之花书也。'程大昌《演繁露》：'花书云者，自书其名而走笔成妍，状如花葩也。'"（第303页）如此看来，押花并非画指，应属签名之类，而且是花签名，和今天演艺界人士的签名风格略同。但民间是否真的如此，是颇可怀疑的。我总觉得还应该就是按手印，也就是"画指"吧！也许按手印还不行，还要画个十字，就像"一秤金"所做的那样，这也应当是为那些不能写字的人准备的方法。

再看另一件交易。说的是明成化年间的事。到海外做生意的商人文实，把在一个荒岛上捡来的大乌龟壳，运到福建，无意中赚了一大笔钱。买卖双方要立字押花，让带文实到船上的张大（张乘运）做个保人：

"主人家将一张供单棉纸料，折了一折，拿笔递与张大道：'有烦老客长做主，写个合同文契，好成交易。'张大指着同来一人道：'此位客人褚中颖，写得好'，把纸笔让与他。褚客磨得墨浓，展好纸，提起笔来写道：

"'立合同议单张乘运等，今有苏州客人文实，海外带来大龟壳一个，投至波斯玛宝哈店，愿出银五万两买成，议定立契之后，一家交货，一家交银，各无翻悔。有翻悔者，罚契上加一，合同为照。'

"一样两纸，后边写了年月日，下写张乘运为头，一连把在座客人十来个写去，褚中颖因自己执笔，写了落末，年月前边，空行中间，将两纸凑着，写了骑缝一行，两边各半，乃是'合同议约'四字，下写'客人文实，主人玛宝哈'，各押了花押。"（《转运汉巧遇洞庭红，波斯胡指破鼍龙壳》，见前书，第438～439页）

这"押了花押"也应该理解为按手印吧！

古人按手印，也有称为"手掌为记"的。在著名的明人小说《蒋兴哥重会珍珠衫》里，兴哥因夫人三巧儿与人偷情，写一纸休书休了三巧儿，休书是这样写的："立休书人蒋德，系襄阳府枣阳县人，从幼凭媒聘定王氏为妻，岂期过门之后，本妇多有过失，正合七出之条。因念夫妻之情，不忍明言，情愿退还本宗，听凭改嫁，并无异言。休书是实。成化二年月日，手掌为记。"（乐蘅军选编《明代话本小说》，河洛图书出版社，台北，1976年，第434页）

按指纹本来是古代为没有书写能力的人准备的，它比签名、盖章都更方便。虽然指纹一般也是按在自己的名字上，但区别是这名字通常是别人代写，与本人签字不同。"9·11"以后，许多国家的公民进入美国，都需要在入关之前拍照和按指纹（而且不止一个指头）。因为有电脑识别系统，指纹比照片更有资格成为个人身份的证明，难以伪造。古老中国的"画指"或"押花"，不意又为现代文明所采纳，这也算是中国的另一种贡献吧。

（原刊《万象》2005年1期）

毛即没有

河南土话说"没有"只有一个音"mou"，这个音在"毛"和"模"之间，《现代汉语词典》中不存。原以为这是"没有"二字连读所致，近读王国维先生随笔《二牖轩随录》"毛食"条，才知并非如此。以下是王国维先生的考证：

《后汉书·冯衍传》："饥者毛食。"注："《衍集》'毛'作'无'，今俗语尤然者，或古亦通乎。"按《水经注》：燕人谓毛为无。孙氏《示儿篇》："耗矣哀哉。注以耗为毛。毛，无也。唐黄蟠绰谐语以赐绯毛鱼袋，借毛为无。"又宋朱弁《曲洧旧闻》："刘贡父招东坡吃皛饭。坡云：'见过当具毳饭奉。'如期过食，饥不可忍。坡云：'盐也毛，萝卜也毛，饭也毛，非毳而何？'盖世俗呼无为模，又讹模为毛。"《廿二史考异》云：古音无如模，声转为毛，今荆楚尤有是音，江浙间则仍读如模矣。（《王国维学术随笔》，社会科学文献出版社，2002年，第115页）

古人对死者的态度

　　人类对死者的情绪是非常复杂的，一般说来是既敬又怕，道理不言自明。但这种矛盾的心情体现在处理死者的方式上，却是千差万别，不一而足。考古上的证据一般很难自己开口说话，所以研究古代的埋葬方式容易，研究产生这种方式的心理和动力并非易事。明代的话本小说《青楼市探人踪，红花场假闹鬼》，描写两个追查杀人凶手的侦探设计寻找证据的一段，最容易看出埋葬的重要性，虽是小说，却不能当小说看：

　　"一日酒酣，史应便伸伸懒腰道：'快活，快活。我们遇得好兄弟，到此一番，尽兴一番。'魏能接口道：'纪二哥待我们弟兄只好这等了。我心上还嫌他一件未到处。'纪老三道：'小弟何事得罪？但说出来。自家弟兄不要避忌！'魏能道：'我们晚间贪得一觉好睡。相好弟兄，只该着落我们在安静去处便好。今在此间，每夜听得鬼叫，梦寐多是不安的。有这件不像意。这是二哥欠检点处。小弟心性怕鬼的，只得直说了。'纪老三道：'果然是鬼叫么？'史应道：'是有些诧异。小弟也听得的，不只是魏三哥。'魏能道：'不叫，难道小弟掉谎？'纪老三点点头道：'这也怪他叫不得。'对着斟酒的一个伙计道：'你道叫的是兀谁？毕竟是云南那人了。'史应、魏能见说出真话来，只做原晓得的一般，不加惊异，趁口道：'云南那人之死，我们也闻得久了。只是既死之后，二哥也该积些阴骘，与你家老爷说个方便，与他一堆土埋藏了尸骸也好。为何抛弃他在那里了，使他每夜这等叫苦连天？'纪老三道：'死便死得苦了。尸骸原是埋藏的。不要听外边人胡猜乱说！'两人道：'外人多说是当时抛弃了。二哥又说是埋藏了。若是埋藏了，他怎如此叫苦？'纪老三道：'两个兄弟不信，我领你去看。煞也古怪，但是埋他这一块地上，一些红花也不生哩。'史应道：'我每趁着酒兴，斟杯热酒儿，到他那埋里浇他一浇，叫他晚间不要这等怪叫。就在空旷去处，再吃两大杯尽尽兴。'两个一齐起身，走到红花场上来。纪老三只道是散酒之意，那道是有心的？也起了身，叫小的带了酒盒，随他们同步，引他们到一个所在来看。"（参看乐蘅军选编《明代话本小说》，河洛图书出版社，台北，1976年，第595～596页）

这几位被杀云南客人的鬼魂，之所以夜夜"嚎叫"，有两个原因：一是身首异处，惨遭杀戮；二是没有经过"埋藏"。这没有"埋藏"的理由虽是史应、魏能两人为寻找埋葬地点杜撰出来的，但却是大众心理的反射，足见埋葬在人们心理上的重要性（五位死者一主四仆是在那"红花稀疏之处，掘个坎儿做一堆埋下了"的，远不是一般意义上的埋葬。所以要说没有"埋藏"，也不为过）。可见无论死因为何，死后的埋葬是平息死者怨气的主要途径。另一个直接的途径，则是向死者敬酒，"到他那埋里浇他一浇"。可见敬献礼物也是平息死者怨气的一个法宝。但凡墓葬，都少不了这两样东西：棺椁和随葬品（包括祭奠死者的供品）。这是生者安慰死者的最有效办法，也是远离死者的最有效办法。墓葬的种类虽因时因地而异，但古今中外生者对待死者的态度却有相当程度的共通性。

（原刊《中国文物报》2004年12月3日第4版）

虹与绛

　　清儒桂馥（1736～1805）是研究小学的大家，但也注意对民俗学的观察和记录。在他的名著《札朴》一书里，有这样一则称作《绛》的札记："虹，俗谓之绛。裴注《三国志》：'虹音降。'吾乡声讹如酱，他处又讹如杠。高注《吕氏春秋》："虹，兖州谓之订。'馥疑订字写误，当为讧。讧，中止也。祷雨有应致祭曰谢绛。亦讹作酱音。盖虹出则雨霁，不出则雨足，故得雨而谢绛也。"

　　这则笔记读来十分亲切，它让我想起儿时小伙伴们唱的歌："东绛日头西绛雨，出了南绛卖儿女。"所谓"绛"，也就是彩虹，"绛"也同样读作"酱"。"日头"指太阳，后边一句大概是说南绛少见，并不一定像民间传说的那样预示灾年的到来。我的家乡在河南中部的长葛，与桂馥的家乡山东曲阜相距数百千米，而我们生活的时代，相隔近200年，有关彩虹的读音和风俗竟然如出一辙，没有变化，也一奇事矣。

（原刊《读书》2000年2期）

盐　盆

桂馥（1736～1805）在他的名著《札朴》一书里有《盐盆》一则："海边盐场有大铜盆，俗传为管仲煮盐之器，此妄也。案：《魏书·食货志》：'自迁邺后，于沧、瀛、幽、青四州之境，傍海煮盐，……青州置灶五百四十六。'疑即此时所造，后世毁之未尽者。《本草图经》：'煮盐之器，汉谓之牢盆，今或鼓铁为之。'馥案：黄鲁直得巴官铁盆是也。"

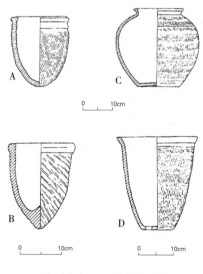

山东利津出土的晚商制盐陶器

　　这说明古代的海盐是煮出来的，不是晒出来的。山东北部利津县在以南望参为中心的长约30千米的范围内，发现四座陶窑，出土尖圜底的厚壁盔形陶器，还有底部有孔的过滤器等等（见图），研究者认为此即古代利用海水煮盐的器具。这一带的乡村至今保留了"灶"的名字，也可能是古代垒灶煮盐的史影。研究者把出土陶器的年代推定为东周时期，推测很可能就是为齐桓公奠定霸业的所谓"渠展之盐"的生产遗物（王增山、李建荣、李功业：《山东四处东周陶窑遗址的调查》，《考古学集刊》第11集，中国大百科全书出版社，1997年）。但从盔形器的形制看，大概年代还要早。有人假设提取海盐的晒盐法，是借用山西运城池盐的晒制方法，不知确否。

（原刊《读书》2001年4期）

中国考古发现中的大房子

　　1983年第3期《考古学报》刊登过汪宁生先生一篇同名长文，通过对世界民族志中所见大房子材料的收集和分析，提出对中国考古发现中的大房子的看法，给我们许多新鲜的知识。那篇文章发表以后，时间已经过去了28年，中国考古发现的大房子，又有不少。大家比较熟悉的，比如甘肃秦安大地湾F901（图一）（《文物》1986年2期），灵宝西坡F105（图二）（《文物》2003年8期）、F106等（《2004年中国重大考古发现》，文物出版社，2005年）。大地湾F901

图一　甘肃秦安大地湾901号房址（采自Yang, Xiaoneng [ed.], 2004, *Chinese Archaeology in the Twentieth Century*. Yale University Press, p.46）

图二　河南灵宝西坡105号房址（内圈为104号房址）
（采自河南省文物考古研究所等：《河南灵宝西坡遗址
105号仰韶文化房址》，《文物》2003年8期封内）

是多间式的，前有殿堂，后有居室，左右有厢房；前堂有直
径2.5米以上的火塘，地面经过多层处理，表面用水泥打磨
光滑，硬度至今不低于100号水泥；房子前面有广场，房子
本身面积约290平方米，连广场共约420平方米。西坡的两座
大房子，都是单体式的。以2004年发掘的F106为例，半地穴
房子略呈四边形，南壁长15.7米、东壁长14米、西壁长14.3
米，北壁外弧，被门道分割为东西两段，分别长约8.5米和
8.8米，居住面面积约240平方米。半地穴墙壁由夯土筑成，
居住面加工考究，厚约25.5厘米，可分7层。火塘正对门
道，火塘开口近圆形，直径约1.45米。值得注意的是，火塘
正对门道的塘壁上，开有一弧顶暗道，由居住面下通往门道
方向，可惜被M5打破，难以了解暗道的完整结构。房屋地

面涂朱，半地穴墙壁也涂朱。F106和F105同处遗址中心，两者相距约50米。

根据汪宁生先生的观察，民族志上所见的大房子，大概可分为四种类型，一种是公共住宅，第二种是集会房屋，第三种是男子公所或女子公所，第四种是首领住宅。不过，这四种房屋不可能是完全排他的，比如首领住宅、男子公所，就可能兼做集会房屋。民族志上这样的例子并不少见。对考古所见大房子功能的判断，主要还得根据房子的结构、布局和出土物的情况。比如，大地湾F901，因为前有殿堂，后有居室，左右有厢房，应该兼有居住、集会或者举行宗教仪式的功能。而西坡F105、F106，房子大，入口小，虽有灶却不适于日常炊煮之用，又没有寻常日用器物发现，且遗址周围不乏小型房屋，所以这两座大房子，更应该是集会或者举行仪式的所在。F106的地板和半地穴的围墙上都有涂朱，地面经过多层处理，火塘有暗道通向门道，虽然不知道地面和围墙是否有绘画，甚至也不能肯定在这里举行过什么样的仪式，但这是一座功能特殊的房子，不是一般的居住房屋，却是可以肯定的。

本文在汪先生所举的例子之外，再举一个例子，看看举行集会或者仪式的大房子是怎样的一个情景。美国西南部沃尔比的普韦布洛印第安人，在19世纪中期，还有不少不曾住人的"大房子"。他们"在他们自己的院子里挖了一个很深的岩洞，他们把这种岩洞叫作地下室，并在入口处搭一道木梯子，顺木梯而下便可进入地下室，地下室一般长二十四英尺，宽十八英尺。地下室是他们敬神的地方，很多宗教仪式也在此举行。印第安人的一切宗教迷信社团也在地下室祈神求雨，炮制巫药和符咒，用以防病治病，并用魔法保护自己免受别人巫术的威胁。地下室还是大家平时聚集在一起闲谈聊天的地方。印第安男人和女人带着自己的活计来做，边做边聊，边聊边笑，用这种简单粗放的方式快快乐乐地打发日子。"（约翰·韦斯利·鲍威尔著、雷立美译：《科罗拉多河探险记》，花城出版社，2007年，第339～340页）这当然只是北美西南部印第安人的一个个案，却对我们了解中国史前某些大房子的功能有所助益。最近20多年，中国史前的大房子出土日多（比如兴隆洼文化的不少房子面积超过100平方米），而世界民族志有关大房子的资料，也比以往更容易收集，这方面的工作，正需要有人继续做下去。

（原刊《中国文物报》2007年9月14日第7版）

回到考古

古代华北有象犀

最古老的高水平的中国文化（殷也称商王朝，公元前1500～前1028）的中心地区，位于现在河南省的北半部。黄河从中穿过，先是向东，然后又流向东北方向。这个地区是华北大平原的一个重要组成部分，西边与多山的山西省接壤，东边则被海洋和山东省中部的山地环绕。河南北部、河北大部（以前称为直隶）构成该平原的一部分。辽阔的土地上，缺乏森林，小片的林地也很罕见；虽然有一系列的大小河流穿过，但是没有湖泊甚至池塘（与河南东南方安徽省的数不清的湖泊形成鲜明对比），使人感觉冬天被灰蒙蒙的单一色彩所笼罩，但是夏天却是另一番迷人景象，郁郁葱葱的庄稼一眼望不到尽头。

幸亏有大量简短刻辞的甲骨文的发现和考古发掘，才使我们现在对殷人的社会和生活状况，特别是有关王室及贵族的部分，有较多的了解。与此相关的一个最显著的现象，是由在古代殷王朝京畿地区生活的动物群所表明的，以及由此允许我们得出的关于气候和景观的推论。

我们的照片显示一个叫作"觥"的酒杯（图一），它是青铜做的礼器，藏在斯德格尔摩的东方博物馆里。觥的下部有象的图像（围绕圈足有三头象）。图像高度写实，象的耳朵被高高塑起，毫厘毕现（图二）。我们确知殷代艺术家的

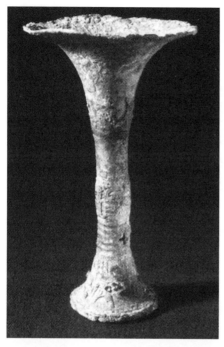

图一 瑞典东方博物馆藏青
铜觚（照片由马思中先生
提供）

图二 青铜觚上的象纹（照
片由马思中先生提供）

象牙雕刻技术高超，但是象牙是否从南方地区运来却还需要证明。实际上，我们知道长江流域晚至公元前506年大象还被用于战争（见《左传》定公四年。象带火炬冲入敌阵，即所谓"王使执燧象以奔吴师"）。但是此觚出土于河南最北部的安阳殷墟（殷王朝数个首都中最后的一个），很显然制造它的艺术家见过大象并且非常熟悉它。这也可从甲骨卜辞得到证明。在好几个地方，我们都发现大象作为王室猎物之一而被提及；不仅如此，在安阳附近的一座大墓里还发掘到象的遗骸。

安阳出土动物群的遗骸勾勒出一个更加完整的图像。数以千计的动物遗骸被发现，代表众多的动物种类，其中最重要的有犀牛、貘、水牛和猴子之类的遗存。尤其令人感兴趣的是犀牛，它似乎在贵族社会发挥着重要的作用（根据殷代继承者周代早期的文献记载，酒杯用犀角，衣服则用犀牛皮做）。

卜辞经常提到殷的猎手们（他们常常带回大量的"猎物"，其中一片甲骨刻辞提到一次狩猎获得"一匹虎、四十头鹿、一六四只狐狸、一五九头无角鹿"），在安阳以西不远、现在山西省的山林地区发现天然猎场。但这想必不是事实的全部，因为在迁往安阳之前，殷王朝居住在黄河以南的郑州地区，距离山西很远，有证据表明贵族们在河南境内沿黄河南北两岸都有理想的狩猎场所。

文献（特别是《左传》）中有足够的证据表明，在封建时代（大约前1000～前300年），贵族猎手优游沼泽，屡有斩获，显然沼泽中林木葱郁，动物繁多。这样的地方有一个专称：泽（沼泽、水泽、湿地，甚至浅湖）。前文所述华北平原在封建时代有无数这样的泽。（别看今天这里既没有沼泽、湖泊，也不见森林树木，但颇值得通过文献加以确认。）

现在让我们来看看某些重要的泽的位置。

安阳以北不远有鸡泽，与广平接近。安阳以南不远，有郙泽和豚泽，接近卫辉。与山西相距不远有修泽，接近怀庆。黄河以南最西部有围泽，靠近洛阳。东部有柯泽，靠近郑州（安阳之前的首都）。更东有Jung泽和棘泽，贴近开封。最后，河南最东部有一系列沼泽浅湖，即：蒙泽、逢泽、空泽、Kuan泽都接近归德。

如果这些泽在公元前一千纪的开始和中期还是重要的狩猎场所，那么在许多世纪以前的殷王朝的盛期，也该如此，其范围或许更广阔。由此我们发现了和当代河南完全不同的一派景观：气候湿热，河湖密布，田地点缀其间，五谷与丛林相交错。这完全是一幅亚热带的景色，动物种类繁多，而这些动物目前完全不见于华北而仅见于南方地区。

河南平原的这个巨变，大概由种种因素引起，但是其中的两个因素最突出。一个方面，在我们这个时代早期的数百年间，特别是公元400~600年前后，长江以北的中国地区是亚洲北部大移民的目的地。野蛮的征服和短命的小"国"间为争夺霸权而展开的不停争战，很可能残酷地蹂躏了现在中国北方诸省，森林大概大部被毁。另一方面，在过去的几个世纪里，人口增长迅速，任何可以开辟为耕地的地方都被开垦，以往葱郁的森林消失不见，随之而来的是习见的干旱。

政府现在正有计划地在华北地区开展大规模的植树活动，希望此举会给华北大平原的气候状况带来改善。

译注：本文译自 *Festskrift tillägnad Carl Kempe 80år*, 1884—1964, Almqvist & Wiksell, Uppsala, pp. 633—639, 1964。此为1964年高本汉教授为纪念Carl Kempe 先生80寿辰而写的英文短文。Kempe 系实业家和文物鉴赏家，因此高的文章有点科普性质，并且没有参考文献，这在高的所有著作中是罕见的。但高是较早通过文献和考古资料注意到商代晚期华北地区气候和植被问题的，虽然从那时到现在这方面的材料增加许多，但现在看来仍不失其价值，故特将此文译为中文发表。有的译名查找不到，仍保留原文，请识者教正为盼。谢礼晔同学费心为本译文查找资料，特致谢意。

（原刊《中国文物报》2003年12月19日第7版）

何以中原

　　中国古代考古学的历史差不多就是中国文明起源的研究史。1985年张光直先生在撰写他的第四版《古代中国考古学》的时候，已经感叹"文革"之后十年中国考古材料的"爆炸"（该书前言），二十年后的今天，田野考古报告及相关研究成果，更是数倍于前，即便没有语言障碍，研究任何一个较大的题目，都会有力不从心之感，更不要说研究中国文明或者中国国家起源这样的大题目了。

　　另一方面，自20世纪20年代仰韶文化发现以来，中国文明起源的探索，经历了西来说—夷夏（考古上分别以龙山文化和仰韶文化为代表）东西对立说—中原单中心说—多元说的四个发展阶段，现在世界上很少有人会怀疑中国文明的土著性和原创性，也很少会有人怀疑中国古代文明是在包括中原地区在内的各地区互动（用张光直先生的话说是"龙山交互作用圈"）的基础上产生并发展起来的。问题是，无论单中心说或者多中心说，都没有解决这样一个问题：历史上最早的夏商王朝为什么在中原地区产生？不管考古学上的二里头文化（二里头遗址在洛阳盆地的河南省偃师市）是否为古史上的夏文化（中国学者多认同，外国学者多不认同），如果承认它是一个国家形态的考古学文化，而且是最早出现的国家形态的文化（以夏鼐先生为代表的许多中国考古学家认同这一点），那么它为什么选择了中原地区？

　　刘莉教授的新著《中国新石器时代——通向早期国家之路》（Liu, Li. *The Chinese Neolithic: Trajectories to Early States*, Cambridge: Cambridge University Press, 2004, p. 252），知难而进，引导我们穿过枯燥无味的考古材料的丛林，进入一个令人神往的通向中国早期国家起源的世界。她的出发点，建立在多数学者（包括她本人）已经树立的坐标上：一、二里头文化是中国最早的国家形态的考古学文化；二、新砦期文化（新砦遗址位于嵩山以南的河南省新密市）属于二里头文化，是龙山文化迈向二里头文化的过渡期。

　　刘莉的切入点是聚落。她把从陕西以下黄河中下游地区的龙山文化聚落分为14个群落。陕西地区分为下面的四群：渭河下游群（包括临潼、蓝田、华县和华阴诸县的关中平原中部，海拔330～500米）；渭河中游群（包括中游的冲积平原和北岸的黄土高原，海拔330～800米）；泾河群（泾河上中游地区，包括渭河阶地和陕北高原，海拔900～1200米）；韩城群（关中平原东北部地区，是平原和高原的过渡地带，海拔500～1300米）。

　　关中以下，河南最多，有五个，山西一个。晋南的一个，称为陶寺（山西襄汾陶寺遗址）群，位于四面环山的临汾盆地。河南的五个，从西而东，首先是以三门峡黄土高原为中心的三里桥群（考古遗址，下同）；其次是以洛阳盆地为中心的伊洛地区群，海拔在120米上下；再次是黄河北岸沁河和黄河之间的沁河群；然后再向东是豫北平原区的河南北部群，包括行政区划上的焦作、安阳、鹤壁、新乡和濮阳地区，海拔50～100米。此区又被分为两个亚群，即以安阳为中心的后岗亚群和以卫辉为中心的孟庄亚群。再次是以黄淮平原为舞台的河南中部群，包括郑州、开封、周口、漯河、许昌、平顶山和驻马店地区，西临嵩山、伏牛，北依黄河，海拔30～100米。此区又由三个亚群组成，即以颍河上游登封为中心的王城岗亚群；以新密为中心的古城寨亚群和以禹州为中心的瓦店亚群。

山东地区也分四个群。依次是泰沂山南侧沂、沭河流域的临沂群；鲁东南地区沿海平原的日照群；泰沂山北侧的山东北部群，包括行政区划上的章丘、邹平、广饶、临淄、寿光、青州、长乐、潍县和潍坊等县市；以鲁西北平原为舞台的山东西部群。

这些坐落在黄河中下游地区的龙山聚落，依照它们的规模（比如面积大小）和特点（比如是否有城），分为不同的等级。其中河南、山西的诸群（刘莉在这里因为资料的原因省略了对三里桥群和沁水群的讨论），都是三级。陕西诸群亦然。但是山东诸群却有不同，鲁北、鲁西只有两个等级，临沂三级，日照却有四级。根据遗址的面积分别等级，是为了解社会进化的复杂程度，因为社会越复杂，聚落（遗址）的等级越多；反之，社会越简单，聚落的等级越少。根据文化人类学的研究，简单酋邦的聚落一般只有两个等级，它的统治管理机构相应的只有一级；复杂酋邦的聚落等级上升为三层，它的统治管理机构也相应地变为两级；早期国家的聚落等级升为四层，它的统治管理机构也变为三级。（第160页）

　　就目前考古所见社会发展的复杂程度，这14个群落，以日照群和陶寺群为最（虽然后者的聚落只有三级，但墓葬的等级之多超过任何一个群落。墓葬是衡量社会分化程度的另外一个指标），但是为什么这两个地区均虎头蛇尾，有始无终，反而让中原地区（特别是豫中地区）看起来比较简单的聚落群占了先机呢？

　　刘莉的解释整合了所有目前已知的考古、年代、地理、气候和古环境的研究资料。先看这些群落的地理背景，陶寺诸遗址群山环抱，交通不便，属于地理上的封闭群。伊洛诸聚落有通向东南黄淮河平原的缺口，属于半封闭群。豫北、豫中两群，均位于黄河或者黄淮河平原之上，属于少封闭群；山东诸群，除了鲁西北地区，或者有泰沂山脉挡道，或者有黄河、渤海及鲁西、南部众多的湖泊为隔，也属于封闭群；鲁西诸址虽有济水在东，但是其余方向却没有障碍，因此属于少封闭群。陕西诸群，虽南有秦岭，东有黄河，但是西、北两面却是畅通无阻，也属于少封闭群。根据各群的聚落特点，结合它们所处的地理位置，可以看出龙山时代的黄河中下游地区存在三种不同的聚落系统，正是这三种不同的聚落系统，决定了它们各自的发展方向。

　　1．单中心的向心型地区聚落系统：陶寺群、日照群（封闭型）；

　　2．多中心的竞争型地区聚落系统：伊洛群（半封闭型）；豫北群、豫中群、鲁西群（少封闭型），临沂群、鲁北群（封闭型）；

　　3．缩小型地区聚落系统：陕西诸群（少封闭型）。

简单说来，单中心向心型聚落系统在一个时期只有一个超大型聚落存在，显示其所代表的是一个高度等级化管理的政治系统，经济上也相对一体化。缩小型地区聚落系统，只见于陕西，主要特征是龙山文化遗址的面积和数量均急剧下降（相对于此前的仰韶时期），而且这个趋势直到二里头时期终结也还没有得到扭转。因此，它的聚落等级虽然也分为三层，又处于少封闭地区，但是既不见城址（就在本书交付出版之后陕北已经发现了不止一处城址），人口又趋下降（聚落减少），说明集团之间的竞争水平较低，社会政治发展的复杂程度亦低。

剩下的就是多中心的竞争型地区聚落系统，它们分布在封闭、半封闭和少封闭型三种地理环境中，其中，鲁北群和豫北群最为近似：都有城址；中心聚落（主要是城址）的距离接近（平均分别为42千米和44千米）；中心聚落呈线性分布（都有至少四个中心聚落，可能代表四个不同的政体）；中心聚落的分布特征显示不同政体之间存在竞争关系；以中心聚落为代表的不同政体的可能统治范围接近（分别为1384平方千米和1510平方千米）（见第六、七章）。国家从不单独出现，按理说这些个地区都有率先产生国家的机会，为什么二里头文化首先出现在豫中地区呢？

具体的情况在于，原来虽然都属竞争型地区聚落系统，但是豫中区的聚落分布最为复杂，除了上述嵩山东南的三个亚群以外，类似的亚群还有十多个，群星一样闪烁在广袤的黄淮海平原上（刘莉称之为分散型聚落模式）。聚落大都只有两个等级，中心聚落之间的距离从25千米到63千米不等（平均40千米），各政体的平均统治区域约为1256平方千米。以王城岗、古城寨和瓦店为中心的三个亚群，形成豫中地区最为复杂的聚落系统（第182~185页）。中心聚落之间稳定且近似的距离（以20千米为半径的控制范围，是人一天步行来回的距离，这正反映酋邦政体结构性的固有局限性，因为超过这个距离即意味着失去控制），不同政体之间相似的控制范围，均表明豫中地区政体之间的激烈竞争和彼此独立关系。城址的存在，杀戮的横行（乱葬坑、人祭、人牲等），中心遗址此消彼长的关系，均表明该地区诸政体的控制范围虽然不大（低于其他各群），但彼此之间竞争的激烈程度远在其余诸群之上。而开阔的舞台，便利的交通，又为彼此的军事冲突和文化交流提供了良好的条件。

豫中地区的社会复杂化过程，得益于许多环境的和社会—政治—宗教的因素。首先是公元前四千纪末到公元前三千纪初的移民运动，东方的大汶口文化（主要在山东）居民和南方的屈家岭文化（主要在湖北）居民汇聚中原地区。这两种文化的社会复杂程度都较中原地区的仰韶晚期文化为高（刘莉令人信服地证明了这一点）（见第三、四、五章），因此这次跨地区的移民活动不仅带来考古上可以看到的东、南方文化的生活器具，也一定使人口压力大增，引起政体之间的冲突，同时也激发社会政治的发展，进而深化豫中地区的社会复杂化程度。

大汶口文化居民的西进和屈家岭文化居民的北上，很可能跟公元前3000年前后的气候和环境变迁有关（见第二章）。大汶口居民的西进，刚好与苏北鲁南地区的海平面上

升、海岸线西进的事件相吻合（第30~31页），此时黄河自
渤海入海，豫中地区留下足够的通道和空间容纳来自东、南
两个方向的不速之客。公元前2600年前后黄河自北向南摆
动，改道从黄海入海，豫东南地区原来连接东西方文化的通
道被黄河切断了。

　　黄河在公元前2000年前后又从南向北摆动，改由渤海入
海。黄河这两次改道的数百年间，正是中原历史上酋邦林立
的不安定时代，龙山文化在嵩山的东南麓悄悄演变为新砦文
化。黄河的改道和大小河流的泛滥，很可能肇因于气候的变
动和人类对环境的过度开发。这一事件和大禹治水的传说，
若合符节。自然灾害很可能使人口锐减——这也很可能解释
了新砦和整个二里头文化聚落的数量下降现象，同时洪水和
其他自然灾害也给有能力的政治人物（比如大禹这样的人）
造就了巩固地位、凌驾于其他政体之上的机会。（第235页）

　　不仅如此，以豫中地区为代表的中原地区，虽然城堡林
立，却不见晋南和山东地区常见的高等级贵族墓葬，也少见
与这些贵族墓葬相匹配的所谓贵族用品（比如玉器、蛋壳黑
陶、用鳄鱼皮制造的鼍鼓等等），刘莉认为很可能中原地区
不存在贵族物品经济（prestige-goods economy），而这恰好
是山东和晋南地区大汶口文化和龙山文化的特征。贵族物品
的生产和分配（往往建立在长途贸易上），作为一种经济策
略，不仅会巩固权贵人物的地位，同时往往也会带来政治和
领土上的扩张。但是这样的经济也是脆弱不堪一击的，如果
它不能对不断变化的社会和环境状况做出调整（比如远程贸
易线路中断），貌似强大的社会很可能一夜之间就会灭亡。

这大概就是陶寺群和日照群没有在复杂酋邦之上更有作为的主要原因之一。

在政治策略方面，中原地区也有自己的特点。如果说晋南和山东地区是个人取向的（individual oriented）社会，那么以豫中为代表的中原地区就是集体取向的（group oriented）社会。前者强调贵族地位，以建设豪宅和体现身份地位的墓葬为能事；后者则优先考虑集团利益，比如筑城用以防洪和阻止敌人的入侵，充分利用本地资源，加强内部团结一致对外，却淡化集团内部的等级差别（中原地区龙山墓葬看不出太多的等级分化）。刘莉认为正是这种集体取向的政治策略，成就了中原地区率先进入国家时代。（第248页）

与此相关，两者的宗教策略也有根本区别。晋南和山东地区重视祭祀祖先（集中于某几个个人），中原地区则重视祭祀自然神祇（比如天地），前者的目的在于在意识形态领域增进贵族集团的权威和巩固其社会地位，后者则跟集团利益关系密切，比如防洪。中原地区祭祀自然神祇传统的形成，很可能跟龙山晚期黄河改道、洪水泛滥造成的不稳定局面密切相关（第248～251页）。两者的领导策略因而也很不一样，前者是个人的（network strategy），后者是合作的（corporate strategy）。以山东龙山文化为例，贵族物品的交换与积累增强了某些贵族首领的地位。贵族内部蛋壳黑陶的经常性再分配，是行使政治权力和保持社会稳定的媒介。控制贵族物品的生产和交换，通过祖先祭祀增进权贵们世袭的社会地位，很可能是贵族们的首要任务。相反，中原地区的龙山贵族，则只能通过比如筑城、防洪等集体利益巩固其政治地位。

总之，一切证据都显示豫中地区是国家产生的最佳温床。刘莉是讲故事的能手。她把各种证据巧妙地编织在一起，丝丝入扣，叫人欲罢不能（有点像看福尔摩斯）。一切都是流动的，一切都是关联的，一切都只是漫长过程的一个环节。龙山文化是文明的前夜，也是黄河中下游地区社会长期发展的结果。聚落（从单个房屋、单个聚落再到地区聚落形态三个层次）和墓葬（从单个墓葬到一个墓地）从简单到复杂的过程（刘莉完全采取量化的方法），也就是古代中国从村庄走向城市的缩影。

她把故事编排得如此精致，让我想到一副排列整齐的多米诺骨牌。改动任何一张骨牌，比如抽掉一张，加进一张，或者把其中的任何一张扭转方向，都可能使整个运动停止。比如，就在本书送交出版期间（本书的资料截止到2003年），陕北发现不止一处龙山城址；再比如，陶寺遗址既出大型墓葬和众多贵族用品，也发现规模很大的城墙；王城岗和瓦店也发现可能是远程交换的贵族用品玉琮和玉鸟；陶寺也发现可能跟自然神祭祀或天文观测有关的大型建筑（实际上任何一个比较发达的古文化都包括自然神和祖先神的崇拜和祭祀），虽然这一切都还没有改变总的趋势，但是陕北城址的出现是否意味着社会—政治控制的加强？陶寺城址的发现是否意味着晋南地区政治策略上个人取向的改变？中原地区贵族用品的出现是否意味着政治策略上集体取向的改变？而陶寺大型非居住性夯土台基的发现是否也意味着祖先型祭祀传统的废弃？

　　最要紧的是，基于聚落考古的国家起源研究，聚落群的
划分非常重要。群的划分标准是什么？是地理背景，还是文
化特征（以陶器为指标）？为什么广大的豫中地区分为一个
群，而至少在文化面貌上它们却分属于几个文化类型（东部的
王油坊类型、南部的郝家台类型和西部的煤山或王湾类型）？

　　刘莉虽然研究的是黄河中下游地区中国文明的起源，
但是她的方法是跨文化的。她的研究否定或修正了国外学者
的不少说法，比如国家不必一定由最为复杂的酋邦发展而来
（如陶寺群），却可能由比较简单的酋邦发展而来（如豫中
地区）；再比如，夏商周并非三个同时并存的政治实体（在
二里头强盛的时期，可能代表先商和先周的考古学文化都不
具备与之抗衡的实力）；但是也更多地支持某些跨文化研究
的结果，比如地理上少封闭（开放）的地区（如豫中），比
封闭地区（如晋南和日照）和半封闭地区（如伊洛）更易于
国家的产生；分散的竞争型聚落系统（如豫中）比线型的竞
争型聚落系统（如豫北）更易引起集团之间的冲突和兼并，
从而更易导致国家的发生；国家通常在一个一定范围内拥有
众多规模类似政体的激烈竞争中产生（如豫中）；战争是国
家产生的一个主要驱动力（如豫中）等等。

　　刘莉的研究为我们展示了中国早期国家起源的壮丽画
面，也为更大范围的跨文化研究提供了中国的材料。也可以
说成功地回答了本文开头所提出的问题。问题是，尽管新砦
文化率先在嵩山东南麓（在酋邦林立的豫中地区）出现，但
是新砦文化怎样转变为二里头文化（中心在洛阳盆地），换
言之，二里头国家的具体发生过程仍然若明若暗。

　　刘莉对中国早期国家起源的研究，是通过整合目前所有考古材料（包括相关学科研究成果）对目前所知主要考古现象的分析和解释，因此她的结论是最为合理的。但她深知考古学的特点：今日之是即可能是明日之非；说有易，说无难。所以她承认她的解释和结论将会随着不断变化的考古材料做出修正和改变（第253页），而这正是考古学作为一个学科的魅力所在。要紧的是，刘莉的研究，给中国考古学家提出许多新的目标：比如如何调整和提高考古材料收集的目标（不能只关注大遗址和墓葬）和质量（收集对了解社会经济有益的方方面面的资料），因为许多量化研究单靠目前粗放的发表资料是难以完成的。

2005年2月25日于多伦多旅次

（原刊《读书》2005年5期）

中国早期国家的形成

如果从1959年徐旭生先生（1888～1976）在河南省洛阳附近的偃师县发现著名的二里头遗址算起，中国考古学家从考古上主动追寻中国早期国家起源的历史，已经接近五十个年头了。今天，多数中国考古学家认为中国古代文明是多元的；二里头是中国青铜时代的第一个城市；二里头文化是考古上可以辨认的中国古代历史上第一个国家水平的社会；二里头文化可能是夏商周王朝的第一个王朝夏的物质遗存。但是，中原地区相当于酋邦社会的龙山文化如何一跃而变为具有集权性质的二里头国家，从考古上如何研究中国早期国家的形成过程，学术界至今也没有一个公认的看法。

正如有的学者评论本书所说的那样，"国家形成的进程是一个客观的过程，不同国家会有不同的形成进程，但这个进程并不会自己显现出来，它只能透过考古材料所蕴含的信息反映出来。因此，对于国家形成的进程，需要我们依据考古材料去将它描述出来。相比之下，描述具有主观性和片面性，所以描述的工作需要在不同的理论框架内利用各种考古材料从多角度不断地进行"（施劲松：《国家形成的进程与理论模式——读〈中国早期国家的形成〉》，《考古》2005年9期，第87页）。我们在本书所做的工作，就是根据现有的考古材料，结合文献学的、历史学的研究成果，对中国早期国家形成过程所做的一种描述。

我们提出中国早期国家的发展与某些独特的地理结构、重要资源（主要是青铜合金的铜、锡、铅矿及关系国计民生的食盐）的分布、开采和运输、政治和经济组织及信仰系统有密切关系，所有这些变量在研究早期国家的形成过程中都不能忽视。我们的分析，首先针对以二里头为代表的中国最早期国家的出现讨论主要的社会变化；其次，分析地区自然背景，包括重要资源（铜、锡、铅和盐）的分布及其主要的流通路线；第三，结合重要资源的分布探索区域聚落形态特征；第四，讨论首都和主要的地区中心之间的聚落分布模式；第五，根据重要自然资源的控制和运输，考察中心和边缘地区之间的关系以及各地区中心之间的关系；最后，探索国家垄断重要物品比如青铜礼器的生产和流通情况，以及这一垄断如何影响政治经济控制的程度。

对中国考古学熟悉的读者可能会注意到，我们对中国早期国家形成的描述，虽然完全建立在中国考古学现有材料的基础上，吸收了中国考古学界的主流看法，比如认为二里头文化和二里岗文化可能代表两个不同的政治实体，前者可能是夏，后者是商；二里头文化第四期走向衰落，二里头的衰落可能与其东北约6千米的作为商文化中心的偃师商城的兴起相呼应；偃师商城可能是作为推翻夏王朝以后的早商首都出现的等等，就都是目前中国考古学界的主流看法。但是，把中国早期国家的形成过程与重要资源的控制联系起来，通过考察重要资源的分布、资源的流通路线以及与此相关的聚落形态，揭示中国早期国家的政治经济活动，对早期国家形成的过程加以描述，并最终对有关中国早期国家形成的理论模式加以批判，却是以前没有做过的，跟中国考古学界熟悉的从社会分层入手讨论中国早期国家起源的方法也截然异趣。

中国的考古发现日新月异，许多发现是跟讨论中国早期国家起源有关的。本书引用的资料，大部分截至2001年，虽然随后几年的新发现没有改变本书对中国早期国家形成的看法，但是，这些新发现是应该提醒读者注意的。比如，二里头遗址连续数年的发掘，发现了面积达10.8万平方米的宫城和宫城城墙，宫城内的大型宫殿基址，编号已经有十多处，而且有不止一处宫殿被发掘者认定是二里头四期兴建的，这与二里头四期走向衰落的传统认识有很大差别（中国社会科学院考古研究所二里头工作队：《河南偃师市二里头遗址宫城及宫殿区外围道路的勘察与发掘》，《考古》2004年11期）；比如，由笔者领导的中澳（Sino-Australian）联合考古队公布了伊洛河下游地区的全覆盖式聚落考古调查（full-coverage survey）报告（陈星灿、刘莉、李润权、华翰维、艾琳：《中国文明腹地的社会复杂化进程——伊洛河地区的聚落形态研究》，《考古学报》2003年2期），二里头队也公布了该队在二里头周围地区的全覆盖式聚落考古调查结果（中国社会科学院考古研究所二里头工作队：《河南洛阳盆地2001~2003年考古调查简报》，《考古》2005年5期）；又比如，为了解二里头国家的政治经济状况，我们发掘了偃师县的灰嘴遗址，证实灰嘴是二里头早期国家中心地区的石质生产工具的重要提供者，凡此都增进了我们对中国早期国家形成的认识。除此之外，许多重要的考古发掘报告相继出版，比如《辉县孟庄》（河南省文物考古研究所编著，中州古籍出版社，2003年）、《吴城——1973-2002年考古发掘报告》（江西省文物考古研究所等编著，科学出版社，2005年）等等，也必将丰富我们对中国早期国家形成过程的认识。

国家形成问题本身的复杂性和探索这一问题的艰巨性，决定了没有任何一种描述和任何一种理论可以回答所有问题并且对所有考古材料做出合理解释。比如，我们认为二里头和二里岗早期国家通过垄断青铜礼器的铸造而对边远地区实施政治经济上的控制，这一方面是因为只有二里头和二里岗遗址才有铸造青铜礼器的陶范的发现，而周边地区比如湖北盘龙城、江西吴城和内蒙古朱开沟却没有类似的发现，因此可以说我们的推论完全建立在考古发现的基础上；但是另一方面，周边地区比如江西新干大墓发现的许多青铜器，又具有明显的地方特色，铸造这些青铜器的陶范固然没有在吴城文化发现，也同样没有在郑州甚至殷墟发现过，因此也可以说我们的推论还没有得到考古学的完全证明。再比如，我们充分认识到考古学文化不必与一个国家的疆域吻合，实际上两者有很大差别；但是我们对二里头和二里岗国家疆域的认知，主要是通过考察反映民众日常生活的陶器和反映贵族上层生活的青铜礼器完成的。这是考古学尴尬的必经之路，但是如何从考古学上分辨物质文化的分布范围与政治疆域，仍然是非常棘手的问题。最近在山西绛县横水发现西周时期的倗国墓地（田建文、宋建忠、吉琨璋：《横水墓地的发现与晋文化研究》，《中国文物报》，2005年12月16日），证明偪国和晋国只有一山之隔，物质文化好像也没有实质的不同，但是却属于两个不同的政体。这固然是西周时期的例子，但足以说明从考古上讨论物质层面之上的国家与国家形态的复杂性。

由于时间仓促，我们来不及把最新的考古发现和由此而来的新认识补充到《中国早期国家的形成》一书的韩文版里，希望将来有弥补的机会。在这里我们衷心感谢沈载勋博士把这部小书翻译介绍给广大的韩国读者。2004年7月因第三届东亚考古学会年会在忠南大学校召开，我们得以游览美丽的韩国山水并结识勤劳朴实的韩国人民，至今难以忘怀。今天我们的小书又要在韩国出版，我们诚恳地希望得到韩国学术界的批评，并结识更多有志于中国早期国家形成问题研究的朋友们。

该文是刘莉、陈星灿著，沈载勋译《中国古代国家的形成》一书的韩文版［首尔：学研文化社，2006年］序言。该书2003年以 *State Formation in Early China* 为题由英国 Duckworth 出版社出版。

2006年1月23日

（原刊《读书》2006年4期）

当前我国考古研究中应该注意的两个问题

一　考古发掘和研究的程序和步骤

考古学研究是一个系统工程，从课题的制订到调查、发掘的具体实施，再到发掘之后的室内研究，每一环节都密切相关，对整个课题的完成均至关重要，缺一不可。因此，考古学家不仅是课题的规划者，还是发掘者，遗迹、遗物的定性者和解释者。这几个角色与研究的每一个环节一样，也是不可分割的。课题的规划，建立在规划者的充分调查和前人的研究基础上。课题的实施和完成与调查、发掘的质量密不可分，同时课题也对调查、发掘方法本身提出自己的要求；调查、发掘的质量还直接影响到遗迹的认定和解释，但是反过来，对遗迹、遗物的认定和解释，也会在某种程度上影响调查和发掘方法，使之做出相应的调整。

尽管考古研究的各个步骤存在内在联系，甚至无法截然分开，但是，一般来讲，遗迹的认定和解释只有在遗迹基本或者完全揭露之后才能展开。换言之，即使发掘者在发掘之前或发掘过程中对某些遗迹的功能和性质已经有相当程度的认定，但在大多数情况下，在遗迹没有完全暴露、遗迹与周围遗迹的关系还不甚清楚的时候，就贸然给遗迹定性且依照这种定性在发掘中寻找相关证据，有意无意忽视与此结论无关或相悖的考古现象，则有可能误导发掘，进而对整个课题的实施造成偏差甚至无法挽回的损失。

任何发掘者对发掘对象的性质和功能都会有种种假设或蓝图，这是必需的；但是在遗迹完整揭露之前甚至在遗迹完整揭露之后，假设只能是假设，发掘者必须考虑到种种可能性，寻找与不同假设相关的方方面面的证据，慎之又慎地处理各种遗迹现象。同时，发掘者还应调整好作为发掘者和作为遗迹定性者和解释者的距离，不要过早给遗迹现象定性并做出进一步解释，以免使一己的主观判断左右正在进行的考古发掘，给整个研究课题造成损失。

资料的报道虽然不可避免地掺进考古发掘者的主观见解，但是资料的报道与作为发掘者个人署名的论文是不同的，前者应以客观报道发掘资料为主，资料本身与对资料的定性和解释应该保持一定的距离，与定性和解释有关无关、对结论有利不利的资料都应在报道之列。发掘者的首要任务，是客观地提供资料，然后才是对资料做出定性和解释。

二 课题制与考古发掘

课题制是当代学术的一个特征。心中没有学术目标，只为完成任务而发掘，是过去西方学术界批评我们的一个缺点。如今，如何促进课题制的健康发展，我们实在是应该好好研究。

任何课题都有一个大目标，但同时也包含着许多小目标。有经验的研究者都知道，在瞄准大目标的同时，也不能忘记或者忽视小目标。考古研究不同于其他人文社会科学的是，它有田野工作，田野工作必然对古代遗迹和遗物造成某种程度的破坏，而古代文化资源是不能再生的。因此之故，在奔向课题大目标的同时，既要兼顾小目标，也要关注任何虽然与课题无关但也属于古代人类文化遗产的其他遗存。不能为了按时完成课题而直奔主题，对与课题无关的古代遗存，视而不见，既不做记录，也根本不准备发表这些资料。古代文化遗存是人类共同的文化遗产，任何单位和个人都没有权力以任何借口破坏它。比如说，我们不能为发掘龙山文化的聚落，而对叠压其上的后期遗迹弃之如敝屣，采取包干或变相包干的方法，把龙山文化之上的遗存包给农民；我们更不能为搞清某种遗迹的特征，采取杀鸡取卵的方法，在遗迹的保护不成问题，而人员和后期研究都无法跟进的情况下，大面积揭露某些重要遗址，造成无法弥补的损失。

一个时代的学问有一个时代的特点，今天我们无法解决的问题，也许今后可以解决。课题制的实施是好事，它为我们集中人力物力解决某些重大问题和促进考古学的整体发展提供了机遇。但不可否认，因受时代的局限，任何课题都只能解决有限的问题，不可能包治百病；课题的制订者更没有必要给自己套上枷锁，把长期没有解决的问题或者在可见的将来也根本无法解决的问题，揽给自己，从而在客观上加速对古代遗存的破坏。我们应该有完成课题的责任感，更应该有保护好古代遗存，把它们留给后人研究并更好加以利用的责任感。

2004年未刊稿

中国史前考古学的重大作用

　　中国史前考古学大致说来就是研究古史上夏商以前的中国考古学。夏在司马迁的《史记》中有明确记载，按理说不是子虚乌有；但是考古学上目前还没有发现与之相对应的文字材料，所以至少目前对所谓夏文化的考古学研究也还可以划入史前的范畴。所以很显然地，研究中国文明的起源问题或者说中国古代国家的起源问题，离不开中国史前考古学。中国史前考古学在世界学术史上占有很重要的位置，这一方面是由它已经积累的材料和所做出的贡献造成的，另一方面也是由中国作为世界地理单元中重要一元的位置所决定的。研究人类进化和文化发展的许多一般性、关键性问题，离不开中国这个舞台，这差不多已经是国际学术界的共识。

　　中国自1918年发现周口店远古人类遗迹以来，就成为国际古人类学界长期关注的焦点。近百年来，我们积累了从直立人到现代智人的大量化石材料，同时还发现与之相关联的远古人类的文化遗存，包括众多的石制品、骨制品和用火遗迹，为研究人类的起源和进化提供了丰富的材料。周口店的古人类化石及其文化遗物直到今天也还是研究直立人发展最重要和最丰富的材料之一。20世纪80年代以来，对周口店洞穴是否人类居住遗址、当时人类是否用火的争论，充分说明中国的材料在理解、诠释远古人类进化方面的重要性。在过去的一二十年中，我们又相继发现了200多万年前的巫山人化石和安徽繁昌人字洞大约同时期的石制品，这些发现虽然远没有得到国际学术界的认可，但是中国从直立人以来每一个重要时期的人类化石及其文化遗物的众多发现，无疑为人类的进化和迁播研究提供了重要材料。无论研究最初的人类是起源于非洲还是亚洲，现代智人是否从非洲独立起源然后传播到亚洲东部地区，中国的材料都是至关重要的。事实上，在许多关键问题的讨论上，中国的化石材料和研究都被国际古人类学界加以重视并提出来作为讨论的依据。

　　人类历史发展上另一个革命性的变化，是农业的出现。它是后来人类一切文明成就的基础。经过百多年的研究，我们现在大概知道世界上主要有三个农业起源中心，即近东、中国和中美洲。前者是小麦、大麦的起源地，中国是水稻和小米的起源地，中美洲则是玉米的起源地。20世纪70年代在浙江余姚河姆渡遗址发现距今7000年以前的稻谷遗存，改写了栽培水稻起源的历史，认为水稻起源于我国长江下游而不是传统上认为的印度。80年代以来，我国考古工作者又相继在湖南澧县彭头山和河南舞阳贾湖发现距今8000年以前的炭化水稻遗存，在江西万年仙人洞等地还发现距今万年前后的水稻硅酸体，目前长江中下游地区是栽培稻起源地的观点得到多数学者的承认。在华北，粟作农业的可靠证据，可以追溯至距今七八千年前的磁山、裴李岗文化。八九十年代发现的河北徐水南庄头遗址，不仅发现了华北最早的陶器，还发现了石、骨、角、木制品，其中作为食物加工工具的石磨盘、磨棒，揭示最初的农业活动大概已经开始，尽管还没有发现粟作农业的痕迹。值得注意的是在发现的动物骨骼里面，还有可能是家养的鸡、狗和猪的骨骼，这也为研究华北地区家养动物的起源提出了新问题。中国数千处新石器时代遗址的发现，为农业的起源以及与此相关的家养动物的起源和陶器的起源，提供了大量的珍贵材料。目前的考古材料，至少为我们提供了这样一幅蓝图：中西方文明所赖以形成的物质基础是不一样的，比如，近东和西亚一般认为是欧洲文明的源头，它所倚赖的主要农作物是大麦和小麦，它所倚赖的主要肉食是食草类的山羊和绵羊，它有一个相当发达的前陶新石器时代，农业出现远在陶器之前等等；以中国为代表的东方文明，也有一个相当长期的新石器时代，但是它的主要农作物是水稻和小米，它所倚赖的主要肉食来源是杂食的猪，陶器的出现远在万年以前，与农业出现的一样早甚至更早，中国没有前陶新石器时代的明确证据等等。中国作为世界重要的自然地理单元，有其独特的生物种群和丰富的生态类型，研究农业的起源以及与此相关的许多人类文化发展的一般性问题，都离不开中国这块地方。中国史前考古学所以被国际考古学关注自然是情理之中的事情。

　　中国文明的起源问题，是另一个令国际学术界关注的大课题。众所周知，20世纪20年代中国历史的时髦讲法是从《诗》三百篇开始的，此前的历史因为证据不足而付阙如。1921年发现仰韶文化以后，虽然认为这是中国人的原始文化，但又相信它是从中亚传播而来。这就是中国文明西来说。后来中国考古学家在东部沿海地区发现龙山文化，为殷商文化找到了更近的源头，但又提出仰韶文化和龙山文化的东西二元对立说。50年代在河南陕县发现庙底沟二期文化，明确了中原地区仰韶文化是龙山文化的源头，否定了二元对立说。同时加上又在郑州发现了早于殷墟的二里岗期商文化、偃师发现了更早的可能是夏文化的二里头文化，所以在此基础上建立了中国文明单线发展的中原中心论，一方面中国古代文明被认为是本土起源的，另一方面又认为中原之外地区的中国史前文化都是在中原地区的影响下发展起来的。七八十年代以来，随着各地区考古材料的积累和碳十四年代数据的测定，发现各主要地区都有相对独立的文化发展脉络和高度发展的文化成就，并皆对中国古代文明的形成做出了独特贡献。这样一种全新的认识来之不易，但是要了解中国古代文明的形成过程和形成机制还需要我们付出艰苦的劳动。根据考古发现，西方学者建构了国家起源的诸多模式，比如所谓城市国家、疆域国家或者乡村国家模式等等，这些理论模式大都是以其他地区的材料为基础的，研究中国的西方学者把这些模式运用到中国国家起源的探索上，提出了自己的诠释理论。这些理论有无普世性，必须接受中国材料的检验。实际上关于人类起源、农业起源以及人类文化发展的诸种理论模式，也必须接受中国材料的检验。脱离了中国的材料，这些个理论模式就是不完整的；离开了中国的材料和研究，任何世界上古史的写作必然是有缺陷的。

1981年英国著名考古史家格林·丹尼尔曾说过这样的话："在未来的几个十年内，对于中国重要性的新认识将是考古学中一个关键性的发展。"（*A Short History of Archaeology*, 1981, p.211）差不多同时美国大都会艺术博物馆馆长菲力普·德·梦特贝罗也认为"中国目前的考古学注定要像19世纪的考古学揭露出古代希腊的世界那样——既证明后代史家某些重要概念的错误，同时也把神话和消失的王朝还原为历史——来展示古代中国的秘密。"

（*Treasures from the Bronze Age of China: An Exhibition from the People's Republic of China*, 1980, p.6）。其实这样一个过程还刚刚开始，随着中国对外交往和国际合作的增多，中国在考古学特别是史前考古学上的重要性将越来越多地被认识，这是可以肯定的。基于中国考古材料提出对人类发展规律性的一般认识，或者根据中国考古材料修正或补充根据其他地区材料提出的规律性认识，将成为中国考古学者今后的一项重要任务。同时我们也不应该忘记，许多关系国计民生的大问题，比如说环境的变迁，也往往离不开史前考古学的材料，因为研究长时段的文化发展和人地关系的演变，是考古学的独到之处，实际上在这个方面考古学正发挥着越来越重要的作用。

（原刊《中国社会科学院院报》2001年8月2日第3版）

考古学就在我们身边

在人们的心目中，考古学是相当神秘的。如果您有机会随考古队来到穷乡僻壤，坐在农民的炕头上，在昏暗的灯光下，听考古学家津津有味地说起半坡、野店、鸽子洞、甑皮岩这些个也许只有在恐怖电影中才能常见到的名字，看他们把从地下挖出来的古人的锅碗瓢盆如数家珍地分成几型几式，您也许更会觉得考古学是现代文明的"化外之民"。一句话，考古学不唯神秘，它离我们的生活也是非常遥远的。

这个结论虽然有合理的成分，但却远非事实。考古学固非什么"经国之大业不朽之盛事"（傅斯年先生语），但它在中国的发展几与中国的现代化进程同步，因此可以毫不夸张地说，它同我们的生活——特别是我们的价值观、世界观、伦理观——发生着密切的联系。考古学作为近代人类文明的一分子，为着文明的进步，一直都在默默地贡献力量。

考古学的前身是传统的金石学，但"金石学之与考古学正如古代的炼丹术之与化学的关系"（李济先生语），现代科学意义上的田野考古学是20世纪初年从西方传入的。在考古学传入之先，虽然前有司马迁"二十而南游江、淮，上会稽，探禹穴，窥九疑，浮于沅、湘；北涉汶、泗，讲业齐、鲁之都，观孔子之遗风，乡射邹、峄；厄困鄱、薛、彭城，过梁、楚以归"（《史记·太史公自序》），后有顾亭林

"足迹遍天下"，凡"所至呼老兵逃卒，寻其曲折，或与平日所闻不合，则即坊肆中发书而对勘之"（全祖望《亭林先生神道碑铭》），给中国的知识界树立了实地考察的榜样。但是纵观中国的学术史，特别是宋代以来的学术史，中国的知识分子逐渐被固定在四书五经上，皓首穷经断送了一代代学子的聪明才智。这种读死书鄙夷实践的传统是20世纪初年西方科学传入中国之后才慢慢被打破的，而考古学家的工作贡献尤大。傅斯年先生在其著名的《历史语言研究所工作之旨趣》一文中向旧传统公开宣战："我们不是读书的人，我们只是上穷碧落下黄泉，动手动脚找东西！"又说"果然我们动手动脚得有结果，因而更改了'读书就是学问'的风气，虽然比不得自然科学上的贡献较有益于民生国计，也或者可以免于妄自生事之讥诮罢？"把矛头直接对准旧传统旧道德和旧的价值观。20世纪20～30年代，除了新生代研究室在北京周口店对旧石器时代的人类化石和文化遗物十年如一日地持续发掘外，中央研究院史语所对安阳殷墟的十五次发掘，于中国传统知识分子崇尚读书鄙夷劳动的观念，无疑是一个很大的冲击。因为在这些田野工作中，每个调查人员必须具有携带仪器和无论多远的旅程都要步行的体力。这当然完全打破了旧中国仅从事脑力劳动的学者的训练方法（李济先生语）。"所以一般人也许不明白，今天他们之所以能够认同社会科学研究者的劳动——比如考古学家的发掘，民族学家的调查——而不见怪（似乎不做田野才是奇怪），是与近代以来西方科学特别是地质学和考古学的传入和持续的实践分不开的。"这是考古学对新的价值观的贡献。

考古学是一门让人难堪的学问。它的发现日新月异，足以动摇被世代奉为金科玉律的东西。如果说20世纪50年代以前，中国考古学的最大成就是发现了仰韶文化和龙山文化，因此为中国的夏商周三代文明找到了一个比三皇五帝更为坚实的源头的话，那么70年代以来在传统上的中原地区之外的一系列新发现，却使千百年来人们抱持的古史框架发生了动摇。从史前考古学上说来，最突出的发现集中在长江下游的良渚文化、黄河下游的大汶口—龙山文化、辽河流域的红山文化中。良渚文化的玉器、漆器、丝绸和陶器的制造都很发达，犁耕的稻作农业也十分进步。比如玉器，仅浙江余杭反山墓地就出土1100余件组。若以单件计算则多达3200余件。其中不仅有精美的用于装饰的头饰、耳饰、项饰、手镯、指环、带钩、纽扣和穿缀在衣服上的各种饰品，更有用于仪仗的庄重的钺、斧、锛和用于宗教法事的神秘的琮、璧、冠形器等。其种类之繁多，做工之精细，使同时期所有地区的史前文化难以望其项背。反山遗址出土的十一座墓葬，不仅随葬大量玉器、漆器，而且均有棺椁，等级之高，也是其他地区的同时代文化所罕见的。黄河下游的大汶口—龙山文化，以其精美的陶器制造业闻名于世，近年不断有玉器发现。山东临朐西朱封曾发现三座大墓，一座为一椁一棺，两座为二椁一棺，随葬大量的玉器和磨光黑陶器。还出土有多块鳄鱼骨板，可能是蒙鼓用的鳄鱼皮残迹。东北红山文化也出土了大量的玉器和存在明显等级差别的积石冢。尤其引人注意的是在牛河梁遗址发现了成群的神像，一般相当于真人的大小，主室中心出土的最大神像残件为真人的三倍，被认为是人世间已经制度化的以一人独尊为主的等级分化在宗教信仰中被固定下来的反映。总而言之，这些新的发现比起黄河中游的仰韶文化和龙山文化来，不仅不差甚至可以说"有过之而无不及"（张光直先生语）。近年来在长江上游的四川广汉三星堆和中游的江西新干大洋洲发现的可以同中原商文明媲美的两批青铜器，则第一次以无可辩驳的事实向人们展示了历史时代初期江南文明的生存状态。如何评介这些新的发现，实际上就是如何评价中国文明的起源。几千年以来所流传的中原中心说的传统古史构架因为这些发现开始动摇起来，这是我们所始料不及的，更是世世代代的学者做梦也想不到的。张光直先生这样总结这个变化："我们逐渐发现从我们几十代的老祖宗开始便受了周人的骗了；周人有文字流传下来，说中原是华夏，是文明，而中原的南北都是蛮夷，蛮夷没有留下文字给他们自己宣传，所以我们几十代的念书的人就上了周人的一个大当，将华夷之辨作为传统上古史的一条金科玉律，一直到今天才从考古学上面恍然大悟。"

另一方面，考古发现又纠正了"古史辨"辨伪太过而造成的一些错误。撇开近年来不断从战国秦汉墓葬出土的文字材料，从而证实了某些重要史实和史籍的可靠性不说，就是《史纪·五帝本纪》这些目前还没有得到证实的记载，从史前的考古发现看，也不是完全没有影子。比如关于中国文明的起源时代的认识，从1949年以前的商代后期的安阳殷墟到1949年以后的郑州二里岗商代中期文化再到可能是夏文化的河南偃师二里头文化，一直向前推进，但即便是二里头文化也只有四千年的历史。最近严文明先生提出上述良渚、红山、山东大汶口—龙山以及山西襄汾陶寺龙山文化出土大墓可能是王陵的看法，则将中国的文明史前推了一千年。这是考古学对我们认知系统的巨大冲击，它的深远影响恐怕现在还不能完全估价。

考古学是20世纪中国学术界成绩最突出对人类历史贡献最大的学科之一。1979年周培源先生在纪念五四运动六十周年的讨论会上即有上述归纳。新中国考古事业的主要开拓者和领导者夏鼐先生，生前获得国外的荣誉称号之多，则从另外一个侧面反映了国外学术界对中国考古事业所获成就的肯定。中国考古学的发展，不仅对它所研究的中国历史的发展道路同时也对中国考古学本身的特点、概念等提出了反思。1929年，郭沫若先生在其第一本用马克思主义作指导的《中国古代社会研究》一书中指出："只要是一个人体，他的发展，无论是红黄黑白，大抵相同。由人所组织成的社会也正是这样。中国人有一句口头禅，说是'我们的国情不同'。这种民族的偏见差不多各个民族都有。然而中国人不是神，也不是猴子，中国人所组成的社会不应该有什么不同。"应该说，中国的古代和外国的古代一样，都是受历史的普遍法则支配的，但中国又有自身所固有的具体的特殊性。如果说二三十年代认识中国自身的发展规律的条件还不具备的话，那么现在却是时候了。比如人们熟知的"青铜时代"这个概念，中国与西方即不相同。在西方所谓青铜时代，是指青铜工具在生产领域产生重要意义的一个时代，换言之，是把青铜技术当成"一种环绕着生产活动的工业"来强调的。青铜在中国的上古史上却从来没有在生产领域取代石质的生产工具，这种取代只是在铁器时代到来之后才得以完成。中国青铜时代的特点，主要在于青铜的使用是与祭祀和战争分离不开的，也即主要用于礼器和武器的铸造。因此，中国的青铜时代不是生产技术的革命造成的。"假如当时有一个革命的话，那便是在社会组织领域之内的革命。但在另一方面，既然人的劳动是农业生产的基础，而青铜的兵器一方面在新鲜的生产劳动力的获取上能起一定的作用，一方面又能保证对既有劳动力的持续剥削，青铜也可以说是一种间接的，可是也是真正的，在生产技术上的一次突破。"（张光直先生语）

由于古代中国在世界文明史上所占的地位，中国考古学的工作是有世界性的意义的。对中国历史的总结往往能够使研究世界古代史的学者对于全球性的问题提出新看法或修改旧看法。比如张光直先生把从野蛮时代到文明时代的演进归为两种，一种是西方式的，突破性的文明，另外一种是世界式的，连续性的文明。后者以中国古代文明为代表。这个结论建立在张先生对中国古代文明的整体考察上。在他看来，萨满式的文化是中国古代文明的最主要特征。在从野蛮时代到文明时代的进程中，中国文明所产生的许多新变化不是技术上的，而是人与人之间关系变化的结果。文明社会产生之后，野蛮时代的许多因素包括非金属生产工具、氏族制度、祖先崇拜等等仍在延续。张先生认为根据中国上古史所揭示的人类历史发展的新法则，可以在全世界有更大的实用性。这实际上已经不仅仅是对具体的上古历史而应是对历史观的探讨了。这一建立在考古发现基础上的认识对人们的世界观、价值观的影响和冲击也是显而易见的。

如前所述，考古学是从西方传入的。在考古学的技术和方法进来的时候，一整套的术语也随之而来。除了石器、青铜、铁器的三个时代说，考古学文化、类型学、地层学等研究遗迹遗物的概念之外，一些主要从民族学研究得来的社会进化方面的术语，如母系氏族公社、父系氏族公社，也随之进入，并成为我们话语系统的一个重要组成部分。由于长期以来教条地对待马克思主义，固守着经典作家曾经使用过的某些概念，把中国史前文化中发现的大量内涵丰富的现象，简单地纳入母系社会或父系社会的模式，而对这些现象所可能体现出来的历史发展的过程和特点却常常一晃而过。因此，尽管中国考古学取得了举世瞩目的成就，但基本上没有建立起自己的一套话语系统。

建立自己的话语系统，不是说可以超越公认的学术规范，这是两个不同的概念。但是人类文化所具有的复杂性，意味着在文化表述方面存在多样性的可能。我们所谓的国家、文明、私有制等等概念都是从国外输入的，它们在历史研究特别是关于社会进化方面的研究的表述上有无可比拟的长处。但是我们也不要忘了，中国古代固有的一些概念大概在问题的讨论和表述上更有优势。比如邦、城、国、野、氏、姓等等，尽管歧义很多，但经过必要的梳理，也许更易于表述中国古代文明的特点。目下的考古学界与以前相比，在这方面显然要成熟多了。比如这几年虽然文明起源的讨论很多，但在国外很流行的一个概念——酋邦（chiefdom），虽也有人介绍，却始终热不起来。"玉器时代"这个概念的提出虽不一定能被普遍接受，但反映了考古学界对中国历史特点进行概括的可贵尝试。建立自己的话语系统显然是学科发展的内在要求，也与我们这个时代的开放和包容密切相关，这是一般人所不易觉察的。

傅斯年先生在论到历史学和语言学的发展时说，"历史学和语言学的发达，自然于教育上也有相当的关系，但这都不见得即是什么经国之大业不朽之盛事，只要有十几个书院的学究肯把他们的一生消耗到这些不生利的事物上，也就足以点缀国家之崇尚学术了——这一行的学术。这个反正没有一般的用处，自然用不着去引诱别人也好这个，如果一旦引了，不特有时免不了致人于无用，且爱好的主观过于我们的人进来时，带进了些乌烟瘴气，又怎么办？"

应《读书》之约，本文虽然粗浅地谈了几点一般人与考古学的关系——这关系虽非油盐酱醋之于人们的日常生活，却也并非如他们常常想象的那样遥远——但其意并不在引诱他人爱好考古学。因为无论您爱好与否，考古学还是与你我保持着这样那样的联系。

（原刊《读书》1996年9期）

公众需要什么样的考古学

当某人自称或被别人尊称为考古学家的时候，那不过是沿用了一个习惯的说法，其实是颇有点不准确的。因为人类的古代文化是如此的灿烂辉煌，多彩多姿，任何一个伟大的考古学家，穷其一生的精力，也只能为重建古代历史的大厦添几块砖瓦而已。因此，严格说来，他只是某一个时代某一个地区或某一个方面的考古学家。

考古学自19世纪初诞生以来，不仅为人类认识自己和自己生活的舞台做出了也许是无与伦比的巨大贡献，而且本身也变得日益壮大。即以我国为例，考古学的分支就有多种。从横的方面说来，有农业考古学、环境考古学、动物考古学、水下考古学、冶金考古学、民族考古学、实验考古学甚至还有天文考古学和根据文化特征历史形成的地区考古学。考古学的许多分支从单纯地利用田野考古的材料研究某一个方面的问题，到有意识有目的地成为考古学的一个组成部分，自然是人类认识历史的视野被拓宽的结果，然而事实上却又极大地促进了考古学自身理论和方法的发展和进步。从纵的方面说来，习惯上我们有旧石器时代考古学、新石器时代考古学、商周考古学、汉唐考古学等等，中国历史的连续性、本土性和多元一体格局，造就了我国各时代考古学既有区别又有内在逻辑联系的特殊面貌。

如果把镜头对准整个地球，除了南极洲古代的人类不曾涉足外，其他的地区都留下了人类文化的烙印。研究世界古代文化的考古学就更是门类庞杂，变化多端，差不多各个地区的考古学都有自己独特的研究方法和研究对象。但是，世界考古学的研究基本可以包括在以下的分类中，即：史前考古学、原史考古学和历史考古学。史前考古学（prehistoric archaeology），顾名思义，是指"历史以前的考古学"。这里的"历史"是指狭义的历史，即能够利用文献记载进行历史研究的那一部分人类历史。简言之，史前考古学就是研究没有文字时代的考古学。传统上我国夏商周三代以前的新旧石器时代考古学即被称为史前考古学。原史考古学（protohistoric archaeology），直译应为"最初历史阶段的考古学"。如果历史是有文字的历史，那么原史当也是研究文字时代的历史。对于这个名词，专家们的意见并不一致。英国著名考古史家格林·丹尼尔（G. Daniel）认为，所谓原史，即文字已经产生，但是研究这个时代的历史，实物资料与文字同等重要，或者比文字还要重要。另一位考古学家霍克思（C. Hawks）认为，那些产生了文字但把文字用在非常领域（如宗教）的社会，或者把文字写在某种材料上而这种材料又没有保存下来的社会，或者一些没有文字但是历史却被周围有文字的民族记录并保存下来的社会，这些社会的历史应该称为原史或"类史"（parahistory）。研究这个时代即文字产生初期或可资利用的文献不完备时期的考古学即为原史考古学。如果勉强比照的话，也许商周时期的考古学算是原史考古学。不过我国一直没有采用这个概念。历史考古学的歧义很少，是指研究有文字时代历史的考古学。我国商周以降的考古学即是。实际上考古学的分类方法要复杂得多也细致得多。学习考古学的人要想成为全知全能的通才是不可能的，即便是成为某一个方面的专家也非常艰难。我们学习考古的人常常被问及各种各样的问题，提问的人既有研究历史方面的专家，也有普通的公众。他们往往怀着很大的希望，热切地想从考古人的嘴里得到一个肯定的答案，然而他们几乎很少得到满意的回答——如果考古人不是略去他们讨论的细节和众多的争论甚至驰骋自己的想象的话。这还往往是在考古学者自己熟悉的领域。我的六岁的儿子问我，人是怎样从猿变来的？我含糊地告诉他那是进化的结果。这当然不能让他听明白，可天知道，要回答这样一个平常的问题，即使对一个拿了古人类学和解剖学两个博士学位的专家，也不是一件容易的事。我这样说并非为考古学家开脱，实在是人类的古代文化太复杂、太瑰丽也太富于变化了。实际上，面对着人类祖先二三百多万年的过去，我们已知的东西要远远少于未知的东西，如果说成是沧海一粟那是一点都不过分的。

考古学是根据物质遗存研究人类的古代历史。这一特点一方面决定了考古学是一门非常求实的学问，所谓有一分材料说一分话；另一方面，考古学又是历史学的分支，是直接为复原古代历史服务的。那么，在考古学和历史学之间有没有距离呢？在历史时代，特别是在我国，由于存在丰富的文献，考古学虽然非常重要，但其作用主要被看作是"证经补史"。考古学处于相对附庸的地位。那么，研究史前历史的史前考古学是不是等同于史前史呢？考古学界对这个问题的认识从来就没有统一过。我国著名考古学家夏鼐先生即持肯定的看法（《什么是考古学》，《考古》1984年10期）。但是，严格说来，史前史并不等于史前考古学。早在考古学的滥觞时期，考古学家就注意到民族学、人类学、民俗学以及神话传说等对史前历史研究的重要性。1838年，丹麦考古学家尼尔森（Nelsson）在《斯堪的那维亚北部的原始居民》一书中就明确指出：对考古器物进行研究不是获得史前知识的唯一途径。他强调传说以及他称为比较方法的重要性："能够反映远古时代光芒的证据，我认为不仅仅是各种形式的文物古迹，以及刻画在它们上面的图形，而且还应该算上民间故事。民间故事往往产生于传说，因此也是远古时代的遗存。"他十分强调使用比较方法，即比较史前的人工制品与现代原始民族所使用的具有相同形式和功能的器物。尼尔森应用比较方法，创立了一种以生存方式为基础的史前史分期法。他把人类发展史划分成四个阶段：一、蒙昧阶段，人类的童年，以狩猎和采集为生活手段；二、游牧阶段，人类的青年，以畜牧为生，另外依赖小部分猎物；农人阶段是第三个阶段；第四阶段为文明阶段，其特点是铸币、文字的发明和劳动的分工。这种分期法是后来泰勒、摩尔根、恩格斯以及苏联和我国以生存方式划分史前时代的先声。丹尼尔认为这个分期法比"同时代丹麦人的三期说更符合于历史"。

　　显然，考古学虽然是史前历史的主要来源，但绝非是唯一的来源。这主要是由考古学的局限性和人类对自身历史的全面了解的渴望决定的。一方面，要通过遗存了解过去的全部历史是根本办不到的，这是因为并非所有的人类活动都能留下痕迹；留下的痕迹并非都能保存下来供我们研究；考古学家发掘出来的遗存只是侥幸保存下来的古代人类活动遗迹的极小部分；考古学的发掘和研究不仅受个人实践的局限，也同时受到时代、文化和社会的局限，因而遗失甚至破坏了不少的古代信息。另一方面，人类对古代历史的兴趣日益增加，他们所关心的不仅仅是某一个地方是否有人居住和在什么时候居住过，他们更关心居住的人是怎样的一种人，又是怎样生活的。如果把古代的历史比作一个人，那么考古学就是依靠侥幸保存下来的人的片段的骨骼和牙齿复原此人的面貌和行为，但一般公众不是对这些冰冷的骨骼和牙齿而是对此人的行为和心智更感兴趣。因而可见，在考古学所研究的古代遗存和人们对历史的要求之间存在着巨大的鸿沟。正如丹尼尔所评论的那样："考古学提供了人类的技术经济史，但研究人类历史的学者不仅想要了解人类工具发展的过程，还想得知人类社会发展的过程，以及人类思想道德观念的发展。这就是历史学家为什么迫不及待地攫取体质人类学、语言学和民俗学所推出的结论，又为什么到现代原始民族的研究中寻找答案。"

如何把考古材料转变成历史一直是困扰考古学家的大问题。20世纪50年代末期，我国当时的新一代学人曾对考古学研究中的"见物不见人"现象进行过激烈的批评。80年代以来，在我国史前的大的文化框架和文化谱系基本建构完成的情况下，又有年轻的学者发出"我们今后做什么"的惊叹。显然，要让沉默的石头、骨头和陶片说话，必须通过某种中

介，而最基本的两种中介就是实验考古学和民族考古学。比
如我们在一个旧石器时代的遗址发现了一些人工打制的石
片，石片上有不同的擦痕，考古学家设想这些擦痕有些是由
于割肉，有些是由于砍树木，其余是由于切割譬如草类等较
软的植物材料而形成。要证实这个假说，首先要用与出土石
片同样的石料制作同样的石片，然后分别用它们切肉、砍
树、割草，反复试验，最后如果试验用的石片上呈现出与出
土石片类似的擦痕，那么考古学家的假说就可能成立。这就
是实验考古学。实验考古学实际上开始得很早，有人在18世
纪就开始这项工作了。爱尔兰的罗伯特·鲍博士是这一研究
的先驱。他颇为艰难地吹响了史前时期的一个号角，结果发
出的却是一种酷似野牛狂吼的声音。不幸的是，他所做出的
神异的努力导致了他血管的崩裂和最终的死亡。

　　民族考古学的研究实际上从考古学诞生之日起就已经开
始了。我们把某些陶器叫作罐或碗，那是因为它们和现代社
会还经常使用的罐或碗相似的缘故。它们的形状相似，我们
便假定它们有同样的功能并给予同样的名称。这其实就是民
族考古学。但是现在我们所说的民族考古学要复杂得多。民
族考古学并非仅仅利用民族学家的调查材料与考古发现进行
对比，相反，从事这项研究的学者要深入民族地区进行细心
的观察，以期对考古遗存的类似现象做出合理的解释。比如
美国考古学家约翰·耶伦（John Yellon）花了好几个月的时
间研究南非昆桑人屠宰动物的方式以及屠杀、烹饪和食用所
留下来的一些骨头的碎片。同时，绘制了许多年代已知且近
期废弃的遗址图，记录下房址、炉灶以及垃圾堆积的位置，

并且同曾经在那里居住的人们进行交谈，以此作为推算较为精确的人口数量和研究居住者的社会关系的一种方式。这项研究对于理解旧石器时代的生活图景无疑是非常重要的。

正是依靠这些中介，我们才可能回答涉及人类行为甚至心智、思想方面的问题。比如，在东非的奥杜威峡谷发现了距今250万年前的人工制品，包括石片、砍砸器、刮削器和各种多边器。在大多数情况下，这些器物是从一块熔岩卵石上剥落制成的。由于这些最初的石器没有固定的形状，有人怀疑最早工具制造者的心智能力与猿相似，因而提出"奥杜威工具的一种猿的观点"，认为奥杜威工具的所有空间观念存在于猿的心中，否认该地的工具制造者是独一无二的。美国印第安那大学的尼古拉思·托思（N. Toth）教授为了验证这种说法，用了多年的时间去完善他的技术，对石器制作的每一个过程都进行了深入的了解。他的结论是意味深长的："最早的工具制造者具备超出猿类的心智能力，这是没有问题的"，"制造工具需要有一种重要的运动和认识能力的协调"。

从静态的古代遗存追溯动态的人类行为和思想常常是非常危险的，尽管我们发展了中介的民族考古学和实验考古学。倘若一个考古学家在类似北极的地理环境中发掘出一个2万年前的营地遗址，那他（其实我也会的）自然会与今天爱斯基摩人的情况做一番比较。但是正如考古学家布莱恩·费根（Brian Fagan）所说的那样，这种类型的比较研究显然过于简单和幼稚。首先，人类社会不一定都经历相同的演化阶段；其次，每一个社会都有其独特的适应周围环境的方式，仅此一点就能在很大程度上改变其文化的所有方面，甚至那种适应方式也和2万年前的情况可能存在着极大的差别。的确，任何事物的含义总是受到文化的制约。人们根据民族学的材料对西欧旧石器时代的洞穴绘画做出多种解释，这是普通公众和历史教科书最希望从考古学得到的东西。然而著名的古人类学家理查德·利基（Richard Leakey）质问道："即使我们证实了洞穴绘画在其中起了作用的旧石器时代晚期生活的部分内容，我们就了解它的整体意义了吗？我对此表示怀疑。……试想一下一个人手执一根权杖，脚下有一只羔羊的图像对一个基督教徒的意义。再想想这对于一个从未听说过这个基督教故事的人来说，就完全没有这样的含义了。"

对于意义的追寻差不多是人类特有的东西。但依靠仅有的一点古代遗存要对它们在古代社会的意义做出推测，其艰难可想而知。无论是民族考古学或者是实验考古学，作为中介，它只是我们通向古代的一座桥梁。它满足了我们的好奇心，增进了我们对古代社会的理解，然而在大多数情况下，我们的解释是无法被验证的。当然，在考古遗存与民族志的和实验的材料之间建立的联系越多，解释就越可信，通向古代的桥梁也就越坚固，反之则不然。公众对于意义的渴望是可以理解的，但是更重要的是承认我们——特别是考古学家——认识能力的局限性。我这样说也许会让热心的读者失望，不过要是看到下面的一席话，您大概不会认为我是危言耸听：

我们不得不面对这样的事实，即大部分技术上原始的人类群体行为在考古上是看不到的。例如一个巫师领导的宗教仪式中，必须包括讲述神话、唱颂歌、跳舞和纹饰身体——这些活动没有一样会进入考古记录。因此当我们发现石制工具和雕刻或绘画物品时，我们要时时提醒自己，这些东西只为我们打开通向古代世界的最狭窄的一扇窗子。（理查德·利基《人类的起源》）

1996年8月1日写于双榆树青年公寓557号

（原刊《读书》1996年12期）

伯希和与殷墟发掘

　　贵刊2000年第2期许纪霖先生的文章《一代豪杰"傅大炮"》，揭示了傅斯年先生堂吉诃德式的豪杰气，为20世纪中国自由主义知识分子的另一种树碑立传，是一篇耐人寻味的好文章。但是文中的插图说明，误把中间那位深目高鼻的人写作李济，不能不说是一个小小的遗憾。

　　此人是谁？他就是著名的法国汉学家伯希和（Paul Pelliot, 1878～1945）。傅斯年先生创建历史语言研究所的目的之一，用顾颉刚先生的话说，就是"欲步法国汉学之后尘，且与之角胜"。他本人在写给另一位史学大师陈垣的信中，更是直抒胸臆："斯年留旅欧洲之时，睹异国之典型，惭中土之摇落，并汉地之历史言语材料亦为西方旅行者窃之夺之，而汉学正统有在巴黎之势，是若可忍，孰不可忍？"（转见杜正胜：《无中生有的志业——傅斯年的史学革命与史语所的创立》，《古今论衡》，第一期）所以他在1928年5月为即将成立的史语所拟聘的外国通讯研究员中，就有了这位著名法国汉学家的名字，那意思正是"师夷长技以制夷"，尽管这位伯希和先生也是盗窃中国文物的"西方旅行者"之一。照片所显示的，正是1935年安阳殷墟第十一次发掘期间，傅斯年陪同伯希和到发掘工地参观的情景。坐在这边高凳上的傅斯年面带微笑，看着什么，另一边坐在矮凳上

傅斯年、伯希和和梁思永先生在安阳
（采自《万象》2000年2期）

的伯希和和他旁边席地而坐的工地主持人梁思永也朝同一个
方向张望（见图）。照片捕捉的这一瞬间，为傅斯年"与欧
人角胜"情结留下最清楚不过的注脚。因为殷墟的发掘，昭
示着中国现代学术的发轫，而第十一次殷墟发掘，是自1928
年殷墟发掘以来规模最大的一次，也是"中国的考古工作在
国际间最烜赫的时期"（石璋如先生语）。两年之后，在哈
佛大学三百周年校庆的讲演中，伯希和这样评论殷墟的考古
工作："这是近年来全亚洲最重大的考古挖掘。中国学者一
下子获得了耶稣降生前一千年中国历史的大量可靠材料。"
（王汎森、杜正胜编：《傅斯年文物资料选集》，1995年，
第77页）事实的确如此，这不仅仅是伯希和的慧眼看到的，
更是傅斯年苦心经营史语所为中国现代学术所苦苦追求的。

（原刊《万象》2000年6期）

两点祝愿

——贺《考古》创刊50周年

　　在价值多元、各种媒体强烈冲击视听的当代社会，学术杂志的影响力日渐式微，《考古》这样的专业杂志更是微不足道。但是，滴水可见太阳，《考古》也可以见证中国过去50年的发展历程。从"批胡反右""文化大革命"到"批林批孔"、改革开放，《考古》有意无意、或多或少、直接间接地介入到万花筒般的社会政治生活中去，或者至少反映了社会政治生活的复杂多变。纵观这五十年的《考古》史，说它是中国当代历史的晴雨表和温度计并不为过。

　　在这纷繁多变的当代社会政治生态中，要《考古》不受各种非学术因素的影响是不切实际的苛求，说《考古》不受各种非学术因素的影响也不是事实。但是，《考古》让材料说话，客观报道材料的本色，在这五十年中没有太多的变化。即使在"文化大革命"教条满天飞、棍子到处抡的时代，除了个别不得不发的奉命之作，大多数的考古报告（甚至论文），去掉开头结尾标签式的领袖语录，仍然是以客观报告考古材料为宗旨。这不是我个人的私见。张光直先生就说过："翻检过去三十年的考古学书刊，就会发现政治化的倾向始终存在。不过，概因忠实于传统的史学的独立性，在我看来，中国考古学还没有受到政治化极端的影响。资料、对资料的分析和政治术语共存于大多数考古报告和论文中，但是，在很多情况下，两者泾渭分明，互相之间的影响不大也不深。"（见《考古学与中国历史学》，《中国考古学论文集》，北京三联书店，1999年，第29页）这当然不只是对《考古》而言，但《考古》是其中的突出代表。应该说，这是《考古》编辑部几代人共同努力的结果。学术至上，以推动学术发展为目标，说说容易，做起来很难，愿《考古》把这一光荣传统发扬光大。

《考古》创刊50年，其间除了"文化大革命"初期（1966～1971）的停刊，一度（1972～1982）还曾变为双月刊，真正说起来，《考古》出版尚不足50年，离出满600期的日子还有一段距离（到本期只出到第459期）。与某些国际著名的考古或人类学期刊比较起来，它只能算是一个小弟弟。比如美国的《美洲人类学家》（*American Anthropologist*），创刊于1888年，《美洲考古学杂志》（*American Journal of Archaeology*）创刊于1887年，《美洲古物》（*American Antiquity*）创刊于1935年；英国的《古物》（*Antiquity*）创刊于1927年；日本的《考古学杂志》创刊于1910年；瑞典的《东方博物馆馆刊》（*Bulletin of Museum of Far Eastern Antiquities*）创刊于1929年。这些至今都有近百年甚至百年以上的历史，同样是刊物所在国政治经济发展的一面镜子。《考古》是当代中国创刊最早、延续时间最长、出版期数最多的学术期刊之一，它一路蹒跚，一身风尘，虽面临各种压力而不坠其志。愿这本薄薄的黄色封面的中文杂志，在学者的书架上越摆越长，成为一条可以和西方著名考古刊物媲美的"黄色长龙"。此乃中国学术之幸，学者之福，国家之福。

（原刊《考古》2005年12期）

型式学之外
——磨制石器的研究应当加强

　　自20世纪40年代后期安志敏先生发表《殷墟之石刀》一文以来，史前生产工具特别是磨制石器的专题研究有了长足的进步。从石刀、石斧、石铲、石锛到石镰、石犁、石凿、石楔等等，几乎每一种有一定数量的古代石制生产工具都引起人们重视并已有专文发表。这无疑极大地丰富了我们对史前人类生产生活方式的认识，功不可没。但是，总的看来，除了个别文章从力学的或民族志类比的角度，对石器的功能及制作方式做过一些推论之外，绝大多数研究都是从型式学出发的，即通过石器型式的变化对诸如起源、分布、流向甚至功能进行推论。型式学的研究固然必不可少，但从考古发掘报告到专题研究的单一型式学分析，客观上使得无论在考古发掘或是室内综合研究中都会失去大量信息，从而造成不可弥补的损失。因此，磨制石器的研究应该走出型式学之外，以获取更多的史前人类生活的信息。

一

　　目前磨制石器的型式学分析，一般采用静态分类的方法，即依形式将石器分成不同的型和式。但是这种静态分类常常既忽略了遗址本身也忽略了石器本身的动态发展过程。遗址本身有一个形成、废弃、埋藏及发现的过程。在这样一个开放的能量交换过程中，人类和自然界两个方面都对遗址和石器发生过各种各样的动力作用。单就石器来说，几乎每件石器都有独特的生命史。因此，研究石器就不能单纯依据形式的静态相似与否，做出是或不是的判断。正确的方法应当是把石器当成一个有机的生命体，从调查和发掘开始，就详细记录完整石器、残品、碎片的出土情况，诸如数量、坐标、方向、倾角以及与其他遗物、遗迹、遗骨相对位置等诸多因素的状况，因为只有这样，才能对遗址形成或废弃的过程（如石器的方向、倾角可能表明遗址废弃之后的自然动力如水的作用）、生产和生活方式（如通过完整石器与废品及碎片的数量比等相互关系可以了解某一种或几种石器所占工具的比重及工具制作、废弃的地点及方式等等）、工具的制作和使用方式（如通过石器在遗址或墓葬中的位置或与其他遗迹如木朽的关系，可以了解其社会功能及安柄方式等）等问题进行周密的研究，以期极大地增进我们对于史前人类生活方式的认识。传统考古学的器物本位分析一般偏重于对于年代变化较明显的陶器的收集和整理，这当然无可非议；但是石器的分析也决非可有可无，它的意义或许不在年代学上，但细致的以聚落为本位的动态分析将提供给我们更多的信息。

二

正因为石器本身有一个动态的发展过程，因此要了解石器的制作方式、使用方式甚至废弃方式，都必须通过大量的显微观察和模拟实验，才能做出客观判断。在旧石器研究中，使用电镜观察石器的使用痕迹以及石器的模拟制作已经成为普通的研究手段。例如要了解石器的功能，就必须用电镜进行显微分析；但是仅仅以电镜观察石器还是不够的：要分析石器的加工对象，即从石器刃部的使用痕迹上做出是加工木、石或皮、革等材料的判断，则往往还需要由考古学家自己制作类似的石器，然后用它加工不同质料的东西，最后根据模拟石器上的不同痕迹与遗址出土石器的类似痕迹进行对比，做出比较贴近实际的判断。当然，要了解史前石器的制作方式，研究者自己制作石器将会提供真切的体验。除了类似的实验分析之外，最近又有人注意到利用石器上的某种有机物进行化学分析，取得了更大的信息量。如英国考古学家对以色列塔本洞穴（Tabun Cave）的距今9万年前的打制石器上的残留物进行分析，发现动物的血及树胶、毛发等物，从而为了解石器功能及人类的生活方式提供了更直接的说明（T.H罗依、B.L.哈笛：《以色列塔本洞穴9万年前旧石器工具的血迹分析》，《古物》66卷250期，1992年3月［英文］）有鉴于此，我们对磨制石器的研究从发掘到整理都应该小心翼翼，因为大量的信息是出土后（比如洗刷）才失去的。而要推断石器的制作和使用方式，仅靠想当然是不行的。不管是形式学的分析还是力学的分析，都应该通过石器的模拟制作和使用，然后与出土石器进行对比观察，再佐以遗留物的分析等方法，庶几才能达到对石器制作和使用方式的客观的接近事实的解释。

三

传统上对石器的功能及使用方式的解释，大多是基于经验或与经济发展落后地区的民族志对比，比如石锛与石斧的不同安装方式即是。用民族志材料类比推论考古遗物的方法虽然不能滥用，但却是实验考古之外一个更直接、更便利的了解史前人类生活方式的途径。进入20世纪以来，以石器作为生活生产工具的传统几近消失，但这并不意味着民族考古学已经无事可做。恰恰相反的是，从考古学的目的出发，对经济落后地区的民族志调查在20世纪30年代以后蓬勃兴起，为考古学的解释提供了更广阔的天地（N. 托思、D. 克拉克、G. 礼加本：《最后的石斧制造者》，《科学美国人》1992年7月号［英文］）。就我国来讲，除了充分利用这些研究成果，充分而详细地占有资料（如对石器的民族分析就不能局限在安柄等一般都注意得到的问题上，而应该对诸如石器不同阶段的制作方式、地点及使用过程的分析上）之外，还应该认识到今天我国边远地区的少数民族乃至汉族农村，工具的使用仍能提供给我们相当的启发。美国考古学家尼古拉斯·托思（N. Toth）等于1991年专门到云南苦聪人居地调查，他们发现苦聪人单就竹子的使用方式就有40多种（N. Toth：《云南调查》，1992年6月周口店石器研讨班录像片［英文］）。这为我们研究史前石器及其与其他质料的工具的相互关系提供了新的视角。仅此一例就说明我们所能做的工作还有很多。

四

从石器的型式出发推断史前文化的交流和变迁，是考古学的一个重要方面。但这往往是不够的。因为从逻辑上讲，同样的型式可以有不同的加工方式，反之亦然；同样型式的石器除了传播等因素外，也有可能是受相同自然环境的影响；所有这些人工和非人工因素造成的类型学上的相似可能是观念上的，也可能是技术上的，或者二者皆有。因此，除了型式学之外，石器岩性的分析就成为了解史前文化交流、变迁的关键。不唯如此，即使观察同一遗址不同石器的岩性与工具的对应关系变化，也能增进我们对于史前文化的认识。而我们在这个方面的研究恰恰是最薄弱的，因此，更需要引起考古学界的重视。

我国的古代遗址丰富，同一遗址的埋藏过程复杂，遗物众多，再加上发掘、研究经费紧张，要对上述磨制石器的各个方面进行全面的研究，确非易事，然而，假如我们停留在型式学的分析上故步自封，那么许多信息就会永远失去，这是我们都不愿看到的。所以，正确的方法是从现在开始，我们就树立聚落意识，逐步加强对磨制石器的发掘和研究工作。

1992年7月初稿

（原刊《农业考古》1996年3期）

近年来西方有关国家起源的两个理论问题

国家起源的动力问题

国家起源是一个经典性的研究课题。现代有关国家起源的讨论，受到十七八世纪欧洲哲学家霍布斯、洛克和卢梭的启发。他们认为，"社会"（更准确地说是政府）是个体从无政府的状态下脱离出来，寻求在法律和公正条件下共同生活的目标，而建立社会契约的结果。他们更关注的是"社会的实质"，而不是政府的起源问题（Elman Rogers Service, Major theories of the origin of the state, *Colloquia in Anthropology* 1:35–47, 1977）。他们的研究为以后的讨论奠定了基础。

在此之后，关于国家起源的讨论形形色色、不绝于书，但基本可以归纳为冲突派（conflict school）和管理（managerial school）派两大阵营。

冲突派最有影响的经典著作当属恩格斯的《家庭、私有制和国家的起源》（1891）一书。众所周知，这本书是对摩尔根《古代社会》（1877）的评述。摩氏在《古代社会》的结尾，提出由于技术进步带来的生产力发展，导致私有财产和阶级的形成，而阶级间的斗争最终导致国家的产生。

考古学上，柴尔德（V. Gordon Childe, The urban revolution, *Town Planning Review* 21[1]:3–17, 1950）提出一个

相当成熟的普遍模式，强调技术—经济的发展、经济结构和社会组织之间的相互作用。他认为生产力的发展导致军事、政治、美术、祭祀等有闲阶级的出现，国家被视为保护这个阶级利益的强制性机器。稍后，苏联学者Diakonoff（I. M. Diakonoff, ed., *Ancient Mesopotamia*, Science Press, Moscow, 1969）建构了关于美索不达米亚地区国家起源的类似模式。

在冲突派的大旗下，现代人类学也有不少学者把阶级斗争理解为血缘集团之间的斗争和政体之间的冲突。Morton Fried（*The Evolution of Political Society*, Random House, New York, 1967）的著作就对前者有充分的讨论。他认为，等级社会的各社会—经济阶层，是原始社会不同血缘集团的体现。他们中的一部分比其他部分更容易获得战略性的经济资源。这种机会不平等造成社会内部冲突加剧，需要超越血缘集团的强制性的机器出现，国家就这样应运而生了。政体之间冲突的理论以Robert Carneiro的模式为代表。Carneiro认为政体之间的战争，以及随之而来的领土的扩张和人口的增长，是社会进化的主要动力。（Robert L. Carneiro, A theory of the origin of the state, *Science* 169:733–738, 1970）

管理派认为，某些复杂的活动需要某种与之相匹配的管理机制。而管理机制的变化需要更加专业化的管理人员。魏复古（Karl A. Wittfogel, *Oriental Despotism: A Comparative Study of Total Power*, Yale University Press, New Haven, 1957）是管理派国家起源理论的鼻祖之一。他强调大规模灌溉系统的行政管理作用。尽管魏氏的灌溉模式被后来世界各地越来越多的历史学和考古学的具体分析所否定，即灌溉系统的管理和国家起源之间没有直接的因果关系，许多早期国家并不存在复杂的灌溉系统。尽管如此，学者们还是深受启发，转向其他经济活动诸如长途贸易、专业化的手工业生产、生产规模的扩大等等可能需要深化管理的解释中去。

在这两个学派之外，最近的一些研究强调国家形成的复杂性质，认为国家起源过程中许多因素的相互作用至关重要。这些研究植根于生态学，着重各种反馈（不管是正反馈或者负反馈）的作用。比如，Robert McC Adams（*The Evolution of Urban Society: Early Mesopotamia and Prehispanic Mexico*，Aldine: Chicago, 1966）讨论过至少十二种相互影响的因素。他认为战争、灌溉农业的管理、畜牧业的管理等等变量与各不同地区的机会和专业化相互作用，导致了财富的集中和对管理阶层的需求，所有这些因素都对一个新的政治组织即国家的形成做出了贡献。

上述关于国家起源理论的归纳，只是一个提纲挈领的陈述。最近的研究越来越强调对各种因素的具体发展过程的探索，比如社会不平等的出现（Douglas Price and Gary Fienman, eds., *Foundations of Social Inequality,* Plenum Press, New York, 1995），族群（ethnicity）在国家起源过程中所产生的作用等等（Goeff Emberling, Ethnicity in complex societies: archaeological perspectives, *Journal of Archaeological Research* 5[4]:295–344, 1997）。

酋邦和国家：信息加工的不同模式

国家是社会复杂化的集中体现。何为国家？传统的做

法，是罗列一系列的国家特征，比如社会分层、强制性的设
施、文字系统等等。如果研究对象具备这些特征，它即可以
贴上国家的标签。但是，很明显许多这些常用的特征或者似
是而非或者并不具有普遍性。比如，酋邦和国家都有强制
性的设施；又如，并非所有早期国家都具备文字系统。毫
无疑问，我们应该关注政治的进化过程，但是特征罗列式
的研究并不能抓住政治组织的进化动力。我们必须寻找导
致这个进化过程的因素，具体说就是信息加工（information
processing）的方式。

　　有关国家社会的信息加工方式，只能通过与前国家
社会政治形式，也就是通常说的酋邦的信息加工方式的比
较，才容易理解。"酋邦"（chiefdom）一词是由Elman
Service（*Primitive Social Organization*, Random House, New
York,1962）使用开来的。基于他对波利尼西亚社会的民族
学考察，他认为这些政治组织代表了人类社会进化史上国家
出现之前的阶段，他称之为"酋邦"。尽管这个发现在文
化人类学领域没有多少影响，但却被考古学家广泛接受。

　　但是很快考古学家就发现Service的这个概念有问题。
他的归纳建立在少数几个民族的例子上，而这个归纳根本
不足以涵盖世界其他地区民族学上所谓酋邦的种种变异形
式。从组织结构上说，酋邦更像是社会复杂化的一个连续体
（continuum）。为了修正Service的结论，Vincas Steponaitis
（Locational theory and complex chiefdoms: a Mississippian
example, In *Mississippian Settlement Pattern*, edited by Bruce D.
Smith, Academic Press, New York. 1978, pp. 417–453）提出

简单酋邦和复杂酋邦的概念，根据社会结构的复杂程度将酋邦划分为两种形式。

另一方面，Timothy Earle（A reappraisal of redistribution: complex Hawaiian chiefdoms, *In Exchange Systems in Prehistory*, edited by Timothy K. Earle, Academic Press, New York, 1977, pp. 221–229）根据夏威夷的材料对Service提出的作为酋邦经济基础的再分配模式提出质疑。Service 认为，波利尼西亚大酋长的权力，是通过控制再分配经济——通过再分配使生活用品流通并因此把不同生态环境下的村落联合起来——获得的。Earle认为，夏威夷人的经济交往是通过家庭合作之类的网络关系而不是通过酋长完成的，通过酋长调节的物品，只限于权贵们（elite）使用的奢侈品。

最后，酋邦是否是进化上的一个阶段也遭到质疑。比如，Norman Yoffee（Too many chiefs?（or safe texts of the 90's.）In *Archaeological Theory: Who Set the Agenda?* edited by Norman Yoffee and A. Sherratt, Cambridge University Press, Cambridge.1993, pp. 60–78）认为，酋邦是进化路上的死胡同，世界上没有哪个酋邦最终能发展成国家。国家赖以产生的政治形式不能从民族学上观察到，因为早在民族学家有机会研究它们之前，它们就都转化为国家了。因此这些导致国家产生的前国家形态只能通过考古学的手段去研究。P. Kohl（State formation: useful concept or idee fixe, In *Power Relations and State Formation*, edited by Thomas Peterson, and Christine Gailey, American Anthropological Association, Washington, D. C. 1987, pp. 27–34）则坚持认为酋邦实际上并不存在。

我们注意到关于酋邦的种种争论，也承认酋邦是富于变化的社会—政治形式，但是我们同样相信酋邦是一个做跨文化比较的有价值的概念。我们把酋邦和国家都看作是富有弹性的社会组织形式，而非固定不变的结构类型。这就是为什么有关酋邦和国家的具体因素的详细研究，对于理解特殊的进化轨迹何等重要的原因。尽管如此，我们也认识到酋邦和国家具有不同的信息加工方式，前者可以说是总括式的，后者则是专业化等级式的。这种不同，一方面确定酋邦和国家是两种不同的政体，另一方面也保证了对社会进化问题的持续探索。

无论酋邦还是国家，作为复杂社会的不同表现形式，其社会—政治实体都离不开"集权"（centralized decision-making）的过程。与平等社会不同，它们是按等级组织起来的，不同的人有不平等的政治权力。但是，就信息加工方式来说，酋邦和国家自不相同，而且因此导致两者不同的管理方式、管理策略、等级结构等等。

就它所管理的各种社会活动而言，酋邦的首领是事无巨细都要负责的大总管，酋邦内部没有分工（Henry T. Wright, Prestate political formations, In *On Evolution of Complex Societies: Essays in Honor of Harry Hoijer*, edited by William Sanders, Henry Wright, and Robert McC Adams, Undena Publications, Malibu, 1984, pp. 41–77）。这个大总管，掌控所有这些活动，大权独揽，所以必须同时加工处理所有的信息。但是在任何情况下酋长所能加工的信息总量是有限的。从另一方面说来，所有决定也必须由酋长直接传达给酋邦中的每一个人。通常这种传达的手段就是通过公共仪式（Gregory Johnson, Organizational structure and scalar stress, In *Theory and Explanation in Archaeology*, edited by Colin Renfrew, Michael J. Rowlands, and Barbara Abbott Segraves, Academic Press, New York, 1982, pp. 389–421）。一旦酋邦试图通过侵略和征服邻邦寻求扩充的时候，它的信息加工很快就会达到极限，因此决策的质量也便迅速下降。从酋长到普通民众之间的信息传输也就日益困难。挽救这种信息传输失败的一个途径，是调节地方领土范围，通常是通过把土地赐给酋长的儿子或者近亲，使他们变成次一级的酋长，后者在很大程度上是前者的翻版。随着时间的推移，特别是当大酋长逝世的时候，新的大酋长和其他酋长就会争夺正统，使酋邦之间的斗争加剧。因此，酋邦社会本质上是不稳定的，常常经历两个循环，其一是发展和消亡，其二是从两个层次（简单酋邦）发展到三个层次（复杂酋邦）的等级控制（Henry T. Wright, Toward an explanation of the origin of the state, In *Explanation of Prehistoric Change*, edited by J. Hill, University of New Mexico Press, Albuquerque, 1977, pp. 215–230）。从考古学上可以观察到，具有两层或者三层控制的前国家等级社会，延续了很长时间，伴随着激烈的竞争和政治中心的频繁转移，但与此同时社会政治复杂程度却没有什么变化（Henry T. Wright, The evolution of civilizations, In *American Archaeology Past and Present: A Celebration of the Society of American Archaeology 1935–1985*, edited by David J. Meltzer, Don D. Fowler, and Jeremy A. Sabloff, Smithsonian Institution Press, Washington, D.C., 1986, pp. 323–365）。

与酋邦不同，国家首脑加工处理信息的方式是有复杂分工的（Gregory Johnson, *Local Exchange and Early State Formation in Southwestern Iran*, Museum of Anthropology Papers 51, University of Michigan, Ann Arbor, 1973; 前引Henry T. Wright, 1977）。国家机器最重要的一点，是能够把各种活动分成不同的类型，并且在不同的地点和不同的时间完成。同样，扩张和建立多层的等级管理机构也成为可能。Kent Flannery（The cultural evolution of civilizations, *Annual Review of Ecology and Systematics* 3:399–426, 1972）提出过等级社会运行的许多模式。一般说来，低级的统治者用一种概括的方式把信息反馈给高一级的统治者。高级统治者则根据许多低级统治者的这种信息反馈做出决定。这个决定通过各个管理层一步步地达到该政体的所有亲属组织。与大酋长不同，国家首脑可以把权力下放而不用担心权力失控，因为下级统治者只能接触到有限的信息（前引Gregory Johnson, 1973; Henry T. Wright, 1977）。但是这并不是说没有问题。可以想见的一个新问题，是下级统治者把错误的信息传达给他的上级。尽管如此，上级统治者还是可以通过自己的渠道或者与其他统治者的信息传输，识别这些虚假的信息。这种专业化等级式的信息加工处理方式，使信息加工、传输的数量和质量大大提高，远非酋长一人独揽大权的状况所能比拟。简单说来，早期国家的官僚体制与我们熟悉的现代政府及其管理方式没有根本不同。国家的出现，意味着三到四级管理阶层的诞生，并常常伴随着人口的快速增长，后者可能是邻邦被吞并的结果（见前引Henry T. Wright, 1986）。最近国内开展的多项中外合作区域调查项目，关注不同等级聚落的分布规律，很大程度上就是希望从聚落的等级上辨别国家的产生过程，这方面的研究还有待深入开展。

我们关于复杂社会的进化过程的研究，是建立在试图了解等级形成和信息传输压力这样的理论基础上（Gregory Johnson, 1978, Information sources and the development of decisionmaking organizations, In *Social Archaeology: Beyond Subsistence and Dating*, edited by Charles L. Redman et al., Academic Press, New York, 1978, pp. 87–112; Robert G. Reynolds, A computational model of hierarchical decision making systems, *Journal of Anthropological Archaeology* 3[3]:159–189, 1984）。如前所述，每一个管理阶层，都有信息加工的局限。这个局限犹如瓶颈，是酋邦不能突破的。因此，一旦达到这样的瓶颈，酋邦的发展和扩张就会受到限制。但是，如果这个结构上有局限的管理机器，代之以专业化、等级化的官僚体制，酋邦就进化成为国家。这在 Robert Carneio（Cross-currents in the theory of state formation, *American Ethnologist* 14[4]:756–770, 1987）看来，是社会进化上的所谓"质变"。当一个政体成为国家以后，它便能持续扩张，在规模上较酋邦有很大发展。我们可能会把某些超大型的国家叫作帝国，但是所谓帝国的管理机器与国家并无二致。就信息传输的技术层面来看，早期国家统治者等级化的信息加工方法，也与现代国家没有根本的区别。上述的讨论可以解释为什么并非所有的酋邦都能进入国家。除了其他的条件，比如人口密度、剩余产品等等之外，酋邦要发展为国家，酋邦特别是它的精英阶层，必须在统治策略上有所创新。这同时也不排除个人在社会进化史上所能发挥的作用。

要之，国家起源的研究，应该抓住等级的形成和信息的传输两个要点，研究统治机制结构性的动态变化。这样的研究，并不与其他关于复杂社会的发展动力的理论冲突。比如，有关信息加工的讨论，与传统的关于社会分层、贸易、战争、手工业生产的专业化、环境压力等等概念并不矛盾。我们认为所有这些因素都应该纳入社会复杂化进程的研究项目中，并给予分别的考察，这样才能对作为人类文化现象的社会进化过程有整体的了解。可以想见，这些因素在各地区早期国家的社会复杂化进程中，其重要性会有种种不同的排列顺序。尽管如此，所有早期国家都必须面对同样的信息加工的结构上的问题，而如何解决这个问题似乎也采取了近似的策略。这大概代表了人类社会组织的普遍进化路径。只有这样，我们才能对人类社会的一般性和特殊性进化有所了解。

上述两个理论问题，跟国内近年开展的中国国家起源问题有密切关系，特别是关于信息加工的概念，对于理解红山文化、良渚文化、山东龙山文化等发达的新石器时代文化的兴亡，有非常重要的价值，值得深入探索。通过多种理论的交融，抓住早期社会政治结构的变化，去了解中国各地区社会复杂化的具体和普遍规律，是未来中国国家起源研究的必由之路。

（原刊《中国文物报》2002年10月25日第7版）

考古随笔

三

考古随笔

三

陈星灿 著

文物出版社

引言

这本小册子，收录过去近20年来发表的大部分随笔，但也选入少量此前发表而尚未收入文集的旧文。最早的文章发表在2000年，最晚的则发表在2019年，共收入文章64篇。为了便于读者，分列在如下几个单元中。

"往事如烟"是写已经过世的考古学家的。近者多少都是我接触较多的老师或朋友，对我的工作或者人生有过影响。这样的先生其实还有不少，当初本来也是要写文章追念的，但是或者因为忙，或者时过境迁，竟没有留下片言只语。

"书里书外"是读书有感。所感有考古的书，也有历史的书，还有民俗的书。有的是出版社或者报社的约稿，直接把书寄给我，约我写评论；也有的是自己读后有感而发，并没有人催稿。所评有中国书，也有外国书，有的发表以后还得到了作者的回应或批评。这些批评有的我赞成，有的并没有说服我，但我依然把它们视为美好的学术交流。

"读书闲谈"可资"闲谈"的题目不少——我其实有许多读书札记，不过发表的就只有这些，其他还都没有成文。这部分与我关注的社会生活史是有关系的，讨论的材料贯穿古今，也让我有些意外。

陈星灿

1991年获历史学博士学位，现为中国社会科学院考古研究所所长、研究员，研究方向为中国史前考古学。

图为2018年在内蒙古自治区乌兰布统草原

"书前书后"是我为自己写的、编的书或者别人的书写的序、跋、前言或者后记，其实已经发表的还不止这些，没有收录的文字或者因为太短，或者因为觉得发表的时间不适合收录在此，所以就选了这些。我把张光直先生给《庙底沟与三里桥》英文版所写的序言，也翻译发表并收录于此，以作为永久的纪念。

"考古新知"是我平时关注的重点，也是《考古随笔》和《考古随笔二》讨论的重要内容，这本集子本来应该以本单元为主的，但是因为忙，虽然做了很多札记，发表出来的却只有这么可怜的几篇，如果以后还能出版《考古随笔四》，我也许会把它们发表在那里。现在把话先说出来，作为对自己的一种鞭策。这部分有我批评别人的文章，有的还得到了反批评。因为版权的原因，我不能把批评我的文字也收在这个集子里，有兴趣的读者不妨找来参看。

"考古杂谈"涉及考古的方方面面。需要说明的是，《上穷碧落下黄泉——史前人类居住简史》《生死两茫茫——从居室葬到帝王陵墓》，原是《中华遗产》杂志的约稿，编辑经过许多加工和配图，修改版发表在该刊2010年第3期上。为了存真，我把原文发表在这里，标题也回到原初的状态。《全覆盖式（拉网式）区域调查方法试谈——

从伊洛河下游区域调查说起》是与李润权博士和刘莉博士合写的，《"失落的文明"与失落的选择》原是瑞典东方博物馆前馆长马思中（Magnus Fiskesjö）博士的作品，2002年因他之邀我有缘短期在斯德哥尔摩访问，工作间隙把它翻译出来，随后发表在了《读书》上。

"风俗古今"多是我过去几年翻译的作品，按理不该和自作的文章一起收入随笔的，其中有考古的，也有民俗的，还有历史的，都是我喜爱的文章，也是我研究中因为喜爱而特意翻译的，敢于收在这里，是为了便于读者。我要感谢这些文章的作者——［瑞典］高本汉（B. Karlgren）先生、［法］雷焕章（Jean A. Lefeuvre）先生、［德］何可思（Eduard Erkes）先生、［瑞典］汉娜·赖（Hanna Rydh）女士和［英］阿瑟·魏利（Arthur Waley）先生。我只想说，这些文章比我自己写的高明，也更值得阅读，只可惜我译得太少。

《考古随笔三》，更多地写了人和书，似乎有点偏，但主题其实是贯通的，大致不出考古、民俗和历史的范畴。我要感谢最初发表这些文字的报刊和编辑们，特别是《中国文物报》《中国社会科学报》《南方文物》《中国文化》《东方早报·上海书评》《人民日报》《中国人文田野》及其编辑李政、杨阳、周广明、胡振宇、陆灏、杨雪梅和蓝勇等，也感谢在编辑过程中帮我搜集小文的吴浩、付永旭及林思雨等旧雨新知。把上述文字收录在这里出版，我也要特别感谢文物出版社和编辑李飏女士。

陈星灿
2019年6月13日于京西大有庄宿舍

目　录

往事如烟／

往事如烟

追念张光直先生

2001年1月4日清晨，当我们中澳联合考古队的队员在巩义街头的一家小店吃早饭时，润权兄从哈佛大学打来越洋电话，告诉我张光直先生已于波士顿当地时间1月3日凌晨在医院病逝。虽然我对此早有心理准备，但还是感到非常突然。想到从此天人两隔，再也不能见到先生，不禁悲从中来。先生的音容笑貌，不时浮现眼前。

我开始知道先生大概是在1984年。当时我读大学三年级，先生的《中国青铜时代》刚刚在三联出版。记得有一次在中大任教的乔晓勤老师极力向大家推荐此书，并问我读这本书的感受。我说我并不觉得有什么了不得。实则当时根本读不懂，但我从此记住了先生的名字。

1993年初夏，我在北大勺园第一次见到先生。当时我已经得到哈佛—燕京学社的录取通知书，准备到哈佛进修。因我在哈佛的指导老师，就是张光直先生，所以这次见面除了看望先生，也有拜师的意思。先生瘦小的身材，在宾馆不很明亮的灯光下，与我的想象颇有不同。当时他行走已显不便，也许由于旅途的劳顿，颇显疲惫。但他很关切地询问我的工作情况，要我加强英语的学习。具体谈些什么，我现在已经记不起来。但先生的宽厚、睿智、幽默，通过他那双炯炯有神的大眼睛和风趣的谈吐，深刻地感染了我。以后每当想起先生，最先映到眼前的总是他那双与众不同的大眼睛。

在哈佛进修的一年，几乎天天可以见到先生。他的办公室在Peabody博物馆的五层。我们一见到他的那辆深红色的Volvo轿车停在楼前，就知道先生已经在工作了。他坚持自己开车，即使在风雪弥漫的天气，也从不让人代劳。先生自尊心极强，从来不提及自己的病，也坚持不用拐杖。但有时也拿病开玩笑。有一次他很认真地告诉我，他之所以新买这辆Volvo轿车，就是因为车翻了不会把自己压瘪。实际上自1993年初秋他因肠胃闹病做过手术后，身体已大不如前。本来正在肆虐的帕金森病魔，从此愈加严重了。记得有一天宪国兄带我去看望手术后的先生，先生拖着虚弱的病躯，在细雨中领我们看他家树木参天的园子，随后还坚持自己开车到附近的一家中餐馆买了三份盒装的炸酱面。那天路面很滑，我们很为先生的安全担心，但先生不一会就开车回来了。我想先生是在证明他自己还有能力不仅为自己，也还能为别人处理学问之外的事情。

随着和先生的接触多起来，我和先生成了忘年交。先生也很看重我们之间的友谊，实际上很多年轻学者可能都有类似的感觉。先生是举世闻名的大学者，但他从来没有架子。人类学系同学主持的每周一次的东亚考古讲座，他差不多每次必到。即使讲的内容索然无味，他也往往能够插上一句半句问话，把气氛弄得活泼起来。我有一次讲良渚文化兽面纹的分析，下来先生说你讲的意思我都听懂了，就是一个词没有听懂——你把God读成"戈德"，美国人都把它读成"嘎德"——不过现在也懂了。先生并没有责备我的意思，但我因此知道也许我的半瓶子醋的英语根本就不能让大家明白我的意思。还有一次，我要到泰国开会，正巧在人类学系楼前见到要驱车回家的先生。我向他道别，他把车窗玻璃摇上又摇下，然后面带他特有的微笑严肃地对我说："可别沾女人！"这句话给我留下深刻印象。此时的先生已经超越了一般意义上的老师，而更像我的长辈和朋友。

先生和我谈的话题很广泛，但大都围绕中国考古学展开。他几次建议我去收集一下新考古学的材料，看看Binford说的话和他实际上做到的到底有多大距离。他对宾福德有很多不太好的看法，称他为教主；Binford也在一些场合说过先生不好的话。其间的是非很难遽定，但我更愿意相信这是同一个时代两个巨人之间的惺惺相惜，因为作为学者没有什么比被人遗忘更可悲的了。

先生因与考古所合作在商丘发掘，从1994年秋天到1997年冬天，每年至少回大陆一次。先生的身体每况愈下，但只要能够支撑，他都要坚持到工地去。他相信一定能够在商丘找到商人的老家。许多人认为商丘地处黄泛区，即便商人的老家确实在那里，也很难在短期内落实。但先生认为，如果一挖就能挖出成绩，那还有什么意思。他在人生的最后岁月，在学术上仍然是不断地挑战和进取，就像他向自己身体的极限挑战一样。

1997年夏天，先生再一次来到北京。此时，他的身体已经虚弱得不成样子。晚上我和另外几个年轻人轮流睡在他的房间地板上，以便随时照顾他的起居。他的样子像一个婴儿，和平时完全不同。这是先生最不想让人看到的一面，但此时他已经完全不由自主了。尽管如此，先生白天依然谈笑风生，虽然很多时候已经很难明白他的意思。他把日程安排得满满的，在餐桌上想吃什么就吃什么，我体会他是力图把每一天都过得有意思。他生在北京，对北京非常有感情，几次写信都说"但愿今生能再去一次北京"。1997年夏天回国，他已经正式退休。在他送我的一张用金箔做成的名片上，正面中间靠左，印着先生微笑的彩色头像，右边用行书写着如下的一段话："在我另一阶段的人生起点，你我再度开始我们持久的友谊。张光直。"背面上侧用英文写着同样的一句话，右下角是河南柘城山台寺龙山文化祭祀坑出土九牛一鹿的线图，是先生和张长寿先生带队的中美联合考古队的最新发现。先生平时生活简朴，这次用金箔做成为数不多的名片，是他珍重生命和友谊的具体体现。

张光直先生走了，但先生的生命将通过他的著作而永远活在人世间。由我协助先生编选的《张光直作品系列》一套四册，已经由北京三联书店出版。另外一套主要是翻译的作品，包括《中国古代考古学》《商文明》《美术、神话与祭祀》和《反思考古学》，也将在近日内以《张光直学术作品系列》之名由辽宁教育出版社出版。遗憾的是先生再也看不到这套他喜欢的著作的出版了！

知道先生去世的当天晚上，我们在饭桌上特意摆了一套碗筷和酒杯，加满了饭菜和啤酒用以祭奠先生。先生一生幽默——他大概是我所知道的唯一用手铲开启信封的人——我相信他会高兴我们用这种方式纪念他。

2001年1月14日凌晨于河南巩义

（原载《文物天地》2001年第2期）

在剑桥的追思

来到哈佛的第三天，看到早年陈伯庄先生发表在《大学生活》杂志（1960年7月16日出版）上的一篇文章。在这篇题为《自由中国学术的前瞻》的文章里，陈先生一方面在表扬杨振宁、李政道两位天才的物理学家获得诺贝尔奖，为中华民族争得了莫大光荣，同时紧接着还给我们披露了张光直先生的一条信息。他是这样说的：

> 今年初我重游哈佛，文化人类学大家克罗孔教授（Clyde Kluckhohn）对我说，"快要在我们学系里得博士学位的张光直真了不起，十年来在人类学系里读博士的学生都比他不上。考博士口试时，他对于各教授问他的各种问题，答得那么应对如流，对理论，对事实都能把握得那么精深正确；不到半小时，大家都认为不须再问下去，于是都起来和他握手道贺。现在我们已内定了聘他在本系做助教（注'内定'英语称pocket appointment），今夏交到博士论文之后，即发正式聘书。"其后我到了纽约，特别约张君晚餐——他和他那在哥伦比亚大学读博士的夫人都在纽约，各写各的博士论文——他是一个身段中材而清瘦的青年，台湾人，台大毕业，系李济之的得意学生。

　　这段故事，从没有听张先生说起过，也许他一辈子得到的表扬和称赞太多，他已经不记得别人说过什么了。即使像这样在他二十多岁尚未拿到博士学位，就被前辈学者把他与诺贝尔奖得主相提并论的事情，他都没有放在心上。不过读到这篇文章，我倒是想起以前张先生给我看到的他在北京读小学时的成绩单。我记得那是放在他办公室的抽屉里的，已经发黄的纸上记录了先生每个年度的各科成绩，印象中全是高分，张先生似乎从小就认定他是可以成就一番大事业的，所以很多少年的成长记录都留了下来。这次来问，张师母说，先生生前已经把它们赠给哈佛—燕京图书馆了，图书馆作为珍贵资料收藏起来，目前尚不能借阅。

　　又过了几天，在友人家里看到皮博迪博物馆出版的1997年春季号Symbols（《符号》杂志）。上面刊登了张先生退休的消息，随文还刊发了一帧他晚年的照片。这篇不长的文字，却收录了1996年4月12日先生在夏威夷获得亚洲研究学会颁发的亚洲研究杰出贡献奖（Award for Distinguished Contributions to Asian Studies）的授奖辞。我记得先生获奖后来到北京，曾同我们谈到此事，他很自豪，但不愿做过多的渲染。《中国文物报》曾发过一个简单的消息，但是关于先生的学术贡献，是时任中国社会科学院考古研究所科研处副处长的冯浩璋先生综合国内材料写就的，当时并没有看到这篇授奖辞。由于不易看到，这里我把它翻译出来，以供国内研究者参考：

　　　　在过去的四十年中，张光直教授为中国和东南亚考古的进步和发展鞠躬尽瘁，不遗余力。他的卓越的领导才能和杰出贡献，无人能够望其项背。张光直教授几乎是独自一人担负了培养三代考古学研究生的重任，这些学生目前正执掌着北美、欧洲、澳大利亚和亚洲各地重要大学的教席。

张光直教授1950年在台湾大学从考古学大师李济学习考古学，是其学术历程的发端。1954年9月他来到马萨诸塞的剑桥，开始在哈佛大学人类学系攻读博士学位课程；当时他怀揣50美元，仅有一只差不多装满书的箱子。1960年他成为哈佛大学人类学系的正式员工，一年以后转任耶鲁大学，任教至1977年。从1977年到现在，他一直担任哈佛大学John Hudson考古学讲座教授，并曾出任人类学系主任（1981～1984年）和哈佛大学东亚研究评议会主席（1986～1989年）。除此之外，从1993年到1996年，张教授还担任台湾"中央研究院"的副院长一职，1979年他当选美国国家科学院院士。他以影响深远的《古代中国考古学》一书而享誉国际学术界，该书已出至第四版，新的扩充版正在准备中。此书一直担负着把中国考古学介绍给世界考古和历史学界的责任，至今没有其他的著作能够取代。毫无疑问，这是一本现代东亚研究的核心文本之一。

张教授被普遍认为是给予学生无微不至关怀的教师，无论在高水平的学术研究上还是在生活中，他都堪称楷模。

　　亚洲研究学会特此授予张光直教授最高的学术荣誉：亚洲研究杰出贡献奖。学会主席和各位成员与光临今天授奖仪式的诸位一道，宣布张教授为我们学会最杰出和最有成就的一员。

　　这篇授奖辞主要褒奖了先生在中西考古学界的桥梁作用，包括教学和至今被奉为经典的《古代中国考古学》，而对于先生在商文明研究等专门领域的高水平研究成果，则没有特别提及。倒是《符号》自己的介绍，着重提到张先生是世界著名的中国青铜时代的商文明研究专家。另外需要纠正上文一点的是，张先生来美读书的时间是1955年，而不是1954年；他被聘Hudson讲座教授的时间是1984年，而不是1977年；他就任"中研院"副院长的时间当是1994年，而不是1993年。我至今还清楚地记得1994年夏季的一天，我们在哈佛广场一侧的"大升"饭馆为先生送行的场面。先生爱吃甜食，每次吃饭，他总不忘给自己和大家叫一份冰激凌吃，印象中那次好像也点了冰激凌。

　　来剑桥后我曾专门去拜访张师母。师母住在"牧羊人"街的一套公寓里。她说起先生最后的日子，说起先生晚年从中国台湾回到美国后把客厅里的两个书架上的书颠来倒去，念念不忘的不是他的病，而是《古代中国考古学》第五版的写作。据说先生把资料分门别类，有的资料他复印了不止一份，那一定是他认为对新版非常重要的资料。其实就我所知，先生从20世纪90年代初就开始计划第五版的写作事宜。1993年他为中文版（即将由辽宁教育出版社出版）写作的序言，其实就是对该书第四版自1986年出版以后有关中国考古重大发现及其解释的初步综合，该序言长达万言，举凡四川三星堆、江西大洋洲等等重要考古发现，都有涉及。1994年春天先生还在哈佛大学为学生开设《中国考古学》课程，每每问到我们国内的考古发现，并把重要的文章和报告复印出来，分放各处。要是天假以年，先生一定会写出一本更精彩的《古代中国考古学》，那是毋庸置疑的。

先生是太用功了。他的著作目录A4的纸竟然印满了25页之多！他一个人的劳动抵得上不知多少人的工作。先生虽然早早地走了，也许还带着没有完成新版《古代中国考古学》的遗憾，但他的著作却会把他的生命以及这生命代表的一切长久地延续下去。先生现在躺在剑桥一角的公墓里，这是他自己挑选的地方，白里透红的花岗岩上，镌刻着先生手书的"张光直"三个不大的汉字，名字的下面，写着"Archaeologist, 4.15.1931–1.3. 2001"。普普通通，不事张扬，一如先生的为人。约两尺见方的墓石前面，摆放着不知道谁送来的盛开的艳黄的菊花和溢香的红玫瑰，后面则是如茵的绿草。我站在墓前默默地想，先生，有这么多人经常来看您，您不会感到寂寞吧？

(原载《四海为家》编辑委员会编《四海为家》，生活·读书·新知三联书店，2002年)

安金槐先生不朽

2001年是中国考古学的伤心之年。这一年，先是张光直先生撒手人寰（1月4日），接着是安金槐先生（7月5日）和贾兰坡先生（7月8日）魂归道山。也是在这一年，另一位重量级的、享誉世界的中国考古学家郑德坤先生，在多年卧病之后也永远地离开了我们。

我跟安金槐先生接触不多，对他的了解，更多是从他的著作和我跟别人的闲聊中得到的。第一次见安先生，是在1987年的盛夏。那年我和同学曹勇跟导师安志敏先生到西北考古实习，在先生的带领下，我们一路从宁夏、甘肃、陕西走到河南。到了郑州，为了节省有限的考察经费，由安金槐先生介绍我们住进河南省文物研究所宿舍楼一楼的一套客房里。那年夏天出奇地热，一楼尤其闷热。我看到两个互称"老安"的老朋友，站在没有任何空调设备的灰暗的房间里，一边擦汗，一边嘘寒问暖，情景令人感动。那次我们在郑州待了两三天，差不多把全部的时间都用来看仓库里的出土品，一天三餐也都是在所里的食堂吃。那时还没有请人到外面吃饭的习惯，安金槐先生也不陪我们吃饭，只是叫食堂给我们多加个菜，并坚持不收我们的饭钱。两位安先生都是中国考古学界了不起的人物，他们也都有率真、朴素、直来直去的一面，他们淡如水的君子之交，给我留下深刻印象。

　　我毕业以后到河南做田野工作，去河南省文物考古研究所的机会多起来。所里的老老少少，对我都很关照。有时候我甚至产生错觉，觉得那就是我自己的研究所，朋友很多。与安金槐先生见面打招呼，或者在楼道里，或者在文物考古所的大院里，他总叫我陈龙灿，我也不纠正他，不是我想占乒乓世界冠军的便宜，是觉得没有这个必要。也许正是这个世界冠军的名字，让他记住了我。我对安先生是仰视的，所以很少跟他主动聊什么，倒是他还会偶尔问起安志敏先生和北京的人和事。1992年夏天，环渤海考古学术讨论会在石家庄召开。会上先生讲了些什么，我已经全然不记得了。会后参观旅行，最后一站是燕下都。安金槐先生一行要在这里跟大家告别。我清楚地记得严文明先生等恭恭敬敬地送先生上车，安先生一行坐的是一辆后面有斗的工具车，车里没有空调，当时石家庄通往郑州的高速公路也还没有开通，走起来非常颠簸、辛苦，但年过七旬的安金槐先生神采飞扬，满不在乎。这一次，我是从大家送他远去的目光里，看到了先生在众人心目中的位置。

　　还有一次，该是1995年吧。我所在的中国社会科学院考古研究所要给安金槐先生主笔的《密县打虎亭汉墓》颁发夏鼐考古学基金优秀成果奖。先生来到北京，住在考古所附近的一家小招待所里，饭由考古所招待，据说先生自己规定了饭菜的规格，也不让任何人陪他吃饭。那次同他一起来领奖的是时任河南省文物考古研究所的许天申副所长，我去看安先生，亲见天申在先生面前毕恭毕敬的样子。当时安先生已经从所长任上退下十多年，虽然名义上还是名誉所长，但实际上并没有多少实际的权力，在我们这个流行权力崇拜的国度，大家敬畏他，我想一定不是因为先生有什么权力，而是他的为人和学问使然。

2000年，我有幸去成都参加中国考古学会第十次年会。在那次会议上，安金槐先生因为年事已高，主动写信请求辞去中国考古学会常务理事的职务。他和安志敏先生这次是不约而同地站在了一起。他虽然不再担任学会的职务，但是并没有停下手中的工作。实际上，他的《郑州商城》已经到了最后的冲刺阶段。这部凝结着先生毕生心血的巨著，共有1500页之巨。如果说20世纪50年代郑州商城的发现，开辟了早商研究的新篇章；而这部巨著的出版，必将为早商研究带来新的生命和活力。先生虽然没有亲见这部巨著的出版，但他一定是满意而去的。他发现了郑州商城，又亲自把郑州商城的发掘报告整理完成，前后刚好半个世纪，作为一个考古学家，他该是笑着离开这个人世的吧！

2005年4月20日于北京郎家园蜗居

（原载河南省文物考古研究所编《安金槐先生纪念文集》，大象出版社，2005年）

不能忘却的怀念

——贾老二三事

都柏林当地时间2008年 6月30日下午2点至3点30分，第六届世界考古学大会在爱尔兰都柏林大学的O'Reilly Hall有一个名为"Peter Ucko纪念奖和纪念讲座"的活动，隆重纪念一年前去世的伦敦大学教授皮特·阿寇先生（1938～2007年）。该活动先是邀请伦敦大学著名解剖学家 Michael Day作了一个专题讲演，然后是把第一届"Peter Ucko 纪念奖"授予美国著名考古学家Larry Zimmerman先生。纪念活动是对死者的怀念，更是对生者的鼓励。屏幕上含笑的、大概是用青铜雕塑的皮特·阿寇头像，慈祥地看着大家——受过他恩惠的学生和来自世界各地的考古学家，好像他还活着，还在用目光跟大家交流。

我只在北大考古系听过阿寇先生的一次讲演，跟他没有什么交往。不过这个纪念活动却让我想起8年前去世的贾兰坡先生——一个给予我和许多年轻人鼓励和支持的前辈考古学家。异国他乡，夜不能寐，为了不能忘却的纪念，遂写下这篇早该写就的文字。

记得第一次见贾老，是20世纪80年代末的一个夏天。我还在中国社科院考古所读研究生，我的同学员晓枫把我领到贾老（不知道从什么时候开始，好像老老少少都是这么称呼他的）的家。贾老在他拥挤而感觉黑暗的书房里接待了我们。我开始还有点紧张，但看晓枫和贾老熟知的样子，紧张感一下子消失了。贾老第一次见我，就拿出三四十年代周口店发掘的照片和笔记给我看，还大谈德日进（Pierre Teihard de Chardin，1881～1955年）、步达生（Davidson Black，1884～1934年）、葛利普（Amadeus William Grabau，1870～1946年）、魏敦瑞（Franz Weidenreich，1973～1948年）等外国考古学家对中国古人类学和旧石器时代考古学的杰出贡献。他超强的记忆力和对这些前辈外国学者"不合时宜"的评介，激起我研究中国史前考古学史的强烈兴趣。第一次见面，贾老就赠给我他的《贾兰坡旧石器时代考古论文集》（文物出版社，1984年）。贾老在扉页上用毛笔给我题签，还和我合影留念。这本有贾老签名的论文集是我最为珍贵的藏书之一。

和贾老认识后，只要去双古所（中国科学院古脊椎动物与古人类研究所），总要找机会看看贾老。他喜欢我们这些年轻人，聊的不是考古就是考古学史，当然也有三四十年代中外学者艰苦而不乏趣味的生活。有时候视力不好的贾师母也参加进来，书房里充满了欢声笑语，那情景至今还如在眼前。

1991年6月，贾老应我的导师安志敏先生邀请，到社科院考古所参加我的博士论文答辩。他给予论文很高评价，也指出一些细节上的问题。当时贾老已经85周岁高龄，能把贾老请来，还能把贾老的手笔留在论文评阅书上，我是非常高兴和感激的。

　　大概是 2000年的一天，我带着儿子去家里看望贾老，想让儿子认识这个靠自学成为国际知名的大学者，同时也想请贾老给我刚刚出版的《中国史前考古学史研究 （1895～1949）》写一封推荐信，参加第二届中国社会科学院优秀科研成果的评奖活动。贾老年过九旬，身体和视力都不如从前。但他的记忆力还很好，不仅给我写下推荐意见，还把他刚刚出版的自传《悠长的岁月》（湖南少儿出版社，2000年）签名送给我的孩子。我的孩子是第一次见贾老，贾老的宽厚、仁慈和对后辈的奖掖和提携，即便是不很懂事的小孩子，也深受感动。多半是由于贾老的推荐，我的不成样子的小书获得院优秀科研成果二等奖，并得到三万元奖金。拿到这笔钱，正好遇到买房，这笔钱差不多是我全部房款的一半。贾老肯定不知道，他不仅在精神上也在物质上资助了我这个既非他的学生也非亲属故旧的后生。

　　最后一次见贾老，是在北京医院。他当时已经不省人事，躺在一大间嘈杂的病房里，接受医生的急救，也接受四面八方前来看望他的、爱他的人。

　　贾老终其一生是个永不停歇的劳动者、思想者，直到生命的最后，还在发表论文。毫无疑问，贾老首先是一位优秀的考古学家。以一个中学生的学历成为"北京人"的发现者之一和世界著名旧石器时代考古学家，并因此成为中国和美国科学院的"双料"院士，可以说是 20 世纪的一个神话。但对我和许多年轻后生来说，贾老不仅是一个优秀的考古学家，更是一个不遗余力提携后辈、扶持年轻人的长者。他没有架子、没有所谓大考古学家的派头，更没有自己的小圈子。我常常想，我认识的贾老，是一个给中国考古学送温暖的人。目前中国旧石器时代考古的中坚力量，多半受过贾老直接间接的呵护和关爱。中科院古脊椎所的自不必说，京外的如谢飞、石金鸣、王益人、陈淳、陈全家、魏海波诸兄，都直接受过贾老的教诲，他们在旧石器考古方面做出的贡献，也跟贾老有密切关系。贾老已经永远地离开了我们，但贾老的精神将长存。

（原载高星、石金鸣、冯兴无主编《天道酬勤桃李香——贾兰坡院士百年诞辰纪念文集》，科学出版社，2008年）

安志敏先生小传

　　中国社会科学院考古研究所研究员、中国社会科学院研究生院考古系教授、博士生导师、著名考古学家安志敏因病医治无效，于2005年10月26日2时50分在北京逝世，享年82岁。

　　安志敏先生，山东烟台人，生于1924年4月5日。1948年毕业于中国大学史学系，1952年毕业于北京大学史学研究部，师从裴文中、梁思永、夏鼐等著名考古学家学习中国考古学。安志敏从大学毕业即来到燕京大学历史系兼任助教，协助裴文中史前考古学的教学实习，负责整理史前陈列馆。次年，代裴文中讲授史前考古学。中华人民共和国成立伊始，考古研究所尚未成立的1950年春天，即参加了具有重要意义的新中国第一次殷墟发掘。1950年9月起正式进入中国科学院考古研究所（1977年改属中国社会科学院）工作，累任至研究员。历任黄河水库考古队副队长，东北考古队副队长兼第一组组长，考古所第一研究室主任、副所长、学术委员会委员，《考古》杂志主编，《中国大百科全书（考古学）》编辑委员会副主任兼《新石器时代考古》分支主编，中国社会科学院研究生院院务委员、考古系主任、博士生导师，兼任国家文物委员会委员、中国考古学会常务理事和名誉理事、中国史学会理事、中国古陶瓷研究会副会长、中国第四纪研究委员会全新世分委员会副主任、中国科学院古脊椎动物与古人类研究所学术委员会委员、楚文化研究会顾问、中国中亚文化研究协会理事。

安志敏长期致力于田野考古工作，是新中国考古事业的重要领导者和组织者之一，也是中国当代考古学家中研究领域最广、成果最丰硕的学者之一。他在坚实的田野工作的基础上，探索中国史前文化的渊源和发展关系，对中国史前考古学体系的创立和中国上古史的重建做出了重要贡献，在考古学诸多研究领域卓有建树：通过原手斧概念的提出，对旧石器时代东西方判然有别的砍砸器传统和手斧传统做了仔细的划分，进而修正了华北地区旧石器时代两个系统的传统概念。深入研究细石器的渊源、传统和发展，深刻揭示了中国大陆和东北亚、美洲的史前文化联系；通过对庙底沟遗址的发掘和研究，确立了庙底沟二期文化，揭示了中原地区仰韶文化和龙山文化之间的发展传承关系；深入研究以磁山和裴李岗为代表的华北地区早期新石器文化，为中原地区新石器时代文化的渊源和发展脉络的确立提供了新的论据；对黄河流域的仰韶文化和龙山文化进行地区和类型的划分，为探讨中国文明的起源提供了必要的条件；通过对甘青刘家峡库区的考古调查和研究，进一步否定关于甘青史前文化的所谓"六期说"，为准确认识西北地区史前文化做出了新的贡献。此外，安志敏还对中国史前农业、中国早期青铜器、辽东史前文化、东南沿海和华南地区史前文化、碳–14年代测定的异常问题、中日古代文化交流以及历史时期考古中的诸多问题做过深入的研究。

安志敏自1950年参加殷墟和辉县考古发掘以来，先后参加或主持数十项田野调查和发掘，足迹遍及大半个中国，举其要者有河南渑池仰韶村、郑州二里岗、洛阳中州路、黄河三门峡和刘家峡水库、陕县庙底沟与三里桥、安阳小南海，湖南长沙，河北唐山贾各庄，内蒙古海拉尔松山，辽宁旅顺双砣子和岗上等，为新中国考古事业的发展做出了不可磨灭的贡献。1956年，时年32岁的安志敏，担任黄河水库考古队副队长，协助夏鼐负责黄河水库的考古调查和发掘。同年，安志敏升任副研究员，成为当时考古所乃至新中国考古界最年轻的高级研究人员。

安志敏虽然终生在中国（社会）科学院考古研究所工作，但数十年来他以多种方式教育、培养了大量考古人才。自1952年起在文化部、中国科学院和北京大学联合举办的全国考古训练班担任新石器时代考古的教学工作，并辅导田野实习。1953年至1957年参加北京大学考古专业的史前考古教学组，讲授新石器时代考古。20世纪70年代末期以来，又在中国社会科学院研究生院考古系讲授新石器时代考古、考古学理论和方法等课程，培养硕士和博士研究生多人。自20世纪50年代起，安志敏即介入《考古》杂志（最初为《考古通讯》）的编辑工作，"文革"后又曾长期担任《考古》主编，为新中国考古研究成果的发表做出很大贡献。

安志敏自中学时代起即对考古学发生兴趣，从1945年以来发表论著近400篇，论文先后结集为《中国新石器时代论文集》（1982年）、《东亚考古论集》（1998年）；主编

《庙底沟和三里桥》（1959年）、《双砣子与岗上——辽东史前文化的发现和研究》（1996年）等多种，许多论著被译成日、英、德等多种文字在国外发表，还应邀到亚洲、欧洲、非洲、美洲的十多个国家访问和讲学，在国内外享有崇高威望。1985年安志敏荣膺德意志考古研究院通讯院士，又被推选为国际史前学与原史学联合会常务理事、亚洲史学会评议员。

（原载中国考古学会编《中国考古学年鉴（2005）》，文物出版社，2006年）

张森水先生二三事

2007年11月27日一睁眼就收到高星兄的一条短信："张森水先生今晨逝世。"我吃了一惊，怎么也不敢相信这是真的。我甚至不敢打电话问高星，而是先给侯亚梅打电话，希望这只不过是一个误会或者有人恶作剧开的玩笑。但事实是无情的，亚梅证实了这个消息。我再打电话问高星，知道张森水先生确实已于当日早晨6点43分去世。想想去年两度在考古工地见到先生，他是那样的投入，那样的精力充沛，而今却天人两隔，成了古人，不禁悲从中来，往事一一浮现在眼前。

认识张森水先生远在20年前。当时我的同学员晓枫在古脊椎动物与古人类研究所工作，我周末无聊，经常去那里蹭饭吃，有时候不是周末也过去玩。就这样认识了贾兰坡、张森水、林圣龙、黄慰文、祁国琴、尤玉柱、卫奇等先生。张先生当时正指导高星做硕士论文，从他的门口经过，总看到他在伏案工作。当时双古所全所都在一幢四层高的楼上办公，不少人还住在楼里，楼道里到处都是锅碗瓢盆和木箱子，物质条件很差。但我感觉研究所的学术氛围很好，心向往之。当时虽已跟张先生认识，不过向他当面请教的机会并不多。1991年初夏的一天，我刚刚完成博士论文。导师安志敏先生想请张先生做答辩委员，让我送一份论文给张先生。我骑着自行车，摸到张先生在南锣鼓巷的家。印象中那是一个大杂院，屋里的陈设我是一点都不记得了，但是，有一件事让我至今不忘，恐怕永远也不会忘记。那天很热，我在胡同口给张先生和张师母买了一个西瓜。张森水先生和我谈完话，送我走的时候，从兜里掏出十元钱，一定让我接受。他说，你上学不容易，今天你来给我买西瓜我收下，你也拿着这十块钱，就算我托你买瓜好不？我根本没想到张先生会这样做，当时不知所措，竟然傻乎乎拿着那十块钱走了。那个西瓜根本不值十块钱，我送论文给他买一个西瓜也是人之常情，而他却那么认真，对年轻人又是那么体谅。这是我近距离认识先生的开始。

10年后，我有幸跟先生一道作为答辩委员参加双古所一个学生的论文答辩。答辩会讨论期间，他丝毫也不掩饰对那篇论文的不满，直言不讳指出论文的缺陷和不足，但是最后他还是投了赞成票。从这件事，我知道他是有原则的，但也是灵活的，这尤其体现在他对年轻人的态度上。

过去的几年，我偶尔还会去双古所，有时候还会去先生的屋里坐坐。他还像过去一样忙，腰是越来越弯了，文章却越出越多。2004年，科学出版社给他出了论文集——《步迹录——张森水旧石器考古论文集》，收入论文27篇，这不过是他大量著作的一小部分。同年，北京出版社还出版了《北京志·世界文化遗产卷·周口店遗址志》，这部近58万字的专著，竟然是张先生一人独立完成，他的勤奋和多产让我惊讶。

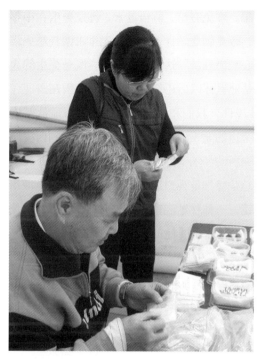

2006年10月30日，张森水先生在陕西省考古研究所泾渭基地观察龙王辿遗址出土的石制品 。（陈星灿摄）

　　作为国家文物局考古专家组成员，先生有机会到各地指导工作。在我的印象中，他的工作决不仅限于指导的层面，他是要亲力亲为的。这几年福建、浙江、安徽等省的旧石器时代考古工作，能有新的突破，跟先生的直接参与有很大关系。2005年我去双古所看先生，先生把他的论文集和《周口店遗址志》赠送给我。论文集序言里的一段话，让我至今印象深刻。他说："人生苦短，做事太少。学考古，悠悠岁月已半百，忆步迹，有烦有喜，有苦有乐，走过的路，从弯取直。青年多幻想，难免有错，醒悟过来，抛空务实；中年净心，事理渐明，敬业勤业，身苦心愉；老年求索，愿成路石，自感力不从心酬愿难。"这种夫子自道，既是先生的人生感悟，恐怕也是他退休以后还努力工作的动力所在。

2006年10月29日，我们和张先生、张师母一道从西安乘车去壶口瀑布旁边的龙王辿遗址参观，次日又来到西安北郊陕西省考古研究所的泾渭基地看该遗址出土的石器。先生不顾旅途劳累，总是仔细地观察遗迹现象和遗物。在泾渭基地，他拿着放大镜，一件件地观察石器的形状、特征。这是我最后一次见先生，他那种专注的神情，仿佛还在眼前。先生一定是遗憾地离开这个他热爱的世界的，也一定是遗憾地离开他热爱的旧石器时代考古事业的。如果天假以年，先生肯定还有更多、更精彩的论著问世。

呜呼，碧落黄泉，先生何在？思之泫然。愿先生在天之灵安息。

2007年12月25日

（原载《中国文物报》2008年2月8日）

怀念张彦煌先生

我和张彦煌先生交往不多。2007年11月12日张彦煌先生在北京去世，当时我不在北京，这个消息是几天后才知道的，因而未能参加他的遗体告别仪式。一个多月来，张先生那张笑脸和他清癯的身庞时不时出现在我的面前。我觉得应该写点什么，以纪念这位和蔼可亲的前辈考古学家。

张先生是山西考古事业的主要奠基人之一。我和他的几次交往，也多是在山西。1999年9月中旬，我和刘莉到山西考察。虽然山西有不少相熟的朋友可以帮忙，包括石金鸣、宋建忠、张庆捷、王益人诸兄，但是所里的朋友还是建议张彦煌先生来给我们做向导。请张先生有两个原因，一是我们要去的晋南，是他工作一辈子的地方，他熟悉那里的一草一木；二是他跟从山西省文物局、山西省考古研究所到运城、临汾甚至夏县等地的文管会、考古队的同志们都很要好，办事比较方便。我当然很想请先生带我们前往，但考虑到先生年过七旬，实在不好意思开口。没想到先生还没等我们把请求说完，就满口答应了。无须说，有张先生跟我们一路同行，考察一帆风顺。到了山西，张先生像回到了自己家里，太原、临汾和运城各地的年轻同志，视先生为父执；先生也没有一点点前辈考古学家的架子，用他满口四川乡音的大嗓门跟年轻人开玩笑。我知道考古所不少同志跟兄弟考古单位有良好工作关系，但像张先生这样从省局领导到技工、民工都很尊重的学者也不多见。考古所能够为山西考古工作做出贡献，跟张先生平易近人的作风和他奠定的良好工作基础密不可分。我们在先生的带领下考察了运城盐池、运城西曲樊、襄汾陶寺、夏县东下冯、垣曲商城、平陆前庄等重要遗址。记得是在前庄考察时，先生穿着黑色的平底布鞋，谁知道荆棘竟然穿透鞋底，深深扎进先生的脚板，鲜血直流。我和同行的刘莉、运城的李伯勤兄都很难过。先生虽然一瘸一拐，但他用手绢把伤口包扎一下，继续工作。这是我们考察路上最不幸的事情。直到今天，每念及此，我都感到非常抱歉。

第二次见先生是几年以后的秋冬之交。何努兄在襄汾陶寺发现了大型的特殊形状的夯土基址，他推测可能是龙山时期的天文观测遗迹。慎重起见，山西队把考古所夏商周考古研究室特别是山西考古队历任队长都请到现场观摩考察。张先生是山西队的首任队长（1959～1989年），当然也在邀请之列。我有幸跟张先生坐同一节车厢前往襄汾。他看起来还是老样子，虽然消瘦，但爽朗、乐观，精神很好。跟他聊天，他一方面为何努的工作成绩由衷高兴，觉得山西队后继有人；另一方面也不隐讳他的观点，认为对待这样的特殊遗迹，在定性上要慎之又慎，切忌先入为主。他热爱考古事业，全力扶持年轻人的拳拳之心，令人感动。

这次考察之后的几年里，我很少看到先生。偶尔在所里见到先生，也都只是在走廊里寒暄几句。也曾想过年过节去看看先生，但始终没有去。我内心觉得像他这样乐观的先生是一定会高寿的，没想到他竟突然离开我们，再也不给我当面请教和感谢的机会。先生很少谈他自己的事情，要不是写这篇小文，我还真不知道先生是1952年华西大学社会系古代社会专业毕业的，也不知道他究竟主持和参加过多少遗址的考古发掘。为了11月14日的遗体告别仪式，许宏兄草拟了一份张先生的讣告，很好地总结了他一生的工作成绩，我把其中一段录在下面，借此悼念这位默默奉献的考古前辈：

张彦煌先生将他的一生奉献给了中国的考古事业。他自1959年担任中国社会科学院考古研究所山西工作队首任队长，直至退休。先后主持了晋西南运城和临汾盆地约8000平方公里区域的考古普查，主持了

1999年9月20日，张彦煌先生在太原晋祠。左起：任之禄、张彦煌、刘莉、吕烈丹。（陈星灿摄）

对夏县禹王城的调查钻探，主持和参与主持了对夏县
东下冯、芮城西王村、曲沃方城、翼城感军、侯马晋
都和临沂程村墓地等的发掘工作。在晋西南地区的考
古普查中，发现和复查了新石器时代和汉唐时期的古
文化遗址、古城址和古墓葬三百多处，基本搞清了该
地区古文化遗存的年代、谱系和分布情况。通过对夏
县禹王城的调查、钻探和实测，结合文献记载，确认
该城址为战国魏都和两汉的河东郡治——安邑。西王
村、东下冯等遗址的发掘，则为深化中原古代文化与
文明的研究做出了重要的学术贡献。张先生还先后组
织协调、推动和指导了襄汾陶寺遗址两轮大规模的田
野工作。可以说，张彦煌先生是山西考古的主要奠基
者之一。

除了为数不少的论文和考古简报、中型报告，张彦煌
先生还主编过两本大型考古报告《夏县东下冯》（文物出版
社，1988年）和《临猗程村墓地》（中国大百科全书出版
社，2003年）。有这样两部报告存世，先生可以不朽矣。

2007年12月26日夜

（原载《中国文物报》2008年3月7日）

喝粥足矣，奋进为乐

——考古学家佟柱臣先生印象

　　自2011年12月7日上午在寒风中的八宝山送别佟柱臣先生，脑子里就不断闪现出先生古朴的样子来。他是那样的慈祥，脸上布满微笑，好像还像平常那样微微地抬头看着我。跟先生有限的几次交往也便慢慢浮现在眼前。

　　20世纪80年代中期，我来考古研究所读书。导师安志敏先生早就把研究生论文的题目定下了，就是让我和同学曹勇整理中瑞西北科学考察团二三十年代在内蒙古和甘肃、宁夏、新疆的采集品。这批采集品以细石器为主，也有个别磨制石和陶器。因为采集品放在所里，所以观察、记录和研究也就只能到所里来做。当时，小白楼（因为墙壁是白色所以习称为小白楼）还没有盖，假山东南边有一所东西向的平房，中间有一条走廊，把平房分为南北两部分。我的办公室在走廊北边，错对面就是佟先生的办公室。每天早晨，我看见一个个子不高、看起来十分瘦弱的老先生，穿着已经洗得发白的蓝色中山装，慢慢地移进走廊，走进办公室，然后再拿着水壶去打开水，然后就再也看不到他了。同事给我介绍说这是佟柱臣先生，我诺诺，见了打个招呼，但是并没有什么交往。直到快毕业时，我拿着内蒙古托克托县出土的一件磨制石铲去请教他，才算第一次走进先生的办公室。我知道他对磨制石器很有研究，就想问问这个长方形磨制石铲刃部的好几条沟槽状的痕迹是怎么形成的。先生用放在桌上的放大镜仔细观察，然后告诉我："是使用痕迹。"这个石铲有两个穿孔，孔的上方还分别刻凿了一道弯弯的眉毛状的痕迹，与双孔组合起来像个人面，整个石铲象征人面的意思是非常明显的。我颇觉得这个石铲可能有别的用途，不见得具有一般石铲的功能，但佟柱臣先生坚持说刃部的沟槽是使用痕迹。先生看过数以万计的磨制石器，他这样说，自有他的道理。这种石铲，也许兼有形而上和形而下两方面的功能吧。

我来所晚，没有福分听佟先生的课，但知道他为研究生开过"东北考古"和"中国东北考古学史"的课。80年代末，我写博士论文，研究1949年以前的中国考古学史，就向先生借他的《中国东北考古学史（讲稿）》来读。先生的讲稿，手写在考古研究所八开的稿纸上。他对日本考古学家鸟居龙藏的评价很高，说鸟居的《南满洲调查报告》是"东北地区考古的第一本书""东北考古学开始阶段的一本比较标准的书"。他还认为，"外国学者大多是尾随其帝国主义的烽烟炮火之后来到中国的……如果说作历史结论的话，我们只能说他们是掠夺。但作为我们搞考古研究的同志来说，还应该注意一点，就是他们发表的材料，乃是我们的祖先，中华民族祖先遗留下来的古代文化遗产，我们还是要把这些材料拿过来认真加以整理和研究的，尽管对外国的一些观点，我们要采取批判的态度，然而就考古材料的意义来讲，我认为还是该怎么用就怎么用，不能因为是外国人搞出来的，就一律摒弃。这种摒弃的简单做法和态度是不可取的，因为他无益于我们学术研究工作的深入进行。"先生说得多么好啊！我的论文不仅引用了这段话，实际上我对那个时代外国学者在中国考古工作的评价，也明显受到佟先生的影响。

虽然和先生住对面，也许是年龄差距的原因，我很少去打扰先生。记忆中求学时代的交往好像就这么几次。让我感觉好奇的是，先生快70岁的人了，每天都来上班。他不骑自行车，好像也不坐公共汽车，似乎也不参加什么会议，每天来了都坐在办公室里写东西。后来，所里把平房拆掉，要盖办公楼，佟先生的办公室没了，他也就不再来上班了。

这之后，虽然很少看见佟先生，但他的著作不断，实际上跟他的接触反而增多了。几本大部头的著作都是在他退休后出版的。先是1989年文物出版社给他出版了《中国东北考古和新石器时代考古论集》，接着1991年巴蜀书社又给他出版了《中国边疆民族物质文化史》。时隔四年，他的《中国新石器研究》又由巴蜀书社出版。这本书上下两巨册，长达220万字，是凝结着佟先生一生心血的集成之作。据先生晚年自述，他从1939年开始考察新石器，跑遍了除台湾和西藏之外的所有省区。其间因为绘图而目睹、摩挲了近十万件石器，在现场画了上万件原大的线图。这本书也曾三易其稿，仅他的女儿佟伟华帮他校稿，就花了几个月的时间。该书收录的石器有7981件，从动笔到最后完稿，用了三十多年的时间，手写定稿即有三十多斤之重，稿子码放到一起近一米高（文见《新京报》2006年2月5日）。想想看，当年先生每天上班应该都是在写这本书。他不用电脑，这两百多万字的书稿，是一笔一画写在纸上的，不要说搜集资料，但就写在纸上，该花费多少工夫呀！

进入新世纪以来，差不多每年或者每隔一年的岁末我和同事都会去看望先生。先生住在方庄附近的一栋公寓楼里。每次去，不管天寒地冻，先生和夫人总是笑眯眯地迎接我们，告诉我们先生最近又做了什么。两位年近耄耋的老人是那么乐观，让我们也深受感染。先生的腿脚不便，但直到几年以前，他和夫人饭后还会在院里散步，先生每天还要伏案四个多小时。就在去年，佟先生满九十大寿之年，他还出版了《中国辽瓷研究》。这是先生生前的最后一本书，这本书算是完满实现了他早年"立言以明志"的人生目标。一个靠自学成才的考古学家，实在是中国考古学史上的奇迹。

与同时代的著名考古学家相比，佟先生的田野工作较少，20世纪50年代又长期在博物馆从事陈列工作，给人的感觉，他是一个比较"边缘"的考古学家。也许正是因为他没有把大量时间投入到某一个或某几个遗址的发掘上，也许正是由于博物馆的工作需要比较的眼光，成就了先生广阔的视野和敏锐的思想。他的许多研究成果，实在是走在中国考古学前沿的。早在1951年发表的《黄河长江中下游地区新石器文化的分布与分期》一文，就曾得到前辈考古学家高去寻先生的表扬（李卉、陈星灿编《传薪有斯人》，生活·读书·新知三联书店，2005年，第133～134页）。这篇文章是根据当时的考古材料，对黄河长江流域新石器时代文化所做"比较的、综合的"研究，可算作八九十年代以来中国新石器时代文化分期、分区研究的滥觞之作。1986年初，先生又明确提出中国新石器时代文化的多中心发展论和发展不平衡论。大家现在都知道费孝通先生有关中华民族形成的"滚雪球"理论和严文明先生有关中国文明起源的"重瓣花朵"理论，其实，佟先生的论文发表得更早，他认为"多中心发展和发展不平衡"是中国新石器时代文化发展的规律，也是中国文明起源的重要特征。佟先生的这个观点，可以追溯到60年代初期，他在总结中国原始社会晚期历史的几个特征时，把中国新石器时代概括为"生产地域性""文化连续性""历史发展不平衡性"以及"文化的影响与融合"，这不正是中国文明起源的"多元一体学说"的雏形吗？佟先生的一生以中国新石器考古为主，兼及边疆民族考古和东北地区考古，他能站在时代前列，在中国文明起源、中国国家起源等问题的研究上提出一系列有价值的学说，跟他长期从事边疆民族地区的考古研究是有关系的。

佟先生去了。在八宝山跟他告别的那天，我看着躺在鲜花丛中的佟先生，觉得他好像还在微笑。那天天很冷，所里也没有逐个电话通知退休的老同事来为佟先生送别，在职的同事们多还在田野发掘，许多人不知道先生已经离去，来送别的人实在说不上多。这让我想起我记忆中那个独来独往、埋头写作的佟先生。先生是耐得住寂寞的。但是，一个身后留下近500万字著作的学者，是不会寂寞的。他的著作，将伴随着我们和一代代的青年学子前行。先生的名言是："喝粥足矣，奋进为乐。"这句不合时宜的话，也是应该被我们牢记的。

2011年12月17日于回龙观

（原载《中国社会科学报》2012年1月30日）

斯人已逝，精神永存

——追悼考古学家吕烈丹教授

2016年4月19日凌晨，宪国兄发来一封吕烈丹弟弟烈扬寄自澳洲的邮件，说"家姐已于3月21日离世"。我顿时不能自已，陷入悲痛之中。虽然早知道这一天迟早要来，但还是没有想到这么快。过去三十多年跟吕烈丹交往的片段挥之不去。

在中山大学人类学系读书的时候，吕烈丹比我早两班，她1983年毕业。两班的男生交往颇多，我也在生活和学习上受到老大哥们无微不至的关照。但是，三位女生，记忆中却是跟她们连一句话也没有说过。1985年秋天，我来到中国社会科学院研究生院读书，因为那年学校到11月初才开学，我又来得早，就临时借住在考古研究所同事的一间宿舍里。记得是9月份的一天，宪国兄约我去接吕烈丹。原来，当年吕烈丹考取了北京大学考古系的硕士研究生班，那天正是她报到的日子。我记得我们是从报到处把她的行李搬到了校园外的研究生宿舍，并没有到车站接她。我们交谈不多，她还是当年的样子，面色黑黑的，眸子也是黑黑的，身体瘦长，一双大眼睛炯炯有神。她的导师是著名的旧石器考古学家吕遵谔教授。1987年，吕烈丹以一篇实验考古的论文获得硕士学位（即后来发表的《西樵山石器原料霏细岩开采方法的实验研究》），回到她的工作单位——广州市南越王墓博物馆工作。她学旧石器，我学新石器，我们的老师既是山东老乡还是老朋友，我们本来应该有很多交集，但记忆中自中大毕业之后也只有这一面之缘。

再见吕烈丹，是在1998年春天。这一年我应刘莉邀请，在澳大利亚拉楚布大学考古系做访问研究。吕烈丹刚刚在澳大利亚国立大学获得博士学位，在没有找到正式工作之前，她在拉楚布大学考古系做所谓Research Associate，就是不拿薪水不教书却可以利用学校资源的附属研究员。见面多了，我们才熟悉起来。我到这时才知道，她是和母亲、弟弟一起于1989年底举家移民澳大利亚的。为了生存，前几年她曾经在银行工作过一段时间。虽然收入不菲，但她并不喜欢银行工作。1993年，她的舅舅因患肺癌去世。从发现癌症到去世，只有短短三个月的时间。她目睹了舅舅的病逝，这一看似偶然的事件，却让她生出无限感慨，从而坚定了重返学术界的决心。1994年，她考取了澳大利亚国立大学，师从著名考古学家Peter Bellwood攻读博士学位。她多次跟我说，舅舅的死，让她明白，人生苦短，一个人应该做自己喜欢的事。而她也正是执着于这个信念，1998年取得博士学位。次年1～5月先是在香港中文大学人类学系做了不足半年的临时讲师，然后前往欧洲，在法国国家科学研究中心（CNRS）又做了12个月的博士后。2000年8月，她正式进入香港中文大学，成为该校人类学系讲师。从此，她的职业生涯才在一个新的起点上重新开始。

吕烈丹的职业考古生涯，可以分为前后两段。前面不足10年，是以南越王墓的发掘和研究为中心的。在此期间她除参加编写了《西汉南越王墓》（文物出版社，1991年）考古发掘报告的几个重要部分外，还出版内容十分丰富的《南越王墓与南越王国》（广州文化出版社，1990年）一书及多篇相关论文，显示出她多方面的研究潜质和才能。也许应该说从攻读硕士学位开始，她便走到了史前考古学研究的道路上。更从1998年开始，实验考古、植物考古、新旧石器时代过渡、华南和香港史前考古、农业起源研究、围绕农业起源的残留物分析、石器微痕分析、古气候和古环境的演变等等便成了她的重要研究方向和课题。因为在香港中文大学人类学系教书的需要，除了从事考古学研究外，她还积极开展了文化遗产管理和博物馆学的研究，在繁重的教学工作之外，又做了不少田野调查工作，发表了大量论著。最近在英国出版的《中国博物馆：权力、政治与认同》一书（*Museums in China: Power, Politics and Identities*, Oxford: Routledge，2013），就是这方面研究的重要成果之一。

吕烈丹几乎把全部的时间都用到了研究和教学上。尽管如此，每次我到香港，不管她有多忙，都要抽出时间请我吃顿饭，饭毕，她就又匆匆回到研究室或实验室工作。我记得是2009年的那个秋天，我到香港城市大学短期讲学，适逢周末，中午她请我在中大附近的饭馆吃饭，饭后还乘地铁带我到她新买的房子看了看——房子里干干净净，空空如也——没有几件家具，连书都是放在研究室的。于是，我们在房间里看了看，坐都没坐，她就又送我出门，她自己则又回到研究室工作去了。

尽管吕烈丹惜时如金，但也并非不通人情世故。2005年秋冬季节，考古研究所的七八位同事在宪国兄的带领下，在香港整理发掘资料。因为香港房租太贵，同仁们竟然都挤在吕烈丹的中大宿舍里生活和工作。这个180平方米的公寓，是中大给吕烈丹长期使用的福利房，据说她可以在此居住8年。那段时间，吕烈丹自己住一间，客厅和其他房间里则堆满了资料，也住满了我的同事。我因开会在新年前后来到香港，宾馆的房间给了从广州来的两位同学住，我也凑到吕家这个拥挤的宿舍里。吕烈丹只在吃饭和深夜睡觉的时候才回到宿舍，其他时间都是在研究室度过的。她虽然没有成过家，万事自己扛着，但也没有养成拒人千人之外的古怪性格，她待人的热诚和胸襟，是我比不上的。

在中大任教的前12年里，是吕烈丹一生中最忙、也是发表著作最多的一段时间，是她的黄金岁月。这中间她争取到香港研究基金会、香港古迹古物办、香港中文大学等的十多项课题，研究包括长江下游地区稻作农业起源和长江流域农业的扩张、距今10000～4000年前华南和香港的生业经济、香港最早期居民的起源和文化发展、中国大陆和香港的考古遗址管理等涵盖考古和文化遗产管理等多方面的内容。2002年，她任教中文大学之初，就把残余物分析（Residue analysis，又称残留物分析）方法介绍到中国（《考古器物的残余物分析》，《文物》2002年第5期），此后多年并对广西、香港、浙江和山西等地的许多史前遗址做了淀粉粒、孢粉和植硅石的分析，可以说她是中国考古学中残留物分析的开创者。她的《稻作与史前文化的演变》（科学出版社，2012年），尝试综合自然科学、民族学和考古学的研究成果以及包括她自己所做的多种实验考古在内的丰富资料，集中讨论稻作的起源和发展以及稻作农业与中国史前社会文化的演变关系。该书获得《中国文物报》评选的当年十佳文化遗产图书奖。评论认为"该书是迄今为止对长江中下游地区（以及江淮地区）史前稻作农业的发生和发展及其与史前社会变迁之间相互的关联性问题最为全面和系统性研究的一部著作。此前虽然有多部著作涉及相关问题的研究，……还没有该书稿这样以稻作农业的发生发展为核心，从水稻的生物性状、环境、聚落、经济与社会等多方面全方位论述稻作农业起源和发展的著作，在这个意义上该书稿是一部原创性著作，对相关研究领域而言有独特的价值。"

我知道，当2012年夏末这本专著交给科学出版社的时候，吕烈丹已经检查出肺癌两三个月了，当时就认为是肺癌晚期。9月12日傍晚，我在灯市口附近的民福居请她吃饭，来了一群同事。她看起来跟平时没有什么异样，且谈笑风生。她说她小时候有三个愿望：上大学，出国，写本书，现在都超额实现了。她说她不仅上了大学，得了博士，走了四十多个国家，还出了几本书，现在年薪过百万，以前连想都未曾想过。她说，几个月前，她还跟人说死而无憾，结果刚说过此话就发现了肺癌，因此话是不能乱说的。这番话虽然惹得大家哈哈大笑，但我们都深知肺癌的厉害，暗暗为她揪心。我还希望这不过是虚惊一场，所谓肺癌不过是误诊罢了。

　　其实从发现肺癌开始，吕烈丹就一面积极治疗，一面开始安排未尽的工作了。2013年末，她有关中国博物馆发展史的英文著作出版。在这本书中，她通过案例研究、实地考察和数据分析等等方法，提出国家政府和社会精英所倡导的政治议程、社会范式和民族文化认同如何影响了中国博物馆的百年发展历程。这本书原是写给西方读者看的，是建立在作者的田野调查和早年在博物馆工作经验基础上的中国博物馆学专著。因为有跟中国主流认识不一样的思考，所以她只是告诉我她有这样一本著作，却始终没有送给我一本。

　　吕烈丹是如此坚强，她真是把别人喝咖啡的时间都用到了工作上，病了之后更是如此。2014年9月，她因病情加重请假离开中文大学，回到墨尔本治疗。没想到她回到墨尔本，不仅完成了一本介绍世界各地文化遗产的著作，而且还独自一人去了一趟印度和伊朗，完成了她的一个心愿。这本著作，是她走遍50个国家之后针对各地的世界文化遗产写下的考察游览记录，虽然参考了不少资料，但更多是她的个人经验，对于经常出国旅游的中国普通民众是非常有实用参考价值的。我想她一定是咬着牙独自走完这段旅程的。实际上因为怕打搅她，她回到澳大利亚后我们就很少通信，我只是悄悄打听她的情况，这些事情是后来才知道的。

　　没想到去年11月中，她给我写信，问我能否帮她联系一家出版社，把她这本游记一样的著作公之于世。我帮她推荐给三联书店，她很高兴，也期待有肯定的答复。12月28日，她写长信给我，说"真的谢谢你将书稿发给三联。我只希望书稿能够出版，不要我付钱，于愿已足，稿费什么的都不敢奢求了。毕竟现在这个年代，出版社是在做生意。我的情况，说句老实话是恶化了。这个月23号去做定期的CT检查，发现脑部出现很多大小不等的肿瘤，显然是出现脑转移了。明天去看医生，决定下一步的方案，大概要做全脑放疗，之后化疗或者试验别的药物，看医生定吧。坦白说，我知道自己剩下的日子不多了。回顾自己的一生，虽然不是长寿，总算也活到将近60岁了。以我这类型的4期肺癌病人，从确诊开始计算，平均存活30～33个月，我已经活了42个月。这辈子，做了自己想做的事情（包括在敦煌做了一点关于文化遗产的田野工作），看过了自己想看的主要世界文明遗址，吃过不少美食，最近15年的生活也还算是衣食无忧，我觉得自己比世界上很多人的一生已经好了，没有什么遗憾了，早已做好心平气和离开这个世界的准备。"信中还说，唯一让她放心不下的，是和考古所同事合作尚未最后完成的《香港史前文化研究》一书。她说回澳洲之前，她已经将相关资料包括她自己能够写作的部分，都交给傅宪国了，希望宪国可以主持完成此书。也希望我能帮助她完成这最后的心愿，因为这是香港政府研究资助局资助的研究经费，所以她"希望能有个交代"。

我们的最后一封通信，停留在了今年的1月18日，那一天她刚刚跟我说要把这部书稿连照片一并挂号寄给我，因为她害怕等不到三联接受那一天了，却意外得到三联同意出版的来信，很是高兴。的确，她虽在病中，但还是放心不下工作。这本书稿能够出版，让她心上的一块石头落地了。

3月21日，吕烈丹是在医院接受最新免疫疗法时，病情突然变坏安然离世的。作为一个考古学家，在她最后的日子里，她经常说，千千万万的人在她前面已经离开，千千万万的人在她之后亦会跟随。这是她在人生最后阶段对生死的感悟吧。据她弟弟烈扬事后告诉我，她希望家人对她的离世低调处理。她不希望为她安排任何追悼仪式，所以她的最后一程，仅有她的弟弟和弟弟的小儿子为她送行。而我们——她的朋友和同事，也是在她去世差不多一个月之后才得到她的死讯的。

　　吕烈丹（1959～2016年）去世了，但她留下了丰厚的文化遗产。她在考古学、文化遗产管理和博物馆学方面都留下的大量著作，必将永远陪伴着我们。生命的价值不能以长短衡量。她像一颗流星，划破天空，在身后留下长久的美丽。

2016年4月25日于甘肃张掖挂职宿舍

（原载《南方文物》 2016年第3期）

书
里
书
外

抢救史料　善莫大焉

——读《考古人和他们的故事》第一、二集有感

　　考古学是一门实证科学，所谓有一分证据说一分话。考古学又是一门经验性很强的科学，没有长期的田野实践，从业者很难获得完备而又可靠的史料。可是，经验层面的知识很难通过目前的考古发掘报告和研究论文传递给读者和后来的考古从业者，因此，考古学家的传记、自传、访谈、口述和回忆录，就显得尤其重要。

　　如果从1926年李济先生发掘山西夏县西阴村算起，中国人自己的考古学至今已满80周年。以20年为一代，中国考古学已经走过了四代人的历程。这其中的光荣和辉煌、艰难与困苦、挫折和倒退，当然都可以从汗牛充栋的考古发掘报告和研究论文中寻觅踪迹，但是，要了解这个虽不算长却也决不能说短的过程，没有考古学家个人对从业生涯的回顾和反省，毕竟是有缺憾的，是不完整的。可惜的是，这还真是中国考古学的真实状况。除了李济的《安阳》、石璋如的《石璋如先生口述》、贾兰坡的《悠长的岁月》、张光直的《番薯人的故事》、汪宁生的《西南访古三十年》等少数著名考古学家的自传和口述（《安阳》也许还算不上），和《东南文化》《南方文物》以及《江汉考古》等刊物对俞伟超、严文明等几位先生的简短访谈外，大多数考古学家的成长过

程和他们从业的心路历程，除了从考古发掘报告和研究论文程式化的叙述排比、追寻之外，只能通过道听途说来获得。从这个意义上说，《考古人和他们的故事》编委会无疑是为我们做了一件天大的好事；这套丛书的出版，对于抢救史料、丰富中国考古学的内涵，可谓善莫大焉。

考古人一生与泥土为伍，许多人到老还在忙着报告的编写，本没有多少机会反思过去的岁月；另一方面，以发表论文和简报为宗旨的考古刊物，也很难给考古学家发表口述、自传的机会，因此，《考古人和他们的故事》让考古人从容回顾自己的一生经历或者某些关键的历史片断，不仅可以说提供了一个绝佳的叙事平台，也很可能为以后出版更多、更翔实的考古学家的自传、传记和口述，提供了一个范例。

已经出版的第一、二集《考古人和他们的故事》，集中叙述了郭大顺、汪宁生、王学理和李仰松四位著名考古学家的故事。由于专业的关系，我个人对汪宁生、李仰松和郭大顺先生的学术贡献还是有相当了解的，但是仔细研读他们的故事，仍有不少意外的收获（比如大甸子猪狗随葬的方式、大甸子彩绘陶器的保护方法、牛河梁所谓"庙"的内涵、尕马台齐家文化无头墓穴的情况等等）。而王学理先生有关秦帝国都城考古的经历，则为我打开了一个差不多是完全陌生世界的大门。我相信一个初学者很可能就为王先生这篇不算轻松的文字，选择秦汉考古作为自己的努力方向，去解开秦帝国那许多的待解之谜，而这是无论多少考古报告和论文都未必能做到的。

两册故事的主人公，均为中国考古学的佼佼者，选择他们讲述自己的故事固谓得人。但是，我们还有不少望九、望八、望七的考古学家，他们很多还在学术园地里辛勤耕耘，他们中的一些人一辈子默默无闻，甚至没有多少机会在考古报告里留下自己的名字，如果有计划地约请他们撰写自己的自传或口述并加以出版，若干年后有数十种《考古人和他们的故事》摆上我们的书架，为后来者指引方向，中国的考古事业定当更加蒸蒸日上、丰富多彩。

（原载《中国文物报》2006年12月8日）

踏遍青山人未老　始信昆仑别有山

——读汪宁生先生《始信昆仑别有山——海外游学日记选辑》

　　汪宁生先生是我素所尊敬的民族考古学家。他勤奋耕耘，著作等身。最近在他长长的著作目录之上，又加上了一本《始信昆仑别有山——海外游学日记选辑》（文物出版社，2008年）。这不是一本学术专著，但通读此书，感到受益良多，值得向读者郑重推荐。

　　这本海外游学日记，开始于1983年9月11日初访美国，终结于2007年1月21日访问缅甸，为时差不多四分之一个世纪。其间汪宁生先生出国17次，足迹遍及五大洲的30个国家和地区。日记没有纯粹按时间先后排列次序，而是以地区为纲，然后再依访问的先后叙述之。

　　自改革开放以来，我国考古学家到海外留学、讲学、开会、访问者日多，虽然像汪先生这样跑遍五大洲的人并不多见，但有海外游学经验者不在少数。就我所知，本书是中国考古学家出版的第一本海外访学日记。因此，这与其说是一个人的海外游学记录，毋宁说是我们这个时代中国学者重新走出国门、中国考古学敞开心扉拥抱世界的见证。迈出国门的艰难、言语不通的尴尬、见贤思齐的感谓、恨铁不成钢的抱怨、发现材料的喜悦、他乡遇故旧的开心，凡此等等，均能在日记中找到踪迹。这本是改革开放之初出国生活的共同经验，但只有汪先生把他的个人经验详细记录下来并公布于众。对我而言，这不仅是中国考古学史的珍贵史料，也是中国改革开放30年的一个侧影。

汪先生第一次出国已过"知天命之年"，但是他对新事物的敏感，绝不在年轻人之下，且随时把所见所感记录下来，尤其值得我辈仿效。他给这本日记选辑取名为《始信昆仑别有山》，就是看到世界各地的古代文明辉煌灿烂、各有特点，并不都在古代中国之后。比如他2002年12月1日在参观了墨西哥城的蒂奥提华坎遗址之后，这样写道："蒂奥提华坎的建筑水平，在当时世界上足可与罗马城媲美，也不逊于中国的长安城和洛阳城。至于雕塑方面的成就更非同一时代中国雕塑可比拟，霍去病墓前的著名的马踏匈奴像只是粗具轮廓而已。我们不可小看美洲印第安人创造的文明！"（第282页）确是平实之论。又比如1991年5月20日在参观完加拿大维多利亚博物馆后写道："当地印第安人生活方式的陈列，尤有研究价值。冬天人们集中住在三个村落的固定房屋中，其他时期以核心家庭为单位前往营地，分散住在临时住所，从事采集。如此不同季节的不同生计和居住方式，会留下不同的考古遗存，虽然他们属于同一种人。这对反驳中国学界在考古文化与人们共同体之间简单画上等号，是个有力证据。"（第259页）1992年10月10日，汪先生在西雅图第一次见到龟甲响器，说"又见龟甲器一种，询之乃作法之响器，可以解释大汶口文化等处出土同类物用途，大快！"熟悉汪先生著作的读者，大概不难看到他的不少学术论文都跟他处处留心的海外游学经历有关，也跟他敏锐的观察力有很大关系。

游记当然不会是学术笔记，除了民族考古学的观察和感悟之外，汪先生也记录了学术界的许多逸闻趣事和许多学术之外的事情。他跟张光直、余英时、俞伟超、林耀华、吴汝康、Peter Ucko、Ian Hodder、石璋如、郑德坤等著名学者的交往，有的虽片言只语，却极为传神，为我们留下难得的学术史料。比如1998年5月29日记在台北与张光直先生见面事："张光直兄今日亦在史语所内，闻我在此，约我见面。自上次在北大赛克勒博物馆成立典礼见面后，已有数年不见，其疾似又加深，言语不清，一臂举动不便，仍大谈商丘发掘事，情绪甚高。最后谓'可惜蒋经国基金会不再给钱了，有人反对'。问谁反对，答曰：'许××'。他'可能看我不行了。但我还要争取'。"（第363页）备极传神。20世纪80年代末期他对东欧的访问，也为我们了解东欧诸国社会剧变前的政治、经济、文化等方面的情况提供了难得的个人视角，虽篇幅有限，也弥足珍贵。（第157～180页）作为民族考古学家，汪先生颇有知识分子的情怀；这本民族考古学家的日记，实际上内容非常丰富，相信一般读者也会感兴趣。

写日记毕竟不是写论文，虽然眼见为实，但误听、误读的事情实属难免，更何况是在异国他乡的旅行之中！这本日记汪先生已经做了仔细的校订工作，还在文中加了补记和说明，甚至补充了相关参考文献，但仍不免错误。比如说"不列颠哥伦比亚大学1980年成立，历史不长，现已成为加拿大西海岸最好的大学。"（第258页）1980应为1908之误。又如研究东南亚地区考古的瑞典考古学家Olav R. T. Janse被误写为Olav. R. T. Jance（第149页）。好在这类错误不多，希望今后再版的时候加以更正。

汪先生曾出过一本《西南考古三十五年》（山东画报出版社，1998年），公布过他在西南访古的部分日记，可与此书参照阅读。为学术计，我衷心希望能够在不久的将来看到汪先生在西南从事民族考古调查的全部日记，不仅为追寻汪先生学术研究的心路历程，也为发现更多做学问的线索和材料。

（原载《中国文物报》2008年9月17日）

见微知著　由此及彼

　　——读王小庆《石器使用痕迹显微观察的研究》

　　王小庆博士自2000年从日本东北大学学成归来进入中国社会科学院考古研究所博士后流动站以来，勤奋努力，在短短两年的时间内，以一己之力，完成了一份有关我国北方早中期新石器时代文化石器显微分析的重要的具有开拓性的研究报告。现在，经过修订，这份报告以《石器使用痕迹显微观察的研究》为题正式出版（文物出版社，2008年），填补了我国考古学研究上的一项空白，为中国史前时代石器分析及经济类型的研究开出一条新路。

　　众所周知，兴隆洼文化和赵宝沟文化是否有农业存在，一直是一个令人困扰的难题。但是无论肯定与否，论者主要都是从石器工具的类型出发，而工具类型、功能的确认，基本上是建立在个人经验的基础上，实际情况如何，因缺乏显微观察、植物遗存分析、遗留物分析、石器的实验分析、人与动物的食性分析、淀粉粒分析等等科学手段的参与，至今仍是见仁见智。兴隆洼、赵宝沟文化是否具有农业，对于理解该地区农业起源、新石器时代早中期人类的经济活动、生活状况，以及经济与环境的关系等等问题，均至关重要。对于理解同时期周围地区的新石器时代文化，也有重要的参考价值。不仅如此，由于该地区长期以来都是气候敏感的农牧交错地带，气候、环境与生产息息相关，因此该课题的研究结果，对于制定该地区可持续发展规划，也不无现实意义。王小庆博士选择这样一个难题，从石器显微观察的角度入手加以研究，是非常值得称赞的。

全书除绪论和结语外，共分五章。首章介绍石器使用痕迹显微观察研究的基本理论、方法、历史和现状；第二章介绍兴隆洼、赵宝沟文化石器的类型、特征和技术体系；第三章介绍兴隆洼、赵宝沟文化石器加工与使用的实验；第四章介绍兴隆洼、赵宝沟遗址石器使用痕迹的观察与使用功能的推定；最后一章讨论兴隆洼、赵宝沟文化经济类型的内容、特征与演变。全书重点集中在后三章上。在占有国外大量的石器显微观察和实验研究数据的基础上，王小庆博士对兴隆洼和赵宝沟遗址出土的数十件各类石器（兴隆洼遗址的11件锄形器、13件石刀、7件石斧、25件细石叶，赵宝沟遗址的3件石斧、2件石耜和31件细石叶），用金相显微镜（Olympus BX60M）进行了详细的显微观察，同时他又自己动手制作石器（锄形器7件、打制石刀6件、磨制石斧4件、石耜2件），并用它们对不同材料做了各种加工实验（石锄形器掘土、刮兽皮；石刀切肉、剔骨头、砍骨头、砍斫木材、削木材；石斧刮兽皮、砍骨头、砍斫木材；石耜掘土），并记录下各种实验留下的光泽类型和显微观察照片。以实验的结果对照兴隆洼和赵宝沟遗址出土遗物的石器使用痕迹，作者的结论有许多出人意表之处。比如，通常被认为是掘土工具的锄形器，大体分为三类，一类是掘土工具，一类是加工木材和动物骨骼的砍砸器，还有一类是刮除动物脂肪的鞣皮工具。又比如石刀，绝大多数被认为是切割肉类或者肢解动物的工具；有一半石斧也被认为具有类似功能。细石叶则被分为两类，虽然都是镶嵌在骨柄上的复合工具，但兴隆洼的细石叶被认为是切割肉类和解体动物的，而赵宝沟的却有部分是用来收割谷物的。实际上，正是因为兴隆洼遗址缺乏收割工具，所以作者才认为该文化的"经济形态应是以采集、狩猎活动为中心，农业经济此时应尚未出现"；而赵宝沟文化却可能已经出现了农业经济（第178页）。尽管作者对兴隆洼和赵宝沟文化经济类型的最终认定，只是依靠石器工具方面的证据，但却是前所未有的重要证据，它建立在显微观察的基础上，是值得研究者高度重视的。

本书的宗旨是石器的显微分析，除此之外似乎不应再有更多要求，但是从论证兴隆洼和赵宝沟文化经济类型的目的来看，如果能够有其他方面的材料比如人与动物的食性分析，陶、石器的遗留物分析，植物遗存、花粉、植物硅酸体分析、淀粉粒分析，甚至石器的组合分析等等作为补充证据，结论将会更有说服力。当然，这些方面的工作本来就少甚至完全阙如，仅靠作者自己的力量是远远不够的。另外，第一章主要是基于国外的研究结果，作者赖以比较的光泽类型（表一）以及所反映的加工对象，也主要是国外研究者的实验结果。这个光泽类型表是一种石料的实验结果，还是多种不同石料的综合加工结果，实验的预设条件（比如石料、加工时间等）如果能够详细说明则效果更好，因为这直接关系到与作者本人观察和实验材料的比较。还有，收割是考察农业存在的一个重要方面，作者也有充分的认识，但是该项研究却缺乏对植物收割的实验（不论是石刀还是细石叶，加工对象不管是现代作物还是狗尾草等野生作物）。本书的另外一个特点是要而不烦，但是石器制作实验、加工实验的步骤，似乎也都该有更多的图像和说明来表示，一则便于后学者学习，二则便于其他研究者重复检验作者的实验结果。另外，仅从实验和显微观察的角度来看，标本的数量还嫌单薄，比例也不协调，因此也会影响作者对石器功能的最后判断。不过，尽管有上述不足，王小庆博士的石器显微分析显然已经取得了很大成绩，希望他将这项方兴未艾的研究工作继续下去，争取更加丰硕的成果。

2008年有两本石器显微分析的专著出版，这是令人振奋的一件事情。与高星、沈辰主编的《石器显微分析的考古学实验研究》（科学出版社）相比，本书是首次系统地将高倍法石器显微分析技术介绍到我国来，并付诸实践，与高、沈书的低倍法显微分析实验相得益彰，为研究者提供了两个范例。最后，值得一提的是，以往国内对石器微痕分析技术的介绍多引自美国，鲜有介绍日本学者的研究成果者。王小庆博士充分利用日本东北大学的研究成果，某种程度上为我们做了日式的示范。我在想，日本人学习美国的东西，不仅渐成规模，而且已经形成自己的特色。如果假以时日，包括高倍法和低倍法在内的石器显微分析技术，也一定能在中国生根开花并结出硕果。

（原载《中国文物报》2008年11月26日）

全面公布考古材料的典范

——读《登封王城岗考古发现与研究（2000－2005）》

　　一本考古报告怎样写，写什么，从来就不是一件容易的事情。但是，全面、准确地公布考古发掘的收获，应该是考古报告的最高目标。由北京大学考古文博学院和河南省文物考古研究所编著的《登封王城岗考古发现与研究（2000－2005）》（大象出版社，2007年）一书，煌煌两巨册，文字部分长达1066页，图版248面，堪称近年来完整、全面、准确公布考古材料的典范。

　　这部巨著是对2000～2005年度王城岗遗址发掘以及颍河中上游河南登封、禹州地区区域考古调查成果的全面报道。在此期间，王城岗遗址的发掘曾先后被列入国家科技攻关计划"中华文明探源工程预研究"和国家"十五"重点科技攻关计划"中华文明探源工程（一）"两个课题之中。因此考古发掘和区域调查的目的十分明确，即通过解剖王城岗遗址及对颍河中上游地区的区域系统调查，深入认识王城岗遗址的年代、布局及其在周围地区聚落形态中的地位和作用，进而为把握公元前2000年前后嵩山南北地区中国文明腹地的社会复杂化进程提供翔实、准确的第一手资料。

　　通过短短几年的努力，这项工作取得了哪些收获呢？著名考古学家李伯谦先生在为该书所写的序言中曾有准确而审慎的概括，不妨撮要录在下面：

1．通过对王城岗龙山文化遗址的重新调查，将遗址的面积由过去所知的40万平方米扩大为50万平方米。

2．通过地层叠压关系和出土陶器的类型学排比，将过去王城岗龙山文化所分五期合并为前后期三段，使其发展演变的阶段性更加明晰。

3．发现了王城岗龙山文化晚期大城城墙和城壕，复原面积达34.8万平方米，是已知河南境内发现的龙山文化城址中最大的一座。

4．发现了王城岗河南龙山文化晚期大城城壕打破西小城城墙的地层关系，证明大城和小城并非同时，小城始建于一段偏晚（原分期的二期），二段已废弃。大城始建于二段（原分期的三期），延续使用至三段偏早（原分期的四期），三段偏晚（原分期的五期）已衰落下去。

5．建立了更加完善、细化的王城岗龙山文化碳-14年代标尺，重新推定了王城岗龙山文化小城的年代，上限不早于公元前2200～前2130年，下限不晚于公元前2100～前2055年，其中值约为公元前2122年；大城城墙的年代，上限不晚于公元前2100～前2055年或公元前2110～前2045年，下限不晚于公元前2070～前2030年或公元前2100～前2020年，其中值约为公元前2055年。

6. 经过全站仪实测，发现大城北部城壕东西底部落差不足0.4米，证明当时城墙和城壕的建造是经过事先设计和测量计算的。

7. 经过模拟试验，建造大城城墙和城壕，假定每天出动1000名青壮年劳力，约需要一年零两个月的时间；以一个村落能够常年提供50～100名青壮年劳力计算，要完成这个工程，需要动员10～20个村落的劳力。这与调查的颍河上游登封地区龙山晚期聚落遗址的数量基本吻合，由此推出王城岗大城的兴建可能是动员了以王城岗遗址为中心的整个聚落群的力量共同完成的。根据调查，王城岗龙山晚期城址是颍河上游周围数十千米范围内规模最大、等级最高的聚落遗址，王城岗龙山晚期大城是当时该地区涌现出来的可以看作是雏形国家的政治实体的中心所在。

8. 根据地望、年代、等级及与二里头文化的关系以及"禹都阳城"等有关文献记载的综合研究，王城岗龙山文化晚期大城应即"禹都阳城"之阳城，东周阳城当以"禹都阳城"即在附近而得名，而早于大城的王城岗龙山文化晚期小城则可能是传为禹父的鲧所建造，从而为夏文化找到了一个起始点。

9. 通过王城岗龙山文化晚期动物遗骸的研究，证明当时已经驯养了猪、狗、黄牛、绵羊等动物，获取肉食资源的方式已经进入了开发型阶段。

10. 通过对王城岗龙山文化晚期遗址出土植物遗存的研究，证明农作物中除了传统的粟类作物，还有一定数量的稻谷和大豆，表明河南龙山文化晚期的居民已由种植粟类作物的单一种植制度逐步转向了包括稻谷和大豆在内的多品种农作物种植制度，人类食谱渐趋多样。

除此之外，我再把该报告中某些重要的认识补充如下：1. 王城岗龙山文化晚期城址被水冲毁应该是春秋晚期以后才发生的事情。东周阳城由王城岗东迁至告城一带，也许正是迫于水患对东周阳城的威胁。2. 龙山文化晚期阶段，颍河中上游形成了登封境内以王城岗遗址为中心、禹州境内以瓦店遗址为中心的两大聚落群。聚落等级分化表明该时期颍河中上游地区的社会复杂化程度在两个聚落群内部得到空前发展，且两大聚落群有各自不同的文化背景和聚落发展模式。3. 王城岗遗址浮选发现二里头时期的小麦，枣王遗址龙山文化土样中发现麦类植硅体，表明该地区至少从二里头时期甚至龙山文化时期就已经开始种植小麦了，而王城岗遗址二里岗时期小麦籽粒的大量发现，表明早在公元前1500年前后的商代早期，小麦的价值已为中原地区的先民所认知。由于小麦的加入，多品种农作物种植制度得到完善。4. 植硅体分析表明，仰韶至二里头时代，颍河中上游地区的农业经济具有稻粟混作的特点，稻作农业比较普遍。浮选结果显示春秋时代王城岗遗址的稻谷相对数值下降，表明随着气候趋向干凉，稻谷在中原地区的种植规模开始萎缩。5. 通过对区域调查诸遗址浮选土样的深入分析，发现仰韶文化阶段的农作物遗存以脱壳阶段的废弃物为主，龙山文化时期以扬场阶段的废弃物为主，表明龙山文化时期发生了农业生产组织方式的变化，即"从大家庭的社会结构向更小规模的核心家庭的社会结构的转变"。6. 通过对禹州瓦店遗址动物遗存的分析，表明龙山时期野生动物比例呈逐步下降趋势，家畜成为先民获得肉食资源的主要方式。7. 通过考古实验，尝试复原了王城岗遗址龙山文化石铲、石刀和石斧的制作和使用流程。8. 通过对王城岗出土白陶的主量和微量元素分析，表明白陶的烧造可能并非由某一单一中心向外输出，在龙山晚期至二里头文化时期，颍河中上游地区可能就有王城岗、游方头和石道等多处聚落分别制作和使用白陶；黑灰陶的生产也存在类似情况。9. 通过对王城岗出土木炭碎块的分析，表明龙山文化时期遗址周围分布着大量阔叶树栎林、其他阔叶树种和刚竹属，因此王城岗地区具有亚热带气候特点，龙山文化亚热带北界比现在偏北。其后的二里头和春秋时期均不如龙山时期温暖湿润，但龙山时期以来的居民均喜欢以栎木作为薪材。

凡此等等，虽然其中的不少结论尚有待进一步证实，但无不说明报告涵盖了该研究课题方方面面的内容。举凡各时期考古遗迹、遗物的描述和分析，王城岗及其周围地区的考古调查、发掘和研究的历史，遗址的分期研究，植物遗存、动物遗存的观察、测量和分析，植物硅酸体分析，孢粉分析，木炭碎块分析，人类遗骸的观察和分析，石器的显微观察和分析，陶器的激光剥蚀进样电感耦合等离子体发射光谱研究，石器工具的制作和使用实验研究，龙山文化大城用工量的模拟实验研究，碳-14年代研究等等，使这本考古报告跟传统考古报告有很大距离，极大地丰富了我们对于王城岗以及王城岗周围地区文明化进程的认识，为整体把握中原地区中国文明起源的脉搏，也提供了前所未有的丰富材料。实际上，这本报告迄今为止也是"中华文明探源工程"启动以来，完成最早也最为丰硕的研究成果。

毋庸讳言，在如此短促的时间内完成这本集大成的巨著，难免存在这样那样的不足。比如，第一，把颍河中上游地区的区域调查报告纳入其中，作为本书的第十二章，书名又不能体现，难免会给读者造成张冠李戴的误会。第二，本报告虽然也有不少附录，收录颍河中上游地区诸遗址的植硅体分析、动物遗存分析等研究报告，但有关王城岗遗址本身的这部分内容，又是作为本书第八九章出现的，把动植物遗存分析作为专章是20世纪90年代以来中国考古报告的新气象，但是这种做法如果与其他章节的关系处理不好，就容易出现遗址描述和结论等部分的重复，给人留下拖泥带水的印象。第三，本书不仅收录了王城岗遗址1985年的考古发掘材料，在附录里还收录了瓦店遗址1997年发掘的动物研究报告，前者收入本书也许有助于读者对王城岗考古材料的整体把握，但把后者收入本书，而且在书名上又完全得不到体现，不如单独发表更为妥当。第四，由于各章执笔不同，很容易出现内容前后矛盾或者多次重复，甚至在城址面积等基本数据的描述上（比如城址面积就有"达30万""30余万""30万""34.8万"平方米等说法）都不一致，影响了报告的整体形象。第五，动物研究报告应该说发表了所有的观察和测量记录，但是把测量数据放入正文，既影响一般读者阅读，也给专门研究者的使用造成不便，不如列为附表更为便宜。第六，颍河中上游地区植物考古调查的报告原是用英文写作的，译成中文作为附录原无不可，但是又把英文原文附在后面，与其他各章和各附录的体例都不协调，徒然增加了报告的篇幅。

当然，上述种种缺陷大多由体例方面的问题引起，并不背离考古报告追求完整、准确的宗旨；相反，也许还是以完整、准确为宗旨的结果。方燕明先生作为该书的主笔和主编，为报告的出版呕心沥血，是非常值得我们感谢的。

最后，发掘王城岗的另外一个重要任务是探求早期夏文化甚至夏都的历史真相。王城岗小城是否为鲧所建造，大城是否禹都"阳城"，就我看来，这本报告是无法回答的，但这并不减弱报告的科学价值。从考古学入手，揭示公元前2000年前后王城岗及其周围地区的经济、社会和文化发展水平，才是这本报告的关键所在。

（原载《中国文物报》 2009年4月1日）

李济和他的考古事业

任何一个科学工作者，假如能在身后留下300多万字的著作，多数还能在身后一版再版，广受学界欢迎，就算非常了不起了。但李济先生的事功并不完全体现在他的著述中，实际上，他所开创的殷墟考古乃至整个中国的考古事业，还在蓬勃发展，并结出累累硕果。

张光直先生曾说李济在中国考古界拥有多个第一：1926年，当他30岁的时候，他发掘了山西夏县西阴村遗址，这是中国人的第一次科学考古发掘；1928年，当他32岁的时候，他成为中央研究院历史语言研究所的第一位考古组主任，并领导了举世闻名的安阳殷墟的科学考古发掘；1945年，当他49岁的时候，他被任命为第一个国立中国历史博物馆——中央博物院的首任院长；1949年，当他53岁的时候，他建立起中国大学第一个考古系——台湾大学考古人类学系，并任系主任多年，培养了一大批优秀学者；最后，在20世纪60年代初，他开始主持编写一部由多学科参与、多人合作的《中国上古史》，并在1972年出版了《中国上古史（待定稿）第一本：史前部分》。但是，如果用一句话总结李济，我也许会说他是安阳发掘的领导者，因为他的一生都跟安阳发掘分不开。

安阳发掘的意义重大，它不仅奠定了商代考古的基础，使商史成为信史，把"中国历史推早了六七百年至一千年"（李济：《安阳发掘之回顾》，《李济文集》卷五，上海人民出版社，2006年，第183页），也为中国考古学奠定了基础，为初创的中国考古事业设定了最高的学术典范。李济的团队，学会了在纷繁变化的古代文化遗迹中，分辨土质土色，划分文化层；也学会了挖掘夯土基址和商王大墓；还通过安阳后冈三叠层的发掘，解决了商文化的来源问题；在研究上则采取多学科合作方式，把中国早期文化全方位地呈现给世界学术界。安阳发掘，也为中国考古学培养了人才。20世纪后半海峡两岸考古界的领袖人物——董作宾、梁思永、夏鼐、郭宝钧、高去寻、石璋如、尹达、胡厚宣、尹焕章、赵青芳，都是在二三十年代殷墟考古中成长起来的。可以说，没有他们，就没有今天的中国考古事业。安阳发掘的示范意义，到今天也还没有过时。

李济离开大陆的时候，已经52岁。由于社会动荡，尽管史语所考古组诸人尽心竭力，但是安阳发掘的报告却只发表在薄薄4本《安阳发掘报告》和4册《中国考古学报》中，安阳发掘的大部分成绩可以说都还没有公布于世。作为安阳发掘的领导者，李济的压力之大可以想见。他常自叹息"将来如何交代"（高去寻致张光直信，见李卉、陈星灿编《传薪有斯人——李济、凌纯声、高去寻、夏鼐与张光直通信集》，生活·读书·新知三联书店，2005年，第129页），他的后半生虽然还兼顾教书育人，实际上却也可以说是全部地投入到安阳发掘资料的整理和研究上了。从1948年底移居台北，到1979年去世，在李济的不懈努力下，作为中国考古报告集之四的古器物研究专刊（第一至第五本），由李济和他的助手万家保合著，相继出版，这就是我们熟知的青铜觚形器、爵形器、斝形器、鼎形器和53件青铜容器的研究；另外，他还完成了大型《殷墟陶器甲编》（中国考古报告集之二：小屯第三本，1956年）。除此之外，作为中国考古报告集之二的《小屯第一本：遗址的发现与发掘》系列，出了5本，均是由石璋如先生完成的；作为同系列《小屯第二本：殷墟文字之甲乙丙编》，出版了9本，分别由董作宾、屈万里、张秉权先生完成；作为中国考古报告集之三的侯家庄系列，出版了包括1001、1002、1003、1004、1217、1500、1550大墓在内的发掘报告7本，均由高去寻先生以辑补梁思永先生遗稿的名义出版。这些朴素的黄色封面的八开本著作，摆起来像一条黄色的长龙，为安阳也为中国考古学树立了典范。这其中，李济本人的工作量已属惊人，但却只占全部殷墟考古发掘和研究报告的一小部分。李济放弃了出洋寻找舒适生活的各种机会，目的只有一个，那就是完成安阳殷墟发掘的研究和出版工作。虽然这一愿望在他生前并没有完全实现，但正如张光直先生所言，他已经"尽其所能"。对此我们只能充满敬意，而不能有哪怕丝毫的怨言。

看着上海人民出版社出版的五卷本《李济文集》，我想也许会有人套用李济悼念胡适先生的话来追悼这位中国考古事业的奠基人：像李先生一生的成绩，"可以说是'自有千古'，不需要任何纪念的标志。换句话说，他留下的工作成绩，就是纪念他最好的纪念品"（《故院长胡适先生纪念论文集序》，《李济文集》卷五，第142页）。但是，李济一生的成绩不仅仅包括在他个人的著述里，也包括在他的同事和学生的著述里，还包括在他开创并设立了很高典范的中国考古事业里。

（原载《新民晚报》2009年10月19日）

让我们进入史前人的物质和情感世界

——介绍一本英国军人所写的澳洲土著民族志

张光直先生说考古学家要熟读民族志。道理很简单：不管我们是否愿意，我们对古代社会和文化的解释，皆需要借助民族志的材料——我们自己的或者是所谓后进民族的。考古学离不开民族志，实际上即便是我们习以为常的对考古遗物的命名和分类，也无不是我们自己的直接经验或者某种间接经验的投射，所谓鼎、豆、壶、斧、锛、凿之类的分类，即是我们生活经验积淀的结果，也应该算作从广义上的民族志得来。但是我们毕竟离开史前社会太久了，要理解史前人的物质和情感世界，真是谈何容易！不过，我最近读到一本18世纪末期一名普通英国军官沃特金·坦奇所写的《澳洲拓殖记》（商务印书馆，刘秉仁译，2008年），感觉对于了解史前人的世界真是大有助益，故特此向读者推荐。

大家都知道，在欧洲人到来之前，澳洲土著已经在这片广袤的大陆上居住了数万年，他们的生活全靠采集狩猎，他们从来也没有制造过陶器，他们的工具非常粗笨，按照考古学家的分类，他们无疑属于旧石器时代的人类。他们是怎样生活的呢？当他们和全副武装的欧洲人初次接触的时候他们会有什么样的反应？他们的精神世界丰富吗？如果这是一本人类学家的研究著作，也许会从理论上系统回答这些问题。

关键是本书的作者是一名英国的下级军官，他没有理论，也没有多少因为学术训练而得到的思维定式和偏见，却是用感性的笔触，向读者细致描述了澳洲土著的物质和精神世界，虽然缺乏系统，却值得我们学习史前考古的人加以关注。

让我在这里举几个例子。

我们都知道旧石器时代的人住窝棚和洞穴，但窝棚是怎样的？考古上看到的不过是几块环绕的石头或者柱洞。他却说"那些窝棚，也就是几块树皮垒在一起成一个炉灶的形状，在一头开一个很低的出入口，那口子的长度倒是够一个人躺着进去。有理由相信，他们更多依靠岩壁上到处都是的那些洞穴栖身，而不是靠这些窝棚。"（第43页）

人类捕鱼和划船的历史都很悠久，但是怎样划船捕鱼？他说"他们划着去捕鱼的小划子，就像他们的窝棚一样粗鄙简单，也就是两端用藤条系起来的一大块树皮。可是他们操控这种小船的灵敏，加上划船的轻巧，以及在没有遮拦的海面上划出几英里的勇敢，还真是让人佩服。几乎每一只小划子上都有一堆火，一抓到鱼就在火上烤着吃。"（第43～44页）说到烤鱼，他说"我们给了他几条鱼，他根本不洗剥干净，而是随便把鱼扔到火上烤，当鱼变热的时候，拿起来，刮鱼鳞，用牙把鱼皮剥下来吃掉。然后取出内脏，再把鱼放在火上，最后烤熟吃掉。"（第90页）

我们知道史前人茹毛饮血，既然如此，一定是生食居多，其实不然。"除非饥饿至极，他们从不吃生肉，而是一律在火上烤，包括蔬菜也是在火上烤。用火烤出来的蔬菜是一种非常无害的食品，但若生吃，许多蔬菜是有毒的，一个

可怜的犯人曾经溜出去吃了生蔬菜，结果中毒，不到一天就死了。"（第44页）

考古经常发现石矛头。把矛头装在木柄上就成了标枪。标枪的厉害要不是坦奇告诉我们，我们是很难了解的。"第一脚踏上这块致命土地的时候，我们觉得土著人的标枪没有什么价值。然而，致命的经历让我们明白，这种武器的杀伤力不容小视，而印第安人投掷这种标枪的技巧也相当厉害。十几名囚犯先后莫名其妙地失踪了。……其中一个长得很粗壮的人，被标枪从身体最厚的部位穿过，另外一个受害人的头盖骨被敲碎。……还有两个囚犯在离上述两人遇害地点很远的地方忙着打草的时候，突然遭到一伙印第安人的袭击，他们想跑都来不及，其中一人被标枪刺中屁股，印第安人又把他打倒，抢走了他的衣服。这个可怜的受害者，尽管伤得非常严重，还是挣扎着爬回来了。而他的同伴被那些野蛮人带走，一直下落不明，直到几天以后一名士兵在印第安人的一个窝棚里拣到他的夹克和帽子，他被一根标枪刺穿了身体。"（第45～46页）标枪也用来射杀鱼和袋鼠。因为坦奇他们就曾经在"一只袋鼠的大腿肉里发现一根很长的标枪头的碎片，碎片嵌进肉里，伤口已完全愈合。"（第46页）

标枪的制作也很值得注意："标枪头有些做成鱼叉一样的倒钩形状，有些是又直又尖的。印第安人投标枪身手不凡，修理起这种东西来也是手艺一流。有一位先生有次把一支破标枪拿给一个印第安人，他立即抓起一只蚝壳，用嘴把蚝壳改成一个工具，然后当场把标枪修好又可以用了。在修标枪的过程中，他把脚掌当成了他的一个工作台。"（第46

页）这种带倒钩的标枪曾经射中一名英国囚犯，扎到身体里的那截标枪长度有7英寸半，"在那上面有一个木头做的倒钩，和几个小一点的石头做的用黄色树胶粘上去的倒钩，这些倒钩在取标枪的过程中因为要用力往外拔，所以多数被扯下来，留在病人体内。"（第162页）这对我们了解细石叶的功能和复合工具的制作是难得的第一手资料。

澳洲土著的情感世界也很丰富。老人病了，小孩子会照料他（第96页）。哥哥快要死了，妹妹会"挪到他的身边，挨着他躺下，直到那尸体冰凉她才离开"（第99页）。病了，他们自己会找草药（第100页）。他们很忠诚，会学习（第101页），也很诚实（第139页），当然也会说谎，不过说谎的时候，"尽量不会把话说死"（第253页）。他们会打老婆（第245页），会对敌人发起攻击（第112页），也会讨好女人（第137～138页）。女人很坚强，生完孩子当天就可以"抱着她的新生儿从植物学湾走到杰克逊港，走了6英里路，然后自己点起火堆做鱼吃"（第253页）。他们会恨，发现虱子会把他吃了（第89～90页），也有巨大的同情心，会宽恕自己的敌人（第181页），他们会埋葬死者，也害怕灵魂作祟（第173～174页）。

这本书实际上是由坦奇的《植物学湾远征亲历记》和《杰克逊湾殖民全记录》两本书合成的，前者初版于1789年，后者初版于1793年，描述了英国向澳大利亚殖民的"第一舰队"航行及到达澳大利亚后头四年在悉尼殖民的情况。作者把澳洲土著称为"印第安人"。这本书当然只是作者对悉尼一地殖民生活和澳洲土著的实录，但是由于较少偏见，文笔又很朴实，所以这本书被认为是"5本有关澳大利亚开国历史记载的书当中最有价值的一本，是当之无愧的澳大利亚历史奠基之作。（译者序言）"我认为，这本书也是一部写给考古学家的优秀的民族志，值得学习史前考古的学者研读。

2009年7月26日，洛阳

（原载《中国文物报》2009年8月7日）

真他妈的，我多么勤奋哪！

——读《我的老师高本汉——一位学者的肖像》

　　三年前在广州的一次纪念高本汉先生的学术会议上，我见到了本书的作者马悦然先生和译者李之义先生，他们都提到这本正在翻译的书。李先生特别提及翻译这本书的困难：因为他不是语言学家，而这本书虽然是一本传记，因为传主是一位享誉国际的以研究古汉语著名的顶尖汉学家，却有很强的专业性。现在看到这本书（吉林出版集团有限责任公司，2009年），仿佛见到了老朋友一般。我从北京读到锡林郭勒草原，又从锡林郭勒草原读到北京，断断续续读了一个多月。无他，因为我对语言学一无所知，看不懂就耽误功夫。但作为一个考古学者，我实际上更想了解作者对高本汉在考古学特别是青铜器研究方面的评价，可惜这部分的内容十分单薄。这也说明传记是多么难写，因为马悦然先生并非考古方面的专家，对于高本汉中年时代倾注了不少心力的这部分内容，他也只能小心翼翼地绕开。

　　2001～2005年，我因瑞典东方博物馆的邀请，曾数度访问该馆，并有幸坐在高本汉先生黄色的"山形墙高房子"屋顶下的研究室里读书写作。研究室早已经变成了东方博物馆的阅览室，如果不是马思中（Magnus Fiskesjö）馆长告诉我这是高本汉曾经的研究室，我根本想不到这一点。高本汉和他的前任安特生差不多是中国文史学界家喻户晓的人物，可在瑞典，他们也就是两位普普通通的学者，没有多少人知道他们。我记得博物馆三楼的一间陈列室里倒是有一座真人大小的高本汉青铜头像，其他再也没有任何踪迹可循了。高本汉的藏书捐给了东方博物馆，他的藏书正如他的生命，已经和那个黄色格调的山形屋顶的东方博物馆融为一体，不留痕迹。

通常高本汉读完自己作品的最后一次校样以后，便把漂亮的手稿扔进纸篓里，因为他"完全确信，他的作品比他本人更为重要"。的确，高本汉是那样勤奋，我过去只知道他写过大量语言学、音韵学、考古学和文献学方面的论著，却不知道他还写过多部长篇小说，发表过剧本和众多科普作品。这一点他比他考古学家的前任安特生还要突出。就著作的数量来讲，也许只有他的另外一个同胞斯文·赫定才可与之比肩。本书附录有高本汉作品年表，不算文学作品和发表在报纸上的时评之类的文章，就已达12页之多，所以一般学者恐怕只能仰视高本汉而无法望其项背。其实高本汉也很自负，所以才会在给他庆祝65岁生日之时，激动地喊道："真他妈的，我多么勤奋哪！"

本书的作者和译者都是第一流的学问家，都为复原高本汉的一生竭尽心力。李先生的译笔文采斐然，尤其值得称道。我读高本汉的著作不多，实际上对高本汉的学术不能"赞一词"。但是，毕竟还是有一些我熟悉的东西，也许作者或译者都没有注意到，权当吹毛求疵，顺便写在下面，以便将来本书修订再版时加以参考。

一、史实方面的问题

马悦然写自己的老师，参考了大量档案资料，这方面的失误应该不多，但还是有的。比如第240页说道："当安特生1925年返回瑞典时，他带回大量的史前的手工制品。根据与中国当局达成的一项协议。这些物品经过修复以后，大部分要返还中国，也确实这样做了。但是非常遗憾，大部分材料在1930年代的抗日战争中遗失。"这段话是有依据的，但只对了一半。根据中瑞双方1924年12月31日达成的协议，安特生在中国的采集品需在运回瑞典修复研究之后平分为两份，一份留在瑞典，一份送回中国。截止1937年抗战爆发，安特生共寄回中国7批文物。其中1927年一次，1928年一次，1930年二次，1931年一次，1932年一次，1936年最后一次送到当时的首都南京。这部分文物的确下落不明，但这7批文物并非作者说的"大部分"，因为至少原来标明P（即Peking的开头字母，意即准备送回北平）的文物还有不少至今仍旧藏在东方博物馆里。实际的情况是，因为战争和动乱的原因，送还安特生在中国考古采集品的工作在日本侵华战争后中断了（参见马思中、陈星灿《中国之前的中国》，瑞典东方博物馆，斯德哥尔摩，2004年）。

第242页说，"备忘录提到，高本汉是中国最高学术机构中央研究院仅有的三名外籍院士之一（其他两位是斯文·赫定和伯希和）。"这也不准确。中央研究院1948年才选举第一批院士，此前没有院士，更无所谓外籍院士，高本汉只是中央研究院历史语言研究所的外国通讯员（1928～1933年）和通信研究员（1933～1948年）。斯文·赫定没有当过通讯员和通信研究员。另一位著名的奥地利语言学家钢和泰（Baron A. Von Staël-Holstein）倒是做过史语所的特约研究员（1932～1933年）和通信研究员（1933～1937年）。

二、关于某些论著的译名问题

这部分的内容，也有一些。比如第315页的BMFEA，译为《远东博物馆年刊》。关于这个博物馆，我们一般的说法是"远东古物博物馆"（这是根据该馆的英文名字翻译而成），但是书中有时说"东亚博物馆"（这是根据该馆的瑞典文名字翻译而成）（第180页），有时说远东博物馆。其实这个博物馆是有中文名的，就是"东方博物馆"。它的出版物该叫《东方博物馆馆刊》，到2003年该刊已经出版了75期，发表了大量有价值的论文。第317页提及1924年高本汉评介安特生的两本书，都是中英文双语版，第一本叫作《中华远古之文化》，是作为《地质汇报》第5号出版的；第二本叫作《奉天锦西沙锅屯洞穴层》，是作为《中国古生物志》丁种第1号出版的。这两本书在中国考古界都很有名，翻译成其他名字就会造成误会。《中国古生物志》诸系列在国际上也很有名，是当时中国的顶尖刊物，也不应该翻译成其他名字。第321页，提及刊登在《东方博物馆馆刊》第6期上的《宝山文化的日期》，原文是"On the date of the Piaobells"，显然译名是有点问题的。

　　另外，瑞典是只有国王没有皇帝的，但是在第32页的引文里，同时出现"皇后"和"国王陛下"，不知道原文如何，但是推测这里的"皇后"应该就是"王后"吧。

三、笔误及其他

　　一本330页的书笔误总是很难免的，但有些显然已经影响到文意，似乎也应该一并指出来。比如，第13页倒数第二行的"1978年"，应为"1878年"，次页的"1984年"，应为"1884年"。187页，"豫北的函谷关"，显然为"豫西的函谷关"之误，因为函谷关位于晋陕豫交界处的三门峡地区，算不上豫北。第236页的《英汉辞典》当为《汉英辞典》（A Chinese-English Dictionary）之误。第246页"第一阶段（商一般和西周）：公元前13到前1世纪"，"第二阶段（周）：公元前1到前7世纪"，这里的两处前1世纪显然都是"前11世纪"的误写。第313页第二段，说"1970年代末，一个来自中国社科院的十人自然科学代表团访问哥德堡大学"，这个表述也许不应该算作笔误，可能另有误会，因为如果是中国社会科学院派出的，是不应该有"自然科学家"代表团的，不知道问题出在什么地方。第318页把《语文学和古代中国》译成中文出版的，该是历史学家贺昌群而不大可能是"何昌群"。说到高本汉的著作，还有一些已有中文译本而没有被作者注意到的，比如1975年分两册出版的《先秦文献假借词例》（陈舜政译，台湾中华丛书委员会），显然是高本汉1963～1964年两部同名作品的译文。

四、关于汉学家的中文名字

正如译者所言，大部分著名汉学家的名字，如果有中文名的，本书已经按照中文名译出，比如安特生、伯希和、马伯乐、沙畹、韩恒乐等等。但是，也还有一些名字，是按照西文的读音翻译过来的，这虽然算不了什么，但既然他们都有中文名字，恐怕也要使用他们的中文名字才好。比如大名鼎鼎的H.G. Creel的名字是顾立雅，而不是"克里尔"（第260页）；曾跟本书作者通信的Lothar von Falkenhausen，是现在美国加州大学洛杉矶分校任教的罗泰，而不是"冯·法尔根豪森"（第249页）。所谓布·叶林斯维德（Bo Gyllensvärd），就是在高本汉之后曾任东方博物馆馆长的俞博（1916～2004年）（第245页）。曾写作《中国古代史》的Hirth，名为夏德，而不是"赫兹"（第61页）。1977年探望高本汉的"英国学术泰斗"是《中国科学技术史》的作者李约瑟（Jesoph Needham），而不是约瑟夫·尼德汉姆（第311页）。

高本汉的一生是纯粹学者的一生，也是永不停歇、辛勤耕耘的一生。1928年，胡适说"材料可以限死方法，材料也可以帮助方法。三百年的古韵学抵不上一个外国学者运用活方言的实验。"（《治学的方法和材料》）这个外国学者，指的就是高本汉。给这样一个学者写传记，是我们非常欢迎的，把它翻译为中文出版，更是功德无量。我再重申一遍，我本没有资格给本书写书评，也看不懂瑞典文，更深知翻译的艰辛，上面的文字只能算作后学的一点吹毛求疵，借此向马先生、李先生和广大的读者求教。

（原载《东方早报·上海书评》2009年9月6日）

读《我们的根——简说五千年中国文明史》

　　批评前辈难免被讥为不厚道，批评已经过世的前辈，就更难免此讥。但是，厚道也罢，不厚道也罢，我忍了几天，觉得最好还是先放下这个顾虑，把这本书摊给读者看看，以免还有读者像我这样，看到封面上"史学大师讲述通俗历史故事，靓图美文演绎袖珍中国通史"的响亮文字，就匆忙买回家来，既浪费金钱，也浪费感情。

　　按照编者说明，这本书是作者——旅美历史学家黎东方先生（1907～1998年），为全世界华人、华裔青少年撰写的中国通史简明读本，也是他毕生最后一部著作，1998年曾在台湾以中英文对照本的形式出版。本次出版，编者对有些人名、地名等资料做了核对、修正，对某些提法稍作修改。但又强调"书中有些叙述仅代表作者个人的观点"。这说明编者的改动有限。编者所做的第三点说明，是"添加了插图和图注，并对原书的简图作了必要的删改"。这点说明为我们辨别到底是谁的错误增加了困难，但我无心再去找来1998年的台湾版，就事论事，就说眼前这个版本（上海人民出版社，2009年）的问题吧。

　　这本书的问题可真不少。很多说法是靠不住的，比如自序中说："我这书中的中华民族，有多过全人类五分之一的人口，又有其长度足以与其他民族的历史加起来的长度相比的历史。"看自序,这本书写于1992年。读者大概闹不明白怎么中华民族的历史就有"其他民族的历史"相加起来的长度。这"其他民族"是指中华民族以外的所有民族吗?还是另有所指? 如果单举这类问题,也许会有读者说我吹毛求疵,不是编者已经说过"书中有些叙述仅代表作者个人的观点"吗? 他这么认为,有何不可?

所以,这篇书评,只谈硬伤,只谈考古的部分,而且只举那些最典型的例子,以免浪费读者的时间。

一、插图方面

(一) 第9页插图,明明是"北京人"的复原头像,图注却说是"'北京人'化石",有谁见过这样的化石?

(二) 第15页下方插图,明明是甘肃甘谷西坪遗址出土的鲵鱼纹彩陶瓶,图注却说是"半坡出土的'素陶'"。这是典型的张冠李戴。

(三) 第16页插图,明明是长江中游湖北天门石家河遗址出土的屈家岭文化陶纺轮,图注却说是"半坡出土的彩绘陶器"。这样的插图,除了误导读者,真不知道还有什么用?

(四) 第22页插图,明明是一个彩陶罐,图注却说是"齐家坪玉琮"。这样的错误,令人匪夷所思。

二、文字方面

(一) 第14页倒数最后一段是这样说的:"磁山的最特

色的陶器，是所谓'物架'，放东西的架子，很像倒立的皮靴。用它来放着的东西，可能是衣服，或兽肉。"很遗憾这里没有插图，要不是作者说它像一个倒立的皮靴，无论如何我们猜不出它究竟是什么。实际上考古学家一般称之为"支脚"，把三个这样的支脚摆成鼎立之势，就能把陶器放在上面，下面再点上柴火，就能把陶器内的食物煮熟，根本不是放着什么"可能是衣服，或兽肉。"

（二）第20页第六段说，"在浙江湖州钱山漾与余姚县河姆渡的新石器晚期遗址，是开始于公元前三千年左右。"河姆渡遗址涵盖了很长的时间，无论如何，它开始的时间一般认为在公元前五千年前后，绝不可能晚到公元前三千年左右。

（三）第21页第一、二段说，"东南地区新石器时代的突出石器，可以举出下列几个例子：（1）北阴阳营的七孔石刀；（2）河姆渡的圆底缸；（3）钱山漾的耘草器；（4）杭州老和山良渚型的石锄；（5）苏州草鞋山的马家浜的豆以及河姆渡的刻纹陶片。"且不管其他问题，前面说的是"突出石器"，后面举的竟然是"圆底缸"、豆和刻纹陶片，不知道读者是否也会相信这些用土烧成的陶器，怎么忽然就变成了石器？

（四）第23页第二段说，"在广大的新疆地区，安特生和继他而往的若干中国考古学家，作了初步的考察，找到了若干东西，足以证明其彩陶花纹与甘肃等地的彩陶花纹有关。"安特生（1874～1960年）确曾在甘青地区考古（1923～1924年），但从未到新疆工作过。他倒是计划填补新疆考古的空白，但最后却未能如愿（马思中、陈星灿：《中国之前的中国》，瑞典东方博物馆，斯德哥尔摩，2004年，第67页）。

（五）第29页第四段说，"最近中国有很多考古学家，认为在河南偃师县二里头（二里头在偃师城西二里）西门外遗址下面三层的遗物，有最下层与上层，或许连同中层，可能代表了夏朝的文化。而商朝则是来到今日偃师城的城里居。"这样的语无伦次，真是不知道从何说起。其实偃师县城西二里的遗址是偃师商城，一般认为可能是商人攻灭夏人都城二里头的一个据点。二里头遗址在今偃师县城西南约6公里左右。

（六）这一段下面提到"这二里头的下面三层遗物之中的三件，有人已经用炭十四同位素测算的方法，考定其时代为公元前2393年至前1885年之间，这正与我所假定的夏朝年代（公元前2202年至前1731年）大致符合。"且不管"碳十四"不叫"炭十四"，光这个年代就不知道作者是从哪里得来的。二里头的年代一般认为在公元前1900～前1500年之间或略晚，偃师商城的年代更晚，怎么就有那"三层遗物之中的三件"，忽然向前推进了数百年？

（七）第31页第四段，说到殷墟妇好墓出土的玉器，说埋藏了"一万七千件之多"。妇好墓确是罕见的没经盗掘的商代王室墓葬，但全部的随葬品，加到一起，也就是1928件，玉器不过755件，怎么一下子就变成了如此惊人的数字呢？

够啦，如果我再举例子，读者一定要厌烦了。除了上举的错误，书中还把一些地名弄错了，或者同一个遗址，竟然有两种不同的叫法。比如第20页的"马家滨""松泽"，正确的写法是"马家浜"和"崧泽"。这是长江下游两个著名的新石器时代遗址，后来也以它们的名字命名了两个著名的新石器时代文化。又如第138页，把新郑裴李岗错写成了"裴李冈"；第167页把湖北黄陂盘龙城错写成了"蟠龙镇"。

考古学上有许多问题没有定论，但严肃的学者一般都对未有定论的说法持比较谨慎的态度，或者根据常识做出自己的判断，这一点很重要。但是这本书经常采用比较不被大家接受或者需要更多证据证明的说法，比如第15页说"磁山添了牛和鸡，裴李岗添了山羊"，磁山的牛和鸡是否家养还需要证据，山羊是根本靠不住的。关于后者，原报告也不过说是出土了陶塑的"羊头一件，长角而粗，造型简单"，另外一件似"羊头"，实际上两者都不能判断为"山羊"的（参见开封地区文物管理委员会等《裴李岗遗址一九七八年发掘简报》，《考古》1979年第3期）。第21页倒数第一段，说钱山漾与河姆渡人吃的东西里面，有"花生"云云，这与新大陆发现之后花生才进入中国的历史相矛盾，虽然出土物看起来像花生，但并不为多数学者所认可（俞为洁：《饭稻衣麻——良渚人的饮食文化》，浙江摄影出版社，2007年，第82～89页）。第138页，说到"灌溉的器具"，"自从一百个世纪之前，……中国的农民便已知道灌溉的重要，不亚于尼罗河流域的古埃及人，甚至比他们知道更多。"磁山、裴李岗文化是有不少陶器，但陶器是否就是用来灌溉的器具？

凡经营农业是否就一定知道灌溉？怎样证明磁山、裴李岗时代的先民比古埃及人更懂灌溉？这样写史，可真有点像写小说啦。

　　既然写史，又是标明给年轻人写的，就不能出史实方面的错误，否则就是一本不合格的书。在分工如此明确的现代学术界，要一个人既懂文献又懂考古，确是比较困难，但是在考古方面如此错误百出，不能不让我怀疑这本书在文献的利用方面究竟还存在多少错误。作者是前辈学者，著作等身，致谢名单里更有一长串大师级的人物，似乎每一章都扎实可信，不容置疑。不过我想这些被谢的人，是不该为上述错误负责任的，他们的名字放在致谢名单里，跟作者在正文里提到"中国考古学之父"李济"曾经跟他说起"什么云云（第30页），或者他在1977年11月在牛津大学就某个题目"作了演讲"一样（第23页），都是为了增加本书可信度的旁证，但是和致谢名单一样，李济和牛津大学也是不能也不该为作者的种种错误负责任的。

　　写到这里，我想说的是，我们的某些出版社引进海外的著作，一定要下点功夫看看货色如何，如果确有可取之处，非要出版不可，至少也要把那些明显的硬伤消灭才好，否则就太对不起读者了，也会损伤出版社的清誉。

（原载《东方早报·上海书评》2009年10月18日）

名著有瑕疵

——读牟复礼先生《中国思想的起源》

  谈到中国思想和中国思想的起源，无论如何都不能回避中国的文化传统，甚至中国的文明起源。美国著名学者牟复礼（Frederick W. Mote, 1922-2005）的名著《中国思想的起源》也不例外。这本刚刚译成中文的书（王立刚译，北京大学出版社，2009年），第一章就是《中国历史的开端》。他根据考古的发现，认为"尽管我们还没有直接找到甲骨文最早阶段的证据，但已经发现了最早创造甲骨文的文明跟同地区的、更早的、尚无文字的新石器时代文化之间存在着文化纽带。传统中国的始基在那段史前时期就已具雏形了。"又说，"但中国的信史，就如同其他文明一样，被认为只有在发明了文字之后才算正式开始。——中国内地过去四十年开展的一些考古工作虽然将重点集中在商文化上，但还没有在甲骨文和其他文献中找到清晰明确的印证。在此之前，或者说在其他证据完备之前，中国文明的开端的精确叙述就依然是一个美妙的谜，让文化史的学者们沉迷于思索和推测中。"（第5页）

  牟先生虽非考古学家，但他的概括很到位，理解也很正确。不过牟先生的大作，也有很严重的史实错误，比如第4页提到："1986年中国社科院在今中国西北的西安附近发现了一处遗址，出土了甲骨文，时间为公元前3000年到公元前2500年。这不但提前了晚商一般的时间，而且也将整个商朝的时间提前了。这些新发现的商朝甲骨文被确认为更古老、更原始。"这段话错得莫名其妙，看来不像是翻译造成的错误，而可能跟作者的道听途说有关。首先，中国社会科学院从来没有在西安发现过殷商或者殷商以前的甲骨文；其次，如果真有这么回事，恐怕也都跟《光明日报》1986年5月1日和1987年3月19日的两篇报道（新华社记者苏民生、光明日报记者白建钢报道）有关。第一篇报道题为《西安出土一批原始时期甲骨文——比殷墟出土的甲骨文要早一千二百年》，第二篇报道是《西安又出土一批原始时期甲骨文》。前者说这批"甲骨文"属于龙山文化晚期，又说把"中国人最早使用文字的历史提前到四千五百年至五千年前"，后者则直言这批原始"甲骨文"距今4000年以上。我们知道，龙山文化约当公元前3000～前2000年，延续了差不多1000年，如是龙山晚期，就当在距今4500年之后，同一篇报道，前后矛盾，正说明报道的不专业。关于这批"甲骨文"跟殷墟甲骨文的关系，后一篇报道也只是说"与驰名中外的殷代甲骨文字有渊源关系。"两文既未提及"中国社科院"，更没有言及"将整个商朝的时间提前了。"因此我们应该可以断定牟先生根据的也许是由这两篇报道衍生的报道，也许就是根据友人的转述，反正不应该是第一手的资料。问题是，这两篇报道的内容根本就不足凭信，这批所谓的"原始甲骨文"在媒体吵吵嚷嚷一段时间之后也已经正式发表了21年

（郑洪春、穆海亭：《陕西长安县花园村客省庄二期文化遗址发掘》，《考古与文物》1988年5、6号，第229～238页），但是严肃的考古学家和古文字学家都没有把它们当成讨论的对象，因为这批所谓"笔画细若蚊足，刚劲有力，字形清晰，字体结构布局严谨，与殷代甲骨文字体接近"（《光明日报》1986年5月1日文）的"甲骨文"原本就是有机物腐蚀的结果，根本不是文字。我们当然不应该苛求牟先生既懂考古又懂中国古文字，但他受了这些报道的误导是无疑的了。让这些假货夹在这部名著中，不能不说是一个遗憾。本文愿意为牟著在此做一个注脚，请研读此书的非考古专业学者和广大读者留意于此，不要以为真有这么回事，商朝的历史也并没有因此提前。

顺便说说另外一本最近出版的汉学名著、美国学者费正清（John King Fairbank，1907-1991）的《中国：传统和变迁》（张沛等译，吉林出版集团有限公司，2008年）。谈到中国文明的诞生，无疑也要用到考古材料。比如第14页说，"东亚最有代表性的旧石器是石刀，其他地区是石斧。"这里的所谓"石刀""石斧"，都是有问题的，前者的原文推测可能是flakes，scrapers或者是chopping tools，即指石片、刮削器或切割工具，后者无疑是handaxe，即手斧，这两者跟我们一般人所理解的装柄的、磨光的复合工具石刀（stone knife）和石斧（stone axe）有本质不同。用"石刀"和"石斧"名之，不能不造成误解，因为石斧在中国甚至全世界的新石器时代是很常见的。说到仰韶文化的半坡村遗址，该书说是"距今已有七万年的历史"（第15页），把年代推前了十倍。这些错误推测跟作者没有关系，恐怕是译者的手民之误或者竟是出版社的误排了。

2009年9月22日

（原载《东方早报·上海书评》2009年10月25日）

翻译家，您慢一点吧

导语：要是译者肯下一点功夫，至少不会把丁文江、翁文灏等这些中国近现代史上的著名人物，像变戏法一样，弄成我们大家都不认识的陌生人。

瑞典著名探险家斯文·赫定的*Across the Gobi Desert*一书，最近由王鸣野先生译成中文，在吉林出版集团有限责任公司出版。该书中文名被改为《从紫禁城到楼兰——斯文·赫定最后一次沙漠探险》。书籍装帧精美，印刷漂亮。这几天出差带在手边，闲来翻看，虽然觉得译文晓畅可读，但掩卷之后，却是如鲠在喉，有一些话不得不说。

先说书名。如果熟知斯文·赫定的探险活动，或者对赫定先生的著作有点了解，就知道1927～1928年从北京走到新疆的这次科学考察（他自己实际上只走到了乌鲁木齐而不是楼兰），并非他的最后一次探险活动。从1933年10月21日离开北京，到1935年3月11日回到北京的这次汽车考察之旅，跨越的地理范围更大、更广，虽然"到此为止，1927年开始的考察工作最后终结"（斯文·赫定：《亚洲腹地探险八年（1927-1935）》，徐十周、王安洪、王安江译，新疆人民出版社，1992年，第766页），也就是说至少在赫定本人看来，1933～1935年的汽车旅行，还是他自1927年开始的中亚

《从紫禁城到楼兰——斯文·赫定最后一次沙漠冒险》封面

考察的一个组成部分。但是当他写作Across the Gobi Desert时，他的汽车探险活动还远远没有开始，所以把1927～1928年的这次考察活动，当成他的最后一次探险活动，是不准确的。如果读者看看赫定后来撰写的《亚洲腹地探险八年（1927-1935）》（英文原书名是：*History of the Expedition in Asia 1927-1935*, Stockholm, 1944），就知道赫定在1928年之后，两进两出内蒙古和新疆，其间的曲折和艰辛，并不亚于第一次探险。所以赫定在本书第三卷所描述的1933～1935年的这次田野考察活动——从北京出发，经过内蒙古、甘肃和新疆又回到北京的汽车考察，才是他的最后一次沙漠探险活动。

我想说的，其实远不止书名。手边没有Across the Gobi Desert 这本英文原著，有疑问的地方无法一一核对，实际上我也不愿意去花这个工夫核对它。但是就我有限的知识，我知道书中把不少中国考察队员的名字翻译错了，这错误虽然没有把蒋介石译为"常凯申"之类的错误吓人，但也足够让我们劝劝某些翻译家了：在您翻译之前或者翻译之间、之后，能否查查相关的史料，别犯这类简单的令人无法饶恕的错误？

张冠李戴的译名错误，几乎贯穿这部译本的始终。第1页，"我向V. K. 亭博士、W. H. 翁博士和格拉堡博士辞行。"不用说，这三位分别是丁文江博士（1887～1936年）、翁文灏博士（1889～1971年）和美国著名古生物学家葛利普博士（Amadeus W. Grabau, 1870～1946年）。前两位是我国著名的地质学家和社会活动家，是中国地质事业的创始人，都是中国近现代史上赫赫有名的人物。葛利普1920年应丁文江先生之邀来华，担任地质调查所古生物室主任和北京大学古生物学教授，把他的后半生全部献给了中国的地质和古生物学事业，1946年在北京逝世，是深受中国地质和古生物学界尊敬的大师，他的墓碑至今还矗立在北大校园。

第32页，"徐教授于1888年出生于湖南省靠近湖北省边界的一个村庄里。"这里的"湖南省"显系"河南省"之误。如果熟悉徐炳昶教授（1888～1976年，字旭生，中瑞西北科学考察团中方团长，我国著名历史学家、考古学家），就知道他是河南南阳人。一字之差，不管原著是怎样拼写的，出这样的错误都是不应该的。其实，接下来的第34页也告诉读者，四位中国学者和他们的学生来自五个不同的省份，明明白白地写着河南而不是湖南。

第33页，说到袁复礼教授，"他的朋友们都叫他'四元'"。看到这里，我真是吓了一跳。袁复礼，字希渊（1893～1987年），我国著名地质学家，也是1921年同瑞典学者安特生（J. G. Andersson）发掘仰韶村遗址的中国学者。好在译者还知道"袁复礼"的名字，否则我们真不晓得这个"四元"该是哪个了。

第34页，"最后一个中国人的名字叫单帆顺"，这真把我"雷"倒了。因为在我的印象里，中瑞西北科学考察团里根本没有一个姓单的人。想来该是"詹蕃勋"吧。詹蕃勋，字省耕，是西北科学考察团的中方团员、测量学家。

同页还提到"中国科学研究机构协会"。中国近代并没有这样一个协会，它的准确名称应该是"中国学术团体协会"。在中瑞西北科学考察团离开北京之前，该协会主席周肇祥跟赫定签订了中英文两个文本的"中国学术团体协会与斯文·赫定博士所订合作办法"。虽然时间过去了差不多一个世纪，但找来这个协议的中文文本并不困难，实际上最近正式出版的《徐旭生西游日记》（宁夏人民出版社，2000年），就附录了这个协议（第281～284页）。

第35页，"10位中国人中现在没提到的只有匡元闿，他是一位摄影师。"这也让我大吃一惊。龚元忠，字醒狮，现在他的姓名却变成了"匡元闯"，亏得赫定不大晓得中国人的字，他要是把龚先生的字也写上，不知道这个"醒狮"，最后会变成什么人的名字呢！

同页倒是把四位参加考察团的学生的姓都翻译对了，即刘、崔、李和马。但是，在随后的文字中，却出现了"隋"（比如第90页、第256页等），要不是赫定说"赫姆波尔和那个叫隋的学生如往常一样为我划出基线""我们自额济纳河派出的隋姓学生"云云，说明这还是那个姓崔的学生，我还真以为又冒出一个姓"隋"的学生呢！这个突然冒出来的"隋"，一定就是"崔鹤峰"（字皋九）吧。

第43页，安特生（1874～1960年）被译成了"安德森"。这也就罢了，他本来就是一个瑞典人，虽然他认可的中文名字是"安特生"三字，中国考古学界到现在也都是这么称呼他的（马思中、陈星灿：《中国之前的中国》，瑞典东方博物馆，2004年，第102～103页）。但是下面的"北京联合医学院"和所谓的"布兰克博士"（第43～44页），我却不得不说两者分别是"北京协和医院"和步达生（Davidson Black, 1884–1934）的误译。步达生，加拿大人类学家，周口店北京猿人的研究者，1934年病逝于北京。

第171页，"在收藏家陈的大力支持下，伯格曼在从百灵庙到额济纳河的路上发现了120处新石器时代的遗址。"这个"收藏家陈"，想来不会是别人，一定是中方队员陈宗器先生（1898～1960年，地磁学家，中华人民共和国成立后曾任中国科学院地球物理研究所副所长），他不知道什么时候变成了"收藏家"。

第226页，说袁复礼教授的南队还在"陈藩附近地区发现了3座古城"。这个"陈藩"，就我仅有的知识判断，应该是"镇番"之误。

第236页，前面提到的龚元忠先生，不幸又被改了姓，成了"孔"先生。

第250页，"杨增新的右边坐着他多年的心腹和俄文翻译——来自喀山的塔塔尔·布尔汉。"这个人，其实就是中华人民共和国成立后曾任新疆维吾尔自治区政府主席的大名鼎鼎的包尔汉（1894～1989年）。

第253页，所谓"外务部长樊大人和教育部长刘大人"，樊大人和刘大人的姓倒没有错，但是所谓"部长"云云，一定是"署长"或者"厅长"的误译。根据《徐旭生西游日记》，樊"外务部长"其实就是杨增新手下的"交涉署长"，刘则是他的"教育厅长"（见该书第189～190页）。

我这里只是把明显的人名、机构名的误译挑了些出来，至于读来不通或者读不懂的地方，还有不少，这里仅把随手记下来的几处告诉译者，希望以后修订的时候能够加以注意。比如第94页说，"看到黑德的3张巨幅精妙三角系统图也是一种真正的艺术享受"，一般读者是不明白这"三角系统图"是什么玩意的，译者恐怕要加注说明。第95页，"平台周围是几百块角度弯曲的砖头"，一般读者恐怕也不明白什么是"角度弯曲"的砖头。还有，译文中一会儿用中国人，一会儿用汉人，想来多是所谓Chinese一词的翻译（比如第111～112页）。到底哪些地方该用"中国人"，哪些地方该用"汉人",在中文里应该有清楚的表述,显然,在很多地方,译者的拿捏是不准确的,很容易给读者造成误会。第164页所谓"河流就分成几条小的三角洲支流"云云,读者恐怕也不明就里。

从封内的译者简介看,显然这是一位年轻有为的学者,作品不少,对西域历史看起来也有专攻,如果他能在翻译这本书的过程中,随手查查斯文·赫定已经翻译成中文的若干本著作,比如上引的《亚洲腹地探险八年(1927-1935)》,或者已经正式出版的《徐旭生西游日记》《黄文弼蒙新考察日记》(文物出版社,1990年),又或者袁复礼的《蒙新五年行程记》(《地学集刊》第2卷3、4期合刊,1944年)、《30年代中瑞合作的西北科学考察团》(《中国科技史料》第4卷3期、4期(1983年),第5卷1期、2期、3期(1984年)),别的不说,至少上面张冠李戴的错误均可避免。这些书在一般的图书馆都能查到,斯文·赫定和徐旭生的书现在还能在书店买到。要是译者肯下一点功夫,至少不会把这些中国近现代史上的著名人物,像变戏法一样,弄成我们大家都不认识的陌生人。

最后,我想向这本书的译者和所有从事翻译的学者发出善意的呼吁:翻译家,请您慢一点吧!

(原载《东方早报·上海书评》2010年4月22日)

紧跟世界学术潮流的夏鼐先生
——写在《夏鼐日记》出版之际

　　四百多万字的《夏鼐日记》（十卷本，华东师范大学出版社，2011年），是夏鼐先生留给我们的宝贵财富。它不仅为了解夏鼐先生个人提供了弥足珍贵的第一手材料，对于了解中国现代考古学史、中国现代学术史甚至中国现代史，也有很高的史料价值。始于1927年，终于1985年6月17日，即夏先生去世前两天的这部日记，虽然开头几年（1927～1930年）和"文革"期间（1967～1971年）都有中断，但前后绵延半个多世纪，由中国顶尖学者撰写的这样一部日记，在中国现代史上实在并不多见，用它补中国现代史特别是现代学术史研究史料的不足，其价值是毋庸置疑的。比如，在"文革"开始之后的1965～1966年，他就记录了曾昭燏（1965年1月18日日记）、傅乐焕（1966年6月1日日记）和陈梦家（1966年8月25日、9月3日日记）三位老朋友的自杀，虽然都是寥寥数语，也似乎不带太多的感情色彩，但这样的史料，恐怕是很难从当时的公开出版物上获得的，即便后来这三位学者都已平反昭雪，但后人对他们那人生中最惨痛的一页，多不甚了了，有人甚至连他们的名字也记不得了。

　　夏鼐先生是中国考古学史上里程碑式的人物，早年在中央研究院历史语言研究所任职。中华人民共和国成立后，历任中国科学院考古研究所（1977年改属中国社会科学院）副所长、所长和名誉所长，领导中国考古事业长达35年，可以说是新中国考古事业最主要的奠基者，中国考古学之有今天，跟这位舵手有直接的关系。我生也晚，没有见过夏鼐先生，但他是我最为敬仰的少数几个学者之一。我过去学习考古学史，有一个很武断的感觉，甚至现在也还是这样，那就是觉得中国考古界跟国外的交往在改革开放前是中断的，中国考古学者对外界知之甚少甚至一无所知。我相信不少同龄人或者比我年轻的人也有类似的感觉。但是，看过《夏鼐日记》，我知道我的判断很不正确。至少在1966年之前，中国考古界并没有跟外界隔绝。夏鼐先生不仅通过跟各国学者的直接交流了解国外考古学的新进展、新动态，更通过阅读大量外文文献，获得新的知识。如果说夏鼐先生是一个窗口的话，那么中国考古学至少有一个窗口是洞开的。我这样说也许您不相信，请让我举例说明：

1950年1月2日，"阅毕豪厄斯《迄今的人类》（pp.1-312）"；1月3日，"阅胡顿《从猿到人》"；1月5日，"阅毕《从猿到人》（pp.1-604）"；1月8日，"上午在家阅Weidenreich, Six lectures on Sinanthropus Pekinensis and related problems（魏敦瑞：《中国猿人北京种及有关问题的六次讲演》）"；1月9日，"阅毕魏敦瑞：《中国猿人北京种及有关问题的六次讲演》（pp.1-92）"；1月13日，"阅魏敦瑞、金蒂的《猿和人》"；1月14日，"阅博尔斯《普通人类学》"；1月15日，"阅《美洲人类学家》（1939年）"；1月16日，"阅蒙特留斯著、滕固译《先史考古学方法论》"（第1～91页）；1月19日，"阅《人类》（1947年）"；1月20日，"阅基思：《人类化石的新发现》及《美洲人类学论文选集》中关于非洲南方古猿的文章"；1月22日～23日，"阅毕郭沫若译、米海里司著《美术考古学发现史》（1～462页），并作札记"；1月25日，"阅魏敦瑞《中国猿人北京种的齿式》"；1月27日，"阅《人类》1945年各期"；1月29日，"阅《人类》1944年各期。下午起写《〈从古猿到现代人〉的商榷》"。

上面是夏鼐先生一个月阅读外文书刊或外文译著的记录。因为跟当时在浙江大学的教学有关，所以读物主要是人类学甚至是古人类学方面的。这些外文文献，有新有旧，并不都是新的出版物。但夏先生对新出外文书刊的阅读之快、之多、之宽泛，实在是出乎我的预料的。我下面再举一个例子。

1949年9月3日，夏先生接受浙大聘书，秋季即开始在浙大开课。从10月6日进入浙大，到这一年结束，夏先生阅读的外文期刊，就有数种，而且不少都是这一年的新刊。比如10月8日，"返家后阅新出 Man《人类》各期"；10月30日，"上午在家阅《人类》1949年1月号"；10月31日，"阅 American Journal of Archaeology（《美洲考古学杂志》）1948年4册"；11月1日，"阅《美洲考古学杂志》1949年1月号"；11月4日，"下午阅 American Anthropologist（《美洲人类学家》）二本"；10月11日，"阅了一册《美洲人类学》（5卷2期，1949）"；12月27日，"下午抄录 Science Monthly（《科学月刊》）今年5月

份中之介绍1939年人类学与考古学之新发现及新学术
一文。"

　　夏先生对国外的考古学研究是非常关注的,欧美许多学
者的研究都曾进入他的视野。这里只举一个例子。大家都知
道柴尔德是英国著名考古学家,被认为是马克思主义考古学
的代表人物,对20世纪的考古学发展有很大影响。30年代,
夏先生没能成为柴尔德的学生,但他一生都对柴尔德的研究
情有独钟。日记中记录阅读柴尔德著作的地方,从1949年10
月至1952年底,凡十多处。比如1949年10月28日,"阅V. G.
Childe, *Archaeological Ages and Technical Stages*(柴尔德:
《考古学的时代与技术阶段》)";1950年2月2日,"下午
阅《人类》1942年各期。将柴尔德关于苏俄考古二文作札
记";5月19日,"阅柴尔德《欧洲文明的起源》";6月18
日,"阅柴尔德《历史上发生了什么》";1951年10月1、2
日,"阅毕柴尔德《不列颠群岛的史前社会》";1952年4
月26日,"阅柴尔德《历史学》(pp. 1-83)";5月19日,
"阅柴尔德:《社会演化》";6月26~28日,"连续三天
阅柴尔德《欧洲文明的开端》";7月1日,"阅毕(1~336
页)"。从1953年到1957年柴尔德去世期间,夏先生还读过
柴尔德的《从底格里斯河到塞文河的初期车子》《关于远
古东方的新发现》《远古文化史》(即《人类创造自己》
的中译本)、《欧洲的遗产》《历史的复原》《史前考古
学目标和方法的变化》(《史前学会通报》文章)等多部
(篇)。1958年1月8日,夏先生为不幸去世的柴尔德写下一
篇《传略》,表达他对柴氏的敬仰之情。实际上,1959年夏

先生有关考古学文化的讨论，虽然针对的是中国考古学的问题，但研究问题的概念、方法和思路都有柴尔德的影子，这跟他长期阅读柴氏的研究著作是密不可分的。

正因为如此，西方考古学的不少新东西，从理论到方法，都能及时进入夏鼐先生的视野，并最终成为中国考古学研究的重要手段。比如大家熟悉的碳素测年，夏先生1955年5月5日阅读利比的《放射性碳素断代法》和伯尼《旧大陆考古学中的放射性碳素断代》，并准备撰文介绍；又比如花粉分析，1955年8月26日言及，"上午阅 Faegriet, *The Textbook of Pollen Analysis* （费格里等：《花粉分析教科书》）。"这些在西方刚刚出现的新技术，很快就被介绍到中国考古界，并成为中国考古学的重要组成部分，实在跟夏鼐先生的引介和推动有密切的关系。

二战之后西方考古学界出现的新思潮之一，就是对传统考古学的反思，最终导致所谓"新考古学"的出现。夏先生晚年对新考古学的评价不高，但他对这个学术思潮的认识也许比某些西方学者还要早得多。对传统考古学提出明确挑战的泰勒的《考古学研究》一书，夏先生是在1951年2月10日开始阅读的，到2月17日读完，五天的日记里都有阅读此书的记录。虽然他没有留下片言只语的评论，但对西方考古学里这个反传统的东西，他应该是有深刻印象的。此书1948年才刚在美国出版，夏先生阅读此书，只比美国学者晚了两年。

夏先生无书不观。除了中文书，英文最多，法文、日文甚至俄文的文献他也能直接阅读。所以，西方考古学的新

发现、新理论、新方法,他恐怕比一般西方学者还要了解,
而掌握这些新动向的时间也差不多跟西方学者同时。西方杂
志,比如《科学》《美洲人类学家》《人类》《古物》《美
洲考古学杂志》等国际著名刊物,一般都能在当年进入夏鼐
先生的视野。中国考古界与西方的联系是畅通的,夏鼐先生
就是联结中西方考古研究的最重要的一个桥梁。就夏鼐先生
的日记所见,这种联系直到1966年"文革"步入高潮,也未
曾稍断。如果说夏鼐先生是紧跟世界考古学潮流的话,那么
说中华人民共和国成立后的中国考古学没有脱离潮流,中国
考古界没有割断跟世界考古潮流的联系,恐怕是恰当的、中
肯的。

(原载《中国文物报》2011年8月5日)

读书闲谈

"茹毛饮血"正解

最近吕思勉先生（1884～1957年）的著作大量重印再版，给我们学习这位史学大师的思想提供了难得的机会。《吕著中国通史》（华东师范大学出版社，2005年）就是其中重要的一部。这本书的上编初版于1940年，下编初版于1944年。上编是文化史，下编是政治史，现在合为一册，尤其方便读者。不过，我发现吕先生对"茹毛饮血"的解释，仍然沿袭他早年的说法，而这种说法，早在1930年就被当时的中学生夏鼐先生（1910～1985年）批评过。吕先生的新作没有接受夏鼐的意见，也许有两种解释，一是视若无睹，拒绝接受夏的见解；一是根本没有看到过夏的文章，因此也就无从引用。

在《吕著中国通史》第十三章《衣食》中，吕先生是这么说的："我们可以说：古人主要的食料有三种：（一）在较寒冷或多山林的地方，从事于猎，食鸟兽之肉，饮其血，茹其毛，衣其羽皮。（二）在气候炎热、植物茂盛的地方，则食草木之实。衣的原料麻、丝，该也是这种地方发明的。（三）在河湖的近旁则食鱼。"（见该书第215页）这当然是对《礼记·礼运》"饮其血、茹其毛"那段话的解释，对照上下文，吕先生的"茹其毛"一定还是吃"鸟兽之毛"的意思。

夏鼐先生发表在1930年《光华大学附中周刊》第一期上的文字，从（一）鸟兽之毛不可充饥；（二）"毛"当作"草木"解；（三）"茹毛"当作"食草木"解；（四）"食草木之实，鸟兽之肉；饮其血，茹其毛"上两句是对偶句，下两句也应该是对偶句等几个方面，充分证明"饮鸟兽之血，食草木之根叶"，才是"茹毛饮血"的正解。这篇文章在夏鼐先生生前的1982年又在《社会科学战线》以《关于"茹毛"的正解》为题（见该刊第三期；后收入《夏鼐文集》下卷，社会科学文献出版社，2000年，第395～397页）重刊过一遍，大概就是因为不少人还沿用"食鸟兽之毛"的旧说法。

《吕著中国通史》是一本好书，但这个近80年前已被指出有误的解释，不应该继续误导读者，把这段争鸣的历史翻检出来，是为了让读者对这段经典有正确的认识。

（原载《中国社会科学报》2009年8月6日）

祭祀必用家畜

　　中国考古发现的动物牺牲和祭品多为家畜。比如河南安阳殷墟，祭祀坑中常发现马、牛、羊和猪的遗骸，有时多达数十个。在墓葬和腰坑中，常埋狗，二层台上常有牛、羊和猪的腿骨。随葬的器皿中，鸡的骨骼也时有发现（中国社会科学院考古研究所：《殷墟的发现与研究》，科学出版社，1994年，第438～439页）。更早的仰韶文化和龙山文化遗址，常能发现完整的猪坑和狗坑，这些作为牺牲的动物，数量之大，肯定是家养的。为什么祭祀要用家养动物呢？《左传·隐公五年》曰："鸟兽之肉不登于俎"，就是说祭祀的动物不能用野生的。《礼记·王制》曰："诸侯无故不杀牛，大夫无故不杀羊，士无故不杀犬豕。"强调礼仪、政治和家养动物牺牲的关系。《墨子·明鬼下》云："昔者虞夏商周三代之圣王，……必择六畜之胜腯肥倅毛，以为牺牲，珪璧琮璜，称财为度；必择五谷之芳黄，以为酒醴粢盛，故酒醴粢盛与岁上下也。"不仅要选择家畜，还要仔细挑选。不过，把家养动物和政治及礼仪结合起来，好像并非史前和商周时代中原人民的特例，其他不少民族也有这样的特点。近读方国瑜先生的《滇西边区考察记录》（云南出版集团公司、云南人民出版社，2008年），发现西南不少民族也有类似的风俗。比如谈到班洪地方的风俗，他说：

"大青树之奉为神者，多插竿于旁，且以绳绕。闻土人云：有病，延巫师祷于树，巫师口咒而无经典，其所咒与缅寺和尚之经不同，法器亦异，余未得一睹为恨也。祭树献品，视病轻重与家贫富，轻则用鸡，重则用牛。"（第34页）

说到卡瓦山的居民："野卡住室，与班洪所见者同，造屋原料草竹木三种，无一土石，遭火则惟牛马粪与余烬堆存，未见房基痕迹也。故土人最畏火，余在高多头目家中，燃火柴吸纸烟，火突发，头目作惊异状，余亦愕然，头目乃云：恐火警也。然土人住室，最易引火，而房舍栉比，偶一家不慎，全寨俱焚，故祀火神，年必一祭，大都在十一月，家出谷或鸡，延巫祷祝，共醉一餐而散。"（第58～59页）

又谈到傣族的风俗：傣族送鬼"普通所用物品，有鸡一只，米一斗，酒少许，纸钱若干，物品多少，须看病者家庭而定。祭品均为巫师所有。送鬼仪式，十分简单，稍事念咒作法，送到门外，烧纸而已。"（第252页）

又说傣族"每寨有社神两处，多在粗大之榕树上。树旁立参差不齐之石块，离地约五尺许之树干上，绕以六七个竹圈，圈上插几串竹链。为每年祭社神时，由主祭者送社神之饰物。社神周围数丈，绕以高约五六尺之围墙。牛、马、猪、羊固不准进，甚至小孩、妇女亦不得入，为全寨最庄严之地方。每年祭社两次：插秧前一次，收获后一次，由寨民轮流主办。每年每户轮值一次。祭品有鸡三只，其中两只供社神，一只祭山神。此种祭神鸡，不许青年享受。唯老者有权力。此外猪一头，茶、酒、麦粑等物。祭神时，由寨中一位年高德劭长老主持。祭礼颇隆重，祭毕，举寨男子团聚社内，痛饮一顿，余肉每户分若干，不留粒饭块肉。傣族对社神甚崇敬，认为社神能保护全寨人民，社神枯荣，影响全寨人口盛衰，故寨民信之至笃。每年栽秧前祭社，祈求社神保佑禾苗茂盛，收获丰富，到收割完毕，家中谷食丰富，还愿社神保佑人畜安宁。"（第247页）

景颇族也有类似的风俗："家畜惟鸡、犬、豕。婚、丧、祀鬼，则向外购牛，杀而祭之，祀毕，连毛、皮，人各一脔，分而烧食。"（第255页）

为什么要把家养动物作为牺牲或祭品，恐怕主要是因为它包含了人的劳动在里面，它是驯化的，是熟的，是我的，而野生动物虽然也经人们狩猎而来，包括人的劳动在内，却只能是野的、生的、非我的，而生的是不能献给祖先享用的。这好像也适用于植物，献给祖先的植物类食品，也往往来自栽培植物，古今中外大概都是如此。

（原载《中国社会科学报》2009年10月15日）

偶得一束

宋代的共生关系

陆游《老学庵笔记》卷一（中华书局，1979年）有这样一个故事："政和中大傩，下桂府进面具，比进到，称'一副'。初讶其少，乃是以八百枚为一副，老少妍陋无一相似者，乃大惊。至今桂府作此者，皆致富，天下及外夷皆不能及。"下桂府依靠进贡面具发展地区经济，百姓依靠制作面具致富。这在人类学上是一种典型的共生关系（commensualism），共生者意指某种相互支持和相互依赖的共同生活过程。值得注意的是，八百副面具无论"老少妍陋无一相似者"，这似乎不完全是招揽生意的考虑，实际上我们在上古时代发现的面具，也少见完全一样的，即便是一个遗址出土的也是各个不同，比如最近河北易县北福地出土的几副新石器时代的陶面具就是如此。

宋代的民谣

民谣是中国古代一个很古老的传统，汉代以来的史书里屡见不鲜。陆游《老学庵笔记》卷一（中华书局，1979年）就有不少。比如宣和年间有谚曰"金腰带，银腰带，赵家世界朱家坏"。讽刺朱勔家奴个个腰系从皇亲国戚那里买来皇帝赏赐的金腰带，既骂朱家贪婪，也骂赵家不成器。

盂兰盆节

今天即便是人类学家对所谓的盂兰盆节也不甚了了。宋代的盂兰盆节是这样的："故都残暑，不过七月中旬。俗以望日具素馔享先，织竹作盆盎状，贮纸钱，承以一竹焚之。视盆倒所向，以占气候；谓向北则冬寒，向南则冬暖，向东西则寒暖得中，谓之盂兰盆，盖俚俗老媪辈之言也。又每云：'盂兰盆倒则寒来矣。'晏云献诗云：'红白薇英落，朱黄槿艳残。家人愁溽暑，即日望盂兰。'盖亦戏述俗语耳。"（陆游：《老学庵笔记》卷七，中华书局，1979年）看来北宋首都开封农历七月十五这天所谓的盂兰盆节，虽然祭祀祖先，但更像是纪念季节转换的一个日子，它的宗教色彩是非常单薄的。

家族病

家族病并不从今日起。陆游《老学庵笔记》卷七（中华书局，1979年）记载，"曾子宣丞相家，男女手指皆少指端一节，外甥亦或然。或云襄阳魏道辅家世指少一节。道辅之姊嫁子宣，故子孙肖其外氏。"指头少一节也许不能算病，但这个特征显系遗传得来，陆游说得很明白。

意意似似

今天的语言学家恐怕没有几个知道什么叫"意意似似",词典里也很难找到它,但古代是很常用的。明代小说《金瓶梅词话》第二十五回《雪娥透露蝶蜂情,来旺醉谤西门庆》,孟玉楼知道西门庆勾搭上了来旺的媳妇,骂道:"嗔道贼臭肉,在那里坐着,见了俺每意意似似的,待起不起的。谁知原来背地有这本账!"这是骂奴才来旺媳妇的。什么叫"意意似似"呢?其实就是犹犹豫豫的。在现代小说里已经很难看到它的踪影,但在河南农村,还经常听到这样的话,有时也省略为"意似"。我一直琢磨这几个字怎么写的,却原来如此。

中国古代的肥皂

中国古代用什么做肥皂,我没有研究过,恐怕一般的史书也没有仔细记述过。最近读到1804年出版的一本书,原是1792~1794年随谒见乾隆皇帝的英国使团来中国访问的约翰·巴罗爵士(Sir John Barrow,1764–1848)写的,书名很长,也许可以译为《中国旅行记》。最近李国庆、欧阳少春把它翻译成中文出版,意译为《我看乾隆盛世》,倒也切中要害(约翰·巴罗:《我看乾隆盛世》,李国庆、欧阳少春译,北京图书馆出版社,2007年)。书中第58~59页说:"他们不知道用肥皂。在北京,我们找到一种草木灰,加以杏油，制造了足够的洗涤剂来洗内衣。不过这只能由我们自己的仆人来办。"在没有肥皂的情况下，是否都是用草木灰加杏油做成洗涤剂，恐怕未必，但用草木灰做洗涤剂，在中国却有很长的传统。我的孩提时代的河南农村，草木灰用来洗头，也还有这样的用处。

清代国人的个人卫生

18世纪以来外国人到中国旅行的游记最近出了不少，有西洋的（比如北京图书馆出版社的《亲历中国丛书》七种；南京出版社的《"西方人看中国"文化游记丛书》四种），也有东洋的（比如最近中华书局出版的《近代日本人中国游记》十二种），他们记录了很多中国正史和野史不太关心的事情，其中之一就是中国居住环境的脏乱和个人卫生的糟糕。我只选取18世纪末期英国人约翰·巴罗爵士看到的情况，看看"乾隆盛世"中国人的个人卫生是怎样的。"女子缠脚布的内层据说是不换的，往往要用到不能用为止。这种习惯给中国人不太干净的印象。这确实符合他们的性格，所以斯威夫特才说他们是肮脏的。干净内衣的舒适，或者说内衣要常换的概念，无论是君王还是农民，都是闻所未闻的。在上层人士中，一层薄薄的粗丝绸取代了贴身的棉布，普通百姓穿的则是一种粗布开襟衬衣。这种衣服往往是在要换新而非要洗涤时才脱下来。可想而知，这种忽略或节俭的后果，使喜爱污垢的寄生虫子孙满堂。就连朝廷最大的官员也会毫不迟疑地呼唤仆人，当众在自己的脖子上捕捉这些讨厌的小虫。一经捕获，他们就面不改色地将其放入牙齿之间。他们不带手绢，通常把鼻涕擤在一小块仆人准备好了的纸片上。有些还没这么干净，随地吐痰，或者像法国人似的射到墙上；用袍袖擦他们的脏手；晚上穿着白天穿的衣服睡觉。跟衣服一样，他们也很少洗自己的身子。他们从来不洗澡，不管是热水的还是凉水的。虽然有众多的江河联系着这个国家的每一个部分，我却不记得看到过任何洗澡的孩子。在最炎热的夏天，男人才利用热水洗脸洗手。"（约翰·巴罗：《我看乾隆盛世》，李国庆、欧阳少春译，第58页）这里也许有夸张的部分，比如说中国人从来不洗澡，但大部分应该是事实。年过四十有农村经验的人，知道以前一年能洗几次澡；即便是城里人，所谓睡衣，也都是这些年才有的新概念。 这种状况，是清代特有的，还是历代皆然，造成这种情况的原因是什么，却值得我们去好好研究。

禁杀女婴

中国新石器时代和青铜时代的不少墓地，发现有男女性别失调问题，多数情况下是男多女少，有时候男性的比例高得出奇，有学者解释这是由于杀女婴造成的，这到底是一个真问题还是一个伪问题，学术界似乎还有争论。但是中国历史时期的杀女婴现象确是大量存在的，即便今天也没有完全消失。近代以来西洋人来到中国，很多人都注意到这个可怕的现象。19世纪40年代来华的法国人古伯察（Evariste Régis Huc, 1813-1860），就在他的《中华帝国纪行》（上下册，张子清等译，南京出版社，2006年）一书中，不仅注意到这种野蛮的风俗，还完整记录了1848年广东张贴的一份禁止杀女婴的政府法令（下册，第182页）。兹录如下：

禁杀婴令

广东省刑事法官严令禁止抛弃女婴，所有人等应停止此恶行，履行家庭义务。吾得知在广东及邻区，或因家境贫寒，无力抚养，或因父母欲求一男，恐生女之后，其母分心照看，耽误二胎，以至抛弃女婴之恶习肆意泛滥。虽已有许多收养女婴之孤儿院，此恶习仍未止息——此行违背天良与文明，破坏天道之和谐。

因此，吾严令禁止杀婴，以下事实，众人理应思之。

虫鱼鸟兽，无不爱护其幼类。汝等怎能残杀亲生血肉？彼也如汝等之发肤。

勿忧贫困，汝等能凭双手过活。汝等欲嫁女儿，虽有其难，然而此万万不可成为抛弃彼等之理由。男婴女婴皆为上天之意志，汝等如生一女，必抚养之，虽则她不及一男。汝等若杀之，何以得子？汝等宁不惧此举之恶果乎？汝等宁不惧老天之报应乎？汝等灭绝父爱，到时悔之晚矣。

吾乃一富同情、心善仁慈之法官。汝等若有一女，必尽心将其抚养成人。汝等如太穷，养不起，便送彼等至孤儿院，或能抚养她们之朋友处。汝等若遗弃女婴，一经发现，将受法律惩罚，因汝等枉为父母。汝等之谋杀行径，罪不可赎。停止杀婴，停止灭绝人道之行为，勿给自己找来责难与祸害。

人人当谨守此令。

此法令情真意切，至今读来令人动容。清代杀女婴现象之流行，于此可见一斑。

男女老少都吃烟

烟叶是明清时代的舶来品，并很快成为中国人的宠物。19世纪中叶中国的烟草种植是怎么样的？什么人抽烟？烟草怎样种植和加工？19世纪40年代游历中国的法国人古伯察有仔细的观察和记录。

据说中国原先不懂得种植烟草，直到最近才懂得的。烟草是进口到中华帝国的舶来品，中国人首次看到侵略者用长烟杆吸冒着火的烟草时感到很惊讶，他们称之为"吃烟"。他们费了很大的劲模仿抽烟，如今他们已迷上了抽烟。奇怪的、巧合的是，他们把印第安人称的"Tambakou"翻译为"烟"，这两个字都含有"烟"的意思。他们称种植在田里的植物为"烟叶"，称吸烟的工具为"烟斗"。

在中华帝国，男女老少都几乎不停地抽烟。他们日常生活里抽烟，种田、骑马、写作都常常把烟斗叨在嘴上。如果在用餐之间有一点时间的话，他们便用来抽烟。如果他们夜里醒来，他们肯定抽烟自娱。因此也许很容易算得出来，在有三亿烟民的国家，包括满人和西藏人算在内（他们在汉人的市场上占有一定的份额），种植烟草变得很重要。种植烟草完全自由，每一个人可以自由地在他的园子或大田里种植，数量不限，收获后可以随意批发或零售，政府丝毫不加干涉。最著名的烟草产自辽东和四川省。当地制烟，要经过各种各样的制作程序，然后才成为可以到市场出售的烟。南方人把烟叶切成很细很细的烟丝；而北方人则满足于把烟草晒干，粗粗地把烟叶搓一搓，然后把搓碎的烟叶立刻放进烟斗里。（古伯察：《中华帝国纪行》上册，张子清等译，第108页）

原来一个半世纪以前，抽烟是如此普及，真是现在想都想不到的事情。

中　药

中草药具有某种疗效没有问题，关键是中药有那么多匪夷所思的东西，它们写在李时珍的《本草纲目》中我们还不觉得刺眼，写在外国人的笔下，看起来就格外不舒服：原来我们的"国粹"中有那么多邪乎的东西。看看美国人约翰·斯塔德（John L. Stoddard）1897年在广州看到了什么：

"一天，当我走过一个寺庙的大门时，一个光着上半身的中国人来向我兜售一盒蚱蜢，中国人把它碾成粉末后，一般用来治疗轻微的精神失调。实际上，除了人参和其他少数一些熟知的草本植物外，中医的用药几乎是不可思议。例如，喝蝎子汤就是一种特别受欢迎的治疗感冒的方法；在舌头上针灸可以治疗痢疾；老鼠肉被认为可以生发；把干蜥蜴看作是治疗所谓肾虚疲惫的补药；铁屑居然被当成止血剂。中医还说，治愈某些疾病的用药，必须要用到病人子女的胳膊或是大腿上的肉作为主要的成分。提供自己身体上的部分肌体被看成是一个人孝心的最崇高的证明。这绝不是言过其实，在1870年7月5号的北京的官方报纸上，有篇社论，说的就是一个姑娘剪掉两截手指放入她母亲的药中的事情，这都引起了皇上的注意，她的母亲最终痊愈了，当地的官员建议，要立一个碑以表彰孩子的孝心。"（约翰·斯塔德：《1897年的中国》，李涛译，山东画报出版社，2004年，第64～65页）女性"割股"疗亲的故事，唐宋以来不绝于书（方燕：《巫文化视域下的宋代女性》，中华书局，2008年，第149～157页），没想到直到晚清这一愚不可及的行为，还会受到朝廷的表扬。

长指甲

风俗的改变虽然很难，但一经改变，好像就不着痕迹，比如说，现在很少人知道不久以前我国的女人甚至男人是留长指甲的，而且以此为美。外国人到中国来，往往注意及此，并留下很具体的记录。1897年美国人约翰·斯塔德（John L. Stoddard）来中国旅行，在他的旅行记中有这么一段话："在我看来，中国妇女一般说来是极端的朴素，但即便是维纳斯再生，她们的某些特征也令我毛骨悚然。我要说的是她们的指甲，留的长长的简直像是裁纸刀或匕首。手套根本无法套住她们的指尖，于是就发明了金属的指套来保护这些指甲。为了说明一下指甲在生长时的情景，下面的数据是从一名中国美女的左手上测到的：大拇指甲，2英寸；小手指甲，4英寸；无名指甲，5又1/4英寸。以这种的情形，我们就不会感到惊讶，为什么在中国没有握手的习俗。否则的话，痛苦的意外可能会经常发生。相应地，中国人致意的方式是各人双手抱拳，彼此间相互晃动。"（约翰·斯塔德：《1897年的中国》，李涛译，第67页）他的观察很细致，对握手的解释却不见得靠谱。为什么要留长指甲？乾隆年间来华的英国人约翰·巴罗爵士的解释也许是可以说通的，不过这次他说的是男人："出人头地的欲望有时候真的让男人走向荒谬绝伦。出于这种心理，士大夫让小手指上的指甲任意生长，有长到3英寸的，目的只是让人看了就知道，他们是不做任何体力劳动的。"（约翰·巴罗：《我看乾隆盛世》，李国庆、欧阳少春译，第57～58页）原来如此。

晚清中国的城市面貌

城市面貌是最容易为外来者注意到的事情，洋人的游记在这方面也着墨最多。1897年美国人约翰·斯塔德（John L. Stoddard）来中国旅行，他的游记里不乏这方面的议论。他说："有一个作者曾说道，在上海中国人居住的城区转一圈之后，他简直想吊在晾衣绳上被大风吹一个星期；天津肮脏的程度和难闻的气味还要糟糕；即使是北京，据大家所说，大街小巷也污秽不堪，令人厌恶，卫生条件之差超出想象。如果连首都都处于这样一种恶劣的状况，那么，外国人罕至的内地城市又会是什么样子呢？"（约翰·斯塔德：《1897年的中国》，李涛译，第78页）这好像并非他的亲眼所见，但实际情况可能不会相差很远，因为很多游记都有类似的描述，要说外国人人人都有偏见，却也并不见得。其实写下这些东西的人也想弄明白是什么原因造成这种状况。在这段描述的后面，约翰·斯塔德这样说："中国是世界上最古老的国家之一。她大多数的观念、习俗，还有民众的个人习惯是多年传承下来的古老的传统，而且老百姓非常守旧，不愿意做出任何改变。"（同页）他显然把这些不好的东西都看成是古代传统的延续。我们古代的城市也这么脏吗？可惜考古上好像并没有人做这些方面的专门研究。

狗 肉

狗是人类最好的朋友，同时在大多数时间也是人类餐桌上的美味。从史前时代一直到现代，狗肉作为人类的食物，在考古和文献上都能找到不少证据。最近看洪迈的《夷坚志》，读到一则这样的故事："饶州东湖旁居民梅三者，

绍兴二十八年除夕，缚一牝犬欲杀，已刺血煮食，恍惚间不
见。夜梦犬言曰：'我犬也，被杀不辞，但欠君家犬子数未
足，幸少宽我。'梅许诺。明日，自外归，恬然无所伤，仍
复育之。"（梅三犬）狗是应该被杀的动物，连狗自己都这
么认为。可见狗肉可食是宋人的集体无意识。

金钗辟鬼

洪迈《夷坚志》有一则《金钗辟鬼》的故事："温州瑞
安县莴笋村民张七妻，久病，一夕正服药，忽不见。急呼临
里，烛火巡山寻之。至一洞，甚深，众疑其在，噪而入。至
极深处，见妇人面浮水上，取以归。云：数人邀我去，初在
洞口，见火炬来，急牵我入。我衣领间有镀金钗，恐失之，
常举手撎索，鬼辄有畏色，以故而得不沉。"黄金自商周以
来，成为人们随葬的寻常之物；钗也是尤其是女人随身携带
的最有力武器，看起来随葬金钗并不都是为了显示富有，很
可能跟辟鬼的信仰也有关系。

抓周或扶床之戏

古今中外，不少地方有小孩子周岁的所谓"抓周"游
戏，从孩子抓什么看他或她的将来在哪个方面有出息。偶读
《酉阳杂俎》，发现这个把戏的历史还真悠久。该书卷一
《忠志》有这样一则："高宗初扶床，将戏笔墨，左右试置
纸于前，乃乱画满纸。角边画处，成草书敕字。太宗遽令焚

之，不许外传。"这是唐朝初年的故事，真伪不可知；即便高宗的确乱写写出一个"敕"字，也不过是个乱画而已，跟"天命"无关，但是这个游戏应该是历史的真实。

这种把戏，一直到今天还在农村流行，桌子上一般放置笔、书或者玩具之类的物事，不过很少有人当真的。

闹　房

闹房是指新婚之夜，新郎家的亲友闹洞房的事情。这个风俗也有非常悠久的历史。古往今来，闹房闹出事情的不在少数。《酉阳杂俎·礼异》就记录有这样一件奇事："律有甲娶，乙丙共戏甲。旁有柜，比之为狱，举置柜中，复之。甲因气绝，论当鬼薪。"把新郎关在柜子里，导致新郎死亡，实在是一场悲剧，而乙丙因此被处以重刑，恐怕也非初衷。

虎子是夜壶

考古上所见的"虎子"，身体常作虎形，圆口朝前，背上有一把手，显然是生活用器。近年来对其功用常有争论。一说是尿壶或唾壶，一说是水器。汉唐时代的陶瓷虎子出过不少，多是在墓中出土；20世纪50年代发掘的山东沂南画像石墓的画像石上也曾见此物。虎子因形状类虎而得名，但是究竟做何使用，并不确知。近读《明清笑话集》（周作人点校，止庵整理，中华书局，2009年），发现一则笑话，颇可为考古学家释疑。笑话出在《笑府选》中，名为《捶碎夜壶》（第178页），录如下：

> 有病其妻之吃醋而相诉于友，谓凡买一婢即不能容，必至别卖而后已。一友曰，贱荆更甚，岂但婢不能容，并不许置一美仆，必至逐去而后已。旁又一友曰，两位老兄，劝你罢，像你老嫂还算贤惠，只看我房下不但不容婢仆，且不许擅买夜壶，必至捶碎而后已。

夜壶不必是虎子，但看起来这个夜壶必是男人的专用，否则不至于被这个妒妻捶碎。如此看来，墓葬中常见的虎子，也许不必是水器，而更应该是能够让男人把握行溺的夜壶。放在墓中的随葬品，往往是死者生前常用之物，作为夜壶而不是一般水器的虎子应该是最有资格成为随葬品的。

（部分发表于《中国社会科学报》2009年9月3日）

书前书后

张光直先生《古代中国考古学》中文版跋

如果说有哪一部关于中国考古学的书在世界范围内产生了持续而深远影响的话，也许知情的学者都会举这部《古代中国考古学》。这部著作，原是张光直先生在哈佛大学人类学系完成的博士学位论文。1963年正式由耶鲁大学出版社出版，此后在1968年、1977年分别修订出版了第二和第三版。后者并很快由日本考古学家量博满先生译为日文出版（东京：雄山阁，1980年）。1986年，本书的第四版又由耶鲁大学出版社推出，但正像作者在本书卷首所说，这是一本全新的中国古代考古学著作，虽沿用旧名，但内容和解释都截然和前三版的内容迥异，是真正的所谓"旧瓶装新酒"。

此书自1963年出版以来，不仅好评如潮，而且几乎成了所有非中文世界学习和研究中国古代考古学、上古史的教科书和参考书。它的引用率之高，恐怕罕有其匹。但是由于语言的和中国大陆与外部世界的隔离等原因，它在国内的影响——尤其是本书的前三版——反而非常之小。本书第四版面世后，很快在国内有所反应。1988年我读到此书，并很快写了书评；长期从事商周考古的杨锡璋先生也著文予以介绍（两文均见《考古》1990年11期）。在此之前，张光直先生曾经自己翻译其中的第五章，名为《中国相互作用圈与文明的形成》在国内发表（见《庆祝苏秉琦考古五十五年论文集》，文物出版社，1989年）。但90年代之前，国内一般读者只能从这些零星介绍和单独抽出的篇章中，体会原著的内容，难以窥见全豹。

1994年，本书译者印群先生选择该书第三版的商周部分翻译出版，经张先生同意，名为《中国古代文明之起源与发展——当代美国著名学者谈中华文明史》。全书仅15万字，由山东大学教授刘敦愿先生作序，在辽宁大学出版社印行。稍后，印群又选取本书第四版，翻译了新石器时代及其以后的部分，仍以同名经由辽宁大学出版社出版（增订本，1997年）。增订版为了吸引读者，改换了章节的名字和次序，把本书最精彩的第五章放在前面，又把新石器时代早期发展的部分，作为附录放在全书的最后。南开大学教授王玉哲先生为本书作序。本书原著第四版除对中国考古学发展的背景特别是它同历史学的关系有一个独到的概述外，还比较详细地介绍了中国的自然地理背景以及农业发生之前的漫长的旧石器时代文化。这是中国文化产生的舞台和背景，也是新版中张光直先生着力最多的部分之一。但是由于中文版书名的限制，这些部分全部省略了。因此，1997年出版的增订本，虽然篇幅扩大至30万字，但仍是一个不完全的节本。另外，两种中文版的印数很少，即在考古界也没有多少影响。这次请印群先生重新翻译原著第四版，据我所知，这是中文的第一个全译本，也是迄今为止了解中国古代考古学最为精彩的一本书。

本书自1963年出版以来，几乎每隔6年就要修订再版一次，这一方面说明它拥有广大的读者，另一方面也显示中国考古学的发展日新月异。自90年代初期开始，张光直先生就收集资料准备本书第五版的修订工作。他把每一项重要的发现和与此相关的重要论文，都复印出来，分门别类，以备修订之用。但是，由于健康方面的原因，第五版迄无完成。这对在病中的先生说来，肯定是一件不小的遗憾。但是就我所知，自本书第四版发行以来，虽然时间过去了14年，中国考古学在80年代中期以来又有许多新的重大发现，但是本书的框架结构和它对中国古代文化所做的解释，依然没有过时。作者在卷首所作本书在未来10年内其框架不会失效的预言，不仅体现了作者的自信和学术洞察力，大概也是先生没有急于动笔的一个原因。

80年代中期以来的中国古代考古学（夏商及其以前），其重大发现主要体现在长江流域及其以南地区、长城地带及其以北地区，这些重要的发现改变了传统上对中国历史一元的看法，尤其值得关注。关于这些新的发现，读者可以参看1999年出版的《新中国考古五十年》（文物出版社），此不赘述。关于先生对这些发现以及这些发现所带来的对中国古代文化和历史的反思，同时也是对先生本人一生学术研究的反思，体现在近年来他的一系列文章和采访录中。这些文章不少已经收在他的文集《中国考古学论文集》、《考古人类学随笔》（生活·读书·新知三联书店，1999年）中。文集没来得及收集的两篇重要文章，一是《历史时代前夜的中国》（China on the eve of the historical period），收在新出的《剑桥中国上古史》（1999年）里，是全书的第一章。它基本上可看做《古代中国考古学》第四版的缩影，但补上了80年代中期以来的重要考古发现。另外一篇，名为《二十世纪后半的中国考古学》（《古今论衡》创刊号，1998年），通过对《古代中国考古学》（张先生自谓此书为《中国古代考古》）一书前后几版的分析，解剖考古学新发现对中国传统史学的冲击和中国古代文明多元认识的形成。

最近十多年来，张光直先生一直在同病魔做斗争。在此期间，除承担繁重的教学和行政工作之外，又撰写了大量的论著。其用力之勤，用心之专，意志之坚强，都使我们后学感动。1994年9月至1995年10月在台北工作期间，有案可查的讲演记录就有六次（《田野考古》第六卷，1999年），内容涉及中国考古学的许多方面。1994～1997年他又数度坐轮椅来到北京，并曾奔赴他念念不忘的商丘考古工地。据说他在台北做脑细胞移植的手术期间，还完成了早年生活学习的自传《番薯人的故事》。要知道所有这一切的取得都是在常人所不能想象的痛苦和折磨中完成的。先生的身躯虽小，然骨头是最硬的。在他的身上，我真正体会了人之所以为人的伟大。

当我在北京的电脑上敲击这篇文字的时候，正是美国剑桥的午夜。睡梦中的张光直先生大概能够听到这悦耳的乒乓作响的击键声吧！我愿这悦耳的声音是一种祝福，祝福先生早期恢复健康，飞到北京来，我们再去考古所附近的胡同里吃饭、聊天。

2000年9月9日中午于郎家园

张光直：《古代中国考古学》，印群译，辽宁教育出版社，2002年；生活·读书·新知三联书店，2013年。

《美术、神话与祭祀》2001年版校译者的话

这本书是张光直先生最为珍爱的个人著作。他不止一次跟我说过，他喜欢这本书，原因之一是因为它是写给一般读者，而不是写给考古学家的。所以写起来轻松，读起来也轻松。这样的话，张先生也对别人说过。但是，这并不意味着它是一本普通的科普读物。实际上，从严谨性和科学性来说，它是道道地地的阳春白雪，不过喜欢它的人也确实很多。这是站在学科顶峰的人，才能写就的大手笔，也是张光直先生一生研究中国上古史的综合性论述。

本书以 *Art, Myth, and Ritual: The Path to Political Authority in Ancient China* 为名，首先于1983年由美国哈佛大学出版社出版。两年后，台北的弘文馆出版社将该书翻印出版。1988年辽宁教育出版社出版了郭净、陈星的中文译本（王海晨校），题为《美术、神话与祭祀》。张光直先生为本书写了《中译本作者前记》。1993年，本书在台北由稻乡出版社出版了繁体字本。至此本书开始在海峡两岸风行。1994年，日本东京的东方书店出版了由伊藤清司、森雅子和市濑智纪的日译本，书名改为《古代中国社会——美术、神话、祭祀》。日译本小32开，加了封套，新增不少注释并重新安排了插图，装帧和图片的质量都比原著有很大提高。当然价格也不菲。张先生为日译本写了序

言，向日本读者介绍自本书出版后十年中国考古学的新发现，并以此检验他的综合性的研究成果。

　　尽管这本书以中、英、日三种文字在世界各地流行，但张先生还是最在乎它在中国的反应。他对既有的中文本不很满意，一直都想亲自翻译此书。但是由于他忙于公务，而且身体一直在走下坡路，所以始终没有来得及动手。同辽宁教育出版社签订出版合同前后，先生曾一度想让我重译这本书，后又告诉我台北的南天出版社已经请人翻译了新译本，也许辽教可以同时出版这个新译本。但是由于版权等方面的原因，张先生随后又同意辽教可以出版自己的新译本。这时已是1997年岁末。为节省时间，辽教委托我重新审校郭净先生等的译本，这样既无版权问题，又能借此机会尽快将校本送请张先生把关。张先生同意这样的安排。1998年2月5日，张先生从台北发来电传，说"有关《美术、神话与祭祀》，请兄将您现在重新校审的定稿寄下，我好与我们这边的比较，我在收到稿件两天之后，保证有个决定。也许可以分成辽教版与南天版，但我想看了辽教版再作决定。"我用了三个星期的时间对着原文重新校对了一遍，同时也参照了日译本。随后，我把这个校本，寄到先生在台北的寓所，请先生审定。先生仍然不很满意这个校正本，但是他实在已经力不从心，只改正了几处错误，就把它寄回到了辽教。他同意辽教出这个新校本，从此再也没有跟我说起过南天版，实际上一直到现在我也没有看到南天版的新译本。

　　经张光直先生审定的新校本，改正了不少翻译和印刷错误，读者比较新旧版本的不同，区别当可了然。

我借以校对的原书，是1994年2月14日张先生在哈佛送我的台北翻印本。1999年，为保证中文新版图片的质量，我请在哈佛任教的李润权先生寄来哈佛大学出版的原著，但是发现原著与台北的翻印本没有什么不同，纸张粗糙，图片的质量也不高。我参照的日文版，是1994年同在哈佛进修的日本庆应大学学者桐本东太先生赠给我的。桐本是伊藤清司先生的学生，学习中国古代史和中国民俗学，曾在北京师范大学留学。在此我谨向李润权、桐本东太先生表示衷心的感谢。

此书并张光直先生的其他辽教版著作，原以为可以在2001年4月张光直先生70岁生日之前出版，借以为先生贺七十大寿。但是，就在跨入新世纪的第三天，先生却驾鹤西去，再也无法回到他热爱的故土。愿这本新版的《美术、神话与祭祀》能够带给先生我们无限的悼念之情。

2001年1月24日上午于郎家园

（以《张光直最为珍爱的个人著作——〈美术、神话与祭祀〉新版前絮语》为题刊于《中国文物报》2001年2月14日）

张光直：《美术、神话与祭祀》，郭净译，辽宁教育出版社 2002年；生活·读书·新知三联书店，2013年。

不因新材料的发现而过时

——《商文明》译后记

　　本书的完成时间是1978年。1980年由耶鲁大学出版社出版，距今已经整整20年。这20年间，商代考古有许多重要的收获，不仅在黄河流域有多处商城（特别是河南偃师尸乡沟商代早期城址）和商代墓葬被发掘（参看《新中国考古五十年》，文物出版社，1999年），在长江流域更有四川广汉三星堆（四川省文物考古研究所：《三星堆祭祀坑》，文物出版社，1999年）和江西新干大洋洲（江西省文物考古研究所等：《新干商代大墓》，文物出版社，1997年）商代祭祀坑或墓葬的惊人发现，这些发现在很大程度上改变了我们对商代历史的看法，具有重要的学术意义。所以张光直先生在很多场合说过本书已经赶不上时代了，如果有精力和时间要重写这部著作。

　　不过，就我们阅读和翻译本书的经验说来，本书的价值并没有因新材料的发现而过时。相反却仍然具有多方面的参考价值。它的多学科整合的研究方法；用人类学眼光对某些关键问题比如商王世系、王位继承制度和资源流通的研究；对于传统文献所采取的审慎态度；把商文明放在世界文明史上观照并试图寻找人类社会一般法则的积极态度；把商文明的发展和自然及经济资源相联系的做法；通过聚落考古研究商文明的发生、发展的思路；把夏商周视为并行发展的文明的见解等等，虽然有的观点已经在他的许多其他著作中有所涉及，但在这部整合的著作里，仍然具有特别的意义。国内自20世纪70年代末期以来有北京大学历史系考古教研室商周组编著的《商周考古》（文物出版社，1979年）风行于世，此后还有规模稍小的同类的教科书出版，但本书仍有不可取代的价值。1989年，本书由尹乃铉先生翻译成韩文（汉城：民音社）出版，就是一个证明。1999年，由鲁惟一（Michael Loewe）和夏含夷（Edward L. Shaughnessy）先生主编，14位欧美学者执笔的《剑桥中国上古史》（*The Cambridge History of Ancient China*）问世，商代考古部分由美国普林斯顿大学的贝格利（Robert Bagley）先生执笔，商代历史部分由美国伯克利加州大学的吉德炜（David N. Keightley）先生完成，可以反映最近20年来商文明研究的新进展。其中所引发的关于中西学者在学术视野和研究方法等方面的差异的讨论，正可以通过与这部《商文明》的参照，而得以体会。

在本书翻译稿交给出版社之后，我们看到了毛小雨先生的译本出版（北京工艺美术出版社，1999年）。随后张光直先生给我和辽宁教育出版社写信，说自己已经忘记曾经把本书的翻译授权给毛小雨先生，希望不要给辽宁教育出版社带来不必要的麻烦和损失，并表示歉意。确实，在此之前先生从没有跟我提到有此授权一事，我对毛小雨先生也一无所知。其实这种情况常常出现，国内已经翻译的张先生的论文，见诸许多刊物，有的可能得到了他的许可，有的则无，这些翻译的事他常常忘在脑后，他自己认可的《张光直先生学术著作目录》就常常把这些译作漏掉。不过辽宁教育出版社并不以此为怪，仍然坚持出版这部著作。过去，我曾经翻译过本书的结语，并以《古代世界的商文明》在国内发表（《中原文物》1994年第4期）。现在本书有两个译本问世，读者正可以相互参看，以避免翻译带来的错误。必须提到的是，由于健康的原因，两本译作都没有经过张先生审查，错误是在所难免的。

本书绪论和第一部分第一章的翻译由丁晓雷承担，第二、三、四章由岳洪彬承担，第二部分第五、六、七章和结语、后记、附录并参考文献由张良仁承担，前言、致谢、参考文献说明由陈星灿承担，最后由陈星灿通校。需要说明的是，虽然我们进入大学就开始读张先生的著作，但是由于外语和专业水平有限，在许多地方难以领会原著的细微之妙，错误是免不了的。在此我们请张光直先生和读者原谅。另一方面，我们都是考古专业的学生，长期以来在考古研究所耳濡目染考古学发现和研究的方方面面，张良仁和岳洪彬专攻商周考古，并曾较长期地工作于殷墟、偃师商城等商代遗址，所以本书所涉及的商周历史和文献等方面的基本常识的翻译，应该是有把握的。这些部分的翻译，得到商代考古学家刘一曼教授的指教，还得到李济先生公子李光谟教授的帮助，我们是不能忘怀的。

另外省略了原著最后的"引得"部分。我们力图把所有能够还原为中文的参考文献及其作者，都还原为中文。外国学者有中文名字的，我们一般采取这个名字；由于参考文献非常清楚，我们在大部分情况下，没有在正文中再附引文作者的原名，读者可以从参考文献中获得。

　　本书原是张光直先生题献给他的老师李济先生的，在此我们把这个不成熟的译本敬献给张先生本人，以表达我们对先生的良好祝愿和深切的爱戴之情。借此机会我也向我素所尊敬的沈昌文先生和辽宁教育出版社俞晓群社长并各位责任编辑表示我的感谢和敬仰。我想说，选择、翻译《张光直学术作品集》不仅是一个难得的学习机会，也是与辽宁教育出版社一次愉快的合作。

2000年9月14日一校时于

北京　中国社会科学院考古研究所

　　张光直：《商文明》，辽宁教育出版社，2002年；生活·读书·新知三联书店，2013年。

《传薪有斯人》前言

　　李济，凌纯声、高去寻、夏鼐、张光直这五位先生，是中国考古人类学界的代表人物，在世界学术界享有盛名。

　　李济是中国考古学之父。中国人所从事的科学田野考古学，自1926年他在山西夏县西阴村的发掘开始。1928年以后，他把全部精力放在新成立的中央研究院历史语言研究所对安阳殷墟的发掘、资料整理和研究上，终其一生未曾改变。历史语言研究所迁台之后，他又在台湾大学开办考古人类学系，凌纯声、高去寻都是该系的教授，而张光直则是该系成立之后入学的第一批本科生。

　　凌纯声1929年毕业于法国巴黎大学。旋即受聘为中央研究院社会科学研究所民族学组研究员（1933年转入历史语言研究所）。1930年前往东北调查松花江下游的赫哲族，是中国学者从事民族学科学田野调查的开始。1934年因出版《松花江下游的赫哲族》（中央研究院历史语言研究所单刊甲种之十四，上下册，六九四页，插图三百三十二幅）而一举成名。历史语言研究所迁台后，他差不多以一己之力，于1955年创立民族学研究所，并主持中国古代文化与环太平洋各地土著文化的比较研究，发表大量论著，产生了广泛的国际影响。

　　高去寻1934年自北京大学历史系毕业，旋即入李济领导的历史语言研究所考古组，发掘安阳侯家庄殷王陵。史语所迁台后，他几乎摒弃了个人的研究，而把全部的时间和精力，用在辑补梁思永先生侯家庄王陵发掘不足20万字的报告初稿上，到他1991年病逝，已经出版的侯家庄报告达七本之多，而且全部都是用辑补的字样印行，高去寻的人品风范于此可见一斑。他以安阳殷墟的发掘和研究终其一生，也以安阳殷墟的考古享誉国际考古学界。

夏鼐1935年留学英国伦敦大学，战火纷飞的1941年回到祖国，此后参加西北科学考察团，从事西北和西南地区的考古工作。1949年他没有随历史语言研究所迁台，而是选择留在大陆，并主持新成立的中国科学院考古研究所的田野工作。新中国考古工作的开展和进步，与夏鼐的努力密不可分，他是海峡此岸考古工作的主要组织者和领导者。他个人的研究除史前考古外，在汉唐、中西交通和科技考古方面都有卓越的贡献，其所达到的国际影响也后来居上。

张光直1954年毕业于台湾大学，1955年秋入哈佛大学深造，1960年毕业后即留在美国发展，在中国史前考古和商周考古学的综合研究，考古学理论和方法的探讨等方面都有重要贡献。他搭建起中西方考古学界交流的桥梁，把中国考古学的研究纳入到西方考古学的语境和体系中去，为此奋斗一生。他一生任教美国两所最知名的高等学府（哈佛大学和耶鲁大学），培育英才无数，著作被翻译成多种文字出版，在海峡两岸和世界各地都有广泛而深入的影响。

我生也晚，没有机会一睹前四位先生的风采。但是，与张光直先生却有差不多十年的交往，通过他我也多多少少得闻前四位先生的逸闻趣事。如今得读五位先生的通信集，如同站在客厅的一角，默默地听他们对话，那情景是非常有趣的：

李济对张光直是慈父一般，对他寄托了无限的希望，就像我们熟悉的那幅张光直站在李济后面的照片一样。他虽然很慈祥，但也很严厉，张光直真的是把李济看成父亲一样，他尊敬他、崇拜他，但也有点怕他。

凌纯声虽然不是考古学家，但他对张光直的影响不亚于李济。他较张年长三十一岁，但是他没有李济的威严，对张从来都是称兄道弟，他的意见和建议也总是含蓄、委婉；他有长者的风范，更有手足一样的亲情，如果勉强比喻，也许可以把凌看成张的叔叔，叔侄的关系，有父子的亲情，却没有父子的礼数。

高去寻是张光直自称和他最亲近的一位老师。用张的话说，是良师，也是无话不说的益友。按年龄，高长张二十二岁，但是高平易近人，不惟对张一人如此。对他人也是这样。高仗义疏财，急公好义，总是设身处地为朋友着想。所以张虽然对高非常尊敬，但高和张的关系，毋宁说更像兄弟。

夏鼐长张光直二十一岁，张在1975年回大陆之前，没有见过夏鼐面，但是对夏仰慕已久，所以自1973年第一封通信始，对夏始终以师礼待之，他们的通信开始于"文化大革命"的特殊岁月，所以那个时候的夏鼐脸孔绷得紧紧的，甚至一脸苦相，就像我们所熟悉的当年的自己一样，但是随着交往的增多，夏对张的称呼变了，关系密切了。虽然夏不曾做过张的老师，但是他们的关系介乎师友之间，夏最后致张的信，竟然是澄清自己生平的某些细节，请张为自己身后写生平之用。此情此景，令人伤感。

中国考古人类学是近代以来中国人文社会科学中最受国际学术界关注的一门科学，但是比较而言，也是口述历史最少和学科史研究最为薄弱的一种，这几位大师级的人物，代表着中国考古人类学的发生、发展和壮大，因此这本通信集的内容，虽然只是八十年来中国考古人类学发展的某一个阶段甚至某一个片段的写照——前三位先生的来信，多写在张光直的留美求学时代和工作初期，跟夏的通信已在张成名之后——却因为写信人不同凡响的学术地位，反映了中国第一二代考古人类学家的思想、情感、研究取向和生存状态，张光直的成长之路也可在同这些先生们的通信中显现出来，因而具有不可取代的史料价值，出版这部书信集，是读者之福，更是中国考古人类学界的幸事。

李济、凌纯声、高去寻和夏鼐的来信，完好地保存在张光直的家中或办公室里。张光直写给夏鼐的信，也因为复印机的恩赐而得以保存复印件。张光直去世后，他的夫人李卉清理张光直的遗物，把这些信件一一翻检出来，准备捐献给波士顿大学的东亚考古文化和历史国际研究中心。李卉是1953年台湾大学历史系的毕业生，同是李济、凌纯声和高去寻的学生，对先生们的大师风范也都有着不可磨灭的美好记忆。如今由她把这些珍贵的通信整理出

来，奉献给中国考古人类学界的学子和广大的读者，是我
们尤其需要感谢的。

出版在即，拉杂书此，以为读者向导。

2003年11月2日夜于河南偃师灰嘴考古工地

李卉、陈星灿编：《传薪有斯人：李济、凌纯声、高去寻、夏鼐与张
光直通信集》，生活·读书·新知三联书店，2005年。

《考古发掘与历史复原》编后记

20世纪50年代以来，考古学的归属问题时有纷争。有人把它纳入历史学，有人则把它归入人类学，有人说它是科学的一部分，还有人则说考古学就是考古学。但是无论如何，如果说考古学的主要目的之一是描述、解释和复原历史，争论的各派大概不会有多少疑义。

考古学主要是利用实物重建过去的一门科学。它有自己的语言，有自己的理论和方法。考古学与古器物学的根本不同，在于考古学不是研究单个的器物，它主要关心物质遗存的情景（context）；没有情景，就没有考古学。所谓情景其实就是事物之间的联系，联系越多，资料越丰富，解释的可信度就越大，对历史的描述、解释和复原就越可能接近历史的真实，反之则否。

事物之间的联系是多种多样的，在物质遗存（比如器物跟器物、器物跟所从出土的单位、器物跟整个遗址、器物跟出土同类器物的整个地区、器物跟不同时代同类器物及其出土情景的关系等等）之间的联系之外（建立这样的联系需要考古学和自然科学的许多手段），还有主体和客体之间的联系，也就是作为历史描述、解释和复原者的考古学家和物质遗存之间的联系，所以面对同样的历史真实，考古学家的知识背景和个人能力也影响甚至决定着历史的描述、解释和复原。

古代文化的特殊性和考古学家自身所在社会、文化、科学技术水平的特殊性，决定了历史的描述、解释和复原是永不停歇的一个过程，换言之，一个人有一个人的描述、解释和复原，一个国家有一个国家的描述、解释和复原，一个时代有一个时代的描述、解释和复原。虽然如此，描述、解释和复原却有好坏之分，不能等量齐观。发掘什么、描述什么、解释什么、复原什么、用什么手段发掘甚至谁来发掘和解释，看似简单，其实却不单纯是考古学家自己的事情，而同考古学家所处的时代及其社会思潮，他的文化背景、知识背景和个人能力息息相关。

历史是可以描述、解释和复原的（这是考古学存在的前提），但是历史的描述、解释和复原又是受限制的。根据考古资料描述、解释和复原历史，首先面对的是资料的破碎。不是所有历史都能留下痕迹，留下痕迹的物质遗存经过漫长岁月的冲刷，又变得七零八碎、模糊不清；更要命的是，考古学家的工作（包括调查和发掘）从根本上说又几乎都是抽样性的，这就决定了历史的描述、解释和复原是不完整的，是有残缺的，任何把个人的描述、解释和复原绝对化的倾向都没有充分意识到考古资料的局限性，当然更没有意识到解释者个人所处时代和能力的局限性。

《法国汉学》第十一辑——《考古发掘与历史复原》收录的二十多篇考古学文章，虽然题目众多，涉及时空广大，却也可以看作是对古代历史的一种描述、解释和复原（当然各人的解释是各人的）。文集大致分两部分，第一部分是中法学者（也有个别的美国学者）对中国考古的研究；第二部分是法国学者对欧亚非多个地区不同时代考古的探索。前一部分涉及近年来开展的多个中法合作考古项目，从人类起源到先秦时代中原和新疆塔克拉玛干沙漠的文化和社会生活史，内容非常丰富。

对于中国古代历史的了解，通过中外考古学家近百年来的不懈努力，应该说有了长足进步。比较一下中国社会科学院考古研究所最近编著的多卷本《中国考古学·夏商卷》《中国考古学·两周卷》和即将出版的《中国考古学·新石器时代卷》，就知道我们今天对古代的认识比司马迁《史记》的《五帝本纪》《夏本纪》《殷本纪》和《周本纪》不晓得丰富和扩充了多少倍，也不知道比中国考古学诞生初期的20世纪二三十年代丰富和扩充了多少倍。但是正如杜德兰（Alain Thote）先生所批评的那样，对于古代中国（他批评的当然主要是历史时期）的了解，到目前为止还主要是死人的世界，而对古代活人的生活情况所知甚少。我们所了解的仅仅是上层社会的物质文化，而普通人的日常生活，包括其中最重要的方面都还不为我们所知。城市和乡村居民的生活，到目前为止还没有得到应有的注意。这个倾向最近已经开始得到纠正（这也证明考古挖什么不挖什么并不单纯是一个学术问题），收入本集的青铜时代河南南阳龚营聚落遗址和汉代河南内黄三杨庄聚落遗址的发掘成果，为我们了解两个地区不同时代村落生活的内容提供了难得的实物证据，尤其是汉代房舍、院落以及附属的石臼、石磨、井、水池、厕所、用碎瓦铺设的便道，以及院外的树木、农田等等，非常

直观地展示了中原地区汉代农村生活的面貌。虽然这些实物
不能开口说话，对历史的描述、解释和复原，还需要考古学
家和历史学家的艰苦努力，还需要在出土实物之间建立起更
多、更广泛的联系，但是考古学家毕竟打通了通向遥远过去
的时空隧道，我们可以直接站在两千年前先人生活过的土地
上，看他们的房子和瓦顶，看他们的厕所和水井，抚摸他们
曾经倾注力量的石臼和石磨，走过他们曾经洒下汗水的农
田。这是考古学和考古学家的幸运，可惜这样的幸运却来自
黄河对三杨庄汉代村落的颠覆。保存如此完好的聚落遗址在
中国考古学史上并不多见，值得我们加倍珍惜。杜德兰和杨
宝成先生对青铜时代晚期龚营普通聚落生活的观察和解释，
比如根据动物遗存分析得出聚落居民吃食马肉和狗肉，根据
陶豆（带柄和座的陶容器）的身高推测其为古人席地而坐时
使用的器皿，根据对陶器的分析证明青铜时代晚期中原地区
农村的制陶仍以手制为主等等结论，均是理解古代社会生活
的锁钥，但过去却很少为人注意。中法联合考古队对新疆克
里雅河谷的联合考古项目，综合各种科学手段，对发现的大
量古代有机物（包括动植物和人骨）进行多学科分析，不仅
认识到某些人的牙齿磨损可能跟软化皮革有关，甚至再现了
其中三人被处死刑的过程。其他各文或者从青铜器，或者从
盐业、城市、瓷器和文字对中国古代历史的某些侧面进行描
述、解释和讨论，新意迭出，均甚有可观。

　　法国学者对中国之外地区的考古，涉及地中海周围和
越南、柬埔寨、印度尼西亚等诸多地区，研究者的视野和所
在地区特殊的历史情景决定了他们研究课题的独特性。举例

来说，法国海外学院委拉士开支研究所在西班牙东南部的工作，目的是研究铁器时代发生在定居伊比里亚半岛沿岸的希腊和腓尼基商人同他们在当地的主人或顾客之间的相互作用，并且重新勾勒出被这些交往网络所触及的当地社会的转变过程，特别是通过居住形式、生活器皿和土地形式的演变，试图发现互动和变化的线索。在有限的发掘面积内，通过建筑形式和生活陶器的消长，比较远道而来的腓尼基人和当地土著居民的互动，也是在众多物质遗存之间建立广泛联系的结果。比如首先要确定哪些建筑形式和陶器是腓尼基人的，哪些建筑形式和陶器是当地土著的，腓尼基人的建筑和陶器是否在其他地区具有类似的特点等等，如果没有这些联系，就不能谈及腓尼基人和当地土著居民的消长和互动。法国雅典学院对希腊塔索斯岛的考察，综合考古学家、地理学家和环境学家的力量，对全岛300余处遗址进行深入考察，对公元前5世纪以来塔索斯岛的土地利用情况有了深入了解，并且分析出各领土单位之间的合作、互动、牵制和对立，结合文献，几乎重建了该岛的历史。法国学者对埃及金字塔、对经由埃及东部沙漠和红海而建立起来的罗马帝国和东方诸国的商贸联系的考察、对发生在公元前52年的被认为是法国历史奠基事件的阿莱西亚之战的文献记载的澄清和解释、关于越南南部所谓扶南国的考古研究、关于柬埔寨旧都吴哥城的考古研究，特别是重修吴哥巴方寺的计划等等，均是根据最近发掘成果对古代历史所做的描述、解释和复原（包括对古迹本身的复原），给人耳目一新的感觉。

感谢法国同行把他们在欧亚非各地考古的最新成果展

示给我们。上面说到，考古学的现在和过去、主观和客观始
终处于一个不断对话的过程当中。面积只有新疆三分之一的
法国，却可以在欧亚非许多地区古代历史的描述、解释和复
原上拥有发言权，而占世界人口四分之一的中国，中国考古
学家的工作却几乎完全局限在中国的疆土范围内。从建立事
物之间的广泛联系而言，这对中国古代历史的解释和复原并
非好事，对世界古代历史的解释和复原更谈不上多少贡献。
因此，编完这书之后的感觉之一是沉重。法国考古学家的工
作其实是我们的一面镜子，愿从今以后的中国考古学家能够
走出中国，愿后来者能够到埃及、日本、东南亚、伊朗、伊
拉克、墨西哥、秘鲁等地去考古。如果十年、二十年后能够
有幸和法国学者再编一本《法国汉学》的考古编，我希望在
《欧亚非考古和文明》的栏目里，有中国人的名字出现。

　　（以《考古发掘与历史复原》为题刊于《南方文物》2006
年第3期）

　　陈星灿、米盖拉主编：《法国汉学》第十一辑《考古发掘与历史复
原》，中华书局，2007年。

《考古学专题六讲》新版赘言

　　这本书是根据1984年初秋张光直先生在北京大学考古系的九次讲演记录整理而成的，一年半之后文物出版社以《考古学专题六讲》为名将其结集出版，随之风靡全国，成为国内当时最为流行的考古学读物。

　　1984年，中国的改革开放刚刚开始，中国考古学的大门也随之缓缓打开，但是中国多数考古学家还没有机会到外面走走看看，国外的考古学家也很难像今天这样自由出入，所以国外特别是北美考古学的概念、理论和方法差不多是通过张光直先生一人传递给我们的。在此之前，他的《中国青铜时代》（1983年）已经在三联出版，这本书连同《考古学专题六讲》一时洛阳纸贵，在中国考古学界特别是年轻学者中间引起巨大震动。80年代中期，正是中国考古学的转型期。一方面，"建立年代学和追溯文化及文化成分的起源和发展的所谓'文化史'的工作"还在继续，另外一方面，许多学者不满意这样的工作，希望开展古代社会甚至意识形态的复原工作，提出重建中国上古史。《考古学专题六讲》就是在这种大背景下出版的，它虽然只是一本薄薄的小书，却也对新时期中国考古学的建设发挥了重要的促进作用——而且今天也没有过时。

　　张光直先生谦虚地把这"六讲"称为"一篮子大杂

拌"，今天我们把他去世前后发表的三篇文章收到这"一篮子大杂拌"里，集中表现他晚年对中国文明起源问题的认识和反思。这三篇文章的风格，一如"六讲"的内容，明白晓畅，是很容易为普通读者所了解的。《考古学专题六讲》的名字已经被考古学界所熟知，所以新版保留这个书名。本书出版蒙李卉师母慨允，我的同事张蕾女士和付永旭先生为本书重新制作插图，谨一并致谢。

2009年8月30日于王府井大街27号

张光直：《考古学专题六讲》，生活·读书·新知三联书店，2009年。

《20世纪中国考古学史研究论丛》前言

　　这二十多篇文章，是我过去十年学习中国考古学史的一点心得。

　　2001年9月18日，"911"过后的第七天，我应时任瑞典东方博物馆馆长马思中（Magnus Fiskesjö）博士的邀请，从美国波士顿飞越大西洋，到东方博物馆作短期学术访问。马思中博士邀请我的目的有两个：一是协助他举办一个名为"中国之前的中国"的大型展览，二是合作写一本与展览配套的馆藏中国史前文物的大型图录。基于这两个目的，到2004年9月4日"中国之前的中国"展览开幕之前，我又三次访问该馆，翻拍和阅读了馆藏安特生（J. G. Andersson）和高本汉（B. Karlgren）先生的通讯档案，观摩了安特生带回瑞典的中国史前文物，对东方博物馆和安特生等瑞典学者与20世纪前半中国考古学的关系有了更加深入的了解。由于种种原因，展览比我们原来计划的规模要小；中英文对照的大型图录没有写成，最后只请东方博物馆的Eva Myrdal博士写成了瑞典文的同名图录（*Kina före Kina*, Museum of Far Eastern Antiquities, Stockholm, 2004）。展览完全依据安特生在中国考古的采集品展开。为了让读者了解这批采集品的来龙去脉，我和马思中博士赶在展览开幕之前，出版了《中国之前的中国：安特生、丁文江与中国史前史的发现》

一书（中英文双语版，斯德哥尔摩，2004年），算是为观众了解这个展览尽了一点心力。尽管我过去写过一本《中国史前考古学史研究（1895–1949）》（生活·读书·新知三联书店，1997年；社会科学文献出版社，2007年），自觉对中国史前考古学史略有所知，但是为了写好图录并办好这次展览，还是很认真地阅读了东方博物馆的大量馆藏档案，特别是安特生和丁文江、翁文灏等中国前辈学者的通信，得到许多书本上看不到的知识。本书收录的许多文章，比如有关蒙德留斯（Oscar Montelius）、安特生、李济、胡适、丁文江、杨钟健、裴文中、高本汉、陈梦家等等的论述便是以东方博物馆馆藏档案为依据撰写的，它们也为撰写《中国之前的中国》做了准备和铺垫。必须说明，这些文章多是与马思中博士合写的，感谢他允许我把这些文章收入本书。这本书是我们多年合作的美好见证，但我更愿意把它看成是中瑞考古学界在21世纪继续合作的象征。

　　本书其他文章，有的是对中国史前考古学早期研究的讨论，有的是对中国史前文化研究心路历程的分析，还有的是对中国远古文化某些关键问题的述评，多少都反映了我对20世纪中国考古学发展历史的认识。剩余的那些篇章，也多是根据档案（包括田野考察笔记、日记、通信等）撰写的。关于李济晚年在台大教书的故事、夏鼐和张光直交往的故事，均是根据张光直先生的夫人李卉师母惠示先生的手稿和通信写成；而有关夏鼐、尹达和安志敏的故事，则是根据安志敏先生保存下来的一封通信写成。和前述根据东方博物馆档案写成的文章一样，这些文章水平不高，收录在这里是为了保存史料，这也正是我写作这些文章的目的。

本书所收文章发表在海峡两岸的多种杂志和论文集中，查找不便。付永旭同学花费了很多心力搜集、校对它们，黄超同学帮助我核对了文献，是我首先要感谢的。感谢文物出版社，没有其大力支持，本书是无法跟读者见面的。

谨以此书纪念我的导师安志敏先生（1924～2005年）的八十五岁冥诞。

陈星灿：《20世纪中国考古学史研究论丛》，文物出版社，2009年。

《考古随笔二》自序

自2002年文物出版社出版了我的《考古随笔》之后，我这几年又写了一些随笔性质的文字，这些文字连同以前发表过但没有收入《考古随笔》的一些旧篇什，就结成了眼前的这个集子。

随着年龄的增长，我对考古学的理解与以前有明显不同。考古学的基本任务是重建历史。重建没有文字记载的史前史，不必说差不多是完全依赖考古学；即便是重建出现了甲骨文、金文的商周史，如果没有考古学的帮助，也完全不能想象会是怎样的一种情景。但是，考古材料是不会自己说话的，对考古材料的解释完全是由我们当代学者完成的。因此，如何在古代和当代之间铺设一架可靠的桥梁，使我们通过材料的连接把对古代历史的复原和解释建立在可信的基础上，就成为考古学需要努力的一个方向。我个人认为，许多当代的经验和材料，均可以成为我们重建和解释历史的依据。西方自20世纪六七十年代开始的民族考古学，就是基于这样的一种想法。其实，如果我们把视野放开，民族考古学研究的范围当远不止所谓"异文化"的领域，我们身边的许多事情，均可以成为考古学者观察和研究的对象。比如谷物的收割方式、加工方式、储藏方式，垃圾的处理方式，动物的屠宰方式、利用方式，夯土的夯筑方式，甚至施肥、耕种、泡菜、烹调等等，如果给予系统的观察和研究，都会为我们理解古代人类的行为方式提供可资参考的材料。

我的童年和少年是在河南农村度过的，虽然没有机会参加生产队的劳动，但对农村的生活是熟悉的。农民积肥、犁地、播种、收割、扬场、舂米、窖藏、屠宰、酿醋、腌菜、盖房、丧葬等等的生活情景，有时候像过电影一样出现在我的脑海里。以至于我在考古的发掘和研究中，会不自觉地把考古和自己经历过的农村生活联系起来。一方面觉得乐趣无穷，另一方面更加感受到农村生活是我从事考古研究的一个灵感源泉，可惜儿时的农村生活情景很快就要消失在全球化的快速脚步声中。

本书所涉及的其他一些问题，不全是根据个人的经验，还有不少是根据与异文化的比较得到的，但之所以关注这些问题，也跟个人的经验有关。比如，关于中国人是否讲究卫生的问题，关于唐代的中国人是否普遍刷牙的问题，关于因吃食猪肉而引起瘟疫的问题等等，也差不多都能在儿时的经验里找到发现这些问题的影子。还有一些短文，是翻译或者介绍国外考古新发现或新鲜事的，多属于随感性质；翻译和写作这些文章跟我的爱好有关，也跟旅途的寂寞有关，好在这些东西今天读起来也还算有趣。

我的这些小文章，虽然试图提出某些问题或者解决某些问题，但终究是登不了大雅之堂的，跟我向往的大历史无关；如果侥幸能够给读者一点点启发或者乐趣，那写这些小文的目的也就达到了。《记一件罕见的仰韶文化莲蓬头状流陶壶》是与刘莉、李永强先生合写的；《记在河南偃师双泉村采集的一块汉画像砖》是与李永强先生合写的；《中国早期国家的形成》是与刘莉先生合写的；《有关国家起源的两个理论问题》是与李润权先生合写的；《古代华北有象犀》原是翻译瑞典著名汉学家高本汉先生的短文，因为觉得有趣，也收录在内。在此特别向我的合作者和向我提供高本汉先生论文的马思中（Magnus Fiskesjö）先生表示感谢。我也愿意借此机会向发表过这些短文的《中国文物报》《读书》《寻根》《万象》《北京青年报》《考古》《农业考古》《学人》《中国社会科学院院报》等报刊的编辑表示真诚的感谢。罗丰先生促成此书的出版，马萧林、秦小丽，以及我的同事谢礼晔、李永强、王法成、杨军锋、付永旭、孙丹、涂栋栋，诸位以不同的方式，帮助我编成此书，使我深感荣幸，在此一并致谢。由于体例的要求，我对某些长文的参考文献做了调整，把原来的尾注一并纳入正文中，特此说明。

2008年7月16日于北京王府井大街27号

陈星灿：《考古随笔二》，文物出版社，2010年。

《庙底沟与三里桥》双语版张光直先生序

陈星灿　译

摆在大家面前的这部被译成英文出版的考古报告——《庙底沟与三里桥》，是中国新石器时代考古学的一个重要的里程碑。简单回顾原报告产生的历史背景，对读者或许不无裨益。

直到中华人民共和国成立之前的20世纪40年代后期，中国新石器时代考古学其实可以用两个概念加以总结：仰韶和龙山。仰韶是河南西部渑池县的一个村庄，1921年安特生在这里发现了中国第一个新石器时代遗址。作为"新石器时代晚期"文化的代表，它的年代被推定为公元前三千纪，以彩陶和截面呈椭圆形的磨光石斧为特征。仰韶文化主要分布在华北西部的黄土地带，集中于河南西部、山西、陕西和甘肃。龙山是山东中部的一个小镇，地处华北东部，1928年在这里发现了一个新石器时代遗址，因此就用它命名中国的第二个"新石器时代晚期"文化，它以发亮的蛋壳黑陶和方形的磨光石锛著称。

考古学上所谓的仰韶文化和龙山文化，通过一系列遗址的发现和很少几个遗址的发掘，确实在40年代后期得以确立，但是它们各自的年代和地理分布范围，它们之间的关系，却远非清楚。对仰韶文化遗址调查最为深入的安特生，相信该文化也许是公元前三千纪中叶从西亚进入华北西部地区的。龙山城子崖遗址考古发掘队的领导人李济和梁思永，却认为龙山文化的居民是土著的中国人，分布在东部沿海地区。这两个文化，一个由西向东发展，一个由东向西发展，似乎在河南相遇。河南的考古遗址，出土遗物兼有上述两种文化的特征，既出彩陶也有黑陶片。这些所谓"混合遗址"很自然地被视为两种文化相接触的产物。

如果庙底沟的发现是在40年代，那它很可能也会贴上"混合遗址"的标签。但是，50年代的考古发生了很大变化，新发现带来了新认识，导致重新估价中国新石器时代考古学。庙底沟和三里桥这两个遗址就对新认识的提出做出了自己的贡献。

随着中华人民共和国的成立，有两件事情对考古学的发展产生了深远影响。第一件是众多大型基本建设项目的实施，使从史前到历史时代的数不尽的考古遗址意外发现。第二件是文物保护法规在全国范围内得以实施。今天，考古学家必须与基建工程的工作人员协同作战，意外的发现也必须妥善处理。

50年代最重要的基建项目，是基于电力和灌溉需要而进行的华北地区多处黄河水库的建设。其中就包括河南西北部三门峡附近的三门峡水库。中国科学院考古研究所（1977年以后隶属中国社会科学院）因此组成了三门峡水库考古队，在1955～1959年间做了大量工作。庙底沟和三里桥就是在此期间因为水库建设而发现和发掘的两个遗址。

庙底沟和三里桥遗址出土各类文化遗物的特征，以及它们出土的文化层，本报告均予描述。简要概括如下：三里桥是河南西北部陕县境内的一个小村庄，在这里发现了仰韶文化和典型的龙山文化（即习见的河南类型）遗存。在同属陕县的另外一个村庄，三里桥村南仅1400米的庙底沟村，也发现有叠压关系的两种文化遗存。早期的庙底沟一期文化属于仰韶，晚期的庙底沟二期文化，兼有仰韶和龙山两种文化的特征，与40年代晚期所谓的混合文化遗址相类似。两个遗址三种文化的年代关系略如下述：

仰韶文化（庙底沟一期和三里桥一期）
"混合文化"（庙底沟二期）
龙山文化（三里桥二期）

这说明所谓"混合文化"遗址实在只是"过渡期"文化的遗存，也就是说它代表了连续发展的新石器时代文化的一个新的阶段，始于仰韶，终于龙山。这个看似微不足道的结论，却动摇了华北中国的新石器时代考古学。黄河流域的河南，因此不再被不认为是一个起源于东、一个起源于西的两个同时代史前文化的相遇之地，相反，它担当起史前文明发源地的角色，这个史前文明显然是经历了自身内在发展和变化的历史时期中国文明的前身。无怪乎就在《庙底沟和三里桥》这部专刊出版的1959年，有几篇文章差不多同时提出中国史前文化的连续发展说，这其中就包括安志敏的《试论黄河流域新石器时代文化》（《考古》1959年10期，第555～565页），石兴邦的《黄河流域原始社会考古研究上的若干问题》（《考古》1959年10期，第565～570页），许顺湛的《关于中原新石器时代文化的几个问题》（《文物》1960年5期，第36～39页），和我本人的《中国新石器时代文化断代》（《"中央研究院"历史语言研究所集刊》（1959）30，第259～309页）。

庙底沟和三里桥并不是建立仰韶—庙底沟二期和龙山文化连续发展序列的孤例，50年代后期调查的河南西部的其他一些遗址，特别是洛阳的王湾，也具有同样的性质。但是，本专刊报告的两个遗址，是经过最全面发掘的，它们依然是仰韶文化（庙底沟类型）和庙底沟二期文化的典型遗址，其上述发展序列直到今天在豫西地区依然有效。

但是，在1959年以后的二十多年间，我们从中国考古学的研究中获益良多，我们有关中国新石器时代考古学的某些观点，与本专刊出版时候的看法大相径庭。指出下面这些新进展对读者也许不无补益，因为它们仍跟庙底沟和三里桥的发现有关。

1. 中国科学家从60年代开始测定考古标本的碳素年代，并在1972年发表了第一批数据，因此对我们有关史前中国年代学的认识带来革命。在他最近发表的综合性研究论文《碳-14测定年代和中国史前考古学》（《考古》1977年第4期，第217～232页）中，中国社会科学院考古研究所的夏鼐所长，把仰韶文化放在公元前5000～前3000年，龙山文化放在公元前2800～前2300年。后者在夏鼐的概念里包括龙山早期（庙底沟二期）和晚期（河南龙山文化）。庙底沟和附近一个遗址的年代与这个年代框架恰相符合。

① 庙底沟一期（仰韶）

ZK110　5030±100BP（半衰期5568）或 3910±125BC（树轮校正）

ZK112　4905±170BP（半衰期 5568）或 3545±190BC（树轮校正）

② 庙底沟二期（庙底沟二期）

ZK111　4140±95BP（半衰期 5568）或 2780±145BC（树轮校正）

③ 王湾二期（河南龙山文化）

ZK126　3838±95BP（半衰期 5568）或 2390±145BC（树轮校正）

最后一个年代数据来自洛阳王湾遗址的龙山文化层，王湾位于陕县之东，其龙山文化同三里桥刚好平行。（以上数据均取自夏鼐1977年的论文，只有ZK112采自《考古》1978年第4期）随着华北特别是豫西地区年代数据的增长，庙底沟和三里桥遗址的新石器时代年代学将会更加完善和准确，但是上述数据仍能给我们一个清晰的概念。

2. 如果说庙底沟和三里桥在史前中国文化连续发展序列的建设初期发挥了至关重要的作用，那么这本专刊发表之后华北地区的考古工作则进一步强化了对文化连续性的认识。尽管庙底沟一期仅仅代表仰韶文化一个地方类型的晚期阶段，但是仰韶文化作为一个整体，在河南北部和陕西至少可以上溯到公元前5000年却早为人知。现在，从70年代后期开始，一系列早期遗址在河北南部、河南中部、陕西和甘肃

最东部的渭水流域被发现，这些遗址，以河北南部的磁山和
河南中部的裴李岗遗址为代表，经碳-14年代测定在公元前
六千纪，其文化遗存在许多方面早于仰韶文化。我们目前在
考古上非常接近黄河流域中国农业生活方式的起始阶段了。

3. 现在很清楚正是由于庙底沟和三里桥的发掘开始解
决河南龙山文化的起源问题。但是，山东和沿海地区龙山文
化又当如何呢？在1959年讨论仰韶—龙山文化连续发展的文
章中，安志敏和石兴邦都十分慎重地申明，庙底沟的证据只
适用于河南龙山文化，山东龙山文化的起源仍然不明。

为了试图解释山东龙山文化的起源，及庙底沟二期文
化和同时期几个文化的相似性，我在1959年提出了"龙山形
成期"的概念。所谓"龙山形成期"是指一个跨地区的文化
层，即很大范围内的中国史前文化均具有类似的文化形貌，
这主要包括河南的庙底沟二期文化、江苏的青莲岗文化、湖
北的屈家岭文化、浙江的早期良渚文化等。因为当时河南之
外的任何一个地区都没有发现早于这些文化的史前文化，我
推测整个龙山形成期文化都是从河南向周围地区的迅速扩张
中造成的，这个扩张既包括文化扩张也包括人的移动，起因
则是华北核心地区农业革命带来的内部动力。

关于龙山形成期文化起源的假说现在看来是不太可能
的。首先，碳素测年不支持庙底沟二期文化是龙山形成期最
早期的文化。更重要的是，比龙山形成期更早的很可能是其
沿海地区先导文化的史前文化，也相继发现。

另一方面，上述以及一些其他新发现的大致同时的许多
龙山形成期文化形貌上的相似性这一重要事实，仍需要加以

解释。这个文化层似乎表示一个很大范围的交互作用圈的存在，这是我从已故的约瑟夫·考德威尔借用的概念，交互作用圈由发源于中国不同地区的几个更早的先导文化所构成。这篇新作最近发表在《美洲科学家》（第69卷2期，1981年3-4月号，第148～160页）上。

4. 以三里桥二期文化为代表的河南龙山文化的走向，是中国考古学界讨论的一个重要话题。实际上河南龙山文化遗址众多，至少可以细分为三种地方类型，即豫中和豫西类型、豫北类型和豫东类型。豫西和豫中地区的河南龙山文化，又被称为王湾类型，一般认为是二里头文化的源头，二里头文化的碳素测年集中在公元前2000年前后的几个世纪，二里头文化被许多学者视为是首先从庙底沟和三里桥建立起来的文化发展程序中的夏文明，因此河南龙山文化现在也被纳入中国文明的连续发展的历史长河之中。

这些新进展充分说明华北地区的新石器时代考古学已经迈入一个复杂而多彩的时代，这是1959年本专刊出版时我们无法预见的。但是，本专刊对这些新进展的发生发挥了至关重要的作用，其中的考古发现依然有效和重要。本书的英文版无疑将有助于把它置于世界考古经典之列。

（原载《中国文物报》2011年11月25日）

中国社会科学院考古研究所编著：《庙底沟与三里桥》，文物出版社，2011年。

《庙底沟与三里桥》双语版后记

　　《庙底沟与三里桥》是中华人民共和国成立以来中国科学院考古研究所（1977年改属中国社会科学院）最初的几本考古报告之一，1959年出版之后，即引起国际学术界的关注。原因在于庙底沟二期文化的发现，使中原地区史前文化的连续性得以证实，20世纪三四十年代构建的所谓仰韶文化在西、龙山文化在东的二元对立学说，受到了极大挑战。

　　这本报告出版之后不久，即发生了"文化大革命"，中国的考古研究举步维艰，且差不多处于与外界隔绝的状态。《庙底沟与三里桥》很可能主要是通过张光直先生的《古代中国考古学》（耶鲁大学出版社，1963年、1968年和1977年）受到西方读者注意的。从保存下来的通信看，开始这项翻译工程的时间，至少可以上推到1980年。1980年7月2日，美国宾夕法尼亚大学人类学系教授波西尔给夏鼐先生写信，说他本人和纽约美国自然博物馆的瓦特·费尔赛维思博士合作翻译了《庙底沟和三里桥》一书，他已经同北卡罗来纳州的卡罗来纳科学出版社联系出版事宜，对方表示有意出版此书。同年9月13日，夏鼐在回复波西尔的信中这样说："来信收到了，我们高兴地获悉Fariservis博士已将《庙底沟与三里桥》一书译成英文，这对介绍新中国的考古成果以及增进中美两国考古学者的相互了解，是有极大好处的。因此我和该书的作者，愉快地接受在美国出版的建议。"又说："为了出版的方便，我们可以提供该书的图版照片。不过这些照片我们只此一份，希望制版以后，请将原照片还给我们。如果你们同意上述办法，请与安志敏教授直接联系，以便寄去。"1981年1月21日，波西尔写信向安志敏索要照片，并把此信附给夏鼐，以便让他知道事情的进展，同时还把他的新著《印度河的古代城市》一书寄赠考古所图书室。同年2月19日，安志敏给波西尔回信说："您给夏鼐所长和我的来信都收到了，并承蒙寄来大作《印度河的古代城市》一书，谨此致谢。《庙底沟与三里桥》一书的全部图版照片（图版壹—玖贰），已由海邮寄上，请查收。由于这份图版照片是考古所保存的完整资料，用完后请尽早退还给我。关于译文的定稿，我想不必看了，因为我相信您会译得很好，并对您的好意表示感谢。"在波西尔的上述来信中，我们知道他正在准备《庙底沟与三里桥》的最终译稿，并表示如果安志敏愿意看译稿的话，他可以把稿子寄过来。

　　为什么翻译这部报告？为什么费了许多时间和人力最后没有在美国出版？现存的档案都没有给予足够的说明。1980年12月22日，波西尔致信斯坦福大学的丁爱博教授（Albert E. Dien），对出版这部报告的原因稍微做了说明。他说，他正在编辑一套有关古代考古遗址的"早期文明丛书"（暂定名），目的是把世界上最伟大、最重要的考古发现介绍给英文世界的读者，每本书的字数大约不超过40000～50000字。他透露他已经介入《庙底沟和三里桥》这部专刊的翻译工作达数年之久。这本书是在瓦特·费尔赛维思教授的指导下由西雅图华盛顿大学的几个中国人完成的。目前译稿就在他的手里，稍经加工即可出版。他还提及此事已得到夏鼐和安志敏先生的支持，他们愿意提供原版照片以便在美国出版。信中还提到张光直教授是他的朋友，张答应在不久的将来愿意提供一本关于安阳的性质相同的书籍。波西尔写信的原因，不是寻求经费方面的帮助，而是因为他刚刚知道（据同年10月15日丁爱博教授拟出版《中国考古文摘》寻求译文帮助的公开信）丁爱博计划出版1972～1981年间《考古》和《文物》杂志所发表重要论著的长篇摘要，他希望这个计划不要与《庙底沟与三里桥》的翻译撞车。

波西尔教授是南亚考古专家，对哈拉帕文明深有研究，但他对中国考古并不熟悉。主持翻译此书的瓦特·费尔赛维思教授曾经参加过第二次世界大战，战后从日本返回美国才成为职业考古学家。他的田野工作主要在巴基斯坦，也是哈拉帕文明考古的专家。不过他的兴趣广泛，写过介绍早期人类的洞穴壁画、古代埃及甚至蒙古高原的不少通俗性作品。他为什么对《庙底沟与三里桥》发生兴趣，我们并不清楚，也许是因为波西尔教授编辑"早期文明丛书"的邀请；而波西尔知道这部报告，推测应该是通过张光直先生。

1981年1月22日，波西尔致函张光直，不仅把寄给安志敏的信附给他，让他了解考古研究所允诺可以在美国出版该书并愿意提供原版照片的情况，还请求张光直为英文版写一篇序言，以便读者了解更多的背景资料。1月27日，张先生回信，答应为英文版写序，但同时希望再了解一下翻译此书的原委、过程和译者。三天之后，波西尔教授回信，说此书的初稿是在费尔赛维思教授指导下由西雅图的一群中国学生翻译的。初稿很"生硬"，因此他将与Cheng Mei Chang合作在当年夏天把译稿加工完善。6月2日，波西尔教授催问序言，同时告诉张光直他正在和一个叫June Li的女士加工译稿，希望可以在本年秋季定稿云云。

张先生的序言，拖了很久，一直到1981年7月13日才寄给波西尔教授。这篇序言，把张先生对庙底沟和三里桥遗址的理解以及报告发表20多年来他由新材料的发现而得到的新认识，做了简要的阐发，这是中国考古学学术史上的一篇重要文献，于今发表，距离当初张先生撰写此文，又过了30年。本书最后的打印稿，是1987年完成的。负责抄写的人告诉波西尔教授加利福尼亚科学出版社应付96小时的打印费，于此可知书稿也曾交付加利福尼亚科学出版社。后来因何原因没有付印，我们无从知悉。

2009年河南省文物考古研究所的马萧林博士在美国考古年会上巧遇波西尔，波西尔说到这本尚未出版的英文译稿。随后波西尔把初稿、修改稿和最后的定稿、原书照片以及他同夏、安、张、丁等几位先生的通信等一并寄给马萧林。马萧林又把邮包原封不动地转交给我，于是我们便启动了这个双语版的计划。

《庙底沟和三里桥》是第二部被美国考古学家翻译的中国考古报告。第一部是《城子崖》，曾于1956年在美国出版。《城子崖》是中国的第一本田野考古报告，也是迄今为止唯一被翻译成英文在国外出版的考古发掘报告，不过，由于流传不广，国内很少有人知道。

《庙底沟与三里桥》至今还经常被人引用，其在中国考古学史上的价值毋庸在此赘述。不过，中文版早已售罄，如果能够把中文与英文对照出版，使国内外读者一册在手，都能使用，又使更多的青年学子知道如何用另外一种语言表述某种考古现象或考古遗物，则幸何如也！

本书张光直先生序言由陈星灿翻译成中文。全书文字由孙丹、付永旭录入，陈起通读全书并加以校补。最后全书经陈星灿通校。由于编校者的水平有限，错谬之处，在所难免，敬请读者指正。此书出版，首先感谢波西尔教授惠赐英文译稿，感谢为翻译此书做出贡献的费尔赛维思教授及其他知名、不知名的译者和编校者，也感谢马萧林先生费心把译稿及原书照片送还给我们。2010年正值考古研究所建所60周年，今年又逢仰韶文化发现90周年，本书既是对考古研究所建所60周年的纪念，也是对夏鼐、安志敏等已故前辈学者的缅怀。本书出版，得到河南省渑池县人民政府的部分经费资助，谷艳雪同志为此书出版花费许多心血，在此一并致谢。

2011年6月19日于考古研究所

中国社会科学院考古研究所编著：《庙底沟与三里桥》，文物出版社，2011年。

《中国北方边疆地区的史前社会》序

　　《中国北方边疆地区的史前社会：公元前一千年间身份标识的形成与经济转变的考古学观察》是以色列考古学家吉迪（Gideon Shelach）的第二部专著。该书运用地理信息系统、统计学、视觉与空间分析等方法，借鉴西方社会学、人类学的理论和概念，对公元前第2千纪后期至第1千纪前期包括东北地区在内的中国北方边疆地区的考古材料，进行了深入的分析，进而描绘了北方地带的社会、政治和经济发展轨迹，为我们重新审视和理解北方地带的社会发展进程提供了一个新的视角，值得引起我们的高度重视。作者曾参加中美赤峰地区区域系统考察，对中国北方地区的考古材料比较熟悉，又曾长期在美国和以色列从事考古研究和教学工作，对西方考古学、人类学的理论和方法也相当了解，他的某些说法虽然跟我们熟悉的不很吻合，比如提出北方地带向游牧经济的转变是一个渐变而非突变的过程；虽然该时期政治、经济的变化非常重要，但最初阶段意识形态方面的动力，尤其是在和欧亚草原乃至西方的跨地区交流的背景下出现的地区认同则是最有意思的变化等，都是通过对考古材料的综合分析得到的，因而具有启发意义。

　　这本书虽然刚刚问世，却已经受到西方学界的注意，相信译成中文出版，一定会得到我国学者更加广泛的关注。

译者长期在吉林大学受教，又曾在以色列进修和从事研究工作，对我国北方地区考古和作者本人的研究都是熟悉的，译文流畅，对概念的把握准确到位，相当完整地把作者的原意译成中文，这在青年研究者中是不多见的。有鉴于以上两个方面的原因，我非常乐意推荐此书出版中文版，借此推动我国北方地区的考古学研究。

2010年8月13日

[以色列]吉迪：《中国北方边疆地区的史前社会：公元前一千年间身份标识的形成与经济转变的考古学观察》，余静译，中国社会科学出版社，2012年。

《中国科学考古学的兴起
——1928-1949年历史语言研究所考古史》序

近代意义上的科学研究工作，在中国开始很晚。地质学算是起步最早的一个学科，也不过百年；考古学是在地质学的影响下产生的，又晚了十来年。近代科学的一个特点，就是做"有规模的系统研究"，也就是培根所讲的"集团研究"。近代以来中国在科学研究上取得辉煌成就的两个学科——地质学和考古学，就是因为分别有了中国地质调查所（1916年）和中央研究院历史语言研究所（1928年）（以下简称"历史语言研究所"或"史语所"）这两个专门的国家研究机构，才脱颖而出，在很短的时间内，分别成为中国自然科学和人文社会科学领域耀眼的明珠。

地质调查所的创始人丁文江先生说："登山必到顶峰，调查不要代步"。历史语言研究所的创始人傅斯年先生也有一句名言："上穷碧落下黄泉，动手动脚找东西。"他们都是强调自己动手，自己走路，去寻找真凭实据，而不要靠书本吃饭。历史语言研究所，就是秉承这样一种精神，在短短的21年（1928～1949年）间，不仅15次发掘殷墟，向世界展示了商代晚期青铜文化的非凡成就，还发现了城子崖、两城镇等龙山文化遗址，揭示了中国东部平原存在着一个灿烂的、跟商文化关系更密切的新石器时代晚期文化。战争期间，历史语言研究所的同仁们，又对中国西南和西北地区进行了艰苦卓绝的田野工作，修正了西方学者有关甘青地区史前文化年代和关系的某些结论，引起国际学术界的关注。历史语言研究所秉承的科学精神及其所取得的优异成绩，使它成为科学考古学在中国兴起的一个重要标志。

历史语言研究所虽然在1949年初南渡台湾，但它的研究人员却做了不同选择。少数的几个考古学家，一部分随史语所迁到台湾，另外一部分则留在了大陆。曾经代傅斯年主持所务（1947年6月26日～1948年8月20日傅先生赴美治病期间）的夏鼐先生，后来成为中国科学院考古研究所（1977年改属中国社会科学院）的所长，主持大陆考古凡35年。他开创的考古研究所的学术传统，实际上更可以看作是历史语言研究所传统的延续，虽然在很多地方又有不同。

正因为如此，要了解中国今日之考古学，是可以从历史语言研究所在大陆期间短短21年的历史里发现线索的。比如中国考古学研究的历史学情结，中国考古学家重资料、轻理论的倾向，中国考古学界对追寻中国文明起源问题持续不断的偏爱；又比如迟至20世纪90年代中期才慢慢开始的中外合作，在重要的考古遗址建立工作站的做法，国家考古机构和地方政府及地方学术团体的矛盾等等，都可以在历史语言研究所田野考古的实践中找到渊源。

历史语言研究所是中国近代科学考古学兴起的一个标志，研究历史语言研究所的考古活动，不仅是为新生的中国考古学画像，也是为近代以来蹒跚学步的中国科学画像。陈洪波先生通过阅读大量文献，把历史语言研究所最初二十余年艰苦卓绝的考古工作，进行了全面细致的描述和分析。他不仅阅读已经出版的各种有关著作，还到台北南港的史语所查阅了大量档案，观摩了当年殷墟等遗址出土的各种遗物，在细心体会诸考古前辈筚路蓝缕所经历的成功和失败、光荣和挫折的同时，又把他们放在那个特定的时代背景里，对他们作"了解之同情"，因此不仅有自己独特的见解，而且持论公平，虽然他的观点并不一定都会被我们所接受。

这部以大陆时期历史语言研究所考古工作为研究对象的著作，是在作者博士论文的基础上加工而成的。把考古学史作为博士论文题目，在我读书的20世纪80年代末期，算是非常稀罕的，现在却已是寻常之事，虽然这方面的博士论文全部加起来也还凑不足两位数。而以有代表性的某一个考古研究群体的某一个时期作为博士论文的研究对象，陈洪波先生的论文更是头一份，也可能还是唯一的一份。不过他现在看到的材料，比我当年看到的要多得多，学如积薪，后来居上，洪波的勤奋、聪明，加上这"形势比人强"的材料的累积，使这本著作形神兼备，异彩纷呈。相信读者会跟我一样，拿在手上，就会不忍释卷，一口气把它读完。

我跟洪波算是文字之交，现在他的大作出版在即，我有幸先睹为快，很高兴写几句话以志同声之欣悦。我相信，这本著作的出版，一定会对中国考古学的理论建设起到积极的作用。

陈洪波：《中国科学考古学的兴起——1928-1949年历史语言研究所考古史》，广西师大出版社，2011年。

《跨湖桥文化研究》序言

　　《跨湖桥文化研究》是乐平花费很多心血写的一部书。他写完之后将稿子寄给我，要我提意见，写序言。我除了在乐平发掘的跨湖桥、上山和荷花山以及浙江其他同事发掘的小黄山、河姆渡、田螺山、马家浜、良渚、方家洲等遗址参观学习之外，并没有做过实际的田野工作，因此只能提些不关痛痒的意见。但我很高兴把老同学写的这部书稿仔细读完。在这百花斗艳的春日，它不仅把我带到了令人神往的跨湖桥文化，也把我带到了钱塘江两岸的新石器时代文化研究中去。

　　浙江的新石器时代文化遗址，虽然发现不晚，但直到中华人民共和国成立之初，也还只有吴兴钱山漾、杭县良渚和杭州老和山（当时称为古荡）寥寥几处遗址。发现不久，因其与中原龙山文化面貌相似，梁思永先生即把这些发现纳入龙山文化系统中，称之为"杭州湾区的龙山文化"。尽管大家知道这种文化有它自己的特点，比如陶鬶发现不多，也不是标准龙山文化的形式；三角形的石刀只在该地区发现，而不见于其他地区；有段的石锛、石凿，表示它和东南沿海如福建和台湾等地的特殊关系，但一般认为它是中原龙山文化向南发展的结果，年代自然比龙山文化要晚。夏鼐先生在《长江流域考古问题》一文中，虽然明确这种遗存为良渚文化，但又指出，"太湖沿岸和杭州湾的良渚文化，是受了龙山文化影响的一种晚期文化。"（《考古》1960年第2期第1页）在1965年发表的《解放后中国原始社会史的研究》一文里，夏鼐先生又说："太湖地区的良渚文化，陶器有点像山东龙山文化，可能是受它的影响，年代大约也稍迟，可能相当于中原的殷商时代。它已进入父系氏族公社阶段。"（《人民日报》1965年4月7日第3版）直到河姆渡文化发现之后，因得益于碳-14年代测定数据的陆续公布，我们对长江下游地区新石器时代的认识才发生了质的变化。1977年，夏鼐先生在《碳-14测定年代和中国史前考古学》中，肯定河姆渡四层和西安半坡五层碳测数据的可靠性，认为"这两处应该是现在能确定的我国最早的新石器时代文化了"。他还说：它们"经济生活的发展程度是相同的，都是以比较原始的农业为主，也兼从事于渔猎和采集工作，还饲养家畜。但是文化类型不同，表明它们有不同的来源和发展过程，是与当地的地理环境适应而产生和发展的一种或一些文化。当然这并不排除与黄河流域的新石器文化可能有相互联系，交光互影。这种看法似乎比将一切都归之于黄河流域新石器时代文化的影响的片面性的传播论，更切合于当时的真实情况，更能说明问题。这十几年的考古新发现和碳-14测定年代的结果，似乎是支持我的这种看法。"（《考古》1977年第4期第221页）在同一篇文章中，夏鼐先生不仅肯定了"河姆渡文化"的命名，指出这种下层文化是"前所未见"的，与黄河中游的仰韶文化"完全不同"，还强调，它的农作物主要是水稻、农具是骨耜，家畜是猪、狗，可能还有水牛。有使用榫卯的木构建筑。陶器是夹炭末的黑陶，造型简单，主要是釜、钵、盆、盘等五种，有类似鼎足的活动支座，但是没有鼎、豆等。到这时，长江下游地区新石器时代文化的土著性，才开始得到学术界的公认。河姆渡文化被认为是长江下游地区与"仰韶文化早期（半坡）同时或开始稍早的" 一种新石器时代早期文化（夏鼐：《三十年来的中国考古学》，《考古》1979年第5期第387页）。长江流域与黄河流域一样同是中国文化摇篮的认识，于此得到了考古学的支持。

不过，在河姆渡文化发现之后，虽然在很长的一段时间内，它被冠于长江下游地区新石器时代文化之首，列在马家浜、崧泽和良渚文化之前，但它更被视作宁绍平原地区的一支土著文化，与杭嘉湖地区的马家浜文化南北并峙，河姆渡文化的来源、内涵、发展和去向都是学术界长期讨论并悬而未决的问题。20世纪八九十年代，在宁绍平原发现良渚文化层，浙江的同事们先后发掘了绍兴马鞍、宁波江北慈湖、奉化名山后和象山塔山遗址，普遍发现鱼鳍形和"T"字形鼎足、泥质黑皮陶竹节把豆、泥质黑皮陶双鼻壶、泥质黑皮陶带流阔把杯等良渚文化因素，虽然大家对这种遗存的性质和命名认识不一，但都承认它跟杭嘉湖地区良渚文化的关系密切，有的甚至径直命名为"良渚文化名山后类型"（刘军、王海明：《宁绍平原良渚文化初探》，《东南文化》1993年第1期），或认为属于良渚文化的范畴（黄宣佩：《良渚文化分布范围的探讨》，《文物》1998年第2期），证明钱塘江两侧的史前文化重新走到了一起。与此同时，在宁绍平原还发现了马家浜文化的遗物，主持塔山遗址发掘的乐平曾敏锐地提出，这或许是马家浜文化居民南迁的结果，这种人群的迁徙和文化的影响，最终导致河姆渡文化第三期发生质变。在他看来，这个第三期实在是"河姆渡文化在自身发展过程中接受北部马家浜文化影响的产物。"（浙江省文物考古研究所等：《象山县塔山遗址第一、二期发掘》，《浙江省文物考古研究所学刊》，长征出版社，1997年，第65页）。这个意见虽然没有得到很多关注，但多少打破了浙江史前文化划钱塘江而治的刻板印象。钱塘江南北两岸史前文化的多元性和复杂性，在最近陆续公布的考古材料中，得到了进一步的体现。

跨湖桥文化的发现，翻开了浙江新石器时代考古新的一页。虽然发现之初，对其年代和文化性质不乏质疑之声，但我们现在知道，距今约8300年至7000年前的跨湖桥文化，分布于钱塘江中下游地区，虽然采集和渔猎还是其重要的生活来源，但农业初步成熟，以家畜饲养为特征的定居农业生活也已经开始。制陶、独木舟和漆器制造、榫卯建筑技术的使用是该阶段重要的文化成就。与新世纪发现的上山文化相比，跨湖桥文化居民的生活区域明显从山区向河口平原转移。用乐平的话说，跨湖桥居民是沿海平原型文化的开拓者。

跟跨湖桥文化和上山文化的发现和研究密切相关，乐平拟构出浙江新石器时代文化的新体系（参见本书第八章及蒋乐平：《钱塘江史前文明史纲要》，《南方文物》2012年第2期）。简单说来，就是他试图超越钱塘江的地理阻隔，将"钱塘江"和"太湖"地区的史前文化理解为区域文化连续体的四个阶段，动态把握浙江地区新石器时代文化的发展脉络。第一阶段，是"钱塘江期"。该阶段以上山文化与跨湖桥文化为代表，是本土文化势力统治时期。第二阶段，可名之为"杭州湾期"。相当于河姆渡遗址、罗家角遗址的早期，约距今7000年至6200年。第三阶段，可名之为"太湖期"，相当于马家浜文化晚期至良渚文化时期，约距今6200年至4400年，钱塘江南北基本进入相对统一的文化发展阶段。第四阶段，被称为"回归期"，即钱山漾文化阶段，也可以将马桥文化包括在内。在第二个阶段，河姆渡文化是本土文化——跨湖桥文化的主要继承者。与此同时，更多具有北方元素的马家浜文化在太湖流域形成，在与河姆渡文化的对峙过程中，逐渐取得优势。在乐平看来，河姆渡文化和马家浜文化，都是以跨湖桥文化为基础，在北方史前文化的冲击和影响下，诞生出来的孪生型的两种考古学文化。不同的是，钱塘江以南的河姆渡文化，本地传统保持得更多些。绳纹陶釜作为一种文化符号顽强保存下来，其所蕴含的文化基因更丰富也更复杂，并对后来东南沿海史前文化的发展方向具有指向性意义。到了马家浜和崧泽文化时期，太湖地区文化发展，社会复杂化程度加剧，人口陡增，其分布区域也向钱塘江以南地区扩张，河姆渡遗址第一、二层文化也被纳入其版图，但该地区依然保持某种程度的地域文化特色。这种解释，显然突破了浙江史前文化以钱塘江为分界的二元对立发展的思考模式。

　　这些新思考，多少是跟跨湖桥文化的发现和研究相关联的。总之，跨湖桥文化的新发现，为我们讨论浙江乃至长江下游地区新石器时代文化的起源、发展和谱系，揭开该地区新石器时代早期人类生活的神秘面纱，提供了前所未知的新鲜材料，至今犹在冲击着我们的认知能力。它源自何处？和新世纪发现的更古老的上山文化是什么关系？跟河姆渡、马家浜文化有什么样的关系？跟更遥远的同时期新石器时代文化又有什么样的关系？它的居民是怎样生活的？生活在什么样的环境中？使用什么样的陶器、骨器和木器？他们的文化发展到了怎样的高度？又是如何走向衰落的？他们的农业是什么样的？狩猎采集又是什么样的？他们的精神生活如何？凡此等等，乐平在书中都有精彩的描述和分析。上面有关浙江新石器时代文化发展脉路的简述，其实就是其中的一部分。跨湖桥文化的深入研究，虽然得益于跨湖桥遗址地下埋藏环境的优越，使许多有机物得以保存，但更有赖乐平和他的研究团队对该文化的长期深入研究。跨湖桥遗址的发掘报告已经出版，现在乐平的跨湖桥文化综合研究著作也要面世，我有幸先睹为快，写几句话，以志祝贺，并把这部书推荐给各位读者。

2014年4月14日

　　蒋乐平：《跨湖桥文化研究》，科学出版社，2014年。

梁思永先生与中国考古学

——《梁思永考古论文集》编者按语

　　梁思永先生，祖籍广东新会，是梁启超先生的二儿子。他1904年出生于上海。1923年毕业于北京清华学校留美预备班。次年赴美留学，后就学于哈佛大学研究院，专攻考古学和人类学，曾参加美洲印第安人古代遗址的发掘，也曾专门研究过东亚考古学的问题[1]。1927年7月返国，原定10月4日赴山西进行田野考古，但因奉晋战事爆发而告吹，遂留在北京整理李济先生1926年在山西夏县西阴村发掘的考古资料[2]，并在清华国学研究院担任助教。1928年8月返回美国继续深造，到1930年毕业回国之前，先后完成了论文《远东考古学上的若干问题》（英文），和专刊《山西西阴村史前遗址的新石器时代的陶器》（英文），通过对当时有限的考古材料的分析，深入讨论了中国各地史前文化及其与欧亚史前文化的关系，发表了非常重要的看法。1930年回国不久，

---

[1]　夏鼐：《梁思永先生传略》，《考古学报》第七册，1954年，第1～3页。另见中国科学院考古研究所编《梁思永考古论文集》，科学出版社，1959年，第v～vi页。

[2]　丁文江、赵丰田编：《梁启超年谱长编》，上海人民出版社，2009年，第745页。

梁思永先生加入刚刚成立的中央研究院历史语言研究所考古组，开始执行该所发起的"东北考古计划"。9月19日，由北平赴黑龙江发掘昂昂溪遗址，这是黑龙江地区的第一次科学考古发掘。发掘结束，10月21日从通辽入热河做考古调查，10月27日返回北平。他和同事在极端艰苦的条件下，行程过千里，历时38天，完成了中国人第一次系统的东北考古调查。1931年，先后参加了安阳小屯、后冈和山东历城城子崖遗址的发掘；1932年春，因患烈性肋膜炎，卧病两年，直到1934年春天才逐渐康复。该年夏，在完成热河调查报告后，即赴安阳后冈主持西北冈殷王陵的发掘。次年春秋两季，又连续主持殷王陵的大规模考古发掘，发现多座殷代大墓，为了解殷代社会及其发展水平提供了极其重要的材料。殷王陵的发掘，规模宏大、工作精细、收获丰富，是中国考古学史上前所未有的工作[1]。发掘结束，梁思永先生即着手西北冈考古资料的整理和研究工作，但因为抗日战争爆发，打乱了原来的工作计划。梁先生随史语所先退到汉口，又退到长沙，后经桂林转到昆明，最后在四川南溪李庄度过了漫长的战争岁月。1941年初夏，因肺结核剧烈发作，不得不停止研究工作。此后虽长期偃卧病榻，不能起床，但仍关心战时西北、西南的田野考古和室内研究工作，也念念不忘自己的西北冈殷王陵发掘报告的整理，相信这是他"此生唯一的事业"[2]。战前梁思永先生曾调查过北平制造玉器的技术，

---

[1] 见夏鼐《梁思永先生传略》。

[2] 《夏鼐日记》卷3，华东师范大学出版社，2011年，第151页。

并搜集工具标本。在昆明期间，还曾调查制造陶器的技术，对埏泥、成形、烧窑等方面，都做过研究[1]。因为健康的原因，梁先生的田野工作，在此之后就结束了。

1946年2月，梁思永先生在重庆中央医院施行了两次大手术。出院后返回古都北平，继续休养，身体逐渐恢复，但仍很虚弱。1948年，因其在中国考古学上的杰出贡献，当选为首届中央研究院院士。1949年，北平和平解放，梁先生没有跟随史语所和西北冈发掘的实物和发掘资料，移居台湾，而是选择留在北平，为即将成立的中国科学院考古研究所网罗人才，谋求中国考古事业的发展。1950年夏，梁先生受命为中国科学院考古研究所副所长，虽不能出门，却"计划和指导田野调查发掘和室内研究工作"，"培养年轻干部"，鞠躬尽瘁，为中华人民共和国成立后中国考古事业的发展，做出了很大贡献[2]。

梁思永先生的生命是短暂的，但在这短暂的一生中，却为中国考古学做了很多开创性的工作，有不少是示范性的，这也奠定了他在中国现代考古学史上的重要地位。梁思永先生是中国现代考古学的奠基人之一。

考古学的基础是田野工作。考古发掘又是田野工作的基础。在梁思永先生发掘昂昂溪和殷墟之前，中国的田野考古工作已经开始了。如果从1921年瑞典学者安特生发掘仰韶村

[1] 见夏鼐《梁思永先生传略》。

[2] 见夏鼐《梁思永先生传略》及尹达《悼念梁思永先生》，《文物参考资料》1954年第4期，第8～11页。另见中国科学院考古研究所编《梁思永考古论文集》，科学出版社，1959年，第i～iii页。

算起，科学的田野考古发掘已经进行了差不多10年。中国人自己的考古工作，从1926年李济发掘山西夏县西阴村开始，也已经进行了差不多5年。安阳殷墟，也已经发掘了三次。但是，田野发掘的方法仍很落后。比如吴金鼎就曾批评殷墟发掘的方法，说"小屯所掘得之物，记载编号不统一，以统帅之主任时常变动，有时以X. Y. Z，有时仅记深度，有时仅记一号数。取回来整理后，又未采取card-index system，将来颇多麻烦……关于照相之编号和索引，亦无办法。又说小屯发掘时之记载，仅有日期、发掘人、地点、出土物。自梁思永先生返国后，始大加改革，侯家庄之记载表格胜前远甚。至于北平研究院之发掘团，记载制度亦极坏，故无法做报告。中央研究院之小屯发掘报告，迟迟不出，亦以记载方式之不佳。"[1]这当然只是当时考古工作的一个侧影，但从中可以看出问题的确很多。梁思永在城子崖和安阳的发掘，尤其是安阳高楼庄后冈的发掘，开辟了依土质、土色和包含物变化划分地层的发掘方法，结束了以往依人为的水平层为单位的发掘方法，记录方法也大为改进，为后来的殷墟和其他遗址的发掘树立了典范[2]。地层学是考古学研究的基本方法之一，它在中国的发展和成熟，跟梁思永先生有莫大的关系[3]。

---

[1] 《夏鼐文集》卷2，社会科学文献出版社，2000年，第10页。

[2] 陈星灿：《中国史前考古学史研究（1895-1949）》，生活·读书·新知三联书店，1997年，第229～239页。

[3] 这在考古界几乎是众所皆知的。比如曾经参加殷墟发掘的夏鼐（参见《梁思永先生传略》）和尹达（参见《悼念梁思永先生》）都曾提及。

　　因为发掘方法的改进，及田野工作经验的积累，梁思永不仅组织了空前规模的西北冈殷王陵的发掘，还在后冈发现了著名的仰韶、龙山和殷墟文化的三叠层。因为这仰韶文化在下、龙山文化在中、殷商文化在上的地层叠压关系的发现，自仰韶文化发现以来就莫衷一是的仰韶文化的时代及其与以殷周文化为代表的中国古代文化的关系，仰韶文化与刚刚发现的龙山文化的关系，龙山文化与小屯殷商文化的关系等问题，就在很大程度上得到了澄清。至少在豫北地区，仰韶文化与龙山文化及小屯殷商文化的相对年代关系解决了。对此，他有两种假设，他认为这样一种假设是可以成立的："仰韶彩陶文化自黄河上游向下游发展达到河南北部的安阳县高楼庄后冈和渑池县仰韶村之后，自黄河下游向上游发展的龙山文化才侵入河南北部。它先到后冈，占领了彩陶文化早期就废弃的遗址，后到仰韶村，遇着发达已过了最高点的彩陶文化。"[1]不能不说梁思永先生的结论是审慎的。虽然由于当时的条件所限，梁思永先生在考古学上构建了仰韶文化由西向东、龙山文化由东向西发展的东西二元对立学说，而没有发现中原地区从仰韶文化发展为龙山文化的承继关系——这是20世纪50年代后期在河南陕县庙底沟、洛阳王湾等地慢慢发现的——因而他的结论难免错误，但后冈三叠层的发现，的确找到了解决

---

[1]　梁思永：《小屯、龙山与仰韶》，见本书第157页。

中国史前史上一个关键问题的钥匙[1]。

龙山文化的辨识，特别是后冈三叠层的发现，确立了龙山文化是中国文明的前身。根据龙山文化的考古发现，梁思永先生第一次系统总结了这个文化的特征，并做了分区的尝试，把龙山文化分为山东沿海区、豫北区和杭州湾区，并讨论了各分区文化的地层和年代。他认为豫北的后冈二层不但是较早的，"确可定为早于殷代文化的遗存"，后冈二层还是"豫北殷文化的直接前驱"[2]。囿于当时的考古发现，梁思永先生认为山东历城城子崖一层和日照两城镇一层的年代更早一些——这是他推测龙山文化由东向西发展的一个前提，我们现在知道这也是不正确的，但当时他对龙山文化各区域文化因素的分析、龙山文化与殷墟商文化在文化面貌上异同的比较，甚至先此对仰韶文化与龙山文化的比较，西阴村、仰韶村的仰韶文化与后冈下层仰韶文化的比较，都显示出他敏锐的分析能力，应该说他对仰韶、龙山与殷墟商文化的辨识是相当准确的，只是因为要调和这龙山文化向西发展、仰韶文化向东发展的假说，才做了种种有关绝对年代和相对关系的推测。不过，龙山文化是中国文明前身的解释，确在相当程度上动摇了当时已流行了十多年的"中国文化西

[1] 陈星灿：《中国史前考古学史研究（1895-1949）》，第210～227页。即便1959年夏鼐编辑《梁思永考古论文集》时，也还没有跳出仰韶文化与龙山文化二元相向发展的窠臼。参见该书第40页，"编者案"（本书第63页"原编者按"）、第97页"编者后记"（本书第163页"原编者后记"）。

[2] 梁思永：《龙山文化——中国文明的史前期之一》，见本书第252页。

来说"，这也是梁思永先生的一大贡献。

如果说三叠层为解决中国史前文化的问题找到了一把钥匙的话，那梁思永先生的另外一个重要贡献，就是发掘昂昂溪和调查热河。如前所述，昂昂溪是有史以来在黑龙江地区的第一次科学发掘，发掘面积虽小，却为了解该地区史前人类的生活方式提供了珍贵的考古材料。热河地区的考古调查，虽然是在日本人鸟居龙藏和法国人桑志华之后，又多是地面调查材料，因而它的价值不免打了折扣，但这也是中国学者第一次在东北地区的考古调查。要不是日本军国主义分子发动"九一八"事变，"东北考古计划"搁浅，梁先生在东北地区的考古工作一定会有更多更重要的发现。不过，两篇详细考古报告的发表，对于我们了解北方地区史前人类的生活具有重要意义。尤其是以昂昂溪遗址所代表的史前渔猎生活的考古材料，至今还有重要的参考价值[1]。

除了安阳后冈和小屯，梁思永先生倾注心血最多的还是西北冈殷王陵的三次大规模发掘和报告整理。发掘共揭露墓葬1267座，其中仅殷商墓葬就有1232座，而殷商墓中的大墓有10座之多[2]。这是中国考古学上划时代的发现，规模也是空前的。梁思永先生本来是想在第三次发掘之后，暂停一段时间，审查一下这些惊人的不寻常的出土物，"以便深思熟虑地制定下一步发掘计划"，结果却由于1937年日本的

---

[1]　中国社会科学院考古研究所等编：《昂昂溪考古文集》，科学出版社，2013年。

[2]　高去寻：《安阳殷代王陵》，《台湾大学考古人类学刊》第十三、十四合刊（1959年11月），第1～9页（英文）。

突然侵略终止了。在艰难的战争期间，梁思永先生一有机会就整理这批发掘材料，终于在1941年病倒之前，写出了241页的报告初稿。这份分为16章的手稿，一半只有标题，另外的一半也很简略，但却非常珍贵，因为它"不仅提供了基本资料，而且为中文的科学报告树立了样板"[1]。实际上，这本尚未完成的考古报告，也和梁先生参与执笔和主持编辑的《城子崖》报告一样，是中国考古学史上最重要的研究成果之一，具有里程碑式的示范的意义。殷商文明的高度，也因西北冈王陵的发掘，而被国际学术界所熟知。

梁思永：《小屯、龙山与仰韶》，商务印书馆，2015年。

---

[1] 李济：《安阳》，商务印书馆，2011年，第130页。

《区域互动框架下的史前中国南方海洋文化》序

中国的北面是大漠，西面是高山，东、南两面则是海洋，所以中国的史前文化，可以粗略地分为面向内陆和面向海洋的两个部分。面向海洋的一面，虽然近代以来的考古发现并不很晚，但却很晚才受到重视。20世纪70年代末期之前，中国史前文化的"中原中心说"风行一时，包括东南沿海在内的广大地区的古代文化，大都被认为是中原文化扩张、辐射和影响的结果。

随着沿海地区特别是河姆渡文化的发现，中国东南沿海史前文化的土著性、独特性和连续发展性才得到重视。1981年，苏秉琦先生根据当时的考古发现，把中国的史前文化分为六个区块，面向海洋和面向内陆的区块平分秋色。面向海洋的即1.山东及邻省一部分地区；2.长江下游地区；3.以鄱阳湖—珠江三角洲为中轴的南方地区。在这篇文章中，苏秉琦先生还明确指出："面向内陆的部分，多出彩陶和细石器；面向海洋的部分则主要是黑陶、几何印纹陶、有段和有肩石器的分布区域，民俗方面还有拔牙的习俗。当然，要强调指出的是，在这广大的地域内，古代劳动人民从很早的时候起就有着交往互动，越往后这种交往活动就越密切。"

与此大略同时，张光直先生也根据中国考古发现的实际，划分了大同小异的区块，并提出"中国相互作用圈"的理论模式，用以解释中国史前文化的形成和发展。他说，"到了公元前4000年前左右，华北和华南这些各有特色的文化开始显露出一种相互连锁的程序，并在其后的1000年内及1500年内在华北及华南地区继续深化。各个区域文化向外伸展而相互接触，在文化上相互交流，表现出持久而重要的交流关系的具体的、逐渐增长的证据。这个交互作用的程序无疑在数千年前便已开始，但是到了公元前4000年前，它在考古记录中的表现才显得清楚而且强烈。这些表现可以从两部分来叙述，即华北诸文化之间的交互作用的表现和华北、华南文化之间的表现。"虽然张光直先生的目的是谈"中国相互作用圈"的形成，但前提是认同各地区史前文化的土著性和特殊性，只不过强调"自公元前4000年左右开始，有土著起源和自己特色的几个区域性的文化相互连锁成为一个更大的文化相互作用圈"罢了。

自那以后，中国东南沿海地区的考古工作，又得到长足发展。从旧石器时代到青铜时代的重要发现层出不穷，海洋史前文化的土著性和特殊性得到了更加充分的体现。如果仅仅以这些地区的考古发现撰写一部中国东南沿海文化的史前史，就已经是相当可观的工作。如果把东南沿海放在整个太平洋文化圈的大背景下，把它作为太平洋史前文化的一部分加以归纳总结，又假如把包括语言学、地理学、生态学、民族学和体质人类学的研究成果纳入视野，则更是一种艰苦而有意义的工作。乔晓勤先生的这部论著，就是充分利用考古学及相关学科的研究成果，重点探索华南地区史前海洋文化的形成和发展，进而讨论包括华南地区在内的中国东南沿海、东南亚和太平洋岛屿史前文化的交流和互动。

面向海洋的诸史前考古学文化，有着鲜明的海洋文化特色。以台湾海峡的西侧为例，从公元前4500年开始的壳丘头文化，经过昙石山文化（约公元前3000～前2300年），发展到黄瓜山文化（约公元前2300～前1500年），虽然其间农业从无到有，海洋渔猎经济却一直占据主导地位。壳丘头文化没有发现农业的迹象，出土的海洋贝类不下数十种，鲨鱼和海龟也是人们狩猎的对象。昙石山文化虽然发现稻米遗存，当时的人们也可能已经饲养家畜，但农业生产处于非常低下的水平，人们仍然主要依赖渔猎。最近的一项同位素分析报告显示，海洋生物是昙石山文化的主要食物来源。黄瓜山文化虽然发现了稻米，它的晚期甚至还出土了大麦和小麦的遗存，家猪饲养也已存在，说明该文化的主人，可能已经经营农业，但他们仍然大量依赖海洋资源，海洋贝类、鱼类和野生动物在经济中的重要性仍然远超家畜饲养业。人们采集的海洋贝类不下15种。

海洋的独特性，造就了中国东南沿海史前文化的独特性，也造就了它跟东南亚、大洋洲史前文化的若干共性。海洋是该地区史前人类赖以生存的家园，它博大的胸怀，在漫长的史前时期，接纳着一拨又一拨来自大陆的居民。但不管来自哪里，他们最后又都被海洋文化所同化。

中国的史前史历来是以面向大陆的诸考古学文化为中心写成的，即便近年来沿海地区的考古研究取得了很大进展，我们对海洋史前文明的认识仍然是肤浅的，对有关社会、生业、聚落形态、人口迁徙、贸易和文化互动等等方面的了解，也还是非常有限的。中国东南地区的史前文化如何和为什么向沿海甚至更遥远的太平洋地区扩散，如何跟更遥远的大洋洲史前文化产生互动，南岛语系的人们如何从东南沿海和台湾通过菲律宾进入大洋洲等等，虽然已经有不少讨论，也还需要更加扎实的研究工作，才能得到明确的答案。摆在您眼前的这部著作，从考古学、语言学、民族学、体质人类学等方面梳理了中国东南沿海、东南亚岛屿区和大洋洲地区累积的各种材料，试图描绘史前中国的海洋文化并讨论相关问题，探究史前中国海洋文化的起源、形成和发展，因此这本书称得上是一部"面向海洋的中国史前史"，仅此而言，它对我们全面了解中国的史前文化就是非常有裨益的。

乔晓勤先生曾多年从事中国东南沿海地区的田野考古工作，既有丰富的考古经验，也受过严格的人类学、民族学训练，他用多年心力，撰成这部著作。我有幸先读为快，写下一点感想，诚恳地把它推荐给各位读者。

2014年2月27日

乔晓勤：《区域互动框架下的史前中国南方海洋文化》，广西师范大学出版社，2016年。

《一个考古人的日记》序

日记是记录历史的特殊题材。小到家庭琐事、日常工作，大到国家大事、国际新闻，都不妨在日记里留下痕迹。摆在您面前的是一本"考古老兵"的日记。作为一名考古工作者，天天跟田野和文物打交道，谈的多是考古的事。说小了这是个人的考古工作记录，说大了，也不妨说是从个人角度记录的一个时代中国考古学发展的缩影。我这样说，也许不如摘录几条日记给大家看看：

1958年3月2日

黄老、张寅和我一同至工地。张先生与民族同志掏挖前几天出土陶缸内壁之填土，黄老鉴定为唐代之物，黄老亲挖灰层，出土石器不少，我用皮尺量出土物坐标，并按件打包入纸箱，以备运回住处。

1959年2月1日～3月30日

由于天寒地冻，不适于野外田野调查作业，再加上西藏宗教反动势力搞武装叛乱，青海形势非常紧张。根据上级要求我们都守在室内，没事不能外出，组织大家学习时事、政策、法令和业务。趁此机会我又重读了夏鼐的《考古学通论》《考古学基础》，我找出大量和青海有关的文物考古资料，以备后续的研究工作。我们组成巡逻小分队，每天值班查夜，站岗执勤。有时高原的雪说来就来，当狂风肆虐过后，漫天的大雪将高原披上银装。雪后，我又加入到为城市铲雪的队伍中。

1982年10月12日

我的手表装在口袋内，弯腰挖土时不慎坠地，忽然钻入地下不见了。赶忙用小铲挖土，原来是一个蚂蚁洞，蚁群乱跑，表卡在洞中空壁上，把表拿出忽然发现一角锥直插洞底，表未损，又获一宝大喜，当即编号T208（2）：1。

这是讲日常田野工作的。

1965年1月15～30日

学习毛主席《矛盾论》，学习徐寅生《论女乒运动精神》，要求干部政治、业务双过硬。

1975年8月22日

刘亚克传达胡绳讲话：（1）毛主席关于"水浒"的批示；（2）毛主席关于电影《创业》的批示。

1983年4月16日

语言所丁声树被评为优秀共产党员，号召院所同志向他学习。

这是讲日常政治学习的。

1981年2月27日

　　考古所技术室副主任王㐬主讲"云南少数民族傣族、布朗族、哈尼族制陶、造纸、服饰的调查情况"，我聆听并作记录以增长知识。

1983年2月3日

　　田野工作总结汇报（1982年工作收获），夏鼐、苏秉琦作重要讲话。

1989年9月5日

　　所组织苏联考古学家刘克甫报告会。

这是讲日常业务学习的。

1971年～1972年夏天

　　1971年夏，中国科学院院长郭沫若呈报国务院，提出《考古》《考古学报》复刊，此事经周恩来总理亲自过问，并批准复刊。因此，考古所从"五七"干校抽调安志敏、刘观民、金学山、曹延尊、赵信等人回所。刘观民与梁星彭同志参加故宫的"文化大革命期间出土文物展"工作，其他人由安志敏带领到编辑室负责承担两刊的编辑和出版。我主要负责后者。1972年夏天，原编辑室人员周永珍、徐保善、徐元邦从"五七干校"抽调回北京，返回考古编辑室，增强了编辑力量。

1989年1月30日

夏鼐铜像今日伫立在考古所图书室门前，研究人员肃立，举行揭幕典礼。

1993年12月28日

院部人事局单天伦来考古所宣读院文件：任命王立邦为所党委书记，张国宝为副书记，除所长任式楠已提前宣布之外，任命乌恩、张国宝、刘庆柱为副所长。王忍之莅临会议。

这是讲院所行政工作的。

1958年1月20日

所人事科派我到工人体育馆参加朝鲜金日成首相来我国访问盛大欢迎会。会后观看了中国人民解放军歌舞团精彩表演。

1983年8月11日

全所会议，王廷芳副所长传达中央文件"坚决打击刑事犯罪分子"。

这是讲国家大事的。

日记的主人赵信先生，是中国社会科学院考古研究所的一名考古学家。1956年夏天他中学毕业通过考试进入考古研究所工作，到1997年7月退休，在田野里摸爬滚打了整整40年，从中学生成长为一名考古学家。退休之后，他到考古所人事处协助做老干部管理工作，又工作了差不多10年。这本日记，就是他在考古所工作的个人记录。赵先生有记日记的习惯，但眼前的这本日记，显然不是他日记的全部，有的的确是"日记"——按日记录，有的却是根据日记浓缩的"纪事本末体"或者"纪事体"的"周记""月记"甚至"年记"。所以有的地方很详细，有的地方却相当简略。比如1966～1974年，就只有短短的几页；1976年，只有不足一页；1977～1978年，也只有不足一页，这对意欲了解当时情况的读者不免是一个很大的遗憾。不过，这也从另一个方面折射出那是一个特殊的年代，是可以理解的。

古人言："美常在久。"大凡天地间一种美好事物的出现，常常是由于它的时间久长、由于坚持取得的。赵信先生的考古日记，也是他坚持不懈的结果。我前面说过，这固然是他个人成长轨迹的记录，也可以说是一个时代一名普通中国考古工作者的记录，某种意义上还可以说是一个时代的记录，因而是很有价值的。我生也晚，除了阅读考古报告，无缘看到20世纪50年代至80年代初期中国考古学的样貌，更无从了解中国考古学家这个特殊群体的工作和生活状况，这本考古日记，虽然是个人不完全的记录，却提供给我们观察中国考古学及其从业者一个特殊的角度，可以从这个角度窥探那个时代；即便是我参加工作以后的岁月，我也能从中找到我不知道或者已经遗忘的某些历史片段。我有幸先睹为快，写下上述感想，很高兴把它推荐给各位读者。

2014年11月10日

（原载《中国文物报》2018年4月3日）

赵信：《一个考古人的日记》，学苑出版社，2018年。

《哈民玉器研究》序

　　玉器是中国传统文化的重要元素，用玉、崇玉是中国古代历史的优秀传统。玉器的起源，至少可以追溯到距今8000年前的兴隆洼文化。兴隆洼文化位于我国东北地区，是中国古代玉器传统最重要的源头之一。过去的三四十年间，距今五六千年前的红山文化，出土过大量玉器。这些玉器，可以分为装饰、仿工具、动物（包括人物）、特殊类题材四大类，尤其是后两者具有典型意义。到了红山文化晚期，已经形成了比较明确的用玉制度，玉器跟随葬玉器的人的身份、等级相匹配，大型墓葬随葬玉器的种类、数量明显多于中小型墓葬，具有象征意义的勾云形玉器和箍形器共存于某些大型墓葬中，却绝不见于中小型墓葬内。这一时期玉器通常出土在墓葬中，显然是红山文化晚期社会分化、等级制度形成的重要物证。

　　2010年夏天，在红山文化最初发现地赤峰东北约四百公里的科尔沁草原腹地，我们的考古学家发现了哈民遗址。截至2014年，经过前后五次科学发掘，揭露出一个面积达10万平方米的环壕聚落。聚落分南北两区，在北区约6万平方米的遗址上，共发掘8200平方米，清理出78座房屋、14座墓葬、57座灰坑和两段并行的内外壕沟。要紧的是，在其中的17座房屋中，出土了八十多件玉器。与以往不同的是，哈民遗址的所有玉器均出土于房址里，所有出土玉器的房址均存在被火烧过的人类遗骸。墓葬多埋在室外，以单人土坑竖穴墓为主，也有多人合葬墓。多数墓葬没有随葬品，更没有发现玉器随葬。玉器全部发现在出土人骨遗骸的房址中，比如最多的F57出土18件玉器，F37、F45、F46、F47、F56出土的玉器也均不低于6件。这些房屋，分布在著名的F40房址周围，F40就是发现98具人骨的房屋。在这个面积约19平方米的房屋里，却只发现过一件小玉珠。不管是F40，还是出土玉器的其他房址，虽然埋了大量人骨，显然均非一般意义上的墓葬，而很可能是某种无法抵抗的灾难现场或灾难处理现场。因此，这些出土在房址内的玉器，原本就是佩戴在人身体上的，它跟一般发现在墓葬内的玉器在性质上是有所不同的，它们更应该被视为人们日常生活的现实写照。这些发现对于我们了解哈民文化、红山文化以及东北地区其他史前文化随葬玉器的功能和意义，无疑提供了新的观察视角和研究材料。

这些在哈民房址内发现的玉器，包括璧、异形璧、双联璧、勾云形器、瓦沟形器、匕、璜、坠饰、珠、斧、钺等11种15个类型，与牛河梁红山文化遗址相比，它有红山文化常见的器物，比如勾云形器和双联璧，但却缺乏动物类和特殊类造型的玉器，考古学家们分类为C型的长方形玉璧、略近方形的异型璧等等，均带有明显的自身特点。与红山文化以牛河梁遗址为代表的红山文化玉器相比，两者在器物组合、工艺特征、加工技术等方面，都有不同，所以考古学家们认为两者实代表不同的"玉器工艺集团"。

本书以哈民玉器的研究为中心，把哈民遗址及其玉器放在东北亚的广阔背景中，不仅深刻揭示出玉器的出土背景、玉器的特征，还深入探讨了哈民与东北亚玉器的交流、哈民玉器的工艺特点、哈民玉器与红山文化玉器的关系、勾云形玉器和西伯利亚萨满教人与动物雕像倒挂的使用方式等，使我们对哈民玉器有了更深入准确的认识。特别是从东北亚的视角对玉器工艺技术所作宏观与微观相结合的多方面探索，尤其具有重要意义。总而言之，哈民遗址及其出土玉石器，为我们认识5000年前内蒙古东部地区的多元史前社会，无疑提供了最新的研究视角和极端重要的考古证据。

内蒙古文物考古研究所在科学田野考古发掘的基础上，与香港中文大学中国考古艺术研究中心一道，经过两三年的多学科合作研究，推出这样一本集出土玉器图录和多篇论文为一体的研究著作，全面深入地探讨了哈民遗址的玉器及其他相关问题，值得肯定与赞赏。

2018年7月11日于中国社会科学院考古研究所

吉平、邓聪主编：《哈民玉器研究》，中华书局，2018年。

《发现殷墟》丛书总序

到今年的10月13日，殷墟发掘已经满90周年了。

殷墟的田野考古工作，从1928年秋天开始，到1937年日本发动全面侵华战争结束，前中央研究院历史语言研究所在以小屯为中心的洹河两岸共11处遗址做了15次发掘工作。虽然前后只有短短的9年时间（1930年因故停工一年），但是在小屯发现殷商王朝的宫殿区，在侯家庄西北冈发现规模巨大的殷商王陵，把中国的信史推到3000多年以前，把商文明在文化、科学和艺术上所能达到的高度也展示到世人面前。后冈的发掘，不仅发现了殷商文化在上，龙山文化居中，仰韶文化在下的地层叠压关系，即所谓的后冈"三叠层"，还肯定了龙山文化是"豫北殷文化的直接前驱"，初步廓清了商文化与中国新石器时代文化的渊源关系，殷墟成为追寻中国文明起源的一个起点。

殷墟还是中国考古学的发源地。中国第一代田野考古学家，多半都是在殷墟成长起来的。选择殷墟作为中国国家考古研究机构的第一个发掘地，建立工作站并且持之以恒地长期工作，不仅形成了中国考古学的历史学传统，也在理论、方法和技术上塑造了中国考古学。不夸张地说，中国考古学至今仍带有浓重的殷墟考古的色彩。殷墟考古还为初生的中国考古学赢得了广泛的国际声誉。

　　1950年，中华人民共和国成立伊始，百废待兴，殷墟的发掘工作便恢复了。如果把这68年的工作算作殷墟考古的第二个阶段，除了"文化大革命"期间有短暂的中断之外，近70年来，以中国社会科学院考古研究所（1977年前属中国科学院）为主导的殷墟考古，又发展到一个新的更高的阶段，取得喜人的成绩。殷墟考古的时空范围空前扩大，在小屯周围方圆36平方公里的范围内，都有不少重要的发现。建立在陶器类型学基础上的殷墟文化分期日臻完备，殷墟考古的时空框架得以建立。在小屯西北地发现没有经过盗掘的武丁配偶——妇好之墓，这是殷墟考古史上唯一一座可以确定墓主和墓葬年代的商代王室墓。1973年，在小屯南地发现5041片刻字甲骨，这是继1936年在小屯北地发现YH127坑，获得17096片刻字甲骨之后有关甲骨的最重要的一次科学考古发现，极大地丰富了甲骨卜辞的研究内容。在多个不同地点发现了一系列铸铜作坊和制骨、制玉遗址。世纪之交，于洹河流域系统调查的基础上，在洹河北岸发现了传统意义上的殷墟之前的洹北商城遗址，把商王定都殷墟的历史前推到中商时期。以器物为中心的考古调查和发掘，最终转向以探讨殷墟范围和布局为中心的社会考古学研究。不仅发现了大量的居址和数以万计的墓葬，还发现了道路网和水利系统，肯定了商人聚族而居、聚族而葬的聚落模式。多学科合作传统得以延续，人骨研究、动物考古、植物考古、冶金考古、陶器分析、DNA和同位素分析等等，为我们了解商代的人类和社会，特别是农业、手工业、商业和贸易以及与周围诸多方国文化的关系，提供了全新的材料和观察视角。1961年，殷墟成为国务院公布的第一批全国重点文物保护单位。进入新世纪以来，殷墟又相继被列入联合国教科文组织公布的世界文化遗产名录和首批国家考古遗址公园名单。

在某种程度上，我们也许可以说，90年来的殷墟考古就是中国近代考古学发展的一个缩影。

经过几代人持续不断的艰苦努力，考古工作者几乎调查和发掘到殷墟的每一个角落，我们对这座商代中晚期都城和商文明的了解，应该说达到了前所未有的高度。但是，我们也得承认，还有很多秘密，或者仍深埋在地下，或者因为自然和人为的破坏，已经永远地消失了。值此殷墟发掘90周年纪念之际，我所安阳工作队的同志们，回顾殷墟发掘的历史，又精选出1950年以来特别是最近二三十年来科学发掘出土的青铜器、玉器、陶器、骨角牙蚌器等等，出版相关图录，从现代考古学的视角，向学术界提供准确可靠的实物资料。殷墟出土的青铜器、玉器，过去已经由中国社会科学院考古研究所编辑出版过《殷墟青铜器》（1985年）、《殷墟新出土青铜器》（2008年）和《殷墟玉器》（1981年）、《安阳殷墟出土玉器》（2005年）等图录，但是以全形拓的形式大量展示殷墟科学发掘的青铜器，这还是第一次；陶器方面，除了李济先生早年出版过一本包括许多线图和照片的《殷墟陶器图录》（1947年）外，迄今尚未出版过一本严格意义上的殷墟陶器图录；骨角牙蚌器虽出土不少，但也从来没有以图录的形式展示过。公布考古调查和发掘资料，一般采取考古简报和考古报告的形式，殷墟考古已经出版了数十部（篇）调查发掘报告和简报，做出了很好的表率，但是还有很多考古简报、报告等待编写或出版。以图录的形式发表殷墟的青铜器、玉器、陶器和骨角牙蚌器等科学发掘标本，不仅可以弥补考古发掘报告的不足，满足学术界同仁从细部观察殷墟出土遗物的需要，也可能促使发掘者尽早公布更加完整的考古发掘资料，进而促进学术研究的进步。

在殷墟发掘90周年来临之际，《发现殷墟》丛书陆续编辑出版，这是殷墟近百年考古发掘和文物保护的历史记忆和见证，也是几代考古学家前赴后继砥砺前行的纪念和记录，是一件特别值得高兴的事情。《发现殷墟》丛书出版在即，抚今追昔，说一点心里的话，以表达喜悦和祝贺之意。

2018年7月19日

陈星灿、唐际根主编：《发现殷墟》丛书，社会科学文献出版社，2018年。

考古新知

古代的谷物加工方式

　　近年来，植物考古学家通过浮选（flotation）等手段，对了解和复原古代人类的食物结构和生活方式做出很大贡献，不仅如此，他们还试图通过对谷物不同加工阶段遗存的判定，研究古代社会组织或家庭结构的变化。比如最近傅稻廉先生通过对颍河中上游谷地植物遗存的考察，就认为从"仰韶到龙山文化时期的变化，反映出与作物加工各个步骤有关的日常活动在不断增加，这说明在龙山文化时期从谷物收获到进入储存阶段所投入的单位劳力较少（也可能是劳动组织规模较小），因此在后来的日常生活中谷物加工的各个步骤才会一再重复，继而反映在植物遗存的特定组合中。这种变化出现在一部分龙山文化的样品中，可能是因为在部分而不是所有的龙山文化的遗址上，发生了从大家庭的社会结构向更小规模的核心家庭的社会结构的转变。这在社会地位和财富分化的背景下，可能与对小规模的核心家庭单元更加关注有关。对财富和生产力的需求可能会导致对超越家庭规模的更大劳力组织单元依赖性的减少。至少在发生了变化的龙山文化遗址上（比如，西范店、吴湾、下册、游方头、谷水河）情况是如此，而另外一部分遗址包括冀寨、石羊关则继承了仰韶文化模式的传统，其样品中仅主要包括有脱壳阶段的遗存。"（傅稻镰：《颍河中上游谷地植物考古调查的初步报告》，河南省文物考古研究所等编著《登封王城岗考古发现与研究（2002-2005）》，大象出版社，2007年，第931页）有关从仰韶文化到龙山文化发生了从大家庭向核心家庭转变的推测，实在是一个很大胆的推测，其实作者自己并非不知道这个结论是需要进一步证实的，因为样品的数量很少，同一遗址不同部位采集的样品更少。我们从他的样品鉴定表可知，这个结论来自13个遗址的22个样品，也就是说每个遗址的样品还不足2个，而且几乎都是从灰坑而来，而灰坑在各个遗址的位置，灰坑的性质等等，在这样的区域调查中，是不容易了解到的。即便确如作者所言，仰韶文化的样品是以脱壳阶段的废弃物为主，而龙山文化的样品是"收获后没有经过太多加工就集中储存"的谷物，换言之是脱粒阶段的遗存，哪又能说明什么呢？谷物从脱粒到脱壳是一个很复杂的过程，它跟谷物本身的特性和谷物加工者所在社会的生活方式等等都有密切的关系，它可能在一个地点完成，也可能在不同地点完成；它可能同时完成，也可能在不同时间完成，因此谷物加工不同阶段的遗存可能出现在同一个遗迹里，也可能出现在不同的遗迹中，只能通过全面细致的浮选和样品比对，才能知晓仰韶文化和龙山文化在谷物加工方式进而在社会组织或者家庭结构方面是否具有不同的模式。

不过，从目前的材料看，前工业社会的谷物加工方式具有很大的共同性，抛开脱粒这个工序不说，单谷物脱壳就是一个缓慢的、渐进的、费时费力的过程，换言之，"即食即舂"式的脱壳方式是许多前工业社会的谷物加工特征。《礼记·曲礼》曰："临有丧，舂不相；里有殡，不巷歌。"

"相"据诸家注，皆以为舂时相和之歌。说明脱壳在中国的先秦时代，是一个家庭行为，而且是需要天天为之的。这样的舂米方式，一直到近现代也还在沿用，对此我们并不陌生。

不说中原，且看下面西南边陲20世纪前半的两个例子。云南班洪地方的少数民族："舂米无碾房，亦未见置碓。石臼木杵，则家家有之。储谷随舂随食，操作者多为妇女，一人或两人，行经一寨，必数见舂米焉。余寓三老爷宅，主妇每晨起舂米，以足一日之用为度；而班洪寨中，天明则家家舂米之声相应也。"（方国瑜：《滇西边区考察记录》，云南人民出版社，2008年，第22页。）

再看云南的摆夷："寨民家家置石臼木杵或碓，清晨舂谷，辟朋之声，传达四境。惟在金幸、乃旺诸寨安置水碓，则不必家中舂米也。"（方国瑜：《滇西边区考察记录》，第132页。）

这些记载都没有提到谷物的收割和储藏方式，假如也是跟广西、海南和台湾少数民族的例子一样，谷物是连杆带穗一起收割，一起储藏，然后即舂即食的话（陈星灿：《考古随笔》，文物出版社，2002年，第89~95页；葛人：《史前的粟是如何储存的》，《中国文物报》2007年6月15日第7版），那么脱粒和脱壳两个阶段的遗存就可能共存在一个遗迹里。我们在河南偃师灰嘴、巩义马屯等遗址发现的仰韶、龙山和二里头时代的谷物储藏坑，倒是没有发现带穗储藏的证据，但是几乎所有已经发现的埋在地下的谷物储藏坑，都是储藏带壳的小米，也就是谷子，三个时代的储藏谷物在形态上并无本质不同。如果考古调查碰巧发现的都是这些灰坑，那我们看到的谷物遗存恐怕都是脱粒阶段的产物。这也说明，普通灰坑浮选所见的谷物，或者脱粒阶段的遗存多些，或者脱壳阶段的遗存多些，或者两者并存，恐怕跟谷物的加工方式和加工地点远近有更多关系，发现本身带有很大的偶然性。实际上，但凡一个农业社会的遗址，脱粒和脱壳阶段的遗存是都应该存在的，要通过谷物加工不同阶段遗存的比例高低判断社会组织的变化或者家庭结构的变化，不失为一个可以考虑的方法，但通过这样一种非系统的、抽样式的样品采集方式推出这样一种有关社会组织变化的结论，是需要慎之又慎的。

（原载 《中国文物报》2009年10月16日）

中国家鸡的起源是从公元前141年开始吗？

著名动物考古学家袁靖先生近年来在一系列文章中谈到中国家鸡的起源，都是把公元前141年作为起点。比如他在最近的一篇文章中是这样说的："家鸡出现于何时，这是一个迄今为止尚不能很好地回答的问题。原因是尽管我们测量了大量考古遗址出土的鸡骨标本，但是我们不能在数据上对其进行明确地区分。依据现有的资料，我们只能说到了公元前141年家鸡已经出现了。我们的依据是陕西咸阳阳陵遗址，在这座汉景帝的陵墓周围有大量的陪葬坑，其中有的陪葬坑里埋葬大量的陶制的家畜，种类有陶猪、陶黄牛、陶绵羊、陶山羊、陶狗、陶公鸡、陶母鸡等。汉景帝死于公元前141年，由此我们可以说至少到公元前141年，家养的鸡已经存在于陕西地区了。"（袁靖：《动物考古学解密古代人类和动物的相互关系》，文化遗产研究与保护技术教育部重点实验室等编《西部考古》第二辑，三秦出版社，2007年，第87页）这段话换一种说法，应该是这样的：根据目前的材料，家鸡的起源只能上推到公元前141年；也许还能向前推，但是目前却找不到证据。这个说法，已经被海外的一些媒体采用，比如最近出版的美国《科学》周刊第5954期有关中国古代发明的年表，就是依据这个说法（Andrew Lawler, Beyond the

Yellow River: How China became China, *Science* Vol.325, 21 August, 2009, p. 930）。中国家鸡起源的历史有多久，确实还需要仔细研究，但已有的证据表明，它决非从公元前141年开始。因此，《科学》杂志采用这个说法是很遗憾的一件事，我觉得有必要把这个问题做点澄清。

研究家养动物的起源，通常需要几种不同的证据。第一种当然是动物考古学的，即通过观察和测量动物骨骼的动物考古学研究；第二种是分子生物学的，即有关动物基因方面的研究；第三种是文献学的，即对古代相关文献的分析和梳理；第四种是图像学的，即对出土相关遗物的图像学的分析；最后一项是考古学的，即对考古背景资料的综合分析。袁靖先生说明通过动物考古学的测量很难辨别家鸡和野鸡，所以他的证据实际上是来自图像学和考古学的综合分析：阳陵出土的陶鸡和其他陶塑的家养动物共存，所以它们是家鸡无疑。

我对这个判断没有疑问，只是觉得如果依照文献学和图像学这两条线向上追溯，中国家鸡的起源不会"至少到公元前141年"。

迄今为止，考古学工作者已经从数十处新石器时代早期到秦代的遗址和墓葬里发现鸡骨，早的如河北武安磁山、河南新郑裴李岗、山东藤县北辛遗址，年代均在公元前5000年前后；其后的仰韶文化、大汶口文化、马家窑文化、屈家岭文化、石家河文化、龙山文化等新石器时代文化遗址，河南安阳大司空村、河北藁城台西村、陕西长安普渡村、江苏连云港华盖山等商周时代遗址，也都发现有鸡骨（参见陈文华编著《中国农业考古图录》，江西科学技术出版社，1994年，第536～552页）。即便这些鸡骨没有全部经过严格的科学鉴定，或者在测量数据上与野鸡不容易分开来，因此无法肯定这些鸡骨都是家鸡的遗骸，那么图像学和文献学的研究也绝对不会把家鸡的起源后推到公元前141年。

新石器时代出土过不少陶鸡或者鸡形陶器，著名的比如湖北天门石家河遗址群，就曾出土过多个陶鸡（参见湖北省荆州博物馆等《肖家屋脊》（上），文物出版社，1999年，第215～217页）。如果这些陶鸡的定性因为史前人类的雕塑手法稚拙还有疑问的话，那么四川广汉三星堆出土的铜公鸡（参见四川省文物考古研究所《三星堆祭祀坑》，文物出版社，1999年，第332～333页），至少在形态上是非常逼真的了。另外一件可能表现鸡的青铜器是早年流落海外的鸟形卣（太保卣）（参见刘敦愿《鸡卣与貘尊》，见氏著《美术考古与古代文明》，人民美术出版社，2007年，第188～192页）。河南罗山天湖晚商墓地还出土过玉鸡（信阳地区文管会等：《罗山莽张后李商周墓地第二次发掘简报》，《中原文物》，1981年第4期）。不过，也许严谨的学者会说，这些陶鸡、铜鸡和玉鸡都不能告诉我们它们是否家养。那么我们就来看看文献学方面的证据。

甲骨文是有"鸡"字的，有的写作雄鸡高冠之形（宋镇豪：《夏商社会生活史》（上），中国社会科学出版社，1994年，第371页）。

先秦文献有不少提到鸡，我们在这里只举几个比较可靠的早期文献。《诗经》多处提到鸡。比如《王风·君子于役》："君子于役，不知其期。曷至哉？鸡栖于埘，日之夕矣，羊牛下来。君子于役，如之何勿思？君子于役，不日不月。曷其有佸？鸡栖于桀，日之夕矣，羊牛下括。君子于役，苟无饥渴。"这是妻子思念夫婿远役无定的诗，黄昏时分鸡回巢了，牛羊也归圈了，这一切都让她触景生情，倍加思念远方的亲人。毫无疑问，这里的鸡是家养的，牛羊也是家养的。《郑风·女曰鸡鸣》："女曰：'鸡鸣'。士曰：'昧旦'。'子兴视夜，明星有烂。''将翱将翔，弋凫与雁。'"以对话的形式，表现了青年男女共同生活的快乐。如果把它翻译成现代诗，是这样的："姑娘说：'鸡儿唱。'哥儿说：'天快亮。''你起来看看啥时光，启明星正放光芒。''野鸭要飞了，大雁将翱翔，你快拿起箭来把弓张。'"（译文见金启华译注《诗经全译》，江苏古籍出版社，1984年，第183页）另一首《郑风·风雨》，描写一个"风雨如晦，鸡鸣不已"的早晨，妻子与丈夫久别重逢的喜悦心情，无疑这里的鸡也是家养的。远在山东半岛的临淄一带，家鸡也有清晨报时的功能。比如《齐风·鸡鸣》是这样说的："'鸡既鸣矣，朝既盈矣。''匪鸡则鸣，苍蝇之声。'"（"'鸡儿已经叫了，朝里人都满啦。''这哪是鸡儿叫，是那苍蝇嗡嗡闹。'"）（参见上引金启华译注《诗经全译》，第206页）上述这些诗都是东周初期的作品，远在公元前七八世纪，这说明在相当广大的地区，至少到春秋初年，家鸡已经相当普遍，并在人们的生活中发挥着重要作用。

再看《左传》。《左传》中除"鸡父""鸡泽"两个地名外，提到鸡的还有两个地方。《隐公十一年》："郑伯使卒出豭、行出犬、鸡，以诅射颍考叔者。"就是叫人杀猪、狗和鸡诅咒射杀颍考叔的人。"鸟兽之肉不登于俎"（隐公五年），也就是说野兽是不能用作祭祀的，这里的猪、犬和鸡无疑都是家养动物。隐公十一年正当公元前712年，这说明家鸡是这个时代重要的祭祀用品。《宣公十二年》说到"鸡鸣而驾"，肯定也是指的家鸡，这跟上述《诗经》里提到的"鸡鸣不已"是可以相互照应的。这一年是公元前597年。

先秦时期的鸡除了用作报时，用作祭祀的肉食，也还有专门培养的斗鸡。比如汉代成书的先秦古籍《列子·黄帝篇》就曾提到斗鸡。《尔雅》（公元前3世纪）曰："鸡大者蜀，蜀子雓"。郭璞注还提到"鸡大者蜀，今蜀鸡也。鸡有蜀、鲁、荆、越诸种，越鸡小、蜀鸡大，鲁鸡又大者。"说明至少在汉晋甚至远在先秦时代，鸡已有地区品种之别，这意味着家鸡的培育应有相当漫长的历史。

我们不用再征引其他古代文献，从上面随手检到的文献就已经知道，中国家鸡的历史，远早于汉景帝去世的公元前141年。即便现在动物考古学家未能把家鸡和野鸡的测量数据区分开来，我们也不应该把家鸡的历史后推到西汉初年。如果商周时期的鸡骨和鸡的各种雕塑、甲骨文的"鸡"不能确认为家鸡的话，至少先秦文献可以把家鸡的历史确切无疑地推到春秋早期，而这肯定也不是最早出现家鸡的时代。中国家鸡的培育历史到底有多久，还有待考古学家、动物考古学家和分子生物学家的继续探索。

（原载《中国文物报》 2009年11月27日第7版）

独木舟是如何加工的

几年前，浙江萧山跨湖桥遗址出土了我国目前所知最早的独木舟。最近，浙江余杭临平茅山遗址又发现了良渚文化的独木舟。后者不仅是良渚文化的首次发现，也是目前我国发现的史前规模最大、保存最为完整的独木舟。这个舟发现于茅山遗址南部的一条古河道中，局部稍有残缺，头尖尾方，全长7.35米、最宽0.45米、深约0.23米，船沿厚约0.02米，由整段巨木凿成。

独木舟看起来非常简单，但是制造起来却费时费力，世界民族志的资料可以帮助我们了解它的制造过程。南美哥伦比亚亚马逊地区的泰瓦诺印第安人（Taiwano），是独木舟的主人。他们把大树砍倒，然后用可控制的火和斧、锛等工具，慢慢掏空树干，做出船舱来。如果这个步骤出了哪怕一点点差错，树干就可能爆裂，以前数天乃至数个星期的劳动就将前功尽弃。做这项工作的前一天，印第安人必须严格禁食某些食物，他们坚信，如果有人吃了辣椒，独木舟就一定会破裂。加工出船舱之后，如何将长短不一的木棍交叉横撑在独木舟两边的舟壁上，防止树干因降温导致的收缩，就成为造舟最大的难题（图一）。经常会看到五六个独木舟制造专家为该把多长的木棍横撑在独木舟两个舟壁之间而争论不休。一个独木舟的制造通常需要花费7到10天的时间

图一

（Richard E.Schultes, *Where the Gods Reign: Plant and Peoples of the Colombian Amazon*. Synergetic Press, London, 1988, pp. 290-291.）。

美国加州西北部的玉罗科（Yurok）和卡如科（Karuk）印第安人，居住在山区里以狩猎鹿、三文鱼和采集橡子为生，来往依赖河流，生活和生产都离不开独木舟。为了制作独木舟，他们先是挑选出合适的大树，放倒之后，粗加工出独木舟的模样。然后在冬季风干。次年春天，印第安人再用凿子、锛子或者用可控制的火——通常是把石块烧红放在树干上，一起把树干掏空。这样做起来的独木舟，船头和船尾作山状崛起（图二），船体很厚，非常坚固耐用（美国斯坦福大学坎塔博物馆，2011年3月参观记录）。

　　独木舟一般都是用一根完整的树干做成。砍倒大树，
在没有金属工具的史前时代，并非易事。不少民族也是用
斧、锛加火完成的。比如巴布亚新几内亚的库苦库苦人
（Kukukuku），选好大树之后，靠着树干用树枝搭起一个

图二　（陈星灿　摄）

高约一米的平台，在平台上再垒起一个土灶，然后在灶上生火，等大树的树皮烤焦后，用石锛把树皮砍掉，依次逐渐向树干里面推进，最后达到砍倒大树的目的（Beatrice Blackwood, *The Kukukuku of the Upper Watut*. Pitt Rivers Museum Oxford, Oxford, 1978, pp. 54-56.）。

不同民族看起来制造独木舟的方法并不一致，使用的树木和独木舟的形状也颇不同，但是掏空树干、凿出船头、船舱和船尾的行为却也有共通之处。比如都是用斧、锛、凿之类的工具，很多民族在这个过程中使用了可以控制的火，为了防止船体破裂，整个制造过程既慢且小心翼翼，也可能伴随着某种禁食和其他仪式等等。跨湖桥文化和良渚文化的先民们，也可能就是这样制造独木舟的吧。

（原载《中国文物报》 2013年4月26日）

作为制陶工具的卵石

　　考古中经常会发现卵石，尺寸不一，多非常光滑，可能经过人工长期的摩挲；有的上面留有某种敲砸痕迹，显系人工作业的产物。加之这些卵石多发现在房屋、灰坑甚至墓葬之中，卵石本身虽然是河流长期冲刷的结果，但这样的卵石显然是人类搬动和使用过的文化遗物。近年来出版的不少考古发掘报告，对这类遗物多有描述，有的直接称为卵石，有的则称之为"卵石器"，但功能如何却罕有研究。我们参照民族考古学的材料，确认某些卵石是制陶工具，是拍打器壁时垫在陶器内部的"托子"或"垫子"。

　　这里只举几个例子。河南舞阳贾湖遗址发现过很多卵石，多是在遗址出土的，但也有在墓葬发现的，报告者把它们都归入石料一类。可惜只报道了几个墓葬发现的卵石，描述也非常简略。比如，M342随葬河卵石共6件。5件长条形，1件方形，除1件一端有敲击痕外，其余都没有人工痕迹；M369：2为一件稍大的河卵石；M486：3为绿色砂岩河卵石。值得注意的是，这些卵石，都发现在女性墓葬或成年女性与少儿的合葬墓中。（河南省文物考古研究所：《舞阳贾湖》，科学出版社，1999年，第345页）

　　浙江萧山跨湖桥遗址，共发现过9件"卵石器"。均直接利用自然卵石，器身有摩擦或锤击痕迹。一类形态较窄长，一类略呈圆形。比如T0412（8）A：64，略呈灰褐色，圆形，微有摩擦痕，直径9、厚4.3厘米。（浙江省文物考古研究所、萧山博物馆：《跨湖桥》，文物出版社，2004年，第169页）

江苏高邮龙虬庄遗址，据报道发现卵石4件，都出在墓葬中。M363：1深黄色半透明，长5.4、宽3、厚1.6厘米，标本M189：2，浅黄色，长7.8、宽5.6、厚1.8厘米；标本M117：2，灰黑色，上有暗红色条纹，长5.6、宽3.4、厚0.8厘米。（龙虬庄遗址考古队：《龙虬庄——江苏东部新石器时代遗址发掘报告》，科学出版社，1999年，第325页）

因为描述非常简略，也无从观察上述卵石的使用痕迹，我们无法断定这些卵石是否都是制造陶器的工具，某些卵石显然也不是单一用途的结果。讨论这个问题，是为了引起大家的关注，在以后的考古工作中给予这类"卵石"更多的注意并加以详细的观察和报道。

所以注意到这个问题，是因为陶器民族考古学的调查中经常看到作为"托子"的卵石。即便在使用快轮的某些陶器作坊中，也还能见到卵石。在云南傣族、台湾兰屿雅美族、花莲太巴塱阿美族、中原汉族等的制陶作坊中，均可看见这类卵石。

比如，"傣族制陶所用的鹅卵石一般都是从江边捡来，格外规整圆润，直径在4.5～10厘米之间。使用时一手握住卵石衬于器壁内，另一手则持木拍拍打器壁，利用内外的合力，可以使器壁更加致密结实，并形成制造者想要的弧度和形状。"（张海超：《曼斗傣族慢轮制陶》，云南出版集团

公司、云南人民出版社，2009年，第32页）

　　台湾太巴塱阿美族的托子，也是使用卵石，这"是一种圆形的鹅卵石，大小不一定，只要适于手的把握就行。它的功用在抵抗陶拍拍打的力量，不因陶拍的拍打而使器形有所改变，陶坯加大时，器形也因托子的衬托而随托子的形状加大。W.G. Solheim II 称这种拍打的技术为拍托术（Paddle-and-anvil technique）。这种技术的操作方法是这样的：右手持陶拍，左手拿托子，陶拍在坯外，托子在坯内，托子托住坯壁，陶拍在外拍打；打一下，转动陶坯换更一个部位再行

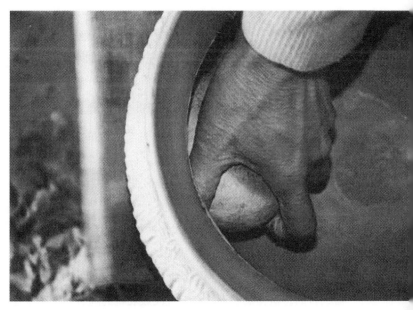

云南曼斗傣族陶工手握卵石衬于陶器内部

拍打，换位时，托子、陶拍同时更换。继续不停地拍打，直
到需要停止时为止。"（石磊：《太巴塱的制陶工业》，
《"中央研究院"民族学研究所集刊》，第十期，1960年，
第85页）

兰屿雅美族称这种托子为"ipamarun-so-waga"，是
采用扁圆形的卵石，使用时"左手持ipamarun-so-waga（托
子），将其垫垫于泥桶里面，右手拿paparo（拍棍）由外面
拍打，打成粗糙的罐形，此一手续称为paroun。"使用这种
卵石作为内衬，除打出陶器的大致形状外，主要也是为了使
陶坯质地紧密。（宋文薰：《兰屿雅美族之制陶方法》，
《台湾大学考古人类学刊》，第九、十期合刊，1957年11
月，第149～152页）

作为"托子"或者"垫子"的卵石，多是规则的卵圆
形，因为长期使用，托子的器表光滑，这是判断考古出土卵
石是否"托子"的主要依据；如果还有伴出的制陶工具，或
者这类卵石就在陶窑附近或者就在制陶作坊出土，则可确认
它是"托子"无疑。如此看来，上述考古发现的河卵石，也
许并非都是制陶的"托子"；要看遗址出土的卵石是否"托
子"，跟其他石器功能的判断一样，也必须根据它的形状、
使用痕迹和共存关系来加以判断。

应该注意的是，古人磨光陶器，也用卵石，不过这种
卵石，也不见得形状一定非常规整，在没有轮制的时代，用
卵石做成的磨光工具在陶器表面反复摩擦，即可达到磨光陶
器的目的。这样的卵石，在近代汉族农村的陶器制作中，还
能看到。（付永旭：《河南巩义市北侯村现存的陶器磨光工

艺技术调查》，北京大学中国考古学研究中心编《考古学研究》第十集，2012年）

（原载《中国文物报》2013年5月24日）

贾湖骨牌——最早的信物？

贾湖遗址M282出土了一对骨器，发掘者命名为"骨柄"，把它们放在工具类。编号为M282：59和M282：60的骨器，报告是这样描述的："平面呈梯形，宽端呈圆弧形，靠窄端一半两侧边锯对称缺口四对，两件部位对应，似属同一器的柄部，缺口为扣合绑缚固定所刻。"（河南省文物考古研究所：《舞阳贾湖》（上册），科学出版社，1999年，第430页）这说明发掘者已经注意到两件器物可能是从同一骨器分裂而来，不过把两边的缺口解释为"为扣合绑缚固定所刻"。骨片"正面微弧，背面平"，M282：59，长9.68厘米，上端宽1.54厘米，下端宽3.11厘米，厚0.68厘米；M282：60，长9.5厘米，上端宽1.66厘米，下端宽2.9厘米，厚0.68厘米（见图），虽然长宽略有参差，不像是从一个骨管的中间对剖而成，但比较两边的缺口，仍然可以判断，两个骨片是摞在一起契刻而成的，两片骨牌的缺口至少有一部分完全吻合（比如接近宽端的一对）。这样密集而狭小的契刻，很难解释为绑缚的缺

口，而很可能是史前人类借贷的信物。

民族学上有不少借贷的例子，比如海南昌江黎族地区，不久以前，还存在这样的风俗。日本人1939年曾对此有过比较详细的调查："以这样的方式制造出来的对牌，顾名思义要在中间纵向劈开，借方和贷方各持一半。如果借方欠债不还，贷方可以向其出示对牌，催促其偿还债务。如果借方偿还了部分债务，双方都要将对牌的相应部分切掉。债务全部还清之后，双方均废弃对牌。黎族人之间的借贷，大多没有固定的偿还期限，也没有利息。对牌的制作，一般在长老的监督下进行。此时，按照习惯大家要一起喝酒。在调查地，对牌仅用于黎族人之间。但在其他地区，黎族和汉族之间也使用对牌"（冈田谦等：《黎族三峒调查》，民族出版社，金山等译，2009年，第211～213页）。这样的对牌，一般用竹管制成，直径在8毫米左右，长度因刻纹的大小、数量不同而有所不同，一般在18厘米以内。竹管的表面用小刀刻上刻纹，纹与纹之间的间隔在3～5毫米，数量和所借银币或牛的数量相同。

云贵地区的彝族也有这样的风俗。他们定期以丑戌日集市，市集以牛街狗街为名并出现了交易借贷，在此过程中形成了刻木为信之俗。《滇系》载，黑罗罗"交易称贷无书契，刻木而折之，各藏其半。"负债人偿还债务后，则将债权人手中所执之半片收回。（巴莫阿依嫫等：《彝族风俗志》，中央民族大学出版社，1992年，第62～63页）。

中华人民共和国成立前，云南红河哈尼族农民给地主交租，按租金多少在木片或竹片上刻缺口，然后一剖为二，地主和农民各执其一。每一缺口代表多少钱数是不一致的。一般是一缺代表一秤（每秤25公斤谷子），有时一缺还代表更大数字。（汪宁生：《从原始记事到文字发明》，见氏著《民族考古学论集》，文物出版社，1989年，第20页。）

贾湖出土骨牌的墓葬，是一个双人合葬墓，墓主人分别是一个35岁和45岁的成年男性。两块骨牌似乎是放在一起出土的，位于墓主甲左侧与膝盖平齐的位置。该墓葬随葬品多达60件，骨器众多，除了骨牌，还出土骨渔镖、骨镞、骨针、骨板、骨料；也出土牙削、牙锥、牙刀、龟甲、石子、石斧、石凿、砺石和陶罐、陶壶等等，是相当富有的。墓主甲身首异处；墓主乙只见半个下颌骨，且出土在甲的胸部，似乎皆不是正常埋葬的墓葬。在这样的墓葬里，随葬着一对可能是借贷信物的骨牌，背后的原因我们很难猜测。但也许正是由于债权人或者借贷人的死亡，导致没有了结的借贷关系也随之消失。最后还把借贷的信物，也放在债权人或者借贷人的墓葬里，把借贷关系也一起埋葬了。

已有学者发现，比贾湖稍晚的江苏金坛三星村等遗址已经出土过类似的更加精致、繁缛的骨牌，说明借贷是史前时期比较普遍的一个现象（王鹏：《论三星村遗址出土的板状刻纹骨器》，《文物》2012年第9期）；贾湖骨牌的发现，意味着至少在距今八九千年前的贾湖文化时期，借贷就可能已经开始了，不过可能没有海南岛黎族的借贷对牌那样复杂，但推测性质应该是大同小异的。贾湖的骨牌不见得是两面对剖的骨牌，而很可能是把两个大致相当的骨牌，摞在一起契刻完成的；原始雕刻工具的笨拙，造就了刻口的某些错

位，这是可以理解的。当然，也可能还有另外一种可能，就
是这两个骨牌，都只是掌握在借方或者贷方手里的信物，与
之完全对应的另外两个骨牌，并不在这个墓葬里。

（原载《中国文物报》2013年7月19日第7版）

考古杂谈

新世纪我们做什么
——中国新石器时代考古学的片断展望

　　傅斯年先生在《历史语言研究所工作之旨趣》一文中，对学问的境界有三个界说：其一，"凡能直接研究材料，便进步。凡间接的研究前人所研究或前人所创造之系统，而不繁丰细密的参照所包含的事实，便退步"。其二，"凡一种学问能扩张他研究的材料便进步，不能的便退步"。其三，"凡一种学问能扩充他作研究时应用的工具的，则进步；不能的则退步"。这样的原则，也同样可以应用于新世纪的中国新石器时代考古学研究上。

　　首先在考古学田野工作中，还存在许多的地区不平衡。如果说黄河和长江流域的研究比较深入的话，许多其他地区的考古学工作还亟待开展或有待深入。即便在黄河和长江两个大的流域，也存在很多小的地区之间的不平衡，因此极大地影响了我们对中国古代文化起源和发展的认识。我们现在得到的关于中国史前文化的认识，虽然远比20世纪初年甚至20世纪70年代以前来的准确和全面——这也是世界许多地区的普遍情况，跟20世纪考古学的重大进展有密不可分的关系——但毕竟还是粗线条的；根据目前材料所得到的，它与历史的真实肯定还有很大的距离，因此在经济建设任务日益繁重的情况下，如何处理好经济建设和考古工作的关系，尽可能有效地抢救地下文物资源，建立详尽的地区考古资料档案，填补地区发现的空白，对于研究中国文明的起源和发展，对于研究中国古代文明的形成和发展机制，都有至关重要的意义。

其次，同样在考古学的田野工作上，我们还有大量时间上的空白，差不多各个地区都有。比如，在黄河流域，我们已经将中国文化的起源追溯至公元前五六千年前的前仰韶阶段。这个阶段有相当成熟的粟作农业，有定居的村落，有成片的墓地，人口规模似乎也相当可观，它的前身是什么？从更新世晚期的采集狩猎文化如何发展到定居的农业文化，其间的真正动力是什么？这是一个国际化的大课题，但也关系到中国文化的起源问题。如果说旧石器时代的中国已经显示出在文化和工业上的分区和不同，这个不同能否同新石器开始以来的文化格局和发展模式联系起来？换言之，中国文化的根能否追溯至旧石器时代？如果发现上的时空空白在新的世纪有更多更重要的填充的话，能够有更细致而又准确的文化编年的话，我们对于中国古代文化的认识将会更加丰富，也必将更加接近历史的真实。

中国古代史一向就是华夏民族史。这当然是传统古史的观念，却也对中国新石器时代考古产生了很大影响。事实上，从考古学研究中国文化的起源和发展，离不开对周边地区各文化的深入了解和研究，如果说已有的工作已经对传统上视为"蛮夷之地"的中国边疆地区有了一定程度的了解的话，那么对于周边国家的研究可以说还没有正式开始。参与这些国家以及其他古代文明发生地区的田野工作，获得第一手材料。对于深入研究中国文化的发展和特征无疑具有重要意义。这应当是在新世纪为之努力的一个方向。

与傅斯年先生早年倡导所不同的地方，是我们在过去的岁月中，已经积累起相当数量的第一手材料。如何公布、消化、研究、保管和应用已有的材料，成为摆在几乎所有研究单位和研究者面前的问题。在将来田野材料增加日多的情况下，这个问题将变得愈益突出。其实这也是一个世界性的难题，值得我们认真加以研究。

中国新石器时代考古学虽然一开始就有地质学和人类学的传统，但是，由于中国古代悠久的编史学传统和近代以来追踪本民族历史根源的需要，中国新石器时代考古学实际上是中国历史学的延伸。如何正确地处理大量的考古材料和古史传说的关系，防止"疑古"和"信古"太过的倾向，建设一部翔实可靠的中国上古史，仍旧是我们新世纪追求的一个主要目标。但是，与历史时期的考古学不同，中国新石器时代考古学其实有它自己的特点和研究手段，如何把地质学传统和人类学传统继承下去并发扬光大，在做好文化史建设的基础上，如何使中国新石器时代考古学更加科学化，依旧是我们面临的一项紧迫任务。

中国新石器时代考古学的科学化问题，其实在很多情况下就是博斯年先生如何"扩充材料"和"扩张工具"的问题。在从调查、发掘的具体方法到室内分析的手段应用方面，从世界范围看，20世纪后半期都是进步最快的一个时期。各种手段的应用，为我们在人力和财力资源十分有限的情况下，尽可能多地提取涉及古代人类生活方方面面的资料，提供了可能。在这方面，中国虽然已经有所涉及或者已经取得一些成就，但是总的看来，与国外发达国家相比，还有很大的距离。比如对考古遗物的提取和分析，主要的工作还是着眼于类型学和年代学的分析，其他重要的、关系古代人类生产、生活的大量工作，比如遗留物的提取和分析、使用痕迹的观察和分析以及更重要的实验考古学的研究等等，则几乎没有开展，与此相关的大量资料，任其失去，这方面的情况恐怕是新的世纪亟待扭转的，否则50年后的中国新石器时代考古学恐怕还是现在的样子，无非是增加了一些文化史的材料而已。因此，如何把国外已有的成功经验接受过来，扩张发现新材料的工具，达到扩充新材料的目的，则是非常艰巨的一项任务。新的研究领域的开发包括新的研究手段的应用和新的信息资料的提取，多学科综合研究必将在这个方面发挥更大的作用。

在把具体的考古材料转换成历史学的语言之间，有一个中介，这个中介就是大量的综合和专题研究，没有这个中介，考古材料就很难转换为历史的语言，变成历史的知识为人接受。这方面的工作，应该说还远远不够，随着资料的积累，任务会更加艰巨，其实这也是扩充新材料——综合的新材料的一个重要领域。

作为世界有影响的大国，中国所处的地理位置和其在历史上发挥的重要作用，都说明中国考古学对于世界历史一般性法则的认识，具有不可替代的价值。在新的考古材料和新的结论的基础上，21世纪的中国新石器时代考古学有望而且应该对世界古代文化演化的法则，做出自己的贡献。即在考

古学理论和方法论的建设上，中国考古学家也会根据自己的
实际情况，对世界考古学理论和方法论的建设做出自己的贡
献。问题的关键，套用张光直先生的话说，首先是我们必须
了解世界考古学的关键问题、核心问题，跳出中国的圈子；
其次，研究中国丰富的资料是否可以对这些属于全世界的问
题有新的贡献；第三，如果有所贡献，能不能用世界性的学
者（即不限于汉学家）都能看得懂的语言写出来（张光直：
《考古人类学随笔》，生活·读者·新知三联书店，1999
年，第79~81页）。要真正做到这一点，又跟教育有关，即
新的一代考古学家必须具备符合这些要求的综合素质。

　　要之，新世纪的中国新石器时代考古学，任务更艰
巨，前途更光明，可以有作为的地方也更多。我们已经走
过了近80年的历程，以此为基础，中国新石器时代考古学
必将为更深层次地认识中国文化起源和发展的历史及其动
力机制，为建立和发展适合中国的新石器时代考古学方法
论，为世界历史一般法则的认识，做出自己应有的贡献。
这，应当是没有疑问的。

（原载《东南文化》 2000年第1期）

全覆盖式（拉网式）区域调查方法试谈

——从伊洛河下游区域调查说起

陈星灿　李润权　刘莉

我们在伊洛河流域的研究项目，采用全覆盖式（full—coverage）也就是拉网式的考古学区域调查方法。这里就该方法在理论、实践和分析方面的意义，略作陈述，以供大家讨论。

有些考古学家认为，地面调查只可能产生一些假说，这些假说如何还要接受发掘的检验（Kowalewski and Fish1990）。这个说法不完全正确。发掘和调查的结果实际上是互补的。我们的研究显示，拉网式调查可为整个地区提供非常丰富的资料，为许多人类学问题的讨论提供合适的框架，使有限的考古资源得到更好的利用。调查和发掘的重要性，在很大程度上取决于研究者所要解决什么问题。

这个方法与传统的调查方法至少有三个方面的不同。首先是它更细致、更系统。我们不会根据经验假设什么地方有遗址，然后才去寻找，而是覆盖所有的被调查地区。其次是记录的方法，也较以前的调查更准确。第三是调查的深入程度大大提高。我们详细记录地表遗物、遗迹的分布范围，在非单一文化遗存的遗址，我们还会尽可能准确地标出不同文化遗存的分布范围。尽管地表调查有许多的局限性，比如后代的各种扰动造成地表分布的假象，但是我们的方法在整个地区是一致的。

拉网式调查是对一个较大地区的系统调查。我们在伊洛河下游地区采取的拉网式调查，根据地形变化，调查者一般排成一个横队，通常两个调查者之间以25～50米的间距，向前推进。陶片、石器和其他的古代遗物、遗骨都在采集的范围之内。沟坎和地面上暴露的灰坑、墓葬、房基等遗迹，则作较为详细的记录，同时采集土样，以备浮选和孢粉、植硅石分析之用。遗迹、遗物的发现，则标在1:10000的地图上，并根据不同时代遗物的分布，划出该时代遗址的范围。遗址特别是遗迹分布密集的地方，则根据卫星定位仪（GPS），标出它的具体位置。

因为我们的目的在于研究复杂社会的进化过程，聚落的分布规律、聚落之间纽带的辨认、不同类型遗址之间的相互关系、遗址与资源的关系等等，都对我们的研究至关重要。根据拉网式调查所得到的考古遗址分布图，与其他相关的信息相结合，是确认上述各种关系的第一步。此外，区域调查还关注人口变化、战争、人与环境的互动关系等等，这些因素对于理解社会进化过程也同样至关重要。

让我们再回到调查深度是否符合我们的研究目标上来。拉网式调查的深度，如果排除成本不算，很大程度上取决于研究者所要解决的问题。考古遗迹是由古代人类的各种活动遗留下来的。对我们来说，首要的目标是把先秦各个时代的遗址标到地图上去，我们可能会错过小规模人口个别活动或临时活动留下的遗迹和遗物，但如此细致的调查很难错过任何真正的居住遗址。不过考虑到中原地区人口密集，许多现代大型村落和城镇肯定覆盖了一些古代的遗迹遗物，也难免使调查有所遗漏。尽管如此，所有这些缺憾并不妨碍我们对整个地区聚落形态的分析。因为就我们的调查说来，似乎很难错过大型的中心聚落。另外，我们也可以在聚落分布上观察到某些很显著的不连续现象，这种不连续很可能反映了重要的问题，比如可能是两个敌对政治实体之间的边界（Parsons 1990），也可能是领土的组织方式问题（Kowalewski 1990），还可能是经济方式不同或者环境不适宜使然。

另外一个问题，是我们必须提到的地表调查的固有局限性。这些局限造成的偏差有些可以补救，有些则很难处理。比如施农家肥把古代的遗物推到原本不存在的地方，这种偏差可以通过钻孔解决，实际上至少在两个地方肯定了我们的怀疑，因为钻孔显示这些地方根本没有古代遗迹。施肥和深翻土地等后代的人类活动，还可以通过地方史料和与当地农民的对话了解。水土流失造成的同一遗址的断裂，可以从两地点文化层的连续上得到复原。但是另一方面，我们却无法解决诸如水土流失、侵蚀等等自然、人文现象造成的遗址消失等问题。尽管如此，我们相信拉网式调查方法可以为聚落考古的研究提供很高质量的资料。

大多数拉网式调查都在干旱和半干旱的地面裸露的环境下进行（Kowalewski and Fish 1990）。伊洛河下游就这种调查方法说来，不是一个理想的地区。考古遗存被年复一年的作物种植、犁耕和农民的各种活动所破坏，为了克服这种困难，我们在不同季节对某些重要遗址进行了多次考察。虽然这种考察使我们的调查速度放慢，但是却为我们整个的聚落考古提供了更扎实的资料。要紧的是，这里不是一般的地区，而是中国古代文明的核心区域。

Jeffrey Parsons领导的墨西哥河谷的调查项目，产生了非常丰富的高质量的聚落考古资料。如今已经有至少四个研究课题使用这些调查材料开展他们自己的研究工作。在所有这些课题中，研究者都试图采取新的分析方法和解释框架对有关社会政治组织的重要问题做出回答，而这些新的方法和解释框架在原调查者的计划中并不存在。但是所有这些后来的研究都需要关于遗址位置和区域范围内遗址相互关系的准确资料（Parson1990）。我们也希望给未来的学者提供类似的准确资料。调查只能给古代社会的社会政治结构建立一个框架，只能在许多其他更细致的研究工作全部完成以后，我们才能对古代的社会组织有更深入的了解。事实上，我们的调查项目已经使一些学生发生浓厚兴趣并开始以这些资料为基础，开展他们自己的研究工作。

在伊洛河下游考古遗址快速消失的今天，我们采用的系统的拉网式调查方法是抢救考古资料的最佳途径。不如此，这个中国最早期国家起源的核心地区的聚落考古资料，很难不面临被破坏的危险。

（原载《中国文物报》 2002年2月20日第7版）

让考古丰富我们的历史

人类大概是唯一对自己的历史感兴趣的动物。远的不说，2009年岁末，美国《新闻周刊》盘点年度世界十大科技发现，从100多个碎片拼合起来的、生活在埃塞俄比亚的人类最早祖先"阿尔迪"，竟成为十大科技发现之首，令全世界为之瞩目。稍后，河南安阳安丰乡西高穴村发现曹魏高陵的消息，又让中国乃至东亚的公众兴奋不已。除了街谈巷议，互联网的存在，使人人都能加入到对曹魏高陵真伪的公开辩论中，考古学好像从来没有被这么多人关注过，评论过，非议过，抨击过，考古工作者好像也从来没有这么近距离地被公众审视过，评判过，他们的一言一行好像都放在了公众的显微镜下。

好在，这一切都是因为跟曹操有关，而中国的民众是没有几个不知道曹操的。其实，中国的考古新发现，每年数以百计，真正吸引公众眼球的可谓寥寥无几，而像西高穴曹魏高陵这样牵动全民神经的，可谓前无古人。考古学是通过物质文化了解人类历史的学问。有文字的人类历史，不过5000多年，此前数百万年之久的人类历史，全赖考古学家的辛勤劳动。就中国而言，从一百万年前后的陕西蓝田人到一万年前的北京山顶洞人；从万年前后的上山文化到公元前两千纪上半叶的二里头文化，中国的史前史几乎全部是考古学家一铲一锹挖出来的。如果不是他们的辛勤劳动，我们对人类远古历史的认识，也许还停留在虚无缥缈的神话传说水平上。其实，即便是成文时代的历史，即便我们承认中国人是最重视写史的民族，留下了汗牛充栋的文献，但是上自王公贵族，下至黎民百姓，没有留下文字记载的他们的"史前史"也还只能通过考古学家去发掘、去复原，历史也才因之变得更丰满、更充实、更多样、更复杂、也更有看头。比如，近年来发掘的陕西蓝田北宋吕氏家族墓、山西黎城黎国墓、陕西韩城梁带村芮国墓等等，虽然这些家族和王国在历史上多多少少都有些文字记载，但历史记载从来也不肯在有些地方浪费笔墨，这些墓葬的发现，不仅让我们对这些家族和王国的物质文化和精神风貌有一个全面的了解，也让我们对那个时代有了更加真切的体验。至于那些完全被人们遗忘的遗址、墓葬或者矿山、窑址的发现，那就不仅仅是传统意义上的"证经补史"；在这里，考古之于历史复原的价值，与史前史的重建并无不同。

正如文献需要辨伪，地下的古代遗迹和遗物也要经过科学的发掘，才能成为真实可靠的材料。材料本身固然是古人留下的物证，但是对材料的解读甚至描述，却又跟作为解释者的考古学家有莫大的关系。考古学对历史学的贡献，不仅仅在于提供材料，也在于解释材料。考古学家对考古材料的解释，跟历史学家对文献的解读并无本质不同，不过对象有别，手段有别罢了。两者的相同之处在于，所有的解读和解释都跟他们所处的时代有关，跟他们个人的天资和修养等等有关。历史也就在历史学家和考古学家等等的不断努力下，把它的不同面向、不同遭遇、不同表象，或深或浅、或直或曲、或真或幻地重建起来了。到最后，连解释者自己，也终于走进历史，成为他或她所研究的那段历史的一个组成部分。

（原载《人民日报》2010年1月14日）

揭秘中国早期国家的资源策略
——以灰嘴遗址为例

    以伊洛河下游平原为中心的二里头文明（约公元前1900～前1500年），常常被视为夏王朝的代表；虽然目前还没有确切的证据证明二里头遗址就是夏王朝的晚期首都，但学界几乎无人否认二里头文明是一个初步发达的国家社会。五十年来的众多考古发现证明，二里头遗址的面积可达300万平方米，仅夯土遗址密集分布的所谓宫殿区，即逾10万平方米，里面有对称分布的多组夯土基址；二里头出土过青铜容器、玉器、绿松石和白陶等贵族用品，也发现过面积虽然不大，但规格较高的贵族墓葬，宫殿区南侧还发现过青铜作坊和绿松石作坊；对伊洛河平原的系统聚落调查，则显示二里头时期的聚落严重分化，二里头成为该地区的统治中心；而墓葬和居住遗址所显示出来的社会分化，确切无疑地表明二里头文化已经演变为可分为统治者和被统治者的阶级社会。

    作为中国腹地的早期文明，二里头拥有无与伦比的农业资源，肥沃的伊洛河谷为这个人口众多的城市（据学者估计，二里头遗址的古代居民可达30000人）提供了充足的粮食。但是，要维持这个文明的正常运行，几乎所有其他的重要资源，都必须从伊洛河平原周边甚至更远的地区获得。通过众多学者的研究，我们知道，铜和与青铜冶炼有关的锡、铅等矿物资源，是从山西南部的中条山甚至更远的长江流域获得的；绿松石也可能是从长江中游辗转而来；与人类生活密切相关的食盐，则采自山西南部的河东盐池；凡此等等，都说明二里头文化的扩张和壮大应该同这些重要自然资源的攫取有密切关系。而二里头时期只在二里头中心遗址发现青铜器和绿松石作坊的事实，更让我们相信，以青铜铸造为中心的手工业，是由高级贵族控制的官营手工业，这实际上也是世界上不少早期文明的共同特点。但是，一个文明，除了需要这些高等级的贵族用品，还需要大量跟日常生活、生产相关的其他原材料，实际上贵族生活也离不开这些资源。比如，日常生活、生产最重要的石器、石料从哪里来？用于建筑和薪柴的木料从哪里来？这些，都需要我们加以深入的研究。我这里只是以灰嘴遗址为例，来说明石器的来源问题。

位于二里头遗址东南部约25公里的灰嘴遗址，坐落在河南偃师南部的嵩山脚下，是我们在中国和澳大利亚联合考古队多年来深入调查的基础上发现的一处重要的石器制造场遗址。经过5年的发掘，出土了大量以鲕状石灰岩为主要石料的石器的毛坯、半成品和与生产石器相关的石片、石屑等废料。大量证据显示，这是一处以加工牛舌状的长条形石铲为主的专业石器加工场。大量的石铲半成品和相关的石片、废料，与数量极少的石铲成品形成鲜明对比，说明石铲主要是提供给其他聚落的。地质调查表明，石料来自嵩山北侧范围不大的山坡上，石料出产地距离遗址最近的地方，不超过3公里。我们的调查证实，古人在开采石料之后，在距离采石场不远的山脚下进行粗加工，然后把粗坯运往石器作坊——这也是我们在灰嘴遗址没有发现与初级加工相关的大型石片、废料的原因；我们所做的石料开采和加工的实验也证明了这一点。灰嘴遗址分为东西两部。东址延续时间较长，从仰韶时代（约公元前4500～前2500年）一直到二里头时代都有人类定居，西址则只有二里头时代的遗迹。发掘证明，以石铲加工为业的灰嘴人，早在二里头文明之前的龙山时代（约公元前2500～前2000年）晚期，就已经开始比较规模化的专业石铲生产了。灰嘴东址上遍布鲕状石灰岩的石料、毛坯和石片，2002年发掘的灰坑H101，分为上下两层，仅上层就发现4420个石片和石屑、1件毛坯、20个石块和91个白色烧石。该灰坑底部还发现一个倦屈的男人骨架，他的面前正对着一条小狗。数十个灰坑里除了上述跟石器生产相关的工业垃圾之外，还出土动物碎骨、装饰品、陶片等生活垃圾；灰坑附近也发现有房址及众多其他跟生产、生活相关的遗迹和遗物，显示这里既是石器专业化生产之所在，也是人们的日常生活区域。没有证据显示人们已经脱离农业生产，因此，我们倾向于认为，从龙山时代开始，灰嘴遗址就一直是一处以石铲加工为主的半专业化的生产中心，石器生产很可能是农闲时节的工作。二里头时代，石器生产规模扩大到灰嘴西址，整个遗址的面积可达25万平方米。西址的发现显示，该时代的石器生产，仍然以石铲加工为中心，生产方式也同龙山时代相仿佛。我们推测，家庭作坊式的半专业化的生产模式，可能从龙山时代一直延续到二里头时代，不同的是，这个时代的石铲加工业，很可能已经纳入二里头文明的整个政治经济体系。

二里头遗址出土了数量众多的石器，也发现不少石铲，石铲跟农业生产和房屋建筑均密切相关。我们的研究显示，作为中心城市的二里头遗址拥有种类繁多的各种石器，可以肯定以鲕状石灰岩为主的石铲至少有部分应该是从灰嘴而来。我们的调查还发现，跟灰嘴同样性质的石器加工场遗址，至少还有三个，均分布在灰嘴周围东西一线的嵩山北侧，分别通过旁边的河流跟伊洛河相连——它们跟灰嘴遗址的关系尚不明了，但可以肯定的是，这些遗址不仅给二里头，也同时给整个伊洛河盆地的众多遗址提供了石铲。这种特殊质料的鲕状石灰岩石铲甚至远播到洛阳盆地以西的渑池县郑窑遗址，东西绵延百多公里，为二里头文明的繁荣和发展做出了独特的贡献。不仅如此，灰嘴遗址大量发现的白色烧石，还可能提供了石灰加工的证据，石器加工与石灰生产很可能是灰嘴遗址两个相互关联的专业化产业，因为宫殿、宗庙和普通地面建筑的施工都离不开石灰，石灰是龙山时代和二里头时代人们生活水平提高的一个显著标志。

如果说以青铜容器铸造为代表的手工业是二里头城市中心高级贵族的"王室工业"，那么以石铲甚至石灰为主要产品的石器加工业，就很可能只是次级甚至更低级别的非中心聚落的半专业化的"私营手工业"，换言之，后者很可能是一个非国家控制的非贵族用品的加工业。二里头城市中心及其他不能生产石器的聚落，通过某种方式获得这些非中心聚落的产品，后者则通过输出石铲甚至石灰，获得财富和必需的生产、生活用品。二里头国家通过这样的方式，把中心和边缘纳入其庞大的政治经济体系中。

（原载《中国社会科学报》2010年1月14日）

中原地区墓葬新传统的开启

大致说来，中国古代的墓葬经历了从椁墓到室墓的变化，两者的分界在汉初。所谓椁墓，就是我们常说的土坑竖穴墓；而所谓室墓，则多指洞室墓，就是可供生者进入墓葬的单室或多室墓。公元前两千纪后期河南安阳商王武丁的配偶妇好墓，和河南密县打虎亭东汉晚期大墓，就分别是所谓椁墓和室墓的典型代表。

与有两千多年历史的室墓相比，椁墓的历史要长得多。在中原地区，椁墓的传统至少可以追溯到距今七八千年前的裴李岗文化时期。从裴李岗文化直到仰韶文化早期，流行土坑墓。这时候的墓葬，还没有椁，木棺也还处于草创阶段，大多是挖一个浅浅的土坑，把人埋入土坑了事。比如著名的西安半坡遗址，墓葬多集中在居住区以北的墓地之中，绝大多数为单人仰身直肢葬，也有多人合葬墓。有随葬品的不到二分之一，随葬品多是日用陶器，以五六件为常见，基本组合是罐、钵、尖底瓶或壶，有的陶器还在埋葬前被有意打破。显示生者对生与死已经有非常清楚的概念。半坡的152号墓，埋葬一个小孩子，土坑竖穴，骨架四周竖立木板，木板周围还有二层台，可能是为平行放置盖板设计的；墓中随葬陶器6件，还有石珠、石球、耳坠等多达70余件。其中的两个陶钵里，还装着粟，这说明"事死如事生"的观念已经相当流行。

　　但是，在以庙底沟文化为代表的仰韶时代中期，长期以来没有成规模的墓地发现，我们对这一时期的埋葬习俗所知甚少。这种情况直到最近河南灵宝西坡遗址庙底沟文化晚期墓地的发掘，才为我们提供了一窥堂奥的机会。目前已经发掘的西坡墓地，是首次发现的仰韶文化中期墓地，共发现34座墓葬，它们具有如下特点：1.墓葬有大小等级差别。以8号墓和27号墓为代表的大墓，墓口面积均超过12平方米，而以1号墓为代表的小墓，墓口面积只有2.07平方米；前者的随葬品分别多达11件和9件，后者则一无所有。2.几乎所有的随葬陶器都是专为死者制作的明器，而一些墓葬出土的玉钺（实际上就是斧），少见使用痕迹，也不排除是明器或祭器。3.不少随葬陶器的墓葬都有一个专门开辟的脚坑，即在人骨脚部外端，设置一个专门的空间，多略低于人骨所在的墓室，但又与墓室连通。4.几乎所有的墓葬都有二层台，在8号、27号和29号大型墓葬的人骨上方，还发现有横置于二层台上的长短不一的木盖板，盖板上还铺盖麻布。5.随葬陶器类型固定，多是釜、灶、碗或钵、壶、簋形器，大墓如8号和27号墓则随葬一对外壁有彩绘的大口缸。6.随葬陶器虽然皆明器，但也有把明器的底部或者器身有意弄穿孔的，如M29：5陶簋壁上有三个小穿孔，M24：6带盖筒形杯底部有一个近圆形的孔。中原地区墓葬在这个时代虽然至少已有数千年的历史，但随葬明器和墓内分隔空间的传统，也可以说是从西坡滥觞的。

　　中原地区以明器作为随葬品的传统，始见于仰韶文化早期的河南淅川下王岗遗址。下王岗仰韶文化二期墓葬，多二次葬，其随葬的陶器，以明器为主。该遗址同期的一次葬则多随葬实用器，发掘者因此解释明器是专为从外地迁回原氏族公共墓地的旧死者所做。虽然明器的传统至少可以追溯到仰韶文化早期，但是在中原地区，在单人一次葬的墓葬里大规模地随葬明器，却是从西坡开始的。除此之外，中原地区椁墓分室埋葬的传统，也可以说是从西坡开始的。把随葬品单独放置在脚坑或者脚箱里，也许是人类不同生活空间在地下世界的初步体现。商周时代的椁墓，有头箱、边箱和脚箱种种区别，分别埋葬不同种类的人牲和随葬品，暗示生前居所的不同部分。西坡墓葬分室埋葬死者及其随葬品，显然还处于非常初级的阶段，因为更多的墓葬只是把随葬品置于脚端，并不挖作脚坑的形状，做成一个单独的或者半封闭的空间。

其实纵观西坡墓葬，随葬品可略分为三类：一类以陶器为代表，是典型的明器。其制作粗糙、颜色单一、火候较低，一望而知与庙底沟文化日用品的区别。还有一类应该是死者生前所用之物，比如插在头上的骨簪之类贴身之物。这类东西非常少见，8号墓头骨前方放置的骨箍形器，也可能属于这类东西。这就是先秦文献中的所谓"生器"。另外还有一种石块，多见于死者头前或脚后，形状不规则，多无明显的加工痕迹，也许就是祭祀中死者亲人留下的祭祀物品，或许可以称为"祭器"。荀子曾对生器和明器做过精辟的概括："具生器以适墓，象徙道也。略而不尽，貌而不功，……是皆所以重哀也。故生器文而不功，明器貌而不用。"（《荀子·礼论篇》）清儒王先谦对此的解释是："生器，生时所用之器。《士丧礼》曰'用器，弓矢、耒耜、两敦、两杆、盘匜之属。明器，鬼器，木不成斫，竹不成用，瓦不成沫之属。《礼记》曰：'周人兼用之。'以言不知死者有知无知，故杂用生器与明器也。"（王先谦：《荀子集解》，《诸子集成》第二卷，上海书店，第245页）商周时代的随葬品，确实往往是兼有"生器""祭器"和"明器"，比如著名的妇好墓，就可能随葬了这三种物品。如此看来，这个传统显然也可以追溯到公元前3200年前的庙底沟文化晚期。

如果说把日用品打烂随葬，是强调了生死之间的区别和断裂的话，那么专门为死者制造的明器，则更是如此。所谓"貌而不功"，显然是提供给墓葬中的死者使用的。明器的出现，就此延续不绝，一直延续到晚近的历史时期。

如前所述，在中原地区，二层台的传统可以追溯到距今6000年前的仰韶文化早期，它的出现，开始可能只是为了铺设棺盖，半坡152号墓可作这种功能性推测的一个证明。西坡墓地开启了大量使用二层台的传统，已发现棺盖板的墓葬，盖板皆横铺在二层台上，随葬品则几乎无一例外地放置在墓穴或脚坑里，也说明二层台最初的功能不过是为了铺设盖板。当然，这时候的大墓，既大且深，比如8号墓墓圹长395、宽309、深220厘米，二层台距离地面179厘米。设置宽约90~91厘米的二层台，显然也有方便死者下葬的意思。二层台的设置，客观上为在墓内开辟更多的空间打开了方便之门。二层台、把墓葬分成安置死者的墓穴和安置随葬品的脚

坑、初级的木棺和同时随葬"生器""明器"和"祭器"的
现象，显示除了社会的等级分化之外，中原地区的社会复杂
化自仰韶中期开始具有更加丰富的内涵。

(原载《中国社会科学报》2011年1月4日)

庙底沟时代：早期中国文明的第一缕曙光

庙底沟遗址的发掘
证明仰韶文化是中国古代文明的前身

在1956年河南陕县庙底沟遗址发掘之前，仰韶文化已经发现了35年。安特生发掘仰韶村之后，把它的半月形的、长方形的穿孔石刀，和华北地区当时还在流行的农具，比如形状近似的穿孔铁刀加以比较，把它的三个空足的陶鬲，与传世的商周时代的青铜鬲和金文的"鬲"字加以比较，认定仰韶文化是"中华远古之文化"，是汉民族远古祖先的文化。但是仰韶文化最为引人注目的彩陶，却没有在中国的任何文献里留下只言片语，他只好到外国去找寻它的来源。此前考古学家已经在今天土库曼斯坦的安诺和乌克兰的脱里坡留等地，发现了彩陶的遗物，纹饰又有几分接近，所以安特生很自然地提出了仰韶文化西来的假说。

仰韶文化发现之后，中国的考古学家和历史学家，也把仰韶文化和当时已经发掘的殷墟商文化加以比较，虽然认定两者有关系，但关系并不密切，或者像李济先生所说"殷商文化之代表于小屯者，或者另有一个来源，仰韶和它的关系最多不过像那远房的叔侄，辈分确差，年龄确甚难确定。"（李济：《小屯与仰韶》，见《李济考古学论文选集》，文物出版社，1990年，第240页）在这个思想指导下，不久就在山东历城的城子崖遗址，发现了龙山文化。龙山文化的发现，不仅认为替殷墟商文化找到了"老家"，也把对"中国黎明期文化的认识"提到了一个新阶段。

龙山文化发现之后，中国考古学家经过比较研究，提出龙山文化自东向西、仰韶文化自西向东发展的二元对立学说，还认为这种发展的结果是在河南中西部地区形成所谓"混合文化"。仰韶村既发现彩陶，又发现龙山黑陶的现象，就被认为是这两种文化混合的结果。这种认识，一直延续到庙底沟遗址发掘的前后。

我们知道，安特生在仰韶村的发掘，是把上层的龙山文化和下层的仰韶文化混到一起来了。虽然早在1937年，尹达先生就给予正确的辨识，但龙山文化和仰韶文化东西二元对立、进而在两种文化的接触地带产生所谓"混合文化"的说法，还是流行了二三十年。庙底沟遗址的发掘，在仰韶文化层的上面，还发现了具有从仰韶文化到龙山文化过渡性质的文化层，发掘者把它命名为"庙底沟二期文化"，把它下面的庙底沟一期文化，命名为仰韶文化的"庙底沟类型"。通过庙底沟遗址以及在此前后周临地区不少遗址的发掘，学术界最终否定了"混合文化"的说法，提出至少在中原地区，河南龙山文化是从仰韶文化发展起来的；庙底沟二期文化，便是从仰韶文化向龙山文化过渡的一种史前文化。发掘者把它纳入龙山文化早期的范畴，但也有研究者把它纳入仰韶文化晚期或者末期的范畴。

庙底沟二期文化，既有仰韶文化的某些特点，也有龙山文化的鲜明特征，可以认定河南龙山文化就是从庙底沟二期文化发展起来的。这样一来，中原地区古代文明的连续性，中国古代文明的连续性，就得到了考古学的证明。仰韶文化发展成为龙山文化，龙山文化再发展成为商文化，中国古代文明的根，就这样追到了仰韶文化。庙底沟遗址的发掘和庙底沟二期文化的发现，在中国新石器时代考古学史上，因而占有十分重要的地位。

仰韶文化庙底沟类型的扩张
促成了早期中国文化圈的形成

庙底沟遗址发掘之后，以庙底沟一期为代表的文化遗存，被命名为仰韶文化"庙底沟类型"。这是中国考古界第一次把仰韶文化划分为不同的类型。在此之前开始发掘的西安半坡以及文化面貌相近的遗址，则被命名为仰韶文化的"半坡类型"。此后20年，有关这两个类型的关系问题，差不多成为仰韶文化讨论最多的话题。经过这么多年的研究，我们知道仰韶文化大体可以分为早中晚三期，每期又都可以划分为大小不一的许多类型。20世纪80年代以来，又有学者把仰韶文化的许多类型单独命名为文化。比如庙底沟类型，就有人称为"庙底沟文化"，也有人称为"西阴文化"。绵延两千年、横跨黄河中上游地区的仰韶文化，变成了许多文化的共同体。庙底沟类型仰韶文化，一般认为属于仰韶文化中期。它的核心是豫西、晋南和关中东部地区，但是差不多整个黄河中上游地区，都有这个文化的分布。在如此广大的范围内，广义的所谓庙底沟类型，实际上又可以划分为不同的地方类型，比如关中地区就往往被称为"泉护类型"，河南中部又往往称为"阎村类型"等等，各地方类型都有自己的特点，它们的形成过程也没有遵循一种模式。

以庙底沟遗址一期文化为代表的庙底沟类型，陶器以曲腹平底碗、卷缘曲腹盆、敛口钵、双唇口尖底瓶、盆形灶、折腹的圜底釜等为主，多平底器，基本不见圜底钵；与半坡类型比较，彩陶数量多，红色的素地上，多用黑彩描绘出回旋勾连纹、花瓣纹、窄带纹、垂弧纹、豆荚纹、网格纹等等，也有少量的动物纹。生产工具以石器为主，除斧、锛、凿外，还有不少体形很大的石铲和长方形的穿孔石刀。房屋是方形和长方形的半地穴式，中间立柱，四壁还立壁柱，有斜坡形门道，正对门道有很深的圆形灶坑。种种迹象表明，庙底沟类型的人们，过着稳定的定居生活，农业经济已经相当发达。墓葬一般是土坑竖穴墓，多单人葬，不见半坡类型的多人二次合葬和同性合葬墓。垃圾坑里开始出现随意摆放的人骨架，说明暴力和冲突可能已是司空见惯的事情。

庙底沟类型仰韶文化从豫西、晋南和关中东部核心地区，向周围强力辐射，使差不多整个黄河中上游地区的仰韶文化面貌，西到甘青和四川西北部、东到河南东部、北过河套、南达江汉，达到了空前一致的局面。不仅如此，它的影响力，还直接、间接地波及更遥远的周边地区：东北远及内蒙古东南部和辽宁西部，东达渤海和黄海之滨的山东和江苏北部，南面则跨过长江，深入长江中游地区。有学者把核心区之外，庙底沟类型的分布区，称为"主体区"，把更外围受到庙底沟类型影响的地区，称为"边缘区"。认为庙底沟类型的强力夸张，不仅使仰韶文化分布的地区，形成空前一致的文化面貌，更使包括边缘区在内的广大东部地区的诸考古学文化，交融联系，形成一个稳定的文化共同体。（韩建业：《庙底沟时代：早期中国》，《考古》2012年第3期）

庙底沟类型所在的时代，经过碳–14年代测定，一般认为约当公元前4000～前3300年。这个时间，也是中国早期文化圈开始形成的时代。考古学家张光直先生把仰韶文化及其周围相关联的诸考古学文化，称之为"中国交互作用圈"。张光直先生说得明白："这个在公元前4000年前开始形成，范围北自辽河流域，南到台湾和珠江三角洲，东自海岸，西至甘肃、青海、四川的'相互作用圈'（sphere of interaction），我们应当如何指称？我们也可以选一个完全中立的名词称之为X，可是我们也不妨便径称之为中国相互作用圈或中国史前相互作用圈——因为这个史前的圈子形成了历史期间的中国的地理核心，而且在这圈内所有的区域文化都在秦汉帝国所统一的中国历史文明的形成之上扮演了一定的角色。"他还说："到了约公元前4000年，我们就看见了一个会持续一千多年的有力程序的开始，那就是这些文化彼此密切联系起来，而且它们有了共同的考古上的成分，这些成分把它们带入了一个大的文化网，网内的文化相似性在质量上说比网外的为大。到了这个时候我们便了解了为什么这些文化要在一起来叙述：不但它们的位置在今天中国的境界之内，而且因为它们便是最初的

中国。"（张光直：《中国相互作用圈与文明的形成》，
见氏著《中国考古学论文集》，生活·读书·新知三联书
店，2013年，第149、167页）

　　庙底沟类型是最强势的。它把具有强烈仰韶文化色彩的
文化因素，带到黄河下游、长江中下游和东北等地区，促进
了当地史前文化的发展甚至转型。比如，黄河下游地区的大
汶口文化，彩陶多为鼎、豆、壶、杯、缸、器座、盂和钵，
几乎全部出土在墓葬中。具有庙底沟类型特征的彩陶，多出
在大汶口文化大墓中。有学者提出这表示庙底沟和大汶口社
会上层可能存在某种交流。大汶口M2007，是一座小孩墓，
不仅随葬花瓣纹的彩陶器座，还有低矮的二层台，M2005、
M2018、M2020、M2011等随葬庙底沟风格彩陶的墓葬，也
多有二层台。有学者注意到M2005大墓还有用黄色胶泥涂抹
墓坑四壁、底部和二层台侧壁的现象，指出这与灵宝西坡用
泥封盖墓室甚至填埋整个墓圹的做法类似，也表示两者之间
存在某种形式的交流。（李新伟：《中国相互作用圈视角下
的红山文化》，《中国社会科学院古代文明研究中心通讯》
第24期，2013年，第38页）以庙底沟彩陶为代表的类似的文
化影响，也发生在长江下游两岸的青莲岗—大汶口和马家
浜—崧泽文化、东北地区的红山—小河沿文化、长江中游的
大溪—屈家岭文化系统中，不过有的强一些，有的弱一些，
方式可能也不尽相同。

　　不过，文化的影响总是互相的。研究证明，庙底沟类型
的早期，中原地区对周边地区的影响多，到了后期，周围地
区开始反弹，对中原地区又形成包抄之势，其中来自东方和

南方的影响最为明显。灵宝西坡大墓成对出土的大口缸、中原地区仰韶文化罕见的玉钺，就有可能是从东方传入的。这个强劲的势头，在庙底沟类型结束之后，约当公元前3000年前后，南方的屈家岭文化和东方的大汶口文化从两个方向分别进入中原腹地，中原地区与周围各史前文化的关系愈益紧密。这个时期，中原地区好像处于文化的低潮时期，但这低潮，却也意味着更多的吸纳、更多的学习和交流，反而奠定了中原地区的历史地位，加速了以中原为中心的历史趋势的形成。又经过约一千年的激荡沉淀，在公元前两千纪的前半叶，以二里头文化为代表的青铜文明在伊洛盆地强势崛起。一般认为，二里头文化可能是夏代晚期文化，夏和随后的二里岗商文化便是建立在这史前文化长期密切交往形成的"中国相互作用圈"上。考古学上的二里头文化、二里岗文化以及随后的秦汉帝国，与庙底沟类型的分布区和影响区若合符节，显然并非偶然。

庙底沟时代见证早期中国文明的第一缕曙光

如前所述，庙底沟类型代表着仰韶文化的中期，因此也往往把它称为仰韶文化庙底沟期。在庙底沟遗址发掘之后，由于发现了中原地区古代文明的连续性，在相当长的时间内，中原地区又是历史时期中国古代文明的核心，因此不恰当地夸大了中原地区史前文化的作用，好像所有好的东西，都是从中原地区辐射出去的，这就是所谓的"中原文化中心论"。这种观点，在20世纪六七十年代达到顶峰。后来，随着各地史前文化的发现，各地区文化序列慢慢建立起来，人们认识到，东北地区、黄河下游、长江中下游等地的史前文化，都有自己的发展谱系，并不能用中原文化的辐射或者农业人口的迁徙、移动来解释。自七十年代末期以来，中国文明起源的"多元一体"学说逐渐形成。这个学说强调中国史前文化的多元性，认为各地区史前文化都为中国古代文明的形成做出了自己的贡献。这无疑是正确的。但是矫枉过正，又有意无意贬低了中原地区史前文化的作用和价值。这当然也跟七八十年代中原以外地区的众多重要考古发现有关。90年代以来，庙底沟类型仰韶文化的一系列新发现，正在改变着我们对中原史前文化的看法；中原地区史前文化的核心地位，也变得越来越清楚。

如果我们把绵延数百年的庙底沟类型仰韶文化，放在更大的中国相互作用圈的背景下观察，就会发现，早期中国文明的第一缕曙光，已经在庙底沟时代出现。

定义"早期中国文明"，首先它必须是"中国"的，这个问题，在上面有关中国相互作用圈的讨论中已经说明；其次它又必须是"文明"的，文明的定义千差万别，一般理解文明就是早期国家。而社会分化，是早期国家形成的显著标志。

我们在河南灵宝铸鼎原所做的调查显示，这里的庙底沟类型仰韶文化最为繁盛，已经发现的19处遗址已经出现明显的分层。最大的北阳平遗址，面积近100万平方米；第二等的西坡遗址约40万平方米、东常遗址约12万平方米，其他的遗址多只有三五万平方米。从遗址的大小看，这个聚落群显然是分级的，至少可以分为三个层级。这个现象与我们在西坡遗址的发现，可以相互印证。西坡遗址夹在东西两条河流之间，南北又有人工开挖的壕沟，形成一个严实的防御系统。遗址的中心，有至少3座大型房屋。西北角的F106，略呈五边形，室内面积240平方米，地面和墙壁经过多层夯筑，表面还涂成朱红色。西南角的F105，室内面积204平方米，四周还有回廊，总面积达516平方米。东南角的F108，室内面积超过160平方米。三座房屋的门道均大体指向中心广场。这些房屋显然不是一般的住房，而很可能是氏族、部落或更大规模的社会组织举行某些公共活动的场所。有学者推测，像F106这样的房子，大概需要100个劳动力，连续工作三个月才能完成。

西坡遗址南壕沟的外侧高地，是它的墓地。已经发掘的34座墓葬，也有等级差别。从墓圹和随葬品来看，至少也可以分为三个层级。M8、M27和M29，规模都很大，皆在10平方米以上，最大的M27，面积多达16.9平方米。墓室的二层台和脚坑上铺垫盖板，盖板上覆盖麻布，死者的脚端附设脚坑，是专门放置随葬品的地方。墓圹全部以混有多种植物茎叶的泥块封填。大墓M8和M27都有一对彩绘的大陶缸，M8除了陶缸，右手外侧还随葬一把玉钺。西坡墓葬的随葬品好像已经有一定之规，几乎所有的随葬陶器都是专门为死者制作的明器，墓葬虽大，随葬器物却不多（M27只有9件陶器；M8只有11件，其中陶器9件）。随葬品虽有差别，但差别并不特别突出。大墓和中小墓交织在一起，说明虽然这个社会已经出现贫富或者地位的分化，但还没有出现龙山时代比如良渚或陶寺那种专门的贵族墓地。玉钺在此前的仰韶文化中没有发现过，一般认为它是一种脱胎于石斧的专门性武器，它的出现，暗示战争或冲突与日俱增，这可能跟我们在西坡看到的防御设施和庙底沟遗址的乱葬灰坑是可以相互印证的。不过，有人推测玉钺是长江下游崧泽文化或者凌家滩文化影响的产物，如此说来，也许M8出土的一对陶簋，也可能是东南方史前文化影响的产物。这或许说明，中原地区仰韶文化中晚期的社会分化，也有不少来自东南方文化的影响。

西坡遗址的发掘，揭示仰韶文化中期的中原地区，已经开始走上了社会分化之路。严文明先生拿它跟东方的大汶口文化、东北地区的红山文化、长江中下游的崧泽文化、凌家滩文化和屈家岭文化等做比较，指出它是一个"务实进取"的文化，它"强调军权和王权，讲究气派（如大型房屋和大型墓葬）却不尚浮华"。（严文明：《重建早期中国的历史》，《中华文明的原始》，文物出版社，2011年，第46页）韩建业先生则直接提出"中原模式"，认为西坡大墓"阔大特殊而珍贵品不多"的现象，正说明这是"中原模式"的质朴习俗。

同属于庙底沟时代的大汶口文化、崧泽文化、红山文化、凌家滩文化和屈家岭文化，却有不很相同的表现，但也有不少共同因素。比如差不多都出现了聚落的等级分化，都出现了规模很大的墓葬，大墓中多随葬数量众多的高等级玉器、精美陶器及某些特殊随葬品，显示社会分化的程度已经相当显著。比如，黄河下游的大汶口文化，它的典型遗址大汶口，面积约80万平方米。大汶口早期大墓M2005，开口面积约8.2平方米，有熟土二层台，随葬品包括石器、陶器、骨器、象牙器、角器和獐牙器，多达104件，有的陶器中还摆放猪下颌骨和牛头。这种墓葬跟同墓地一无所有的小墓，形成鲜明对比。凌家滩遗址的面积，多达160万平方米，最高等级的墓葬07M23，墓坑虽不足7平方米，随葬品竟多达330件，仅玉器就有200件。可能跟军事有关的石钺和仪式用石锛，在墓底竟然铺了好几层，多达数十件。墓葬中出土的内置玉签的玉龟形器，可能是挂在死者腰间的法器，而墓葬填土中发现的重达88公斤的既写实又抽象的玉猪，也可能具有某种特别的意义。发掘者因此推测墓主人在手工业生产、军事和宗教方面都有举足轻重的地位。红山文化的墓葬，集中发现在辽西牛河梁地区的数十处积石冢上，随葬品皆为玉器，有玉人、玉鹰、玉龙、玉凤等宗教用品和玉镯、玉耳坠等装饰品。墓葬也有大小之别，还出现了男女并穴合葬墓，随葬品虽没有大汶口文化和凌家滩文化丰富，但却带有强烈的宗教神秘色彩。虽然没有发现与此相匹配的高等级聚落，但无疑红山文化的社会也是明显分层的。有学者注意到，红山文化墓葬里不出玉钺，推测它凭借的不是武力，而是强烈的"宗教信仰和有效的组织能力"，也有人因此提出中国文明起源的"北方模式"，以区别于"中原模式"和以大汶口文化等为代表的"东方模式"。这些模式是否恰当当然还要接受今后考古研究的检验，但已有的证据已经证明，在公元前3500年前后的庙底沟时代，中国相互作用圈里面的几个文化，都已经走上了社会分化的道路。一方面彼此的交往越来越紧密，文化越来越趋同，另一方面社会却越来越分化，越来越分层。这种分化，虽然还达不到考古学上所见二里头青铜文明早期国家的水平，但是古史上所谓的"万国"时代，就要到来了。因此也可以说，庙底沟时代，见证了早期中国文明的第一缕曙光。

本文据2013年5月21日作者在三门峡文化旅游节上的专题讲演整理而成，为便于读者，最低限度地补充了参考文献。

（原载《中国文物报》2013年6月21日）

李济先生与中国文明起源研究

　　前几年清华大学的陈丹青教授画了一幅著名的油画，名字就叫《清华国学院的导师》。他画了五位导师，有赵元任先生、陈寅恪先生、王国维先生、梁启超先生和吴宓先生。但是，民国时期清华国学院还有一位重要导师，就是我们今天讲座的中心人物——李济先生。

　　李济是谁呢？在我上学的年代，他还是不能提及的一个人物。但是，我们可以列举出他的很多个第一。比如，他是中国田野考古的第一人，1926年他发掘了山西夏县的西阴村遗址，这是中国人主持的第一次科学考古发掘；他也是1929年中国第一本田野考古杂志《安阳发掘报告》的创办者；他还是中国第一本田野考古报告——《城子崖》的主编和执笔者之一。20世纪30年代筹办国立中央博物院，他是中央博物院的创始人，是第一任中央博物院的筹备处主任（1934年）。中国的现代大学教育里，有一个很重要的学科是考古学，李济是中国第一个考古学系——台湾大学考古人类学系的创办人。

　　李济先生是近代以来第一位在外国拿到人类学博士的中国人。1923年从美国哈佛大学回国后，他到南开大学担任社会学和人类学的教授。1925年转任清华做他母校清华大学的特约讲师，和梁启超、王国维、赵元任做了同事。在清华任教期间，他和地质学家袁复礼先生一道，发掘了山西夏县的西阴村，这是中国人自己的第一次科学考古发掘。从此，李济先生成为真正的考古学家。1928年国民政府设立国立中央研究院，傅斯年先生创办了中央研究院历史语言研究所，李济先生被聘为其中的考古及人类学组主任，志在发掘商代晚期的都城殷墟。从此，将他的全部精力放在了考古学上，也开始了他事业的顶峰。

李济先生的事业可以分成两个阶段。第一个阶段是1928年到1949年，此间他的主要精力都放在了安阳的发掘和研究上。安阳发掘，把中国的信史，向前推进了几百年到一千年。大家知道，20世纪20年代，中国的信史只能推到西周中晚期，正是因为安阳的发现，才把我们遗忘的商代历史找回来了。这在很大程度上是李济先生的贡献，除了领导安阳的发掘工作，他在商代物质文化的研究方面，也做了很多很深入的工作。另一方面，李济先生也培养了一大批人才，在培养人才、扶持队伍方面做出了很大贡献。20世纪80年代以前海峡两岸考古学的领军人物，包括梁思永先生、夏鼐先生、高去寻先生、石璋如先生、尹达先生、尹焕章先生等等，大都是在安阳殷墟这个考古的田野学校培养出来的。因此可以说，李济为科学考古学在中国的诞生和对这门学科的扶植和领导上，都做出了历史性的巨大贡献。

第二个阶段就是他到台湾之后，从1949到1979年这30年。这一阶段，他离开了他心爱的田野工作，离开了中国考古学的主流。但又终日与安阳的发掘品相伴，始终未曾离开他心爱的研究工作。实际上他的主要研究著作，包括有关商代青铜器的多种研究报告，和著名的英文论著《安阳》《中国文明的开始》等等，也是在他的后半生完成的。

李济先生的贡献，首先在于他和他的团队，把商代的晚期历史揭示给世人。安阳的考古发掘，把中国的信史向前推进了六七百年到一千年，这是非常了不起的贡献，受到了国际学术界的高度肯定。

第二，安阳的发掘，架起了中国史前史和中国历史的桥梁，为追寻中国文明的起源开启了正确的方向。在安阳发掘之前，瑞典学者安特生（J. G. Andersson）曾在中国农商部下属的中国地质调查所做顾问，仰韶文化就是安特生发现的。仰韶文化发现之后，安特生通过把仰韶村发现的石刀、陶鬲，和华北汉族农村形状近似的铁刀和传世的商周铜鬲加以比较，还跟汉字中的"鬲"加以比较，正确地辨识出仰韶文化是汉族祖先的文化，就是所谓"中华远古之文化"（an early Chinese culture）。这是安特生的一个贡献。但是仰韶文化最有代表性的特征却是彩陶，彩陶在中国的文献中从来没有被发现过，所以安特生很自然地向外找寻它的来源。这时候，在中亚和欧洲都发现了彩陶，其特征与仰韶文化的发现，又有几分相似，安特生因此提出仰韶文化"西来"的假说。中国的学者，包括李济，一方面寻找仰韶文化与商文明的关系，一方面又对中国文化西来说，耿耿于怀，根据历史文献，坚信中国文化的根，应该在东部沿海一带寻找。1930年中央研究所历史语言研究所在山东章丘发掘了城子崖遗址，发现了有别于仰韶文化的龙山文化，于是把商文明的源头，追到了龙山文化，提出龙山文化才是商文明的直接来源。

但是，通过比较，李济先生又发现了商文明有别于史前文化的如下几点要素：

首先，在仰韶和龙山文化里，虽然也有发达的陶器，但没有白陶，也缺乏复杂的纹饰。商文明不仅有质量很高的白陶，还发现了青瓷，这一发现把原始青瓷的历史追溯到了商代。商代的陶器制造显然是很发达的。

其次，是青铜铸造的大量武器、工具和祭器。安阳侯家庄商王陵1004号墓里出土的大量武器、 规模巨大的牛鼎和鹿鼎，都说明青铜制造业高度发达，取得了辉煌的成就。

第三，是甲骨文的出现。大家知道甲骨文是现代汉字的前身，是一个非常复杂的文字系统。今天能够释读的甲骨文不过一千多字，但已经发现的甲骨文却要超过四千五百多个。商代占卜的记录，就用这些文字，刻写在龟甲和兽骨上，内容极其丰富。

第四，大墓和大量的人牲、人殉。殷墟发掘，在侯家庄殷商王陵发现了多个甲字形、双墓道、四墓道的大墓，在几十米的大墓墓道里可以看到很多的殉人或人头骨。

第五，殷墟发现了许多车马坑，埋着马和两轮的战车，说明商文明是使用战车的。

第六，先进的石刻。在殷墟大墓里，曾发现规模很大的大理石的石雕，有人，有兽，还有半人半兽的形象，这也是商文明有别于仰韶文化和龙山文化的一个特征。

那么，商文明究竟是从哪里来的呢？在1928年安阳发掘之后，因为考古学刚刚开始，在很长的一段时间内，我们只知道中国有两种史前文化，那就是仰韶文化和龙山文化。以地理分布看，京广线以西主要为仰韶文化，以东则主要为龙山文化。要寻找商文明的来源，也只能从这两种文化里下功夫。

1930年发现的城子崖遗址，是第一个龙山文化的典型遗址。城子崖有城墙，有骨卜（用骨头来占卜），还有黑陶。虽然黑陶有变化，但这三样东西都是商文明所具有，而仰韶文化所缺乏的。显然，龙山文化与商文明更近。这种物质文化上的观察，也与根据文献在古史研究上构建的夏在西、商在东的说法，是相吻合的。

龙山文化发现以后，不仅让李济先生，也让中国许多考古学家和历史学家，松了一口气，甚至可以说是欣喜若狂。李济先生曾专门研究骨卜，他说：殷商文化的骨卜习俗，"必具极长期之历史背景。这种历史的背景在那中国北部及西部分布极广的石器时代仰韶文化遗址中，毫无痕迹可寻，但在城子崖却找了出来。因此我们至少可以说那殷商文化最重要的一个成分，原始在山东境内。""有了城子崖的发现，我们不仅替殷墟文化的来源找到了老家，对于中国黎明期文化的认识我们也得到了一个新阶段。"（李济：《中国考古报告集之一城子崖发掘报告序》，见张光直、李光谟编《李济考古学论文选集》，文物出版社，1990年，第192～193页）

所以，他又比较了商文明和龙山文化之间的异同，分析两者之间的关系。比如说从文字记录的角度来看，商有甲骨文，商还有青铜器、马车，但是龙山文化却没有。两者都有石器、骨器、骨卜和野兽，但是，商五畜俱全，龙山文化却只有其中的几种。商代的装饰艺术非常成熟，而龙山文化只有简单的刻划等等。

他认为在华北地区有两个文化系统，即仰韶文化和龙山文化，典型的商文明至少应该包含仰韶（夏）、龙山（东夷）和原商文化的特点。李济先生还大胆地假设商文明和西亚保持着非常有趣的接触。比如商文明遗存中所见的所谓"肥遗"、两只动物把人包在中间或者把人含在口中的所谓"英雄与野兽"的图案，以及考古学家所分类的"中柱器盖"等等，都被认为是这种接触的结果。他通过比较还指出，商文明的真正基础其实是在亚洲东部，这个地区孕育了整个太平洋地区的艺术传统，比如骨雕和木雕。他认为在商文明里面很可能存在着一个非常发达的木雕传统。整个太平洋地区，包括北美、澳大利亚、新西兰、中国的中部地区以及台湾，都有骨雕和木雕文化的传统，其源头即在商文明。他还认为，商文明的不少因素来自南方，比如水牛、水稻、锡锭、石斧、龟甲等等。由此我们看到，商文明在李济先生看来，是非常多元的一种古老文化，这也就是说，中国古代文明是多元的。

李济先生对于中国文明起源的认识，一是商文明的基础深植于中国的史前时期；二是商文明是典型东亚型的原地发展起来的文明。但是他也多次强调商文明是多种文化交融的结果，同时他还认为商人的来源也是多元的。通过对祭祀坑里发现的头骨进行测量，他发现了蒙古人种、海洋黑人（棕种人）甚至爱斯基摩人。但是真正的墓主人则由于盗墓的原因大都丢失了，所以他认为这个结论的真正图景仍不明确。他还认为，商人的狩猎范围远及蒙古东部、东北南部。商人的祖先从上述地区和东部沿海一带，得到了一些关于外国的模糊知识。商人也许不是最早利用金属的人，但却极大地改进了青铜器铸造工艺和艺术。

我们可以把中国文明起源近一百年的研究分成四个阶段：一是1921年到1931年，从仰韶村的发掘到龙山文化的发现。这是仰韶文化西来说流行的时代。二是从龙山文化的发现到50年代中后期庙底沟遗址的发掘，"东西二元对立说"大行其道，即认为仰韶文化在西，龙山文化在东，在两者接触的中间地带，产生所谓"混合文化"。三是从50年代后期到80年代初期，中原中心说盛行，即认为中国古代文化从仰韶到龙山，再到商周，是线性的发展，四周的文化都是中原地区文化辐射或者影响的结果。四是从80年代初期以来，逐渐发展成多元一体说，即认为中国文明的形成是多元的，包括黄河、长江和西辽河在内的许多地区，都在中国文明的形成过程中，发挥过自己的作用。

在二三十年代，是李济先生首先对安特生的西来说发生怀疑，他是通过西阴村的发掘，从彩陶的比较上得出这一结论的。也许可以说，西来说的第一个掘墓人，便是李济。李济先生是东西二元对立说的主要建构者之一，直到他的晚年，尽管已经在河南陕县的庙底沟遗址，发现了仰韶文化通过庙底沟二期文化发展成为龙山文化的地层证据，也就是说发现了中原文化的连续性——这也是中原中心论大行其道的一个原因，但是，李济先生并不信任这个说法。他说"黑陶文化原始于彩陶文化的证据，很少经得起考验和覆校，而可以看得到的报告，都限于粗枝大叶式的描述，所以我们对于这一问题，仍只能当作姑作阙疑以待后证。"（见李济主编《中国上古史》待定稿第一部分，"中研院"历史语言研究所，台北，第477页）就此说来，尽管李济先生没有亲眼看到他生命中后三十年大陆地区新的考古发现，但他多方面的知识储备，也使他成为多元论的先驱者之一。实际上，他晚年对商文明同东方、南方甚至西方关系的强调，认为商文明的来源至少应该包括仰韶、龙山和原商文化的认识，也可以说否定了三四十年代他自己亲手建构的"东西二元对立说"，中国古代文明的多元性，在他的认识里，是没有疑问的。

通过一系列的发现和研究，我们现在知道，中国文明起源是一个多元的过程。首先是因为，中原以外的许多地区，都有高度发展的史前文化，自身也有清楚的发展序列。70年代以来，由于碳-14年代数据的公布，大家发现周围地区史前文化的绝对年代，也不比中原地区低下，那么就很自然地就提出了中国文明起源的多元说。1981年，著名考古学家苏秉琦先生，直截了当地挑战中原中心说。他认为历史上黄河流域确曾起到重要作用，特别是文明时期，它常常居于主导地位，但在同一时期，其他地区的古代文化也以各自的特点和途径发展着。苏先生把史前的中国划分为六个区，即陕豫晋邻境地区、山东及邻省一部分地区、湖北及临近地区、长江下游地区、以鄱阳湖—珠江三角洲为中轴的南方地区和以长城地带为重心的北方地区。显然，苏先生更强调各地区的发展和贡献。李济先生的学生、美国哈佛大学的张光直先生，认为在中国的东部，从公元前4000年开始，北到辽河，南到台湾和珠江三角洲，东到海岸，西到甘肃、青海和四川，存在着一个文化上的相互作用圈，他称之为"中国相互作用圈"。他认为这个史前文化的相互作用圈，奠定了早期中国文明的舞台。北京大学的严文明先生，在注重各地区文化的贡献基础上，又特别强调中原地区文化的主导作用。他说，"假如我们把中原地区的各文化类型看成是第一个层次，它周围的五个文化区是第二个层次，那么最外层也还有许多别的文化区，可以算作第三个层次。而整个中国的新石器文化就像一个巨大的重瓣花朵。"（严文明：《中国史前文化的统一性和多样性》，《史前文化论集》，科学出版社，1998年，第15～16页）这样既强调了中国史前文化的多元性，又强调了它的一体性，这就是现在流行的中国文明起源的多元一体学说。

李济先生在1979年逝世，他没有看到今天中国考古学的发展，也没有看到中国文明起源研究上多元一体学说的流行，但就中国文明起源研究方面的贡献而言，李济先生无疑占有非常重要的地位。我们也可以说，他一生的工作，都是在从事中国文明起源的研究。且不说他倾注全力的商文明研究，从历史的角度看，二三十年代，是他首先对中国文化西来说提出怀疑和否定，虽然直到他的晚年，由于早于仰韶文化的一系列史前文化在中原地区发现，西来说才被完全证明是错误的。其次，他虽然是仰韶文化与龙山文化东西二元对立说的倡导者，但他也开启了中国文明起源多元说的先河，这在他的晚年尤其明显。这正是建立在他严格的批判精神和多方面深厚的学术素养之上，对此，我们是不应该忘记的。

（原载《北京外国语大学校报》2013年6月15日）

以古史重建为己任的中国考古学

　　中国考古学的前身是金石学。金石学已经有一千多年的发展史，但以田野调查和发掘为手段的近代中国考古学，却是一门从国外传入的学问。西方科学方法的传播、民族主义的兴起和对中国文化的起源的追寻，被认为是中国考古学形成和发展的三种主要动力。

　　1928年，中央研究院历史语言研究所开始在安阳发掘商代晚期都城殷墟，中国有了自己的专业考古研究机构，中国考古学正式诞生。中国考古学的特殊背景，决定着它从一开始就是以重建中国的历史为己任，所以中国考古学具有浓重的历史学倾向。如果把近一个世纪之久的中国考古学作粗略分期，也许可以分为1949年以前、1949年到20世纪90年代初期和90年代初期之后。每个阶段的中国考古学，都有自己的特点，也都跟中国的社会、政治、经济和文化发展密不可分，但一言以蔽之，似都可以说以重建中国古史为主要目的。

　　早期的中国考古学，抛开中国地质调查所在周口店北京人遗址的发掘和研究不说，中央研究院历史语言研究所和北平研究院史学研究所分别把工作重点放在安阳和宝鸡，就是为了研究中国历史上最早的两个王朝——商和周的历史。商代晚期的历史，通过安阳的发掘得到了充分证明。安阳发掘培养了队伍，树立了方法，揭示出仰韶—龙山—商文化递次发展的地层关系，也初步证明考古学在中国古史重建中的崇高地位。另外，该时期最重要的两个发现——仰韶文化和龙山文化，却又被解释成仰韶文化是西来的，龙山文化是东来的，在考古学上建构起中国史前文化起源的"东西二元对立说"。龙山文化虽被认为是中国文明的真正源头，但它与仰韶文化的关系却是若明若暗，仰韶文化的来源更是晦暗不明，考古学上的中国上古史还难以真正搭建起来。

中华人民共和国成立之后，中国考古学得到了空前发展，资料迅速扩张，专业队伍成倍增长，全国各省区都建立起自己的专业考古机构，虽然直到20世纪80年代，中国考古学还不同程度地受到其他因素的影响，但是中国考古学重建中国古史的初衷不改，不仅如此，它还郑重提出，要在马克思主义指导下，研究中国社会发展的规律。在此期间，中国考古学的某些解释虽然难免教条主义之讥，但在大部分考古报告和论文中，"资料及对资料的分析与意识形态的术语共存"，中国考古学仍忠实于中国传统的编史工作的独立性（张光直先生语）。该时期的中国考古学，仍然以物质文化的描述和文化史的重建为己任，不仅填补了大量的地区古代文化空白，发现了数以十计的考古学文化，建立起大部分地区的文化发展谱系，也使中国上古史的认识范式发生了两次根本转换。

该时期的第一个阶段，即20世纪50年代，因为庙底沟二期文化的发现，龙山文化不再被认为是与仰韶文化并行的一支新石器时代文化，相反，通过庙底沟等遗址的发掘，证明它是从仰韶文化发展而来的。这样，就建构起中原地区仰韶文化—龙山文化—商文化的直线发展范式，最终演化为中国文明起源的"中原中心说"。其他地区的古代文化，都被认为是在中原文化的辐射和影响下发展起来的。从70年代中后期开始，由于中原之外地区的大量考古新发现，加上新的放射性碳元素年代数据的公布，周边地区古代文化的重要性日益显现，中国考古学逐步建构起中国文明起源的"多中心论"，包括黄河、长江和西辽河等地区在内的中国各地区古代文化，都被认为对中国文明的起源做出了自己的贡献。这个思想，在苏秉琦"区系类型"理论的指导下，得以快速发展，至今仍然影响着中国的考古界。在90年代初期，中国考古学家明确提出"重建中国古史的远古时代"，显然，中国考古学虽然走过了半个多世纪的历程，它的主要目的仍然是重建中国古史。

中国考古学在20世纪80年代逐步开放，新的理论和方法通过各种途径被引介进来，但要得到具体的运用，还是在90年代初期之后。其中最明显的进步，是各种科技手段被应用到中国考古学的调查、发掘和室内研究中，中国考古学呈现出前所未有的多元化倾向。在此期间，受中国经济持续发展的影响，考古调查和发掘资料剧增，专业队伍也有了很大增长，培养考古专业人才的教学机构也由原来的11所大学扩充到目前的数十家大学，出版物则如雨后春笋般茁壮成长，中国考古学呈现出欣欣向荣的繁荣景象。同时，与中国经济的发展情景相似，中国考古学也呈现出一种"镶嵌式"的多元发展，虽然大多数考古学家做的还是传统的文化史重建工作，但也有不少学者从事过程主义甚至后过程主义考古学的研究，比如认知考古学、人口考古学、性别考古学、公共考古学等等，中国考古学的解释更呈现出多元化的态势。

也许跟资料的急剧增长有关，中国考古学本来应该增加的对理论的热情和兴趣，反而有逐渐减少的趋势。认识中国古代社会乃至整个人类社会的历史发展规律，在中国材料基础上建立社会科学理论的声音却很微弱，这似乎跟20世纪80年代改革开放初期的热情形成鲜明对比。相反，重建中国古史的呼声有增无减，新世纪开始的中华文明探源工程的一个重要目的，便是重建中国上古史。不仅如此，在未来可以看到的岁月里，重建古史恐怕仍将是中国考古学家的主要任务之一。当然，现在的重建，与第一二阶段是不同的，随着中国考古学在理论方法方面的进步，随着中国考古学日益开放的步伐，用中国的考古材料重建有血有肉的中国古代历史，既是中国考古学家义不容辞的责任，也是他们对世界文明发展应有的贡献。

（以《以古史重建为己任——中国考古学的百年使命》为题刊于《中国社会科学报》2015年1月14日）

历史和现实双重变奏下的中国考古学

在"新文化运动"下兴起

中国有悠久的金石学传统，从北宋到清朝末年，经过差不多一千年的发展，金石学不断壮大，其成果也被后来的考古学所接受，所以它也被认为是中国考古学的前身。但是以田野调查和发掘为己任的考古学，其实是20世纪初年从国外传入的一门学问。长期的封建统治，再加上17、18世纪以来西方帝国主义的侵略，中国深陷半封建、半殖民地的泥沼，到了20世纪初年，已经接近亡国亡种的边缘。1919年发生了五四运动，要从思想文化方面来一次彻底革命，提倡民主和科学，中国考古学就是在这种"新文化运动"的影响下兴起的。

"古史辨"为建立"科学的中国上古史"扫清了道路。人们痛感要建立科学的上古史，"唯一的方法就是考古学"（李玄伯语）。从19世纪中期以来，西方和日本的探险家和考古家纷至沓来，不仅为中国带来西方考古学的理念和方法，也激发了中国学者的爱国主义热情，到国外寻求科学方法遂成为自19世纪末期以来的潮流。20世纪20年代，李济（1896～1979年）和梁思永（1904～1954年）相继从美国学成回国，从此中国有了经过专业训练的自己的考古学家；

1928年中央研究院历史语言研究所成立，并开始在河南安阳
发掘商代晚期都城遗址，中国从此有了自己的专业考古研究
机构，标志着中国考古学正式诞生。

追寻中国文明起源的历史责任

中国考古学的特殊背景，决定着它从一开始就是以重
建中国的历史为己任，所以它有浓重的历史编纂学倾向。且
不说二三十年代两个国家研究机构——中央研究院和北平研
究院，分别把田野工作放在安阳和宝鸡，是为了研究中国历
史上最早的两个王朝——商和周，就是其他的考古工作，也
是以重建中国历史为目的。1921年由瑞典考古学家安特生
（1874～1960年）发现的仰韶文化，虽被认为是"中华远古
之文化"，但以彩陶为代表的遗存却被认为是西来的。中国
考古学家对西来说半信半疑，30年代初期，根据在东部沿海
新发现的龙山文化，终于构建了仰韶文化在西、龙山文化在
东的东西二元对立说，认为龙山文化的发现，为以商文化为
代表的中国文明找到了真正的源头。

20世纪50年代后期，随着庙底沟二期文化的发现，龙山
文化不再被认为是与仰韶文化并行的一支新石器时代文化，
相反相信它是从仰韶文化发展而来的，这样就构建了仰韶—
龙山—商文化的直线发展理论，最终演变为中国文明起源的
中原中心说。在这个理论框架下，其他地区的古代文化，都
被认为是在中原文明的辐射和影响下发展起来的。从70年代
后期开始，随着中原以外的各地史前文化被大量发现，中国

考古学建构了中国文明起源的多中心论。中国各地区的古代文化，都被认为对中国古代文明的起源做出了自己的贡献，这就是中国古代文明起源的多元一体论。中国考古学90多年的发展，证明了中国远古文化的多元性、连续性和土著性，也证明了高山大川从来没有割断它跟外界的联系和交流。自民族危机、民族自信心空前丧失的20世纪初期开始，追寻中国文明起源，建立科学的上古史，就是中国考古学的一项主要任务。从西来说到多元一体说，中国文明起源模式的建立，多少都跟现代中国国家建构中从清代末年孙中山（1866～1925年）提出"驱除鞑虏"推翻清朝统治，到中华民国建立之后强调"五族共和"，再到中华人民共和国强调多民族和平共处、共同发展的政治理念和实践，有或多或少的关系。

改革开放在人文社会科学领域的缩影

中国考古学跟当代中国的政治和经济发展也有密切关系。马克思主义自五四运动时期传入中国，20世纪20年代即成为个别马克思主义历史学家构建和解释中国历史的武器。中华人民共和国成立以后，马克思主义更成为众多历史学家、考古学家研究中国历史的指导思想。中国历史被分为原始社会、奴隶社会和封建社会等不同发展阶段，考古材料于是成为证明马克思和恩格斯社会发展阶段理论的重要依据。史前的聚落和墓葬，被用来说明中国的远古时代也存在母系社会、父系社会或从母系向父系社会的过渡阶段；青铜时代的人牲和人殉，被用来证明奴隶社会的残酷和暴力；发达的古代城市、墓葬以及青铜器、玉器等文化遗迹、遗物，则被用来证明中国古代劳动人民的非凡智慧和中国古代文明的优越性；史前和夏商周三代的某些大型遗址，则被拿来与古代文献记载中的上古帝王"对号入座"，除此之外，中国考古学好像别无他求，失去了理论探索的兴趣和活力。在20世纪80年代以前相当长的一段时间内，考古学一度沦为政治的附庸，尽管它提供的材料，还被认为是客观可信的。随着改革开放的步伐，中国考古学家与国外同行的联系日益加强，国际合作自20世纪90年代以来蓬勃开展，在国外留学的青年学者陆续归来，中国考古学的国际化已成为21世纪中国考古学的重要特点。今天，中国考古学的理论探索和多元取向与中国的现代化过程密切相关，也可以说20世纪80年代以来的中国考古学，就是中国改革开放在人文社会科学领域的一个缩影。

中国考古学因在帝国主义压迫下崛起的民族主义而兴起，它的进步，又同现代中国的政治、经济和文化发展密切相关。考古学的研究成果，在国难当头的1936年曾远赴英国展览；在灾难深重的"文化大革命"中的1973年，也曾在伦敦和巴黎展出，这对建立中国与世界的联系，增进中国与世界人民的友谊，振奋民族精神，重建民族自信，都起到非同寻常的作用。在改革开放之后的三十多年里，考古学又成为中国各地政治、经济、文化发展的一种工具，开发文化资源，振兴地方经济，考古学竟成为重建地方历史、搭建经济发展舞台的某种手段。与此相适应，考古学也得益于地方经济的发展，抢救性考古经费充足，带动了考古学专业队伍的壮大，中国考古学的研究队伍，也呈现出多元并进的图景，这与20世纪70年代以前从业人员少且集中在中国科学院考古研究所（1977年以后改属中国社会科学院）及少数几个大学的情形，形成了鲜明对比。这个发展趋势，也同中国当代的政治经济发展密不可分。

（原载《社会科学报》 2015年10月8日）

"失落的文明"与失落的选择

[瑞典] 马思中 (Magnus Fiskesjö) 著

陈星灿 译

中国西南部三星堆的青铜时代文化，是近年中国考古学上最轰动的发现之一。它的遗物现在又可以在中国以外观赏了。美国西雅图美术馆举办的"古代四川——失落文明的珍宝"大型巡回展，在纽约大都会美术馆展出了。这个展览的文物的确令人印象深刻。

1986年中国考古学家在三星堆发现公元前1200年前后的祭祀坑，里面堆满了烧毁和被毁坏的青铜器、玉器、象牙，其中有两米半高的站在象头上的铜立人像，奇特的巨大面具，像外星人，眼睛突出，头饰奇特。

这些发现大部分是前所未见的，引起了广泛关注和新的研究。发现地三星堆现在有一座博物馆，但文物的原件不一定完全看得到。尽管如此，前往观赏非常值得。三星堆的发现使得以往对历史的理解动摇了。就在这样的地方，远在想象中的蛮夷的黑暗中，却存在过一个独特的青铜雕塑传统，完全可以和东方的华丽文物相媲美。按传统的理解，中国国家产生于现在中国的东部，在那里，青铜时代从公元前2000年绵延至公元前500年左右，生产了无数精美的青铜器。相比之下，世界上很少有什么文明像古代中国那样对青铜器情有独钟。青铜器被使用于敬祷祖先的礼仪中，又被当作王和贵族之间建立权力关系和富有等级意义的礼品。这些青铜器实际上是中国这个国家古代政治过程中的跳板，也就是说它们是这个过程的工具。

三星堆也发现有这样的礼器，它们和原来的政治中国发生过关系，且有相似之处。包括三星堆在内的考古新发现证明不能将中国当作一个单一的民族国家来理解，而应视为包含着欧亚大陆整个地区的一个过程。中国并不是由某一种特别选出的人民创造出来的，他没有一个狭义的种族、文化或者民族的基础。

配合展览的规模很大的画册，应该说是有关三星堆研究目前为止最好的概括。此书也收录有四川被包括在新的秦汉帝国时期的美术品。这类美术品有一部分也在展览中。但这并不完全成功。把这样的文物也包括进来，可能是地方主义的一种体现。更加值得质疑的是展览中所谓"失落的文明"一词。这样的宣传，好像是把考古发现当成好莱坞电影中大西洋城那样的一个个偶然发现，而不是把人类历史当成一个可以弄懂的东西来追求。这种宣传实际上也表明我们所知道的"现代"这种状态一点也没有结束。因为现代意识中就包括把"文明"和"文化"看成孤立的精粹，像生物物种那样产生和灭绝。也就是把"文明"当作一种现代人能够在历史的深渊中潜游下去可以用手电筒照耀的化石鱼。只有在这种态度的基础上，才会把三星堆说成是"失落的文明"，而不是一种可能研究甚至可能了解的连续性。所以，有人提出三星堆发现的青铜面具代表外星人也不奇怪，因为外星人是现代的我们所认识的最极端的"他们"。

展览可以质疑的地方，跟中国式的文物修复和文物展示思想有关。还有，跟这些文物如何按西方式的思想被命名为美术品也有关系。我们这里所说的美术概念，并不是自由创作意义上的那种美术，而是说把文物偶像化，把展品放进"监狱"的做法。

在三星堆发现几年以后，我自己曾去参观当地的文物修复工作。文物修复在中国的追求达到极致。"修复"一词有修理复原的意思。应该说这是基于一种歌颂古典的传统的孔夫子主义。这包括很多不同类型的文物，四川的宝物、鉴赏家之间流传的美术品甚至包括考古出土的文物。它们会被修理，会被擦亮得像新的一样。目的并不在于看到其原貌甚至现状，而是修成它们似乎应该被看成的那样。最近新开放的耗资巨大的上海博物馆也是一个例子。整个博物馆的楼房本身被设计为一个巨大的体现威望（prestige）的青铜器。馆内陈列的青铜器也经常修复得令参观者怀疑，怀疑它们是否真的像标签所说的已有几千年的历史。而"古代四川"展览中的展品，给人的感觉也是如此。我们瑞典目前已经对考古文物的过分修复过敏，修复最多是为了防止文物的自然损坏。我们瑞典宁愿允许看得出它的三千年历史。也许这种态度与我们斯堪的纳维亚人往往处于文明的边缘地区有关。因为缺少华丽的可以夸耀的文物，使我们不得不谦虚一点，但是我们对文物修复的态度或许更多地跟整个西方世界现代意识中崇拜原物的价值观有关。工业主义、大众消费的年代里更要追求真物。而人人以为博物馆跟商业主义对立，以为它是一个真实的庙宇，人们为这里的真实性而崇拜。博物馆实际上是

"现代"社会最有代表性的机构，是一个包括整个社会的博物馆化过程的大本营，它远远越过博物馆的门墙。可以说在越来越现代的中国，博物馆化的凯旋，已经在出现，只不过还没有波及青铜时代的发现。所以时代的牙齿的痕迹还是要努力清除掉，裂缝要很好地缝合，沙砾要刷掉，曾经火烧的祭品遭受到的颜色的变化应由古代青铜器所应有的绿调来代替。一切为的是弘扬祖国古代的灿烂文化。

　　这里还有一个问题。归纳为博物馆"文物"的遗物，是一种威信和地位的游戏中的棋子，还是努力了解人类过去的"工具"？文物修复过度，不仅损坏了对真实性的那种怀旧的条件，而且使真实怀旧派的利益受损，因为中国对修复的积极性和"古代四川——失落文明的珍宝"的展览方式，实际上相互配合着使得三星堆变为新型的体现威望的文物。站在古典中国的角度看，这样做并没有错，因为青铜器本身就是为了夸耀而制作的，而现在又成为我们这个时代的一种奥林匹克比赛的"选手"，一个国家或省份能够展出最了不起的古物，它就可以获得金牌。这里的运动项目是西方现代美术馆的传统展览方式和中方目的的密切配合。正是因为考古遗物被命名为此类美术品，像在大都会一样，它们被人为地调离历史环境，置于博物馆庙宇之中，孤零零地单独地在打扫得很干净的玻璃柜里静坐，镀了金的青铜面具最为闪亮。但正是在这里，将它们安置在消毒得过于干净的博物馆展柜里的方法，严重妨碍了这些遗物发挥其所拥有的传达它们自己及它们和我们人类之间的关系的潜力。要是我们回去看发掘现场的照片，我们会发现这些惊人的青铜器并没有在祭坛上陈列，也不是秩序井然的陪葬品。相反，它们是以暴力方式打碎并放在祭祀坑中，且这损毁并不是任意的，而是被导演的祭祀。考古记录表明，这些祭祀坑是有意制作的，损毁的祭典是一个有意的措施，有意停止这些东西在人间的使用。这样果断的措施，也就是祭祀和人与人之间的礼品互送的主要区别。

"古代四川"的展览作为一种媒介，是否本来可以起到一种桥梁的作用，跨越我们和他们之间三千年的鸿沟，这当然应该是展览面临的挑战。但是展览背离了这样的课题，在博物馆门口把一副经过美化的三星堆祭祀坑的原貌照片放大，并不起什么作用。展览的方式总而言之仍然妨碍我们追求对三星堆问题的回答。展览实际上是我们当今时代把自己的奖杯按西方思想的设计在"现代"庙宇中排列起来，在它的需求面前投降。这样一来，三星堆的遗物也就变成"现代"晚期博物馆参观者一个接一个崇拜的偶像。我想我们失去了一个机会：通过这些遗物连接我们和我们几千年前的同类的生活和思想的机会。

有没有别的选择?如果我们真的认为考古发掘的遗物与在世界古物市场上漂浮的遗物不同，则确实存在一种其他的选择，那就是把原有的空间结构当作出发点。请比较一下中国另外一个博物馆如何应对这样一个挑战。台北"中研院"史语所的陈列馆同样面临着如何展览的问题。20世纪30年代年轻的研究院曾经发掘商代王墓，获得众多的陪葬品。现在陈列馆改建博物馆重新开放的时候，一个个设计巧妙的展厅就抓住了原有的空间分布，使博物馆从夸耀地位的青铜器的陈列一变而成观众了解人祭的指南。连故宫博物院这样的博物馆，都要去寻找其他的选择。这里面有很多值得我们学习的地方。

(原载《读书》 2003年第4期)

上穷碧落下黄泉

——史前人类居住简史

走出山洞
——用木棍和兽皮搭建人类的第一处居室

著名建筑学家梁思成先生说过："居室为人类生活中最基本需要之一，其创始与人类文化同古远，无论在任何环境之下，人类不可无居室。居室与民生息息相关，小之影响个人身心之健康，大之关系作业之效率，社会安宁与安全。"（梁思成：《凝动的音乐》，百花文艺出版社，1998年，第376页）此话固然不错，但是人类依靠自己的力量建成房屋——而非居住在自然形成的山洞里——却还是相当晚近的事情。人类已经走过了五六百万年的历程，但是在距今25万年前的旧石器时代早期，人类虽制造和使用石器，却从未发现过他们制造过骨制工具，也没有发现过他们的建筑物，更没有证据表明他们有语言。（Richard G. Klein, *Human Career: Human Biological and Cultural Origins*, The University of Chicago Press, Chicago and London, 1999）

旧石器时代的人类化石及其生活遗迹，不少是在山洞里发现的。20世纪20年代开始发掘的周口店北京猿人遗址，迄今已经发现100多块猿人化石，代表大约40个猿人；出土石器和制造石器产生的碎片多达数万件，是晚期猿人时代最为丰富的一个远古人类遗址。猿人们居住在洞穴里，他们把猎到的动物尸体，也拖到洞穴里。洞穴中出土的数以千计的各种鹿骨，不少就可能是他们的猎物。但是，洞穴内也发现有鬣狗粪化石，不少骨头上还有猛兽啃咬的痕迹，因而有些骨头也可能是穴居的鬣狗带进去的。人与动物争夺洞穴，正是猿人艰难生活的真实写照。但是，不管如何，洞穴内数以万计的石器和大量的灰烬，显示至少有部分动物骨骼是人类带进去的。实际上，周口店出土的鸵鸟蛋壳、鸟类化石和各种烧过的朴树籽等等，也只能是人类采集、狩猎和搬运的结果。在从50万年到20多万年前的漫长岁月里，人类无疑曾是这个洞穴的真正主人（吴汝康、吴新智、张森水主编：《中国远古人类》，科学出版社，1989年；吴新智主编：《人类进化足迹》，北京少年儿童出版社、北京教育出版社，2002年）

人类以天然洞穴为居址的历史，一直延续到旧石器时代晚期。人类也曾经用石块筑墙，或者把洞穴分隔开来，或者把住所弄得更舒适些。在西班牙北部的Cueva Morin和El Juyo遗址，就曾发现这样的遗迹。但是，真正的人类建筑物，却都是旧石器时代晚期的作品。晚期智人用木棍、猛犸象牙、各种大型动物的骨头和兽皮把房屋搭建起来。现在，兽皮不见了，但是不少象牙和兽骨的化石还在，搭建房屋埋下柱子的柱洞还依稀可见，考古学家于是可以复原人类最古老的建筑物。比如距今一万五千年前的美滋里奇（Mezhirich）遗址，位于今乌克兰境内。在直径大约6米的范围内，考古学家曾发现大量猛犸象的骨骼堆积，堆积下还发现不少石、骨制品和炭屑，这里显然是人类生活的遗迹所在。考古学家根据多方面的分析，认为这是一个用猛犸象骨等搭建起来的圆形建筑，并对之进行了复原（Richard G. Klein, *Human Career: Human Biological and Cultural Origins,* The University of Chicago Press, Chicago and London, 1999）。另一处乌克兰境内的旧石器时代晚期遗址，名为普什卡里I（Pushkari I）。在连成一排的三个火堆周围，发现许多大型的动物骨头。这个略呈长方形的建筑遗迹，地基向下挖了近30厘米，考古学家根据火塘和遗物的分布，把它复原为长条形的、帐篷式的建筑物。这个长逾10米的建筑物，实际上是由三个圆形的单体"帐篷"连起来的，显然比美滋里奇的单体建筑宽敞、复杂了许多（Richard G. Klein, *Human Career: Human Biological and Cultural Origins*, The University of Chicago Press, Chicago and London, 1999）。

中国疆域辽阔，也有相当广大的地区并无山洞可居，但是旧石器时代晚期的人工建筑还没有确凿的证据。过去曾经在黑龙江哈尔滨的阎家岗遗址，发现过用大型动物骨头堆起的弧状的遗迹，也有考古学家认为这是远古人类建筑的遗留，是远古人类狩猎的营地，但是这样的认识还没有得到大家的公认。

穴居、半穴居和地上建筑——不断升高的人类住所

在漫长的人类历史上，留下痕迹的旧石器时代建筑物，不仅都属于旧石器时代晚期，而且也屈指可数。新石器时代

早期的人们，仍然眷恋着洞穴，中国南方不少这一时代的人们，比如广西桂林的甑皮岩、江西万年的仙人洞、湖南道县的玉蟾岩等等，还都生活在洞穴里。但是，随着气候和环境的变化，随着人类生计方式从采集狩猎向农业的转化，定居成为时代发展的主流，房屋和村落慢慢占据了所有适合农业生活的地区。房屋建筑跟自然环境有密切的关系，跟文化传统也有莫大的关系，因此，中国各地逐渐发展起具有自己特色的建筑物来。

以中原地区为代表的中国北方为例。从距今七八千年前的裴李岗文化，到稍后的仰韶文化，再到距今约四五千年前的龙山文化，人类的居住遗址虽然变化多端，从形态上看，有方的，有圆的，也有长方形和不规则形的；从结构上看，有地穴式的，半地穴式的，还有地面式的和建在台地上的；从规模上，有单间的，双间的，还有多间的和连成一长排的，而且一个时代甚至某一个遗址往往具有多种建筑形式，但是数千年间整个新石器时代的建筑物，大致可以描述为从穴居到地面建筑的发展格局。

所谓穴居，除了窑洞，就是在无从建筑窑洞的情况下，从平地向下挖土。其形状及构造都很简单，而且多以单穴的方式出现，它的深度较大，面积也小，往往在中间或者一侧立柱。穹庐状的房顶，就搭建在这根立柱上。人们以木柱为梯出入其中。偃师汤泉沟的一个仰韶文化穴居式房屋，口径约1.5米，底径约2米，可以想象，居住在这样狭小的地穴里，恐怕是非常不舒服的。（杨鸿勋主编：《中国古代居住图典》，云南出版集团公司，2007年；杨鸿勋：《建筑考古学论文集》，文物出版社，1987年）。

但是更多的却是半地穴式样的房子。这样的房子，虽然仍旧挖穴，但是地穴很浅，深则一米左右，浅则只有二三十厘米。有些用于公共活动的大房子，也可以做成非常讲究的模样。比如河南灵宝西坡遗址编号为F105的方形半地穴房屋，夯土基础坑深达2.75米，残存的半地穴墙体高达0.95米，门道宽1米，长约8.75米。由柱洞分布看，房屋周围还有回廊。整个建筑占地约516平方米，室内面积达204平方米。居住面由不同材质的若干铺垫层组成，包括掺料礓石粉和蚌壳粉的细泥层，灰白细泥层和草拌泥层等，地面和墙壁均以朱砂涂成红色。夯土房基和柱洞之内都曾发现朱砂痕迹。火塘正对门道，整个建筑浑然一体，这是仰韶文化晚期投入劳动最多，也最为奢华的半地穴建筑。（河南省文物考古研究所等：《河南灵宝西坡遗址105号仰韶文化房址》，《文物》2003年第8期）

新石器时代的晚期，地面建筑逐渐增多。甘肃秦安大地湾遗址901号房址，为一多室建筑，面积达290平方米（若包括附属结构则可达420平方米）。主室居中，两侧和后面各有附室。主室中心有一直径2.6米的大型火塘，西南的前墙上还开有三道门。建筑前有两排柱洞和一排石柱础，估计原来有门廊式的建筑。F901前面约1000平方米的范围内没有同时期的房屋遗迹，只发现踩踏过的活动面，因此有考古学家推测这里是举行宴饮、集会和仪式活动的公共场所。（甘肃省文物考古队：《甘肃秦安大地湾901号房址发掘简报》，《文物》1986年第2期；刘莉：《中国新石器时代》，文物

出版社，2007年）

　　如前所述，在地面建筑开始流行的同时，地穴式和半地穴式房屋并未绝迹，只是居住人的身份可能发生了变化。晚至青铜时代的安阳殷墟，还时见这样的建筑，有些就建在制骨或制铜作坊里，很可能是工匠的住所。（中国社会科学院考古研究所：《殷墟的考古发现与研究》，方志出版社，2007年）

　　中国南方的情况略有不同，由于南方水位高，地面潮湿，所以早在七八千年前的跨湖桥文化和河姆渡文化时期，就出现了居住面高出地面的所谓"干栏"式建筑。这种建筑以桩木为支架，上面设大梁、小梁（地面龙骨）以承托地板，构成架空的基座，再在上面立柱、架屋梁及叉手长橡（人字木）而构成。（杨鸿勋：《建筑考古学论文集》，文物出版社，1987年；杨鸿勋主编：《中国古代居住图典》，云南出版集团公司，2007年；浙江省文物考古研究所：《河姆渡》，文物出版社，2003年；浙江省文物考古研究所、萧山博物馆：《跨湖桥》，文物出版社，2005年）。比较而言，南方地区的地面建筑开始较早，也比较常见，房屋和村落也多建在台地上，这多少都跟地下水位较高有关。北方地区穴居、半穴居的建筑出现早，延续时间长，也跟气候干燥、黄土深厚有密切关系。

从宫殿到摩天大楼——上穷碧落下黄泉

　　把地面抬高，然后再在抬高的地面上建筑房屋，从新石器时代就开始了。只是到了青铜时代的夏商时期，这种建筑形式更普遍，且往往见于王公贵族的宫殿建筑。河南偃师二里头遗址被许多学者认为是夏代晚期的都城，其一号宫殿基址，是一个大型的夯土台基。全部用黄土夯筑而成。夯层薄而均匀，一般厚约4.5厘米；夯窝小而致密，直径在3～5厘米之间，整个台基的质地非常坚硬。台基东西长108米，南北宽约100米，平面略呈方形。在夯土台基中部偏北的地方，还有一块略高的长方形台面。东西长36米，南北宽25米。这是殿堂的基座，上面排列有一圈柱穴，南北两边各有9个，东西两边各有4个，推测这是一个坐北朝南，面阔8间，进深3间，以木骨为架，草泥为皮，四坡出檐的大型木构建筑。（中国社会科学院考古研究所：《偃师二里头》，中国大百科全书出版社，1999年；中国社会科学院考古研究所：《新中国的考古发现和研究》，方志出版社，2007年；杨鸿勋：《建筑考古学论文集》，文物出版社，1987年）

这样的宫殿式建筑，开了中国宫殿建筑的先河，无论商周还是汉唐甚至明清，宫殿的建筑材料容有变化，体量容有不同，所谓"茅茨土阶"变成了富丽堂皇的砖石，但是要把地面抬高，把宫殿建高的中心思想却如出一辙。比如北京明清故宫最高大的建筑太和殿，殿高35.05米，占地面积2377平方米，屋顶由72根大柱支撑，巨大的台基和金碧辉煌的瓦顶，显示了封建皇权无上的权威。

如果故宫太和殿不是中国古代最高的宫殿建筑，也是最高的宫殿建筑之一，但是这样的宫殿建筑，跟现代的摩天大楼相比，却是难以望其项背。现存中国古代最高的建筑，据我所知，可能是山西应县的辽代木塔。这座始建于辽清宁二年（1056年）的木塔，高67.31米，底层直径30.27米，呈平面八角形；它建在4米高的两层石砌台基上，内外两层立柱，各层外有24根柱子，内有八根，构成双层套筒式结构。

应县木塔当然不是民居建筑，但是它把建筑建在高台之上的构思与宫殿式建筑并无不同。

人类自走出山洞以来，从第一个建筑——窝棚开始，虽然不断把它向地面抬升，但直到工业革命之前，建筑物的高度还十分有限。只是从19世纪末期以来，才真正建起高耸入云的摩天大楼来。楼建得越高，地基就打得越深，基座就越宏大。最近刚刚运营的阿联酋迪拜哈利法塔，堪称人类建筑之最。这座高828米的世界第一高楼，桩柱深入地下50多米，托起160层高的庞然大物，真可谓"上穷碧落下黄泉"；在它面前，任何古代和现代的建筑都相形见绌，这是人类建筑史上的一个奇迹，正见证了人类建筑发展的新高度。但是，这样的摩天大楼，也还是在过去地穴和半地穴建筑的基础上发展起来的，从走出洞穴，建造地穴、半地穴的房屋开始，到林立的摩天大楼的建成，不过是漫长人类历史长河的一个瞬间。

（以《居住：七千年前的房子》为题刊于《中华遗产》2010年第3期，本书发表的是原文）

生死两茫茫

——从居室葬到帝王陵墓

居室葬——"居住"在人类的脚下

埋葬同类大概是人类不同于其他动物的根本特征之一。人类的历史已经有五六百万年之久，大致可以分为早期猿人、晚期猿人、早期智人，晚期智人四个阶段，但是考古学上发现的人类有意识埋葬同类的证据，却只能追溯到早期智人阶段。这一阶段的人类化石在中国也有不少发现，比如辽宁营口的金牛山人、湖北长阳人、山西襄汾丁村人、河北阳高许家窑人、陕西大荔人、广东韶关马坝人等等，但是迄今还没有见到墓葬的痕迹。所以，我们讨论这个阶段的人类埋葬遗迹，只能利用欧洲和西亚的材料。

也许是跟保存的状况有关，这一时代的墓葬，多发现在洞穴里。当时的人们也生活在洞穴里，人死后，他的同伴就在居住的地面下草草挖一个浅坑，把死者捆绑成蜷曲状，塞进墓穴，盖上土和石块了事。在欧洲和西亚发现的20处发掘记录完好的尼安德特人（早期智人）墓葬里，有16处的人骨都是紧紧蜷曲在一起，很像婴儿在母体的样子，所以也有学者认为这是古人希望死者的灵魂能够像婴儿一样重新进入母体。但是，早期智人是否有灵魂转世的观念，还是一个谜。实际上，这时候的埋葬是否存在我们所熟悉的丧葬仪式，也还是一个谜。考古学家倒是在伊拉克的沙尼达尔洞穴（Shanidar Cave），在尼人尸骨周围的填土里发现了许多植物花粉，其中不少来自多种色彩绚丽的花卉。有研究者认为这可能是在死者下葬后，同伴们在他的身边放了许多鲜花的缘故。但是，也有的研究者认为，墓葬曾遭到啮齿类动物的严重扰动，不排除后期污染所致的可能性。不过总的看来，早期智人虽然已经有了墓葬，且多是埋在人类生活的洞穴里，但是没有像样的随葬品，是否存在丧葬的仪式也不很清楚。（Richard G. Klein, *Human Career: Human Biological and Cultural Origins*, The University of Chicago Press, Chicago and London, 1999；吴新智主编：《人类进化足迹》，北京少年儿童出版社、北京教育出版社，2002年）

把自己的同类有意识地加以埋葬，是在人类有了明确的自我意识之后。到了晚期智人阶段，和我们完全一样的现代人出现了。这时候的墓葬虽然还多见于洞穴，但也不少出现在露天的遗址里。不同的是，随葬品更加常见，随葬品可能既包括死者生前的日用品，也有死后亲人赠送之物，还有专门为死者准备的撒在尸体上的赤铁矿粉末。死者生活在另一个世界的概念可能更加明确了。俄罗斯著名的宋格尔（Sungir）旧石器时代晚期墓葬，距今约28000年前，墓穴挖在冻土里，其中一个墓葬里面埋了一男一女两个少年，男孩身上发现4903颗象牙珠子，推测都是衣服上的坠饰；还发现250颗穿孔的北极狐的犬齿，好像是腰带上的饰物；女孩身上发现5374颗象牙珠子，也好像是衣服上的坠饰。实验表明，仅仅这些珠子本身的加工，就需要耗费数千个小时的劳动。显然，这时候的人类情感，已经同我们没有多少差别了。（Klein，1999；Steven Mithen，*The Prehistory of the Mind*，The Times and Hudson，1996）

此时的中国，也发现了类似的墓葬。著名的北京周口店山顶洞人，人生活在洞穴的上室里，把死者就埋在紧贴上室西边的下室里。人骨周围有红色的赤铁矿粉末，人骨旁还有用兽牙、鱼骨、海蚶壳、小石子做成的装饰品，都是用带尖的石片从两面对钻，钻出小孔，然后用绳子穿成一串，戴在身上。（吴新智主编：《人类进化足迹》）

把死者埋在脚下的居室葬盛行于整个旧石器时代，直到距今万年前后的新石器时代早期，这一风习还在不少地区流行。近东巴勒斯坦耶利哥（Jericho）新石器时代早期的文化层中，曾发现多个涂泥的人头骨，其中不少埋在屋内地板下面，面貌轮廓和鼻、耳、眉、口都用涂泥法加以复原，眼睛则代以贝壳，埋在居室下面（Grahame Clark，*The Stone Age Hunters*，McGraw-Hill Book Company，New York and Toronto，1967）。我国广西桂林著名的甑皮岩洞穴遗址，曾发现屈肢葬和二次葬，有的骨架上撒有赤铁矿粉末，还有的随葬用贝壳做成的刀子，与山顶洞人的情况并无特别的不同。

不过，人类进入新石器时代以来，慢慢开始了定居和农业，建设了房屋和村落，墓葬也逐渐跟人类居住的区域相分离，人的自我意识前进了一大步。不过也有例外的情况。距今八千年前后的兴隆洼文化，还保留着旧石器时代的遗风。他们已经住在村落四周挖有壕沟的方形或长方形房屋里，但

却仍旧把死者埋在房子的居住面下面。比如内蒙古赤峰敖汉
旗兴隆洼遗址，在180多座房子中，共发现居室葬30多座。这
些墓葬在房址中多有相对固定的位置，多数墓口上方有踩踏
的硬面，表明死者下葬后人类继续在此居住。居室葬未有葬
具，墓主人既有成年人，也有儿童；以单人葬为主，也有男
女合葬、儿童合葬。第118号墓，墓主人头部周围随葬陶杯、
石器、骨器和野猪牙饰等等，死者右侧还葬有一雌一雄两头
整猪，占据墓穴底部约一半的空间。这是中国古代墓葬所见
最早的牺牲之一，拿动物做死者的牺牲，不管寓意如何，这
与此前单单以死者生前的日用品和亲人的赠送品随葬又有不
同，显示人类的认知能力和使用象征符号的能力又向我们靠
近了一步。（杨虎、刘国祥：《兴隆洼文化居室葬俗及相关
问题探讨》，《考古》1997年第1期；中国社会科学院考古研
究所、香港中文大学中国考古艺术研究中心编：《玉器起源
探索》，香港中文大学中国考古艺术中心，2007年）

墓葬区的设立——生死两茫茫

　　不过，在距今七八千年前的新石器时代，更多的情况
跟上述的兴隆洼文化不同。虽然不少遗址房屋周围就分布着
墓葬，比如河南舞阳的贾湖遗址，房屋距离墓葬很近，显示
生者与死者惯常的亲密关系，但是居室葬却已经消失不见。
与此同时或稍后，不仅出现了单独的墓葬区，墓葬区也开始
跟居址截然分开。简而言之，从新石器时代早期开始，生死
有别不仅体现在古人的观念里，更体现在他们的行为上。我

们拿陕西临潼姜寨遗址为例。该遗址面积约5万平方米，史前堆积分为五层，下层遗存提供了可以复原村落社会的完整布局：聚落中心是广场，广场周围环布房屋，所有的房屋均面向广场；居住区周围是一圈壕沟，壕沟外则是墓葬区。在这里，生者与死者的住宅在聚落布局上严格区分。根据聚落的布局判断，围沟内相对集中的几个房屋群，很可能与围沟外相对集中分布的几个墓葬群存在对应关系。围沟虽然像一条鸿沟，隔开了阴阳两界，但是在阴阳两界之内，同一血亲集团的人们均生活在一起。有意思的是，某些房屋周围埋着装盛儿童的瓮棺。组成瓮棺的陶器有的底部钻孔，据说是为了便于灵魂的出入；把死去的幼童埋在房屋周围，据说也是为了便于让他们重新进入母体。实际上，在不少后进民族那里，未成年的儿童，是没有做"人"的资格的，时至今日，许多农村的早夭儿童，也不允许进入本家坟地，这也算是新石器时代的遗风吧。（河南省文物考古研究所：《舞阳贾湖》，科学出版社，1999年；陕西省考古研究所：《姜寨——新石器时代遗址发掘报告》，文物出版社，1988年）

如果说新石器时代早中期的墓葬，墓坑很小、墓穴很浅、随葬品也不多的话，那么至少从新石器时代晚期开始，已经出现了规模巨大、随葬品惊人的大墓，也可能已经出现了墓上封土或某种形式的墓上建筑。公元前3500年前后在中国的黄河、长江和西辽河流域都出现了这一类的墓葬。以河南灵宝西坡遗址为例，这里不仅有与居住区截然分开的墓葬区，墓葬也大小有别，体现了贫富分化的人间现实。比如第八号墓葬，墓口长3.95米、宽约3米、深2.35米。墓主男性，年龄约30～35岁，随葬品分别放置在墓主头部、右臂和脚坑中，共计10件（套），包括骨头做的束发器一件，玉钺一件，陶瓶一件，陶灶两件，陶釜灶两套，陶簋形器两套，陶大口缸两件。而第19号墓，不仅面积很小，仅能容身，也身无长物，与第八号墓葬形成鲜明对比。（河南省文物考古研究所等：《河南灵宝西坡遗址墓地2005年发掘简报》，《考古》2008年第1期）

安徽含山凌家滩遗址2007年发掘的第23号大墓（编号07M23），长3.45米，宽2.1米，深0.3米，虽然规模稍逊西坡大墓，但是随葬品却有过之而无不及。此墓不仅有棺椁，随葬品竟然高达330件，包括玉器200件、石器97件、陶器31件，另有碎骨和绿松石各1件。（安徽省文物考古研究所：《安徽含山凌家滩遗址第五次发掘的新发现》，《考古》2008年第3期）

我们看到的是墓穴里面随葬品的惊人，看不到的却是埋葬仪式的繁缛和奢华。试想，从死者生前的居所，到死后埋葬的墓地，这一路不管远近，有多少"表演"给生者观看的丧葬仪式都永远地消失了。就史前的大部分墓葬来说，我们看到的都只是埋葬之后永远封存给死者"享用"的那个部分，而这个部分，原本就不是准备给后人观看的。

就生死两界的分隔而言，时代越晚，生者和死者的距离也就越远。如果说商代晚期安阳殷墟宫殿区和王陵区中间只隔了一条洹河——只有2.5公里的距离——因此还不算远的话，那么秦汉以来的皇家陵墓，虽然都在首都周围，却也与皇宫隔开了相当的距离。远的不说，就说清东陵，远在北京东方的河北遵化县，距离北京市区约125公里；清西陵也远在北京西南的河北易县，距离北京市区约120公里。虽然不同地区的人类文化有其自身的特点，不能单纯以远近判定其中的含义，但生死两隔的用意却是相当一致。古埃及的帝王谷，中南美洲古代文明金字塔一样高峻的王陵，也无不包含着这种天人永隔、生死两茫茫的意味。

厚葬——"事死如事生"

有了随葬品，也许就可以说是有了"事死如事生"的意涵，如果不相信死后还存在另外一个世界，怎么会把死者生前的用品放入墓葬呢？又怎么会专门制作"冥器"甚至杀死动物"牺牲"甚至"人牲"随葬呢？所谓厚葬，也只是一个相对的概念。上述俄罗斯境内的宋格尔旧石器时代晚期墓葬，在当时的情况下，就是厚葬。但是从旧石器时代中期到新石器时代早期的居室葬，墓穴既小，墓坑又浅，死者多以蜷曲的姿态埋在墓底，身上又压盖着大石头块或石板，虽然有的已经有随葬品，不少还在尸体周围撒上代表生命的红色的赤铁矿粉末，但是对比新石器时代晚期以来的情况，这个时代的墓葬仍可谓非常简陋。捆绑死者尸体，既能节省挖掘墓穴的劳动，恐怕也是为了防止死者的灵魂叨扰生者；把大石块压在死者的尸体上，既要防止猛兽的侵袭，恐怕也有防止死者灵魂作祟的用意。其实，自从人类的自我意识发展到知道埋葬自己的亲人和同伴以来，他们对死者的态度就一直是矛盾的。既爱又怕大概是所有民族的共性。人类的墓葬因文化而千差万别，但建筑墓葬的宗旨也无外乎爱和怕。所以，对待死者的一切，都可以用爱和怕来解释：因爱而必须善待死者，因怕而必须讨好死者，且采取某种措施，把死者"控制"到不能"叨扰"生者的范围之内，所谓"事死如事生"，既是源自爱自己死去的亲人，更是为了保护自己和子孙不受死者灵魂的"侵害"。（陈星灿：《史前居室葬俗的研究》，《华夏考古》1989年第2期）

1976年发掘的安阳小屯五号墓，是商王武丁配偶之一的妇好墓。此墓虽然在规模上远逊于西北冈王陵区的大墓，但是却有棺有椁。墓中仅殉人就有16个，殉狗6只，随葬品多达1928件。玉器和货贝大部分放在墓主人贴身的部位，468件青铜器，则大多放在棺椁之间。这些器物成层地、有规则地置于木棺的四周。有一部分随葬品是在回填封土时，以数十厘米至二米的不同厚度，分六层埋入填土的，越接近椁室，每层放置的器物也就越多。青铜器中，仅礼器就有200多件，兵器共出130多件。玉器多达755件，还有绿晶、绿松石、孔雀石、玛瑙和水晶制品数十件。（中国社会科学院考古研究所编著：《殷墟妇好墓》，文物出版社，1980年）

如果说"事死如事生"就是把死者生前享用的一切搬到死后的话，那么商周时代的墓葬远不及秦汉甚至隋唐时代的墓葬来得直观。秦始皇陵自不必说，虽然陵墓本身还没有发掘，但是就目前所知地上地下的情况，也可以说秦始皇陵就是首都咸阳的某种翻版。我们还是看看那些没有经过盗掘，发掘记录又非常完好的西汉王陵吧。以公元前113年去世的中山王刘胜墓为例，这座开凿在河北满城县陵山上的洞室墓，墓门朝东，全长51.7米，最宽处37.5米，最高处6.8米；容积约2700立方米。全墓可分为墓道、甬道、南耳室、北耳室和后室等六部分。墓口以土坯封门。在甬道、南耳室、北耳室和中室，原来还建有瓦顶的木结构房屋，后因木料腐朽而倒塌。后室是在岩洞中用石板建成的石屋，有门道、主室和侧室三部分。环绕后室还开凿有一道回廊。墓内有排水设施。从器物的出土情况看，南北耳室是车房和马房，中室是厅堂，后室是象征卧室的内室，完全是对死者生前宫室宅院的模仿。除墓道外，各墓室都放置了大量随葬器物。甬道和南耳室共置实用车辆6部，马16匹、狗11只、鹿1只；北耳室出土大量陶器，原来分别装盛酒、粮食、鱼类等等；后室存放棺、椁以及许多贵重的器物，棺椁和尸体已经腐朽，但是刘胜所穿的"金缕玉衣"还保存完好。该墓旁边则是规模与之略相仿佛的另一座洞室墓，墓主是刘胜的妻子、中山王后窦绾。在这样一个奢华的地下世界，死者不仅可以像生前那样享受荣华富贵，而且也可以不必像商周以前的人们那样，死后只能局促在狭小的墓穴里，因为墓葬本身就是一个自足的世界。人们不仅想象死后的世界跟生前一样，也把生前的世界尽可能原样搬到了地下，墓葬就是现实生活的一个缩影。（中国社会科学院考古研究所：《满城汉墓发掘报告》，文物出版社，1980年；中国社会科学院考古研究所：《新中国的考古发现和研究》，方志出版社，2007年）

这种"事死如事生"的观念代代相传，而厚葬的传统，也一直流传到20世纪初叶。与史前时代略有不同的是，历史时代的墓葬，墓穴越挖越深，封土越堆越高，陵园越做越

大，墓室结构也越建越复杂，越来越接近现实的人间世界，
但是，人类对死者既爱又怕的矛盾心情并未有根本改变。深
埋不再是为了防止野兽对死者尸体的攻击，却是害怕敌人的
报复和盗墓贼的盗掘；厚葬是为了讨好死者，也是为了炫耀
自己的富足，更是为了给自己和子孙后代带来福祉，就此而
言，人类的墓葬虽然千差万别，埋葬死者的意图却没有根本
的改变。

　　（以《知生知死》为题刊于《中华遗产》2010年第3期，
本书发表的是原文）

风俗古今

二次葬的民族考古学观察

——河南偃师灰嘴村葬俗小记

二次葬是考古学上常见的一种现象。从史前时代到历史时期，二次葬屡见不鲜。所谓二次葬，即把已经埋葬或者已经某种葬仪处理的死者，重新埋葬，因为是二次埋葬，因此人骨架或者散乱或者缺失某些骨骼，与一次葬的人骨判然有别。为了说明问题，我随手引用几例考古上所见的二次葬。

第一例，郑州南关外北宋仁宗至和三年壁画墓：墓内共发现两架人骨，重叠放置。下面的一架较完整，头向西，仰身直肢。上面的一架人骨放置非常凌乱，头向西，发掘时看出头在下面人骨架的左侧。根据这种情况判断，上面的人骨是在下面的人埋好后二次迁葬的[1]。

第二例，登封箭沟北宋晚期壁画墓：发掘此墓时，封门砖尚好，墓室北部有骨架两副，头西，北侧为男性，二次葬（仅见大骨）；南侧为女性，一次

---

[1] 郑州市文物考古研究所编：《郑州宋金壁画墓》，科学出版社，2005年，第15页。

葬，头枕一绿釉瓷枕[1]。

　　这是比较明确的一次葬和二次葬的合葬墓。考古上还经常见到死者骨架凌乱或者缺失某些骨骼的现象，也不排除是二次埋葬。比如：

　　第一例，安徽蒙城尉迟寺大汶口文化墓葬M159，死者左上肢压在盆骨下，右上肢尺骨、桡骨缺失，面向左侧。墓主人为一年龄不详之男性[2]。

　　第二例，尉迟寺大汶口文化墓葬M195，人骨架一具，下肢骨部分缺失，极度屈折；上肢极度屈折，大臂和小臂紧贴在一起。经鉴定，墓主人12岁，性别不详。无随葬品[3]。

　　第三例，河南郑州大河村龙山文化M99，死者仰身直肢，下肢和左上肢伸直，右上肢压在头下。骨骼除部分脊椎骨和肋骨残缺外，其他骨骼保存较好。死者为壮年男性。无葬具，随葬蚌镰1枚，放置在头骨左下侧[4]。

　　第四例，大河村龙山文化M106，葬式为仰身屈肢

---

[1]　郑州市文物考古研究所编：《郑州宋金壁画墓》，第115～116页。

[2]　中国社会科学院考古研究所：《蒙城尉迟寺》，科学出版社，2001年，第218页。

[3]　同上书第243页。

[4]　河南省郑州市文物考古研究所：《郑州大河村》，科学出版社，2001年，第461页。

葬，头东，面向北。右尺骨和桡骨上折，手骨放在头骨一侧，左尺骨和桡骨上折放在肱骨内侧，盆骨及下肢骨残缺。死者为少年，性别不详。无葬具，随葬1件陶纺轮，放置在头骨右侧[1]。

由于年代久远，骨架扰动和骨骼缺失并不能都视为二次葬的结果，埋葬后动物和人为的扰动以及横死者和残疾人的墓葬等等，也可能留下类似二次葬的情况。但是仔细辨别，二次葬还是很容易发现的。至于仰韶文化发现的大量多人二次葬，更是考古学上经常被人讨论的问题，这里不再举例说明[2]。

因为心中装着这个问题，所以，当我们在河南偃师灰嘴发掘期间发现今天的偃师还存在二次葬的情况时，就做了比较详细的观察记录。现在按照葬礼的先后顺序，记录如下。

1.2005年11月19日，灰嘴村土葬一名为李长安的70岁老者，此人两天前遇车祸死亡，今天出殡。

2.18日李家即在大门外的公路边上搭建彩条布棚，下午开始奏乐；天黑之后继续奏乐，多为流行歌曲，一唢呐，一喇叭，一二胡，声音震天响。随后唱豫剧，听不懂唱的什么，据说非常脏，多是骂人话，说是村中老

[1] 河南省郑州市文物考古研究所：《郑州大河村》，第463页。

[2] 中国社会科学院考古研究所：《新中国的考古发现和研究》，方志出版社，2007年，第64～69页。北京大学历史系考古教研室：《元君庙仰韶墓地》，文物出版社，1983年。

人爱听脏话。约夜里十点乐队才散（图一）。

3.19日中午饭后出殡。先是乐队在门前唱戏，一中年女性，一年轻女性，一中年男性，在乐器伴奏下分别唱豫剧和曲剧，所唱都是劝善禁贪的老调。

4.死者最近的亲属披麻戴孝为死者送行。先是抬出两个长凳，是放棺材用的。然后把一个八仙桌从戏棚里抬出，放在凳前，放上四五个白碗，碗里有肉有菜，都是熟的。桌上放纸扎的楼房，房前放死者遗像；桌下是一个粗糙的食品罐，罐里放柏枝、葱、青菜和豆腐等物，是准备放在墓里的（图二）。

5.戴深度近视眼镜的一位老先生作司仪，主持祭奠仪式，亲属跪在供桌前的大路上，行礼如仪（图三）。

6.棺材外面套着一个大红棺罩，上面绣着龙和其他图案，镶着闪亮的镜子碎片，很是漂亮。我初以为这是租用的，最后才知道是专为死者用的，下葬后并不取回（图四）。

7.行礼如仪后，起棺抬往墓地，孝子们（三男三女）领头，棺材紧随其后。孝子们穿全白的衣帽，鞋子也缀上白布，身上扎麻绳，头上的白布悬在身后，颇有古风。孝衣样式男女不同，都是用白细布做的，

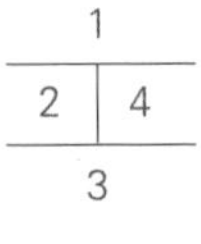

1
2 | 4
3

图一　门前奏乐

图二　供桌上放置纸扎的楼房

图三　大门外灵行礼如仪

图四　棺与大红棺罩（陈星灿 摄）

针脚外翻，很不讲究（图五）。

8. 抬棺人8个，前后各四，人已火化，但是棺材仍重。向南地势渐高，接近坟地曾放在两条抬来的板凳上休息一次（图六）。

9. 原来李家的坟地在村南铁路配件厂东，不知何因，死者的妻子12年前去世后埋在南面火焰岗下的一个东西向的黄土坎下。今天死者妻子的坟被打开，取出骨架后重新穿衣，装在一个长方形的小木棺里和丈夫合葬。

10. 我跟至山前，接近坟地处，见有人把死者妻子的棺木抬上，跟在送葬队伍的后面抬至墓地。棺上披一红地白花的线毯，她的遗像也被拿到墓地（图七）。

11. 到墓地后仪式很简单，司仪基本不允许哭泣。把两口棺材放到墓穴前的四条长凳后，死者的儿女进入墓穴为父母扫地，此时也没有哭泣声。墓挖得很深，深约三米，东西向，西端大，东端小，西端底部向西开挖墓穴，是所谓洞室墓。墓挖在生黄土上，土色很黄，很纯（图八）。

12. 棺材前放置死者的神位，上写"已故李公讳系丙子相寿终享受七十岁之魂帛"，读不通，大概至少有两三个错别字。写在白纸上，白纸糊在一个长约70厘米的木板上，木牌插在两个白馒头上。另外一个用黄纸写的是死者之妻的牌位，比死者的小而宽，也是纸糊的，可能用白黄两种颜色表示新死和旧死的不同（图九）。

图九　夫妻的牌位插在丈夫棺前的馒头上（陈星灿　摄）

13. 儿子抱着父母的遗像，女儿口中只喊娘呀娘呀，可能是习惯之故。

14. 先下死者李长安的棺材，随后下死者妻子的棺材，后者放在李长安的右侧，因为男左女右之故。棺材放下的时候，不能喊在场人员的名字，虽然需要大家的合作，但也只能喊你我他，显然是害怕死者的灵魂作祟。

15. 棺材入洞后，把一个画有红色的类似道符一样的蓝砖和蓝瓦放在洞口，还有四个白色的布包，里面据说放的是朱砂和粮食，也放在洞口不同的位置上，司仪在上面指挥，但是好像也没有完全按照他的吩咐做。洞口还放有蜡烛、食品罐和一个长约20厘米的弓箭，死者夫妇的牌位也放在洞口。死者头西脚东，所有放在洞口的东西，都是在死者脚部（图十）。

16.随葬品放入后，死者的一个儿子下去再巡视一遍，然后把两个长方形的石灰板吊下去，下面有个男人接着，把它们放在洞口，一边一个，很像农民家中的大门，男人把它们安放好后，为了防止石板向后倒塌，又用木棍支住，才开始下土（图十一）。

17.下土前儿孙们围绕墓口先逆时针走三圈，边走边用哀杖向里面拨土，有的人手里拿着馒头，向里扔馒头块，不知何意；然后又顺时针走几圈，也做同样的动作，最后扬长而去，只剩下埋葬的人（图十二）。

$$\frac{10}{12}\Bigg| 11$$

图十　放置随葬品

图十一　用石灰板封门

图十二　亲属向墓里扔馍扫土（陈星灿　摄）

18. 埋人的每只铁锹上都绑着白布条，大约16人花费了约20分钟才把墓填平，差不多填平的时候，有一个人把指头粗大小的柳枝（上糊很多纸花）插在中间靠西的地方，有人喊太深了，于是在坟头起来的时候，上去一人把这个所谓的幡往上拔出，目的是不让柳条存活。据说往外拔要从背后拔，否则会腰疼，但是说这话的时候，幡已经拔高了，拔的人也不以为然（图十三）。

19. 坟头起来的时候，有人把纸楼、金山、摇钱树等集中在坟前火化，有人还用铁锹砸这个火化物，以求速朽（图十四）。花圈则树立在坟头，两个花圈之间是一个老盆，底部钻了9个圆孔，很规则，盆边上包了金黄色的纸，倒扣在坟头上，据说要等回避的家属来了，由长子把它击碎（图十五）。

20. 五碗供品（西红柿、莲菜、豆腐、红烧肉和另外一碗叫不出名字的肉）没有随葬，给那个放置随葬品的人拿回家去（图十六）。

21. 死者的亲属躲在100米开外的另外一个台地下烤火，据说他们回来不能跟干活的人见面，原因不明。回来应该是所谓"服三"以后的事情，也就是三天以后才能回来，但是现在程序简化了，当天就能回坟（图十七）。

22. 我和另外一个姓张的村民顺路看了看死者妻子的原墓穴，回来正好跟死者的亲属见面，他赶紧说我们不能见面的，于是亲属们就躲在一边，没有同我们

直接照面。

23. 死者妻子的墓室利用一个高约1.5米的台地，墓很浅，墓口的石板随便躺在地上，洞穴内一片狼藉。我没有看到打开墓穴的场面，据说是把棺材劈开，骨架拉出，然后还要为她象征性地穿上衣服，然后才装到木棺里。因为是二次葬，所以一切都简化了。她的原墓是否填埋，据说要由这块土地的所有者来处理，死者家属不用费心，但是费用需死者家属负担（图十八）。

24. 坟地是一个高台地，西面类似圈椅，东面是一个东北方向的冲沟，看起来十分符合古代的风水理论，据说这确也是风水先生看好的（图十九）。

李长安的妻子，12年前去世，临时埋在一个土坎下，也是洞室墓。如果千百年后考古发现李长安和他妻子的合葬墓，可以很容易地发现，一个是一次葬，一个是二次葬。因为李妻的骨架，从原来的棺材中抬出，已经部分散架，所谓穿衣，也不过是盖上衣服而已，二次葬后的棺材里，不仅骨架错位，很可能某些骨骼也是缺失的。如果考古发现李妻原来埋葬的墓穴，则会发现原来的部分葬品和可能缺失的部分骨骼，这与我们考古经常发现的所谓"空墓"或者只有随葬品而无人骨架的情况若合符节。

李家要把新坟迁到村南高地，所以才把12年前去世的李长安的妻子临时埋葬在家族墓地之外的地方，等李长安去世，又一并埋在新的家族墓地。这便是李长安的一次葬和他

<table>
</table>

17	图十七　埋葬后死者家属躲在百米开外的地方

17 / 19 ┃ 18

图十七　埋葬后死者家属躲在百米开外的地方

图十八　死者妻子的旧墓穴一片狼藉

图十九　背靠高台的墓葬（陈星灿　摄）

妻子二次葬的由来。这个一次葬和二次葬的合葬，为我们理解古代的二次葬提供了一个现代案例，不过这个案例的关键在于埋葬过程，至于古代二次葬背后的动机，因为文化不同，恐怕只能根据考古材料和历史文献做具体分析。另外，考察灰嘴的这个现代案例，使我们对中原农村葬俗的古老渊源，也有更加深切的体会。比如坟上插柳，食品罐里插柏枝，送到坟地的纸楼房、摇钱树以及随葬的弓箭等等[1]，这些在古代文献中并不鲜见的葬俗，还能活灵活现地展现在我们的眼前。另外，下葬的过程中，把馒头块扔到填土中，也能帮助我们了解某些古代墓葬填土中出现破碎陶器或者殉狗等的用意[2]。正是从这个意义上说，针对考古学问题的民族考古调查在我国还是一项大有可为的事情，努力去做，定会有很多新的收获。

（原刊西南大学历史地理研究所编《中国人文田野》第三辑，巴蜀书社，2009年）

---

[1] 比如唐代段成式的《酉阳杂俎》卷十三（杜聪校点，齐鲁书社，2007年，第82～87页）所述葬俗就有不少跟我们在灰嘴所见若合符节。

[2] 比如安阳殷墟花园庄东地商代葬M54填土中，既出土一个破碎的陶鬲，还出土2个人头骨和9条殉狗，有些狗肢体不全，显然是处死后扔到坑里的。见中国社会科学院考古研究所《安阳殷墟花园庄东地商代墓葬》，科学出版社，2007年，第77～82页。

商代晚期黄河以北地区的犀牛和水牛

——从甲骨文中的累和兕字谈起

[法] 雷焕章 (Jean A. Lefeuvre) 著

陈星灿 译

商代甲骨文中的累，常被写定为兕或累，迄今为止，众多一流专家对它的解释是见仁见智。某些最常见的解释是：犀牛、牛一样的独角兕、兕属的牛、兕（没有解释）、让人垂涎的特殊猎物、中原地区的一种野生动物等等。本文试图就此问题再作探讨。

主要观点

罗振玉把累释为"马"[1]。王襄[2]和商承祚[3]也把它释为马一类的动物。叶玉森开始把它释为"犀牛"[4]。但是一个新发现引起激烈的争论。1929年11月28日，在中央研究院的第三次殷墟发掘中，在小屯东北地张学献家的田地上发现的大连坑（横十三，丙北支，二北支）中，出土了一个大型动物的头骨。头骨很大，包括从额骨顶部到鼻尖的整个额骨

[1] 罗振玉：《增订殷虚书契考释》，台北，1969年，第29页。
[2] 王襄：《簠室殷契类纂》，天津，1920年。
[3] 商承祚：《殷墟文字类编》，1923年。
[4] 叶玉森：《殷契钩沈》，北平，1929年，第8页。

部分，是一个大型动物的头骨。骨头上竖刻两行文字，但是头骨本身不加修整，也不是占卜用的。商人有时候会把特别有名的战利品保存下来并在上面留下记录。某些战利品是从被战败敌人的头骨上取下的头骨片，在上面刻辞纪念（见《前编》图3，《综述》图版13－4，《京津》5281，《综述》13－1）。还有的是在狩猎活动中获得的战利品，即在某种稀罕猎物的头骨上刻字留念。

在这个大型动物的头骨被发现的同时，在距它几米远的地方还发现了另外一件狩猎的战利品。这是一个鹿头骨，上面有刻辞（《甲编》3941）。在第四次发掘中，在大约100米外的乙21坑（根据1976年4月19日与屈万里的通信），又发现一件狩猎战利品。这是一个带角的鹿头骨，上面也有刻辞（《甲编》940）。

1930年，董作宾把这个大型头骨给德日进鉴定，德氏发现头骨内侧有一排牙齿，认定是牛牙（bovine teeth）。

董作宾注意到，头骨刻辞中有获白﹖——"我们抓住一头白﹖"的记录。他认为这是一头白色的野生动物，头上有一角，因此认定这是一只独角兽。为了迎合德日进的鉴定意见，董氏试图证明独角兽属于牛科动物（species of the bovidae）。他为此搜集了中东、波斯、中亚和华北地区有关独角兽的所有相关材料[1]。不久，方国瑜在《师大国学丛刊》上（1－2，1931年）发表《〈获白麟解〉质疑》一文，

---

[1] 董作宾：《获白麟解》，《安阳发掘报告》2（北平，1930年）。

认为甲骨文中的兕与西方的Rimu和中国的独角兽（麟）不相干。在商代的甲骨文中，兕和马都有一样的尾巴。独角可能只是笔画的省略。方的结论使我们只能说兕是中原本地的一种野生动物。

在《史学年报》（第4卷，第119～121页，1932年）上，唐兰发表了一篇名为《获白兕考》的文章。在他看来，甲骨文中的兕，和《说文》的㲉字、篆书的兕都可以释为《尔雅》的兕或㹇字。根据《尔雅》郭璞注和刘欣期的《交州记》，它是一种独角的野兽，色青，体大而重。唐兰还引用韩婴（《韩诗外传·诗经卷耳》）的话，"如果有人用兕角做成酒杯，能够容纳五升酒"（《诗疏》引《韩诗》载："兕觥，以兕角为之，容五升。"）。根据这个说法，唐兰认为兕角很大，与甲骨文所见形象极为吻合。

叶玉森在《殷虚书契前编集释》（上海，1934年）中，对《前编》2-5-7的解释，不再坚持兕是犀牛的说法（见《殷契钩沈》）。因为甲骨文兕的尾巴与马的尾巴的写法一样，他认为这是一匹体形巨大的独角野马。也许与《尔雅》中记录的长着弧齿且以虎豹为食的駮（駮如马，倨牙，食虎豹）相似。但是，独角也可能只是笔画的省略，不过是用一角代表两角而已。至于在大兽头上发现牛的牙齿，他认为刻辞并不一定刻在它提到的动物上面。

郭沫若《卜辞通纂考释》（东京，1933年）对第577片的考释，接受了唐兰的意见，把兕释为㹇。一般说来，兕是灰色（青）的，但有些却是白色的，如果真是如此，倒是值得记录。

商承祚在《福氏所藏甲骨文字考释》（南京，1933年）中，根据某些金文的特征，把兕释为彖，但是在他的《殷契佚存》（南京，1933年）序里，他又把它转写为兕。

许多学者没有注意到著名古生物学家裴文中的意见。在1934年3月18日和25日的《世界日报》上，裴氏发表了《跋董作宾〈获白麟解〉》的文章。他抛弃了神话中的独角兽和骏的说法，根据牙齿和头骨的形状，他断定大兽头是一种牛属的（bovid species）野生动物。

董作宾在《殷历谱》（卷2，1945年）接受唐兰的意见，把兕释为兕。

丁骕在《契文兽类及兽形字释》里，把兕转写为兕[1]。在他看来，这不是一只犀牛：犀牛的角竖立在鼻子上，但在甲骨文兕及其各种变体上，角都位于额骨的顶端且向后弯曲。在甲骨文中，角的体形巨大，与某些古代文献所言人们用来喝酒的兽角非常吻合。但是，要适合做酒杯的话，角必须是中空的。因此它不应该是实心的犀牛角，而应该是牛角。丁骕认为这是在殷墟发现的一种称为Bos exiguous Matsumoto的角。根据他的说法，水牛是家养动物，牛才是用作食物和祭品的野生动物。

李孝定在《甲骨文字集释》（台北，1965年，第3021页），多少接受了唐兰的意见，但是他补充说兕（《京津》1913）与《说文》中的兕字极为相似。他觉得这种动物有两

---

[1] 丁骕：《契文兽类及兽形字释》，《中国文字》21（1966年9月），第28页；《中国文字》22（1966年12月），第31页；见第21期。

只角，“前面的一只大而又长，后面的一只小而短”。因此，他似乎倾向于认为这是一种犀牛，但他没有挑明。最后，根据《说文》他把它转写为舄，解释为“一种动物的名字”。

大多数学者最后都接受了唐兰的意见，把𤉡转写为兕或䝘（《康熙字典》认为舄字是抄写者把𠣞误写成㓚的结果，因此，兕或䝘是正确的写法）。唐兰的主要论据有两个。其一是甲骨文的𤉡与篆书𤉡字很相似，其二是根据某些古代文献，兕本就是一个独角的体形巨大的野生动物的名字。

因此，目前大家同意把𤉡转写为兕或䝘，但是解释却不尽一致。有人认为它是独角兽，是“犀牛”。有人则认同古生物学家的意见，认为是一种野牛。本文将检讨甲骨文的相关材料和古生物学家的鉴定意见，还要检讨后代文献中有关兕的记载，看看能否澄清这个问题。

《甲编》3939

通过几位学者的努力，对大兽头上的刻辞的理解有了进步。屈万里根据《甲编》2416，在刻辞的末尾加了一个𡉚。这是盂方伯的名字。根据和《甲编》3940、3941及其他文献的比较，我们认为田（“去狩猎”）字必须加在这段文字的前面。因此，我们把整个刻辞（甲编3939）翻译如下：

> 在𨾴山脚狩猎，我们抓到白兕，并在X地举行了树祭。《合集》37398
>
> 第二月，（因为）是王的第十个祭日，我们举行

了肜祭，王来攻击盂方伯（☰）。（☒邢金录，隻白㲋，叙邢☒。在二月，隹王十祀·多日，王来正㥃方白☒。）

这个大头骨不是占卜用骨，刻辞也非卜辞。我们很容易把它定为帝辛时代的遗物，因为在帝辛时曾出征盂方的族长。在这次军事行动中，商王狩猎并祭献牺牲，祈望事事顺利。在一次狩猎中，他们猎到一头白㲋，这对他们来说是一个吉兆。

㲋及其考释

在《佚存》427中，也有这样一段刻辞，说"我们捉到一头白㲋"（获白㲋）。在《佚存》518中，还有"获商敫㲋"这样一段刻辞。对它的解释值得在此讨论。商承祚把商释为赏，把敫解释为"黄色"[1]。陈梦家引用这段文字并解释敫为犆的借词，认为它是表示牛的一种特殊颜色的专用词汇（《综述》第240页）。许进雄在他的《明义士藏商代甲骨集》（第二卷，正文）中，两次把敫说成敫牛。开始他认为敫是灰黑色（片1784），后来又释为赤色（片2539）。岛邦男认为与颜色无涉，他把敫释为膗，大脔，意为切下牛肉以为祭品[2]。根据这个解释，"获商敫㲋"可以这样翻译：

[1] 商承祚：《殷契佚存考释》（南京，1933年），518。

[2] 岛邦男：《殷墟卜辞研究》，日本版（1958年），第271页；中国版，第269页。

"我们在商猎到一头兕（适合）切肉"或"我们猎到一头大兕（适合）切肉。"无论如何，都与牛有关，在商甲骨文中，在㞷之后，都跟一个动物的名字，这个动物总是牛。如果兕是一个牛科动物，也不应该有例外。

在《前编》2－5－7中，有所谓大兕的问题。由此，我们至少知道有时候兕是一种大型动物，但到底有多大，却没有多少帮助。

有关狩猎的卜辞

通常情况下，在商甲骨文中，兕出现在关于狩猎的卜辞中。胡厚宣注意到卜辞中猎兕的不同动词[1]。如果我们知道用来描述狩猎兕的不同词汇，我们也许就能够知道兕大概是一种什么动物。通过岛邦男（《综类》81－1、222－1到223－3）一书的帮助，我们能够做一次更系统的考察（即便随着新材料的刊布这种考察是不完整的）。下面就是有关狩猎词汇出现的情况：

获，44次；用网捉（㞷、鞏），21次；追赶（逐），15次；射，13次；赶到河里（涉），4次；赶到包围圈里（宒、窚），4次；狩，3次；使之落到陷阱（？）（壅），2次（陈梦家注意到壅通常指夯土，但又指出在帝乙、帝辛时期，是一种狩猎方式，见《综述》第538页）；抓（执），1次；围

---

[1]　胡厚宣：《卜辞中所见之殷代农业》，见氏著《甲骨学商史论丛二集》，成都，1945年，第44～47页。

（？）（㘾，围？），1次。

上述许多狩猎词汇可用来表示狩猎不同动物，这些卜辞通常很短，无助于我们对动物种类做出判断。但是，其中的一条信息引起了我们的注意。卜辞中用弓箭射杀动物（射）出现过13次。如果兕是犀牛，那怎么可能呢？因为即便今天用普通枪也难以射杀一头犀牛。但是，如果兕是一头白牛，用箭射杀它是可以的。把动物赶进河里（涉）出现过4次。这四段刻辞出现在同一件腹甲上（《甲编》3916）。屈万里把"涉"解释为"跋涉，涉过河"，而兕是一个动词，即"猎兕"。但是，在商甲骨文中，兕从来不作为动词使用。涉很可能有时候表示一种狩猎兕的手段。野兕是一种凶猛动物，但是一旦把它逐到河里，就很容易捉到它。如果这种动物是野水牛，这好像是很好的办法。

不单分析各种不同的狩猎方式，同时还要关注被狩动物的数量也许是有用的。比如在一次田猎中，获得40头兕（《续编》3－44－8），还有的猎到12头（《佚存》350）或11头（《丙编》102－1；《明》20）。犀牛不成群活动，因此很难一次获得如此众多的犀牛。相反，如果兕是野牛，就极有这种可能。

牺　牲

在占卜所用的牺牲中，有几次提及兕；其中4次用于穰祭（《综类》223－1），3次鼎祭（《综类》223－1），2次㘫祭（《综类》222－4，223－2）。因此，兕是可以奉献给祖先的珍贵牺牲。有时候还提到祖先的名字，比如祖丁、父丁（《宁沪》1－93）。

字　形

大量字形有很大变化的字，因为有一只角，从而被转写为㺊。下面根据年代讨论其中的某些字形。

某些字形变化代表不同程度的笔画省略，比如，身体被侧面轮廓甚至一条曲线取代。但是基本因素并无不同。注意到下面的事实很重要：角从没立在鼻子的顶端，却总是从头后伸出来。还有，角从来也不是竖立的，却呈弧线向外延伸，角上通常还能看到纹理。如果这个字形代表水牛，这些特征极为吻合。在《萃编》941刻辞中，有一个字形并不完全表现轮廓，两角不上翘却从前面向外呈弧形延伸。丁骕认为这一定就是水牛[1]。

商人对这种动物印象深刻，不仅由于它有大角，也还可能因为它的嘴形。在多数情况下，字形的顶端代表大嘴。有时候，用一条线表示上下颌之间的区分。有时候，嘴是张开的，上下颌不应被看成是两只角，因为另有一只角且总是从头后伸出来（见《甲编》3916-10？）。这很可能表示一头正在咆哮的猛兽，作为文字可能就是："猛"

[1]　丁骕：《契文兽类及兽形字释》，《中国文字》21（1966年9月），第28页；《中国文字》22（1966年12月），第31页；见第21期。

兽。在《京津》1913片刻辞上，有⿰字这样一个字形，上半部与《甲编》3916-10的变体略同，可能表现张开的上下颌骨，却没有刻划角。因此不很确定这是否同一个字形，是否代表同一种动物。

多数情况下，这种动物的尾端用一撮毛发表示。但是犀牛的尾端是没有毛发的。这种尾巴的特征正与牛的吻合。

在甲骨文中，⿰和⿰是两个不同的字。这意味着其时既有家牛也有野牛。也许对于必须在狩猎中获得的野兽，他们用整个动物的象形表示，而某些家畜他们则只用它们的头部象形表示。比如通常出现在数字后面的⿰和⿰，可能最先作为文字而出现，后来才用来表示某种分类。

武丁时期

粹编	邺初	续编	乙编	乙编
941	1-38-12	3-43-5	8672	8672

戬寿	乙编	粹编	丙编	乙编
41-3	8049	939	86-10	764

祖庚，祖甲时期

文　录
68-724

前　编
3-31-1

后　编
1-30-10

遗　珠
593

康丁时期

甲　编
3916-8

摭　续
133

甲　编
1915

后　编
2-38-5

外　编
54

甲　编
3914

甲　编
2026

佚　存
265

续　编
6-20-11

甲　编
1633

武乙，文武丁时期

甲编
840

人文
2359

甲编
620

宁沪
1-193

帝乙，帝辛时期

佚存
518

续编
3-44-8

续编
3-44-9

佚存
427

甲编
3939

续编
3-24-5

粹编
940

京津
5321

前编
2-5-7

续编
3-28-5

石牛（5号墓）
《考古》，1977年第3期，第152页。

牛方鼎

甲 编 3916-10

音韵学分析

据高本汉[1]，牛、犀和兕在上古和古代汉语的读音分别如下：

牛	*ngiŭg	ngiə̯u	(998a)
犀	*siər	siei	(596a)
兕	*dzi̯ər	zi:	(556a)

从音韵学的角度看，兕与牛没有关系，反而和犀很接近。兕和屮的字形也不相同。古人不会根据现代动物学的分类原则给动物分类，他们的分类当依据他们在野外面对这种动物的实际经验。对他们而言，兕是与犀同样的凶猛野兽：它们是不同种类的野牛。商代晚期，如果有犀牛存在于小屯地区，那也是非常罕见的（见下的古生物学分析），我们不知道商代的甲骨文中是否有一个特殊的词汇表示"犀牛"。音韵学分析只是有助于我们理解后来的兕和犀都不是家养动物而是野兽。

牛方鼎

在1934年9月到1936年12月的小屯发掘中，侯家庄HPKM1004号墓出土了一件牛方鼎。鼎的四面和四足上饰有

---

[1]   Bernhard Karlgren, *Grammata Serica Recensa (repr. From BMFEA* 29, 1957).

牛头。鼎内底部有一个阴刻的象形符号，看起来像牛。它很可能是作为族徽使用的。

象形文字显示这种动物的侧影。其头后有一个大角，呈弧形向后延伸。角根粗大，角上有粗壮的纹理。这很可能是水牛的角。

吻部很大，嘴大张。这与《甲编》3916-8和3916-10上的字形很近似。另外一个出现在《甲编》2026上的字形必须和牛方鼎上的字加以比较。它们都有一只大角，一个大眼睛。如果牛方鼎底部的字形是一个族徽，一个名字，或者一个"字"，那也许不应该像看图画一样横着看它，它很可能必须竖着看，这样它与《甲编》3916-10字形的形似性就非常显著了（我想在这里感谢Noel Barnard教授，他为我精心复制了牛方鼎的照片和拓片）。

在1976年春天的小屯发掘中，5号墓（即妇好墓）出土了一件石牛（长约25毫米）[1]。根据角的形状和纹理来看，很清楚它是一头水牛。吻部大而突出。甲骨文中兕的某些字形，角呈弧形向后伸展而不竖立，吻部大且呈方形，与此有很多共同之处。

大兽头骨

在法国国家自然历史博物馆古生物学部主任Léonard

---

[1]　《殷墟考古发掘的又一重要新收获》，《考古》1977年第3期，第151～153页。

Ginsburg的指导下，Sauveur d'Assignies先生在巴黎工作多年，从事古生物学研究。1979年，d'Assignies先生陪我访问南港的"中央研究院"，得以近距离观察大兽头骨。他画了图也做了测量。1980年7月初，d'Assignies先生、Ginsburg教授和我在巴黎的法国国家自然历史博物馆会面，讨论大兽头骨的归属问题。两位专家都完全赞成德日进和裴文中的意见：牙齿（我有照片）和骨头肯定是牛的。后来，通过照片和线图，他们还和馆藏的所有其他牛和水牛的头骨加以比较，结果是：大兽头骨是水牛的。牛的两角根部位于额骨较高的位置，而水牛的则较低。另外，牛的两角根分得很开，水牛的则很近。就大兽头骨而言，角根部的位置很低，角根中部的凸起距离额骨中缝仅5.5厘米。对两位古生物学家而言，大兽头骨是水牛的头骨。小屯出土的所有水牛都属于圣水牛（*Bubalus mephistopheles* Hopwood），但是巴黎没有这种水牛的标本，因此也说不上更多的话。

古生物学

在这篇短文里，不可能展开讨论古生物学有关中国的犀牛、牛和水牛的问题。我们只是根据《中国古生物志》和《古脊椎动物学报》，简单报告我们已知的全新世和历史时代初期华北动物群的情况。犀牛曾在浙江和长江中游地区出土，但是小屯之外的长江以北地区，只在河南淅川下王岗遗址发现过。在该遗址的仰韶文化地层中，曾发现过苏门犀

（*Rhinoceros sumatrensis*）的骸骨[1]。因此河南的这几块犀牛骨远在晚商之前约2500～3000年前。就小屯而言，在德日进和杨钟健的《安阳殷墟之哺乳动物群》（《中国古生物志》丙种，第12号，第1册，1936年6月出版）中并未列出犀牛。后来，杨钟健和刘东生在他们更加全面的新报告《安阳殷墟之哺乳动物群补遗》（《中国考古学报》第四册，1949年，第149～150页）里，才指出发现了两块犀牛的指骨。第一块是左第三脚掌骨，另一块是一下端已断去之掌骨，可能为第二手掌骨。不幸的是，由于没有发现牙齿和头骨，难以鉴定种属。石璋如在他的《河南安阳小屯殷墓中的动物遗骸》（《文史哲学报》第3期，台北，1953年，第1～14页）中说，"貘与犀牛在发掘时未曾注意其出土地"（第5页）。因此，我们不能判断犀牛骨究竟是出自仰韶、龙山还是小屯文化层。

不管如何，犀牛只有两块跗骨被发现，而水牛却多达一千多个个体。在二三千年之后，河南南部的犀牛还生活在黄河以北地区吗？还是这些犀牛跗骨只是从南方带来的珍贵礼物？我们无从知道。但是，商人能够大量狩猎麋（一次多达40头），这不可能是犀牛。

在全新世初期的华北地区，原始牛（*Bos primigenius* Bojanus）跟其他许多动物一起消失了。但是，在整个中国，不能确定种的牛（*Bovinae* indet.）随处可见。这里无

---

[1]　Zhou Benxiong 周本雄，"The Fossil Rhinocerotides of Locality 1, Choukoutien," *Vertebrata PalAsiatica* 17.3 (July 1979), p. 254.

法罗列出土地点。但是，应该注意到，牛的驯化也许早在仰韶时期就已经开始了[1]。所有在小屯发现的牛都属于*Bos exiguus* Matsumoto（东北野牛）种，现在已经灭绝了。它们的数量不是很多，只有百多个个体。很可能它们中的一部分是圈养的，但是肯定也还有野牛在森林里游荡。知道下面的情况很重要：在祭祀坑中埋葬的牛骨，如果是完整的骨架，一定是牛（oxen）而非水牛（bufflalo）[2]。对某些牺牲而言，如果是要埋掉的整个动物，商人总是选择牛。

在全新世初期，王氏水牛（*Bubalus wansjocki*）灭绝，新水牛发展起来，圣水牛就是这样一个新种。其时在华北湿热的气候环境下，茂密的植被得以发展。在河北三河，就发现了这个时期的圣水牛[3]。在陕西蓝田，水牛（*Bubalus* sp.）也曾在全新世地层中发现[4]。陕西西安附近的客省庄，在龙山文化地层中也曾发现水牛（*Bubalus* sp.）的遗骨。张光直认为它们都已是家养动物[5]。在小屯，水牛的遗骨众多，数量过千，均属于目前已经灭绝的圣水牛（*Bubalus*

[1] Chang Kwang-chih（张光直），*The Archaeology of Ancient China* (3rd ed., New Haven, 1977), p.95.

[2] 石璋如：《河南安阳小屯殷墓中的动物遗骸》，《文史哲学报》第3期，台北，1953年，第7~9页。

[3] Chang Kwang-chih（张光直），*The Archaeology of Ancient China*, p.33.

[4] 黄万波、张玉萍：《陕西蓝田地区第四纪哺乳动物化石地点》，《古脊椎动物学报》10卷1期（1966年2月），第42页。

[5] Chang Kwang-chih（张光直），*The Archaeology of Ancient China*, p.174-175.

mephistopheles Hopwood）。像我们已知的那样，圣水牛从全新世初期开始就出现在华北地区。在埋葬整牲的祭祀坑中不见水牛，但是就其他祭祀而言，牺牲在烧、煮之前被肢解，这种情况下，水牛肉很可能被使用[1]。因为小屯的水牛如此众多，许多可能是家养的，但是在森林、河流附近和沼泽地区，野水牛可能还在游荡。许进雄认为这些是野水牛，但是某些可能已经驯化。[2]野水牛是暴躁危险的动物，抓它很难，因此猎到水牛是特别值得炫耀的事情。

从卜辞可知，商人经常狩猎兕。如果兕是野水牛，这种动物的遗骸应该很多，事实也确是如此。用箭射杀野水牛并非难事，一次狩猎杀掉40头野水牛也非不可能。水牛的肉可能用于某些祭祀。最要紧的是，古生物学家认为大兽头骨是水牛的头骨。这个头骨不是为占卜准备的，属记事刻辞。如同在附近发现的鹿头骨一样，它也是一件狩猎战利品。绝大多数水牛是灰色的，但是有时候水牛生下来毛发和皮肤就没有颜色，看起来完全是白色的。即使现在这种情况也不罕见。这由所谓的白化病所致。在狩猎中抓获一只野生的白水牛是可能的，虽然并非平常之事。商人觉得这样一件了不起的事情值得记录下来，还把它当成一个吉兆。他们通常用整个动物᭥的侧面轮廓表示猎物的字形，但是对于用于祭祀的牺牲，他们则用头的正面ᛃ象形表示。

---

[1]　见Keightley, *Sources of Shang History*, p. 11, n. 37.

[2]　Hsu Chin-hsiung, *The Menzies Collection*, Vol. II: *The Text.* Commentary of fragment 2025.

兕、𠊸和甲骨文𠊸

学者都用兕或𠊸字转写𠊸。这是唐兰根据字形相近得出的结论。转写大致无误，但是有一点必须说清楚。甲骨文𠊸的上端垂直向上突起的部分，是方形的嘴或者张开的上下颌，而角则从头后开始向斜下方延伸（《甲编》3916-10𠊸）。从字形来看，兕或𠊸字是演化的结果。后代的人也许把字的上部看成是两角的象形，但是在进化的初期阶段，它很可能还是如甲骨文𠊸顶部所表示的那样是一个张开的大嘴。

不管字形的演变发生了什么，检讨一下兕或𠊸在古代文献是如何使用的，看看它在多大程度上与它在甲骨文中的用法接近，还是很重要的。

先秦文献中的兕或𠊸

先秦文献中的兕字出现在两三个青铜器的器名中，比如兕父癸鼎。但不幸的是，兕字本身不见于铭文。这个青铜器只有一个动物的象形，兕是青铜铭文的著录者用来代表这个动物象形的文字[1]。

有意思的是，在这几个铭文中，动物的前面总是站着一

---

[1]　阮元：《积古斋钟鼎彝器款识》，卷一，第5页。

个持弓的人。

最要紧的是检讨兕字本身在文献中的应用。为了更好地按照时代变化研究兕字的变迁历史，必须把原文和后来的注疏分别开来。

《诗经》

《小雅·吉日》："我们拉开弓，我们挂上箭，……我们杀死大犀牛，为了宴宾客……[1]"（既张我弓，既挟我矢。……，殪此大兕。以御宾客，……）

用箭射杀一头犀牛是不太可能的。相反，如果它是一头野牛，就成为可能之事，野牛的肉对于宾客来说大概是一种美味。

《小雅·何草不黃》："我们不是犀牛，我们不是老虎……[2]"（匪兕匪虎，……）

把兕和老虎并举，因为它们同样危险。有经验的猎手知道得很清楚，野牛特别是野水牛是凶猛好斗的野兽。

《国风》之《卷耳》《七月》，《小雅》之《桑扈》，《鲁颂》之《丝衣》都提及"兕觥"。犀牛的角不像牛角那样是空心的[3]，因此不能当成酒杯。水牛角长而弯曲，容量很大，与《桑扈》下面的叙述吻合："兕觥弯又长……[4]"（兕觥其觩，……）

[1]　Bernhard Karlgren，*The Book of Odes* (Stockholm, 1950), p.124.

[2]　Bernhard Karlgren，*The Book of Odes* (Stockholm, 1950), p.185.

[3]　丁骕：《契文兽类及兽形字释》，《中国文字》21，注6。

[4]　Bernhard Karlgren，*The Book of Odes* (Stockholm, 1950), p.168.

《论语·季氏》："（当）老虎（或）兕从笼子里窜出来……"（虎兕出于柙……）在这里，兕被认为是像老虎一样的猛兽。

《墨子·明鬼下》："他能把兕和老虎活活撕开……"（生列兕虎……）兕和老虎是同样凶猛的野兽。

《墨子·公输》："荆占据了云梦泽，云梦泽里充满了犀牛、兕和鹿……"（荆有云梦，犀兕麋鹿满之……）

在这段有关云梦动物的描写里，兕与犀牛及各种不同的鹿是明显分开的。也许它是一种野牛。

《道德经》之《贵生》把虎与兕并举，但是又说："兕找不到地方插它的角……"（兕无所投其角，虎无所措其爪……）。说得很清楚，兕是靠角攻击的。

《庄子·秋水》《荀子·礼论篇》《韩非子·解老》也间接提到兕。《荀子·议兵篇》还说到犀牛和兕的皮可以做成铠甲（楚人鲛革犀兕以为甲……）。

《周礼》之《冬官》《考工记》《函人》都说："犀牛做的铠甲有七个结，兕做的铠甲有六个结……，犀牛甲能用一百年，兕甲能用二百年。"（犀甲七属，兕甲六属……犀甲寿百年，兕甲寿二百年……）

显然犀牛和兕做的铠甲是不同的。

《周礼》之《地官》《司徒》《族师》：对于所有的服务职责来说，它负责监督和惩罚的责任（凡事，掌其比觵挞罚之事）。

《周礼》之《春官》《宗伯》《小胥》：他们使用角质

容器惩罚那些犯罪的人（觵其不敬者）。

大多数学者认为觵是觥的变体，因为两者的古音都是kwǎng。在《诗经》里，兕觥总是用于宴会等喜庆场合，但是这个觵却是用作惩罚的器具。如果这个器具是一个实心的犀牛角，中间肯定是人工掏空的。相反，牛角本是空心，空心出自天然，因此作为惩罚器具会更有意义。因为水牛角比黄牛角的容量大，似乎尤其适用于惩罚。

《仪礼·乡射礼》谈到兕中的制作，它是兕形容器（大夫，兕中，各以其物获）。

《左传·宣公二年》提到用犀牛、牛和兕的皮制作铠甲的问题。这三种动物是不同的。《左传·成公十四年》提到兕觥（引用《诗经·小雅·桑扈》）。《左传·昭公元年》说到客人们举起兕爵饮酒作乐（举兕爵……，饮酒乐……）。

《国语·晋语》："从前我们的先祖唐叔在徒地的森林里用他的箭射一只兕，杀死了它并且制作了一副铠甲……"（昔吾先君唐叔射兕于徒林，殪，以为大甲……）

同样，也提到可以用箭射杀兕，但是，另一方面又说得很清楚：兕的皮很厚，足以用来制作铠甲。

《国语·楚语》："在巴地和浦地有数量很多的犀牛、犛、兕、象……"（巴浦之犀、犛、兕、象，其可尽乎……）

这里同样把兕和犀牛做了清楚的划分。兕前面的字是犛，即生长在四川巴郡的西藏牦牛（Tibetan yack, *Bos*

grunniens），兕可能是另外一种野牛。

《战国策校注》卷五"楚"（《四部丛刊》）：把兕和虎并举，还说当一头发怒的兕攻击王车的时候："王亲自射（箭）然后用旆旌杀死它。（有狂兕牂车依轮而至，王亲引弓而射，一发而毙。王抽旆旌而抑兕首……）"这种事不可能发生在犀牛身上。

《战国策校注》卷十"宋"（《四部丛刊》）：描述云梦泽的动物，列举有犀牛、兕、獐和鹿等各种不同的种类（荆有云梦，犀兕麋鹿盈之……）。

《楚辞·招魂》："王亲自射（箭），他害怕灰兕。（君王亲发兮，惮青兕。）

兕是灰（青）色的，它是可以用箭射杀的凶猛野兽。《楚辞·九思》也把兕和虎并提，且把它们当成坏人的表征。

《列子·仲尼篇》："我能撕裂犀牛和兕的皮。"（吾之力能裂犀兕之革。）

把兕拿来和犀牛比皮厚，这个兕更像是水牛而非黄牛。

《山海经》卷一《南山经》之"祷过之山"，卷二《西山经》之"嶓冢之山""女妆之山""厎阳之山""众兽之山"，卷三《北山经》之"敦薨之山"，卷五《中山经》之"美山""崐山"，兕与犀牛、熊、虎、豹、牛、牦牛、鹿和象并举。有一处记载尤其值得注意：

《山海经》卷十《海内南经》："舜墓的东边，湘江的南边有兕；它们样子像牛，苍黑的皮肤，头上有一只角。"（兕在舜葬东，湘水南，其状如牛，苍黑，一角。）

先秦文献多次提及兕，第一次说到兕有独角的是《山海经》。从此以后，有几位作者提到兕有独角，很可能他们都受到《山海经》的影响。但是《山海经》的许多描述荒诞离奇，是当时流行的故事。比如，《山海经》是这样描述犀牛的：

《中山经·鳌山》："有一种野兽像牛，灰色，哭起来像婴儿，吃人，人称犀牛。"（有兽焉，其状如牛。苍身，其音如婴儿，是食人，其名曰犀渠。）

把《山海经》当成真实可靠的史料是不切实际的。

《竹书纪年·周昭王十六年》："在王伐荆楚时，渡过汉水遇到大兕。"（伐楚荆，涉汉，遇大兕……）

由此可知兕是可以在水里发现的。

《晏子春秋》之《内篇·谏上》把兕与虎并举的（手裂兕虎）。

《吕氏春秋》卷11提及"用箭射杀追赶你的兕"。（射随兕，中之……）要用弓箭射杀一头因伤而暴怒的犀牛显然是不可能的。相反，如果是一头野牛就很可以理解。注意这事就曾经在云梦发生过。

根据先秦文献兕的特征如下：

1. 兕是一种野生动物。

2. 它跟犀牛不同。

3. 用箭可以射杀它，它的肉鲜美可口，可用来招待贵宾。

4. 它是和虎一样易怒且危险的动物。

5. 主要用角攻击。

6. 角长且呈弓形，中空，可用作酒杯，容量很大。

7. 颜色是灰的（青）。

8. 它的皮像犀牛皮一样可用做铠甲。

所有这些特征都与野水牛吻合。唯一的矛盾来自《山海经》，《山海经》说兕有一角。这可能是个靠不住的说法，后来许多类似的说法也可能由此而来。

汉代文献

在此阶段，我们将不再重复前一阶段文献中出现过的东西。提到兕的文献见诸《韩诗外传》、《淮南子》、《史记》、《急就篇》、扬雄的《蜀都赋》、《前汉书》、王逸的《楚辞补注》、马融的《论语注》、高诱的《战国策注》等。内容与先秦略同。下面的意见可在当时的主要字典里找到：

《尔雅·释兽》卷18："兕像牛"（兕，似牛。）

《说文解字·舄部》："兕像青色的野牛。（如野牛而青）"

这些定义清楚说明兕是牛属动物（bovine），与牛（ox）略似，又有不同。

郑玄是少数几位有不同意见的学者之一，在《仪礼·乡射礼》注里，他说："兕，动物之名，似牛，一角。"（兕，兽名，似牛一角。）

显然他好像受到《山海经》（《海内南经》见上文）的影响。

兕字在《史记》（《齐太公世家》）的一处文字中用得很特别。在过孟津之前，师尚父开始对军队训话："苍兕，苍兕。"这件事也记载在《尚书逸文》和王充的《论衡·是应篇》里。稍后，在郭璞《山海经注》的序言里，也提到苍兕。对马融而言，苍兕是管理划船手的官名。在《论衡》中，王充说苍兕是九头水兽。不管如何，是与水相关的东西，而苍和青两种颜色很接近。

三国、两晋文献

在万震的《南州异物志》、《陈琳书》、韦昭《国语注》、左思《吴都赋》、葛洪《抱朴子》和《后汉书》中，兕字的用法与先秦文献略同。只有郭璞和刘欣期的说法不很相同。

郭璞：

《山海经》卷一《南山经》之"祷过之山"："在山脚下有很多犀牛和兕。（其下多犀、兕……）"郭注："兕如水牛，色青，一角，重三千斤。"（兕亦似水牛，青色，一角，重三千斤）

《山海经图赞》："兕壮，色青黑，死力尽。皮可做甲，角能助你成功。"（译注：此系直译，原文未见。）

《江赋》："水兕呼如阳侯雷。"

《尔雅》（见上）疏："兕一角，色青，重千斤。"（一角，青色，重千金）

郭璞注对后人有深刻影响。在他之后，许多学者重复兕是独角兽的说法。但是他的看法并不代表西晋以前几百年众多学者的意见。在他之前，只有《山海经》和郑玄说过兕有一角。郭璞对《山海经》特别有兴趣，不仅为它作注，也深受它的影响。《山海经》把犀牛和兕区分开来，但是对两者的描述都很诡谲（见上文）。

刘欣期：

《交州记》："兕出九德，有一角，角长三尺余，形如马鞭柄。"

这段话后面提到的"角长三尺余"，已经在万震的《南州异物志》中提到，但是前面的"一角"是刘加的，很可能也是受到《山海经》和郭璞的影响。

从《诗经》到东晋晚期的古代文献，除了《山海经》和少数受其影响的几位作者，都不曾说过兕是只有一角的动物。兕的特性在评述先秦文献的结尾已经做过分析（见上文）。兕是野水牛的假说似乎是与所有文献吻合的。

结　论

迄今为止，对甲骨文的 ☰ 和兕字的解释，还未有定论。我们的研究从考察大兽头骨开始。这个兽头和它周围被发现的鹿头骨一样，可被视为狩猎的战利品。因此，相关记录也雕刻在战利品——这头被巧妙捕捉的动物的脑袋上。经过仔细观察，古生物学家肯定大兽头骨是水牛头骨。把这些因素通盘加以考虑，我们又对 ☰ 及其变体、铸造在牛方鼎底部的文字（西北冈M1004）、小石牛的头部特征（小屯5号墓）、后代有关兕的发音、商代卜辞及从先秦到东晋末期的所有文献，进行了新的研究。研究结果可以总结如下：

1. 大兽头骨是水牛的头骨。

2. 在商代甲骨文的象形文字兕中，角不像犀牛那样从鼻上竖起，却总是从头后伸出，这正是牛的特征。角上常见的表示纹理的刻划，也与水牛角的特征吻合。尾端表示毛发的刻划，与犀牛的特征不符，相反却与牛的相合。

3. 牛方鼎底部铸造的动物造型，角基非常宽大，角上可见粗壮纹理。这与水牛角的特征极相吻合。整个造型与《甲编》3916-10的象形文字非常近似。

4. 小屯5号墓的小石牛显然代表一头卧在地上的水牛。口鼻的形态以及角上的粗壮纹理和商代甲骨文兕的某些变体吻合。

5. 在商代的甲骨文中，兕是狩猎中被捕获的野生动物，能被弓箭射杀。某些时候，一次狩猎活动可以获得多头。这种事情可能发生在野牛身上，却不可能发生在犀牛身上。

6. 商代之后，兕和犀显然是两个不同的字，尽管发音接近。它们可能被认为是代表两种不同的野生动物，只在某些方面近似。

7. 根据古生物学家的意见，全新世的华北地区有圣水牛。小屯有不少圣水牛的遗骸被发现。某些可能是家养的，还有的则是野生的。

8. 从先秦到东晋的绝大多数古代文献，并无兕只有一角的记录。《山海经》是唯一的例外，也有一些作者受它的影响。兕在文献记载中的特征，与水牛最接近。

9. 商甲骨文中的兕和后代的兕字似乎是同一个字。兕

的特征并不总能得到正确的分析，它的演化可能与以前设想的也不一样，但是它的语义却好像总是一样的：一头野水牛。

甲骨文是商代晚期语言的某种记录。对于它们的研究，尤其需要语言学家参与。但是，语言是思想的体现，人们的思维方式深受具体生活环境的影响。我们对具体环境、社会制度、商人的习俗等了解得越透彻，我们就能越了解他们，而了解对于研究他们的语言是有很大帮助的。

本文的目的就是要把研究建立在各种不同的证据之上。如果我们仅仅依靠语言学的分析，我们会说兕就是犀牛，因为在甲骨文中，总是有另外一个字表示牛（半），而在后代的语言里，兕和犀又存在语音学上的近似性。但是，注意到德日进和裴文中鉴定结果的学者们，认为兕是野牛。其中某些学者比如丁骕，考虑到晚商小屯地区的水牛是家养的，相信兕是野生黄牛。但是，某些古生物学家鉴定出大兽头骨就是水牛头骨。从这个事实出发，我们细心考察了从晚商到东晋的所有证据，我们发现把兕认定为水牛，比任何其他解释都更与各种证据吻合。

本文翻译得到刘莉、付永旭、谢礼晔、李永强诸位同仁的帮助，特此致谢！

（译自 *Monumenta Serica*, Vol.XXXIX, 1990-1991, pp.131-157. 原刊《南方文物》2007年第4期）

关于高本汉《古代中国的丰产符号》的几点讨论

[德] 何可思 (Eduard Erkes) 著

陈星灿 译

友人高本汉（B. Karlgren）友好地送给我一篇他的论文抽印本《古代中国的丰产符号》（载《东方博物馆馆刊》第2期，1930年），我认为这是了解古代中国宗教最重要的一篇文献。尽管如此，高本汉谈到的某些问题，对我来说仍有进一步申述的必要。本文只把话题放在两个方面，一个是我以前讨论过的，另外一个是和高本汉不同的。

第一个要谈的是神主（ancestral tablet）的起源问题。在拙文《前佛教时代中国的偶像》[1]中，像沙畹（Chavannes）、孔好古（Conrady）和施耐德（Schindler）等已经提出的那样，我试图证明神主起源于代表死者的人形偶像。在我引用的几段中国古代文献中，高本汉只引用了其中一种，即屈原《天问》中的诗句，那句诗说的是武王带着文王的"尸"上战场。据王逸注，这个"尸"就是文王的尸体，但是根据朱熹的解释，"尸"不过就是文王的"木主"。那么，我现在根据这两种解释得出的结论就是，很可能携带"木主"上战场是从更早的携带死者尸体上战场的习俗发展而来。因此，"木主"某种程度上代表尸体，也就

---

[1] *Artibus Asiae*, 1928, pp. 5-12.

是死者的形象。高本汉认为这种说法是武断的,说它不能证明"'木主'的形状或其中任一部分跟尸体有相近之处"。他的结论是:"何可思的观点不足为据,因为缺乏关键证据。"

如果我的说法只是根据《天问》中的这段话,高本汉的批评可能是严重的,但也许不足以一锤定音。不过高本汉显然忽略了我引用的其他几种文献。我相信,它们毫无疑问地证明了"木主"就是人形偶像。首先,在宋玉的《招魂》第49行,我在上举拙文注29里面已经讨论过,其中提到死者的像[1](偶像),这个像,就像文字本身由"人"和"形象"所清楚显示的那样,不可能是其他东西,而只能是人形雕像(a human-shaped statue),朱熹对此也有清楚明白的解释。另外,《论衡》也把"木主"描述为人的形象。《论衡》的这段话是这样的:"据《礼》,一个人进入宗祠,'主'并不在场。人必须考虑雕刻一块一尺二寸长的木头并名之为'主'。对这个主,人敬畏它,但并不把它做成人的形像[2]。"如此说来,1)"木主"这个词指代人形的雕像;2)把人形雕像放在祭坛上的习惯,在汉代已不再被认

---

[1] 像。

[2] 《论衡》25.9b(Forke, *The Lung-heng*, I 538)。说的是丁兰的故事。丁兰曾经问他父亲的神主(ancestral statue),这个神主曾在山东的墓雕中被复制和描述。见Chavannes, *La sculpture sur Pierre*, pl. III and p.10/11. 作者在这里引用的原文是:"礼,宗庙之主,以木为之,长尺两寸,以像先祖。孝子入庙,主心事之,虽知木主非亲,亦当尽敬,有所主事。"见(《论衡·乱龙篇》,见北京大学历史系论衡小组《论衡注释》第三册,中华书局,1979年,第922页。——译者注。

为是适宜的；3）因此，这必然是一个属于周代的更古老的习俗，如果这是汉代的一种创新，那么王充当然不会忘记予以批评。所以，我想，我们可以公正地把"木主"一词翻译为"木雕人像"（wooden image）。我的结论是，古代文献中所谓的"木主"，也就是说的人形雕像（a human-shaped statue）。

还有其他证据支持我的说法。在拙文中，我已经引用过某些文献，说明采用祖先形象而非木主（wooden tablet）的习俗，在中国的某些地区一直延续到很晚近的时代，比如福建晚至17世纪。人形偶像从更简单的牌位（tablet）发展而来的假说，在我看来是不可能的，因为相反的例子比比皆是：符号从自然的再现物（或者某种被视为再现物的东西）发展而来，但它本身并非更自然的概念的前身。因此，我认为高本汉视现代神主上的"眼睛和耳朵"为添加在"主"字上的最后一笔这种习俗，"一定是惯常的失范或狭隘的改进"的意见，是无法接受的。用血本身就足以证明这种仪式的古老性，而且总体而言，类似的"惯常的失范"并非其他，而不过是对古老的经历过象征性发展的仪式的回归。因此，为使雕像复活而添加一个点点的做法是毫无意义的，但是添加眼睛和耳朵的做法却是很可以理解的。所有这些对我而言都证明添加"眼睛和耳朵"的习俗是古老的仪式，而"天主"则是这种仪式的晚期形式。

支持"木主"原本似人的观点的另外一条证据，是在其他汉藏语系民族里也存在人形祖先形象。云南的倮倮族在其祭祖仪式上就使用"一块非常粗糙的木头，很模糊地雕琢出人形"[1]。类似的习俗也见于越南北部的倮倮族和摩梭人中，在他们那里，祖先雕像"是以尺寸为七节长的兰花茎代表男人，以九节长的兰花茎代表女人，再加上一些纸片，最后制作出一个约10厘米高，有比较模糊形象的雕像。这种雕像一般是放置在墙之间，墙顶，或者挂在隔板下。它被当作祖先牌位[2]。"那加人（Angami Naga）也有类似的习俗，他们把人偶安放在死者的坟墓上[3]。如果一个战死沙场的人尸体找不回了，他们就埋一个偶像来代替[4]，这也让我们想起中国古代的"尸"来。凡此种种，表明祖先雕像对于汉藏语系诸民族是不陌生的，因此它或者是汉藏语系诸民族的共同遗产，抑或是后来从中国人那里借用的，无论如何，都证明中国人原本有人形的祖先雕像而非牌位。更要紧的是安南人的习俗，他们全盘接受了中国的祖先崇拜，但是却依然规定祖先牌位必须同人形有某种略微的近似之处[5]。

另一方面，我非常同意高本汉关于祖[6]是男性生殖器象形的意见。这个字指代男性生殖器的见解却非新解。我

[1] Liétard, Les Lo-lo-p' o (1913)，p. 131. 此处所引法文承法国高等实践学院研究生孙僖先生翻译，志此感谢。

[2] Lunet de lajonquière, *Ethnographie du Tongkin septentrional* (1906)，p. 331, After Vial, Les Lolos(1898), p.31. 此处法文承法国高等实践学院研究生孙僖先生翻译，志此感谢。

[3] J. H. Hutton, *The Angami Nagas* (1921), p. 23; 47/8; 67;227

[4] *Loc. cit.* p. 185; 191.

[5] Camerling, *ber Ahnenkult in Hinterindien* (1928), p. 240.

[6] See Karlgren, *loc, cit.* p. 3 et seq.

当学生的时候，就从老师孔好古那里知道这个看法。它也被施耐德[1]甚至更早的甲柏连孜（Gabelentz）提及过，他们无疑都是从中国文献得来的，尽管我并不能确认这种说法的出处。在我看到高本汉的论文之前几个月，我曾就古老的中国阳物崇拜的轨迹跟步禅（Buschan）博士讨论过，他把我们的讨论也纳入到他准备发表的讨论阳物崇拜的论著中。不过，我的结论是，"祖"并不等同于"木主"，只不过有两种类型的祖先形象，一种是人形的"主"，另一种是男性生殖器的"祖"。这对我来说也最好地解释了指代祖先牌位的两个术语的存在。在高本汉看来（见其论文第7页），"给'祖先'（ancestor）和'祖先牌位'（ancestor tablet）分别给予不同定名是合乎实际的"观点，在我而言并不十分可能，因为这样的区分在原始宗教甚至在更高级的宗教里也难以看到。还有，高本汉本人的论文表明，中国古代文献对这两个词汇的应用，也没有指示任何此类区别的存在。

我们的另外一个不同看法，是关于"（琮）宗"——大地女神（symbol of the earth-goddess）——的原初意义。我曾在上面提及的论文中把"琮"解释为地母之阴物（vagina of mother goddess）。高本汉怀疑这个说法，他认为这"完全缺乏"中国文献的支持。迄今为止，的确没见过这样直接的解释，但要说这一说法完全没有中国古代文献支持却又不

---

[1] Schindlet, *Die Prinzipien der chinesischen Schriftbildung*, OZ 1916, p. 287, pl. 9, no. 32.

然。我其实已经在拙文中引用过某些证据。按照《礼记》的
说法，会把牺牲埋在坑里祭祀土地，这种做法在许多民族的
宗教里都有表现，而且也具有同样的含义，也就是说，是通
过这种方式把牺牲送入大地母亲（Mother Earth）的子宫。
《易经》中之"坤"卦，坤与"琮"是如此近似，两者的关
联不容置疑，正因为如此它常常被用作"琮"的点缀[1]。在
我看来，高本汉本人天才的关于"琮"在祖先祭祀中的作用
的研究，也证明了"琮"有生殖器的意涵。我赞成他的说
法，即"琮"很可能是覆盖在男性生殖器祖先形象（phallic
ancestral image）的"祖"上的盖子（cover），因此它也是
神圣之物。假如我们承认这一点，结论便必然是"琮"也具
有宗教的含义，因为不如此它便不能成为祭祀之物。 作为
覆盖在"祖"上的盖子，它只可能是另外一个生殖器，即女
性生殖器，或者代表女性祖先，或者同时代表已经跟死者联
结起来的地母（Earth Goddess）。如果我们接受高本汉关于
生殖器祖先形象的理论，那么这个女性祖先必然在相同的形
式下接受祭祀。有利于第二种假说的证据，我们可以举出高
本汉再高明不过的所谓"亚形"，这个在古代青铜器上常见
的代表"琮"的图案。作为在祖先祭祀仪式上使用的物品，
很可能会表现死者赖以返回的大地母亲的子宫，这刚好与史
前欧洲的所谓人面瓮（face-urns）相互呼应，后者的功能一

---

[1]　参见 Laufer, *Jade*, 图49/50, 第132页；另见 Schindler上引文第74
　　页, 图版第29；孔好古有关《易经》的研究也涉及这个问题，
　　参见他最近即将在*Asia Major*上发表的论文。

般也是如此解释的[1]。这样联系起来看，在埋葬仪式中，把"琮"放在死者的腹部，就好像意味着为他提供了以性交为目的的服务[2]。

　　因此，我想"琮"的本义很可能就是地神（Deity Earth）的形象，由她作为母亲和万物之源的生殖器来表现。如果我们考虑到"琮"在古代墓葬仪式中发挥的作用，这似乎是一个自然而然的结论[3]。尽管郑玄在《周礼》注中对随葬六瑞（idols）的解释，年代既晚，也过于牵强，难以据信，但我们只可能在他试图解释玉器的各种形式这个部分拒绝他的理论，却没有理由怀疑郑玄有关这些物件名字的信息是正确无误的。因此，郑玄把璧解释为天的形象是没有问题的。高本汉正确地观察到，施耐德已经证明璧就是日轮（sun-disk），但是高本汉却忘记施耐德也同样证明"天神"（Deity Heaven）[4]的概念，是从太阳神（Sun God）发展而来。因此，郑玄把璧释作天的象征是正确的，我们也没有理由不相信他的其他解释，尽管他对这些不同形状玉器的功能的理解不过是纯粹形而上的

[1]　参见J. Richter, *Der vorgeschichtliche Mensch*（in Remount, Erde und Mensch），第528页。如果"归"通常意义上代表"死"的话，那么原意是否就是"回到母亲的子宫"？见《列子》1,4a（Wilhelm, *Li Dsi*, p.4）："鬼归也，归其真宅"；《尸子》2.22 b："鬼者，归也，故古者谓死人为鬼人。"

[2]　见《周礼》郑玄注，见《周礼》5，37a/b（Tien-jui, Biot, Im 490/1）；另见高本汉上引文，第24页。

[3]　参见高本汉上引文第24页等等。

[4]　*Hirth Aniversary Volume*, p. 301, et seq.

猜测。这六种玉器本身无非是原始的且非常古老的各类神
祇的自然再现，它们被放置在墓葬中用以保护死者不受来
自各方危害的侵袭，或者，就像宋玉在《招魂》[1]中所描
绘的那样，当他们在危机四伏的天上、地下和四极中漫游
的时候会得到保护。对此最好的证明是——正如高本汉所
言——"琮"是作为男人象征的"璧"的对应物的女人的
象征，因为假如璧是天的象征，是男性力量代表的话，那
么"琮"只能是地的象征，是女性力量的代表。

　　还有，王后和国王把"琮"作为秤砣（steelyard
weight）使用本身，似乎也暗示了它跟祭地的礼仪相关联，
因为度量衡是市场管理的一部分，而这通常是由王后管理
的，因为它们属于女性的范畴且跟女性祭礼相伴而行（阴
礼）[2]。因此，很可能它们本属于王后，只不过到了后来，
父权取代了母权，它们才转到国王名下。《考工记》说
"琮"先由王后使用然后才由国王使用的说法[3]，也指出了
同样的意思，因为最古老的礼仪总是最先提及的。

　　综上所述，"琮"的功能在我看来可做如下解释：

　　"琮"原本是由其生殖器代表的地神（deity earth）的

---

[1]　类似的仪式在雅库特人（Yakuts）中也存在。萨满的棺材里要放
　　置四个木偶，猎鹰放在头部，布谷鸟放在脚下，另外两个偶像则
　　放在他的身体两侧，这些精灵就可以把他带到它们的世界。见
　　Priklonski ap. Bastian, *Allerlei aus Volksund menschenkunde*(1888), I.
　　211.
[2]　《周礼》2.25b/26a（Nei-tsai内宰, Biot I, 145/6）. 又见Conrady,
　　China（Pflugk-Harttung's *Weltgeschichte*, vol. III）, p.504.
[3]　《周礼》12.4a (Biot II, 527/8).

形象。它在丧葬仪式中扮演了非常重要的角色，用它象征死者回到其伟大母亲的怀抱。作为大地母亲的象征，它是女性力量的符号，代表着王后的权威，在那些属于她的涉及市场管理和度量衡仪式的领域，就更是如此。当这些礼仪转向由国王掌控后，女性的符号还继续伴随。"琮"的真实意义，就像其男性对应物的"璧"一样，必须在宇宙观的范畴里追寻，它正是从这里转入人类社会的领域的。

（译自《东方博物馆馆刊》第3期，1931年，第63～68页。原载《南方文物》2016年第2期）

中国和日本男性生殖器形象的巫术用途及其后世遗风[1]

[英] 阿瑟·魏利 (Arthur Waley) 著

陈星灿 译

原编者按：在读了我的论文《古代中国的丰产符号》（本刊第2期）之后，阿瑟·魏利先生撰写此文，对拙作做了补充。两篇文章充分展示了有关性符号具有神奇保护力量的信仰。

——高本汉

日本人北静卢所撰《梅园日记》（1844年）（卷18，《百家说林》续编一，第139页）说：在青藤老人徐渭（1520～1593年）的《路史》中曾言："某学者拥有大量藏书，就把一张春宫画放在每一只书箱里。有人问他为什么这样做，他说一个地方有大量藏书会招致火灾，但是这些物件（即这类绘画）则能驱除火患。"[2]

在方以智（1640年进士）的《物理小识》里有一句话：

---

[1] 原刊《东方博物馆馆刊》第3期，第61～62页，1931年。

[2] 这里的中国古代文献，作者可能是根据日文文献引述或仅仅撮意而成，与译者能查到的中文古代文献比较，引文颇有不同。因为查不到日文原文，这里只能根据作者的引文意译，特此说明。——译者

"春宫画名为笼底书。如果把它放在书笼底部，它就会赶走书蠹。"这些绘画就是我们所谓的枕绘，即枕头画……

在《戒庵老人漫笔》（17世纪李诩所作）里也有一段话："（山东）青州城北丰山脚下麦田里有一座古墓，发现很多厚蚌（蛤）壳。壳里面皆有彩色的树木和人物画。人物无分男女皆裸体，相拥相抱栩栩如生……，正类现在的春画。沈辨之得约百枚。这些物件估计跟北朝（公元5~6世纪）的厌镇有关，这是不会错的。"

在《狯园》一书里也有这样一段话："在关洛周齐（陕西、河南、山东）地区[1]，常发现古瓷器、木碗和带座的木花瓶[2]。上面有繁缛的图像，描绘男女秘戏之状。老辈人传说是魏和北齐五胡乱华时（6世纪）埋下的，北人害怕土地仍有中原王气，痤此为厌胜之具。"

陆容（1436~1496年）的《菽园杂记》说："成化年间（1465~1487年），在大运河上建防护堤，一块石头破裂，里面发现3尺大小的人物，男女相抱，肢体凸凹有致，好似雕刻一般。"

日尾荆山（1789~1859年）的《燕居雑話》（1837年）（《百家説林》続編二，第389页），有如下记载："我少年时访问某地，在房间里打开书箱，发现每个书箱中都塞有

---

[1] 查该书中文文献的原文是"关洛周秦间"，这里作者使用日人著作，作"关洛周齐地区"，所以文中的说明也变成了"陕西、河南、山东"云云，这是不对的。——译者

[2] 英文原文是"wooden vases with stands"，查对《狯园》原文，该是"锭柎"。——译者

一幅春画。问其缘由，有人告诉我是为了保护书籍不受（因占有许多书籍而带来的）坏影响。"

伊势安斋（伊势贞丈，1715～1784年）在其《铠色谈》（成书于1771年）的增补本里这样说："在藏武器的箱子里，应该放一卷春画。武士出战之前，展读此画然后面带微笑出门。最后胜利就一定属于他。"

最后，我想请大家注意何可思（Eduard Erkes）博士在《人种学》第Ⅳ卷发表的那些有意思的青铜器，应该把它们跟上述文献结合起来加以详细研究。

（原载《南方文物》2016年第3期）

季节繁殖仪式及斯堪的纳维亚和中国的死亡崇拜

[瑞典] 汉娜·赖 (Hanna Rydh) 著

陈星灿 译

  本刊第一期上，在一篇名为《试论随葬陶器的象征意义》的论文中[1]，我曾有机会指出在北方以及许多其他地方，包括欧洲和欧洲之外的地区（也包括新石器时代和铜石并用时代的中国），我们曾使用过有别于家用日常陶器的象征性的墓葬陶器。同时，也提到繁殖力崇拜（fertility cult）在史前时代发挥的重要作用，及其在墓葬仪式（burial rites）中所习见的种种表现，其目的即在于帮助死者找到新生，为此我已经举出过我相信足够令人信服的证据，对这种象征性的装饰做出过类似的解释。这就是为什么我要在同一刊物上——只要篇幅允许——考虑也许有必要把这个在瑞典（或者说作为北欧一部分）所做的民族志范围内的小小的调查结果公布于众。在这里，生和死、繁殖仪式（the fertility rites）和死亡仪式（the rites for the dead）这两种元素似乎从来都是水火不容的。上面提到的我以前论文的工作，为解决后来的问题提供了一把钥匙，这个解决方案，反过来却强调了上面第一次提到的论文中所涉及的其中一个关键理论的

---

[1] H. Rydh, Symbolism in mortuary ceramics, *Bulletin of the Museum of Far Eastern Antiquities, No*. 1, 1929. 请参考同期J. A. Andersson, On symbolism in the prehistoric painted ceramics of China.

概率，即死亡崇拜所包含的某种繁殖仪式。

我在这里首先要考虑的问题，是北欧特别是瑞典地区圣诞节的庆典活动。圣诞节无疑是一年中最重要的节日，会通过一系列宗教节日（church holydays）加以纪念，但首先是在家里举办的数不清的各种准备活动和仪式。瑞典的圣诞庆典尤具趣味，无论是专业的科学研究工作者还是本地民间生活的业余爱好者，都留下了十分丰富的研究材料。说到前者，应该提到E. Reuterkiöld[1]，Matin Persson Nilsson[2]，N. Keyland[3]，N.E. Hammarstedt[4]，Louise Hagberg [5]和Hilding Celander[6]等人的著作。正是根据这些已经发表的材料，我试图发现就下面将要讨论的圣诞典礼把两种甚至某些情况下三种不同意见（每一种就其本身而言都很重要）联系起来的纽带。

---

[1] *Om gamla julseder in Göteborgs stifts Julhälsning*, 1913.

[2] *Arets folkliga fester*, Stockholm (1917)，此处引用为*Folkliga fester*（德国节缩版：*Die volkstümlichen Feste des Jahres in Religionsgesch. Volksbücher*, III, H. 17, 18, Tübingen, 1914) *and Studien zur Vorgeschichte des Weihnachtsfestes in Archiv für Religions-wissenschaft*, XIX, Leipzig-Berlin （1918），此处引用为*Vorgeschichte des Weihnachtsfestes.*

[3] 除其他外，应特别参照 *Julbröd, Julbochar och Staffanssång,* Stochholm (1919).

[4] 除其他外，应参考 *Fataburen* (Stockholm)的一系列论文。 同样应特别参照*Julkakor-solbilder in Från Nordiska Museets Samlingar. Bilder och Studier tillägnade Gustaf Upmark*, Stockholm (1925).

[5] 论文见诸*Fataburen.* 另见 *Julstakar och jultråd in Från Nordiska Museets Samlingar. Bilder och Studier tillägnade Gustaf Upmark.*

[6] Nordisk *Jul.* I. Stcokholm (1928).

作为生者节日的圣诞节

"圣诞节"原本并非是基督徒的节日。圣诞节作为耶稣的生日也不被早期基督教会所认可,这个事实早已被人们所熟知[1]。当基督教终于来到北方的时候,它已经发展成为一种基督教的节日,但是却与这里相当鲜明的冬至庆典活动相结合,后者是一个非常古老的庆典传统。

根据Snorre Sturlason在*Heimskringla*里的说明,北方民族在Hokunótt,höknatten(鹰之夜)庆祝冬至,这一天就在冬至日的1月14日左右。

许多博学之人,从Olof Rudbeck[2]到Troels Lund[3]和蒙德留斯(Montelius)[4],都已经指出异教徒北欧人的"Jul"(圣诞节),是光明(the light)或太阳(the Sun)的节日。蒙德留斯曾特别引用Prokopius(公元6世纪)北极地区居民有关太阳回归庆典的描述,清楚地说明"太阳不仅赐予光芒,也赐予作物。因此,按照Ynglinga传说的说法,Woden指挥斯韦阿人(the Svear)为祈求来年丰收而向(太阳)奉献牺牲。"蒙德留斯的说明,常常并没有被后来的研

[1]　参见 Nilsson, *Folkliga fester*, 第123页及其以后部分。

[2]　*Atland eller Manheim.*

[3]　*Dagligt Liv I Norden I det 16de Aarhundrede*. Vol. VII. Copenhagen (1885), p.4.

[4]　*Midvinterns solfest in Svenska Fornminnesföreningens Tidskrift*, IX, Stockhom (1896).

究者所注意[1]。太阳崇拜的确至少从青铜时代就在北方地区流行，这首先从岩画得到证明[2]。但是，没有疑问的是，无论如何，这种太阳崇拜不是把太阳作为光明传播者而进行的唯美崇拜，这也从过去几年的调查得到了确切无疑的证实。太阳是作为繁殖力的催化剂而被人们崇拜的，是作为大地果实的生产者而被人们崇拜的。如果大家对此没有异议，也只有这样，不管你怎样叫它，"圣诞节"才可能被称为太阳的节日（sun festival）或繁殖力的节日（fertility festival）。因此我们也才可以把异教徒北欧人的"圣诞节"庆典视为对繁殖力的崇拜。对这种力量的崇拜我们不仅在北方民族也在所有原始民族那里都能发现。

　　丰产崇拜的形式，因人们的需要而变化。在石器时代的早期阶段，人们祈求狩猎成功，因此就把猎物描绘在岩画中。随着农业的产生，农业的最大推动力——太阳，又被人们崇拜，负载太阳穿过太空的太阳的轮子、船舶和马匹，也因此而加以描绘。随着阿萨学说（Asa doctrine）的到来，托尔（the Thor）、沃登（Woden）和弗雷（Frey）又占据了乌普萨拉古城至高无上的神位。托尔和弗雷作为丰饶之神的特性尤其突出。托尔，拥有荣誉之地，手持战斧作为其符号，这个丰产符号甚至比神自己还要古老[3]。牺牲的盛宴是为了

[1]　H. Celander上引文第4页。

[2]　请参考 O. Almgren, *Hällristningar och Kultbruk in Kungl. Vitterhets Historie och Antikvitets Akademiens Handlingar* 35, Stockholm (1926-1927). *French résumé: Gravures sur rochers et rites magiques.*

[3]　上引拙文第99页及其后面部分。

献给神的荣耀，其中最要紧的就是冬至节献祭，特别是在丹麦莱尔（Leire）每八年举行一次的庆典活动上。据梅塞堡的西特摩（Thietmar of Merseburg，1019年）所言，这个活动要献祭99个人和同样数量的马、狗和公鸡（而非鹰）[1]。不管每九年举行一次的乌普萨拉古城的牺牲盛宴是否与此雷同，根据不雷曼的亚当（Adam of Bremen）的说法，它也是在冬至举行的，尽管没有明确提及，但两者很可能是一样的。至少，我们听说沃登指挥斯韦阿人（the Svear）用献祭庆祝冬至，目的即是"获得好收成"[2]。这些牺牲与庆典相伴而行，其中的爱尔啤酒（ale-drinking）宴饮与牺牲本身一样重要，人们在此向他们的诸神和勇敢的逝者祝酒[3]。很显然，这种献祭的盛宴活动，也是一种交感巫术，与早期人类通过在岩石上描绘动物以获得他们热切希望得到的猎物的方法有异曲同工之妙。描绘的动物越多，收获的猎物便越多；年度收获盛宴上谁吃得越多，来年谁就可能获得更多的食物。这个节日如此重要，因此如果有人无法负担"Jul"（圣诞节）盛宴的庆祝活动，他便会惴惴不安[4]。

除了这些有关"Jul"的异教徒的庆典之外（我得说到现在为止我只谈到了它的一个侧面），我们也还有现行的

---

[1] 这个说法因为证明了hokunoótt为höknatt(即hawk-night鹰之夜)而被人们所接受。参见E. Brate, *Höknatten in Maalog Minne*, Kristiania (1911)，p. 406及Nilsson, *Folkliga Fester*, p. 156.

[2] 上引O. Montelius文第69、70页。

[3] Nilsson, *Folkliga fester*, p. 155.

[4] 上引O. Montelius文第70页。

圣诞节风俗，或者通过后代文献知道的那些无疑属于异教徒的特点。就此关联而言，无须探讨基督教日耳曼的圣诞节有多少是从罗马人或北欧人而来的问题。从尼尔森（M.P. Nilsson）[1]对提列（A. Tille）[2]和比丰格（G.Bilfinger）[3]的反驳就足以证明，虽然基督教的圣诞节类似罗马农神节（Roman Saturnalia）和罗马古历元月初一（the Kalends）的盛宴，但是，日耳曼特别是北欧的圣诞节庆典更多是从古代的本地崇拜风俗而来。就此而言，一定不要忘记当一种风俗被有的学者称为罗马的，被另外的学者称为日耳曼的时候，实际上它可能只是普遍存在的东西，它的真实来源既不能追溯到罗马或日耳曼，也不能追溯到所有已知的地方。这与把本地传统推崇为日耳曼基督教风俗的基础的合理性是一致的，罗马基督教风俗中并没有这样一个对应物，尽管相对于异教徒的日耳曼风俗也存在异教徒的罗马风俗。就这个我要回答的问题而言，我还没有觉察到从别处寻求不同风俗的可能来源的重要性，因此也就没有提供相关信息。现在基督教节日的唯一名字，北欧语的"Jul"（英语的"Yule"，更老的芬兰语的"géol"，都是从斯堪的纳维亚语的"jaulo"来的），尽管语言学家对这个词的解释还有分歧，但它本身表明圣诞节的盛宴就是古老的异教徒的"Jul"，这是它被

---

[1] *Vorgeschichte des Weihnachtsfestes*, p. 94. 在*Folkliga fester*也曾论及。

[2] *Die Geschichte der deutschen Weihnacht, Leipzig*(1893), and *Yule and Christmas, their place in the Germanic year*, London (1899).

[3] *Untersuchungen über die Zeitrechnung der alten Germanen, II: Das germanische Julfest, Programm*, Stuttgart (1901).

基督教化的一个尝试[1]。我要特别强调的是，我的本意并非要详细描述作为一个整体的北欧圣诞节庆典，或者它们的地方变体。我只想讨论那些本属于古代异教徒"Jul"的圣诞节庆典的主要现象。

对今天的瑞典人来说，圣诞树是圣诞节的主要符号。但是所有的调查者都坦率地告诉我们，圣诞树现在这种挂上蜡烛、苹果、糖果等等的形式，是从德国借来的。它不见于18世纪末期之前，即便到了19世纪末期也不常见。这个说法是正确的，圣诞树有其前身也是正确的。这个前身主要就是所谓的"maj"——把云杉或者松树的枝叶砍下，只把树冠部分保留下来——它不仅出现在圣诞节上，也在夏至、婚礼、搭盖屋顶的宴会、其他可能的仪式场合出现，甚至也会出现在葬礼上[2]。尽管如此，在我看来，圣诞树的现代性还是被过度强调了。德国的圣诞树本身不过就是大家都知道的"Maj"，打个比方说，就是把周围装扮得更漂亮一些。当晚近圣诞树从德国来到瑞典的时候，也不过是教堂（the Hall）和牧师住所（the Vicarage）富丽堂皇的点缀。但是，在这里的农民那儿，它却与古老的伙伴"Maj"相遇了，后者还在室外占据着原初的重要地位，有更多证据显示其重要性有时候甚至表现在粪堆本身（dung-heap itself）。也有同样亲缘关系的其他表现形式比如"焚烧圣诞树丛"（burning Christmas bush）[3]

---

[1]　上引Nilsson, *Folkliga fester* 第150页及其后面部分。

[2]　就"Maj"的情况，请参考Nilsson, *Folkliga fester*第23页。

[3]　H. Calender上引文 第156页。

和"苹果碎块"（äpplekrakarna——apple scrags）等[1]。最常
见的形式就是maj的绿叶被剁碎撒在地面上。把云杉和杜松的
枝叶抛洒在地上也是圣诞节的一种习俗。难怪由绅士们引进
来的外国的布满装饰的圣诞树，会把它的穷亲戚"maj"从农
民的心里挤出去。此事如果这么看，就不应该忘记"maj"及
其相关联的种种，在可爱的圣诞树的胜利到来之前已经铺了
数百年的路，它早就是一种人们耳熟能详的风俗。美好的老
式的"maj"并没有被淘汰，不过是从室外搬到室内并且装扮
得更华丽了[2]。圣诞树的故事为我们提供了一个再好不过的
社会阶层的流通史。但那不是"maj"吗？那棵古老的生命之
树，如同外面的保卫树（guardian tree）一样，人们不是在圣
诞节向它敬献啤酒、粥、糕点、牛奶和白酒（"brännvin"）
吗？[3]""maj"的其他形式还有灌木丛，它赐予繁殖之力，
因此也带来快乐[4]。特别是四旬斋（the Lenten）和圣诞节的
嫩枝条[5]，放在外面招待鸟儿的成把的谷穗，有时候也被挂在

[1]　H. Calender上引文，第154页。

[2]　圣诞树上装饰着糖果，也装饰着红苹果，据说这在"äpplekrakarna"
　　　中也有。

[3]　Nilsson, *Folkliga fester*, p. 221. 这里也许应该包括"圣诞原木"
　　　（Christmas log）。圣诞节期间原木被点燃焚烧，"余烬被抛洒在
　　　装黑麦的箱子里，因此就会有好收成"，或者"撒在羊圈里，因此
　　　产羔季节就会有丰产"。见Nilsson, *Folkliga fester*, p. 195.

[4]　参见上引书第271页。另见 W. Mannhardt, *Wald-und Feldkulte*, I,
　　　Berlin (1875), p. 251.

[5]　N. Keyland上引文第102页。该页有文：特别是在Fraksände和
　　　Värmland，孩子们为准备圣诞节会采摘桦树枝。古谚云："'我该
　　　做的都做了，现在就只剩下给孩子们采摘桦枝了。'老妇在平安
　　　夜这样说道。"

"maj"上，的确，总体来看，其精神意义正跟这些物件的所有其他许多形式一样，这其中麦秸在圣诞节习俗中发挥了作用。尤其明显的，是"löktneken"的重要性，即把最好的燕麦穗在收获季节割取下来放在一边，好好保存并在圣诞节前夜悬挂出来。还有把圣诞节麦秸抛洒在田地里或者把它们撒在果树周围的习俗[1]。把麦秸撒在农舍地面的做法被抛撒云杉树枝的做法取代了[2]。麦秸十字架（straw-crosses）很常见；某些麦秸做的物件还加上了其他东西，这也强调了它们作为繁殖力提供者的重要性。

就圣诞节麦秸冠而言，"它至少可以被认为是从最后收获的一束麦穗演化而来的装饰形式，在许多地方常常被悬挂在农舍的房顶上。[3]"没有必要讨论鸡蛋之于繁殖力的重要性。在基督教里鸡蛋是复活的符号，因此之故，鸡蛋被放在田野里，鸡蛋皮则和种子搅拌在一起，以获得好收成[4]。当麦秸用来制造圣诞雄鹿（Yule Buck）的时候——圣诞节最惹眼的特征之一——麦秸和雄鹿可都是繁殖力的催化剂。雄鹿和其他动物——特别是有角的动物——一样[5]，充当这

---

[1]　参见E. Reuterskiöld上引文第11页和H. Celander上引文第148页。

[2]　参见H. Celander上引文第140页。

[3]　N.E. Hammarstedt, *En julutstallning I Nordiska Museet in Fataburen* 1909, p. 251. 类似的用猪鬃做成的猪鬃冠很可能也跟公猪作为繁殖力之源的重要性相关联。参见下文。

[4]　Louise Hagberg, *Påskäggen och deras hedniska ursprung in Fataburen* 1906, p. 153 et seq.

[5]　在尼尔森的概念里，雄鹿是"植被的恶魔"（Vegetation demon）。参见Nilsson, *Folkliga fester*, p. 219.

个角色已有非常古老的传统。不可思议的是，摩洛哥旧石器时代就有这种雄鹿的图像，在鹿角的中间还描绘着太阳的圆轮[1]。就此关联而言，我愿意指出，我曾经讨论过的北欧地区之外出土的象征性的墓葬陶器，会经常描绘带角的动物及其被视为繁殖力符号的相关母题。在上文我引用的苏萨（Susa）高脚杯的图像（图版V：8）上，描绘了一只动物，它的双角环绕着一枚枝条，你问任何一个瑞典人这个图案的意涵，答案都会是"一只圣诞节雄鹿和一束'maj'树枝"。当雄鹿成为托尔雷神（the god Thor）的座驾之时，雄鹿也和托尔的符号——斧头一样，是比神本身还要古老的。它们成为神的辅佐，是因为雷神托尔是丰产之神（a god of fruitfulness），不管他被称为太阳神还是雷神——即赐雨之神——都不过是他作为丰产之神的不同面相罢了[2]。

就此关联而言，还应该提到那些手持斧头或锤子的圣诞节雄鹿（人装扮成雄鹿的样子）[3]，两者的关联也是显而易见的。

就许多这些古老的风俗而言，后来基督教的有关解释已经模糊了原来的意义，但是古老的含义还是常常显现出来。比如把圣诞麦秸撒在农舍的地面上，抛撒麦秸的人也许会把麦秸解释为模仿救世主坐卧的麦草吧。但是，在古代斯马兰

---

[1] L.Frobenius, H. Obermaier, Hádschra Máktuba, München (1925), PI. 91, 94,134.

[2] 当尼尔森（Nilsson, Folkliga fester, p. 219）说难以理解雷神托尔为什么会被雄鹿拖拉的时候，就像刚才已经讨论的那样，答案并不难找。在我看来，丰饶之神弗雷（Frey）和公猪（boar）的关系，也当作如是观。

[3] 参见N.Keyland上引文第14页。

（Småland）的某个地区，这却是一种传统习俗，平安夜如果不把圣诞麦秸盖在地面上，来年就不要期望有收成[1]。圣诞之夜，人们往往睡在麦秸铺就的地板上，这种行为的仪式含义[2]正同田野里举行的仪式性婚礼（ritualistic nuptials）和曼哈（Mannhardt）所说的"maj"婚礼略同[3]。同样要紧的是，这些习俗并不仅仅跟圣诞节相伴。

　　前面提到"maj"可以出现在不同场合。因为"maj"与婚礼密切相关，所以在婚礼的前一天[4]，它便被树立起来，且一直保留到头生子出生为止[5]，麦秸冠也是如此[6]。把麦秸撒在地板上也是婚礼习俗[7]。1910年，斯堪尼亚乃莫（Nymo）教区的一个农民告诉我一件趣事。当问他儿时是否见过圣诞雄鹿的时候，他这样回答："小时候只在布莱肯（Blekinge）的边界见过一次圣诞雄鹿。[8]"这跟瓦穆兰

[1]　上引H. Celander文第140页。我更倾向于认为这种解释比尼尔森的早一些，尼尔森认为放置麦草是为了取暖。参见上引*Folkliga fester*第191页。我的见解被与此相应的婚礼习俗所支持，见本文第75/82页。

[2]　参见H. Celander上引文第143页。他指出，特别是在鲁诺（Runo，爱沙尼亚地名）和芬兰-瑞典的农民那里，有谚提及躺在麦秸上云云，便直指这个原意。

[3]　见同前第480页及以下。

[4]　N. Lithberg, *Bröllopsseder på Gottland in Fataburen* 1906, p. 84.

[5]　N.E. Hammarstedt, *Striden om vegetationsstången in Fataburen* 1907, p. 193.

[6]　H. Celander上引文第147页。

[7]　Nilsson, *Folkliga fester*, p. 191.

[8]　N. Keyland上引文第25页。

（Värmland）的福莱克萨德（Fryksände）的习俗略同[1]。

就此关联而言，应该提到古时候的（其实很大程度上也包括现在）圣诞节是举行隆重婚礼的时节。从福莱克萨德的情况可知，如果可能，所有婚礼，都是在圣诞节之后那一天举行的[2]。圣诞节庆典也包括年轻人用这种游戏取乐，这些游戏往往具有仪式意涵，圣诞雄鹿便是常见的一种。各种游戏则往往是在圣诞麦秸上展开的。

这里应该提到圣斯蒂芬日（St. Stephen's Day），也就是圣诞节之后那一天。这一天，人们把水洒在马身上，并骑马穿过田野。该习俗在其他国家也存在，比如在德国这一天有时候被称为"der grosse Pferdetag"[3]，在英国也有类似习俗[4]。圣斯蒂芬日的骑马，与圣诞节早期节目中的骑马回家似有一比，是与繁殖之神在田野骑行相关联的[5]。这尤其被德国南部人民中流传的丰饶女神涅耳瑟斯（Nerthus）的旅行所证明，也被富饶、和平和耕耘之神弗雷把和平和丰产运送给斯维尔人所证明[6]。

但是，圣诞节最要紧的特征之一，是那特别的圣诞食物。大吃大喝直到今天还是圣诞节的标志之一，这不仅是现

---

[1]　N. Keyland上引文第100页。

[2]　见上一个注释。

[3]　W. Mannhardt上引文I，第403页。

[4]　Nilsson, *Folkliga fester*, p. 259.

[5]　参见W. Mannhardt上引文第403页及其以后部分。另见H.F.Feilberg, *Jul*, I. p. 221.

[6]　参见W. Mannhardt上引文第403页及其以后部分。另见N. M. Petersen, *Mythologi*, p. 337.

代医生的梦魇，也会在圣诞来临之前数月耗费掉并不富裕家庭的全部积蓄，而这只能用传统的巨大力量来解释。我们今天依然是仪式性饮食的奴隶，这跟单纯的好生活无关，却具有非常严肃的确保来年衣食无虞的功能，一句话，它希望丰收。实际上，所有的圣诞食物，除了某些好吃的东西和"Lutfisk"（干鳕鱼），很可能都是从异教徒那里得来的。其中一个重要角色，是由猪扮演的。自古以来，猪都跟繁殖仪式（fertility rites）相关，猪也是丰饶和平和耕耘之神弗雷的坐骑。在乌普萨拉古城的牺牲盛宴上，牛和猪便是弗雷的祭祀品。我记得海得力克的公猪（Heidrik's boar）和萨利姆那公猪（the boar Särimner），每天被瓦哈拉（Valhalla）的勇士吃掉，但到了晚上猪们便又完好如初。没有哪个瑞典人圣诞节的桌子上没有猪头和猪肉火腿——经常被糖衣一圈圈地装扮起来，而这不过是太阳的古老符号——碎猪肉冻、猪肋骨、猪肉香肠或猪蹄。在放甜食的桌子上，猪头和猪肉火腿又被杏仁蛋白奶糖装扮起来。把一片面包蘸到猪肉汤里的习俗，也是牺牲宴（sacrificial meal）的遗留。作为圣诞节食物一部分的褐豆和绿豆，跟干果、苹果和大米粥等等一样，也有同样明显的意义。塞伦德尔（Celander）有关达士兰（Dalsland）某地吃粥一事的报告尤具启发意义[1]：老人舀了一勺粥，说道："我在肥沃的田野里收获"（I reap in the thick field）；然后老妇人也舀了一勺，说："我在肥沃的田野里采集"（I gather in the thick field）；最后，男孩也舀了

---

[1] 上引文第185页。

一勺，说："我做了一个捆扎器，我在肥沃的麦田里捆扎"
（I make a binder and bind in thick cornfield）。吃粥的调子无
疑也是一种咒语。粥也是其他节日的佳肴，还出现在婚礼、
打干草（hay-making）、喝啤酒（ale）和脱粒（threshing）
等节庆活动中[1]。稻子的意义在其他习俗里表露无遗，比如
把稻粒撒向即将出发的新婚夫妇。圣诞面包以各种形式出
现，用以表现太阳，或者以猪、公鹿、公鸡、抱窝的母鸡[2]
或 "有角的牛"（a hornoxe）等等[3]的形式出现，这是非常
明显的。我要特别提到令人称奇的杰穆兰的（Jämtland）青
蛙面包（frog-bread）[4]。家庭成员都会分配一堆特殊的不同
种类的面包。在克洛诺博格（Kronoberg）乡下，我曾经见
过一个圣诞桌子上摆放着一整列面包做的婚礼队伍。尤其要
紧的是所谓的såkakorna——播种蛋糕（the sowing cakes）。
这是为圣诞节准备的东西，它是用最后的一把麦穗磨成的面
做成的，其中隐藏着麦田所具有的"统治力量"。它被认为
是避难所，或者是由和面盆里最后的一个面团做成。整个圣

---

[1] 上引文第185页。另见H.F.Feilberg, *Dansk Bondeliv*, I, Copenhagen, (1910), p. 267.

[2] 各种样子的姜饼干（ginger biscuit）在民间延续时间最长。圣诞节餐桌上的黄油往往也被做成公鸡或其他相似动物的模样。

[3] N.E. Hammarstedt., Julkakor-solbilder in Fran Nordiska Museets Samlingar. Bilder och Studier tillagnade gustaf Upmark, Stockholm (1925), P. 59. Hammarstedt把抱窝的母鸡解释为 "明显的表示夏季温暖的符号"，但在我看来把抱窝本身视为某种符号也许更简单一些。

[4] 参见拙文：*Ett ovanligt julbröd I jämtlands läns museum in Heimbygdas tidskrift, I. Fornvårdren*, Vol. IV, (1931). 就青蛙的含义也可参考我在本刊一期上发表的文章，第107页。

诞节期间，它都被摆放在桌子上，然后再把它放入粮仓，直到来年春天，部分把它和将要下播的种子混合起来，回归大地，部分则送给房子的主人和家畜，因为犁地的人和动物要吃掉这些播种蛋糕[1]。

圣诞节上跟吃不可分离的还有喝，令人称奇的是，异教徒的祝酒行为被基督教化为向耶稣基督、圣母玛利亚或上帝的敬酒了[2]。因此之故，圣诞啤酒具有神奇的力量。

作为逝者节日的圣诞节

尽管大部分研究者都同意把北方异教徒的"Jul"基本上视为一种繁殖力的节日（fertility festival），在这个方面给它贴上这样那样的标签，但我还没有指出的圣诞节的另外一个侧面，是与它所具有的鲜明的生命特征（life-feature）相矛盾的那个部分，就如同费尔伯格（H.F.Feilberg）在他有关圣诞节的完美著作中所着重强调的那样[3]。我说的是：圣诞节乃鬼魂（ghosts）和精灵（spirits）的盛宴。马丁·皮尔森·尼尔森根据自己的见闻写下上面首先提到的理论，却没有漠视费尔伯格有关圣诞节的看法，并指出分析各种因素有

---

[1] 同样的习俗也见于其他国家。参见Nilsson, *Folkliga fester*第221页及其以后部分。关于基兰（Keyland）各种不同类型的面包，参见上引文。阿普兰（Uppland）的播种蛋糕上印着储藏室钥匙的印纹，很有意思。

[2] Nilsson, *Folkliga fester*, p.214.

[3] Jul, I, II, Copenhagen(1904).

多么困难："给北方异教徒的'Jul'描绘出一个清晰的图像似乎是一个奢望。这跟材料的性质有关，因为大部分信息的价值不很确定，只有很少确定无疑的观点。但是一个不完整的图像好过一个我们的知识空洞被我们自己的想象所填充的图像。"这是该作者在他的著作Årets foldliga fester其中一章Fornoordisk jul的最后一句话[1]。

但是，根据他后来在同一部著作中的看法，很清楚该作者并不看重圣诞节作为灵魂盛宴的意义，因为他解释这种看法必须有这样的一种基本概念：在日常信仰、精灵（elves）和小精灵（brownies）等等所见到的数量众多的人类，实际上便是逝去人们的灵魂。他说："我不能接受这种观念是正确的，但这却不是反对它的地方。[2]""这肯定有误解，但是，信仰精灵、小精灵和幽灵的根本是信仰其他灵魂而不是已逝之人。因为这种混乱，死人的灵魂便和圣诞之夜漫游在黑暗中的精灵们混合在一起了。我们了解法国万灵宴（the Feast of All Souls）的历史。 在公元6世纪，它仍在古代罗马人所行2月份的某一天举行，几个世纪以后，当日耳曼人入侵了这个国家，教会就把11月1号的万圣宴（the Feast of All Saints）强加到了万灵宴头上，但是，因为人们不愿意强制自己背离逝去的亲人——而不仅仅是圣徒和殉道者——所以就把次日变成了万灵节，这个万灵节是各地天主教会随处可见的节日。在圣诞节日表上，没有哪天空闲下来会把万灵

---

[1]　P. 162.
[2]　见上引书第231页及其以后部分。

宴固定在秋季的哪一天。我们因此必须考虑哪一天比圣诞节更接近原初的节日。我们了解的大多数没有被干扰的异教徒的万灵节盛宴是在春季举行的，这固然没有问题，但也并非定律，我们不能因此就声称古代的日耳曼人也在春天举行他们的万灵宴。因此，对我而言，很可能瑞典流行的信仰——即把圣诞节的访客（Christmas visitors）变成对死者灵魂的信仰——代表了某种转型和更高发展。就像受基督教的影响灵魂变成了天使一样，在冬至夜游荡甚至遛到人家的自然界的精灵（the powers and spirits of Nature），不管好坏，都转化成了逝者的灵魂（souls of the departed）。因为万灵宴必须预先设定（pre-supposed），即便是在北欧的异教徒那里，也不知道曾经安排在什么时间，不过后来才跟圣诞节鬼魂活动的时间联系起来，打上了常见的圣诞节信仰的印记。"基兰德（Keyland）采取了模棱两可的态度[1]。"假如把死亡崇拜（death cult）作为一个工作假说，那么圣诞节的所有说法和做法都能得到解释。这虽然片面，自然也无不可。问题是，圣诞节是否从一开始就是为死者或者众灵设置的盛宴……另外一条探究圣诞节习俗的思路，则把重点放在强调众多有关生殖力的概念上，后者与圣诞节常见的庆典相关联。"

在古老的北方，"Jul"正如我们在北方传说里所看到的那样，鬼魂的元素（ghostly element）非常突出[2]。我们在后来的圣诞节习俗里也发现了死亡的概念，它主要体现在下

---

[1]　上引文第10页。
[2]　H.F. Feilberg, *Jul*, I, p.96 et seq. Nilsson, *Folkliga fester*, p. 160.

面的形式中。圣诞之夜，圣诞节摆放饮食的桌子不能清理，因为它必须留给死者的灵魂[1]。圣诞节铺在地上的麦秸，被解释为是给死者或者给自己安排的休息之地，那是希望给死者一个机会，让它在那个晚上睡在生者的床上[2]。死者被等待的事实，尤其表现在为逝去的家庭成员安排地方并将其空置的习俗上[3]，也体现在禁止在平安夜关闭壁炉烟道因此使死者的灵魂不能进入房内等等的习俗上[4]。人们相信死者是在圣诞礼拜开始阶段（early Christmas service）成群结队在教堂里庆祝的[5]。平安夜小精灵们在墓地跳舞，因为被黄金的支撑物（golden supports）抬举起来，所以人们能够看进来，或许，它们就像传说中的永比角（Ljungby horn）一样，也参加了宴会等等活动[6]。与此相关的，是从死者那里获得预知未来的可能性[7]。"问题从来都是一样的主题：死亡或婚姻。反复的提问单调乏味。"尼尔森这样说[8]。"女孩子想知道她们未来的丈夫是谁，因为在她们的生活里，婚姻是一切事情的中心。对于临近的死亡也很上心。但这并不

---

[1] 基兰德说："那个人还有实际需求且每年还应该能够大吃大喝一次"。见上引文第9页。这个概念跟原始人的概念无关。参见下文的第81、83页。

[2] 这个后面的解释当然是次要的。参见上引文第73～75页。另见N. Keyland上引文第9页。另见Nilsson所著*Folkliga fester*, p.229.

[3] 根据和Bishop E. Reuterskiöld的谈话。

[4] 根据和VexiBö的G. Lindwal先生的谈话。

[5] 参见Nilsson, *Folkliga fester*, p. 230及其他作者的作品。

[6] 上引文第223页。

[7] 参见上引文第234页及其他作者的作品。

[8] 上引文第239页。

意味着害怕死亡。相反，一个濒死的老农民面对死亡的沉着冷静，是现代人难以理解的。没有人像他那样实现了禁欲主义哲学家的劝诫'做一个离开生命之桌的满意顾客'（to leave life's table a satisfied guest）。正因为如此，没有什么死亡的预兆能够扰乱圣诞节的喜悦。除了生与死，在农民的脑子里还有其他的思考：来年的收成如何？人畜是否兴旺？"他们在圣诞节上关注上述这些问题理所当然。这对于我们来说可能单调乏味，但并不矛盾。

尽管现在没有理由承认有这样一个普遍的信仰，即相信死者的灵魂和自然界许多深藏不露引人遐思的精灵（beings）之间有某种联系，但我发现不相信这种联系的存在也很困难，在这种情况下死者的灵魂是原初（original）的，比如，在谷仓或保卫树（guardian tree）的小精灵和农场的古代居民之间。在挪威，保卫树是与住在农场附近的坟丘里的所谓的högbonden（即mound peasant丘墩农民）相关联的[1]，小精灵也从这里出来[2]。因为埋在农场附近坟丘里的人并非其逝去的家人。因此，粥和圣诞节食物拿出来了，啤酒则倒在坟丘上，一边还叨着"上帝保佑坟丘平安"。在萨特达伦（Säterdalen）阿达尔（Årdal）最古老的农庄，当主妇把麦芽汁泼向长在"精灵墩"（elf mound）上的"精灵桦树"（elf birch）时说："这正是你应该得到的，因为你是如此优秀的一位斗士（fine fighter）！"——"祖先崇

---

[1] Nilsson, *Folkliga fester*, p. 221.
[2] 塞兰德也持差不多同样的观点。参见前其引文第214页。

拜很难再找到如此朴实无华的表示了，"引用这个例子的塞兰德这样评价。对我来说，似乎同样难以忽视两者之间的联系：1.死者的灵魂；2.精灵或者小精灵，其来源似有感觉却晦暗不明；3.随着基督教的普及，精灵或者变成天使，或者刚好相反成了制造麻烦的魔鬼，端看是好的还是坏的一面呈现出来。在我看来，我们要处理的时间长度还不足以看到尼尔森线（Nilsson's lines）的发展。因为晚至冰岛的传说里，魔鬼、小妖精（goblins）和精灵（brownies）还是比死者的灵魂更常见到的，但是其时我们已经跨入基督教时代，已经径直走向信仰天使和地下神灵的时代，这里没有地方容纳这样一个舞台，让死者的灵魂呈现出如此明确的一个表现形式。最近的研究，即便来自北方，就我所知也使我们能够把对死后生活的信仰追溯到石器时代，这也证明从遥远的古代开始在大众的观念里就相信死者的灵魂发挥了很大作用，也因此能够形成广泛的传统。

　　现在该我谈谈在我看来为什么从一开始"万灵节"就跟圣诞节相关的原因了。就此而言，也许基督教会不难从万圣节的设置和把它挪到11月1日这一天找一个借口，把那些因习俗永不能基督教化、对生命的狂热服从很难跟中世纪基督教概念的死亡意义相容的灵魂公开从圣诞节里移除出去[1]。另一方面，圣诞节作为死者的盛宴还将会继续很长一段时

---

[1]　这里也许应该提到，与此相类似，基督教试图摧毁古代罗马的死亡崇拜，却没有成功，死亡崇拜因此就被基督教化了，且变成了灵魂的盛宴。参见Feilberg前引文第79页。

间——直到今天，在瑞典，在圣诞节这一天和所谓"修墓日"（grave-decorating day）这一天上坟修墓一样频繁，圣诞节是现代新教形式的万灵节——证明古老异教徒的Jul仍然留在人们心中。

但是，我上面所说的，并不意味着我认为Jul原本只是灵魂的盛宴。相反，我认为它的来源植根于它作为生命繁殖力（fertility of Life）庆典的特性。所以如此，是因为Jul是作物和丰收的最盛大节日，其中包含着我试图加以解说的新的统一的思想，这是和上面提到的拙文表达的意思相一致的[1]，即死亡礼仪中所体现的繁殖仪式的重要性不仅是可以理解的、自然的，而且也是和原始人的概念极相吻合的[2]，换句话说，Jul——圣诞节——是死者的节日。死者归来，是为了参加给予生命的繁殖仪式，以便延续生命或者使其获得重生。

繁殖仪式和死亡仪式的关联，从瓦穆兰（Värmland）的弗莱克散德（Fryksände）地方的习俗中得到奇妙的支持，在那里婚礼常常是在圣诞节后那一天举行的。基兰德[3]说："新娘把婚礼上的一块面包——这也是圣诞节的面包[4]——藏到她胸前的衣服里，保留终生，并把它带到自己的棺材里。"我想起我曾经引用的跟此问题关系密切的埋葬习俗，

---

[1]　本刊第一期，第86页、109页及其他。

[2]　参见上引文第108页。

[3]　参见上引文第101页。

[4]　参见本文第77页有关"播种蛋糕"赐予土壤、牲畜和人类生命的重要意义。

就包括把鸡蛋[1]、大麦和豆子等等[2]放置在墓葬中。延续至今的类似的原始思维也可作证，事实是，晚到18甚至19世纪，把一瓶brännvin（蒸馏酒精）放在死者的坟墓中还很流行，无疑这原本也被认为是一种生命给予仪式，与圣诞节上的啤酒具有同样的含义。

　　同样的仪式当然也隐含在其他埋葬习俗中，不过其原初的含义已经完全消隐不见了。比如，妇女们常常穿着新娘的服装躺在墓葬里。在斯马兰（Småland）的某些地区，会在墓园的门上用云杉树枝搭建起一座"荣誉之门"（gate of honour），同举行婚礼搭建的门一模一样。唯一的不同，是婚礼之门的树枝蜷曲起来针叶向上，而墓葬之门的针叶朝下，但这种区别也许只是后来形成的。还有，葬礼上要在室外或者教堂树立起一棵maj树来[3]，有时候它也被树立在两者之间。在同一地区，被砍下的云杉和刺柏嫩枝不仅要撒在死者的家和灵柩之间的路上——正如在其他地区一样，而且邻居们还要把嫩枝撒在他们的房子前面，特别是送葬队伍经过的地方。布莱京（Blekinge）地区的人们也有类似的风

[1]　参见本文第74页有关麦秸冠中的鸡蛋部分。

[2]　参见本文第83页。另见上引拙文第111页。参见 Louise Hagberg, Påskäggen och deras heniska ursprung in Fataburen, 1906, p. 144 and 153.

[3]　Nilsson, *Folkliga fester*第33页提到奥茨博·哈拉德（Östbo härad）的这种风俗。我自己也曾在克洛诺博格（Kronoberg）县见到过。N. E. Hammarstedt, *Striden om vegetationsstången in Fataburen* （1907）第195页也提到过斯马兰的这种习俗，还说"墓葬树枝"（funeral branch）的顶部要毁掉，以便与"新娘柱"（bridal pole）相区别，这也许还是后来的变化。

俗。有时候这些嫩枝被撒成十字形。这些嫩枝无疑和圣诞节
及其他节日被砍下的嫩枝——特别是婚礼上[1]撒在院子里或
者房间地板（有时候是教堂地板）上有同样的意义，其含义
和maj相同。 嫩枝有时候也被麦秸所代替。这被如下的事实
所证明：在布莱京，抛撒嫩枝被称为maja[2]。墓上用花圈装
饰也许有同样的含义，不过现在已被人们忘记了。在我们自
己的这个时代，圣诞节我们经常会在教堂墓地——特别是孩
子们的墓上，发现小小的圣诞树，它们之所以被放在那里，
是因为圣诞树对于瑞典人而言是亲切的，特别是在圣诞节期
间，人们希望以此缅怀死者及其和他们一起度过的好时光。
但是，墓地上的圣诞树——maj树——也还在延续，这也许
有一个更直接的传统。

就像婚宴的例子一样，很有可能葬宴也同圣诞的吃喝
（见上文第76页）有莫大关系。人人皆知，先前（特别是农
村现在也还这样）在葬礼之后，接下来便是奢华的宴会，因
为它通常没有节制所以往往令我们感到特别不舒服。在我们
看来，这时候应该只能表示悲伤，但吃喝却似乎成为主题，
舞蹈也并不罕见。我还记得孩童时代我曾参加过乡村的一个
葬礼，当看到人们以死者的名义饮酒（前文第71、77页曾提
及异教徒向上帝和死者的祝酒）时，我是多么的震惊。在葬
礼上喝葡萄酒的做法，是一个十分古老的风俗，至今还能在

---

[1] 特别参见 N. Lithberg, *Bröllopsseder pa Gottland in Fataburen,* 1906, p. 86.

[2] 和Mr.C.A.von Zweibergk, Vexiö交谈得知。

社会所有不同阶层观察到。葬礼上的食物不能仅仅看作是人们相信死者依然活着因此还需要吃喝的某种证据。也许多少还应该看作是为了生者的某种安排或者生者为了纪念死者的最后一次宴会。葬礼宴会的原初意义，对于死者非常重要，在这个从一个阶段（或状态）转换为另一个阶段（或状态）的节骨眼上，死者因此而得以进入一个新的或持续的存在，不管这种存在到底是什么。这种帮助的形式自然同婚礼庆典或特别是在圣诞节庆典所见的繁殖力仪礼相同。古人的这种观念因此解释了濒死之人感到的某种焦虑，也显示葬宴必须精心准备，死者必须得到"有尊严的埋葬"（be honourably buried）。如此看来，这样的焦虑是比在那样一个严肃的场合，把它跟仅仅为生者提供物质享受相关联更显合理。感觉死亡临近的老妇，如果还能工作，可能自己会为她们的葬礼烤制糕点。装在棺材中的死者，有时候甚至还会被搬到房子里来，作为尊贵的客人参加葬礼[1]。在某些原始人的葬礼上，宴会通常被认为是死者也要光临的。死者栽种果树的水果和用死者喂养的动物做成的食物是要吃掉的[2]。或许这些食物原本是在墓地被吃掉的，因为在俄罗斯和巴尔干的某些地区，每一位参加葬礼的客人，要仪式性地吃掉一勺子混合了放在墓地一块白布上的蜂蜜的粥，据说这种风俗至今还在

---

[1]　E. Reuterskiöld, *Om Döden och Livet in Inbjudan till teologie doktorspromotionen vid Uppsala Universitet* 1927, p.7.

[2]　参见M. Ebett, *Reallexikon der Vorgeschichte,* Vol. XIII, art. *Totenfest (by Thurnwald)*, Berlin(1929).

流行[1]。

葬礼宴具有非常古老的传统。种种证据表明，远古时代的宴会是在墓地举行的——我们通常称之为牺牲宴（sacrificial feast）。还有某些证据显示，有时候这些宴会甚至可能是食人的牺牲宴（cannibalistic sacrificial feast）。

甚至从新石器时代开始，就在墓葬中发现陶器中有粥的遗存——不少地方仍然是葬礼食物组成部分的"灵魂之粥"（soul porridge）以及象征性的死亡面包（death bread）[2]——对应着上文曾提到的放置在墓中的鸡蛋和大麦。但是，墓葬中也常常发现大量动物骨头，这显然是为死者准备的食物的遗留。好比圣诞节风俗有肉、素两个方面一样，放在墓葬中的东西也是如此。

在原始人那里，这些宴会往往在死者被埋葬之后第一年的某些固定时间不断重复。有时候，在第一年的四分之三时间过完之后，系列宴会才会以最后一次宴会的举行而告结束。很显然，死者不会被认为真的参加了宴会。在有些情况下，还会看到死者尸体被烧掉或者以这样那样的方式被毁掉的例子。这些不同的宴会在不同的阶段加以庆祝，似乎被认为与胎儿在母腹中长至临盆的各阶段相对应[3]。因此，当

---

[1]　M. Ebett, *Reallexikon der Vorgeschichte*, Vol. XIII, art. *Totenmahl,* § 1 (by G. Wilke).

[2]　M. Ebett, *Reallexikon der Vorgeschichte,* Vol. XIII, art. *Totenopfer,* § 3 (by G. Wilke).

[3]　M. Ebett, *Reallexikon der Vorgeschichte*, Vol. XIII, art. *Totenfest and Totenkultus,* A, § 36 (by Thurnwald).

最后一次宴会举行之时，死者也即获得新生（was born to a new life）。

　　为解答本文提出的主要问题——理所当然作为繁殖力盛宴的圣诞节，是否同时也是死者的盛宴（a feast of the dead）?因为繁殖仪式（fertility rites）就包含在死亡仪式（death rites）中，其目的就是帮助死者获得新生？假如我们能够证明，总体来看与圣诞节（与繁殖力崇拜相关）相类似的风俗是与万灵盛宴相通的，那自然就非常重要了。总而言之，"万灵宴"（feast of souls）与"丰收宴"（harvest feast）是一回事吗？果如此，事情就再清楚不过了，问题的症结也就发现了，因为它与作为跟季节相关宴会的圣诞节无涉，却与万灵宴相匹配的繁殖力宴会具有逻辑上的一致性。事实是，我们现在知道不仅欧洲大部分地区有这样的例子，便是世界其他地区也是如此。菲尔伯格便征引了许多具有启发性的例子[1]。

　　在雅典庆祝花开和新酒到来的春季（Anthesteria），有一个三月初举行的献给酒神狄厄尼索斯（Dionysos）的神圣节日。在这个节日里，第一天，要把去年新发酵的葡萄酒倒出来，第二天，大家争先恐后一醉方休。第三天，是万灵节，当灵魂们在家里被人喂饱的时候，盛装着炒豆的陶罐便被放置在坟地上[2]。二月二十一日举行的罗马人的费拉利亚

---

[1]　上引文I，第6页及其以后。另参见Louise Hagberg, *Påskåggen och deras hedniska ursprung in Fataburen* 1906, p. 153.

[2]　Feilberg, Jul, I, p. 12.另参见 Nordisk *Familjebok*, Vol. I, art. *Anthesteria* (by A. M.. A〔lexanderson〕), Stockholm (1904).

（Feralia）节日，是一种万灵节（All Souls' Day），当然这也不是一种为了生者的丰收节，不仅有为死者准备的食物，比如配有面包的葡萄酒、盐、奶、油、蜜、鲜花和花环，而且随后的几天还有为生者准备的追思宴会（feast of remembrance for the living），令人想起丧葬宴会（burial feasts）[1]。

在公元567年法国图尔举办的主教会议上，明确禁止在墓地放置食物，尽管实际上那时候这一天是当作"圣彼得的椅子宴会"（Feast of St. Peter's Chair）加以庆祝的[2]，但放置食物的风俗还在继续。在三月举行的利莫利亚盛宴（Lemuria feast）上，当自杀者、被谋杀者被认为又能走动时，这家的父亲要把黑豆放到嘴里，赤脚穿过房子，口嚼黑豆，不能回头看，说："我给你这个，并用它买回我自己和我的东西。[3]"当晚于万圣宴（十一月一号）的万灵宴变成奉献给纪念死者的节日时，上面提到的异教徒的风俗也便没有保留地转到了这一天。房子各处摆放了献给死者的食物[4]，也制造了让死者进入房间的种种方便。但是，同时也还要上坟，还要把食物之类的东西，比如在许多地方是各种

[1]　Feilberg前引文第13页。另参见 *Nordisk Familjebok*, Vol. III, art. *Feralia* (by R.T〔örnebla〕dh), Stockholm (1908).
[2]　Feilberg 上引文，第16页。
[3]　Feilberg 上引文，第13页。
[4]　Feilberg 上引文，第30页及其以后。墨西哥有一个极端现实的风俗是这样描述的：一支蜡烛为家里所有的逝者点起来；还用纸做成一个个小棺材，里面放上用蛋糕或者糖果堆成的尸体；还要布置一张桌子，放上面包、烤玉米、水果、坚果甚至雪茄，而且总要有一瓶葡萄酒。

"灵魂面包"（soul bread），葡萄酒和蜂蜜（俄罗斯）、红鸡蛋（塞尔维亚）、麦草十字架（比利时）和鲜花等等，放置在墓地。在波斯尼亚和黑塞哥维那（Herzegovina），灵魂盛宴（a feast of souls）是在复活节之后的第一个星期五庆祝的，这时候，彩蛋和寇拉森（Kolacen，复活节面包）便被放置到坟地上[1]。在某些地方，生者往往兴高采烈地在教堂墓地（意大利的墨西拿）[2]、家里或者客栈吃喝。

后起的一种纪念死者的方式是施舍的风俗，而不是在他们的坟地放置礼物。比如法国，那一天要把榛子、核桃和苹果带到教堂，送给孩子们；在阿布鲁齐雅（Abruzzia），要送给穷人豌豆汤[3]。

我们在欧洲之外也发现了同样的风俗。类似的灵魂盛宴在波斯人、维达人、日本人和中国人那里也能看到[4]。

菲尔伯格征引的这些风俗，正如他自己所言，"在北方圣诞节的信仰里一再出现"，而且也非常说明问题，不过他自己并没有从中得出结论，而结论似乎是非常明显的。他说[5]，在春秋的播种季节，烦躁不安笼罩死者。它们是它们居家所在的黑暗之处的统治者；当农民的犁在肥沃的土地上开出沟来，他的手把种子撒在犁沟里，他便期望获得灵魂

---

[1]　Louise Hagberg, Påskåggen och deras hedniska ursprung in Fataburen 1906.

[2]　Feilberg 上引文，第76页及其以后。

[3]　Feilberg 上引文，第78页及其以后。

[4]　Feilberg 上引文，第7页及其以后。有关中国的情况，参见下节第86页。

[5]　上引文，I，第5页。

（spirits）的帮助，种子才能发芽生长。当嫩芽看到白天的光亮，来自灵魂的太阳、雨水和露水便要光临，但在此之前，嫩芽是在黑暗的地下潜滋暗长的。然后，当躁动不安降临到灵魂头上，它们便成群结队从它们的黑暗之家趁黑夜来到生者的居所。在它们曾经居住的地方，它们还在此生活的家人的家里，它们渴望善待并得到礼物，作为回报它们乐意使大地获得丰收。灶台前人们会为它们撑开桌子并将之加以装饰，当它们获得食物之后又会被人们请求离开；因为死者和生者不能同时生活在一个屋檐下。这是我们人类有关死者崇拜的普遍思想和风俗，不管东西南北、高山平原，莫不如此。支配这种人类普遍思想的动机不可能是模糊不清的。躁动不安的灵魂和生者为了作物生长依赖灵魂帮助这一事实有何关系？他们的这种依赖又能向我们传达什么信息？经常听到的解释，是灵魂们在圣诞之夜回到它们曾经的家中，因为这是一年中最黑暗的夜晚；不过这个解释很暧昧，因为它难以解释为何非要在这个特别的夜晚，而在此前后的许多个夜晚差不多一样黑暗，或者说，每一个夜晚都足够黑暗，允许灵魂们趁机回家。就我所能，我发现，只有把繁殖盛宴和死亡盛宴（fertility and death feasts）结合起来才能自圆其说，而前提是认为死亡仪式（death rites）借自繁殖力崇拜（fertility cult）。

中国的繁殖仪式、死者崇拜和年度生命助长节日

直到现在我才开始讨论有关中国的这些问题，是因为

我特别想为这个国家单独开辟一节。在中国的社会生活中，对死者的崇拜至今还是最为基本和独特的一个特征。其主要原则便是祖先的灵魂崇拜。在中国，祖先崇拜是服务于再生（reincarnation）的生者对死者的崇拜，现在而且似乎从远古时代开始就远比西方有更为确凿的证据。但是，这种再生崇拜（cult of reincarnation）通常以土地或农耕崇拜（a cult of the soil or the tilth）这样一种令我们特别感兴趣的形式出现。葛兰言（Marcel Granet）在针对这个问题的简明而非常引人注目、受人欢迎的《中国宗教》（La religion des Chinois, Paris, 1922）一书里，强调了这个事实，而且在论及封建社会（公元前800～前200年）的祖先灵魂崇拜时确实还说明，"从一开始，祖先崇拜和土地崇拜就是基于利益和责任的共同体。[1]"

　　葛兰言以其生动的叙述风格证明——虽然那些证据在细节上的可靠性我无法判断，但他探讨的问题却与我的认识非常吻合，那便是如何在原始社会，也就是说远在封建社会之前，中国的农民生活就跟两个年度盛宴——春节（the Spring Festival）和秋节（the Autumn Festival）紧密相关。春节给所有即将重新开始的生命以信号：当河流的坚冰开始融化，春水获得新生之时；当第一场甘霖滋润大地，当春花开始绽放，树叶重新发芽；当桃李花开，燕子归来；当鸟儿开始配对筑巢之时，人们便庆祝春节[2]。这时候，人们被召

---

[1]　上引书第67页。
[2]　上引书第14页。

集到举行崇拜的神圣地点，与此同时此地也成为不同村庄青年男女的聚会之地。没有哪个男女能够在自己的村庄找到配偶，因为他（她）们和村里的其他年轻人关系过于亲近——要么是兄弟姐妹要么是表兄弟姐妹。只能和附近村庄交换才能成就婚姻，在远古时代，当母权制盛行之时，是年轻人迁入一个新的村庄，后来则是女孩子来到她们的新家[1]。当农忙之时，人人手里都是活，男人们夜晚住在田边可怜的小茅屋里，与他们住在山里的老婆和儿女分离，后者只是偶尔来探望一下并带来食物[2]。但是到了冬天，男人们从劳动中解脱出来，就像土地也要从劳动中解脱出来一样，该轮到妇女们忙碌了。她们缝缝补补，以满足全家人的穿用。在崇拜之地加以庆祝的春节，也就成为了不起的"媒婆"（great matchmaker）。"春这个字就意味着爱情"[3]，在庆祝再生的春宴上，性之仪礼（sexual rites）是其中最要紧的："少男少女在神圣的土地上集合起来，相信他（她）们充满朝气的婚姻就是与万物复苏相契合的一种手段。心里荡漾着对丰产的期望：就像他（她）吞下的蛋，就像他（她）们看到的流星，就像他（她）们采摘的一束束放在膝上的车前草，就像他（她）们海誓山盟时献给对方的鲜花，凡此在他（她）们看来都蕴含着成熟的原理（principles of maturity），因此他（她）们相信春日婚礼会帮助万物复苏，这便是他

---

[1]　上引书第4、11、25页。

[2]　上引书第3页及其以后。

[3]　上引书第14页，另见第7页。

（她）们赐予季节之雨的名字，而且使冬日人们停止耕作
的大地得到净化，把繁殖力带给田地[1]。如果春节说得上是
第一次的男女欢聚，那么一个家庭直到秋节过后还没有建
立起来[2]，秋节就是"狂吃海喝（a grand orgy of eating and
drinking）——这是再播种的盛宴，也是重新进入温柔乡的
盛宴"。农民相信他们与他们耕种的土地和收获的田野是
如此密不可分，这种相互依赖正是因为两者都享有同一个
大地。

　　这些与土地相关的性行为的发生，导致与土壤融为一
体的概念，也就是说，与其上建立家庭的大地融为一体。
这些性行为发生在房子的黑暗角落，那里正是存放粮食的
地方。——正是由于这些神圣情感的传染效果，使得家庭
主妇、人类之母、谷仓中的粮食和田地之间的真正的混乱
和特性的交换于焉发生。存在于种子中的生命元素，一如
存在于妇女的身体之中；放在婚礼睡椅附近的种子也会使
妇女受孕；妇女——种子的守护者，赐予种子生根发芽的
力量；种子给予营养；妇女变成护士。大地（the Earth）
就是母亲（Mother），就是护士（a Nurse），种子播于
其中；十月怀胎，妇女模仿大地。大地包含万物，大地孕
育万物。她把死者放在胸口，在前三天独自哺育新生的婴
儿。她是母亲之力量，给予生命，抚育成长。人类由她而
生，由她抚养，在生命的紧要关头——来到这个世界和离

---

[1]　参见上文第75页有关在田地里举行的仪式婚礼（ritual nuptial）。
[2]　葛兰言上引书第13页。

开这个世界——和她保持联系都至关重要。最要紧的照料便是把新生婴儿或濒死之人安放在地上。作为至高无上的家庭之力量（domestic power），大地（the Earth）自己就能告诉人们生死是否来到。她自己就能撤回或者赐予人们留在家庭生活的权力。在田地（on domestic soil）之上禁食（fasting）三天之后，当孩子得到大地母亲哺育并以响亮的哭声展示其从她而来的生命之力，他的母亲，根据土地优先原则，允许把他抱起来；她能够给他营养，最后孩子自己也能够吃饭了，这样才被准许进入生者的行列。当放置在地上的濒死之人，虽经整个家庭的沉痛呼唤也不能把生命唤醒留下来，那么死后三天，尸体就将永远地从生者的集体清除出去，并被埋葬在土中。葬礼有二重性：在史前时代，第二次埋葬发生在城镇或乡村之外，家庭墓地是一小块土地，任何不属于该家庭的人员都不允许进入这个地方；在古代，埋葬发生在家院（domestic enclosure）之内。第一次埋葬（first interment）通常都发生在家内甚至房屋之内，这个时间正好是死者肉体腐烂的时候。死亡之物因而进入家庭的土壤。尸体在靠近储藏谷物的阴暗角落腐烂解体——这些种子播进土壤，生根发芽；在同样的角落，又搬来婚床，妇女在此孕育新的生命。她们因此猜想她们的受孕是源自家庭土壤的丰产之力（Powers of Fecundity）作用的结果。正是在这块土壤之上孕育了她们身体之中潜滋暗长的生命，最终，她们出生的孩子验证了祖先的存在。人们坚信生命在祖先尸体解体的黑暗角落发生的原则；每一个生命都似乎是某位祖先的转生。当妇女在她出

生的家里怀孕[1]，那就是母系家庭的职责去完成转生。新生
儿只能是一位祖先，在大地母亲——母系祖先的共同物质
（common substance）——之中栖居了一段时间之后，再一
次复活为一个生命并且重新出现在活着的家庭成员中间，家
庭的本质也像其大地（their Earth）一样是不朽的。死亡并
不能消减它正如诞生也不能增加它一样，一个家庭成员的生
或死无非是进入另一种存在形式。家庭被分为两个部分，一
部分是生者，一部分是死者，尽管如此，他（她）们紧密相
连且形成不分彼此的群体。对死去祖先的祭祀和对家庭土地
神（domestic Soil）的祭祀，建立在相信它们是并行发展的
两条路线——大地母亲这一概念的首要特性来自于她在圣位
（Holy Places）节日里扮演的形象——祖先崇拜总是保留了
季节祭祀的某种特点，相关的关键祭祀仪式总是发生在春秋
季节，就好像正是在聚会发生的春季和秋季，转生的概念
（the idea of reincarnation）才得以实现[2]。

在官方的儒教传统里，年度最重要的两个宴飨发生在冬
至日和夏至日，在这些时候，皇帝分别在天坛和地坛——祭
祀天地的地方——献上丰厚的礼物。

冬至节因此是在当"阳，创造性的天之伟力，光和热，
达到其顶点且同时进入其转生"[3]之时加以庆祝的。随着在

---

[1] 只要母系制度继续存在便是如此。参见第87页上述。
[2] 参见M. Granet上引文第25～29页。
[3] J. J. M. de Groot, *Universismus, die grundlage der Religion und Ethik, des Staatswesens und der Wissenschaften Chinas*, Berlin (1918), p. 155, seq. Cf.p.216.

繁缛的仪式上把异常丰富的动物和植物祭品献给神灵，皇帝的祖先也同样收到了他们应该得到的部分，为达到此目的其灵牌也被放在应该安放的位置[1]。节日的丰产特性是显明的，这从皇帝和主祭人最后的祷词可以看出：

> 老天爷啊，牺牲准备好了，祭坛已经被黑夜（darkness）所遮盖。
>
> 请您保佑我们；愿传达您福佑的云朵像大海之波一样无穷无尽。
>
> 您的仆人在每年的每一个季节祈求您的保佑；对来自他婚宴之上的香气予以最深切的关心。
>
> 他祈望遍地万物生长，您的仆人周围的德行也与日俱增。
>
> 老天爷啊！祈求您的保佑，大地因此可以复苏，田间作物因此可以茁壮成长。
>
> 请您保佑我善良的人民，他们因此可以享受真正的和平和安宁。

上面已经提到，在夏至庆典举行之时，盛大的祭祀宴会要献给大地之神，在这个场合，皇家的祖宗灵牌也要在仪式上出现[2]。一年的最后一天[3]，注定同样是为皇家祖先献祭的一

---

[1]　参见上引文第160页。关于消费从祭坛牺牲而来的所谓"吉祥之肉"（auspicious flesh）的话题，参见第175页及其后文。
[2]　de Groot, *Universismus*, p. 192.
[3]　参见上引书第216页。

天，这一天也跟我下面还要讲到的那个特别的"万灵之日"
（Day of All Souls）的清明节相关（第95页）。

从上面的讨论可以确认，中国人对死后生活的信仰是不
可撼动的。主导概念似乎就体现在上面所引用的文献中（第
73页）——新生的概念，转生，通常所谓"投胎"的过程，
"走进子宫"等等[1]。灵魂因此可以在另一个人的身体里寄居
下来，后者的灵魂最近才刚刚离开[2]。但是，生者无须放弃看
到死者灵魂回到其以前皮囊的希望。转生复活的故事难以尽
引。德格鲁特（de Groot）就说，如果他有关基督复活的说教
引不起人们多少兴趣，那在中国人而言同样的奇迹几乎每天
都在发生，对此，在中国的传教士一点也不感到惊奇[3]。

不过，不管它可能属于什么性质，转生都不可能发生。
中国宗教规定的葬礼极尽烦琐，对于生者而言确实也不堪重
负，恐怕在古代更是如此。我们这里只能在上面已经描述的
东西之外，再讨论几个大的方面。

第一次试图把死者唤醒的努力发生在死者断气之时，
站立在死者周围的人们大声呼喊，祈求逝去的灵魂回来[4]。
你会发现，这种对死者的哀悼一遍遍地在重复，正如大家都
知道的，这发生在东方社会的所有时代。最初也是最重要的
针对死者身体的行动便是洗身。这在周代（公元前1122～前
249年）既已实行，就高级贵族而言，是用大米水和小米酒

[1] J. J. M. de Groot, *Religious System*, vol. 4, Leyden (1901), p. 143.
[2] 参见上引文第134页。
[3] 参见上引文第124页。
[4] 参见上引文第1卷第10页和第243页。

水洗身的[1]。此后，大米被填在死者的嘴里，也要把烧煳的颗粒塞到嘴里。向死者嘴里填物的风俗，是指望促进丰产，特别是把稻米[2]和子安贝[3]放进死者嘴里的行为，在古今中国都很常见。这些填在嘴里的物质因时而变，也常常变成玉，玉被认为是代表天的石头。"天即是玉，是金。[4]"天，属阳，"是万物之母，是统治万物之大自然的主要能源。[5]"德格鲁特指出，在福建省，要把一个玉环戴在死者的胳臂或者脚踝[6]。很可能从新石器时代开始欧洲史前墓葬中就屡见不鲜的玉器[7]——那些个通常或者以微型斧或者以大型美观精制的斧，或者偶尔也同样以环出现的东西——具有同样的意义。近东也出土过类似的护身符[8]。用于同样目的的另外一些"阳"的象征符号，是各种珍珠，据说它们也包含很多"阳物质"，可以"发出光芒"[9]。当钱币[10]用于

---

[1]　参见上引文第1卷第12页。

[2]　参见上引文第20页、276页。另见第356页。

[3]　关于子安贝的象征意义，参见上引拙文第103页。

[4]　参见de Groot上引文第1卷第271页。另参见发表在《东方博物馆馆刊》第二期的B. Karlgren, Some fecundity symbols in ancient China.

[5]　参见de Groot上引文第1卷第22、271页。

[6]　参见上引文第279页。

[7]　德国、比利时、法国、意大利和瑞士均有。参见C. H. Read, British Museum, *A Guide to the Antiquities of the Stone Age* (1921), pp. 94, 122, 140; J. Déchelette, Manuel d'Archéologie, I, Paris (1908). See Index *général: jade, jadéite*; F. v. Duhn, *Italische Gräberkunde*, I, Heidelberg (1924), see Sachregister: Jadeitbeilchen, Nephritaxt.

[8]　上引J. Déchelette文第521页。

[9]　de Groot, *Religious System*, vol. 1, p. 277.

[10]　也包括银币，参见上引文第278页，另见358页。

类似的用途时，它是作为现代钱币性质的宝贝的替代品使用的，这个次要用途的获得无疑来自宝贝所具有的赐予丰产、富裕的力量。把食物放入死者口中的习俗停止了，比如厦门地区，但是把食物，比如煮熟的大米和豆子放在死者身旁还在流行[1]。无论过去或现在，给死者准备食物并非只是在死者刚死被放入棺材之前，此后也复如此[2]。食物或者放入棺材[3]，或者放入墓葬的其他部位[4]，主要包括各种谷物和稻米[5]。食物形式的祭品不断地在各种机会摆放在死者的坟前，比如清明节就是如此（参见下文第95页）。

一个明显的赐予生命的"死亡习俗"，是死者所穿的衣服——不管男女，死亡之时所穿的衣服，却是他（们）曾经在婚礼时穿过的[6]；在那样的场合，用来表明这对年轻的夫妇已然成为"充满生命活力的人物"[7]。女性的"新娘和死亡"服装，在贵妇阶层是极其华丽的，用繁缛的刺绣描绘出象征丰收和引起丰收的图案，比如负责降雨的龙[8]，作为"婚姻幸福"最高级象征的凤[9]等等。玉饰最为常见。其中最重要的是簪子，它常常被做成各种各样具

---

[1] 参见上引文第29页，另见第359页。

[2] 参见上引文第360、99页。

[3] 参见上引文第2卷第363页。

[4] 参见上引文第382页。

[5] 参见上引文第386页。

[6] 瑞典也有类似的风俗，参见前文第81页。

[7] de Groot, *Religious System*, vol. 1, p.81.

[8] 参见上引书第53页。 关于龙作为"男性丰产符号"可参考上引 B. Karlgren文第36页。

[9] de Groot, *Religious System*, vol. 1, p.53.

有同样意义的象征符号，比如雄鹿、乌龟、仙鹤、鹳鸟、寿桃等等。这些物品的象征意义均有悠久的历史。生活在公元前一世纪的刘向，在其著作中曾说到雄鹿在千岁之后会变成蓝色。生活在公元前二世纪的刘安，也说到龟能活到三千岁。鹤和鹳也被认为千岁之后变为蓝色，两千岁之后变为黑色。不仅如此，"鹤"这个字，在几种方言中，都与表示欢喜和富裕的字同音。鹳和鹤在西方世界民间信仰中的重要作用如此广为人知，无须在此赘述。至于桃树，也同样是一个长寿符号；因此，公元四五世纪的《神异经》曾提到一棵桃树如何高达500尺，叶子如何长达8尺，桃子如何大过3尺，以及长生不老的仙丹妙药可以从果石（fruit-stone）中得到[1]。

　　还有，当为死者挑选棺木时，可以选一种——用德格鲁特的话说是——"可能便于他（她）们重回生命"[2]的木料。人们相信，常绿的松柏树尤其具有这种力量，这两种树木也被认为很长寿。这不能不让人想起柏树作为丧葬之木在东西方均复如此。《汉武帝内传》有这么一个故事，说武帝（公元前140～前86年）之时，有一个传说中的女王掌控这些不老之物，她就吃了松柏的树脂，因为"这可以延长寿命"[3]。在汉代，祝福"皇帝万岁"的酒是用柏树叶酿成的。还有很多证据说明这些树木的神异之处，这可能要

---

[1]　上引B. Karlgren文第37页。关于发簪及其象征意义，请参考 de Groot, *Religious System*, vol. 1, p.55.

[2]　上引de Groot文第294页。

[3]　参见上引文第297页。

从不同时代来引证。从朱弁所记作为官员和诗人的苏东坡（1036～1101年）的故事开始，比如他写道："松树赐予人类的福佑是非常多的。它的花，它的树脂，它长在根部的木耳，食来均能令人长寿。"到了晚近时代，作为药典的《本草纲目》也曾提到"长期饮食松树之汁，将使人身轻，防止人变老，并使其寿命延长……。长食柏树籽，将使人壮健——体重减轻，生命延长。[1]"

仅仅用这些木料制作棺木和地宫往往还不够。与此相关的是，在汉代的显贵人物墓地，围绕棺木还要放置多余的柏木，这些柏木要尽可能从根部截取，因为柏树越老越粗的部分便储存有越多的生命活力。另一种此类赐予生命之树是常绿的樟树[2]。

所有这些为死者提供赐予生命物质的种种努力，在中国和在古代西方一样，以在显贵人物的墓地埋入人牲而达到顶峰。通常是妻、妾和奴隶陪葬。德格鲁特引用了此类著名的有关人牲的文献。公元前677年，当秦国的征服者秦武公死亡之时，殉葬者多达66人[3]。他的侄子秦缪公死于公元前619年，丧事更加奢华，殉葬者不少于177人。这种残酷的风俗延续到很晚近的时代，这方面的证据很多，这里不妨征引一些。当明太祖1398年驾崩之时，随葬的宫中妇女数量巨大。根据权威文献，晚至1661年，清顺治皇帝的诸妇之一去

---

[1] 参见上引文第299页。
[2] 参见上引文第301页。
[3] 参见上引文第2卷第721页。

世，皇帝下令使30个年轻女子为之殉葬。但是，到1718年康熙皇帝的母亲去世，康熙帝则禁止四个自愿殉葬的侍女遂其心愿[1]。还可以征引很多晚近的例子。晚近有很多近亲、夫人、女儿或者忠实的女奴在墓葬尚未填埋之际投身其中或者以这样那样的方式断其生命以便允许其尽忠殉葬[2]。有时候这种自我牺牲的行为，是他或她在死者的灵牌之下放弃生命，相信此时灵魂已经栖居地下[3]。我们发现了一种人性化的牺牲方式，就是如果妻子活得比丈夫长久且自然死亡的话，把妻子埋入丈夫坟墓的风俗[4]。

一种极端的自我牺牲形式，特别是在有身份的家庭中易于发生，那就是如果未婚夫早亡，他的未婚妻，要穿上婚服，就像在婚礼上一样与他结合，在其棺材旁的桌子上参加婚宴，其时"婚姻被稻谷之灵（rice-spirits）所密封"。死者被认为是以一种看不见的或者以"灵牌"的形式出现。然后这个"死亡新娘"（death-bride）就搬入其未婚亡夫的父母家里，穿上寡妇的麻布衣服，担负起儿媳的重任，代表她和她的亡夫收养一个"继承人"[5]。

"人殉自然意味着这样一种观念的流行：妻或妾必须陪伴丈夫进入来生，以免其堕入孤独寡妇的凄苦生活"，德

[1] de Groot, *Religious System*, vol. 1, p.734.
[2] 参见上引文第735页。
[3] 关于灵牌，请参见上面提到的de Groot文第1卷，第142页和第218页。
[4] de Groot, *Religious System*, Vol.2, p. 800.
[5] 参见上引文第763页。

格鲁特这样说[1]。他接下来描述了一种著名的冥婚的细节，这种婚姻据说也在中国实行。有足够的证据表明这种风俗见于世界各地，但这里我们只征引一两个例子[2]。魏太祖（220～227年在位）最钟爱的儿子和邴原的年轻女儿同时亡故。太祖希望两人合葬，但邴原拒绝了这个建议，于是皇子和一个新死的甄姓女子埋在一起。当魏明帝（227～239年在位）的年轻女儿淑夭折之后，跟她合葬的是一个叫黄的人，他其实才是个婴儿，是甄皇后兄弟的孙子。通过这样的方式，这个小孩子被追封为黄列侯。从宋代开始，华北地区的青年男女如果同时夭折，他（她）们的父母便会为亡灵找一个媒人看看两人是否般配，婚姻是否幸福。还要把酒和水果作为婚宴摆到年轻男子的坟墓前。还要准备两把椅子并排放置，椅子上各放一面小旗。如果给死者敬酒的时候旗帜晃动，那就说明两个灵魂走到了一起[3]。显然，未婚死者不能自己孤独地留在坟墓中，这个观念如此根深蒂固，以至于实行冥婚的习俗并不仅限于新死之时，如果没有合适的同时去世的异性亡人，也可以把一个旧坟打开，把死者的棺材移到新死者的坟墓之中。在周代，负责婚姻的官员其职责就是保证没有已下葬的妇女从其墓地移出并被指定作为未婚死者的忠实配偶[4]。

---

[1]　参见上引文第802页。

[2]　参见上引文第803页。

[3]　关于旗帜在葬礼中的作用及相信它是死者灵魂的住所的看法，参见de Groot, *Religious System* 第1卷第125、174页。

[4]　参见上引文第2卷802页。

　　比较而言非常轻微的殉葬形式，是把某些肖像放入墓穴，比如草编的"灵魂"或者人偶，或者把肖像挂在墓室或者墓上。King Ai（约公元前300年）就是把整个后宫的40位佳丽的石雕像，放入地宫深处很可能是安放棺材的地方[1]。

　　尽管还有很多葬礼借用丰产仪式的例子可资引用，但是仅上述所见，大概就足以显示这些仪式在古代和现代的中国发挥了怎样的一种支配作用。

　　上面我已经表明祖先灵魂崇拜如何在中国重大年度丰产节庆中发挥明确作用。接下来，我又证明了中国的葬礼如何只是包含了促进丰产（fertility-promoting）和赐予生命（life-giving）的礼仪，我将要得出的结论就是把这两种事实合并为一，展示现如今献给死者的葬礼，原本却只是单纯向生命表示祝贺的仪式[2]。每年一次的死者盛宴——清明节，与"万灵节"略相仿佛，是在四月五日前后庆祝的，此时正当草芽发绿（青）、空气清朗（明）的季节，所以节日的原本意涵，只是迎接太阳的重生[3]。这个节日，在原始时代只是由敲着木鼓的传令官发起的，从某些方面看，它与我们瑞典的复活节庆典相似。所以，节日期间，所有的肉都要禁止，只能吃鸡蛋，习惯上还要给它涂上各种各样的颜色。鸡蛋之所以被选为食物，是因为公鸡是祭献给太阳的动物。这一天早晨，人人都要来到墓地，把祭献食物——肉、鱼、

[1]　参见上引文第811页。
[2]　上引B. Karlgren文第45页。
[3]　B. Navarra, *China und die Chinese*, Bremen (1901), p. 368.

鸟、蛋糕和酒——放在坟上。在坟头要插上缠绕着长长白纸条的竹杖[1]，点上鞭炮，并把墓葬周围打理干净，这样死者从中出来才不致有任何困难。坟墓还要用柳枝编成的笤帚清扫。据纳瓦拉（Navarra）所言，柳枝被认为具有驱魔的力量，毫无疑问这是因为远古时代柳树代表一种生命之树，即便今天，柳枝还被插在门的上方，妇女们也还会在其头发上插上小束柳枝[2]。

这次在中国大地的漫步，在我看来着重强调了丰产仪式如何在死亡礼仪中发挥了重要作用，解释了死者如何参与到丰产节庆中来，接下来，我将要讨论在我看来对于圣诞节是细枝末节的问题，不过某些学者可能会认为这是最最要紧的问题。

圣诞节被认为是一种保护手段

如果你问某些瑞典人为什么要把松枝撒到灵柩前面，答案将会是：这样做，死者会被松针刺伤因此将不再走动。"那好，你看"，某人会说，"在葬礼上撒松枝，松枝具有预防和阻止恶魔的作用，但在圣诞节这种行为什么又成为丰产仪式呢？这种古老风俗真是自相矛盾、不可思议呀！"在我以前的文章中，我已经对此做出回答。这里我只是重

---

[1] 参见上文第95页关于三角旗帜的描述。

[2] 关于该日皇家墓地的祭祀情况，请参见de Groot, *Universismus*, pp. 212 and 216.

复[1]，我相信保护的重要性是第二位的。就实际而言，所有促进丰产的东西或装饰品，甚至仪式本身，在其后期阶段，都被认为是具有预防性质的护身符、仪式等等，不管它们被称作是"防御恶魔之眼"或者防御其他什么东西。这个逻辑是连贯的，因为生命给予或者再生本身就是对恶魔或毁灭力量的最好防御。这样我似乎又触到了圣诞节的第三个面向，这也是常常提及的一个方面。"圣诞节到处翱翔着精怪，简直无处不在，因此没有什么不被污染的，"基兰德（N. Keyland）如此说[2]。"如果某人要通过彻底的消毒防范流感或者其他疾病，关键是要及时把室内的一切来一个大清扫，还要做好身体清洁，然后是对所有可能预防手段的观察和采取一切可能的防范措施。门上要放上铁器，或者用焦油画上十字，还要逼迫牲畜吃下用焦油做成的球球，把各种不同形状的柱子竖立在院子里，周围点上火，所有这一切都是要减少那些不请自来的、看不见力量侵入的有害作用。"很可能这就是晚近看到这些风俗的乡野之人的解释，但这却没有建立其宗教方面的意涵。可以发现从同一个地区得到的有关同一件事情的两条信息。海新–查维里奥斯（Hylthén-Cavallius）写道："把麦草编成的十字架放在田野里作为对所有魔法的防御。"J.J.通纳（Törner）谈到斯马兰的迷信，也说到"圣诞节的麦草十字架必须放在田野里或者挂在果树上，这样一切都能得到保佑。"塞兰德引用了这段

---

[1]　参见上引文第112页。
[2]　参见上引文第10页。

话，并做出这样的反应[1]："促进丰产和阻止危险势力的同样性质的双重力量（same two-fold power），归功于以十字架形式摆放的仲夏树枝，也归功于圣诞节用麦草做成的十字架。""悬挂在门上方的麦草十字架，很可能扮演了和用焦油在门上图画十字几乎一样的作用，那就是防止所有企图进入房子的邪恶势力。"就此说来，这一点很清楚，无论是在斯马兰还是法斯特哥特兰（Västgötland），人们都希望通过这些麦草十字架保护自己不受死者带来的邪恶影响。确实，两种意涵可能并行不悖，但这只是到了某一个时期而且是比较晚近的时期才会如此。原初的意涵是清楚的（参见上面第73页的论述）[2]。

"为了使家畜免于圣诞之夜的种种危险而采取的保护措施，形成了庭院和马厩平安夜风俗中最为庞杂的一组风俗。"塞兰德在另外一个地方如此说[3]。"你会发现多种形式的钢铁，比如斧头、刀子、镰刀等等，常常被放置在牛圈的门上。在斯堪尼亚（Scania）教区，作为一种特殊优待，奶牛们都会收到一片圣诞面包，这片面包是用缝衣针送到奶牛面前的，这样它们就不会遇到任何魔鬼带来的麻烦。"还有其他一些风俗，比如说在挪威，"要把谷物撒到马鬃

---

[1] 参见上文第94页。

[2] 这里我将不再讨论十字的形式是否（如塞兰德所考虑的）具有增加、加固的意涵。当然这并非不可能。考虑是否模仿基督教的十字架，这一点是否正确还可讨论。特别是在讨论圣诞节风俗时，我们不要忘记十字也一直是太阳的符号。

[3] 参见上引文第94页。

上——以此保护马们不受巫婆的侵害，否则巫婆可能把它们骑走。同样的方法也要施之于奶牛。"在上面说到的第一个例子中，就保护的重要性而言，钢铁与斧头、刀子及镰比较而言，显然是次要的。就其保护方面的重要性而言，又低于其作为丰产符号的重要性，比如后来成为雷神托尔符号的斧头，就其作为丰产的重要性而言，具有异常古老的传统[1]。至于镰刀，跟弗丽嘉（Frigga）和弗雷（Frey）的祭祀有关，也许具有类似的意义[2]。在上面提到的另外一个例子中，促进丰产的圣诞节面包当然是最重要的，缝衣针不过是后起的。当谷物撒在牛马身上的时候，其作为丰产的原初意义也是没有疑问的。

尽管还可以举出许多多少有些不同的例子，上述种种已足以表明，这一组圣诞风俗，很可以自然且符合逻辑地纳入圣诞节是首要的丰产节日的范畴。某些物体、仪式等等反复出现的丰产和预防功能之间首要和次要的关系，是如此非同寻常，某些物体或仪式在后代被认为具有预防功能，却似乎表明它先前具有丰产功能[3]。

（译自《东方博物馆馆刊》第3期，1931年，第69～98页。原载《中国文化》2017年第2期）

---

[1] 我的前引论文，第99页。
[2] 见前面第86页的论述。
[3] 注意类似的功能也见于复活节鸡蛋。参见Louise Hagberg, *Påskäggen och deras hedniska ursprung in Fataburen* 1906, p. 148 et seq.

史前中国的一些礼仪用品

[瑞典] 高本汉 (B. Karlgren) 著

陈星灿 译

在新石器时代仰韶文化的典型遗址河南仰韶村，安特生教授发现了一些标本，初看很是神秘，但是我相信，它们一定是某种崇拜的象征。这些发现可分为三类，但是我们将会看到，它们彼此之间紧密关联。

第一类包括2件陶质标本，如图版所示。第一件（图版1：1）系棕褐色陶质，器表呈暗灰色，高115毫米。第二件（图版1：3）也系棕褐色陶质，器表则呈暗黑色，高112毫米。后者有一个尖锐的边缘突出器身外，却没有形成可拆卸的盖子。两件标本皆中空，开口在下部。图版1：1这件标本，器身底部向周围展开形成一个扁平圆圈，器身就立在其上；图版1：3标本相对应的部分因破碎而无法复原。两件标本的意义，因亚洲其他地区史前时代发现的同类物而得以揭示。

在他了不起的关于摩亨佐达罗及印度河文明的研究著作（1931年，第58页）中，约翰·马歇尔（John Marshall）爵士对史前印度发现的男性生殖器符号给予了详细描述。我在这里复制了一些他的插图，下面引用这些插图时我将用我的图版编号代替原书图版编号（原书图版XIII和XIV）。马歇尔写道：

　　现在，在摩亨佐达罗和哈拉帕，有三类象征物品值得关注，一般是石头做的，偶尔也有其他材料做的。第一类物品由图版1∶2、4、5、7组成。其中的两个（图版1∶2、4）无疑是男性生殖器形象，造型比较写实，确切地证明印度的男性生殖器崇拜早于雅利安人的到来，因而一劳永逸地批驳了这种崇拜是由希腊人或其他西方入侵者传入印度的古怪理论。支持该论点的更多证据，来自同样类型的两个写实标本，一件是男性生殖器（linga）或阴茎形象（图版1∶6），另一件是女性生殖器（yoni）或女阴形象，是斯坦因爵士在巴鲁支斯坦北部地区的铜石并用时代遗址发现的，前者发现在木哈尔·浑带（Mughal Ghundai），后者则发现在培里阿诺·浑带（Periano Ghundai）。其他几件，形状很普通，性质也因此不是很明确。它们大小不一，高从半英寸到一英尺大小皆有，通常用石灰岩和条纹大理岩做成，但微型制品也有用贝壳、彩瓷和铅质玻璃制成的，后者有时候因模仿玛瑙还涂上颜色。这些微型制品可能是玩具，但那些大标本作为玩具可是太重了，其形状显然也不适合作为秤锤，更难以想象它们会是其他作为实用目的的物件。的确，对它们唯一合适的解释，就是它们是某种类型的神圣物品（sacred objects），大的可能是用于崇拜目的（cult purposes）的象征性供品（aniconic agalmata），小的可能是随身携带的护身符，就像今天湿婆崇拜者（Saivites）通常佩戴的微型男根雕刻

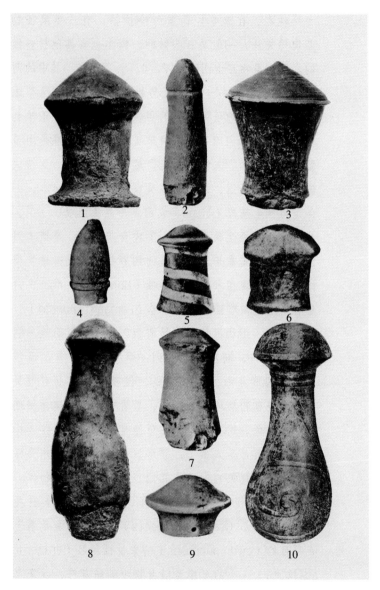

一样。实际上，这些物品从形状来看，很可能就是男性生殖器（linga），即便普普通通，也很容易让我们把木哈尔·浑带的那件出土物称为男根（linga）（图版1：6）。在中世纪和现代的印度，男性生殖器（linga）很少表现为写实的形式。其中的百分之九十九是如此平淡无奇，以至于大多数人很难发现它们原本是男性生殖器造型的特征。

的确，在我们讨论的石制品和木哈尔·浑带出土的男性生殖器模型之间的关联是如此紧密，远非乍看所能体会。前者中的某一些（图版1：9）与其他标本不同，只有上半部分，而且还有小孔（从照片可以看到），好像是附着在某种基座上的。现在，同样的特征也能从木哈尔·浑带那件男根标本上发现，但是这件东西却是陶器而不是用石头做的，用于依附的底部或者不管什么地方是整体制造的，而且在连接部位断掉了。与湿婆男性生殖器（Siva linga）模型比较，底座也许是一个女性生殖器（yoni）的模型。

仰韶标本（图版1：1、3）与印度河文明（图版1：5、7、9）及巴鲁支斯坦（图版1：6）世俗化的男根标本之间是如此相似，毫无疑问它们也有类似的用途。印度例证的重要性，特别基于这样的一种事实：就摩亨佐达罗标本而言，在马歇尔的分析之后，可以确认它们就是真正的男根造型——因为就印度西北部来说，这个推理建立在非常坚实的基础上，原始的男性生殖器崇拜从来就没有死掉，却依然是今天印度的现实存在。

有意思的是，仰韶标本与印度和巴鲁支斯坦的标本如出一辙，都有同样或多或少看起来像个"蘑菇帽"（mushroom hat）的上半部分。这让我们联想起与中国早期历史时期——商周青铜时代的关联来。

在一篇名为《古代中国的丰产符号》的文章（《东方博物馆馆刊》第2期，1930年）中，我深入讨论了早期中国王朝男性生殖器崇拜的历史，我用了一个东方博物馆收藏的标本（图版1：8），它是用像大理石一样的石头制造的，高297毫米，发现在商丘县附近的黄河北岸。包裹它的厚壳表明其年代古老，其上还雕刻着商式文字（甲骨文那样的文字），尽管我还不能释读这些文字。我大胆猜测，它一定是商代遗物。我的这个说法现在确实被一个在殷商首都安阳出土的一件类似标本（图版1：10）所证实（《邺中片羽》，图版32）。

这两件标本的男性生殖器特征如此明显，以至于没有必要再加讨论，但这决不意味着无话可谈。与此同时，因为它们是男根，它们正是我在有关早期中国青铜器研究中所称呼的"瓶形角"（bottle-shaped horns）的典型代表。很可能它们是作为表现饕餮或者龙的大型大理石雕刻上的角出现的。如果我们把它们与图版2、3所展示的青铜器比较，我们就会自然得出这个结论。

在图版2：1中，我们看到"瓶形角"是圆形的，顶部扁平并略向四周延伸形成盘状（Oeder藏品中的一件卣）。其形状与著名的尤氏（Eumorfopoulos）藏品中的双羊尊上的

图版　2

装饰（图版2：3）相类似。但是，圆形的"蘑菇帽"状的类型更常见。在安阳出土的一个漂亮的斧头（《邺中片羽》，图版40）的饕餮头部我们发现了它，在安阳出土的一件鼎（图版2：2；《邺中片羽》，图版11）和住友藏品的那件著名的食人兽形青铜器的龙头（图版3：4）上我们也发现了它。我们还在山中藏品一件青铜觥的动物形盖子（图版3：1，又见梅原末治《支那古铜精华》图版147）上也发现了它。藤田藏品一件类似的青铜觥上也有这种东西。这样的例子还可以举出很多。

正是"瓶形角"的形状揭示出它们具有象征性的礼仪内涵。因为没有哪种动物的角有如此宽阔的"蘑菇帽"形的端部，它们显然不是动物角的自然再现，却具有某种象征意义。这种神奇动物（饕餮、龙）的粗大角部约等于礼仪性的男性生殖器（ritual phallus），宗教的意味十分明显，我们在此看到了典型的丰产（fecundity）和繁殖力（fertility）的符号。

我们要讨论的第二类物品，是三个线轴形的小陶器标本，同样也是河南仰韶村出土。最大的一件（图版3：7），浅灰色陶，高30毫米。第二件（图版3：6）与上述图版1：3一样是棕褐色陶质，器表黑色，高23毫米。第三件（图版3：5），黄红色，高仅17毫米。

这些小物件尤其神秘。我想应该结合某些早期中国青铜时代的资料对其加以研究。有两类礼器——爵和斝（见《东方博物馆馆刊》第9期，图版23～26、52～55），通常口部都有奇怪的"立柱"（uprights），柱头是形色各异的"盖

图版　3

帽"（caps），参见本文图版4。这些"立柱"的实际用途不明。它们不可能是把手，因为它们并没有安在容器中间，而且通常这种容器在器身一侧已有把手。我猜想它们的功能是把某种（木质？）器盖固定下来。尽管如此，却无法解释其特殊的形状。我们一会儿再回答这个问题。现在只需看图版4：1、3、4的柱帽和仰韶村出土的新石器时代的陶器标本惊人相似就可以了，前者简直就是后者的复制品。

我们要考察的第三类物品（图版3：8、9），是红色的小圆锥形陶器，高度从34到75毫米不等。也是河南仰韶村出土，我已经在上面提到的拙文中讨论过。正如线轴形仰韶标本再现为青铜爵和斝上的"立柱"的情形一样，这些圆锥形标本也直接移用到早期铜器爵和斝的同样部位，参见图版4：2。

在拙文《古代中国的丰产符号》里，我强调这样一种事实：早期中国文字清楚地揭示了殷商时代的男性生殖器崇拜思想。"祖"（祖先、祖父）这个字，是男性生殖器的象形，"宜"（献给地母神灵的牺牲）这个字也复如此：在祭祀土地的社坛，有一个神柱，毫无疑问它的来源是男性生殖器，说明在祈求丰收的社祭和祈求多产的祖庙祭祀之间有非常密切的关联。我无须在此赘述那篇文章的观点。在这里只展示一些"祖"（祖先）的造型就说明问题了（线图1）。它们有些引自甲骨文（参见孙海波《甲骨文编》），有些引自金文（参见容庚《金文编》）。上面这一行是甲骨文，下面这一行是金文。

很容易看到，在上面我们研究的史前和早期历史时期

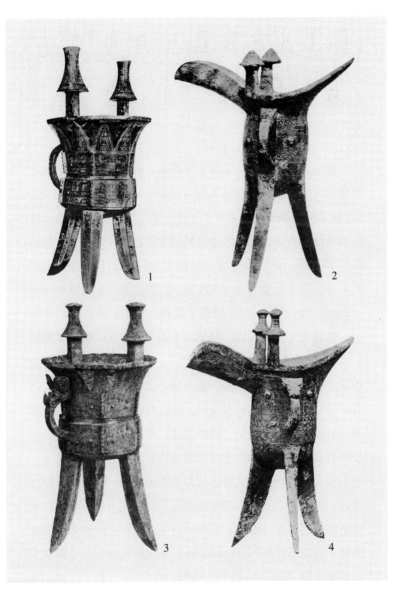

图版 4

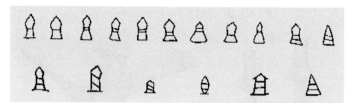

线图 1

的文物与表示"祖"（父亲、生产者）的男性生殖器象形之间存在密切关联。那两件大型的史前仰韶标本（图版1：1、3）和安阳早期历史中心出土的角（图版1：8、10）的男性生殖器性质不言自明，这也得到印度和巴鲁支斯坦同类物品的强烈支持，在这里还得到早期历史时期文字中非常类似的男性生殖器造型的进一步佐证。仰韶出土的小圆锥形标本（图版3：8、9），同样再现于殷商（安阳）和周代的文字上，也具有同样的内涵。仰韶出土的线轴形状的物品（图版3：5、7）及其殷商时代的"投影"（图版4：1、3）是否像前者一样属于同一个范畴、是否属于具有类似的男性生殖器意涵的宗教符号，还颇有疑问。殷商时代表示"祖"的文字里没有跟"线轴"完全一样的写法。尽管如此，有三种东西使得有必要开放心胸将之视为同类性质的象征符号。首先，它们和大型的男性生殖器造型和小圆锥标本一同出土于仰韶遗址；其二，它们与小圆锥形标本一样再现于殷商青铜器上完全同样的位置（即爵和斝的"立柱"上）——作为小圆锥体的"同义替代品"（synonyms）出现在礼器上，说明整个装饰是象征性的、巫术性的，因此意味深长；其三，某些线轴形物品比如图版4：4，显然与无疑属于男性生殖器造型的角（图版1∶8、9）密切相关。

如果仰韶出土的大型男性生殖器造型和同一地点出土的小线轴形及圆锥形标本具有某种宗教意涵，那么就可能假设前者是用于崇拜的物品，后者则是随身携带的护身符。

（译自《东方博物馆馆刊》第14期，1942年，第65～69页。原载《南方文物》2019年第3期）